M. H. Steinmetz

DEATH ASYLUM

– TOTES LAND –

MANTIKORE VERLAG

DEATH ASYLUM
– Totes Land –

8. Auflage
Veröffentlicht durch den
MANTIKORE-VERLAG NICOLAI BONCZYK
Frankfurt am Main 2019

www.mantikore-verlag.de

Lektorat: Alexander Kühnert, Anja Koda
Satz: Karl-Heinz Zapf
Illustrationen: Hauke Kock
Covergestaltung: Raphael Francavilla, Matthias Lück

VP: 410-214-08-06-1224

Printed in the EU

ISBN: 978-3-96188-010-2

DEATH ASYLUM

-TOTES LAND-

EIN INTERAKTIVER ROMAN

MANTIKORE VERLAG

WIDMUNG

Für meine Tochter Finya, die in nicht allzu ferner Zeit alt genug ist, ihren eigenen Charakter durch dieses Buch zu führen.
Schon jetzt ein Zombiefreak, wird sie das Abenteuer mit Bravour meistern, dessen bin ich mir sicher.

DANK

Mein allerherzlichster Dank geht an alle, die bei der Ticketaktion mitgemacht haben. Und an Radu, Heike, Dierk, Kerstin, Manuela, Andreas (2x), Frank, Sarah, Anja, Nicole, Larissa, Diana, Sandra, Nenantie, Stefanie, Michaela, Carmen, Heidi und aus ganz speziellen Gründen Katja und Dirk aus dem Saarland!

Danke an den Mantikore Verlag, der mich während der gesamten Zeit unterstützt, motiviert und nie den Glauben an mich verloren hat.

Ich danke den alten Spielbuch-Hasen wie Jens Schumacher, Swen Harder, den Süßner-Brüdern und Jörg Benne sowie Alexander Kühnert und Karl-Heinz Zapf für moralische Unterstützung und den ein oder anderen Tipp in Sachen Spielbuch.

INHALTSVERZEICHNIS

»Schaffst du mir aber den Himmelsstier nicht,
So zerschlag ich die Türen der Unterwelt,
Zerschmeiß ich die Pfosten, lass die Tore weit offen stehen,
Lass ich auferstehen die Toten, dass sie fressen die Lebenden,
Der Toten werden mehr sein denn der Lebendigen!«
Gilgamesch-Epos, sechste Tafel (Mesopotamien, 2. Jahrtausend v. Chr.)

»Die Fähigkeit mehrzelliger Organismen, fieberartige Reaktionen im Rahmen der angeborenen Immunantwort zu bilden, ist wahrscheinlich etwa 600 Millionen Jahre alt, in der Evolution hoch konserviert und überwiegend erfolgreich.«

PROLOG

Zeichen gab es viele, nur hatte niemand darauf geachtet. Womöglich, weil Weihnachten vor der Tür stand und die Menschen zu sehr mit sich selbst beschäftigt waren. Weil sie in ihrer Arroganz die Augen vor dem Unabwendbaren verschlossen und sich einredeten, dass derart Monströses nur in Filmen zur Realität werden konnte.

Bis zu dem mysteriösen Vorfall mit deinem Vater, der deine Sichtweise auf die Welt und das dahinter grundlegend veränderte. Der alte Herr lebte seit einem Jahr im Pflegeheim auf dem Berg im Herzen der Stadt. Seine Knochen waren müde und sein Kopf leer. Die Demenz raubte ihm die Erinnerung an sein bewegtes Leben. An alles, was er gewesen war, an seine Anverwandten, letztendlich an dich, dem einzigen Menschen, der ihm blieb.

Eines Nachts stand er auf, nahm sich den Gehstock mit dem massiven Messingknauf und schlug auf seinen Zimmergenossen, den bettlägerigen Herrn Walter, so lange ein, bis sich dessen Kopf in eine breiige Masse verwandelte, die sich über Laken, Wände und Boden verteilte und an der Zimmerdecke ein bizarres Muster bildete.

Herr Walter war einer vom alten Schlag, der stets ein nettes Wort für dich übrig gehabt hatte. Einer, dessen Augen freudig funkelten, wenn du zu Besuch kamst. Ihn selbst besuchte niemand, denn er hatte keinen mehr. Das war weitaus schlimmer, als zu vergessen, dass man jemanden hatte. Herr Walter war ein rundum liebenswerter Mensch gewesen, was die Tat deines Vaters nur übler machte.

In jener Nacht stand dein Vater im blutigen Schlafanzug vor dem Schwesternzimmer, den bluttriefenden Gehstock noch in der Hand, und erzählte weinend seine wundersame Version der Ereignisse. Der durch Arthrose ans Bett gefesselte Herr Walter hätte sich mit knackenden Gelenken erhoben und sei von unerwarteter Agilität ergriffen im Zimmer umhergelaufen, als wüsste er nicht mehr, wo er sich befand. Sein Atem hätte gerasselt wie eine gefüllte Pfennigbüchse. Mit den Zähnen geknirscht hätte er und sich unter starken Schmerzen gekrümmt. Dein Vater wollte den Alarmknopf betätigen, als sich der gute Herr umdrehte, ihm sein zerbrochenes Gebiss vor die Füße spukte und sich ohne ein Wort der Begründung auf ihn stürzte. Es war zutiefst bedauerlich, doch das mit dem Gehstock sei reine Notwehr gewesen. Wie die Polizei später feststellte, waren es mehr als fünfzig Hiebe mit dem Messingknauf gewesen, die Herrn Walters Kopf in einen Brei aus Hirn und Knochensplittern verwandelt hatten. Fünfzig in Notwehr geführte Schläge und alle auf den Kopf.

Kurz darauf klingelte bei dir das Telefon. Als du ins Pflegeheim kamst, saß dein alter Herr weinend und mit Handschellen gefesselt auf einem Stuhl im Schwesternzimmer und beteuerte, dass seine Geschichte wahr sei. Dass sich Walter in ein Monster verwandelt hätte. Die Polizei war da und du musstest eine Menge Formulare ausfüllen. Ein Beamter sagte, die Beweislage wäre eindeutig. Von Amtswegen wurde dein Vater als gemeingefährlich eingestuft und in das Institut für außergewöhnliche Nervenerkrankungen in der Innenstadt verlegt, weil man ihm ob seines Gesundheitszustandes und wegen des hohen Alters, keinen Aufenthalt in der Haftanstalt zumuten konnte. Das Institut war keine normale Bilderbuch-Psychiatrie, doch es war das einzige Haus mit einer geschlossenen Abteilung für besonders heikle Fälle. Dort gab es das speziell dafür geschulte Personal, die Ausstattung und vor allem ein freies Zimmer. Nach dem Prozess würde man gewiss eine geeignete Einrichtung finden, die sich seiner annimmt. Akte zu, Thema durch. Affe tot.

Deines Vaters Worte gingen dir nicht mehr aus dem Kopf, machten dich empfänglich für Anomalien des Alltags. Menschen, die sich wie Monster verhielten. Die ihr Verhalten ohne ersichtlichen Grund änderten. Und plötzlich fiel es dir wie Schuppen von den Augen. Wie ein aus dem Koma der Ignoranz Erwachter wurde dir bewusst, dass man in den Nachrichten häufig von Menschen berichtete, die augenscheinlich den Verstand verloren hatten und andere ohne ersichtlichen Grund angriffen. Männer, Frauen, Kinder und Greise. Es betraf alle. Als sich die Meldungen häuften, sprach man von einer bisher unbekannten Art der Tollwut, gepaart mit einem neuartigen Grippevirus. Die Angriffe erfolgten nicht nur mit Fäusten oder Tritten. Die davon Betroffenen bissen um sich wie wilde Tiere. Floss Blut, machte es sie rasend. In der Tat hatte Herr Walter bereits Tage zuvor über eine Erkältung geklagt und zeigte eine ungewöhnliche Vorliebe für Fleisch, obgleich er bislang als Vegetarier geführt wurde.

Die Spirale begann sich langsam zu drehen. Bald gab es die ersten bestätigten Todesfälle. Auch in deiner Stadt. Die Krankheit verbreitete sich mit der Geschwindigkeit eines Flächenbrandes. In den Nachrichten ging es um nichts anderes mehr. Wissenschaftler sprachen von einer Pandemie mit den Ausmaßen der Spanischen Grippe von 1918 und schlimmer.

Und das Kind bekam einen Namen. XJ09 nannte man den Virus, der für alles verantwortlich sein sollte. Die Gesundheitsbehörden gaben hektisch aufgestellte Richtlinien bekannt. Man sollte größeren Veranstaltungen und Menschenmengen fern bleiben. Schulen und Kindergärten wurden geschlossen. Betriebe legten ihre Produktion nieder, weil niemand mehr zur Arbeit kam. Das öffentliche Leben kam nahezu gänzlich zum Erliegen.

Wer sich krank fühlte, musste sich untersuchen lassen und wurde registriert. Wurde eine Erkrankung mit XJ09 festgestellt, folgte die Einweisung in eines der provisorischen Behandlungszentren. Das waren mit Stacheldraht bewehrte und von der Bundeswehr geschützte mobile Ambulanzeinheiten, meist in Turnhallen oder Gemeindezentren.

Es kam zu Demonstrationen, weil man durch die Abschottung die Menschenrechte der Kranken beschnitten sah. Sogar von Konzentrationslagern war die Rede. Allerorts versammelten sich braun verderbte Elemente und besorgte Bürger, die allem, was von jenseits der eigenen Geistesgrenzen kam, die Schuld an der Misere gaben. Als Reaktion darauf erließ die Regierung ein Versammlungsverbot und die Ordnungskräfte kamen knüppelnd zum Einsatz. Die Spirale der Gewalt rotierte schneller.

YouTube und Facebook überboten sich gegenseitig mit Augenzeugenberichten und verwackelten Videos, die sogenannte Infizierte zeigten, die sich mit Schaum vor dem Mund und verdrehten Augen auf panisch um sich schlagende Menschen stürzten. Von Gesunden, die Kranke zu Tode prügelten und mit Pappschildern um den Hals an Straßenlaternen

aufknüpften. Schlagbäume fielen, Grenzen wurden geschlossen und Regierungen begannen, substanzlose Schuldzuweisungen auszusprechen, um von der eigenen Hilflosigkeit abzulenken.
Aber die Katastrophe hatte weitreichendere Folgen. Die Menschen kauften die Regale leer, aus Angst, dass es bald nichts mehr geben würde. Als die Märkte nicht mehr beliefert wurden, weil die Fahrer der Arbeit fern blieben, kam es zu den ersten Plünderungen.
Die Hexenjagd begann. Übergriffe auf Kranke wurden zur Normalität. Ein Husten reichte aus, um von einem wütenden Mob in die Mangel genommen zu werden. Zur Unterstützung der Ordnungskräfte beschloss der Bundestag den Einsatz der Bundeswehr im Innern nach den Artikeln 35, 87a und 91 GG: Der Notstand wurde ausgerufen. Doch der Zusammenbruch der Gesellschaft war nicht mehr aufzuhalten.
Als die Lage schließlich vollends kippte, von der Pandemie zur Katastrophe wurde, saßt du im Wohnzimmer, das Gesicht in den Händen vergraben. Du hast gebetet und geweint, womöglich geflucht und an die Menschen gedacht, die dir wichtig waren, doch du erinnerst dich nicht mehr daran.
Draußen zogen johlende Menschen durch die Straßen, in den Händen Fackeln und Waffen. Fensterscheiben klirrten, Häuser und Autos brannten. Am befremdlichsten waren die Schüsse, die hohl und fremd durch die Straßen hallten. Sie hörten sich ganz anders an als im Fernsehen. Das Lärmen und Getöse steigerte sich zu einem alles verzehrenden Orkan.

Am nächsten Morgen senkte sich Stille wie ein Leichentuch über die Stadt. Eine allumfassende Finsternis, die jegliches Leben erstickte ...

Es geht ums nackte Überleben!

Jeder Schritt kann dein letzter sein. Jede Entscheidung eine über Leben und Tod. Bevor du dich ins Abenteuer stürzt, erfährst du, wie dieser interaktive Roman funktioniert und was ihn von einem konventionellen Roman unterscheidet.

WIE MAN ROMANE NORMALERWEISE LIEST

In einem Roman beginnt man mit dem Lesen auf der ersten Seite. Man liest eine Seite nach der anderen und erfährt so, was den Protagonisten im Laufe eines festgeschriebenen Abenteuers widerfährt. Du stehst als Leser außerhalb der erzählten Geschichte und hast keine Möglichkeit, diese zu beeinflussen. Das kann erfüllend, aber auch frustrierend sein.

Warum geht der Protagonist in den dunklen Keller und achtet nicht auf die Holzstufen, durch die man von hinten hindurch greifen kann? So hättest du niemals gehandelt!

Was wäre, wenn du bestimmst, wie der Protagonist handelt?

Wenn du Einfluss darauf nehmen kannst, wie sich die Geschichte entwickelt, womöglich sogar, wie sie endet?

WILLKOMMEN IM INTERAKTIVEN ROMAN

Ein *interaktiver Roman* ist ein Spielbuch, in dem du entscheidest! Doch wie funktioniert das?

Zuerst muss man sich wie bei einem Brettspiel mit einigen Regeln vertraut machen. Dabei wirst du eine Spielfigur entwerfen, die den Platz des Protagonisten einnehmen wird.

Wie die Regeln funktionieren und was es mit der Spielfigur auf sich hat, wird später ausführlich erklärt. Jetzt erfährst du alles über den Aufbau dieses Buches.

Ein Spielbuch beginnt mit einem Kapitel, in dem die Ausgangssituation beschrieben wird, und einigen Informationen, in welcher Lage sich der Protagonist befindet. Damit wirst du auf das bevorstehende Abenteuer eingestimmt. Der Unterschied zu einem konventionellen Roman offenbart sich am Ende des ersten Abschnittes: **DU** entscheidest, wie die Geschichte weitergeht!

Aus diesem Grund beginnt jeder Abschnitt mit einer Nummer. Kommst du am Ende eines Abschnittes an, kannst du zwischen mehreren Möglichkeiten wählen, wie das Abenteuer weitergeht.

Symbole, die dir weiterhelfen!

Sobald du im Abenteuer auf Regelelemente, Proben und Entscheidungsoptionen triffst, die nicht zum normalen Abenteuertext gehören, helfen dir Symbole weiter. Die beschreibenden Texte dazu werden *kursiv* dargestellt.

Biohazard! Aufgepasst!

 Wenn du dieses Zeichen siehst, gibt es wichtige Hinweise zum Abschnitt, in dem du bist. Das können Regelhinweise sein, ein Malus oder Bonus auf ein Attribut oder Infos zur Handhabung der Regeln.

Sprich mit der Hand!

 Entscheidungen werden mit Proben herbeigeführt. Eine Probe erkennst du daran, dass sie mit der Hand gekennzeichnet ist. Du musst die Sache also selbst in die Hand nehmen. Nimm deine Würfel zur Hand und vertraue auf dein Glück! → *siehe Probe im Regelteil.*

Kampf!

 Immer, wenn die Axt erscheint, fließt Blut. → *siehe Kampf im Regelteil.*

Die netten Viren von nebenan

Nach jedem Kampf, jeder Verletzung und jedem körperlichen Kontakt mit einem Zombie muss ein Infektionscheck durchgeführt werden. Dies erkennst du, wenn die netten Viren von nebenan auftauchen → *siehe Infektionswert.*

Heilung ist nicht ausgeschlossen!

 **3x5** Wenn du Arzneimittel oder andere Gegenstände findest, um Infektionen zu bekämpfen, lacht dir diese kleine Pillendose ins Gesicht. Die dahinter angegebene Zahl (zum Beispiel 3x5) gibt an, wie oft (Zahl vor dem x) der Infektionswert IW um wie viele Punkte (Zahl hinter dem x) regeneriert werden kann → *siehe Infektionswert im Regelteil.*
Doch Vorsicht ist auch hier angebracht, denn viele Schmerzmittel und Antibiotika reduzieren die Konzentrationsfähigkeit und die Motorik. In unserem Fall ist das die Geschicklichkeit (GES). Inwieweit sich die Einnahme des Medikaments auf diese auswirkt, wird im entsprechenden Abschnitt hinter der Gegenstand-Kategorie angegeben.

Die Kapitel

Das Abenteuer ist in drei in sich abgeschlossene (Spiel-)Kapitel unterteilt. Am Ende jedes Kapitels erreichst du einen Safepoint. Wie bei Computerspielen dienen diese Safepoints als Speicherort des Spielstands. Stirbt deine Spielfigur, kannst du das Spiel am letzten Safepoint fortsetzen oder von vorne beginnen.

Was man in einem interaktiven Roman nicht tun sollte!

Um zu den Zielpunkten zu gelangen, musst du zur angegebenen Nummer blättern. Das steigert die Spannung, und in besonders brenzligen Situationen wirst du dem nächsten Abschnitt geradezu entgegenfiebern. Hierbei kann es vorkommen, dass du weit nach hinten oder vorne blättern musst, oder gar nicht. Ganz gleich, auf welcher Seite du dich befindest und wie reizvoll es sein mag, lies immer nur den Abschnitt, der dich in diesem Moment betrifft: dein aktuelles Ziel!

Erliege niemals der Versuchung, auch die anderen Abschnitte zu lesen, denn damit zerstörst du dir Spielspaß und Spannung!

DIE REGELN

Wie bei jedem anderen Spiel, dienen die Regeln dazu, Entscheidungen auf faire und neutrale, aber vor allem spannende Weise herbeizuführen. Oft muss man sein Würfelglück auf die Probe stellen oder auf Zahlenwerte zurückgreifen, um Situationen zu entscheiden oder Aufgaben und Rätsel zu lösen. Zu Beginn von Kapitel 2 gibt es ein Regel-Update, um deine Spielfigur der zu erwartenden Herausforderung anzupassen.

Die Spielfigur

Während die Regeln erklärt werden, wirst du eine Spielfigur zum Leben erwecken, die du in der Rolle des Protagonisten durch das Abenteuer führst. Du triffst die Entscheidungen, die deine Figur zum Helden machen. Du bist der Held! Im interaktiven Roman bezeichnen wir die Spielfigur vollkommen wertfrei als *Charakter*.

Das Charakterblatt

Das Charakterblatt ist dein wichtigstes Hilfsmittel. Auf ihm werden alle Daten deines *Charakters* notiert. Das Charakterblatt findest du am Anfang des Buches (auf S. 34). Wir empfehlen, das Charakterblatt zu kopieren und mit Bleistift auszufüllen, da sich viele Werte im Lauf der Geschichte ändern und du die Möglichkeit hast, das Buch mehrere Male auf verschiedene Weise zu spielen.
Auf dem Charakterblatt werden alle Gegenstände vermerkt, die dein *Charakter* findet, aufnimmt oder mit sich führt. Das können Waffen sein, Ausrüstungsgegenstände, Medikamente sowie Nahrung und Getränke. Eben alles, was dein *Charakter* besitzt.
Es bleibt dir überlassen, wie ausführlich du deinen *Charakter* gestaltest. Name, Geschlecht, Nationalität, Hautfarbe oder Glauben haben keinen

Einfluss auf den Verlauf des Abenteuers, geben dir aber eine bessere Vorstellung von deinem Helden und hauchen ihm Leben ein, machen ihn bunter!
Zunächst verwendest du für die **Kapitel 1 und 2** das **Charakterblatt A**. Zu Beginn von **Kapitel 3** überträgst du alle Werte von Charakterblatt A auf **Charakterblatt B**, ausgenommen hiervon sind jedoch Kleidung, Schuhwerk und Gegenstände. Diese Bereiche bleiben in Charakterblatt B vorerst leer.

Deine Hilfsmittel

Um das Abenteuer spielen zu können, empfiehlt es sich, einen Bleistift, einen Radiergummi und etwas Papier zum Aufschreiben eigener Notizen zur Hand zu haben. Dazu noch einen oder drei haushaltsübliche sechsseitige Würfel mit der Augenzahl 1-6, und du bist bestens für das bevorstehende Abenteuer ausgerüstet.

Die Würfel – deine Entscheidungshelfer

Die Würfel benötigst du, um die Werte deines Charakters auszuwürfeln und um Entscheidungen bei Proben oder Kämpfen herbeizuführen.

Wenn du keine Würfel hast, kannst du das **Würfelsymbol am unteren Seitenende** verwenden. Du ermittelst das Würfelergebnis, indem du das Buch mit geschlossenen Augen wie ein Daumenkino benutzt und auf einer willkürlichen Seite stoppst.
Im interaktiven Roman werden die Würfel als W6 bezeichnet. Das W steht für Würfel und die 6 für die maximale Augenzahl.
Gewürfelt wird mit **3W6**. Die Zahl *vor* dem **W** steht für die Anzahl der Würfel, die geworfen und deren Ergebnisse addiert werden.

Beispiel: Für eine Probe werden 3W6 gefordert. Das bedeutet, du musst drei sechsseitige Würfel werfen. Dabei spielt es keine Rolle, ob man die Würfel gleichzeitig oder nacheinander wirft.
Du erzielst beim ersten Wurf eine 3, beim zweiten Wurf eine 4 und beim dritten eine 1. Das Ergebnis ist in diesem Fall eine 8.

DIE ATTRIBUTE

Über die Attribute definierst du die geistigen und körperlichen Eigenschaften deines *Charakters*. Um den *Charakter* zu definieren, genügen für das erste Kapitel drei Attribute: Ausdauer, Menschlichkeit und Konstitution. Vor dem zweiten Kapitel kommen drei weitere hinzu: Resistenz, Wahrnehmung und Geschicklichkeit.

Ausdauer (AUS)

Die Ausdauer gibt an, wie fit dein *Charakter* ist.
Maximalwert: der zum Spielstart erwürfelte Wert.
Reduzierung: Die Ausdauer kann sich im Lauf des Abenteuers verringern. Dies wird in den jeweiligen Abschnitten angegeben.
Regeneration: Durch die Aufnahme von Nahrungsmitteln und Wasser regeneriert sich die Ausdauer. Wenn du Nahrung oder Wasser findest, wird mit angegeben, wie viele Punkte durch die Aufnahme dieser Nahrung regeneriert werden können. Es ist gestattet, ***nach*** einer Probe Nahrung oder Wasser zu sich zu nehmen, jedoch nicht ***vor*** oder ***während*** einer Probe.
Attribut ist verbraucht: Sinkt die Ausdauer auf 0, stirbt dein *Charakter* an Erschöpfung, Hunger oder Durst! In diesem Fall ist das Spiel zu Ende.

Menschlichkeit (MEN)

In einer Welt, in der der Tod regiert, ist die Menschlichkeit nicht nur ein wertvolles, sondern ein ausgesprochen seltenes Attribut. Mit der Menschlichkeit wird definiert, wie hilfsbereit und mitfühlend dein *Charakter* ist. Ein hoher Wert an Menschlichkeit kann sich auf die Reaktionen anderer Überlebender oder Tiere auswirken, auf die man im Abenteuer trifft.
Maximalwert: der zum Spielstart erwürfelte Wert abzüglich permanenter Verluste (siehe Reduzierung).
Reduzierung: Grauenvolle Ereignisse oder harte Entscheidungen, die du treffen musst, können die Menschlichkeit permanent reduzieren. Dieser Verlust kann nicht mehr regeneriert werden.
Regeneration: keine

Attribut ist verbraucht: Sinkt die Menschlichkeit auf 0, verliert dein *Charakter* den Verstand und wird letztendlich daran zu Grunde gehen. In diesem Fall ist das Spiel zu Ende!

Konstitution (KON)

Mit der Konstitution wird die Widerstandsfähigkeit deines *Charakters* ausgedrückt, also wie dein *Charakter* Krankheiten und Verletzungen wegstecken kann.
Maximalwert: der zum Spielstart erwürfelte Wert abzüglich permanenter Verluste (siehe Reduzierung).
Reduzierung: Verletzt sich dein *Charakter* an einem Gegenstand oder im Kampf, oder fängt er sich eine Infektion ein, sinkt dessen Konstitution um den im Abschnitt angegebenen Wert.
Regeneration: Hast du die richtigen Gegenstände gesammelt, kannst du die Wunden deines *Charakters* versorgen oder mit Medikamenten Krankheiten behandeln und so die Konstitution um den angegebenen Wert auffrischen.
Attribut ist verbraucht: Der Körper deines Charakters ist tödlich verletzt. Lebenswichtige Funktionen versagen. Dein *Charakter* stirbt. Das Spiel ist zu Ende!

Wie werden die Attribute ermittelt?

Du würfelst für jedes Attribut einzeln mit 3W6 und trägst die Augenzahl in das entsprechende Feld auf dem Charakterblatt ein.
In einer anderen Variante würfelst du mit 9W6, zählst alle Ergebnisse zusammen und verteilst die Punkte unter den drei Attributen, wie es dir gefällt. **Pro Attribut müssen mindestens 3 Punkte und dürfen maximal 18 Punkte vergeben werden.** Je höher der Wert eines Attributes ist, umso besser!

Beispiel: Du entscheidest dich dafür, jedes Attribut einzeln auszuwürfeln.
Für Ausdauer würfelst du 3, 4 und 3 = 10
Für Menschlichkeit würfelst du 4, 3 und 6 = 13
Für Konstitution würfelst du 2, 5 und 3 = 10
Jetzt kannst du die Werte in deinem Charakterblatt eintragen:

Ausdauer (AUS) = **10**
Menschlichkeit (MEN) = **13**
Konstitution (KON) = **10**

Wenn du alle Werte ermittelt hast, sind die Zahlen in das entsprechende Feld auf dem Charakterblatt unter der Kurzbezeichnung einzutragen. Anschließend kreuzt du in der Spalte darunter mit einem Bleistift die Felder bis zum ermittelten Wert an. Da sich die Attribute im Spielverlauf ändern, kannst du durch Ausradieren oder Ankreuzen den aktuellen Wert festhalten. Im interaktiven Roman werden die Attribute der Einfachheit halber mit ihren Abkürzungen **AUS**, **MEN** und **KON** bezeichnet.

Der Infektionswert (IW)

Es ist nicht bekannt, wie sich der Virus verbreitet. Möglich sind Hautkontakt, Luft, Wasser, Tröpfchen oder Verletzungen. Der Infektionswert bestimmt, wie resistent das Immunsystem des *Charakters* ist.
Wichtig: Sinkt dein **IW** unter **20**, lies bei Abschnitt ***:1018*** (Bitte bei allen zukünftigen IW-Reduzierungen ab und unter 20 beachten!) weiter und befolge die Anweisungen.
Maximalwert: einmalig **KON x10** bei Spielbeginn. Das Feld mit dem ermittelten Maximalwert ist auf dem *Charakterblatt* anzukreuzen.

VIRUS **Reduzierung:** Nach jedem Kampf, jeder Verletzung oder Kontakt mit einem Zombie wird der Infektionswert reduziert. Wie viel, steht im jeweiligen Abschnitt mit dabei. Bei einer Reduzierung radiert man am besten den alten Wert aus und setzt sein Kreuzchen beim neuen Wert.

Regeneration: **2x5** mit Arzneimitteln oder Gegenständen, die mit der Pillendose gekennzeichnet sind, kann der Infektionswert mit der Anzahl der Punkte hinter dem x maximal regeneriert werden. Die Zahl vor dem x gibt an, wie oft dies getan werden kann. **2x5** kann als **10** Punkte regenerieren. Die Regeneration in der Spalte ankreuzen.
Attribut ist verbraucht: Das Immunsystem wird instabil. Dies führt nicht sofort zum Tod. Wenn der Wert unter die kritische Marke von **20** sinkt, blättere zum Abschnitt ***1018*** und spiele dort weiter.

Infektionswert (IW) bei Spielbeginn = KON x10

Wie Entscheidungen herbeigeführt werden: die Probe

Zur Entscheidungsfindung nutzen wir Proben. Eine Probe wird entweder auf ein Attribut oder eine im Abschnitt angegebene Zahl durchgeführt. Die Funktionsweise ist dabei identisch. Für eine Probe wirfst du 3W6 (also drei sechsseitige Würfel oder dreimal das Daumenkino). Die Ergebnisse werden addiert. Bei einer Probe muss die gewürfelte Summe kleiner oder gleich dem aktuellen Wert deines Attributs oder der im Abschnitt angegebenen Zahl sein.
Bei einigen Proben wird im Abschnitt ein Malus angegeben, um den sich das geforderte Attribut temporär oder beim Misslingen der Probe gar permanent verringert.

Beispiel: Probe auf ein Attribut

645 Du öffnest die Tür zu einem Lagerraum. In der Dunkelheit zeichnen sich die Umrisse schwankender Gestalten ab. Der Gestank, der dir aus dem Raum entgegenweht, ist unerträglich. Schon verkündet ein tiefes, raues Knurren, dass die Toten dich entdeckt haben.

*Wenn du in den Raum stürmst und die Toten angreifst: Lies weiter bei **745***
*Wenn du versuchst, die Tür zuzuschlagen und einen Schrank vor die Tür zu schieben: Lies weiter bei **845.***

Du entscheidest dich für Punkt ***845*** und liest dort weiter!

845 *Führe eine Probe auf **AUS** durch, um herauszufinden, ob du es schaffst, den Schrank vor die Tür zu schieben!*
*Die Probe gelingt: Lies weiter bei **345***
*Die Probe misslingt: Lies weiter bei **445***

Deine Ausdauer (AUS) ist 10. Du würfelt mit 3W6 eine 3, 4 und nochmal eine 3. Das Ergebnis ist 10 und entspricht somit deinem AUS-Wert von 10. Herzlichen Glückwunsch, du hast die Probe knapp bestanden und blätterst zu Punkt ***345***

345 Du schaffst es gerade noch, den Schrank vor die Tür zu schieben. Wütend donnern die Zombies auf der anderen Seite gegen die Tür, während du erschöpft zu Boden rutschst und versuchst, zu Atem zu kommen.

Wenn deine 3W6 gleich deiner AUS ist, reduziert sich deine AUS aufgrund der Anstrengung um einen Punkt.

Dein AUS-Wert verringert sich um 1 Punkt von 10 auf 9, da dein Würfelergebnis gleich deinem AUS-Wert war. Zum Glück hast du etwas Nahrung dabei, die einen Punkt Ausdauer regenerieren kann. Du nimmst diese zu dir, um deinen AUS-Wert von 9 auf 10 anzuheben.

Es geht um Leben und Tod: der Kampf im Abenteuer

Jeder Gegner besitzt die Attribute **Ausdauer (AUS)** und **Konstitution (KON)**. Kommt es zur Konfrontation, entscheiden die Attribute in Kombination mit dem Würfelglück.

Mit der Ausdauer wird die Fähigkeit beschrieben, wie fit und handlungsfähig dein Gegner ist. Die Konstitution steht für den Gesundheitszustand des Gegners. Kommt es zwischen zwei Charakteren (Deine Spielfigur und einer Figur aus dem Abenteuer) zum Kampf, wird über Kampfrunden entschieden, wer als Gewinner aus der Auseinandersetzung hervorgehen wird.

Dein Gegner war auch nur ein Mensch

Die Informationen zu deinem Gegner werden neben dem netten Zombie in Form einer Tabelle angezeigt. Führt dein Gegner eine Waffe, erhöht sich der verursachte Schaden um den Wert WS (Waffenschaden).

Archetyp	KON	AUS	Waffe	WS
Fremder Mann	*10*	*9*	*Eisenbeschl. Knüppel*	*2*

Merke: Mit jeder Kampfrunde reduziert sich beim Verlierer die Konstitution (KON) um den im Abschnitt **Schaden** ermittelten Wert!
Es werden so lange Kampfrunden durchgeführt, bis einer der Kontrahenten stirbt (KON = 0) oder einen anderen Ausweg findet!
Pro Kampfrunde würfelst du für beide Kontrahenten 3W6 und addierst die Augenzahl mit dem aktuellen Wert des Attributes AUS. Die höhere Summe gewinnt.

AUS (dein Charakter) + 3W6 gegen AUS (Gegner) + 3W6

Die höhere Summe gewinnt!
Der Gewinner der Kampfrunde steht nun fest; jetzt wird der Schaden ermittelt, den der Gewinner verursacht.

Der verursachte Schaden

Der Unterlegene der Runde verliert sowohl Konstitution (KON) als auch Ausdauer (AUS). Um den Konstitutions-Verlust des Verlierers zu ermitteln, addiert man die Ausdauer (AUS) des Siegers und seinen Waffenschaden (WS), sollte er eine Waffe benutzen, und teilt das Ergebnis durch 4. Ungerade Ergebnisse werden **aufgerundet**.

Schritt 1: KON-Verlust
Um den Konstitutions-Verlust des Verlierers zu ermitteln, addiert man die Ausdauer (AUS) des Siegers und seinen Waffenschaden (WS), sollte er eine Waffe benutzen, und teilt das Ergebnis durch 4. Ungerade Ergebnisse werden aufgerundet.

KON-Verlust Verlierer = (AUS Sieger + WS) / 4

Siehe hierzu auch die Kampf-Hilfstabelle zur Schadensberechnung im Anhang des Buches.

Abschließend verliert der Unterlegene der Runde noch an Ausdauer (AUS).

Schritt 2: AUS-Verlust
Einhergehend mit der geschwächten Konstitution (KON) wird sich logischerweise auch die Ausdauer (AUS) verringern. Wer je einen Boxkampf zugesehen hat, weiß, wie schnell einem angeschlagenen Kämpfer die Puste ausgehen kann.

AUS-Verlust Verlierer errechnet sich nach der neuen KON:

KON 1-6	**=**	**-3 AUS**
KON 7-12	**=**	**-2 AUS**
KON 13-18	**=**	**-1 AUS**

Siehe hierzu auch die Kampf-Hilfstabelle zur Schadensberechnung im Anhang des Buches.

Beispiel:

335 Du stehst einem fremden, stämmigen Mann im engen Hausflur gegenüber. »Gib mir deine Sachen und ich lasse dich gehen«, raunt dir der kräftig gebaute Mann zu.

Wenn du dich umdrehst und davonläufst: Lies weiter bei ***435***
Wenn du dich dem Kampf stellen willst: Lies weiter bei ***535***
Wenn der Kampf aussichtslos erscheint und du aufgibst: Lies weiter bei ***635***

Da dein Charakter eine Brechstange als Waffe besitzt, stellst du dich dem Kampf und blätterst zu Punkt ***535***

535 »Sorry, Mister. Keine Chance. Da musst du mich schon umbringen!« Deine Antwort ist eindeutig!

Führe den Kampf nach den Regeln durch!

Archetyp	KON	AUS	Waffe	WS
Fremder Mann	*10*	*9*	*Eisenbeschl. Knüppel*	*2*

Die Brechstange hat einen Waffenschaden (WS) von 2. Deine **AUS** und **KON** sind beide **10.**

Kampfrunde 1:

Du würfelst mit 3W6 eine 3 AUS 10 + 3 = 13

Der Fremde mit 3W6 eine 5 AUS 9 + 5 = 14

Der Fremde gewinnt diese Runde. Seine AUS von 9 + WS 2 = 11, geteilt durch 4 ergibt dies 2,75 und **aufgerundet** ein Schaden von 3. Deine **KON** reduziert sich um 3 von 10 auf **7**

Deine **AUS** reduziert sich bei einer **KON** von 7-12 um 2 von 10 auf **8**

Kampfrunde 2:

Du würfelst mit 3W6 eine 4 AUS 8 + 4 = 12

Der Fremde mit 3W6 eine 8 AUS 9 + 8 = 17

Der Fremde gewinnt auch diese Runde. Seine AUS von 9 + WS 2 = 11, geteilt durch 4 ergibt dies 2,75 und **aufgerundet** ein Schaden von 3. Deine **KON** reduziert sich um 3 von 8 auf **5**

Deine **AUS** reduziert sich bei einer **KON** von 1-6 um 3 von 8 auf **5**

Kampfrunde 3: …

Dieses Beispiel zeigt, wie gefährlich es ist, sich auf einen Kampf einzulassen. Vor allem, wenn Waffen im Spiel sind, die durch ihre brutale Wirkung den Schaden auf schmerzvolle Weise nach oben treiben. Doch keine Angst. In vielen Szenen, in denen du einem Gegner gegenüberstehst, besteht die Möglichkeit, sich durch Flucht, Aufgabe oder einem guten Angebot dem unvermeidlichen Ende zu entziehen. Diese Optionen werden im entsprechenden Abschnitt angegeben.

Wundversorgung nach dem Kampf

Klaffende Wunden sind das Schlimmste, das man sich in einer Welt voll von Dreck, Blut und tödlichen Viren vorstellen kann. An einigen Stellen kannst du Verbandsmaterial wie Binden, Mullbinden und Pflaster finden. Diese helfen, deine Wunden zu schützen und geben dir den in der Klammer mit der Gegenstands-Kategorie angegebenen Wert an **IW** und **KON** zurück.

Beispiel: Du hast eine Mullbinde **(k, je +1 IW, +1 KON)** gefunden. Ein Kampf hat dich geschwächt, du trägst eine stark blutende Wunde am Arm davon. Du verbindest dich mit der Mullbinde und erhältst so **+1 auf deinen Infektionswert (IW) und +1 auf deine Konstitution (KON)** zurück.

Selbstredend kannst du KON und IW nur bis zum anfangs erwürfelten Wert regenerieren und dies auch nur, wenn eine Absenkung durch einen Kampf stattgefunden hat.

Glück (GLK)

Glück kann dir in vielen Situationen einen Vorteil verschaffen, der über Leben und Tod entscheidet. Du entscheidest, wie und ob du deine Glückspunkte einsetzt.

Wie funktioniert Glück?

Glück hilft dir, misslungene Proben zu deinen Gunsten zu entscheiden.

Erinnern wir uns an das erste Beispiel: Als du die Tür zum Lagerraum öffnest, zeichnen sich in der Dunkelheit die Umrisse schwankender Gestalten ab. Der Gestank, der dir aus dem Raum entgegenschlägt, ist schier unerträglich. Schon verkündet ein tiefes, raues Knurren, das die Toten dich entdeckt haben.

*Wenn du in den Raum stürmst und die Toten angreifst: Lies weiter bei **745***
*Wenn du die Tür zuschlägst und versuchst, einen Schrank davor zu schieben: Lies weiter bei **845***

845  *Führe eine Probe auf **AUS** durch, um herauszufinden, ob du es schaffst, den Schrank rechtzeitig vor die Tür zu schieben.*
*Wenn die Probe gelingt: Lies weiter bei **345***
*Wenn die Probe misslingt: Lies weiter bei **445***

Deine Ausdauer (AUS) ist 10. Du würfelst mit 3W6 und erhält 3, 4 und 4. Das Ergebnis ist **11** und somit **höher** als dein AUS-Wert von 10. Du hast die Probe **nicht** bestanden.

Du entscheidest dich dafür, einen Glückspunkt einzusetzen, um das Würfelergebnis um einen Punkt zu verringern. Du veränderst also dein Würfelergebnis von 11 auf 10 und bestehst die Probe. Du schaffst es gerade so, den Schrank vor die Tür zu schieben, und liest bei Punkt ***345*** weiter. Dein Glücks-Wert verringert sich von 8 auf 7.

Glückskind oder Pechvogel?

Mit den Glückspunkten kannst du die Härte aus dem Spiel nehmen und den Kopf deines Charakters aus manch tödlicher Schlinge ziehen. Du wählst deine W6 zum erwürfeln der Glückspunkte nach dem Level (Einsteiger/Normalo/Profi/Harter Hund) aus, in dem du dich als Spieler/-in zu Hause fühlst und notierst diese auf deinem Charakterblatt.

Kapitel	Einsteiger	Normalo	Profi	Harter Hund
1	3W6	3W6	2W6	1W6
2	3W6	2W6	1W6	0W6
3	3W6	1W6	0W6	0W6

Pro Spielkapitel können die Glückspunkte 1x verbraucht werden. Zu Beginn des nächsten Kapitels kannst du deine Glückspunkte mit den angegebenen W6 erneut auswürfeln oder die noch vorhandenen Glückspunkte behalten, wenn dir diese als genügend erscheinen. Ein Probewurf hierzu ist nicht gestattet.

Beispiel: Du spielst als »Normalo« und erwürfelst dir für Kapitel 1 mit 3W6 insgesamt 15 Glückspunkte.

Zu Beginn von Kapitel 2 sind noch 3 Glückspunkte übrig. Also würfelst du mit 2W6 und erzielst insgesamt 10 Punkte. Du radierst die 3 alten Glückspunkte aus und schreibst stattdessen eine 10 ins Feld.
Am Anfang von Kapitel 3 hast du noch 5 Glückspunkte übrig. Du entscheidest dich erneut dazu, die Glückspunkte auszuwürfeln und erzielst mit 1W6 allerdings nur eine 1. Pech gehabt, denn nun musst du die 5 ausradieren und stattdessen eine 1 eintragen.

Der Tod

Vergiss niemals, dass du deinen *Charakter* durch ein Survival-Spielbuch führst. Der Tod ist ein fester Bestandteil dieses Abenteuers. Eine Unachtsamkeit genügt, um draufzugehen. Natürlich bietet sich oft eine Chance, dem Tod in letzter Sekunde von der Schippe zu springen, mag sie auch noch so klein sein. Aber eben nicht immer!
Also rechne besser damit, dass du draufgehst. Mehrfach. Immer mal wieder!

Kleidung und Schuhwerk

Dein *Charakter* beginnt das Abenteuer mit einem Satz Alltagskleidung, die dieser am Körper trägt, allerdings ohne Schuhwerk. Schuhe und Alltagskleidung werden in die entsprechende Zeile des Charakterblatts eingetragen und gelten nicht als Fundsachen oder allgemeine Gegenstände.
Und noch etwas. Schreib dir das Outfit deines *Charakters* auf. Ob es cool ist, Nerdy, Normalo, was auch immer. Ob Kleid, Hose oder Achtzigerjahre-Jogginganzug. Es ist dein Stil, der deiner Figur ein Gesicht verleiht!
Alles, was mit (Kleidung) oder (Schuhwerk) gekennzeichnet ist, oder dir im Abschnitt als Outfit angeboten wird, kannst du für deinen *Charakter* als ebensolches verwenden.

Fundsachen im Abenteuer: die Gegenstände

In vielen Abschnitten werden Gegenstände beschrieben, die deinem *Charakter* zu einem späteren Zeitpunkt nützlich sein könnten. Du entscheidest, welche Gegenstände dein *Charakter* mitnimmt und welche er zurücklässt.

Vergiss niemals: Du bist in einem Survival-Abenteuer, in dem oft unscheinbare Gegenstände eine entscheidende Rolle spielen. Oder besonders auffällige, wichtig erscheinende Dinge gar keine …
Und noch etwas: Die Dinge können sich in diesem Abenteuer sehr schnell ändern. Findest du zum Beispiel Lebensmittel, die deine Ausdauer (AUS) regenerieren können, macht es oft Sinn, diese gleich zu verzehren. Ähnlich verhält es sich mit Arzneimitteln, die deinen Infektionswert (IW) regenerieren. Tu es vor oder nach einem Kampf, aber sei immer up to date!
Natürlich ist die Anzahl der Gegenstände, die dein *Charakter* mit sich führen kann, begrenzt. Wer jemals einen Rucksack oder Koffer gepackt hat, weiß, was gemeint ist. Manche Dinge sind groß, schwer und unhandlich, andere klein, dass sie leicht verloren gehen, und welche, die überhaupt nicht ins Gewicht fallen. Die Gegenstände sind in drei Kategorien unterteilt:

Klein (k)

Diese Gegenstände sind klein genug, um in eine Hosentasche zu passen. Sie fallen praktisch nicht ins Gewicht. Gutes Beispiel sind Münzen, kleine persönliche Gegenstände, Fotografien oder das klassische Springmesser.

Mittel (m)

Unter diese Kategorie fallen Gegenstände, die man zwar in der Hand tragen kann, aber in einer Tasche oder einem Rucksack besser aufgehoben wären. Gute Beispiele hierfür sind Konservendosen, Wasserflaschen oder Stabtaschenlampen.

Groß (g)

Das sind besonders sperrige Gegenstände, wie eine Axt oder eine Brechstange. Wenn ein Gegenstand im Abenteuer gefunden wird, wird hinter dessen Namen die Größe als Kürzel k, m oder g angegeben.

2 kleine Gegenstände k** ergeben **1 mittleren Gegenstand m
2 mittlere Gegenstände m** ergeben **1 großen Gegenstand g

Oft kommt es vor, dass mehrere Gegenstände der gleichen Art gefunden werden. Zum Beispiel zwei Pfirsichdosen. Dahinter steht dann in Klammern (**2x m**). Wenn du beide Dosen mitnimmst, beanspruchen diese 2 Plätze der Gegenstands-Kategorie m, nimmst du nur eine Dose mit, wird auch nur 1 Platz der Gegenstands-Kategorie m beansprucht.

Wie viele Gegenstände kann mein Charakter mit sich führen?

Dein normal gekleideter *Charakter* (ja, es kann durchaus vorkommen, dass die Kleidung nicht der Norm entspricht oder man gar keine hat) kann pro Hand je einen Gegenstand beliebiger Größe, also k, m oder g tragen. Dies gilt logischerweise auch dafür, wenn der *Charakter* nackt ist.

Trägt dein *Charakter* eine Hose, kann pro Tasche ein kleiner Gegenstand k transportiert werden. Bei einer Jeans wären das vier Gegenstände k, bei einer Cargo sogar 6. In den Hosenbund kann unter logischen Gesichtspunkten wahlweise ein weiterer Gegenstand der Größe m oder g gesteckt werden. Machete ja (durch die Gürtelschlaufen), Kettensäge nein. Bleibt in diesem Fall einfach realistisch. Schließlich muss sich der *Charakter* auch bewegen und kämpfen können (und das wird er reichlich müssen).

Bei einem Kleid hingegen dürfte es schwer werden, Gegenstände zu verstauen.

Weiterhin hängt es davon ab, welche Gepäckstücke deinem *Charakter* zur Verfügung stehen.

Dein *Charakter* kann jederzeit Gegenstände aufnehmen oder ablegen.

Beispiel: Du besitzt keine Tasche und trägst zwei Konservendosen (m) in deinen Händen. Als du eine Brechstange (g) findest, entscheidest du dich dafür, dass du eine Konservendose (m) zurücklässt und dafür die Brechstange (g) aufnimmst. Natürlich kannst du die Konservendose (die alle einen Ringverschluss haben) zuerst öffnen, den Inhalt essen, und dann die Brechstange nehmen.

Was ist wichtig, was weniger wichtig und was überflüssig?

Lässt dein *Charakter* Nahrungsmittel zurück, findet er mit Pech keine mehr und wird elendig verhungern. Zieht er Konservendosen einer Brechstange vor, kann er sich einem Angriff womöglich nicht erwehren. Lässt er einen Schlüsselbund zurück, um eine Menge Geld mitzunehmen, steht er irgendwann vor einer verschlossenen Tür, umringt von Zombies, die ihm zähnefletschend ans Fleisch wollen. Du siehst, es ist nicht leicht, die richtige Entscheidung zu treffen!

Einige Gegenstände werden sich im Laufe des Abenteuers verbrauchen (Drahtbügel, Kleidung), aufbrauchen (Nahrung und Wasser), einige wird dein *Charakter* verlieren oder womöglich abgenommen bekommen. Das ist der Lauf der Dinge …

Beispiel: Du bist in einem Raum, stehst vor einem leeren Spind, willst dich schon abwenden. Doch Moment mal, der Spind ist ja gar nicht leer. Ein alter, verbogener Drahtkleiderbügel (m) hängt an der Kleiderstange.

Jetzt musst du für deinen Charakter entscheiden, ob dieser Gegenstand von Nutzen sein könnte. Du beschließt, den Kleiderbügel (m) mitzunehmen, da der Draht nützlich sein kann, um zum Beispiel etwas festzubinden oder damit mit etwas Geschick ein Schloss zu öffnen. Du trägst in der Spalte Gegenstände einen Kleiderbügel aus Draht ein und kreuzt das Feld m für mittel an.

Nützliche Gepäckstücke

Es wird Abschnitte geben, in denen du Gepäckstücke findest. Das können Sporttaschen, Rucksäcke, Koffer oder sogar Einkaufswagen sein. Dein *Charakter* kann **maximal 2 Gepäckstücke** tragen. Hinter jedem Gepäckstück ist angegeben, wie viele kleine und mittlere Gegenstände hineinpassen. Wir erinnern uns: 2 mittlere Gegenstände können durch 1 großen Gegenstand ersetzt werden.

Wichtig ist weiterhin, ob das Gepäckstück deinen *Charakter* behindert, etwas in seinen Händen zu halten. Das ist bei einem Rucksack oder eine Sporttasche ohne Weiteres möglich, bei einem Koffer sieht das anders aus, denn den muss dein *Charakter* hinter sich herziehen oder tragen.

Dies wird im entsprechenden Abschnitt mit angegeben.

Beispiel: Du öffnest einen Schrank. Auf dem Boden findest du eine schwarze Sport-Umhängetasche (k=12 m=12).
Du entscheidest, dass dein Charakter die Sporttasche aufnimmt und darin den Drahtkleiderbügel (m) verstaut. Somit passen noch 12 kleine und 11 mittlere Gegenstände in die Tasche, bevor deren Transportkapazität erschöpft ist. Du trägst im Charakterblatt und Gepäckstück Sporttasche ein, bei k eine 12 und bei m ebenfalls eine 12.

Zur Erinnerung: Bist du der Ansicht, dass ein Gegenstand nicht wichtig ist, kannst du ihn jederzeit zurücklassen und durch einen anderen ersetzen, frei nach dem Motto »Wer die Wahl hat, hat die Qual!«.

Bist du bereit für das Abenteuer?
Bereit dazu, dem Tod ins milchig bleiche Auge zu blicken?
Bereit, alles dafür zu tun, um zu überleben?
Auf zum ersten Kapitel!

CHARAKTERBLATT A

Charakter

Attribute	MEN	AUS	KON	GLK	RES	WAH	GES
Start							
	1	1	1	1	1	1	1
	2	2	2	2	2	2	2
	3	3	3	3	3	3	3
	4	4	4	4	4	4	4
	5	5	5	5	5	5	5
	6	6	6	6	6	6	6
	7	7	7	7	7	7	7
	8	8	8	8	8	8	8
	9	9	9	9	9	9	9
	10	10	10	10	10	10	10
	11	11	11	11	11	11	11
	12	12	12	12	12	12	12
	13	13	13	13	13	13	13
	14	14	14	14	14	14	14
	15	15	15	15	15	15	15
	16	16	16	16	16	16	16
	17	17	17	17	17	17	17
	18	18	18	18	18	18	18

IW							
1	26	51	76	101	126	151	176
2	27	52	77	102	127	152	177
3	28	53	78	103	128	153	178
4	29	54	79	104	129	154	179
5	30	55	80	105	130	155	180
6	31	56	81	106	131	156	181
7	32	57	82	107	132	157	182
8	33	58	83	108	133	158	183
9	34	59	84	109	134	159	184
10	35	60	85	110	135	160	185
11	36	61	86	111	136	161	186
12	37	62	87	112	137	162	187
13	38	63	88	113	138	163	188
14	39	64	89	114	139	164	189
15	40	65	90	115	140	165	190
16	41	66	91	116	141	166	191
17	42	67	92	117	142	167	192
18	43	68	93	118	143	168	193
19	44	69	94	119	144	169	194
20	45	70	95	120	145	170	195
21	46	71	96	121	146	171	196
22	47	72	97	122	147	172	197
23	48	73	98	123	148	173	198
24	49	74	99	124	149	174	199
25	50	75	100	125	150	175	200

IW < 20: Lies weiter bei Abschnitt 1018

Gepäckstück	k	m	g

Kleidung

Schuhwerk

Gegenstände	k	m	g	WS

Notizen

Kampf-Gewinner: AUS+3W6 vs. AUS+3W6
1. KON-Verlust: (AUS Sieger+WS) / 4
2. AUS-Verlust: KON 1-6 = 3 / KON 7-12 = 2 / KON 13-18 = 1

Probe: 3W6 ≤ gefordertes Attribut

CHARAKTERBLATT B

Charakter

Attribute	MEN	AUS	KON	GLK	RES	WAH	GES
Start							
	1	1	1	1	1	1	1
	2	2	2	2	2	2	2
	3	3	3	3	3	3	3
	4	4	4	4	4	4	4
	5	5	5	5	5	5	5
	6	6	6	6	6	6	6
	7	7	7	7	7	7	7
	8	8	8	8	8	8	8
	9	9	9	9	9	9	9
	10	10	10	10	10	10	10
	11	11	11	11	11	11	11
	12	12	12	12	12	12	12
	13	13	13	13	13	13	13
	14	14	14	14	14	14	14
	15	15	15	15	15	15	15
	16	16	16	16	16	16	16
	17	17	17	17	17	17	17
	18	18	18	18	18	18	18

IW							
1	26	51	76	101	126	151	176
2	27	52	77	102	127	152	177
3	28	53	78	103	128	153	178
4	29	54	79	104	129	154	179
5	30	55	80	105	130	155	180
6	31	56	81	106	131	156	
7	32	57	82	107	132	157	
8	33	58	83	108	133	158	
9	34	59	84	109	134	159	
10	35	60	85	110	135	160	
11	36	61	86	111	136	161	
12	37	62	87	112	137	162	
13	38	63	88	113	138	163	
14	39	64	89	114	139	164	
15	40	65	90	115	140	165	
16	41	66	91	116	141	166	
17	42	67	92	117	142	167	
18	43	68	93	118	143	168	
19	44	69	94	119	144	169	
20	45	70	95	120	145	170	
21	46	71	96	121	146	171	
22	47	72	97	122	147	172	
23	48	73	98	123	148	173	
24	49	74	99	124	149	174	
25	50	75	100	125	150	175	

IW < 20: Lies weiter bei Abschnitt 1018

Gepäckstück	k	m	g

Kleidung

Schuhwerk

Gegenstände	k	m	g	WS

Notizen

Kampf-Gewinner: AUS+3W6 vs. AUS+3W6
1. KON-Verlust: (AUS Sieger+WS) / 4
2. AUS-Verlust: KON 1-6 = 3 / KON 7-12 = 2 / KON 13-18 = 1

Probe: 3W6 ≤ gefordertes Attribut

OUTBREAK

Dies ist eine Mitteilung des *Center for Disease Control and Prevention.* Das Parlament hat einen Inlandseinsatz der Streitkräfte mit sofortiger Inkraftsetzung bewilligt und den inneren Notstand nach den Artikeln 35, 87a und 91 GG ausgerufen.
Das als XJ09 benannte Virus hat sich zu einer weltweiten Pandemie entwickelt. Es besteht äußerste Ansteckungsgefahr. Der Erreger wird über Körperflüssigkeiten transportiert, wie etwa Speichel, Blut und Urin. Das Virus benötigt nur wenige Minuten, um sich im Körper zu verbreiten und die Blut-Hirn-Schranke zu überwinden. Die Folge sind schwere Schädigungen des zentralen Nervensystems und der Tod des Wirts.
Der Bevölkerung wird dringend angeraten, ihre Wohnungen aufzusuchen und Fenster sowie Türen geschlossen zu halten. Vermeiden Sie unter allen Umständen den Kontakt zu infizierten Personen, selbst, wenn es sich um Familienmitglieder handelt. Isolieren Sie verdächtige Personen in Ihrem Umfeld.
Bewahren Sie unbedingt Ruhe und versuchen Sie nicht, auf eigene Faust Ihre Ziele zu erreichen. Sämtliche Zubringerstraßen werden von der Armee kontrolliert und notwendige Maßnahmen rigoros durchgesetzt. Halten Sie Ihre Rundfunkgeräte empfangsbereit und warten Sie auf weitere Mitteilungen.

Dies ist eine Mitteilung des Center for Disease Control and Prevention ...

Niemand hat die Welt auf XJ09 vorbereitet. XJ09 verbreitet sich lautlos, kriecht in die Köpfe der Menschen, frisst ihren Geist und alles, was sie als Persönlichkeit ausmacht, verwandelt sie in reißende Bestien!
Es spielt keine Rolle, wo du dich befindest, wo du Zuflucht suchst oder

dich verkriechst, die Infizierten werden dich finden. Sie haben Zeit, warten auf den unvermeidlichen Fehler, der dich zu Fall bringt, fressen sich mit Zähnen und Klauen durch die Reihen derer, die sich ihnen als letzte Verteidigungslinie entgegenstellen.
XJ09 schwappt wie eine Flut über das Land, frisst eine Stadt nach der anderen, rafft dahin, was sich Zivilisation nennt. Eine funktionierende Regierung gibt es längst nicht mehr, der finstere Schatten der Anarchie hat sich über das Land gesenkt!
Was von den Streitkräften übrig ist, kämpft verzweifelt und kompromisslos gegen einen Feind, der weder Schlaf noch Nahrung braucht. Viele Soldaten haben sich selbst in brutale Bestien verwandelt, die nicht mehr zwischen Freund und Feind unterscheiden können und kaum als besser anzusehen sind als die Auferstandenen. Am Ende zählen nur der Abschuss und das nackte Überleben.
Die Bemühungen des Widerstands, der letzten Verteidigungslinie, sind verzweifelt, wenn nicht hoffnungslos, denn mit jedem Toten wächst die Armee der Apokalypse!
Das Grauen umschließt die Welt mit seiner eiskalten Faust und drückt erbarmungslos zu, presst den letzten Überlebenden Schweiß, Blut und Seele aus den vor Furcht fiebrigen Körpern. Die Toten erheben sich als fleischgewordenes Chaos und gehen zähneknirschend auf die Jagd nach denen, die sich mit angstgeweiteten Augen in Kellern und Verschlägen verstecken. Die sich nur nachts auf die Straße trauen und unter den markerschütternden Schreien der Toten erzittern.

Die Ära der Toten hat begonnen!
Sie stehen schon auf deiner Schwelle!

KAPITEL 1 – DESASTER

1 Erwachend kämpfst du dich durch den zähen Teig der schwindenden Ohnmacht, durchstößt die sich dehnende Haut deiner vergessenen Träume. Du öffnest die Augen, blinzelst, weil die Helligkeit wie ein glühender Stachel in dich dringt. Das Licht ist grell und anders, als du es in Erinnerung hast. Langsam klärt sich dein Blick, das Sehen kehrt zurück. Durch die dreckigen Industriefenster fallen Sonnenstrahlen, Staub flirrt in der Luft, glitzert vor den roten Backsteinwänden wie feinstes Silber.

Es ist warm. Nein, es ist heiß, die Hitze schier unerträglich. Sie steckt in deinem Körper, tief im Innern, argwöhnisch auf den Moment lauernd. Den einen Augenblick, der alles verändern wird. Sie schwemmt dich an die Oberfläche wie aus einem langen, tiefen Schlaf und zwingt dich dazu nachzudenken. In deinem Kopf hämmert brennender Schmerz. Da ist vieles, was du nicht verstehst. Zum Beispiel, warum du unten liegst. Du schmeckst den Staub auf den roten Fliesen. Sie sind angenehm kühl, vermögen aber nicht, die Hitze in dir zu mindern. Im Gegenteil, sie heben das schleichende Fieber nur mehr hervor. Du kannst es nicht mehr ignorieren. Stöhnend stemmst du dich auf die Beine. Der Raum dreht sich, du strauchelst, taumelst gegen die Wand. Deine Hand findet den Weg zu der schmerzenden Stelle am Hinterkopf, wo es klebrig feucht ist. Verwundert musterst du das rote Blut an deinen Fingern.

Das fängt ja gut an. Reduziere wegen der Verletzung deine ***KON*** *um einen Punkt.*

Reduziere deinen ***IW*** *um* ***2W6*** *(Sollte dein* ***IW*** *unter* ***20*** *sinken, lies bei Abschnitt* ***1018*** *weiter, befolge die Anweisungen und kehre hierher zurück. (Bitte bei alle zukünftigen IW-Reduzierungen beachten!)*

Der Raum gehört zu der Zuflucht, in der du dich mit vier weiteren Überlebenden seit Wochen verkriechst. Es ist das zweite Obergeschoss einer alten Ziegelei in einem stillgelegten Industriekomplex am Rande der Stadt. Von außen ist euer Versteck durch ein schmales Treppenhaus nur schwer zu erreichen. Ein sicherer Unterschlupf, leicht zu verteidigen. Dachtest du zumindest.

Du blickst dich um und wunderst dich über die bedrückende Stille, die wie eine erstickende Decke über der Zuflucht lastet. Wo sind deine Freunde?

Wo ist Karl, der stämmige Schweißer, der gerne auf den Putz haut, wenn sich die Gelegenheit dazu bietet?

Wo ist Andrea, die zierliche, blonde Friseuse, die zwar ein verdammt großes Mundwerk hat, damit aber nur ihre Unsicherheit überspielt?

Wo steckt Paula, die kleine, aber taffe Polizistin?

Und wo zur Hölle ist Basti, der muskelbepackte Biker, dessen großes und im Grunde weiches Herz über das Hirn dominiert?

»Hallo?« Deine Stimme klingt brüchig und fremd. »Karl? … Paula? … Wo steckt ihr, verdammt?«

Worte, die unbeantwortet verhallen.

Der Raum ist verwüstet, der Tisch umgestoßen. Euer wertvollstes Gut, das Funkgerät, liegt zerschmettert auf den Fliesen. Du erinnerst dich: *Wir hatten Kontakt zu einer anderen Gruppe, hatten ihnen die Koordinaten gegeben, wo sie uns finden können. Sie wollten kommen, um zu helfen …*

Aber ... die kannten nur den Rückzugspunkt in der blauen Villa, unser sogenanntes Wartezimmer. Nicht das eigentliche Versteck ...

Da ist Blut auf dem Boden. Halb eingetrocknet erscheint es dir wie dunkelroter Sirup. Daneben liegen Patronenhülsen. Eine Menge davon. Die Luft riecht schwer und süßlich, durchsetzt vom Geruch abgebrannter Feuerwerkskörper. *Ist dies das Werk der fremden Gruppe? Sind sie gekommen und haben …*

Ächzend stößt du dich von der Wand ab, gehst ein paar zögerliche Schritte. Langsam geht es dir besser. Es ist Zeit, herauszufinden, was geschah!

Das Funkgerät ist nicht mehr zu retten, hat sich in einen Haufen wertloser Plastik- und Metallsplitter verwandelt. Du blickst auf deine bloßen

Füße und erinnerst dich nicht daran, warum du weder Socken noch Schuhe trägst.

Womöglich, weil der Überfall plötzlich kam, wir uns in Sicherheit wähnten ...

Fasziniert betrachtest du das Licht, das durch die staubigen Fenster fällt. Wenn deine Freunde im Innenhof sind, wirst du sie durch das Fenster sehen. Zudem besteht die Möglichkeit, dass sie sich in einem der anderen Räume aufhalten.

*Wenn du zum Fenster gehst: Lies weiter bei **20***

*Wenn du zur Tür gehst: Lies weiter bei **30***

2

Der Kampf wird mit Zähnen und Klauen in erbarmungsloser Härte ausgetragen. Bis auf's Blut. Bis das Fleisch reißt und Knochen splittern. Mit zusammengebissenen Zähnen kämpfst du gegen den Hünen an, bis er schließlich wie vom Blitz gefällt direkt vor deine Füße zu Boden kracht. Blut spritzt aus seinen Wunden und Speichel aus seinem Mund. Entsetzt taumelst du rückwärts, um nicht mit den Körpersäften in Berührung zu kommen, die aus Karls geöffnetem Schädel laufen.

Seine letzten Zuckungen verebben, er liegt mit dem Gesicht nach unten friedlich da. Die Zuflucht ist mit Karls zweitem Tod gestorben, hierzubleiben ergibt für dich keinen Sinn mehr.

*Lies weiter bei **33***

3

Mit grimmiger Entschlossenheit beugst du dich über die Brüstung, wo Andrea über den gierig nach oben gestreckten Klauen der Toten baumelt. Du musst dich strecken, um an den Haken zu gelangen, an dem die Seile befestigt sind. Ein bösartiges Fauchen erhebt sich, als die Toten dein Bestreben erkennen. Ihr fauler Atem steigt tränentreibend zu dir herauf. Mit aller Kraft packst du die Stahlseile und ziehst. Andrea wiegt fünfzig, höchstens fünfundfünfzig Kilo, dennoch schneiden die metallenen Stränge schmerzhaft in deine Haut. Du schaffst es kaum, sie ein paar Zentimeter anzuheben. Deine Finger verlieren den Halt, die Seile rutschen zurück, es gibt einen harten Ruck. Andrea schreit voller Schmerz, weil die Stahlseile tiefer in ihre Handgelenke schneiden und ihr die Haut vom Fleisch schälen. Wie

bei einer runzligen Kartoffel schiebt sich die triefende Masse Falten bildend zusammen. Blut tropft in die johlende Menge.
Zum äußersten entschlossen versuchst du es erneut. Du schaffst es, sie anzuheben. Von der Straße ertönt ein wütendes Fauchen, als sich die Zombies um ihre Mahlzeit betrogen fühlen. Ein läppischer Meter trennt Andrea von der sicheren Brüstung. Eine Armlänge, wenn man so will ...
... als dein Fuß auf dem rutschigen Sims den Halt verliert. Deine Hände lassen die Kette los, suchen ihrerseits Halt, um zu verhindern, dass du nicht selbst wie ein Stagediver über die Brüstung stürzt.
Andrea fällt der Meute entgegen. Du versuchst, nachzufassen, und greifst ins Leere. Die Kette ist dir entglitten. Ihr Körper stürzt hinab und prallt auf die Toten, zusammen fallen alle in einem wilden Durcheinander aus Armen und Beinen nieder.
»Steh auf und lauf!«, brüllst du ihr voller Entsetzen zu. Doch selbst im Vollbesitz ihrer Kräfte hätte sie keine Chance inmitten der unbarmherzigen Horde. Schon schlagen sie ihre Zähne in ihre Haut, zerren sie wie Hunde Fäden ziehend von ihrem Fleisch, bevor sie in der aufgebrachten Meute vollends verschwindet und zerrissen wird. Wie Hyänen stürzen sie sich jetzt auf die arme Frau. Als das große Fressen beginnt, wendest du dich mit Tränen in den Augen ab. Wie in Trance setzt du einen Fuß vor den anderen, bis du das gegenüberliegende Dach erreichst und bittere Galle erbrichst. Umgeben vom Reißen und Schmatzen der Toten gehst du ohne einen Blick zurück weiter.
Lies weiter bei ***106***

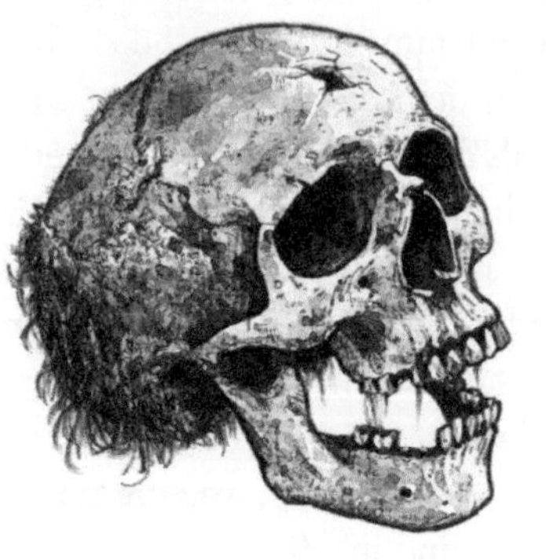

4 Dreck rieselt in deine Augen, während du dich durch die Ranken kämpfst. Zwei Quadrate weiter geht es nach rechts. Der scharfe Geruch nach Katzenpisse brennt dir in den Augen. Kleine Tiere rascheln durch das Gewächs, wecken deine Nervosität. Der Weg erscheint dir falsch. Als du einige besonders dichte Zweige auseinanderschiebst, stehst du vor einem rostigen Gitter, das dir den Weg versperrt. Enttäuscht und wütend zugleich machst du dich auf den Rückweg zur letzten Abzweigung. Plötzlich zerschneidet ein bösartiges Fauchen die Luft. Steine poltern zu Boden, etwas rüttelt an einem der Trenngitter. Du siehst und riechst sie nicht, doch du weißt: Sie sind da!
Lies weiter bei ***24***

5 Salz und Säure haben den Boden in klebrigen Matsch verwandelt. Du tastest dich durch die düstere Halle voran, musst vorsichtig sein, denn überall ragen scharfe Ecken und Kanten hervor. Hier stehen die klobigen Bäder, in deren Schatten alles Mögliche lauern kann. Du erinnerst dich mit Schaudern an die ersten Tage in der Zuflucht. Als ihr eingezogen seid, schwamm ein Zombie in der galvanischen Brühe. Sein Körper war halb aufgelöst und überzogen von gelbem, fauligem Schleim, dennoch versuchte er unaufhörlich, aus dem Tank zu gelangen. Karl gab dem armen Kerl den Todesstoß.
Bei den Salzsäcken stehen rostige Schaufeln (g, WS 2) und eine alte Schubkarre mit plattem Reifen.
Du erreichst die Ecke, an der es nach links geht, hinein in die große Querhalle. Hier ist es etwas heller, denn das Tageslicht fällt durch rechteckige Oberlichter. Darunter stehen halb eingestürzte Mauern, in denen die Kanten von zerbrochenen Glasscheiben wie scharfzackige Reißzähne im Licht glänzen. Hier ist sich der Haupteingang, durch den man in den Innenhof gelangt. Eine Doppeltür aus rostfleckigem, gelb gestrichenem Stahl verschließt normalerweise den Durchgang.
Doch etwas stimmt nicht. Die Tür steht sperrangelweit offen. Eine Einladung zur Party mit dem lebenden Tod!
Es war Grundregel und Lebensversicherung zugleich, den Zugang mit den beiden schweren Riegeln zu sichern. Ging einer raus, hielt man hier unten Wache, bis er zurückkehrte. Soweit du erkennst, ist die Tür intakt.

Also wurde sie bewusst von innen geöffnet? Hatten wir in unseren Reihen einen Verräter? Steckte jemand mit den feigen Plünderern unter einer Decke?
Lies weiter bei ***23***

6 Der Tote ist schnell. Bevor du deine Waffe anhebst, ist er bei dir. Seine schmierigen Finger packen deine Kleidung, zerren daran. Schon schwebt sein aufgerissenes Maul vor deinem Gesicht, bereit, die Zähne in die Haut zu schlagen. Bilder blutig roter Totenschädel zucken durch deinen Geist. Dir bleibt keine Wahl, du musst ihn besiegen, um zu überleben!

Führe den Kampf nach den Regeln durch!

Archetyp	KON	AUS	Waffe	WS
Zombie	*10*	*8*	–	–

Reduziere deinen ***IW*** *um* ***1W6*** *(IW < 20 gehe zu* ***1018****)*
Du hast gewonnen: Lies weiter bei ***116***
Du hast verloren: Lies weiter bei ***17***

7 Du erhebst dich mit dem Toten aus der Brühe. Öliges Wasser rinnt ihm vom haarlosen Schädel. Wütend reißt er sein Maul auf und schreit dir spuckend seine Wut entgegen. Deine Faust schlägt ihm die restlichen Zähne aus dem Gesicht. Während er nach hinten kippt, greifst du nach den Resten der Mauer. Dieses Mal muss es klappen. Das ist deine letzte Chance ...
... deine Füße finden in einer Spalte halt und es ist dir möglich, dich nach oben zu schieben. Deine Nägel brechen mit beißendem Schmerz, als du vor Anstrengung schreiend die Finger in den Matsch rammst. Du kletterst schnell, denn die Toten strömen in Scharen aus den schwarzen Schlünden der Gänge. Und du schaffst das Unmögliche: Deine Hände erreichen die obere Kante, du hast es geschafft!
Dein Herz schlägt hart in deiner Brust. Du liegst auf dem Rücken, schnappst nach Luft und lachst wie ein Irrer in den blauen Himmel. Unter dir toben die Toten, brüllen ihre Wut um das geraubte Futter

heraus. Ihr Zorn verleiht ihnen ungeahnte Kräfte, doch sie sind zu dumm, um dir zu folgen.

Es sei denn, sie sind zahlreich genug, einen Haufen zu bilden, damit sie übereinander kletternd hinauf gelangen ...

Du stehst auf einem großen, leergeräumten Platz. Rechts von dir erhebt sich ein dicker Industrieschlot in den bleigrauen Himmel. Gegenüber wird das Areal durch eine mehr als zwei Meter hohe Backsteinmauer begrenzt. Das muss die Außenmauer des Industriegebiets sein. Dein Blick folgt ihr nach links. Dort gibt es weitere Gebäude und eine Ansammlung von hölzernen Transportkisten, mit deren Hilfe du die Mauer übersteigen kannst.

Dein Herz macht einen freudigen Sprung, denn du hast das Ziel fast erreicht. Du weißt, hinter der Mauer gibt es ein freistehendes Haus etwa zweihundert Meter die Straße runter Richtung Innenstadt, das als euer *Wartezimmer* fungiert!

Lies weiter bei ***19***

8 Mit jedem Schritt weicht das Wasser zurück, bis es dir nur noch bis zu den Knöcheln reicht. Kaum, dass du das eiserne Schott erreichst, torkeln deine zerlumpten Verfolger hinter dir in den Gang. Ihr hohles Fauchen klingt wie das Johlen von Betrunkenen und hallt von den Wänden wider. Doch sie gieren nach deinem bluttriefenden Fleisch und nicht nach Alkohol. Du kletterst durch das Schott und erkennst die erbarmungslose Wahrheit auf den ersten Blick: Du steckst in einem Industrieschlot! Unrat liegt auf dem Boden, es stinkt nach Schimmel und Urin.

Das hier ist eine verdammte Todesfalle!

Du schaffst es, den Schott zu schließen, bevor sich die Toten durch die Öffnung drängen. Mit sattem Schmatzen schließt sich der Durchgang. Der Stahl ist dick und sperrt das Lärmen der Toten aus. *Wie der Korken auf einer verdammten Flasche!*

Die einzigen Geräusche sind dein schneller Atem und dein Herz, das in einem wilden Rhythmus hämmert. Du setzt dich auf den Boden und starrst nach oben zu dem unerreichbaren Ende des Schlots. Ein winziger, kreisrunder Punkt, der dich zu verhöhnen scheint. Als das Tageslicht abnimmt, gestehst du dir ein, dass du hier auf ewig festsitzen wirst. Es folgt die Nacht und der nächste Morgen. Du nimmst einen Stein, um deine Geschichte in die Steine des Schlots zu ritzen.

Ende

9

Du verlierst die Orientierung. Das Wasser schwappt über deine Knöchel. Kälte packt dich mit ihren eiskalten Klauen und kriecht in deine Beine, wandert nach oben. Du erreichst eine Kreuzung. Der Weg nach links ist verschüttet, anstelle eines Ganges gibt es nur Ziegelsteinschutt bis hoch zur Decke. Durchwühlen ausgeschlossen. Der Weg nach rechts versinkt in undurchdringlicher Dunkelheit. Hinter dir die Geräusche der Toten, ihr Stöhnen und Schlurfen, das sich jedes Mal, wenn du stehenbleibst, nähert. Noch sind sie nicht zu sehen, aber das wird sich bald ändern. Du musst dich entscheiden!

Wenn du nach rechts gehst: Lies weiter bei ***101***

10

Das Licht spielt mit den Schatten der Zombies, zieht sie in die Länge, sodass es scheint, sie würden nach dir greifen. Ihre schwankenden, ungelenken Bewegungen werden zum Scherenschnitt der boshaften Art. Als du die Abzweigung erreichst, sind sie nur eine Biegung entfernt. Dir bleibt nur der Weg nach rechts.

Lies weiter bei ***221***

11

Der rechteckige Raum riecht nach zu lang getragener Kleidung und käsig stinkenden Schuhen, vermischt mit Schimmel, der wie ein schwarzes Geschwür in den Ecken wuchert. Links an der Wand stehen die schmalen Schränke der Arbeiter. Vor einigen Wochen hat Karl die Schlösser aufgebrochen, um nach nützlichen Dingen zu suchen. In den Türen kleben Bilder leicht bekleideter Frauen, die dich mit kaltem Augenaufschlag und künstlich-gezwungenem Lächeln anstarren. Ihre Lippen erinnern an Gummischläuche, ihre Oberweite an aufgeblähte Plastikbälle aus dem Supermarkt.

Künstlich erschaffene Sexzombies, deren Herzen kalt schlagen ...

Voller Abscheu wendest du dich von den Bildern ab. In den Schränken liegen ein paar zerfledderten Motorsportmagazine (m), ein dreckiger, blauer Overall (Kleidung) und ein Paar ausgelatschte Arbeitsschuhe (Schuhwerk).

Hinweis: Solltest du die Sachen anprobieren, wirst du feststellen, dass sie dir leidig passen!

In der Mitte des Raumes steht eine Biergarnitur, bestehend aus einem Tisch und zwei Bänken. Rechts neben der Tür hängt ein zerbeulter Erste-Hilfe-Kasten, in dem sich ein Dreieckstuch (m, +2 IW, +1 KON), drei Mullbinden (3x m, je +1 IW, +1 KON), eine Verbandsschere (k) sowie ein Päckchen (Inhalt 10 Stück) Heftpflaster (k, je +1 IW, +0 KON) befinden. Der Jackpot besteht aus einem Fläschchen Jod **3x3** (m) und einer Röhre mit Aspirintabletten (Inhalt 10 Stück) **10x2** (k, reduziert GES -1W6 für 1W6 Abschnitte pro eingenommener Tablette). Du erinnerst dich vage, dass ihr es als Notvorrat angelegt habt.

Hinweis: Solltest du dich in der Galvanik am Fuß verletzt haben, wäre jetzt der geeignete Zeitpunkt, die Wunde zu verarzten!
*Lies weiter bei **78***

12 Du packst das Schloss mit aller Kraft und zerrst daran, doch es öffnet sich nicht. Voller Angst blickst du nach hinten zu den Zombies, die unaufhaltsam näher kommen.

Starte deinen zweiten Versuch:

911	*931*	*951*	*971*	*991*	*Lies weiter bei **171***
913	*933*	*953*	*973*	*993*	*Lies weiter bei **208***
915	*935*	*955*	*975*	*995*	*Lies weiter bei **126***
917	*937*	*957*	*977*	*997*	*Lies weiter bei **49***
919	*939*	*959*	*979*	*999*	*Lies weiter bei **63***

13 Dein Holzknüppel (g, WS 2) geht mit der Wucht des Jüngsten Gerichts auf Karls Schädel nieder. Es folgt ein widerwärtiges Knirschen. Knochen splittern. Das Holz versinkt in seinem Kopf, Blut und Hirnmasse spritzen durch die Luft. Du hast ihm den Schädel eingeschlagen. Karl kracht schwer zu Boden, klatscht dir vor die Füße. Entsetzt weichst du zurück, um nicht mit der dunklen, grau-durchsetzten Masse in Berührung zu kommen, die aus dem geborstenen Schädel rinnt. Die letzten Zuckungen verebben schnell, er liegt mit dem Gesicht nach unten da, hat seinen Frieden gefunden.

Zitternd lässt du den Holzknüppel sinken. Am splittrigen Ende kleben Haare, Haut, Blut deines Freundes. Die Zuflucht ist mit Karl gestorben, hierzubleiben ergibt keinen Sinn mehr.
Lies weiter bei ***33***

14

Vorsichtig öffnest du die Tür, die zum Schlafraum führt. Erst einen kleinen Spalt, um prüfend die Luft zu schnuppern, die daraus hervordringt. Du riechst Staub, den Mief viel zu lang getragener Kleidung, die Ausdünstungen der letzten Nacht. Alles scheint normal. Der obligatorische Gestank der Toten, eine Mischung aus faulem Fleisch und ranzigem Käse, fehlt jedoch. Du atmest durch, stößt die Tür auf und betrittst den Raum.
Karls Lager ist direkt neben der Tür, danach kommt das von Basti und schließlich, unter dem Fenster, dein eigenes. Du hast dich immer bei den beiden Männern wohl gefühlt. Die wenigen Habseligkeiten, die neben den Isomatten (g), Schlafsäcken (g) und Decken (g) auf dem Boden liegen, erinnern an einen Jugendurlaub, bei dem es eher um einen reichhaltigen Biervorrat als um Komfort geht. Du lächelst traurig. Karl hat seinen Kram in einem großen Bundeswehrrucksack (k=15 m=15) transportiert. Basti hatte hingegen nichts weiter als eine, zwar recht stabile, aber dennoch unhandliche Mehrwegplastiktüte (k=10 m=6). Am Kopfende deines Lagers liegt deine schwarze Sporttasche (k=12 m=12).
Lies weiter bei ***104***

Tipp: Das größte Gepäckstück muss nicht das Beste sein!

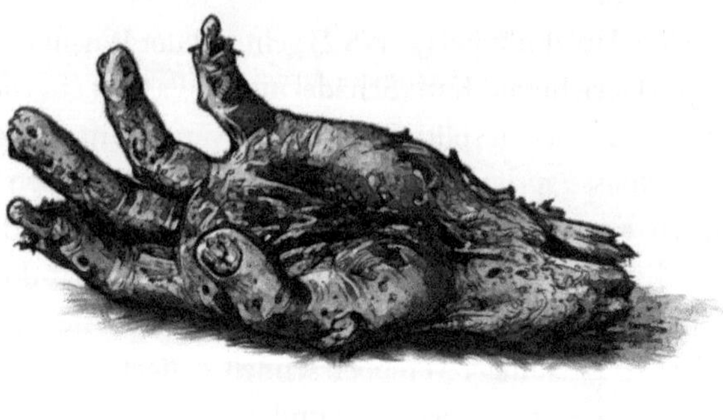

15 Der Geruch nach frischen Blättern weicht süßlichem Gestank. Er legt sich pelzig auf deinen Gaumen, macht deinen Speichel bitter. Dein Weg macht ein Quadrat weiter eine Biegung nach links. Erleichtert stellst du fest, dass die Quelle des Odems ein totes Kaninchen ist, das rechts an der Backsteinmauer liegt. Maden kriechen in dem Kadaver herum, verzehren ihr eigenes Heim. Die Augen starren dich ausgehöhlt und leer an. Das muss die das Pflanzenhaus umgebende Außenwand sein. Wo die Verwesungssäfte in den Boden eingedrungen sind, sind die Pflanzen welk. Hier ist das Leben dem Tod gewichen.
Lies weiter bei ***52***

16 Begleitet von einem schrillen Quietschen ziehst du die schwere Eisentür zu. Die gewölbte Decke des Kellers verliert sich nach wenigen Metern im trüben Schein. Die meisten Gänge werden durch das Licht kleiner Kellerfenster spärlich erhellt, gerade genug, um Schemen zu erkennen, doch die, welche in die Eingeweide der Gebäude führen, verlieren sich in absoluter Finsternis. Auf den roten Ziegelsteinen wuchern Schimmel und Salpeter wie Geschwüre. Es ist feucht und kühl, dein Atem dampft.
Karl hat den Weg durch die Katakomben stets bevorzugt. Er war der Ansicht gewesen, dass eine Fortbewegung unter der Erde die sicherste Methode sei, die Leichensäcke zu umgehen. Sicher, es gibt hier unten gefährliche Zonen, die man besser meiden sollte, doch die bilden im Verhältnis zur Oberfläche eher die Ausnahme.
Neben der Tür hängt Karls Plan durch das Gewirr der unterirdischen Gänge. Das Papier ist feucht und fühlt sich an wie nasse, dünne Haut, die Bleistiftstriche sind blass.

Karls Plan mit dem »sicheren« Weg durch die Kellergewölbe. Merk ihn dir gut. Möchtest du dir eine Handskizze anfertigen (siehe Abbildung nächste Seite)?
Lies weiter bei ***82***

17 Du brüllst vor Anstrengung, setzt alles in den einen, verzweifelten Versuch, dich von dem Scheusal mit den gelben Augen zu befreien, das mit schnappendem Kiefer nach deinem Fleisch

WORT UNLESERLICH
STADT
EXIT
EXIT
EXIT
EXIT
EXIT
EXIT
EXIT
EXIT
EXIT
EXIT
HAUPTTOR
GARTEN-
HAUS

giert. Deine Kräfte schwinden schnell, aufgezehrt von der Kälte des Wassers, den Entbehrungen der letzten Tage. Deine Muskeln brennen, fangen an zu krampfen. Er drückt dich mit erbarmungsloser Härte in die Knie. Zwischen deinen Fingern schleimige Haut, die vom faulen Fleisch des Toten rutscht wie eine alte Wurstpelle. Darunter graues, verwesendes Geschmiere. Der Tote entgleitet deinem Griff wie ein alter, stinkender Fisch. Ein fauliger Hauch streift über dein Gesicht, als er sich niederbeugt und die braunen Zähne mit der Gewalt einer hydraulischen Schraubzwinge in dein Fleisch treibt. Als er dir die Haut schnalzend vom Körper zerrt, explodiert der Schmerz. Deine gellenden Schreie durchdringen die finsteren Gänge, werden von einem Stöhnen und Fauchen aus vielen Kehlen beantwortet. Du bist nicht allein!
*Lies weiter bei **1049***

18 Du stehst an einer Kreuzung und drehst dich orientierungslos im Kreis. Ein Weg führt geradeaus, einer nach links und einer nach rechts. Doch welcher ist der Richtige?
Du weißt nur eins: Die Toten sind dir auf den Fersen, es bleibt keine Zeit zum langen Grübeln. Ihr Johlen und Grunzen dringt in fast schon penetranter Weise aus dem linken Gang auf dich ein. Somit disqualifiziert sich der Weg nach links auf recht nachdrückliche Weise. Triff deine Wahl schnell!
*Wenn du geradeaus gehst: Dort fällt durch ein kleines Türchen das der eines Verbrennungsofens ähnelt, schwaches Licht: Lies weiter bei **8***
*Wenn du nach rechts gehst: Lies weiter bei **57***

19 Nachdem du das Industriegebiet verlassen hast, folgst du einem kleinen, von dichtem Gestrüpp umgebenen Pfad. Du bist müde. Dir ist kalt, du sehnst dich nach etwas Ruhe und Sicherheit. Vor allem aber nach anderen Menschen!
Das *Wartezimmer* befindet sich in einem blau gestrichenen Fachwerkhaus an der Uferstraße, die Richtung Innenstadt führt. Fenster und Türen sind vernagelt, nur die Hintertür lässt sich mit einem Kniff öffnen, den nur die Leute aus der Zuflucht kennen. Einst von einem älteren Ehepaar bewohnt, dient es heute als zeitweiliger Unterschlupf, wenn der Zutritt zum Industriegebiet von den Toten verwehrt war.

Du sinkst im Wohnzimmer auf die muffig riechenden, geblümten Polster, lehnst dich zurück und ziehst eine Decke über deinen nassen, schlotternden Körper, atmest durch und schließt die Augen. Denkst an die vielen Menschen, deren Bilder ihr an die Wände geklebt habt, um sie nicht zu vergessen. An deinen Vater, der im Institut für außergewöhnliche Nervenerkrankungen auf dich wartet. Ein schöner Gedanke, der wahr sein könnte, wenn Paula recht hat. Die Müdigkeit macht deine Augen schwer, mit letzter Kraft schälst du dich aus den nassen Sachen und wickelst dich in die dumpf riechenden Decken.
Du erinnerst dich an die endlosen Spaziergänge in den Wäldern am Rande der Stadt, an der Hand deines Vaters. An die verrückten Geschichten, die er für dich erfand. In denen du als Held das Böse mit Leichtigkeit besiegt hast. Eine bleierne Müdigkeit zieht dich in die Tiefe. Du sinkst in bleiche Hände, die dich wie einen Schatz aufnehmen, den aufgerissenen Mäulern entgegenführen ...
*Lies weiter bei **232***

20 Du reibst mit dem Ärmel den Staub von der Scheibe. Zwei Stockwerke unter dir liegt der Innenhof, ein vom Ziegelsteingebäude umschlossenes Quadrat mit gepflastertem Boden. Auf der grünen Abdeckplane in der rechten Ecke schimmern ölige Pfützen. Darunter verborgen die verbrannten Körper der Toten, die es bis vor eure Haustür geschafft hatten. Es war Karls Idee gewesen, sie zu verbrennen. Er meinte, das wäre besser, als der unerträgliche Verwesungsgeruch, der über der Stadt hängt und einen faden Geschmack in die Münder trägt. Für dich war das Feuer das Ende der Menschlichkeit.
Es waren Menschen, die ein normales Leben führten, lachten, weinten, Kinder und Familien hatten, auch Probleme. Menschen, die es verdienten, ordentlich beerdigt zu werden.
Es muss geregnet haben, denn die Pflastersteine sind nass. Doch jetzt steht die Sonne am azurblauen Himmel, verhöhnt die gestorbene Welt mit ihrem hellen Licht. Dort unten ist niemand, also gehst du zur Tür. Du hoffst, dass alles gut ist, gleichzeitig hast du aber Angst, dass das Gegenteil der Fall ist.
*Lies weiter bei **30***

21 Karls toter Körper marschiert wie ein russischer Kampfpanzer unaufhaltsam auf dich zu. Die harten Muskeln krachen, sind zu steif, um sich zu dehnen. In seinem Blick funkelt die reine Boshaftigkeit.

In der Blutlache hinter Karl liegt seine heißgeliebte Brechstange, von der er sich im Leben nie getrennt hat. Sogar auf die Toilette hatte er sie mitgenommen. Du dagegen stehst mit leeren Händen da. Eine schlechte Ausgangsposition, um sich mit einem übel gelaunten und zudem muskelbepackten Zombie anzulegen. Hektisch suchst du nach einem Ausweg. Du musst eine Entscheidung treffen. *Jetzt!*

*Wenn du versuchst, zum Tisch zu gelangen, um dir einen der Holzstühle zu greifen: Lies weiter bei **136***

*Wenn du dein Heil in der Flucht suchst: Lies weiter bei **158***

22 Du weißt, dass du Andrea nicht helfen kannst. Außerdem, war es nicht sie gewesen, die bei der Abstimmung über deine Aufnahme in die Gruppe gegen dich stimmte?

Dein Entschluss steht fest, du wirst zur gegenüberliegenden Dachseite gehen, setzt auf dem brüchigen roten Stein einen Fuß vor den anderen. Auf halbem Weg bleibst du stehen und siehst über die Brüstung. Dorthin, wo Andrea hängt. Ihr verzweifelter Blick trifft den deinen, bohrt sich in deinen Kopf, wird zur glühenden Nadel der Schuld. Ihr Flehen lässt dein Herz fast zerspringen, und du weißt: Zu gehen, als wäre nichts geschehen, kannst du auch nicht. Dort unten schwebt ein Mensch in Lebensgefahr. Ein Mensch, der zu deiner Gruppe gehört. Du musst ihr helfen!

*Lies weiter bei **3***

23 Leise pirschst du dich an der Wand entlang, machst einen Bogen um die dunklen Schemen, die die großen Bäder sind. Du passierst eine Metallvorrichtung, an der die schweren, eisernen Haken (g, WS 2) hängen, mit denen die Arbeiter die Werkstücke wendeten. Sie sind achtzig Zentimeter lang, besitzen einen mit Gummi ummantelten Griff und einen scharfkantigen Zacken am anderen Ende.

Durch die Türöffnung siehst du die Toten, die sich im Innenhof bewegen. Ihr Stöhnen dringt in deine Ohren, ihr Gestank versucht, den der

Säure in den Tanks zu übertreffen. Du wagst einen weiteren Schritt, trittst auf Glas, das unter dem Druck zerbricht. Ein lautes Knacken zerschneidet die Stille der Halle!
Wenn du keine Schuhe trägst: *Lies weiter bei **64***
Die Schatten vor der Tür verharren. Sie lauschen, warten auf das nächste Geräusch.
*Wenn du stehen bleibst: Lies weiter bei **199***
*Wenn du nach vorne stürmen und die Tür zuschlagen willst: Lies weiter bei **127***
*Wenn du zurück zum Treppenhaus läufst: Lies weiter bei **178***

24

Du schwitzt. Es widerstrebt dir, dich den Toten zu nähern. Es ist nicht klar, durch welchen Zugang sie in das Pflanzenhaus eingedrungen sind.
*Wenn du zur ersten Kreuzung zurückgehst: Lies weiter bei **113***
*Wenn du nach links gehst: Lies weiter bei **39***

25

Die Tür ist angelehnt, lässt sich aber leicht öffnen. Das helle Licht blendet dich, blinzelnd brauchst einen Moment, bis du die Umgebung erkennst. Vorsichtig folgst du den Stufen nach oben. Aus verschwommenen Schemen werden scharf gezeichnete Umrisse. Du stehst auf einem freien Platz. Links ragt ein riesenhafter Schornstein in den Himmel, dahinter erstreckt sich eine hohe, massive Mauer. Auf dem Platz liegen Schutthaufen, zwischen denen vereinzelte Zombies umherirren. Es sind nicht viele, aber du solltest sie dennoch nicht unterschätzen. Du willst dich in die Dunkelheit des Kellers zurückziehen, doch die Tür fällt mit einem lauten, ultimativen Klacken ins Schloss. Dir bleibt keine Wahl, du musst dich den Toten stellen!
*Lies weiter bei **219***

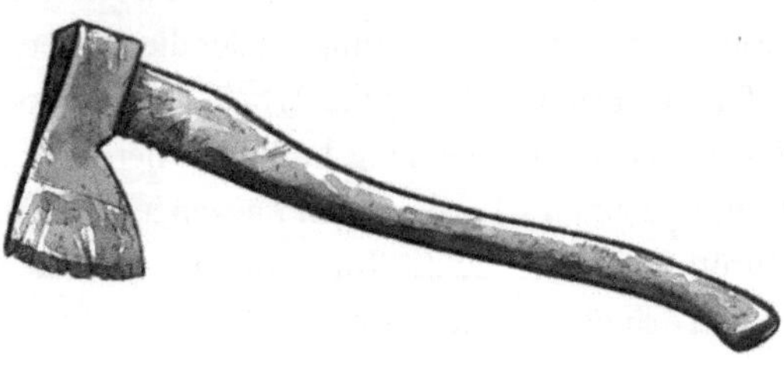

26 Du schaffst es, deine Waffe hochzureißen, um den Vorwärtsdrang des Toten zu stoppen. Mit aller Kraft stemmst du dich dem Ungetüm entgegen, bringst ihn sogar aus dem Gleichgewicht. Er verliert den Halt und stürzt vor Wut fauchend in das aufgewühlte Wasser.

*Wenn du gegen den Zombie kämpfen willst: Lies weiter bei **176***
*Wenn du die Flucht ergreifst: Lies weiter bei **149***

27 Du gehst auf das Licht am Ende des Schachts zu. Dort wird das Wasser flacher. Als du die Stahltür erreichst, steht es dir bis zu den Knöcheln. Von deinem Körper dampft die klamme Feuchtigkeit. All deine Hoffnung liegt hinter dieser Tür, denn die Toten sind dir dicht auf den Fersen. Sie drängen in den Gang, füllen ihn mit ihrem Gestank und Stöhnen aus. Deine Hand legt sich auf den Knauf, dreht daran und …

*Führe eine Probe auf **GLK** durch!*
*Gelingt die Probe: Lies weiter bei **117***
*Misslingt die Probe: Lies weiter bei **183***

28 *Solltest du im Besitz einer Schaufel sein, musst du sie wegwerfen, denn mit ihr kannst du nicht klettern. Streiche sie vom Charakterblatt!*
Du krallst dich in das feuchte Gemisch aus Steinen und Schlamm, rutschst ab, stemmst die Füße in die Fugen der Wand, schiebst dich hoch. Die Toten drängen ins Freie, stöhnen lustvoll auf, als sie dein schwitzendes Fleisch riechen. Die Schlinge zieht sich erbarmungslos zu!
Doch ein Wunder geschieht und du findest Halt im schlammigen Grund, ziehst dich schreiend nach oben. Du arbeitest dich Zentimeter um Zentimeter aufwärts. Ein Zombie bekommt dein Bein zu fassen. Mit einem verzweifelten Tritt beförderst du ihn ins Wasser zurück, verlierst den Halt, stürzt. Ist dies das Ende?

*Führe eine Probe auf **AUS** durch.*
*Die Probe gelingt: Lies weiter bei **7***
*Die Probe misslingt: Lies weiter bei **70***

29 Sie sind nah, du schmeckst sie ihm feuchten Dunst. Endlich taucht die Abzweigung vor dir auf. Schattenspiele im Licht, Bewegungen, Lärm.

*Solltest du am Fuß verletzt sein und die Wunde nicht verbunden haben, lies sofort bei **69** weiter.*

*Ansonsten mache eine Probe auf **GLK**!*

*Die Probe ist geglückt: Lies weiter bei **10***

*Die Probe ist misslungen: Lies weiter bei **67***

30 Tiefe Furchen durchziehen den alten Lack der Tür, als hätte ein wütendes Monster daran gekratzt. Sie ist nur angelehnt. Ein zarter Luftzug fährt durch den Spalt über deine Haut. Du konzentrierst dich und lauschst. Jenseits herrscht Stille. Letztendlich ist es die Neugier, die dich dazu treibt, die Tür zu öffnen. In diesem Moment wird dir bewusst, dass nichts mehr sein wird, wie es einmal war.

Unsicher betrittst du den abgewetzten Holzboden des Hauptraumes. Genau in der Mitte liegt in einer Blutlache Karls regloser Körper. Sonnenstrahlen teilen ihn in dunkle und helle Zonen. Seine bleichen Augen starren zur Decke, sein Mund ist geöffnet, als hätte er etwas zu sagen und würde nur innehalten, um Luft zu holen. Er trägt Shorts und das alte, graue Shirt, von dem er sich nie trennte. Überall ist Blut. Genug, um sicher zu sein, dass er tot ist.

Sonst ist niemand im Raum. Von hier aus erreichst du alle anderen Räume, doch das ist es nicht, was dich im Moment beschäftigt. Verunsichert überlegst du, ob du zu Karl gehen sollst, obwohl du weißt, dass er tot ist. Er ist dir gegenüber stets fair gewesen, ein echter Freund.

Links von dir steht der Tisch, an dem ihr Platz genommen habt, um zu essen oder um in der Nacht über schlechte Witze zu lachen. Hier stehen die Teller des letzten Mahls, nebst Messern und Gabeln. Die Gläser sind umgeworfen und haben ihren Inhalt über einige Blätter ergossen, die sich auf der Mitte der Tischplatte stapeln. Nur eins steht noch, gefüllt mit klarem, frischem Wasser. Du beschließt, zuerst deinen Durst zu stillen.

An der rechten Wand steht euer Vorratsregal, darüber ist das Fenster, durch das du die Straße siehst, die durch das Industriegebiet zur Zuflucht führt.

*Wenn du zu Karl gehst: Lies weiter bei **45***
*Wenn du zum Tisch gehst: Lies weiter bei **104***
*Wenn du zum Fenster gehst: Lies weiter bei **231***

31 Das Badezimmer der Zuflucht ist ein ungemütlicher Raum, den man nur aufsucht, wenn es unbedingt sein muss. Der Grund ist der Gestank, der aus der Toilette steigt, die nichts anderes ist als ein Eimer ohne Boden, der auf einem Loch steht, über dem wiederum ein Stuhl mit einem Loch in der Sitzfläche platziert ist. Wenn man seine Notdurft verrichten muss, tut man es hier. Nicht angenehm, aber zweckmäßig. Eine bescheidene Wahrung des Anstands.
Der zweite Grund ist, dass es nicht genügend Wasser gibt, um sich zu waschen. Auf dem Dach stehen zwar blaue Plastikfässer, in denen ihr Regenwasser sammelt, aber das ist zu wertvoll, um es für Körperpflege zu vergeuden. Abhilfe schaffen Feuchttücher (m), doch deren Vorrat geht zur Neige.
An der Wand hängen ein altes Waschbecken und darüber ein fleckiger Spiegel. Du stützt dich mit den Händen auf den Waschbeckenrand und musterst das müde, bleich wirkende Gesicht, das dich aus der glänzenden Oberfläche skeptisch anstarrt. Es ist dreckig, die Haare sind verstrubbelt und mit Blut verklebt. Würdest du anderen Überlebenden begegnen, könnte leicht der Eindruck entstehen, dass du die kritische Grenze überschritten hast. Dass du einer bist, der sich bald in ein Monster verwandelt. Vorsichtig versuchst du, mit einigen Feuchttüchern die Wunde zu reinigen. Es brennt fürchterlich.
Auf der Ablage stehen Zahnpasta (k) und Zahnbürste (k) und du denkst darüber nach, dir die Zähne zu putzen, um diesen widerwärtigen Geschmack nach totem Vogel loszuwerden.
Auf dem Heizkörper unter dem Fenster sollten haufenweise Autoverbandspäckchen aufeinandergestapelt bereitliegen. Jetzt zeugen nur ein paar leere Verbandspäckchen und jede Menge Dreck auf dem Boden, dass es sie gegeben hat. Doch halt, dort hinten, in der Ecke, wo der Stuhl steht, schimmert dir das Weiß zweier Mullbindenpäckchen (2x k, je +1 IW, +1 KON) entgegen. Eine packst du aus und wickelst sie dir um den Kopf, denn du hast nicht vor, dir mit einer offenen Wunde was einzufangen.

Als du dir mit einem der Feuchttücher das Gesicht säuberst, hörst du ein Geräusch. Erst glaubst du, dich geirrt zu haben, doch du vernimmst es wieder. Eiskalt fährt es dir über den Rücken. War das ein Röcheln? Ein Stöhnen etwa? Das Knirschen von kaltem, totem Muskelfleisch, das sich unter langsamen Bewegungen dehnt?
*Lies weiter bei **74***

32 Karls Blick ist an Bosheit kaum zu übertreffen. Er starrt dich an, als würde er in der Lage sein, darüber nachzudenken, was du als Nächstes tust. Oder, was wahrscheinlicher ist, wie dein Fleisch schmeckt. Dein Herz hämmert schmerzhaft gegen die Rippen, als er sich mit schlurfenden Schritten nähert.
*Du stellst dich ihm entgegen und kämpfst: Lies weiter bei **46***
*Du suchst dein Heil in der Flucht: Lies weiter bei **93***

33 Wie in Trance gehst du zur Eingangstür der Zuflucht. Wo sich einst der Türgriff befand, gähnt ein gezacktes Loch, dessen Splitter in den Raum hineinreichen.
Aufgeschossen!
Deine Kopfwunde pocht, der Schmerz zieht sich die linke Gesichtshälfte hinunter, um sich wie ein nervender Stachel ins Zahnfleisch zu pflanzen. Neben der Tür liegen deine Armeestiefel (Schuhwerk).

Hinweis: Solltest du keine Schuhe tragen, wäre jetzt eine gute Gelegenheit, dies zu ändern.
Blutbeschmiert, erschöpft und von einer seltsamen Traurigkeit ergriffen, verlässt du die Zuflucht, welche dir und deinen Freunden Sicherheit gab. Du wirfst einen wehmütigen Blick auf Karls Leiche und weißt, dass du keinen Fuß mehr in diese Räume setzen wirst.
*Lies weiter bei **168***

34 Der Riegel der Gittertür lässt sich leicht öffnen. Die Scharniere sind verrostet und kreischen schrill, als wollten sie dir zuschreien, es nicht zu tun. Aus der Hütte dringt ein dumpfes Grollen, als das Monster deiner Gegenwart gewahr wird. Es bewegt sich, will nach draußen kriechen, riecht dein warmes, nasses Fleisch.

Wenn dir das Fauchen des Monsters deine Entschlossenheit raubt, du aus dem Käfig springst und die Tür hinter dir verriegelst:
Wenn du zu den Wasserfässern gehst, um deinen Durst zu stillen: Lies weiter bei ***169***
Wenn du an den Wasserfässern vorbei über das Dach gehst: Lies weiter bei ***187***
Wenn du zur Backsteinwand an der Vorderseite des Gebäudes gehst: Lies weiter bei ***197***

Wenn du kämpfen willst und du *im Besitz der Brechstange, der Schaufel, eines eisernen Hakens oder des Stuhlbeins bist: Lies weiter bei* ***156***
Schuhwerk trägst und dir damit einen Angriff zutraust: Lies weiter bei ***188***
Nichts dergleichen hast: ***Hau lieber ab und wähle zwischen den ersten drei Optionen!***

35 Du rüttelst am Schloss, doch es öffnet sich nicht. Nervös blickst du über die Schulter, siehst die unaufhaltsam näher kommenden Toten.

Starte deinen zweiten Versuch:

911	*931*	*951*	*971*	*991*	*Lies weiter bei* ***171***
913	*933*	*953*	*973*	*993*	*Lies weiter bei* ***208***
915	*935*	*955*	*975*	*995*	*Lies weiter bei* ***126***
917	*937*	*957*	*977*	*997*	*Lies weiter bei* ***49***
919	*939*	*959*	*979*	*999*	*Lies weiter bei* ***63***

36 Die Gasse verschafft dir einen kleinen Vorsprung. Du wendest dich nach rechts, gehst zwischen den Müllcontainern und Abfallhaufen hindurch. Ob es hinter der Mauer sicherer ist, weißt du nicht. Paula hat diesen Weg jedenfalls gerne genutzt.
Paula, geht es dir durch den Kopf, *sie hat das Asylum, dieses Irrenhaus, entdeckt. War es am Ende sie, die uns verraten hat? Hat sie die Angreifer hierher geführt und als Lohn einen neuen, besseren Unterschlupf erhalten?*
Du kannst es ihr nicht übel nehmen. Gleichzeitig passt es nicht zu ihr, ihre Freunde gegen eine warme Decke zu verraten. Eins ist dir klar: In einer Zeit, in der es jeden Tag, jede verdammte Stunde ums nackte

Überleben geht, greift man nach dem kleinsten Strohhalm, der sich bietet. Freundschaften sind hier nur von kurzer Dauer.
*Lies weiter bei **128***

37 Es ist purer Überlebenswille, der dich dazu zwingt, die Augen zu öffnen. Wenn du hierbleibst, werden dich die Zombies finden. Was danach geschieht, ist klar. Deinen Körper durchströmt ein Impuls, der ihn auf die Beine treibt. Vorsichtig lugst du um die Ecke. Der Bereich um die Tür ist angefüllt mit Toten. Einige stehen nur mit hängenden Köpfen da, die meisten streben jedoch in die Richtung, aus der du gekommen bist. Auf der anderen Seite, wo keine Toten sind, ist die Eingangstür zum gegenüberliegenden Gebäudeteil. Das ist deine Chance!
Die Deckung der Tanks ausnutzend schleichst du los. Der Boden ist schmutzig, aber nicht von Trümmern übersät, die verräterische Geräusche verursachen können. Nach einer gefühlten Ewigkeit erreichst du den ersehnten Durchgang. Wie ein Schatten schlüpfst du durch die angelehnte Tür.
*Lies weiter bei **218***

38 Die Blätter absorbieren jedes Geräusch. Alles ist friedlich und still. Manchmal fährt ein Rascheln durch das Geäst, wenn sich der Wind erhebt. Kriechtiere beherrschen den Boden, wuseln mit Chitin gepanzert darüber hinweg. Fast möchtest du dich niedersetzen, um sie bei ihrem Treiben zu beobachten, doch der Gedanke an die Toten lässt dich nicht rasten. Womöglich hat es hier früher mehr Durchgänge gegeben, doch nun ist das Pflanzenhaus zu einem verwunschenen Wald geworden, der seine eigenen Wege geformt hat. Nach einem Quadrat wendet sich dein Weg nach links.
*Lies weiter bei **15***

39 Der Weg hat dich im ersten Quadrat nach links und im zweiten nach rechts geführt. Im Dritten wendet sich der mit Efeu bewachsene Gang erneut nach rechts. Anschließend gehst du ein Quadrat geradeaus. Allmählich bereust du die Entscheidung, in dieses Gewirr aus Quadraten und Abzweigungen vorgestoßen zu

sein. Das Gewächshaus erscheint dir auf tückische Weise verwunschen und dir kommt der Gedanke, dass es sich verformt und andere Wege bildet, je länger du dich darin aufhältst. Andererseits ist es der einzige Ausweg aus dem von Zombies überrannten Industriegebiet.
*Lies weiter bei **161***

40

Die Zombiefrau schnellt mit unerwarteter Geschwindigkeit nach vorne. Du hast ihr mit einem Schlag die Unterarme gebrochen, nun ragen die Knochenspeichen wie bleiche Speere aus dem grauen Fleisch und schieben sich mit der Präzision eines Skalpells in deinen Oberkörper. Je mehr sie auf dich eindringt, desto tiefer bohren sie sich hinein. Du spürst sie dein Fleisch durchdringen, an den Rippen schaben.
Der Schmerz treibt dir Tränen in die Augen. Du packst ihren Kopf, willst sie daran hindern, dass sie ihre Zähne in deinen Hals schlägt, doch die Haut gleitet von ihrem Schädel, als wäre sie die Hautperücke einer Wahnsinnigen. Was bleibt, ist ein höhnisch grinsender Schädel, der dir die Halsschlagader mit lautem Schnalzen aus dem Körper reißt. Durch den roten Nebel, der aus deinem Hals sprüht, siehst du, wie hämisch grunzende Gestalten auf dich zu wanken.
*Lies weiter bei **1055***

41

Du tastest dich in der Dunkelheit an den Wänden entlang, getrieben vom Lärmen der Zombies, die kein Licht brauchen, um dich zu finden. Sie folgen deinem Geruch, der schweißigen Angst, die aus deinen Poren strömt. Der Gang macht eine Biegung nach rechts, um sich nach einigen Metern in einen Raum zu öffnen, der durch winzige Gitterfenster mäßig erhellt wird. Das Wasser steht dir bis zu den Knien und du fängst an, darüber nachzudenken, was sich unter der aufgewühlten Oberfläche alles verbergen könnte. Deine Gedanken gebären Angst.
Der Raum ist angefüllt mit Rohren, die Behälter verbinden, deren Sinn du nicht kennst. Der Begriff Maschinenraum manifestiert sich in deinem Kopf. Dazwischen gibt es Schieber und rot lackierte Handräder. Zusammen ergibt das Ganze ein unübersichtliches Gewirr aus Winkeln und Schatten, in denen sich alles verbergen könnte. Soweit du

erkennst, gibt es im vorderen Drittel an den Längsseiten vor dir je einen Ausgang.
Du gehst in den Raum hinein, stehst zwischen den Rohren und nimmst Geräusche wahr, die sich zu jenen gesellen, die hinter dir die Gänge erfüllen. Ein Lärmen dringt aus dem Gang zu deiner Rechten. Also wendest du dich nach links, dem Ausweg, der hoffentlich nicht vor einer Wand endet.
*Lies weiter bei **224***

42

Mit grimmiger Wut stemmst du dich dem Zombie entgegen. Deine Finger packen seinen schmierigen Unterkiefer, deine andere Hand seine Stirn. Du spürst, wie sich die Finger in die triefenden Augen bohren, dass sie platzen und nach faulen Eiern stinkend auslaufen. Der Wille des Toten ist immens, doch du bist stärker und drängst ihn zurück. Du stemmst einen Fuß in seinen Bauch und trittst ihn von dir. Begleitet von einem verzweifelten Aufschrei reißt du ihm den Unterkiefer aus dem aufgeweichten Gesicht und drückst seinen Schädel weit genug zurück, um sein Genick zu brechen. Doch dir bleibt keine Zeit, den Triumph auszukosten, denn das Geschrei der Toten treibt dich an, von hier abzuhauen. Nach wenigen Metern steht dir das Wasser bis zu den Hüften und entzieht dir lebenswichtige Wärme.
*Lies weiter bei **216***

43

Du gehst auf das Licht am Ende des Schachts zu und bemerkst, wie das Wasser flacher wird. Bei der Stahltür steht es dir kaum bis zu den Knöcheln. Die Feuchtigkeit dampft von deinem Körper, dennoch ist dir bitterkalt. Alle Hoffnung liegt jenseits der Tür, denn die Toten kommen näher. Sie fluten in den Gang, füllen ihn mit ihrem Gestank und Stöhnen aus, sodass kaum Luft zum Atmen bleibt. Sie scheinen schneller als normal zu sein, wie Bluthunde, die sich an deine Fährte heften.
Deine Hand legt sich auf den Knauf, dreht daran und …

*Führe eine Probe auf **GLK** durch!*
*Gelingt die Probe: Lies weiter bei **135***
*Misslingt die Probe: Lies weiter bei **118***

44 Du kannst dein Gewicht nicht länger halten. Verzweifelt krallst du dich an die Wand, hörst die Nägel brechen. Schmerz explodiert in deinem Kopf, doch es ist vergebens. Du fällst! Die Grube füllt sich rasend schnell mit hungrigen Fleischfressern. Du siehst ihre aufgerissenen Mäuler, die gelben, faulen Zähne darin, und tauchst unter. Sie lassen sich fallen, drücken dich mit ihren schmierigen Körpern hinunter, eifern dem Festmahl entgegen. Panik überkommt dich, du willst hoch, doch sie halten dich unter der Oberfläche. Die Luft wird knapp, also reißt du den Mund auf, um zu atmen. Doch anstelle von Luft strömt öliges Wasser in deine Lungen.
Du spürst die Bisse nicht mehr, mit denen sie dir das Fleisch von den Knochen zerren, denn die Kälte erfüllt nun Körper und Geist, zieht dich in einen von irrem Lachen durchzogenen Wahnsinn. Anfangs strampelst du noch, doch bald werden deine Bewegungen ruhiger, gehen in ein gelegentliches Zucken über, bis sie schließlich gänzlich verebben. Das letzte Licht, das du siehst, ist nicht von dieser Welt.

Ende

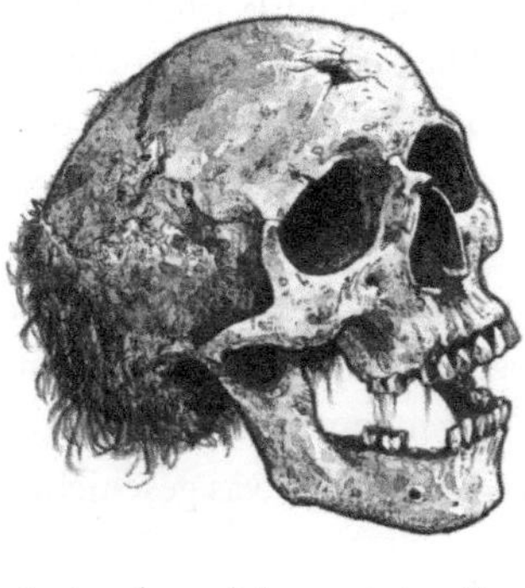

45 Du kniest neben deinem toten Freund, darauf bedacht, nicht mit dem eingetrockneten Blut in Berührung zu kommen. Nicht gerade leicht, angesichts der beachtlichen Menge. Es riecht süß, metallisch, nach Kupfer. Karls Haut hat einen wächsernen Glanz angenommen, wie von einer käsigen Substanz überzogen. Winzige Tröpfchen schimmern auf seinen Wimpern. Über dem Herzen gähnt das finstere Loch der Schusswunde, an der er gestorben ist.
Du magst ihm die Augen schließen, um ihm im Tod wenigstens etwas Würde zu schenken, doch du wagst nicht, ihn zu berühren.

Neben Karls Körper liegt die Brechstange (g, WS 2), die er stets bei sich trug und mit der er manchen Untoten von seinem Leid erlöste. *Geh niemals ohne das richtige Werkzeug aus dem Haus*, erinnerst du dich an Karls Worte. *Armer Kerl, das hat dir am Ende auch nichts genützt!*

Wenn du die Brechstange aufnimmst, notiere sie dir auf dem Charakterblatt unter Gegenstände. Beachte deine Tragekapazität!

Es ist an der Zeit, für dich selbst zu sorgen. Unter dem Fenster steht das Vorratsregal. Auf dem großen Tisch, an dem ihr euch zu den Mahlzeiten versammelt habt, steht ein Glas mit Wasser, das deinen Durst stillen kann.
Wenn du zum Fenster mit dem Regal gehst (sofern du dort noch nicht warst): Lies weiter bei ***59***
Wenn du zum Tisch gehst: Lies weiter bei ***104***

46

Deine Knöchel treten weiß hervor, als du die Fäuste ballst. Instinktiv folgen Karls Augen deinen Bewegungen, als würde er eine Schwachstelle suchen, um anzugreifen. Du bist es deinem Freund schuldig, ihn von seinem Dasein als Zombie zu erlösen, doch Zweifel plagen dich. Bist du dazu überhaupt in der Lage? Was ist, wenn du unterliegst und selbst gebissen wirst?
Es ist Karl, der die Entscheidung trifft. Mit einem wütenden Fauchen wirft er sich dir entgegen, linkisch zwar, aber dennoch gefährlich. Du reagierst mit einem Gegenangriff, stolperst vorwärts. Deine Hand reagiert, bevor dein Geist begreift, was geschieht.
Der Kampf beginnt!

Führe den Kampf nach den Regeln durch!

Archetyp	KON	AUS	Waffe	WS
Zombie Karl	*6*	*13*	–	–

Reduziere deinen ***IW*** *um* ***1W6*** *(IW < 20 gehe zu 1018)*
Wenn du gewinnst: Lies weiter bei ***2***
Wenn du verlierst: Lies weiter bei ***60***

47 Karl drängt mit seinem bulligen Körper nach vorne, treibt dich zurück. Nur diesen einen finalen Schlag musst du schaffen, um frei zu sein!
Deine Füße rutschen in Karls vergossenem Blut aus!
Du ruderst mit den Armen und versuchst, Halt zu finden. Karl, der seine Hand in deine Schulter gekrallt hat, packt mit der Kraft eines eiskalten Schraubstocks deinen Arm. Du schreist, strampelst, versuchst, ihn von dir wegzutreten, doch den Zombie beeindruckt das überhaupt nicht. Gelber, verdickter Speichel tropft ihm von den bleichen Lippen, als er seinen Mund aufreißt, das Gebiss in gieriger Erwartung weit geöffnet.
Es sind die schrecklichsten Momente deines Lebens, als sich sein Schlund wie ein schwarzes, mit Zähnen gesäumtes Loch auf dich zubewegt. Es sind die letzten Sekunden deines Lebens!
Du spürst, wie sich Karls Zähne im weichen Fleisch deines Halses verbeißen, hörst, wie die Haut unter dem Druck knirscht und nachgibt. Der Schmerz reißt dich in eine von flackernden Lichtern durchzuckte Finsternis.
*Lies weiter bei **1013***

48 Mit brachialer Gewalt geht deine Waffe auf den Schädel des Mädchens nieder. Sie schafft es im letzten Augenblick, sich zur Seite wegzudrehen. Dein Schlag streift nur ihren Kopf, reißt ihr die Haut vom Schädel, zieht eine hässlich triefende Furche im Knochen, doch das stört sie nicht. Sie schnellt nach vorne, ihr Ziel ist dein Bein, das ihrem Maul verlockend nahe ist.

 *Führe eine Probe auf **GLK** durch.*
*Die Probe ist geglückt: Lies weiter bei **62***
*Die Probe ist missglückt: Lies weiter bei **107***
*Du hast kein **GLK** mehr?: Lies weiter bei **1057***

49 Es ist zum Verzweifeln, der Ring öffnet sich nicht. Voller Panik siehst du, wie die Zombies ihre Zähne fletschen. Dir bleibt Zeit für einen letzten Versuch.

Starte deinen dritten Versuch:

911	*931*	*951*	*971*	*991*	*Lies weiter bei **109***
913	*933*	*953*	*973*	*993*	*Lies weiter bei **190***
915	*935*	*955*	*975*	*995*	*Lies weiter bei **167***
917	*937*	*957*	*977*	*997*	*Lies weiter bei **143***
919	*939*	*959*	*979*	*999*	*Lies weiter bei **180***

50 Mühsam schleppst du dich zur anderen Seite. Kaum, dass du hinter den galvanischen Bädern verschwunden bist, taumeln die ersten Zombies durch die weit geöffnete Tür und recken ihre Nasen witternd nach oben. Du erinnerst dich an ein Gespräch mit Paula, die sich sicher war, das die Toten Schweiß und Blut riechen können. Den Beleg dafür erhältst du in diesem Augenblick. Zielgerichtet schlurfen sie zu der Stelle, an welcher dein Blut auf den Boden getropft ist. Ihr Röcheln erfüllt den Raum, hallt von der hohen Decke wie das schaurige Jammern eines bösen Geistes.
Wie fein sind ihre Nasen? Sind sie im Stande, den Geruch deines Blutes zu wittern? Dir bleibt keine Wahl, als dich an die kühle Wand des Tanks zu pressen, die Beine an den Körper zu ziehen, sie mit den Armen zu umschlingen und zu hoffen, dass sie dich nicht bemerken. Der Schmerz im Fuß pocht mit dem Schlag deines Herzens um die Wette. Ergeben schließt du die Augen und erwartest dein Schicksal.
*Lies weiter bei **91***

51 Du hetzt in den Schatten zwischen den Gebäuden entlang. Das Gefühl, verfolgt zu werden, ist bedrückend. Gleichzeitig erwacht in dir die Hoffnung, einen aus deiner Gruppe zu finden und nicht mehr allein zu sein.

Endlich weicht das Ziegelsteingebäude zurück, ein Schornstein ragt in den Himmel. Du trittst auf die von einer über zwei Meter hohen Backsteinmauer umgebenen Freifläche hinaus. Die Ursache der Geräusche taumelt mit gefletschten Zähnen zwischen den Schutt- und Eisenschrotthaufen umher: Zombies!
Sie haben dich gesehen und verharren für einen kurzen Moment in ihrem sinnlosen Bestreben, drehen die Köpfe in deine Richtung. Der Weg nach links und geradeaus endet vor der Mauer, die zu hoch ist, um sie zu überklettern. Einem Impuls folgend willst du kehrtmachen, doch in der Gasse hinter dir tauchen schon die ersten zerlumpten Gestalten auf. Dir bleiben zwei Möglichkeiten, aber du musst schnell handeln: Hinter dem Schornstein versteckt sich ein Kellerabgang. Paula hat dir einst erzählt, dass die Tür für Notfälle stets offen stehen würde.
Wenn du schnell bist, schaffst du es, nach rechts am Kellerabgang vorbei zur nächsten Mauer zu laufen. Wendest du dich dort erneut nach rechts, kommst du zu der Stelle, an der du durch ein Loch in der Mauer in das alte Pflanzenhaus gelangst.
*Wenn du zum Kellerabgang gehst: Lies weiter bei **90***
*Wenn du nach rechts laufen willst: Lies weiter bei **219***

52 Du musst die Zweige auseinanderbiegen, um vorwärtszukommen. Im nächsten Quadrat wendet sich der Weg nach rechts. Hier ist es heller und die Blätter gestatten dir einen Blick in die Wolken. Müde reibst du dir die Augen und gehst weiter.
*Lies weiter bei **112***

53 Was würdest du für ein Buschmesser geben. Verwachsene Zweige versperren dir den Weg. Zunächst wendest du dich nach links. Dornen kratzen dir über die Haut und verhaken sich im Stoff der Kleidung, ziehen Fäden. In den darauf folgenden zwei Quadraten, denen du geradeaus folgst, ist der Bewuchs abgestorben. Dürr und welk zerbröselt er zwischen deinen Fingern. Der Staub der zerfallenden Blätter macht dir das Atmen zur Qual. Im dritten Quadrat lichtet sich das dürre Zeug. Das Gefühl, im Kreis zu laufen wird übermächtig, droht, deine Sinne zu verwirren.
*Lies weiter bei **80***

54 … offenbart sich dir der Durchbruch in der Außenmauer, durch den du das Buschland seitlich des Industriegeländes siehst: der Ausgang!
Mit einem irren Lachen taumelst du weiter, kletterst über herabgefallene Steine und saugst gierig die frische Luft ein. Hier draußen erwartet dich keine Bedrohung. Noch nicht. Dir ist bewusst, dass die Zombies deine Spur aufgenommen haben. Sie wittern dein erhitztes Fleisch, dein Blut, deinen Schweiß. Dein Körper schreit nach Ruhe, Wasser, Nahrung, nach einer Toilette. Um all diese Bedürfnisse zu erfüllen, musst du das *Wartezimmer* erreichen, das in einem freistehenden Haus an der Straße hinter einer zusammengestürzten Mauer auf dich wartet. Erinnerungen streichen durch deinen Kopf, wenn du an das *Wartezimmer* denkst. Von hier aus sind es höchstens zweihundert Meter, das ist zu schaffen.
*Lies weiter bei **19***

55 Der Gang öffnet sich in einen großen Raum. Schwarzklebriger Staub bedeckt den Boden. Hier unten wurde früher Kohle gelagert. Du schmeckst es bitter auf deinen Lippen. Selbst Wände und Decke sind mit dem Staub bedeckt. Er ist wie ein Virus in die Poren des Gebäudes eingezogen, hüllt alles in tiefe Dunkelheit. Die Schütten sind mit Brettern vernagelt, durch deren Ritzen etwas Licht in die finstere Halle fällt. Genau in der Mitte gibt es eine alte, brüchige Holztreppe, die nach oben führt. Die unterste Stufe ist zerbrochen, einen Handlauf gibt es nicht mehr. Du siehst nicht, wohin die Treppe führt. Weit vorne erkennst du eine Tür mit einem kleinen Fenster, dessen Licht, einem Schattenspiel gleich, Muster auf die Wände zeichnet. Plötzlich wird die Stille von einem metallischen Kreischen zerrissen. Die Tür öffnet sich! Der Rost der Scharniere schreit dir stöhnend eine Warnung entgegen. Du weißt, was den Keller betritt!
*Wenn du dich umdrehst und den Weg zurückläufst, den du gekommen bist: Lies weiter bei **151***
*Wenn du die Treppe nach oben gehst: Lies weiter bei **195***

56 Du reißt in letzter Sekunde die Hände nach oben, um den Vorwärtsdrang des Toten zu stoppen. Mit aller Kraft wirfst du dich dem Ungetüm entgegen und schaffst es, ihn aus dem

Gleichgewicht zu bringen. Sein fauliger Atem weht dir ins Gesicht. Er stolpert, verliert den Halt, schwankt und stürzt mit einem wütenden Fauchen in das aufgewühlte Wasser.

*Wenn du weiter gegen den Zombie kämpfen willst: Lies weiter bei **164***
*Wenn du die Chance nutzt und die Flucht ergreifst: Lies weiter bei **149***

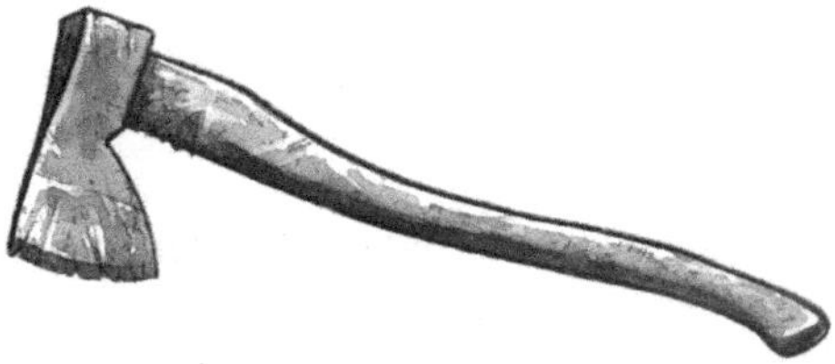

57 Das Wasser reicht dir bis zu den Hüften. Dein Weg führt dich nach rechts, weil der nach links mit Brettern vernagelt ist. In den Schlitzen erkennst du schemenhafte Bewegungen. Eine eisige Klaue schließt sich um dein Herz, wenn du daran denkst, dass das Holz nachgeben könnte und sich die Toten zähnefletschend in deinen Weg ergießen. Einige Meter weiter folgt eine Abzweigung. Es geht geradeaus in eine hellere Zone oder nach links, wo es finster ist und Unrat im öligen Wasser schwimmt.

*Wenn du geradeaus gehst: Lies weiter bei **150***
*Wenn du nach links gehst: Lies weiter bei **122***

58 Du beißt die Zähne zusammen und rammst den Fuß in die Wand. Da ist ein kleiner Mauervorsprung, der muss genügen. Deine Muskeln schmerzen, dennoch stemmst du dich in einem verzweifelten Kraftakt nach oben. Deine Nägel brechen, als du vor Anstrengung schreiend die Finger in den Matsch bohrst. Jetzt geht es zügig hinauf und das ist gut so, denn die Toten strömen in Scharen aus den schwarzen Schlünden der Gänge. Schon fassen deine Hände die obere Kante, du hast es endlich geschafft. Dein Herz pumpt, als du auf dem Rücken liegend nach Luft schnappst und dem blauen Himmel wie ein Verrückter entgegen lachst. Unter dir toben die Toten, schreien ihre Wut um das geraubte Futter hinaus.

Du bist auf einem leeren Platz. Rechts von dir ein riesiger Industrieschlot, der weit hinauf in den Himmel ragt. Gegenüber wird das Areal durch

eine mehr als zwei Meter hohe Backsteinmauer begrenzt. Das muss die Außenmauer sein. Dein Blick folgt ihr nach links. Dort gibt es weitere Gebäude und eine Ansammlung von hölzernen Transportkisten, mit deren Hilfe man die Mauer überklettern kann. Dein Herz macht einen freudigen Sprung, denn genau hier wolltest du hin.
Hinter der Mauer gibt es ein freistehendes Haus etwa zweihundert Meter die Straße hinab Richtung Innenstadt. Dort ist euer *Wartezimmer*!
*Lies weiter bei **19***

59

Du blickst aus dem Industriefenster über dem Vorratsregal. Ein eiskalter Schauer jagt dir über den Rücken. Dort unten ist die gepflasterte Straße, die von alten Backsteingebäuden gesäumt zum großen Tor führt, über das man das alte Industrieareal betritt. Die Toten sind da!
Es sind viele, die sich dort unten mit ihren schwankenden Schritten nähern. Ihre Fratzen schimmern wächsern im Sonnenlicht. Dreckverklebte Haarbüschel zieren ihre schwarzfleckigen Köpfe. Dir ist klar, welches Ziel die Lumpenparade hat: Das Gebäude, in dem du dich befindest! Deine Zuflucht hat sich in eine Todesfalle verwandelt!
Du musst von hier verschwinden und das schnell. Dein Herz pocht wie wild, als du den Vorhang des Regals zur Seite reißt. Deine Hände fischen suchend die dunklen Böden ab, doch abgesehen von zwei Dosen Pfirsichen (2x m / 2x AUS+1) haben dir die Plünderer nichts gelassen.

Wenn du die Pfirsichdosen aufnimmst, notiere sie dir auf dem Charakterblatt unter Gegenstände. Beachte deine Tragekapazität!

Ein Holzsplitter bohrt sich in deine nackte Fußsohle und dir wird schmerzhaft bewusst, dass du barfuß läufst. Keine gute Ausgangsbasis für eine Flucht durch tückisches Gelände. Du erinnerst dich: Eure Schuhe liegen in einem wilden Haufen neben der zweiflügligen Eingangstür zu deiner Rechten. Links ist die Tür zu dem Raum, den du dir mit den anderen Männern der Zuflucht teilst. Dort sind deine Sachen, die dir nützlich sein könnten.
*Wenn du zu den Schuhen gehst: Lies weiter bei **72***
*Wenn du in das Zimmer gehst: Lies weiter bei **14***

60 Du machst einen Schritt nach vorne, um deinem Hieb mehr Kraft zu verleihen, spürst etwas Feuchtes unter deinen Füßen. Karls vergossenes Blut!
Für einen Augenblick strauchelst du, schwankst. Dein Hieb zischt an Karls Kopf vorbei ins Leere, reißt dich mit und treibt dich gegen den Leib des triumphierend grunzenden Zombies. Gierig packt dich der Tote, krallt seine Finger mit der Kraft einer mechanischen Klemme in deine Schulter, dass du jaulend aufschreist. Sein auf dir lastendes Gewicht bereitet dir Mühe, auf den Beinen zu bleiben. Eitriger Speichel spritzt von seinen Lippen, Karls Augen rollen wild in den Höhlen. Schon öffnet er sein Maul zum finalen Biss. Du schreist, mobilisierst deine Kraft und reißt den Arm nach oben. Dein nächster Schlag wird über Leben und Tod entscheiden!

*Führe eine Probe auf **GLK** durch!*
*Die Probe ist geglückt: Lies weiter bei **87***
*Die Probe ist misslungen: Lies weiter bei **47***
*Du hast kein Glück mehr? Lies weiter bei **105***

61 Der Boden unter deinen Schritten federt. Schlagartig erinnerst du dich an Paulas Worte. Sie war davon überzeugt gewesen, dass das Dach gefährlich sei. Dass es eines Tages nachgeben und einstürzen würde. Es sind zum Glück nur wenige Schritte vom Käfig bis zu den Wasserbehältern. Gierig tauchst du deine Hände in das kalte Wasser, schöpfst es heraus und führst es zum Mund, spürst, wie es erfrischend die Kehle hinab rinnt, sich durststillend in deinem Bauch ausbreitet. Neben den Fässern stehen sechs Plastikflaschen (6x g, je Flasche gefüllt mit Wasser +1 AUS) auf dem Boden. Jede der Flaschen fasst 1,5 Liter. Das Wasser stillt deinen Durst!
*Wenn du an den Oberlichtern vorbei über das breite Dach gehst: Lies weiter bei **187***
*Wenn du zur Backsteinmauer gehst, um dir einen Überblick zu verschaffen: Lies weiter bei **197***

62 Im letzten Moment schaffst du es, ihrem mörderischen Biss zu entkommen. Fauchend zieht sich das Scheusal mit angewinkelten Armen an der Hundehütte nach oben, reißt ihr Maul auf und brüllt. Speichel und Eiter spritzen durch die Luft. Ihr Anblick lässt deinen Mut schwinden, du wirfst dich herum und rennst aus dem Käfig, weg von dem Monster, das dir nach dem Leben trachtet.

*Du darfst **KON** und **AUS** auf 1 setzen, sofern diese 0 sind. Dein **GLK** sinkt auf **0**.*

*Wenn du zu den Wasserbehältern gehst: Lies weiter bei **169***
*Wenn du über das breite Dach zur anderen Seite läufst: Lies weiter bei **187***
*Wenn du zurück zur Backsteinmauer gehst, um an der Vorderseite entlangzulaufen: Lies weiter bei **197***

63

Du rüttelst und zerrst an dem verdammten Schloss, doch es will sich nicht öffnen. Die Zombies rücken schneller vor, als du es für möglich gehalten hättest. Dir bleibt Zeit für einen letzten Versuch.

Starte deinen dritten Versuch:

911	*931*	*951*	*971*	*991*	*Lies weiter bei **109***
913	*933*	*953*	*973*	*993*	*Lies weiter bei **190***
915	*935*	*955*	*975*	*995*	*Lies weiter bei **167***
917	*937*	*957*	*977*	*997*	*Lies weiter bei **143***
919	*939*	*959*	*979*	*999*	*Lies weiter bei **180***

64

Ein scharfer Schmerz fährt dir durch Mark und Bein, nur mit Mühe unterdrückst du einen lauten Aufschrei. Du taumelst gegen die Wand, rutschst an ihr herunter. Aus deiner Fußsohle ragt eine lange, dreckige Glasscherbe. Blut läuft an ihr herab, tropft auf den Boden, bildet rote Perlen.

*Reduziere deinen **IW** um **1W6** (IW < 20 gehe zu 1018)*

Mein Gott, die werden das Blut riechen, ich bin erledigt!
Dass die Toten Blut aus weiter Entfernung wittern, hast du mehr als einmal schmerzlich erfahren. Vor allem zu Beginn der Katastrophe hat dieser Umstand vielen Menschen das Leben gekostet.

Hast du die Mullbinde dabei: Lies weiter bei ***189***
Ansonsten: Lies weiter bei ***159***

65 Endlich erreichst du das Loch in der Mauer, durch das du das alte Pflanzenhaus betreten kannst. Düster gähnt es dir entgegen. Dennoch verspricht es Hoffnung, denn wenn du jetzt keinen Fehler machst, ist dies dein Weg aus der Todesfalle, in die sich der Industriehof verwandelt hat.

Das Pflanzenhaus war Paulas bevorzugter Weg. Schwärmerisch hatte sie immer mit verträumten Augen davon erzählt.

Bewältigt man das Labyrinth des Pflanzenhauses, kann man das Industriegelände durch einen ***Durchbruch in der Außenmauer*** *auf der Südseite verlassen!*

Kennt man den Weg jedoch nicht, wird das Pflanzenhaus zur tödlichen Falle!

Das Risiko ist es wert, denn du weißt: Die Stadt ist dein Ziel, denn dort ist das Institut für Geisteskrankheiten, das sogenannte Death Asylum und hoffentlich auch Paula!

Das Pflanzenhaus stammt aus der Zeit, in der das Industriegelände ein in sich abgeschlossener Komplex und kein Sammelsurium aus kleinen, unbedeutenden Firmen war. Das ehemalige Gärtnereigebäude ist in gleich große, mit geschmiedeten Eisengittern umgrenzte Quadrate unterteilt, die bis zu drei Meter in die Höhe reichen. Die Außenwände bestehen aus roten Backsteinen, ein Dach existiert längst nicht mehr. Nur noch Fragmente davon bedecken drinnen den Boden, machen diesen mit scharfkantigen Glasscherben und Metallteilen zu unsicherem Terrain. Drinnen herrscht eine überaus düstere Atmosphäre, denn die Gitter sind mit dichtem, zum Teil abgestorbenem Efeu bewachsen, während der Boden mit gelblichen Sandsteinplatten ausgelegt ist. Karl meinte einst, dass es ein verwunschener Ort sei, in dem Geister umgingen. Du hast das Pflanzenhaus selbst nie durchquert, weil es dir unheimlich war, standest jedoch erst vor zwei Tagen mit Paula am Loch in der Mauer, wo sie die den Weg erklärte.

Hat sie damals schon gewusst, was passieren würde?
Trieb sie eine Vorahnung zu ihren Erklärungen?
Ein schlechtes Gewissen vielleicht?

Einiges von dem, was sie gesagt hat, konntest du dir merken:
Der Innenraum ist in 6x9 Quadrate unterteilt!
Das Loch in der Mauer (der Zugang) ist im zweiten Quadrat der langen Seite (die mit den 9 Quadraten)!
Der vielleicht wichtigste Satz hat sich in dein Gedächtnis gebrannt: *Der Durchbruch in der Außenmauer liegt von hier aus gesehen links in der Schmalseite (die mit den 6 Quadraten)*, hatte sie gesagt.
Da sich nicht alle Quadrate durchqueren lassen, ist das jedoch nicht leicht. Um dir den Weg zu erklären, hat Paula den Grundriss des Pflanzenhauses mit einem Stein in die Mauer geritzt und den Weg eingezeichnet.

Durchquere vom Loch in der Mauer aus das erste Quadrat!
Geh im darauffolgenden Quadrat nach rechts!
Geh im darauffolgenden Quadrat nach links!
Geh im drauffolgenden Quadrat nach links!
Geh im drauffolgenden Quadrat nach rechts!
Das nächste Quadrat geradeaus!
Geh im darauffolgenden Quadrat nach links!
Die nächsten beiden Quadrate geradeaus!
Geh im darauffolgenden Quadrat nach rechts!
Geh im drauffolgenden Quadrat nach links!
Das nächste Quadrat geradeaus!
Geh im darauffolgenden Quadrat nach links!
Das nächste Quadrat geradeaus!
Geh im drauffolgenden Quadrat nach rechts!
Geh im darauffolgenden Quadrat nach links!
Geh im darauffolgenden Quadrat nach links!
Geh im darauffolgenden Quadrat nach rechts!
Das nächste Quadrat geradeaus!
Geh im darauffolgenden Quadrat nach rechts!
Geh im darauffolgenden Quadrat nach links!
Ein Quadrat weiter erreichst du den Durchbruch in der Außenmauer und du hast es geschafft!

Paula hatte gelächelt, als sie dir den Weg erklärte. *Ist doch ganz einfach, oder?*, hatte sie gesagt.

Ein kleiner Tipp: Zeichne dir am besten den Grundriss des Pflanzenhauses auf, damit du deinen Weg skizzieren kannst:

Start					

Lies weiter bei ***66***

66 Als du über die Ziegelsteine kletterst, betrittst du eine andere Welt. Das Sonnenlicht hat kaum Kraft, den vor dir liegenden Gang zu erhellen. Die Blätter des Efeus haben ein neues Dach gebildet und wachsen zum Teil dicht genug, sodass du das dahinter verborgene Gitter nur erahnst. Das Geäst hat die Ausmaße kleiner Baumstämme, verwunden in den eisernen Streben und verankert im Mauerwerk. Schon viele Jahre hat hier niemand mehr Hand angelegt. Selbst zwischen den Sandsteinplatten schieben sich Grashalme und Schlingpflanzen empor. Der Boden ist übersät mit Glassplittern als Zeugen des Zerfalls, herabgeregnet vom einstigen Dach. Die Szenerie macht einen verwunschenen Eindruck. Dein Weg führt nach zwei Quadraten nach rechts.

Kleiner Hinweis: Wenn du keine Schuhe trägst, wäre jetzt der geeignete Zeitpunkt, deine Füße zumindest mit Binden oder Mullbinden zu schützen!
Solltest du eine Fußverletzung haben und diese mit Binden oder Mullbinden versorgt haben, gilt die Verletzung als geheilt!
Du hast keine Bandagen? Pech gehabt, dann geht's barfuß weiter.
Lies weiter bei ***38***

67 Bevor du in die Abzweigung stolperst, betritt der Tod die Bühne. Er kommt in schrecklich weiblicher Form daher, mit gefletschtem Gebiss und schmutzig braunem Minikleid, das mehr offenbart als es zu verhüllen vermag. Kurzum, du warst zu langsam und musst dich der toten Frau stellen, die sich dir fauchend in den Weg stellt.
Wenn du kämpfen willst: Lies weiter bei ***114***
Wenn du ausweichen willst: Lies weiter bei ***162***

68 Du tastest dich in der Dunkelheit an den Wänden entlang, getrieben vom Lärmen der Zombies, die kein Licht brauchen, um dich zu finden. Dein Weg führt nach rechts, um sich nach wenigen Metern in einen großen Raum zu öffnen, der über winzige Gitterfenster erhellt wird.
Das Wasser steht kniehoch und du fängst an, darüber nachzudenken, was sich unter der aufgewühlten Oberfläche verbirgt. Die Bilder in deinem Kopf machen dir Angst!
Der Raum ist ein verwirrender Wahnsinn aus Rohren, die Behälter verbinden, deren Funktion du nicht kennst. Dazwischen gibt es Schieber und leuchtend rote Handräder. Alles zusammen ergibt ein unübersichtliches Gewirr aus Winkeln und Schatten, in denen sich eine Armee aus Toten verbergen könnte. Soweit du erkennst, gibt es in der gegenüberliegenden Raumseite und links von dir je einen Ausgang.
Du gehst hinein in den Raum, stehst zwischen den Rohren, hörst Geräusche, die von überall zu kommen scheinen. *Umgeben von Zombies*, schreit eine panische Stimme in deinem Hirn. Nach links zu gehen wäre ebenso tödlich, wie zurückzulaufen. Also durchquerst du den Raum, um die gegenüberliegende Tür zu erreichen.
*Lies weiter bei **224***

69 Du schreist deine Anstrengung hinaus, setzt alles auf den einen, verzweifelten Versuch, dich von dem Scheusal mit den gelben Augen zu befreien, das mit schnappenden Zähnen nach deinem Fleisch giert. Deine Kräfte schwinden schnell, aufgezehrt von der Kälte des Wassers. Erbarmungslos drückt er dich in die Knie. Zwischen deinen Fingern löst sich schleimige Haut vom faulen Fleisch. Der Tote rutscht dir wie ein alter Fisch aus dem Griff.
Ein fauliger Hauch streicht über dein Gesicht, als er sich niederbeugt und seine braunen Zähne mit der Kraft einer hydraulischen Schraubzwinge in dein Fleisch gräbt. Schnalzend löst sich deine Haut, zieht Fäden. Der Schmerz erwacht mit einer grellen Explosion. Deine gellenden Schreie dringen durch die düsteren Gänge, werden vom Stöhnen und Fauchen aus toten Kehlen beantwortet.
Du bist nicht allein!
*Lies weiter bei **1049***

70

Du erhebst dich zugleich mit dem Toten aus den Fluten. Öliges Wasser rinnt von seinem haarlosen Schädel. Er reißt sein Maul auf und schreit dir seine Wut entgegen. Deine Faust schlägt ihm die restlichen Zähne aus dem Kiefer. Während er nach hinten kippt, greifst du nach den Resten der Mauer. Dieses Mal muss es klappen. Das ist die allerletzte Chance. Wie durch ein Wunder findest du in einer Spalte Halt und es ist dir möglich, dich hinaufzuschieben, bevor der Tote dich erreichen kann. Es geht zügig nach oben und das ist gut so, denn die Zombies strömen in Scharen aus den schwarzen Schlünden der Gänge.
Das Undenkbare geschieht. Ein Stein löst sich unter deinem Fuß, dein Körper sackt mit einem schmerzhaften Ruck durch. Du krallst dich an den Steinen fest, die wie faulige Zähne aus dem Grund ragen, der einst eine Wand war.

*Führe eine Probe auf **GLK** durch!*
*Gelingt die Probe: Lies weiter bei **58***
*Misslingt die Probe: Lies weiter bei **44***

71

Sie haben deine Fährte aufgenommen, rücken näher. Du steckst in der Falle. Ihrem Lärmen nach müssen es viele sein. Zu viele!
Erneut stehst du vor der Wahl und dir bleibt kaum Zeit, dich zu entscheiden. Aber halt, da ist noch etwas anderes: Das Stöhnen der Toten kommt jetzt nicht nur von hinten, sondern aus dem rechten, finsteren Gang. Direkt vor dir, nur wenige Meter entfernt, schimmert ein kleines, helles Rechteck. Das muss ein Fenster sein. Ein Fenster, in einer verdammten Tür!
*Wenn du zur Tür gehst: Lies weiter bei **43***
*Wenn du nach links gehst: Lies weiter bei **165***

72

Wo sich einst das Schloss der Zugangstür befand, gähnt nun ein großes, gezacktes Loch. Holzsplitter liegen auf dem Boden.
War da nicht eben ein Geräusch im Treppenhaus hinter der angelehnten Tür? Nervös leckst du dir über die Lippen, gehst in die Knie und spähst

durch das faustgroße Loch. Durch das rechteckige Fenster im Treppenhaus fällt nur spärliches Licht, doch es reicht aus, um zu erkennen, dass sich dort niemand aufhält. Wenn die Toten hier wären, würdest du sie vermutlich hören, sicher aber *riechen*. Doch da ist nichts.

Auf Knien wühlst du in den Schuhen, bis du deine abgetragenen Armeestiefel (Schuhwerk) findest. Wie einen Schatz hältst du sie in Händen, lachst wie ein kleines Kind, das einen Lutscher bekommen hat. Du schlüpfst hastig hinein, ziehst die Schnürsenkel zu und fühlst dich gleich viel besser.

Du schielst zum Tisch, auf dem das Glas mit Wasser steht. Da liegt mehr, das willst du dir ansehen. Andererseits kann das Wasser warten, erst musst du dir deine Sporttasche holen, um einzupacken, was wichtig ist, denn wer weiß, wie viel Zeit dir bleibt. Eins ist klar: Die Toten werden nicht lange auf sich warten lassen.

*Wenn du zum Tisch gehst: Lies weiter bei **104***
*Wenn du zum Zimmer gehst: Lies weiter bei **14***

73

Karls Finger packen dein Shirt, doch du windest dich aus seinem Griff und stürmst zur Tür. Karl faucht wütend auf, taumelt ungelenk durch den Raum, rutscht in der blutigen Lache aus und stürzt. Als er auf den Boden schlägt, hörst du ein hässliches Krachen.

Du erreichst die Tür. Wo einst Klinke und Schloss waren, klafft ein Loch. Du stößt sie auf, stürmst ins dämmrige Treppenhaus, verlierst auf dem glatten Fliesenboden um ein Haar den Halt. Du schlägst die Tür zu und wirfst dich mit deinem vollen Körpergewicht dagegen, erwartest den Aufprall des toten Körpers, doch nichts dergleichen geschieht. Mit klopfendem Herzen spähst du durch das Loch. Karl liegt mit dem Gesicht nach unten im eigenen Blut. Er kriecht linkisch im Kreis herum, dreht wie ein zerbrochener Spielzeugroboter. Hat er sich beim Sturz etwa das Genick gebrochen?

Du weißt es nicht und willst es auch gar nicht herausfinden, denn eins ist klar: Du wirst nie mehr einen Fuß in diese gottverdammte Zuflucht setzen!

*Lies weiter bei **168***

74 Dein verwirrter Geist gaukelt dir Trugbilder vor, lässt dich Dinge sehen, die nicht existieren. Du weigerst dich, zu glauben, dass Karls toter Körper aufrecht im Raum steht und dich anstarrt. Ein gurgelndes Röcheln dringt aus seinem Mund, zäher Speichel tropft ihm von den Lippen. Seine milchigen Augen fixieren dich, als wollte er abschätzen, wohin du dich bewegen wirst. Seine Absicht ist klar: Er will Fleisch! *Dein* Fleisch!

Wenn du eine Brechstange besitzt: Lies weiter bei ***32***

Wenn du keine besitzt: Lies weiter bei ***21***

75 Du weißt, dass es dich verausgaben würde, wenn du Andrea hilfst. Außerdem, war es nicht sie gewesen, die bei der Abstimmung über deine Aufnahme in die Gruppe gegen dich gestimmt hat? Ist sie am Ende nicht sogar selbst schuld an ihrer Lage? Dein Entschluss steht fest, du wirst zur anderen Seite gehen und setzt deinen Weg auf dem brüchigen roten Stein fort. Selbst dort, wo Andrea hängt und auf deine Hilfe hofft, zögerst du nicht. Du redest dir ein, dass sie auf jeden Fall sterben wird. Was macht das also für einen Unterschied, ob du bei einer unsinnigen Rettungsaktion dein Leben riskierst oder nicht? Auch wenn es schmerzt, so ist das in diesen Tagen nun mal. Du blickst dich nicht um, als du das Dach auf der anderen Seite des Gebäudes betrittst.

Reduziere deine ***MEN*** *um* ***1 Punkt.***

Lies weiter bei ***106***

76 Endlich! Metallisch klickend öffnet sich der rot glänzende Ring, der Weg ist frei. Hastig schlüpfst du durch die Gittertür, drehst dich um und führst den Ring durch das Geflecht zusammen. Auf diese Weise hältst du die Toten davon ab, dir die Treppe hinab zu folgen.

Lies weiter bei ***97***

77 Die Stufen sind rutschig, überall liegen feuchte Blätter. In den Ecken hat sich Unrat gesammelt. Die Tür, die in das weitläufige Kellergewölbe führt, besteht aus rostigem Metall, zusam-

mengehalten von verrosteten Nieten. Du hast den Keller nie gemocht, der in seinen düsteren Gängen Überraschungen bereithält, die besser im Verborgenen bleiben. Ein Scheppern aus der Gasse treibt dich an, die Tür zu öffnen und in das Halbdunkel der Unterwelt einzutreten. Hier unten, gleich neben dem Eingang, gibt es einen Plan, der dir den Weg weisen wird.
*Lies weiter bei **16***

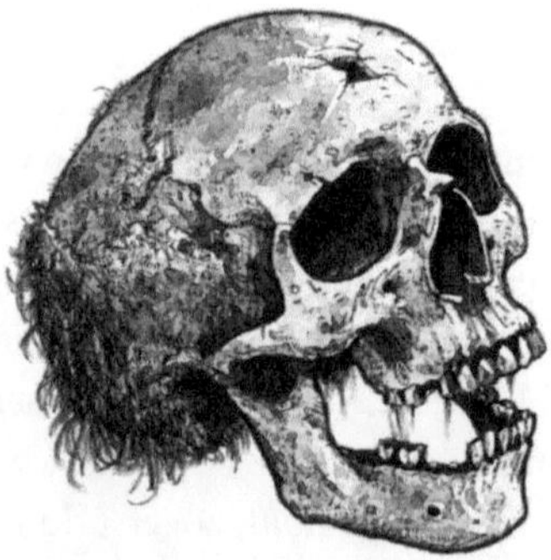

78 Deine Finger streichen über das raue, mit rostigen Blasen bedeckte Metall des Notausgangs. Das grüne Leuchtsymbol über der Tür ist längst erloschen, die flüchtende Figur darauf scheint dich zu verhöhnen.
Ich mache seit Wochen nichts anderes, als wegzulaufen!
Die Sicht durch das kleine Fenster wird Linkerhand von dem Gestänge der Wendeltreppe verdeckt, die nach oben auf das Dach führt. Rechts stehen die Müllcontainer und geradeaus erhebt sich die Backsteinmauer des gegenüberliegenden Gebäudes. Du nimmst Abschied von der Zuflucht, drückst entschlossen den Türgriff nach unten und öffnest die Tür. Licht flutet in den Raum, blendet dich. Du blinzelst und versuchst, Einzelheiten zu erkennen. Die Gasse ist verlassen, doch es ist nur eine Frage der Zeit, bis die Toten hier Einzug halten. Der penetrante Gestank nach Urin und Abfall überdeckt den Odem der Zombies. Ein Vorteil, denn so wird es für sie schwerer, dich zu riechen. Du erinnerst dich daran, das die Gasse zum Pflanzenhaus am Ende des Geländes führt, durch das Paulas bevorzugter Fluchtweg führt, sollte mal alles aus dem Ruder laufen.

Es ist alles aus dem Ruder gelaufen ...
An der Mauer des gegenüberliegenden Gebäudes gibt es eine mit Moos bewachsene Treppe, die nach unten in die weitläufigen Kellergewölbe führt. Die Gasse selbst führt nach rechts zu den Rückseiten der Industriegebäude. Dort gibt es alte Garagen und eine Mauer, die das Gelände umgrenzt.
*Wenn du zur Treppe gehst: Lies weiter bei **77***
*Wenn du der Gasse nach rechts folgst: Lies weiter bei **36***

79 Es fällt dir schwer, dich zu konzentrieren, denn Hunger und Durst bohren in deinen Gedärmen. Dir wird abwechselnd heiß und kalt und du stellst dir die Frage, ob mit dir alles in Ordnung ist. Immerhin hast du mit den Toten gekämpft, bist mit Blut und Speichel in Berührung gekommen. Nach einem Quadrat wendet sich der Weg nach links, nach einem weiteren bleibst du stehen, denn erneut bietet sich dir eine Wahl.
*Wenn du geradeaus gehst: Lies weiter bei **4***
*Wenn du nach rechts gehst: Lies weiter bei **39***
*Wenn du zur Kreuzung zurückgehst: Lies weiter bei **113***

80 Du erreichst eine Kreuzung. Ein mit Gestrüpp verwachsener Weg führt nach links, ein anderer nach rechts. Geradeaus geht es mit Hängepflanzen bewachsen weiter. Die Pflanzen recken ihre dürren Äste, verwachsen sich in den Fugen. Resignierend blickst du zu Boden. Deine Füße stehen auf einem weißen Kreidepfeil, der geradeaus zeigt. *Das muss einer von Paulas Hinweisen sein*, schießt es dir durch den Kopf.
Hinter dir wird es laut. Steine poltern, es ertönt ein bösartiges, widerwärtiges Fauchen. Die Toten sind da. Zeit, zu verschwinden!
*Folge dem Kreidepfeil und lies weiter bei **193***

81 Die tote Frau reißt noch die Augen auf, dann zertrümmerst du mit brachialer Wucht ihren durch Fäulnis aufgeweichten Schädelknochen. Knochensplitter, Hirnmasse und stinkende Flüssigkeit klatscht dir ins Gesicht. Du spuckst angewidert aus, springst über den fallenden Leichnam und setzt deinen Weg fort. Mit einem

hastigen Blick über die Schulter siehst du, dass die Gesellschaft der niedergestreckten Dame auf dem Weg zu dir ist.
*Lies weiter bei **221***

82 Im Gegensatz zur Oberfläche ist es hier unten still, fast wie in einem Grab. Wasser tropft von der Decke und bildet Pfützen. Der Weg vor dir ist leicht abschüssig. Nach wenigen Metern stehst du vor der ersten Kreuzung. Du hast den Keller gemieden, weil er dir unheimlich war. Jetzt weißt du, warum. Wohin du dich wendest, alle Wege sehen gleich aus. Gewölbte Ziegelsteindecken, schimmlige Ziegelsteinwände, gestampfter Lehmboden. Wenn es Türen gibt, sind diese aus dem gleichen rostigen Stahl wie die Eingangstür in diese unterirdische Welt. Manchmal hallen Geräusche durch die Gänge, deren Ursprung du nur erahnst. Metallisch und schabend. Ketten klirren in der Ferne. Du zuckst zusammen, als dir kaltes Wasser ins Genick tropft.
*Wenn du geradeaus gehst: Lies weiter bei **139***
*Wenn du nach links gehst: Lies weiter bei **203***
*Wenn du nach rechts gehst: Lies weiter bei **228***

83 Der Weg ist abschüssig und rutschig. Du gleitest aus, du fängst dich an der Mauer. Dein Atem dampft in der feuchten Luft. Mit jedem Meter wird es dunkler, bis du vor einer Kreuzung stehst, die du mehr erahnst, als dass du sie siehst. Der Weg geradeaus versinkt in absoluter Dunkelheit. Links ist es geringfügig heller, dort steht Wasser auf dem Boden. Rechts fällt nach einigen Metern Licht von oben in den Gang. Die Szenerie lässt dich frösteln.
*Wenn du geradeaus gehst: Lies weiter bei **9***
*Wenn du nach links gehst: Lies weiter bei **55***
*Wenn du nach rechts gehst: Lies weiter bei **133***

84 Es fällt dir schwer, dich zu orientieren. Du stehst an einer Kreuzung und drehst dich im Kreis. Ein Gang führt geradeaus, zwei nach links und einer nach rechts. Doch welcher ist der richtige?
Du weißt nur eins: Die Toten kommen, es bleibt keine Zeit, um lang nachzudenken. Triff deine Wahl schnell und hoffe, dass es die richtige ist!

*Wenn du den ersten Gang gehst, der nach links führt. Dort fällt durch ein kleines Türchen, das der von einem Verbrennungsofen gleicht, schwaches Licht: Lies weiter bei **8***

*Wenn du den zweiten Gang nach links gehst, weil es dort eine Tür gibt, die nach draußen zu führen scheint: Lies weiter bei **27***

*Wenn du geradeaus gehst: Lies weiter bei **57***

*Wenn du nach rechts gehst: Lies weiter bei **71***

85

Solltest du im Besitz einer Schaufel sein, musst du diese wegwerfen, denn mit ihr kannst du nicht klettern. Streiche sie vom Charakterblatt!

Deine Hände krallen sich in ein feuchtes Gemisch aus Steinen und Schlamm, rutschen ab. Du stemmst die Füße in die Reste der Wand, schiebst deinen Körper nach oben. Hinter dir drängen die Toten ins Freie, stöhnen lustvoll auf, als sie dein zappelndes Fleisch erblicken. Die Falle zieht sich erbarmungslos zu!

Endlich findest du Halt. Du gräbst die Finger tiefer in den schlammigen Grund, ziehst dich nach oben, arbeitest dich Zentimeter für Zentimeter aufwärts. Einer greift nach deinem Bein, bekommt es zu fassen. Mit einem verzweifelten Tritt beförderst du das Scheusal ins Wasser und kletterst weiter. Du erreichst die obere Kante, hast es geschafft. Dein Herz pumpt wie verrückt, als du auf dem Rücken liegend nach Luft schnappst und dem blauen Himmel mit irrem Kichern entgegen lachst. Unter dir toben die Toten, schreien ihre Wut um das geraubte Futter hinaus.

Du befindest dich auf einem leeren Platz. Rechts von dir erhebt sich ein Industrieschlot. Gegenüber wird der Platz durch eine mehr als zwei Meter hohe Backsteinmauer begrenzt. Das muss die Außenmauer sein. Dein Blick folgt ihr nach links. Dort gibt es weitere Gebäude und eine Ansammlung von hölzernen Transportkisten, mit deren Hilfe man die Mauer überklettern kann. Dein Herz macht einen freudigen Sprung, denn dort wolltest du hin.

Du weißt, dahinter steht, etwa zweihundert Meter die Straße runter Richtung Innenstadt, ein Haus, in dem das sogenannte *Wartezimmer* ist!

*Lies weiter bei **19***

86

Du öffnest die Tür nur einen kleinen Spalt, um die Luft zu schnuppern, die dir aus der Öffnung entgegenströmt. Sie riecht nach Staub, zu lang getragener Kleidung und dem abgestandenen Mief der vergangenen Nacht. Der Gestank der Toten jedoch, eine Mischung aus faulem Fleisch und ranzigem Käse, der fehlt. Du atmest ein letztes Mal durch, stößt die Tür auf und betrittst den Raum.
Karls Lager ist direkt hinter der Tür, danach kommt das von Basti und unter dem Fenster das deine. Die persönlichen Gegenstände, die neben den Isomatten (g), Schlafsäcken (g) und Decken (g) auf dem Boden liegen, erinnern ein wenig an einen Jugendurlaub, bei dem es eher um Party als um Komfort geht. Du lächelst traurig.
Während Karl seinen Kram in einem Bundeswehrrucksack (k=15 m=15) transportierte, hatte Basti nichts weiter als eine unhandliche Mehrwegplastiktüte (k=10 m=6). Am Kopfende deines Lagers liegt deine schwarze Sporttasche (k=12 m=12).

Hinweis: Achte auf die Handlichkeit deines Gepäckstücks!

Plötzlich hörst du ein Geräusch, das dir das Blut in den Adern gefrieren lässt. Ein unheilvolles Stöhnen dringt durch die offene Tür, gefolgt vom Knacken kalter Knochen und vom Tod steif gewordener Muskeln. Einer bösen Vorahnung folgend treiben dich deine Beine dem Geräusch entgegen, obgleich sich dein Verstand dagegen wehrt.
Lies weiter bei ***74***

87

Du taumelst, mobilisierst alles, was dir an Kraft geblieben ist. Es ist ein brachialer Hieb, geboren aus Verzweiflung und Angst um dein erbärmliches Leben. Die schiere Wucht zerschmettert Karls Kopf, als wäre er eine überreife Melone. Es kracht fürchterlich, Blut spritzt.
Der Körper deines Freundes sackt in sich zusammen, jener bösartigen Führung beraubt, die ihn hat auferstehen lassen. Schwer atmend sinkst du entkräftet in die Knie und siehst, wie Karls Körper zu Boden gleitet und mit dem Gesicht nach unten liegen bleibt. Du zwingst dich dazu, aufzustehen, denn du weißt, dass du hier keine Sicherheit mehr finden wirst. Aus der Zuflucht ist ein Schlachthaus geworden.

*Du darfst **KON** und **AUS** auf **1** setzen, sofern diese **0** sind. Dein **GLK** sinkt auf **0**.*
*Lies weiter bei **33***

88 Instinktiv rammst du deine Arme vor, um das Scheusal von dir wegzustoßen. Der Kerl steht zwischen dir und der einzigen Möglichkeit, von hier abzuhauen. Als wolle er dich verhöhnen, reißt er sein stinkendes Maul auf und verzerrt sein Gesicht zu einem obskuren Grinsen.

Führe nur eine Kampfrunde aus!

Archetyp	KON	AUS	Waffe	WS
Zombie	*10*	*8*	*–*	*–*

*Reduziere deinen **IW** um **1W6** (IW < 20 gehe zu 1018)*
*Du hast die Runde gewonnen: Lies weiter bei **56***
*Du hast die Runde verloren: Lies weiter bei **102***

89 Ein Gewirr aus Ästen und Blättern versperrt dir den Weg. Einige der Äste sind geknickt, abgerissene Blätter liegen im Staub, als wäre hier jemand vor Kurzem durchgekommen. Dir wird schmerzlich klar, dass du es warst.
Von hier bist du ursprünglich gekommen. Du reibst dir mit beiden Händen übers Gesicht, drehst dich um und gehst zur Kreuzung zurück.
*Lies weiter bei **112***

90 Du stolperst die mit Moos bewachsene Treppe hinab und ziehst am Knauf der rostigen Stahltür. Sie lässt sich leicht öffnen. Im Türrahmen liegt ein bröckliges Stück Beton, damit sie nicht ins Schloss fällt. Du schlüpfst durch den Spalt, kickst den Betonbrocken weg, die Tür schließt sich mit einem satten Klacken. Schon stürzen die ersten Toten die Treppen hinab und pressen ihre schmierigen Fratzen gegen das kleine Fenster. Du rennst in den halbdunklen Gang hinein, weg von ihnen.

Es riecht nach modrigem Wasser und Schimmel. Schon bald erreichst du eine Kreuzung.
Der Weg nach links endet jedoch vor einer gekalkten Backsteinwand. Der Weg geradeaus wird von Kellerfenstern in der linken Seite erhellt. Du siehst, wie die Toten an ihnen vorüberziehen. Rechts gibt es pockennarbige, nummerierte Stahltüren. Der Weg nach rechts ist finsterer als die anderen, Wasserpfützen glänzen auf dem Boden. Dir fällt die gespenstische Stille auf, die hier unten herrscht.
*Wenn du nach rechts gehst: Lies weiter bei **83***
*Wenn du geradeaus gehst: Lies weiter bei **182***

91 Die Zombies nähern sich. Glas zerbricht, einer der Toten grunzt wütend, ein anderer wühlt in einem Haufen alter Bretter, die er achtlos zur Seite wirft.
Ein Zittern durchfährt deinen Körper, steigert sich, ebbt ab, nur um erneut durch dich zu fahren. Du beißt die Zähne aufeinander, damit sie nicht klappern. Es ist Todesangst, die dich mit ihrem eisigen Griff gefangen hält. In den nächsten Sekunden wird entschieden, ob du leben darfst oder sterben musst.
Immer mehr Tote strömen in die Halle. Erneut stellst du dir die Frage, warum der Hauptzugang offen steht und dem Überfallkommando dadurch die Möglichkeit gab, euch anzugreifen. Gab es einen Verräter in den eigenen Reihen?
*Lies weiter bei **37***

92 Als deine Fußsohle den Boden berührt, durchbohrt dich ein glühender Schmerz. Langsam gehst du, den Schmerz mühsam unterdrückend, weiter und erreichst die Tür. Das Tageslicht blendet dich und die Toten erscheinen als scharf umzeichnete Umrisse. Sie stehen vor dir, starren dich aus ihren bleichen Augen an. Es sind viele, fast verzweifelst du an ihrer Zahl. Du wirfst die Tür mit aller Kraft ins Schloss, doch bist du schnell genug?

*Führe eine Probe auf **GLK** durch!*
*Die Probe ist geglückt: Lies weiter bei **110***
*Die Probe ist misslungen: Lies weiter bei **185***

93 Du stehst einem ungnädigen Angreifer gegenüber. Voller Vorfreude auf das frische Fleisch fletscht er grunzend die Zähne. Deine einzige Chance besteht darin, den gierig nach vorne gestreckten Armen auszuweichen und die Flucht zu ergreifen. Du startest durch und versuchst, an Karl vorbeizukommen und die Wohnungstür zu erreichen.

*Führe eine Probe auf **AUS** durch!*
*(Zur Erinnerung: Das Ergebnis von **3W6** muss gleich oder kleiner deiner **AUS** sein, um die Probe zu bestehen. Vergiss deine Glückspunkte nicht!)*
*Die Probe ist geglückt: Lies weiter bei **73***
*Die Probe ist misslungen: Lies weiter bei **105***

94 Der Käfig ist eine zweifelhafte Einrichtung, wegen der es in der Gruppe hitzige Diskussionen gab. Vor allem die Frauen fühlten sich davon abgestoßen. Bastis beharrte jedoch darauf, dass der Käfig notwendig ist, um das Verhalten der Toten zu verstehen. Im Grunde ist es nichts weiter als ein vergammelter Taubenschlag, an dessen hinterem Ende an einer Hundehütte ein eiserner Ring in die Wand eingelassen ist, stabil genug, um einen Menschen daran festzuketten. Einst kam Basti von einer Erkundungstour zurück und rief alle hinauf auf das Dach. Das, was er euch im Käfig präsentierte, jagte euch einen eisigen Schauer über den Rücken: eine junge Frau, Anfang zwanzig mit zotteligen Haaren und vor Dreck stehender Kleidung. Sie war mausetot.

Na ja, besser gesagt hätte sie es sein sollen, angesichts des Lochs, das in ihrem Bauch klaffte. Basti hatte einen frischen und äußerst mobilen Zombie ins Haus gebracht. Um den Hals trug das bedauernswerte Ding ein ledernes Hundehalsband, verbunden mit einer massiven Kette, die an dem Eisenring in der Wand endete. Basti war der Einzige, der das lustig fand.

Du bleibst in einiger Entfernung vor dem Gitter stehen. Die Kette ist mit dem Eisenring verbunden und führt straff gespannt zum Hals des Mädchens, das am Gitter steht und dich mit ihren trüben Augen anstarrt. Von ihr geht ein unerträglicher Gestank aus. Nach faulem Fleisch und ranzigem Käse. *Das arme Ding*, geht dir durch den Kopf. *Sie ist nur ein missbrauchtes Opfer ...*

Es ist jetzt drei Wochen her, als Basti sie angeschleppt hat. Ihr Körper ist in einem desolaten Zustand und abgemagert bis auf die Knochen. Dem Mädchen ist nicht mehr zu helfen.

*Wenn du an den Wasserfässern vorbei über das breite Dach gehst: Lies weiter bei **187***

*Wenn du den anderen Weg zur Vorderseite und an der Backsteinmauer entlang wählst: Lies weiter bei **197***

*Wenn du eine Brechstange hast und versuchen willst, das Mädchen vonseinem Leiden zu erlösen: Lies weiter bei **125***

95

Das Mädchen versucht, sich unter deinem Hieb wegzuducken, doch es ist zu langsam. Die Waffe geht auf ihren Schädel nieder und zertrümmert ihn wie eine überreife Tomate. Mit einem letzten Seufzen erschlafft ihr Körper und sinkt in sich zusammen. Schwer atmend stehst du über dem ausgemergelten Leib und findest doch keine Befriedigung in deiner Tat. Du hast sie erlöst, sicher. Aber dennoch kommt es dir vor, als hättest du ein Leben ausgelöscht, einen Menschen getötet. Hier gibt es nichts mehr für dich zu tun, also verlässt du den Käfig.

*Wenn du zu den Wasserbehältern möchtest: Lies weiter bei **169***

*Wenn du über das breite Dach zur anderen Seite läufst: Lies weiter bei **187***

*Wenn du zurück zur Backsteinmauer gehst, um die gegenüberliegende Seite zu erreichen: Lies weiter bei **197***

96 Du stehst vor der Gittertür und die ist … verschlossen. Der rote Plastiküberzug des Ringschlosses verhöhnt dich mit einer kompromisslosen Aussage. Deine Hand umfasst das Schloss, du zerrst dran, weil du der Ironie nicht glauben magst, die in den drei Zahlen verborgen scheint, mit welchen es sich öffnen lässt. In der richtigen Kombination liegt des Rätsels Lösung.
In deinem schmerzenden Kopf wirbeln die Gedanken. Pauls Geburtstag war im September und die Kombination identisch mit dessen Datum. Du bist dir absolut sicher, die erste Zahl ist eine 9.
Im rostigen Rahmen der Tür ist eine 15 eingeritzt. Basti hat dir erzählt, dass das Ergebnis aller drei Zahlen eine 15 ergibt, welche ausschließlich aus ungeraden Zahlen besteht. Du denkst, dass Basti ein verdammter Freak war und beginnst, die Zahlen auf dem Ringschloss einzustellen.
Kaum, dass du damit angefangen hast, fliegt die Tür des Treppenhauses krachend auf. Tote drängen aus der dunklen Öffnung schwankend hervor, heben witternd die Köpfe.
Der Vorderste, ein glatzköpfiger Bastard, dem die Lippen fehlen, sieht dich sofort. Die tödliche Horde setzt sich in Bewegung und du bist ihr Ziel!

Lies weiter bei dem Punkt, in dessen Zeile deine Kombination enthalten ist:

911	*931*	*951*	*971*	*991*	*Lies weiter bei* ***35***
913	*933*	*953*	*973*	*993*	*Lies weiter bei* ***12***
915	*935*	*955*	*975*	*995*	*Lies weiter bei* ***76***
917	*937*	*957*	*977*	*997*	*Lies weiter bei* ***108***
919	*939*	*959*	*979*	*999*	*Lies weiter bei* ***186***

Falls du im Besitz der Brechstange bist, bietet sich dir eine andere Möglichkeit: Kopfschüttelnd setzt du das Werkzeug zwischen Türgitter und Schloss an und drückst diese mit aller Kraft nach unten.
Lies weiter bei ***198***

97 Die Wendeltreppe führt nach unten in eine schmale Gasse. Kisten und Müllcontainer bieten eine gute Deckung. Das gegenüberliegende Gebäude besteht wie das der Zuflucht aus roten Backsteinen, ist aber in einem wesentlich schlechteren Zustand.

Die Treppe endet und du springst die letzten zwei Meter nach unten. Dort gibt es eine weitere Gittertür, die kein Schloss besitzt und schief in den Angeln hängt.
Die Toten sind jetzt nahezu überall. Du hörst, wie sie oben auf dem Dach mit wütendem Fauchen versuchen, sich Zugang zur Wendeltreppe zu verschaffen. An der Gebäudevorderseite, die von der Treppe aus gesehen links liegt, röcheln unzählige Zombies um die Wette. Dieser Weg scheidet definitiv aus. Es ist nur eine Frage der Zeit, bis sie in die Gasse eindringen. In der anderen Richtung führt die Gasse bis zum Pflanzenhaus, das Paula als bevorzugter Fluchtweg diente.
Der penetrante Gestank nach Urin und Abfall überdeckt nahezu den Odem der Toten. Ein Vorteil, um deinen Geruch vor ihnen zu verbergen. Direkt gegenüber, an der Mauer des anderen Gebäudes, gibt es eine mit Moos bewachsene Treppe: der Eingang in die weitläufigen Kellergewölbe unter dem Industriegelände. Die Gasse selbst führt nach rechts zu den Rückseiten der Industriegebäude. Dort gibt es alte Garagen und eine Mauer, die das Gelände umgrenzt.
Wenn du zur Treppe gehst: Lies weiter bei ***77***
Wenn du in der Gasse nach rechts gehst: Lies weiter bei ***36***

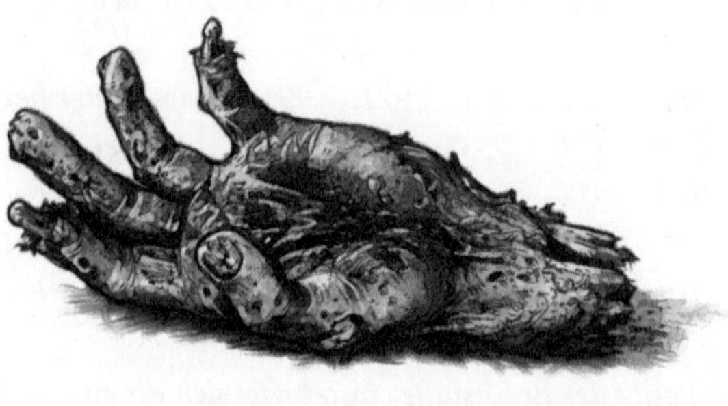

98

Du ignorierst deinen schmerzenden Körper. Er setzt ungeahnte Kräfte frei, mobilisiert Reserven. Mit nach vorne gestemmter Schulter krachst du wie ein Rammbock in den Brustkorb des Monsters und spürst, wie dieser nachgibt. Doch der Bastard fällt nicht. Stattdessen krallt er sich in deine Schultern. Seine scharfen Fingernägel kratzen dir Haut vom Fleisch. Welch ungeahnte, diabolische Kraft doch in diesen toten Händen steckt, die unbarmherzig an dir zerren. Strampelnd schlägst du wie ein Berserker auf den Zombie ein.

Dessen unbeeindruckt vollendet er seine tödliche Umarmung, beißt dir mit fauligen Zähnen ins Gesicht.
Weitere Hände ringen dich zu Boden, wo sich bald Körper an Körper schmiegt. In deinem Schritt wird es feucht und warm, weil sich deine Blase in Todesfurcht entleert. Einem Stromschlag gleich bäumt sich dein Körper auf, verkrampft sich in einem letzten Akt der Verzweiflung. Einen Wimpernschlag und es wird gnädige Nacht.
Lies weiter bei ***1015***

99

Getrieben vom Gestöhne der hungrigen Meute rennst du weiter. Im ersten Quadrat nach rechts, im nächsten nach links. Plötzlich stehst du vor der Steinmauer, die dich zu umgeben scheint wie eine undurchdringliche Hülle, aus der es kein Entkommen gibt. In deinem Kopf dumpfes Rauschen. Du stemmst dich gegen den feuchten Stein, fühlst seine Struktur, drückst dagegen, doch er bleibt unerbittlich standhaft. Also kehrst du um, rennst dem Gebrüll der Leichen entgegen und betest zu Gott, dass sie die Abzweigung nicht erreicht haben.
Lies weiter bei ***29***

100

Verbissen wühlst du dich durch die Brombeerhecke. Die Dornen zerkratzen dir die Haut, zerreißen deine Kleidung. Gefangen in einem Gewirr aus Ästen geht es ein Quadrat weiter nach links. Die Außenmauer ist jetzt rechts von dir. Die Steine verhöhnen dich mit einem kleinen Loch, durch das du das dahinterliegende Freigelände siehst. Nur wenige Meter, dann muss der Ausgang kommen. Doch halt, was ist das?
Lies weiter bei ***222***

101

Die Toten sind keine leisen Jäger. Sie heften sich an deine Fersen wie Bluthunde, die wissen, dass sie ihre Beute stellen werden. Ihnen ist es gleich, wann es geschieht, aber es wird geschehen. Es ist alles nur eine Frage der Zeit. Das Wasser platscht unter deinen Schritten. Du durchquerst eine stockdunkle Zone. Danach wird es leidlich heller. Von hier geht es nur nach links oder rechts. Dein Atem pumpt, während du verharrst und lauschst. Erst glaubst du, das

Lärmen der Toten kommt von überall, doch dem ist nicht so. Du hörst es hinter dir und von rechts. Also bleibt dir nur der Weg nach links. Der Sack zieht sich langsam, aber sicher zu!
*Lies weiter bei **215***

102

Der Drecksack ist schneller. Bevor du die Hände zur Abwehr hebst, ist er an dir dran. Seine schmierigen Finger zerren an deiner Kleidung. Sein aufgerissenes Maul schwebt vor deinem Gesicht, bereit, die brüchigen Zähne in dein Fleisch zu schlagen. Dir bleibt keine Wahl, du musst kämpfen!

Führe den Kampf nach den Regeln durch!

Archetyp	KON	AUS	Waffe	WS
Zombie	*10*	*8*	–	–

*Reduziere deinen **IW** um **1W6** (IW < 20 gehe zu 1018)*
*Du hast gewonnen: Lies weiter bei **42***
*Du hast verloren: Lies weiter bei **69***

103

Du durchpflügst das Wasser, strebst voller Hoffnung zum Licht, das mit jedem Schritt heller wird. Dort muss es nach draußen gehen. Wenn du über die Schulter blickst, schaust du in die hässlichen Fressen der Toten. Der Schacht weicht zurück, du taumelst ins Freie. Hier ist der Gang eingestürzt, hat sich mit Regenwasser gefüllt und in eine schlammige Grube verwandelt. Der Untergrund ist rutschig und uneben, das kalte Wasser reicht dir bis zum Bauch. Die Wände bestehen aus einem Gemisch aus Ziegelsteinen und Schlamm. Vier Meter über dir lockt die Freiheit, das Tageslicht, das Überleben! Nach der Grube folgt ein schwarzes, gezacktes Loch in der Wand, das der Gang ist, aus dem das Krächzen der Toten erklingt. Dir bleibt keine Wahl, du musst die Mauer erklimmen, um zu überleben!

*Mache eine Probe auf **AUS**!*
*Dir gelingt die Probe: Lies weiter bei **85***
*Dir misslingt die Probe: Lies weiter bei **28***

104 Deine Finger streichen über das narbige Holz des Tisches, an dem ihr euch stets versammelt habt. Der zentrale Platz eurer Zuflucht, das Herz. Jetzt hat das Herz aufgehört zu schlagen, beschmutzt durch einen feigen und hinterhältigen Angriff. Die Teller (m) stehen an ihren Plätzen, die Messer (k, WS 1) und Gabeln (k, WS 1) liegen daneben. Umgestürzte Wassergläser (m) haben sich über den Tisch ergossen.

In der Mitte liegt ein aufgeweichter Stapel beschriebener Seiten mit den Notizen und Anmerkungen über eure Ausflüge in die verlorene Welt. Du kennst ihren Inhalt auswendig. Der erbarmungslose Kampf ums nackte Überleben, für die Nachwelt festgehalten.

Nachwelt? Welche denn? Was für ein mieser Witz!

Du greifst nach dem vollen Glas und setzt es an die brennenden Lippen. Es ist nicht besonders viel und vermag kaum, deinen Durst zu stillen, dennoch schließt du die Augen und genießt das Gefühl, wie es lauwarm und abgestanden durch die Kehle rinnt und sich im leeren Bauch ausbreitet. Du stellst das Glas (m) auf die Tischplatte zurück, lässt den Kopf hängen, denkst nach.

Blut tropft aus der Kopfwunde zu Boden. *Ich muss sie dringend versorgen, bevor ich mir was einfange*, geht es dir durch den Kopf.

Etwas anderes zieht deine Aufmerksamkeit auf sich. Unter dem Tisch liegen zerknüllte Zettel (k). Ächzend gehst du in die Knie, hebst sie auf und streichst sie glatt. Sie tragen die Handschrift der kleinen, drahtigen Polizistin.

Es ist eine Nachricht von Paula!

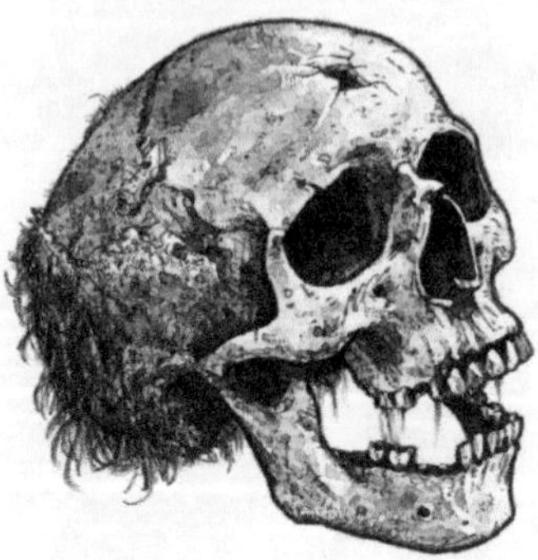

Tag Zweiundfünfzig in der Hölle

Heute wage ich mich weiter als je zuvor. Entgegen meiner Gewohnheit, die Supermärkte in der Nähe aufzusuchen, ging ich in die Innenstadt, auch, wenn ich mir bewusst bin, wie gefährlich das ist.
Dichter Nebel gab mir die Deckung, die ich brauchte. Ich folgte der Franz-Kirrmeier-Straße parallel zum Fluss Richtung Süden bis zum alten Hafen, immer die Türme der Kathedrale vor Augen.
Die ersten Toten sah ich auf dem großen Platz vor der Kathedrale. Dort, wo es zu Beginn der Katastrophe diese schrecklichen Verbrennungen gegeben hat.
Sie hatten sich um den verkohlten, schwarzen Scheiterhaufen versammelt und standen mit hängenden Armen da, als würden sie auf etwas bestimmtes warten.

Manchmal langten sie nach den Krähen, die sich auf ihren Schultern und Köpfen niedergelassen hatten, um ihnen das Fleisch von den erbärmlichen Schädeln zu picken. Es war gespenstisch still, kein Laut entwich ihren aufgeplatzten, fauligen Lippen. Vielleicht war es auch nur der Nebel, der die Geräusche schluckte.

Mein Ziel war das Waffengeschäft in der Kleinen Pfaffengasse. Die Gasse beginnt auf der anderen Seite des Platzes und führt in einem leichten Bogen nach Südwesten bis zum Marktplatz.

Dort befindet sich auch das Waffengeschäft.

Zu meiner Überraschung stand es offen und war, abgesehen von einem beinlosen Monster, das dümmlich fauchend in der Ecke hinter der Kasse hockte, verlassen. Ich nahm mir, was ich brauchte, und sicherte die Tür anschließend mit einem Vorhängeschloss.

Dann machte ich mich auf den Rückweg, denn der Nebel lichtete sich und nahm mir die Deckung. Eine Bewegung jenseits des Marktplatzes erregte meine Aufmerksamkeit. Es raubte mir den Atem, denn dort liefen geduckte Gestalten. Sie waren unglaublich schnell und bewegten sich kontrolliert vorwärts. Hinter abgestellten Fahrzeugen Deckung suchend nahm ich die Verfolgung auf.

So erreichte ich die Spitalgasse, die durch einen kleinen Park und hin zu einem würfelförmigen Betongebäude führte. Aus meiner Dienstzeit wusste ich, dass dort das Institut für außergewöhnliche Nervenerkrankungen untergebracht war.

Hierhin brachte man jene Menschen, die es geistig nicht mehr auf die Reihe bekamen. Das Institut ist drei Stockwerke hoch und die Fenster sind allesamt stabil vergittert.

Ich beobachtete die Überlebenden dabei, wie sie durch den Haupteingang in dem Gebäude verschwanden. Erst war ich versucht, ihnen zuzurufen, doch dann sah ich deren Waffen und zögerte.
Als sie verschwunden waren, sah ich mir den Eingang genauer an. Er glich einem Bollwerk aus Stahl und grünem Panzerglas, vor dem sich verwesende Leichen stapelten.
Es brauchte einige Zeit, bis ich über die Rückseite einen anderen Zugang fand. Was mich im Innern erwartete, werde ich noch genauer festhalten. Nur so viel schon jetzt: die haben dort Strom, Wärme, und sauberes Wasser!
Eins ist für mich klar: wir müssen Kontakt aufnehmen! Ich kenne keinen Ort, der sicherer ist!
Nur innerhalb dieser Mauern können wir überleben!

KHK Paula

Verwundert hältst du Paulas Bericht in der Hand, versuchst, zu begreifen, was der Text bedeutet. Sie muss es kurz vor dem Überfall geschrieben haben, denn du erinnerst dich nicht daran, je darüber geredet zu haben. Wenn es dort tatsächlich Strom und weitere Überlebende gibt, könnte dies die lang ersehnte Wende bedeuten. Eine Festung inmitten des Fegefeuers der Stadt. Das käme einem Wunder gleich. Aufgeregt faltest du das letzte Blatt auseinander. Jetzt sind ihre Buchstaben nervös, unsauber.

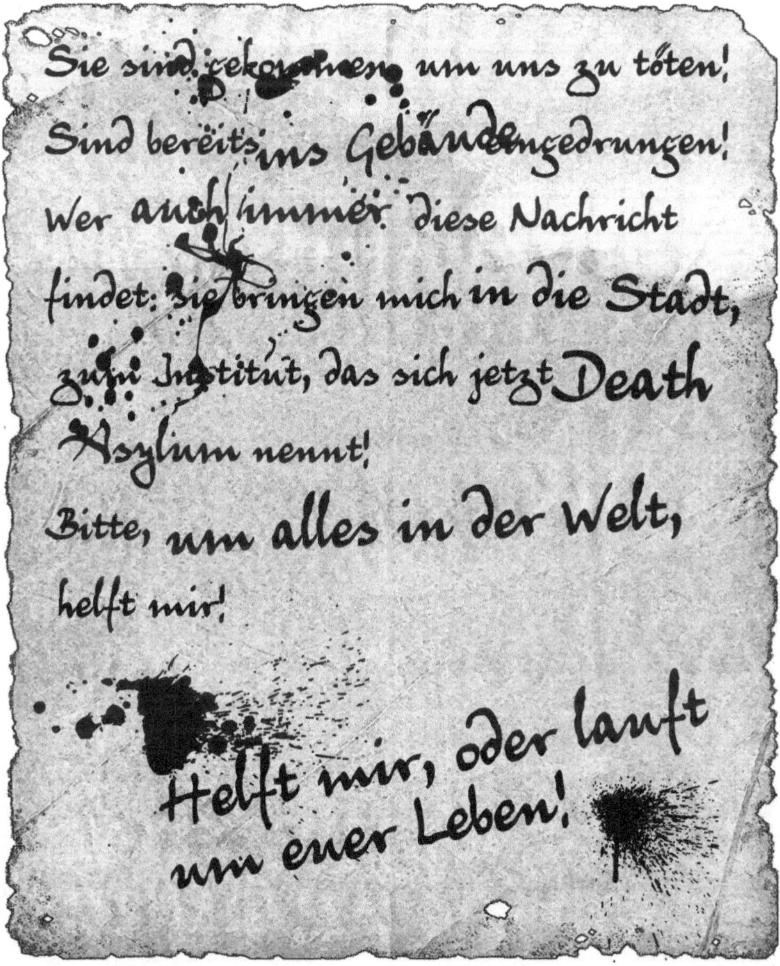
Sie sind gekommen, um uns zu töten!
Sind bereits ins Gebäude eingedrungen!
Wer auch immer diese Nachricht
findet: Sie bringen mich in die Stadt,
zum Institut, das sich jetzt Death
Asylum nennt!
Bitte, um alles in der Welt,
helft mir!
Helft mir, oder lauft
um euer Leben!

In deinem Kopf herrscht Chaos. Wie einen Schatz faltest du die Nachricht (k) zusammen, denn sie ist der Beweis. Es hat einen Überfall gegeben. Fremde sind gekommen und haben zerstört, was ihr mühevoll aufgebaut habt. Aber dieses *Wir gehen in die Stadt* offenbart dir einen Ausweg, reckt dir die Hand entgegen, nach der du gesucht hast. Paula konnte entkommen, mit Glück ein paar andere auch. Wenn du überleben willst, musst du ihnen folgen, solange die Spur frisch ist, denn auf dich allein gestellt hast du in dieser Welt schlechte Karten.
Da ist einiges vorzubereiten und zu wenig Zeit, es zu tun. Womit sollst du nur anfangen? Am besten damit, deine Kopfwunde zu versorgen. Du weißt, im Badezimmer habt ihr einen spärlichen Vorrat an Verbandszeug gebunkert. Außerdem brauchst du eine Tasche, um alles einzupacken, was du mitnehmen willst. Dazu musst du in den Raum, den du dir mit Basti und Karl geteilt hast. Plötzlich hörst du ein leises Geräusch aus der Mitte des Raumes. Von der Stelle, wo Karl liegt.
*Wenn du ins Badezimmer gehst: Lies weiter bei **31***
*Wenn du zu Karl gehst: Lies weiter bei **124***
*Wenn du ins Zimmer gehst (sofern du dort noch nicht warst): Lies weiter bei **86***

105

Karl drängt mit seiner Körpermasse nach vorne. Du bist überrascht, wie schnell er sich bewegt. Womöglich liegt es an dem warmen Körper, erst frisch vom bösen Geist beseelt. Du versuchst auszuweichen, springst zur Seite, deine Füße rutschen in Karls nassem, schmierigem Blut aus!
Du strauchelst, ruderst mit den Armen, um Halt zu finden. Karls mächtige Pranke schnellt nach vorne, bekommt mit grimmiger Wut deine Schulter zu fassen und zerrt dich wie eine Puppe zu sich heran. Verzweifelt schlägst du nach seinem Gesicht, doch er packt mit der anderen Hand in erbarmungsloser Härte deinen Arm. Es fühlt sich an, als würde sich ein eiskalter Schraubstock um ihn schließen. Du schreist, strampelst, versuchst, ihn von dir wegzutreten, doch den Zombie beeindruckt das nicht. Speichel tropft ihm von den bleichen Lippen, als er seinen Mund aufreißt, das Gebiss in gieriger Erwartung weit geöffnet. Es sind schreckliche Sekunden, während sich sein Schlund wie ein schwarzes, mit Zähnen gesäumtes Loch auf dich zubewegt.

Es sind die letzten Augenblicke deines Lebens! Du spürst Karls Zähne im weichen Fleisch deines Halses, hörst, wie die Haut unter dem Druck knirscht und schließlich reißt. Wunderst dich noch, warum du keine Schmerzen verspürst, bis sich eine gnädige Finsternis auf dich herabsenkt.
*Lies weiter bei **1013***

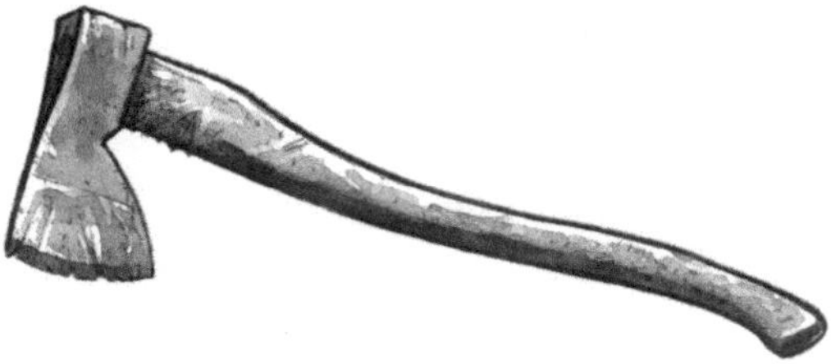

106 Abgesehen von dem Käfig, der den Zugang zur Wendeltreppe umgibt, die sich wie eine Spirale an der Außenmauer nach unten windet, ist das Dach leer. Basti war der Einzige, der einen ernsthaften Grund hatte, hinaufzusteigen. Der Wind trägt das Gestöhne der Toten mit sich, das über das Land weht wie der Abgesang zur Menschheit. Und den Gestank der unzähligen, sich im Stadium der Auflösung befindlicher Körper. Das Dach war Bastis Revier. Oft hat er sogar die Nacht hier oben verbracht. Er saß hinter der Brüstungsmauer der Gebäudevorderseite und beobachtete die verlassenen Straßen. Oder, was wahrscheinlicher war, er bewunderte sein morbides Experiment. Diese *Betreuung* setzte sich aus abscheulichen Versuchen zusammen, mit denen er herausfinden wollte, wie man die Toten von ihrer Gier, Menschen zu fressen, abbringen konnte. Was er sonst mit ihr getrieben hat, verbannst du aus deinen Gedanken, denn es überschritt jede Grenze der Menschlichkeit.
Basti war im Grunde ein netter, aber sonderbarer Mensch, hatte eine Menge schräger Marotten. Eine davon war seine Manie, das Ungerade vor dem Geraden zu bevorzugen. Deswegen ging er grundsätzlich nur an Tagen, die ein solches Datum hatten, nach draußen. Wie auch immer, es war Basti, der an dem Treppenkäfig ein Zahlen-Ringschloss anbrachte, um ihn zu sichern.
*Lies weiter bei **96***

107

Die Zähne des Zombiemädchens schließen sich mit der Gewalt eines Schraubstocks um deine Wade, zerfetzen den dünnen Stoff der Hose mit einer Leichtigkeit, als wäre sie aus Papier. Der Schmerz ist schneidend, scharf und absolut final. Ihre messerscharfen Zähne durchdringen deine Haut und zerren dir das Fleisch aus dem Bein. Du taumelst, fällst, dein Kopf prallt hart auf den Boden. Du weigerst dich, zu begreifen, dass es vorbei ist. Das die Krankheit in deinen Körper eindringt und dich auffrisst, wenn es nicht zuvor das Mädchen tut.
*Lies weiter bei **1057***

108

Du rüttelst am Schloss, doch die Tür bleibt verschlossen. Nervös blickst du über die Schulter, stellst mit Entsetzen fest, dass deine Verfolger sich schneller nähern, als dir lieb ist.

Starte deinen zweiten Versuch:

911	*931*	*951*	*971*	*991*	*Lies weiter bei **171***
913	*933*	*953*	*973*	*993*	*Lies weiter bei **208***
915	*935*	*955*	*975*	*995*	*Lies weiter bei **126***
917	*937*	*957*	*977*	*997*	*Lies weiter bei **49***
919	*939*	*959*	*979*	*999*	*Lies weiter bei **63***

109

Deine Überlebenschancen schwinden. Du drehst wie besessen an den verfluchten Zahlen. Basti ist schuld an dem Desaster, er hat es dir eingebrockt. Schon bist du umringt von Toten, die mit gierigen Händen nach dir greifen, an deinen Sachen zerren. Mit vor Angst geweiteten Augen stellst du fest, dass es zu viele sind, um zu bestehen. Ihr fauliger Atem schlägt dir ins Gesicht. Sie bedrängen dich, stecken deine verzweifelten Gegenwehr weg, drücken dich gegen das kalte Gitter und senken ihre grausamen Mäuler auf dich herab. Wo sie Fleisch finden, treiben sie ihre Zähne hinein, ereifern sich dabei bis zur Ekstase.
Over and out.
*Lies weiter bei **1028***

110

Die Metalltür kracht zu, mit einem Schmatzen gleiten die schweren Riegel in ihre Halterungen. Im gleichen Augenblick donnern die toten Körper gegen das Metall, lassen es erbeben.

Der Durchgang ist gesichert. Du lehnst dich gegen das kalte Eisen und schnappst nach Luft, dein Puls rast.

*Wenn dein Ziel die nächste Halle ist, wo es nicht nur einen Notausgang gibt, sondern auch einen Aufenthaltsraum, in dem die Schränke der Arbeiter stehen. Lies weiter bei **218***

*Wenn du umkehrst, um es über das Dach zu versuchen: Lies weiter bei **178***

111

Kaum, dass du dich dafür entschieden hast, dem Weg zwischen den alten Fabrikgebäuden zu folgen, überkommt dich ein ungutes Gefühl. Die stumpfen Fenster verbergen geschickt, aber dennoch starrend, die Welt hinter dem Glas. Du erreichst eine Kreuzung.

Die letzte Gebäudereihe liegt vor dir, im Anschluss folgt der große, leere Platz. Nervös blickst du zurück. Der Weg hinter dir ist frei und dennoch wagst du es nicht, umzukehren. Zu groß ist die Angst, dort auf die Zombies zu treffen. Der Weg nach links führt direkt zur Straße am Fluss, auf der sich die Toten versammelt haben. Ein lautes Scheppern ertönt hinter den Gebäuden, auf die du zuläufst …

*Wenn du herausfinden willst, was das Geräusch verursacht hat: Lies weiter bei **51***

*Wenn du nach rechts gehen willst, um dich von dem Geräusch zu entfernen: Lies weiter bei **210***

112

Du bist ein Quadrat gelaufen und stehst an einer Kreuzung. Angestrengt sondierst du die düsteren Gänge, die sich alle gleichen. Jeder Weg, auch der, den du gekommen bist, endet nach einem Quadrat in einer Biegung, ob sie nach links oder rechts führt, erkennst du von hier aus nicht.

*Wenn du geradeaus weitergehen willst: Lies weiter bei **53***

*Wenn du nach rechts gehst: Lies weiter bei **192***

*Wenn du nach links gehst: Lies weiter bei **79***

113

Du stehst an der Kreuzung, sondierst die Möglichkeiten. Dein Geist gaukelt dir die Illusion des perfekten, richtigen Weges vor. Krampfhaft versuchst du, dich daran zu erinnern, woher du gekommen bist. Na, weißt du es noch?

Wenn du geradeaus gehst: Lies weiter bei ***192***
Wenn du nach rechts gehst: Lies weiter bei ***89***
Wenn du nach links gehst: Lies weiter bei ***53***

114

Du musst den Kampf beenden, bevor die Leichensäcke eine Flucht unmöglich machen. Also stürmst du zu allem entschlossen auf die taumelnde Trauergestalt zu.

Führe den Kampf nach den Regeln durch!

Archetyp	KON	AUS	Waffe	WS
Zombiefrau	*8*	*10*	–	–

Reduziere deinen ***IW*** *um* ***1W6*** *(IW < 20 gehe zu 1018)*
Du gewinnst: Lies weiter bei ***202***
Du verlierst: Notiere dir die durch den Kampf sicherlich reduzierten Werte der Zombiefrau und lies weiter bei ***223***

115

Es ist ein Fenster in einer Tür. Wenn du hindurchblickst, siehst du Treppen, die nach oben führen. Blätter und Müll türmen sich vor dem Ausgang. Das Tageslicht zieht dich ins Freie, weg von der Finsternis, die das Grauen verbirgt. Was es da draußen sonst zu sehen gibt, erkennst du nicht.
Wenn du die Tür öffnest und den Keller verlässt: Lies weiter bei ***25***
Wenn du lieber umkehrst, um an der Kreuzung nach rechts zu gehen: Lies weiter bei ***83***

116

Mit grimmiger Wut stemmst du dich dem Zombie entgegen, bringst deine Waffe mit knapper Not zwischen das gefletschte Gebiss und deinen ungeschützten Hals. Du drückst sie ihm fest in den Rachen, sodass seine Zähne brechen, rammst einen Fuß in seinen Bauch und beförderst ihn von dir weg, um zuzuschlagen. Verheerend verwandelt die Waffe den Schädel des Monsters in graubraunen Brei.
Dir bleibt keine Zeit, den Triumph auszukosten. Das Geschrei der Toten treibt dich an, von hier abzuhauen. Du steigst über den reglos da-

liegenden Körper, läufst weiter. Bald steht dir das eiskalte Wasser bis zu den Hüften, entzieht dir lebenswichtige Wärme. Lang wirst du das nicht durchhalten!
*Lies weiter bei **216***

117 … die Tür öffnet sich! Dein Herz macht einen Freudensprung, während du dich durch den entstandenen Spalt schiebst. Kaum, dass du draußen bist, wirfst du dich mit der Schulter gegen den rostigen Stahl. Schmatzend fällt die Tür ins Schloss. Wie knapp deine Flucht gelang, zeigt sich schnell, denn die ersten Toten pressen ihre käsigen Fratzen an das Fensterglas. Du bist nun draußen, in einem Treppenabgang, blinzelst, um deine Augen an das helle Tageslicht zu gewöhnen. Links von dir erhebt sich ein hoher Industrieschlot. Dahinter ertönt ein vielstimmiger Chor und singt dir ein Lied vom Tod. Dir bleibt keine Wahl, du wendest dich nach rechts und folgst der schmalen Gasse …
*Lies weiter bei **177***

118 … die Tür öffnet sich nicht, du steckst in der Falle! Verzweifelt drehst du dich um, stellst dich der Übermacht der Toten, fängst an, Köpfe zu zählen. Doch dafür sind es zu viele. Im Rücken der kalte Stahl, dahinter die unerreichbare Außenwelt, vor dir nichts als Tod. Mit einem wilden Schrei wirfst du dich ihnen entgegen, glaubst für einen Moment, dass eine Chance besteht, doch deine Schläge beeindrucken die Toten ebenso wenig wie deine Tritte.

Der ungleiche Kampf verlagert sich in den Schlamm. Zähne dringen in dein Fleisch, zerren dir blutige Stücke aus dem Leib. Brüchige Klauen schlitzen deine Haut auf, zerfetzen sie wie dünnes Papier. Faulgestank raubt dir den Atem. Das alles dauert nur Sekunden. Einer beugt sich nach unten und frisst dein Gesicht, beraubt dich deiner verzweifelten Schreie. Letztendlich kehrt Ruhe ein, denn es ist zu ***Ende*** …

119 Karl erhebt sich mit müden Bewegungen. Seine harten Muskeln krachen. Sie sind zu steif, um sich zu dehnen, und reißen unter der Belastung. Sein boshafter Blick scheint abzuwägen, was du als Nächstes tun wirst.

Dein Herz hämmert dir bis zum Hals, als er sich mit schlurfenden Schritten auf dich zubewegt.
Wenn du dich dem Kampf stellst: Lies weiter bei **46**
Wenn du dein Heil in der Flucht suchst: Lies weiter bei **93**

120 Die Stufen aus künstlichem Marmor sind ausgetreten, in den Ecken liegen Staub und Mörtel. Die Farbe an der Decke ist blasig aufgeworfen und riecht nach Schimmel. Stufe um Stufe gehst du in dem nur schwach erhellten Treppenhaus hinab. Beklemmung kriecht in deinen Kopf. Du bist allein, keiner ist mehr da, um mit dir zu reden oder dir beizustehen. Niemand, der dich vermissen würde. Und das Schlimmste ist: Es gibt keine Zuflucht mehr!
Endlich erreichst du die zerkratzte Holztür, die ins Erdgeschoss führt. Sie hängt zertrümmert in den Angeln. Auch hier findest du Patronenhülsen. Wer in eure Zuflucht eingedrungen ist, hat es mit Gewalt getan, ohne Skrupel oder Rücksicht. Das Erdgeschoss besteht aus drei kleineren Hallen mit hohen Decken, an denen Lastkräne in rostig braunen Laufschienen hängen. In großen Wannen schwappt gleichfarbige Flüssigkeit, es stinkt nach Säure. Vor der Katastrophe wurden hier Metallteile verchromt. Nicht auszudenken, was passiert, wenn ein Mensch in diese Brühe stürzt. Der Boden ist bedeckt mit körnig-schwarzem Dreck, in einer Ecke stehen Säcke mit feuchtem Salz. Kristalle blühen auf ihrer Oberfläche.
In der Decke gibt es ein paar Oberlichter. Hier unten herrscht jedoch Zwielicht, denn die Fenster sind klein und schmutzig. Eins davon zieht deine Aufmerksamkeit auf sich. Da war etwas, eine Bewegung. Dreck knirscht, als du den Staub von einer der Scheiben wischst. Dann der Schock: Direkt davor stehen die Toten. Schulter an Schulter. Schwankend, mit weit geöffneten Schlünden, wartend. Den Toten nah zu sein, nur getrennt durch eine fragil wirkende Scheibe, lässt dich erschauern.
Sie sind noch nicht ins Gebäude eingedrungen. Du könntest nach rechts an den Tanks vorbeigehen und versuchen, in den Gebäudeteil gegenüber dem Innenhof zu gelangen. Dort gibt es einen Notausgang, der in eine Seitengasse führt. Dazu musst du jedoch das Quergebäude und den Haupteingang passieren.

Wenn es dir hier unten zu gefährlich ist und du nach oben gehst: Lies weiter bei ***178***
Wenn du weitergehen willst: Lies weiter bei ***5***

121 Abgesehen von dem Verschlag, in dem sich der Zugang zur Wendeltreppe befindet, die an der Außenmauer nach unten führt, ist das Dach leer. Der Wind trägt das Gestöhne der Toten zusammen mit dem Gestank der sich in Auflösung befindlicher Körper zu dir herauf.

Das Dach war Pauls Revier gewesen. Oft hat er sogar die Nacht hier oben verbracht, um, wie er sagte, hinter der Brüstung an der Vorderseite die Straßen zu beobachten. Wahrscheinlicher war jedoch, dass er sich um sein Experiment kümmerte. Die sogenannte *Betreuung* setzte sich aus abscheulichen Versuchen zusammen, um herauszufinden, wie man die Toten daran hindern konnte, Menschen zu fressen. An das, was er an Perversionen mit ihr getrieben hat, willst du nicht denken.

Jedenfalls hatte Basti eine Menge schräger Marotten. Eine davon war, das Ungerade vor dem Geraden zu bevorzugen. Deswegen ging er grundsätzlich nur an Tagen mit ungeradem Datum nach draußen auf die Straße. Wie auch immer, Basti hatte an dem Treppenkäfig ein Zahlen-Ringschloss angebracht, wie man sie zum Sichern von Fahrrädern benutzte.

Lies weiter bei ***96***

122 Du hetzt durch die Gänge, stößt dir die Ellbogen an Mauervorsprüngen an, durchquerst einen großen Raum und wendest dich nach rechts, weil der linke Ausgang mit Brettern vernagelt ist. Dahinter brüllen wütende Bestien, gieren nach Fleisch. Das Atmen fällt dir schwer, denn die eiskalte Klaue des Wassers schließt sich mit jedem Schritt fester um deine Brust, entzieht dir das Leben. Du erreichst eine Tür, rüttelst daran, doch sie ist verschlossen. Durch ein kleines Fenster siehst du eine Treppe, die nach oben führt. Die Monster hinter dir holen schnell auf. Dir bleibt nur der Weg nach rechts, der dich mit seiner Helligkeit lockt.

Lies weiter bei ***103***

123 Während der Weg vor dir den Anschein erweckt, als wäre hier viele Jahre niemand mehr gewesen, ist der nach links frei von störendem Bewuchs. Unter dem Dreck auf dem Boden erkennst du einen mit heller Kreide gezeichneten Pfeil ab, der nach links weist.
Paula, ich könnte dich umarmen!
Wenn du dem Pfeil folgst und nach links gehst: Lies weiter bei ***132***
Wenn du geradeaus weiter gehst: Lies weiter bei ***100***

124 Mit trockenem Mund näherst du dich der Leiche, die Karl gewesen war. Haben sich eben nicht gerade seine Augen bewegt? Stand sein Mund vorhin schon offen?
Dein verwirrter Geist generiert Trugbilder, lässt dich Dinge sehen, die nicht existieren. Die Wahrheit offenbart sich mit erbarmungsloser Härte in Form eines gurgelnden Röchelns.
Knirschend dreht Karl den Kopf zur Seite und starrt dich aus milchigen Augen an. In ihnen glimmt ein böses Feuer. Eitriger Speichel rinnt ihm von den Lippen. Sein von harter Arbeit gestählter Körper erhebt sich mit einer klaren Absicht: Er giert nach Fleisch! Nach *deinem* Fleisch!
Wenn du eine Brechstange besitzt: Lies weiter bei ***119***
Wenn du keine besitzt: Lies weiter bei ***145***

125 Du trittst nah genug heran, um ihren fauligen Atem zu riechen, fragst dich, warum sie überhaupt atmet. Du hebst die Brechstange auf Höhe ihres Kopfes, mit der Spitze voran. Sie steht da, röchelt leise und verfolgt jede deiner Bewegungen. Ihr Mund zittert wie bei einer alten, zahnlosen Frau. Mit aller Kraft rammst du die Brechstange direkt zwischen ihre milchigen Augen. Das Eisen gleitet nahezu mühelos in ihren Kopf. Es knirscht, als der Knochen bricht, gefolgt von einem ekelhaften Schmatzen. Im selben Augenblick erlischt das böse Funkeln ihrer toten Augen. Der erlöste Körper sinkt erschlafft zu Boden.
Wenn du dich traurig abwendest und über die breite Dachfläche gehst, um die andere Seite zu erreichen: Lies weiter bei ***187***
Wenn du zur Backsteinmauer an der Vorderseite des Gebäudes gehst: Lies weiter bei ***197***

126 Klickend springt der rot glänzende Ring auseinander und gibt den Weg frei. Hastig schlüpfst du durch die Gittertür, drehst dich um und führst den Ring durch das Geflecht, um sie vor der heranrückenden Horde zu verschließen. Auf diese Weise verhinderst du, dass dir die Toten folgen. Außer Atem eilst du die Metallstufen der Treppe nach unten.
*Lies weiter bei **97***

127 Zwei Schritte, weiter ist die Tür nicht entfernt, und doch kommt es dir vor, als wäre sie am anderen Ende der Welt. Die Zombies haben dich gehört, daran gibt es jetzt keinen Zweifel. Die Zeit der Heimlichkeiten ist vorbei. Einer der Bastarde steht dir in der Tür gegenüber, reißt sein Maul auf und schleudert dir eitrigen Speichel entgegen. Ein Grunzen geht durch die Menge, steigert sich zu einem Infernal des Grauens. Deine Hände packen die Türflügel, versuchen sie zu schließen. Ausgemergelte Körper stemmen sich von der anderen Seite dagegen, weil sie frisches Fleisch gewittert haben.

*Führe je eine Probe auf **GLK** und **AUS** durch!*
*Mindestens eine Probe ist geglückt: Lies weiter bei **209***
*Beide Proben sind misslungen: Lies weiter bei **172***

128 Du befindest dich an einer Wegkreuzung auf der Rückseite der ehemaligen Zuflucht. Rechter Hand liegt eine Reihe Mietgaragen, in denen man zu normalen Zeiten seinen überschüssigen Haushalt lagerte. Einige davon habt ihr auf der Suche nach nützlichen Dingen aufgebrochen, doch zu holen gab es hier nichts. Links erstreckt sich zwischen den letzten Gebäudezeilen eine schmale, zur Mitte aufgewölbte Pflastersteinstraße, von der du weißt, dass sie nach zwei Blocks in eine Freifläche mündet, die ihrerseits mit hohen Backsteinmauern eingefasst ist. Der Wind trägt das Raunen der Zombies zu dir, doch wohin du auch schaust, du siehst sie nicht. Sie bleiben wispernde Geister, die sich in den Schatten verbergen, um dich zu verhöhnen.
*Wenn du nach links gehst: Lies weiter bei **111***
*Wenn du nach rechts gehst: Lies weiter bei **160***
*Wenn du geradeaus weitergehst: Lies weiter bei **226***

129 Die Toten betäuben dich fast mit ihrem Gestank. Eitriger Speichel rinnt aus ihren weit aufgerissenen Mündern. Es ist das ewige Spiel, das du seit dem Ausbruch der Seuche tagein tagaus erlebst. Das dich abstumpft und ein ganz klein wenig selbst zu einem Zombie macht. Ein Mann in zerfetztem Anzug stellt sich dir in den Weg, will dich packen. Nur knapp entgehst du seinem Griff. Du hast den tödlichen Ring durchbrochen. Bevor die Toten bemerken, dass du ihnen durch die Finger geschlüpft bist, humpelst du davon. Wo dein verletzter Fuß den Boden berührt, bleiben feuchte, rote Flecken zurück.

*Ziehe dir einen Punkt von deinem **GLK** ab!*
*Lies weiter bei **227***

130 Erneut eine Kreuzung. Angestrengt sondierst du die düsteren Gänge und versuchst dich daran zu erinnern, woher du gekommen bist.
*Wenn du geradeaus weitergehst: Lies weiter bei **79***
*Wenn du nach rechts gehst: Lies weiter bei **53***
*Wenn du nach links gehst: Lies weiter bei **89***

131 Es ist zum Verzweifeln. Die Toten sind dir auf den Fersen und du stehst vor einem verdammten Gitter. Du bist dem Weg bis zum Ende des Quadrates gefolgt, dort wandte er sich an der Backsteinmauer nach rechts. Und nun, nur ein Quadrat weiter, stehst du vor diesem Gitter, fest verankert in der verfluchten Mauer. Was soll's. Fluchend kehrst du um, gehst begleitet vom Lärmen der Zombies zur Kreuzung zurück und folgst dem Kreidepfeil nach rechts. Das Fauchen, Knurren, Zerren und Reißen steigert sich zu einem Orkan, kaum gehemmt durch Blätter und Gitter. Die Toten sind hinter dir, vor dir, an deinen Seiten, schlichtweg überall!
*Lies weiter bei **193***

132 Gehetzt von den Toten stolperst du ein Quadrat weiter, wo sich der Weg nach links wendet, wonach er sich im folgenden Quadrat erneut verzweigt. Innerlich verfluchst du deine Entscheidung, den Weg durch das Pflanzenhaus gewählt zu haben. Ein freier, hellerer Weg geht nach rechts. Trockenes Laub raschelt vom lauen Wind getrieben über die Steinplatten. Der Weg geradeaus ist stark bewachsen, nach einigen Metern schließt sich dort das Blätterdach und wirft einen düsteren Schatten in den Gang. Du versuchst, dich zu konzentrieren, es muss Hinweise geben, Spuren, irgendetwas, das dir bei deiner Entscheidung hilft.

*Führe eine Probe auf **MEN** durch, um versteckte Zeichen oder Hinweise zu finden!*
*Die Probe ist geglückt: Lies weiter bei **141***
Oder du bist dir absolut sicher, wo es lang geht. Entscheide dich für eine der folgenden Möglichkeiten:
*Geradeaus: Lies weiter bei **213***
*Nach rechts: Lies weiter bei **194***

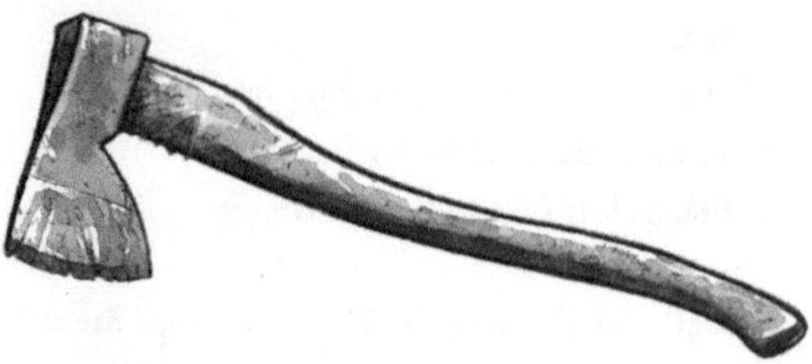

133

Die Toten sind keine leisen Jäger. Sie heften sich an deine Fersen wie Bluthunde, wohl wissend, dass sie ihre Beute stellen. Ihnen ist es egal, wann es geschieht, denn sie wissen, es wird geschehen. Die Zeit der Heimlichkeiten ist vorbei. Das Wasser platscht beim Gehen unter deinen Füßen. Du durchquerst eine Zone, in der das Licht durch Kanaldeckel von oben fällt und seltsame Muster auf die Wasseroberfläche zeichnet. Eine Abzweigung bietet dir an, dich nach links zu wenden.
Dein Atem geht schnell, du verharrst einige Sekunden und lauschst. Erst glaubst du, das Lärmen der Toten kommt von überall, doch dem ist nicht so. Es ist nach wie vor hinter dir und versucht dich zu verwirren.
*Wenn du geradeaus weiter gehst: Lies weiter bei **215***
*Wenn du nach links gehst: Lies weiter bei **181***

134

Einem Reflex folgend, versuchst du, den Zombie auf Abstand zu halten. Der Kerl steht zwischen dir und der einzigen Möglichkeit, von hier zu verschwinden. Dich verhöhnend reißt er das verfaulte Maul auf und verzerrt sein Gesicht zu einem obskuren Grinsen.

Führe nur eine Kampfrunde aus!

Archetyp	**KON**	**AUS**	**Waffe**	**WS**
Zombie	*10*	*8*	–	–

Reduziere deinen ***IW*** *um* ***1W6*** *(IW < 20 gehe zu 1018)*
Du hast die Runde gewonnen: Lies weiter bei ***26***
Du hast die Runde verloren: Lies weiter bei ***6***

135

… die Tür schnappt auf, du schiebst dich hindurch, drehst dich um, wirfst dich dagegen. Bevor dir der erste Tote folgt, fällt sie ins Schloss. Ohne auf die Fratzen zu achten, die sich von der anderen Seite gegen die Scheibe pressen, läufst du den Treppenabgang nach oben und erreichst einen leeren Platz. Rechts gibt es eine tiefe Grube von der Größe eines halben Fußballfeldes. Gegenüber wird er durch eine hohe Backsteinmauer begrenzt. Das kann nur die Außenmauer sein. Dein Blick folgt ihr nach links. Dort gibt es Gebäude und eine Ansammlung von hölzernen Transportkisten, mit deren Hilfe man sie überklettern kann. Dein Herz macht einen freudigen Sprung, denn das ist dein Ziel. Du weißt, hinter der Mauer steht zweihundert Meter die Straße Richtung Innenstadt hinab ein Haus, in dem euer *Wartezimmer* ist!
Lies weiter bei ***19***

136

Du taumelst zurück, spürst einen Stuhl hinter dir. Du wirfst ihn zur Seite und trittst auf eines der dicken, hölzernen Beine, um es zu lösen. Dabei lässt du Karl nicht aus den Augen. Der wankt wie ein ferngesteuerter Roboter auf dich zu, die Zähne gefletscht. Eitriger Speichel läuft ihm das Kinn hinab, tropft auf sein schmutziges Hemd.

Ein Splittern, ein Krachen und du hast das Stuhlbein in der Hand. Wie einen Knüppel (g, WS 2) schwingst du es über deinen Kopf, holst aus. Gleich wirst du Karl von seinem Leid erlösen und verhindern, dass er als verfaulende Leiche durch die Stadt streift. Schon zischt der Knüppel nach unten!

Führe den Kampf nach den Regeln durch!

Archetyp	KON	AUS	Waffe	WS
Zombie Karl	*6*	*13*	–	–

*Reduziere deinen **IW** um **1W6** (IW < 20 gehe zu 1018)*
*Du gewinnst: Lies weiter bei **13***
*Du verlierst: Lies weiter bei **60***

137 Das Mädchen versucht sich unter deinem Tritt wegzuducken, doch es ist zu langsam. Brachial geht dein Stiefel auf ihren Schädel nieder und zertrümmert ihn wie eine überreife Tomate. Die Leichtigkeit, mit der er eindringt, überrascht dich. Mit einem letzten Seufzen erschlafft ihr Körper und sinkt in sich zusammen. Schwer atmend stehst du über dem ausgemergelten Leib und findest doch keine Befriedigung in deiner Tat. Du hast sie erlöst, sicher. Aber es kommt dir vor, als hättest du mit brutaler, enthemmter Gewalt ein Leben ausgelöscht, einen Menschen getötet. Hier gibt es nichts mehr für dich zu tun, also verlässt du den Käfig.

*Reduziere deine **MEN** um einen Punkt.*
*Wenn du zu den Wasserbehältern gehst: Lies weiter bei **169***
*Wenn du über das breite Dach zur anderen Seite willst: Lies weiter bei **187***
*Wenn du zurück zur Backsteinmauer gehst, um an der Vorderseite entlang die andere Seite zu erreichen: Lies weiter bei **197***

138 Am Ende des Gebäudes führt eine enge Gasse nach links, geradeaus folgt ein Backsteingebäude. Es ist das Letzte in der Reihe, danach kommt der große Platz. Von dort kam das Geräusch, dem du gefolgt bist. Rechter Hand gibt es weitere Garagen.

*Wenn du der Ursache des Lärms auf den Grund gehen willst, führt dein Weg geradeaus: Lies weiter bei **173***
*Wenn du es vorziehst, im Schutz der Gebäude nach links zu gehen: Lies weiter bei **111***
*Wenn du direkt zum Loch in der Mauer gehst, durch das du in das alte Pflanzenhaus gelangst: Lies weiter bei **65***

139 Der Gang weitet sich und mündet in einen großen Raum. Schwarzer, schmieriger Staub bedeckt den Boden. Hier unten wurde einst Kohle gelagert. Du schmeckst es bitter auf deinen Lippen. Wände und Decke sind ebenfalls voller Staubweben. Finsteren Sporen gleich ist er ins Gestein eingezogen und hüllt alles in Dunkelheit. Die Schütten sind mit Brettern vernagelt, durch deren Ritzen etwas Licht in die Halle fällt. In der Mitte gibt es eine alte, marode aussehende Holztreppe nach oben. Die unterste Stufe ist zerbrochen, einen Handlauf gibt es nicht. Wohin die Treppe führt, siehst du nicht.
*Wenn du den Raum durchquerst und geradeaus weitergehst: Lies weiter bei **151***
*Wenn du die knarrende Treppe nach oben gehst: Lies weiter bei **195***

140 Du stapfst durch das tiefe Wasser. Manchmal treibt etwas gegen deine Beine. Krampfhaft kämpfst du die aufkeimende Panik nieder, versuchst, die Bilder in deinem Kopf zu verbannen. Von Toten, die sich unter der Wasseroberfläche bewegen, von Krokodilen sogar und von seltsamen Fischen. Deine Lippen sind blau, die Zähne klappern. Bleibst du zu lang in dieser Brühe, wirst du dir den Tod holen. Du erreichst eine Verzweigung. Deine Verwirrung steigert sich, denn hier geht es geradeaus und nach rechts. Aus dieser Richtung klingen Geräusche.
Ein Platschen, ein Stöhnen. Die Toten! Sie kommen!
*Wenn du geradeaus gehst: Lies weiter bei **225***
*Wenn du umkehrst, um dich an der letzten Abzweigung nach links zu wenden: Lies weiter bei **196***

141 Während der Dreck auf dem Boden eine geschlossene Fläche bildet, zeigen sich auf dem Weg nach rechts ver-

wischte Fußspuren und zur Seite geschobene Blätter. Zudem ist es an dessen Ende heller. Das Gestöhne hinter dir im Gang treibt dich zur Eile.
*Wenn du nach rechts gehst: Lies weiter bei **194***
*Wenn du geradeaus gehst: Lies weiter bei **213***

142 Du blickst dich um und stellst fest, dass die Zombies dir die Möglichkeit zur Umkehr genommen haben. Langsam schließt sich der Kreis aus verderbten Leibern, die jetzt aus allen Ecken kriechen. Jetzt brauchst du Glück, um zu bestehen.

*Führe eine Probe auf **GLK** durch!*
*Die Probe ist geglückt: Lies weiter bei **129***
*Die Probe ist misslungen: Lies weiter bei **200***

143 Der rote Ring öffnet sich nicht. Sekunden später bist du von den Toten umringt, die mit gierigen Händen nach dir greifen, dich packen, an deinen Sachen zerren. Mit vor Angst geweiteten Augen stellst du fest, dass es zu viele sind, um zu bestehen. Ihr übler Atem schlägt dir entgegen, raubt dir den Verstand. Sie bedrängen dich, stecken deine verzweifelten Tritte und Schläge weg. Sie drücken dich gegen das kalte Gitter und senken ihre grausamen Mäuler auf dich herab. Ihre Zähne schneiden in dein bloßes Fleisch und sie ereifern sich bis zur Ekstase. Es ist aus.
*Lies weiter bei **1028***

144 Der Käfig ist eine zweifelhafte Einrichtung, wegen der es in der Gruppe stets Diskussionen gab. Vor allem die Frauen fühlten sich davon abgestoßen. Basti beharrte auf seiner Meinung, dass der Käfig dazu diente, das Verhalten der Toten zu studieren. Eigentlich ist der Käfig nur ein vergammelter Taubenschlag, an dessen hinterem Ende in einer Hundehütte ein eiserner Ring in die Wand eingelassen ist, stabil genug, um einen Menschen daran festzuketten. Eines Tages kam Bastivon einer Tour zurück und schleppte die ganze Gruppe hinauf aufs Dach. Das, was er in den Käfig gesperrt hatte, jagte euch eine Heidenangst ein: eine Frau, Anfang zwanzig, mit zotteligen

Haaren und schmutziger Kleidung. Eine tote Frau. Na ja, besser gesagt sollte sie das sein, wenn man das Loch, das in ihrem Bauch klaffte, berücksichtigte. Sie war ein Zombie. Um ihren Hals trug sie ein ledernes Hundehalsband, befestigt an einer massiven Kette, die am Eisenring endete. Basti war der Einzige, der darüber lachte.

Jetzt stehst du vor dem Gitter. Die Kette führt in die finstere Hütte. Erst hier dringt der unerträgliche Gestank nach faulem Fleisch in deine Nase und raubt dir den Atem. *Das arme Ding*, geht dir durch den Kopf. *Sie ist nichts weiter, als ein missbrauchtes Opfer.*

Wenn du dich umdrehst und zu den Wasserfässern gehst: Lies weiter bei ***61***

Wenn du zur Backsteinmauer an der linken Dachseite gehst: Lies weiter bei ***197***

Wenn du dem Leiden des Mädchens ein Ende bereiten willst und den Käfig öffnest: Lies weiter bei ***34***

145

Karl erhebt sich mit müden Bewegungen. Die harten Muskeln krachen, sind zu steif, um sich zu dehnen. Sein Blick ist pure Bosheit. Er fixiert dich, wägt wohl deinen nächsten Schritt ab. Dein Herz hämmert dir bis zum Hals, als er sich mit schlurfenden Schritten auf dich zubewegt.

In der Blutlache, in der Karl steht, liegt seine geliebte Brechstange, von der er sich nie getrennt hat. Sogar auf die Toilette hatte er sie mitgenommen. Du dagegen stehst mit leeren Händen da, eine schlechte Ausgangsposition, um sich mit einem übel gelaunten Zombie anzulegen. Hektisch suchst du nach einem Ausweg.

Wenn du zurück zum Tisch springst und dir einen der Holzstühle greifst: Lies weiter bei ***136***

Wenn du dein Heil in der Flucht suchst: Lies weiter bei ***158***

146

Das Gefühl, im Kreis zu laufen, wird übermächtig, denn es geht erneut nach rechts. Sollte hier nicht der parallele Weg verlaufen?

Doch hier ist nichts außer Grün, Äste und Hängepflanzen, deren Ranken nach dir greifen.

Lies weiter bei ***174***

147 Noch während du überlegst, trifft dich der Schock: Arme wühlen sich links von dir durch das Gitter, Zweige schieben sich auseinander und zeigen die schreckliche Fratze des Todes, durch Fäulnis und Maden entstellt. Brüllend schleudert er dir all seinen Hass entgegen. Jetzt weiß selbst der letzte Tote, wo du steckst!

Wenn du geradeaus gehst: Lies weiter bei ***221***

Wenn du nach rechts gehst: Lies weiter bei ***99***

148 Die rostige Tür erscheint dir mit ihrem winzigen Fenster als Rettung vor der Dunkelheit des Kellers. Endlich hast du die Hand am Knauf, um sie aufzureißen und ins Freie zu stürmen, hin zum Licht, zur frischen Luft. Das Schloss klackt, die Tür schwingt auf, schreit rostig in den Scharnieren. Doch halt, was ist das? Der käsige Gestank der Toten krallt sich penetrant in deine Nase. Hier sind Zombies!

Sie schieben sich über dir durch die Gasse wie eine Herde stumpfsinniger Tiere. Deine Augen weiten sich entsetzt, weil sie dich bemerkt haben. Sie kommen ins Stocken, toten Körper fallen die Treppe zum Keller hinab oder kippen über das Geländer.

Du weichst in die Dunkelheit zurück und schließt die Tür, doch der Riegel rastet nicht ein, wie er sollte. Die Zombies stemmen sich stöhnend dagegen. Es ist nur eine Frage der Zeit, bis sie herausfinden, dass sich die Tür nach außen öffnet. Du läufst zur Kreuzung zurück. Den Weg nach rechts kennst du, dorthin möchtest du nicht mehr. Entscheide dich schnell, denn die Zeit drängt.

Wenn du geradeaus gehst: Lies weiter bei ***139***

Wenn du nach links gehst: Lies weiter bei ***203***

149 Als der Kopf des Zombies im Wasser untertaucht, sprintest du los, springst über den lebenden Toten, der versucht, auf die Beine zu kommen, versetzt ihm dabei einen derben Tritt gegen den fleckigen Schädel, der ihm Haut und Haare vom Knochen reißt. Nach wenigen Schritten steht dir das Wasser bis zur Hüfte und bremst dein Weiterkommen. Hinter dir erschallt das wütende Brüllen des Toten in den dunklen Gängen. Sie wollen Fleisch! Sie wollen dich!

Lies weiter bei ***216***

150 Du tastest dich an der Wand entlang und erreichst eine Stelle, an der ein Gang von rechts in den deinen mündet. Für einen kurzen Moment bleibst du stehen und lauschst, weil du etwas gehört hast. Erst hältst du es für den Hauch eines Windes, der dir aus der Dunkelheit entgegenweht. Doch dann folgt die schonungslose Gewissheit: Es sind Körper, die sich im engen Gang an den Wänden entlangschieben. Sie wühlen das Wasser auf, treiben es wie eine Bugwelle vor sich her. Um ihnen zu entkommen, musst du geradeaus weitergehen und hoffen, dass es keine Sackgasse ist!
*Lies weiter bei **103***

151 Langsam fängst du an, Kreuzungen zu hassen. Doch was ist das? Hinter dir kreischt Metall, gefolgt von einem Poltern. Dann das Getrampel zahlloser Füße. Die Tür ist gefallen, die Toten kommen! Dem nicht genug, ertönt aus dem Gang von rechts ein lautes Krachen. Krächzende Schreie jagen dir Angst ein. Dir bleibt nur die Flucht nach vorne, hinein in einen düsteren Gang, der durch einen schwachen Lichtschein von oben erhellt wird. Oder du wendest dich nach links, ins trügerische Zwielicht.
*Wenn du geradeaus gehst: Lies weiter bei **133***
*Wenn du nach links gehst: Lies weiter bei **9***

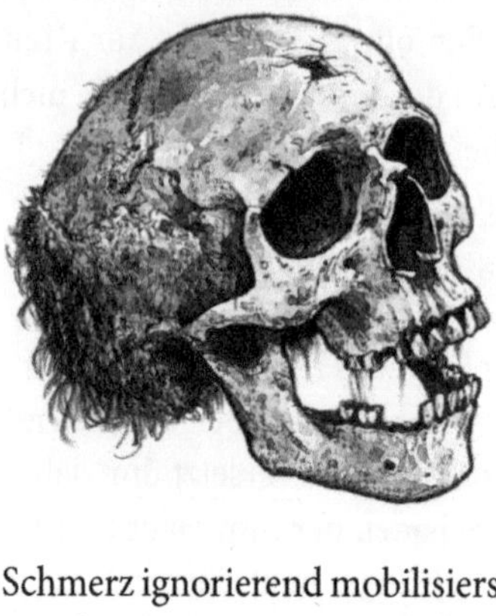

152 Den Schmerz ignorierend mobilisierst du deine Reserven, springst den Anzugträger an. Es klatscht, als ihr aufeinandertrefft. Speichel spritzt durch die Luft, als die Zähne des Monsters neben deinem Ohr zuschnappen. Sein Körper ist weich wie ranziger

Käse. Fauliger Atem entströmt seinen Lungen, herausgepresst durch die Wucht des Aufpralls. Doch er leistet erbitterten Widerstand. Du beißt die Zähne zusammen, schiebst nach, hoffst, dass er fällt.

*Führe eine Probe auf **GLK** durch!*
*Die Probe ist geglückt: Lies weiter bei **211***
*Die Probe ist misslungen: Lies weiter bei **98***

153 Wie eine Meute tollwütiger Hunde drängen sie von außen an das rostige Metall. Schon fingern ihre Hände durch den sich öffnenden Spalt. Deine Füße rutschen über den Boden, verzweifelt ringst du um einen festen Stand. Glassplitter schälen dir das Fleisch von den Fußsohlen, doch jetzt ist keine Zeit für Schmerz. Du schreist deine Verzweiflung den Zombies in die fauligen Gesichter, die höhnisch grunzend antworten.
Das Unglück ist unvermeidlich. Dein Bein knickt ein, du fällst, eine Woge aus toten Leibern ergießt sich über dich, um dich zu begraben. Anfangs sind die Schmerzen unerträglich, als sie ihre gelben Zähne in dein Fleisch schlagen und dir die Haut in Streifen vom Körper ziehen. Du wirst bei lebendigem Leib gefressen.
*Lies weiter bei **1042***

154 Die Wendeltreppe führt in eine enge Gasse hinab. Kisten und Müllcontainer bieten eine gute Deckung. Das gegenüberliegende Gebäude ist aus roten Backsteinen erbaut, aber in einem schlechteren Zustand als die ehemalige Zuflucht. Die letzten Meter springst du. Der Ausgang ist eine Gittertür, die kein Schloss besitzt und schief in den Angeln hängt. Du hörst, wie deine Verfolger vom Dach kommend die Treppe mehr hinunterfallen als laufen. Gehetzt siehst du dich um, suchst fieberhaft nach einem Ausweg. Du versuchst, die marode Tür an dem rostigen Gestänge zu verrammeln. Wahrlich im letzten Augenblick findest du die Lösung: Am Türrahmen und an den Eisenstreben daneben gibt es zwei Metallbügel, in dem einst ein schwerer Riegel befestigt war. Entschlossen rammst du die Brechstange hindurch, als der erste Körper gegen das Gitter klatscht. Das war in letzter Sekunde.

Streiche die Brechstange von deinem Charakterblatt!

An der Gebäudevorderseite, die von der Treppe aus gesehen links liegt, röcheln die Zombies um die Wette. Sie rotten sich zusammen, strömen in den Innenhof der ehemaligen Zuflucht. Dieser Weg scheidet definitiv aus. Es ist nur eine Frage der Zeit, bis sie in die Gasse eindringen. In der anderen Richtung führt der Weg bis ans Ende des Areals, wo sich das Pflanzenhaus befindet. Dies war immer Paulas bevorzugter Fluchtweg, sollte es mal hart auf hart kommen.
Der penetrante Gestank von Urin und Abfall überdeckt den Odem der Toten. Gegenüber, an der Mauer des Gebäudes, führt eine mit Moos bewachsene Treppe hinab in das Kellergewölbe. Die Gasse selbst geht nach rechts zu den Rückseiten der Industriegebäude. Dort gibt es alte Garagen und eine Mauer, die das Gelände umgrenzt.
*Wenn du zur Kellertreppe gehst: Lies weiter bei **77***
*Wenn du der Gasse nach rechts folgst: Lies weiter bei **36***

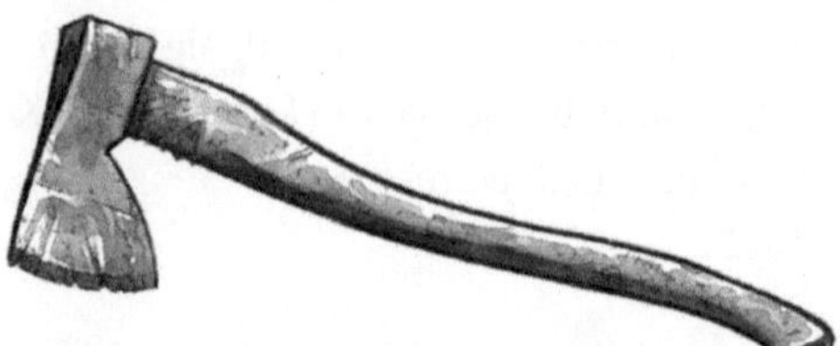

155 Wie in einem stürzenden Fahrstuhl geht es nach unten. Der Boden drei Stockwerke tiefer ist mit scharfkantigen Stahlteilen und Glasscherben gespickt. Deine Hände schnellen vor, packen den Blitzableiter. Es gibt einen schmerzhaften Ruck in den Schultern, die ersten Befestigungsbügel geben nach, aber der Blitzableiter hält und stoppt deinen Fall. Nur dein Oberkörper ragt aus dem kantigen Loch. Du beißt die Zähne zusammen und ziehst dich an dem glatten Metall hinauf, bis du schweißgebadet auf der Dachpappe liegst.

*Reduziere deine **AUS** um **1** Punkt. Sofern du die Brechstange, die Schaufel, den eisernen Haken hast oder das Stuhlbein in der Hand hattest, hast du es jetzt verloren. Unerreichbar liegt es dort tief unter dir zwischen all dem Unrat.*

Als du dich beruhigt hast, rappelst du dich auf und gehst weiter. Du beschließt, in Zukunft vorsichtiger zu sein und die Zeichen zu deuten, wenn sie sich dir offenbaren. Du gehst auf den Gitterkäfig zu, hinter dem sich die gedrehte Treppe an der Außenseite des Gebäudes nach unten windet, um etwa zwei Meter über dem Boden zu enden.

Lies weiter bei ***121***

156

Du fühlst dich mit der Waffe stark genug, dem Monster gegenüberzutreten. Zumindest, bis das Zombiemädchen den Kopf aus der dunklen Hütte streckt. Ihre gelblich glühenden Augen rauben dir den Mut. Doch es gibt kein Zurück mehr, du musst es durchziehen. Entschlossen hebst du deine Waffe, holst weit aus und lässt sie niedersausen.

Führe den Kampf nach den Regeln durch!

Archetyp	KON	AUS	Waffe	WS
Zombiemädchen	*4*	*8*	–	–

Reduziere deinen ***IW*** *um* ***1W6*** *(IW < 20 gehe zu 1018)*

Du gewinnst: Lies weiter bei ***95***

Du verlierst: Lies weiter bei ***48***

157

Nervosität erfasst dich, als du die angelehnte Tür zum Schlafraum öffnest. Die Luft riecht nach altem Schweiß und zu lang getragener Kleidung. Dennoch ist etwas anders. Da mischt sich eine Note nach abgebrannten Feuerwerkskörpern in den Geruchscocktail. *Schießpulver!*

Abgesehen von der Tür fällt kein Licht in den Raum, der als Materiallager diente und kein Fenster hat. Im Zwielicht erkennst du vier Bundeswehrbetten, obgleich nur Andrea und Paula hier geschlafen haben. Die Frauen hatten die hinteren Betten genutzt, weit weg von der Tür. Zu deiner Überraschung stellst du fest, dass Paulas Armeerucksack nicht mehr da ist. Abgesehen von ihrem zerwühlten Bett deutet nichts darauf hin, dass sie je hier war. Wie eine Schattengestalt, die sich ein kranker Geist ausdenkt, um nicht allein zu sein. Hoffnung keimt auf, dass sie es geschafft hat und jetzt auf dem Weg zu dem Institut in der Innenstadt ist, der ominösen neuen Zuflucht. Die einzige Frage, die du dir stellst, ist, wie es Paula geschafft hat, mit ihren Sachen abzuhauen, ohne von den Angreifern erwischt zu werden.

Kannte sie am Ende die Angreifer sogar?

War sie es, die ... Nein, daran willst du gar nicht denken ...

Andreas Bett ist ein einziges Desaster. Die Laken sind voll von Blut, die auf dem Boden liegende Bettdecke und das geblümte Kissen, welches die blonde Frau mochte, weil es sie an ihre Tochter erinnerte, ebenfalls. Vor dem Bett liegt eine einzelne Patronenhülse (k). Jemand muss Andreas Trekkingrucksack (k=17 m=17) ausgeleert haben. Sein Inhalt verteilt sich blutbeschmiert und zertrampelt im Staub. Doch halt, unter dem Bett lugt das Griffstück ihrer Taschenlampe (m) hervor, am Fußende liegen halb verborgen der kleine Schminkspiegel (k) und das Etui mit ihrem Leatherman (k, WS 1).

Ein Leatherman ist ein äußerst nützliches Multifunktionswerkzeug, um Schrauben zu lösen oder Dosen zu öffnen.

Nachdenklich verlässt du das Zimmer. Deine Gedanken sind bei Paula, bei den anderen deiner Gruppe. Du denkst an das Asylum, das trügerische Sicherheit verspricht!

Wenn du nach oben aufs Dach gehst: Lies weiter bei ***178***

Wenn du nach unten gehst: Lies weiter bei ***120***

158 Du starrst auf deine zitternden Hände, während Karl voller Vorfreude auf das frische Fleisch grunzt und wie ein Raubtier die Zähne fletscht. Deine einzige Chance besteht darin, seinen zu Klauen gekrümmten Pranken zu entkommen. Du kämpfst deine Angst nieder, wartest auf den richtigen Moment, startest durch und versuchst, an ihm vorbei die rettende Wohnungstür zu erreichen.

*Führe eine Probe auf **AUS** durch!*

Zur Erinnerung: Das Ergebnis von 3W6 muss gleich oder kleiner deiner Momentanen AUS sein, um die Probe zu meistern, ... und vergiss deine Glückspunkte nicht!
*Die Probe ist geglückt: Lies weiter bei **73***
*Die Probe ist misslungen: Lies weiter bei **105***

159 Mit zusammengebissenen Zähnen ziehst du die Scherbe aus deinem Fuß, presst die Hand auf die blutende Wunde. Geräusche machen dich nervös. Kommen die Zombies etwa näher? Wittern sie dein warmes, frisches Blut?

*Reduziere deinen **IW** um **1W6** (IW < 20 gehe zu 1018)*

Du zerrst an deinem Ärmel. Die Nähte krachen, endlich löst sich der Stoff. Hastig schlingst du ihn fest um den blutenden Fuß. Mit Mühe gelingt es dir, den improvisierten Verband verknoten.

*Reduziere **KON** und **AUS** um je 1 Punkt.*
*Wenn du die Tür trotzdem schließen willst: Lies weiter bei **92***
*Wenn du nach rechts zu den großen Becken kriechst und versuchst, an der rückseitigen Wand unbemerkt an der Tür vorbeizukommen. Lies weiter bei **50***

160 Zwischen den Garagen stapelt sich Müll. Aufgerissene Koffer ergießen ihren Inhalt in ölige Pfützen. Dort steht ein alter Sessel, aus dem die Füllung quillt, hier ein Tisch, dem ein Bein fehlt. Das alles wirkt surreal, wie ein Stillleben des langsamen Zerfalls. Ratten

huschen davon, als du versehentlich gegen eine Blechdose trittst. Du bleibst wie versteinert stehen und hältst die Luft an. Das scheppernde Geräusch muss meilenweit zu hören sein. Du verfluchst dich für deine Unachtsamkeit, gehst weiter, an einer stinkenden Leiche vorbei, die sich nicht mehr erheben wird.
Als ihr einst die Garagen nach etwas Brauchbaren durchsucht habt, taumelte der alte Opa auf euch zu. Wie aus dem Nichts tauchte er auf, grunzend, sabbernd und verdammt hungrig. Paula griff sich eine Stehlampe, schlug sie ihm um die Ohren und rammte ihm die dünne Stahlstange durch das Auge mitten ins Hirn. Jetzt ragt sie wie ein groteskere Fahnenmast aus seinem Kopf, die Reste der Stoffbespannung des Lampenschirms wehen wie eine alte Fahne im seichten Wind.
Lies weiter bei ***:65***

161 Der Weg endet vor einer Mauer aus Eisenstäben und verdorrten Pflanzen. Hier geht es nur nach rechts oder links. Durch die Gitterstäbe siehst du einen Weg, der parallel zu deinen beiden Optionen verläuft, jedoch im Moment unerreichbar ist. Der Lärm deiner Verfolger schwillt auf eine bedrohliche Lautstärke an. Ihr widerlicher Gestank dringt durch die Blätter. Weit sind sie nicht mehr entfernt.
Wenn du nach rechts gehst: Lies weiter bei ***166***
Wenn du nach links gehst: Lies weiter bei ***201***

162 Es gibt kein Zurück. Du musst die tote Frau aus dem Weg schaffen, bevor dir weitere Leichensäcke den Fluchtweg abschneiden. Es wird dir nicht möglich sein, den Zombie auszuschalten, also setzt du alles daran, an ihr vorbeizukommen. Du legst, was du an Kraft besitzt, in die letzten Schritte, die dich von der Bestie trennen.

Führe eine Probe auf ***AUS*** *durch!*
Die Probe ist geglückt: Lies weiter bei ***175***
Die Probe ist misslungen: Lies weiter bei ***212***

163 Der Weg endet vor der verdammten Außenmauer! Die Falle schnappt erbarmungslos zu. Du hörst die Toten und wie sie sich durch das Geäst kämpfen. Deine Hände krallen sich verzweifelt ans Gitter, zerren daran, rütteln. Du hast dein Ziel fast erreicht, siehst auf der anderen Seite den Ausgang, ein grobes, gezacktes Loch in der Steinwand, durch welches das Licht der Freiheit in das verdammte Labyrinth fällt. Du schreist wie ein Wahnsinniger, denn du weißt, dass die Falle längst zugeschnappt ist.Die ersten Zombies stolpern auf dich zu. Du stehst da, an das Gitter gekrallt, schreist dir die Seele aus dem Leib. Etwas *in* deinem Kopf zerbricht, gibt auf, stirbt. Hände packen dich, zwingen dich nieder, doch du lachst nur irre. Dass du in dem verfluchten Pflanzenhaus stirbst, ist ein verdammt schlechter Witz. Du lachst in die zerfetzten Fratzen der Toten, kicherst, als dein Blut spritzt und sie dir das Fleisch von den Knochen zerren. Den Wahnsinn empfindest du als Gnade, der dir einen schmerzlosen Tod gewährt.

Ende

164 Der Tote erhebt sich aus den Fluten, starrt mit gelben Augen gierig auf deine Kehle. Dein Fuß drischt mit brutaler Gewalt auf den fleckigen Schädel des Monsters. Es gibt ein hässliches Geräusch, als der Knochen splittert und dein Fuß bis zum Knöchel in der ekelhaften Maden-Masse versinkt. Hirnmasse, Haare, Haut spritzen dir entgegen, doch das kümmert dich nicht. Du hast das Scheusal erledigt, nur das zählt. Mit einem triumphierenden Lächeln steigst du über den zusammengesunkenen Körper und vergisst für einen kleinen Moment, dass dieses Ding einst ein Mensch gewesen war. Dir bleibt keine Zeit, den Sieg auszukosten. Nach wenigen Schritten steht dir das Wasser bis zur Hüfte und raubt deinem Körper die Wärme, doch du musst weiter, denn die Toten kommen!

*Lies weiter bei **216***

165 Du tastest dich an der Wand entlang und erreichst eine Stelle, an der du dich nach links oder rechts wenden kannst. Für einen kurzen Moment hältst du inne und lauschst. Aus der undurchdringlichen Dunkelheit links dringt ein, sich stetig steigerndes Raunen in deine Ohren. Es sind Körper, die sich im engen Gang auf dich zubewegen. Dir bleibt nur der Weg nach rechts.

*Lies weiter bei **103***

166 Grimmig folgst du dem Weg, der dich im nächsten Quadrat nach links führt, doch im Quadrat danach erreichst du eine Kreuzung. Obwohl es in diesem halbdunklen Dickicht kühl ist, rinnt dir Schweiß in den Nacken. Umkehren ist für dich keine Option. Der Weg, der sich von rechts kommend nach links durch ein Gewirr aus vertrockneten Ästen fortsetzt, muss der sein, den du an der vorherigen Abzweigung durch die Gitterstäbe gesehen hast. Der Geradeaus unterscheidet sich in keiner Weise von dem, der quer verläuft.
Halte dich vom Loch in der Mauer gesehen links, erinnerst du dich an Paulas Worte. Auf den Bodenplatten des Weges, der von rechts kommt, erkennst du wie zur Bestätigung ihrer Aussage einen mit weißer Kreide gezeichneten Pfeil, der nach links zeigt. Somit scheidet der Weg nach rechts aus, der sowieso irgendwie düster und unheimlich wirkt.
*Wenn du dem Pfeil folgst und nach links gehst: Lies weiter bei **193***
*Wenn du geradeaus weitergehst: Lies weiter bei **131***

167 Endlich! Mit einem metallischen Klacken öffnet sich der rot glänzende Ring auseinander, gibt den Weg frei. Das war in letzter Sekunde, denn die ersten Toten strecken ihre gekrümmten Hände nach dir aus. Du spürst ihre Fingerspitzen, wie sie über deine Kleidung streifen. Hastig schlüpfst du durch die Gittertür, drehst dich um, wirfst dich dagegen, und führst du den Ring durch das Geflecht, um sie vor der heranrückenden Horde zu verschließen. Panisch eilst du die Metallstufen der Treppe nach unten.
*Lies weiter bei **97***

168 *Herzlichen Glückwunsch, du hast die erste Szene überstanden. Womöglich hast du ein paar nützliche Dinge gefunden und nebenbei deine erste Probe gemeistert. Jedenfalls hast du herausgefunden, wohin du gehen musst, um zu überleben: zum Death Asylum!*
Das Death Asylum verheißt dir Zuflucht, Sicherheit und ein Wiedersehen mit deinen Freunden. Doch bis dahin ist es ein langer Weg durch eine Welt voller blutdürstiger Feinde.
Im Treppenhaus ist es kühl. Dämmerlicht fällt durch ein staubiges Fenster. Es riecht nach feuchtem Schimmel, aber wenigstens nicht nach Tod. Die Treppen aus künstlichem Marmor führen wahlweise nach

unten zum Ausgang oder nach oben aufs Dach, wo die Behälter mit dem gesammelten Regenwasser stehen. Dein Durst zwingt dich schier nach oben, doch die Angst, auf dem Dach in der Falle zu sitzen, lässt dich zögern. Andererseits könnten auf dem Dach deine Freunde sein. Und es gibt dort oben die Feuertreppe, die sich von einem Stahlkäfig umschlossen nach unten in die Seitengasse windet. Karl nannte es den Notausgang, wenn gar nichts mehr geht.

Es gibt seitlich in der Wand eine weitere Tür zum Schlafraum von Paula und Andrea. Finden sich in diesem Raum etwa Antworten oder brauchbare Dinge?

Du denkst an Paula und dass sie womöglich deine Hilfe braucht. Der schnellste Weg, das Gebäude zu verlassen, wäre nach unten!

Wenn du auf das Dach willst: Lies weiter bei ***178***

Wenn du in den Schlafraum gehst: Lies weiter bei ***157***

Wenn du nach unten gehst: Lies weiter bei ***120***

169 Es sind nur wenige Schritte vom Käfig bis zu den Wasserbehältern mit dem begehrten Nass. Gierig tauchst du deine Hände hinein, schöpfst es heraus und führst es zum Mund, spürst, wie es erfrischend die Kehle hinab rinnt, sich durststillend in deinem Bauch ausbreitet. Neben den Fässern stehen sechs Plastikflaschen (6x g, je Flasche gefüllt mit Wasser +1 AUS) auf dem Boden. Jede der Flaschen fasst 1,5 Liter.

Wenn du über das breite Dach gehst, um die andere Seite zu erreichen: Lies weiter bei ***187***

Wenn du zurück zur Backsteinmauer an der Gebäudevorderseite läufst: Lies weiter bei ***197***

170 Du spürst, wie der Boden unter deinen Schritten federt und erinnerst dich an Paulas Worte. Sie war der Ansicht, dass das Dach nicht sicher sei, dass es eines Tages einstürzen würde. Es sind nur wenige Meter bis zu den Wasserbehältern, gefüllt mit dem begehrten Nass. Gierig tauchst du die Hände in das kalte Wasser, schöpfst es heraus und führst es zum Mund, spürst, wie es erfrischend deine Kehle hinab rinnt, sich durststillend im Bauch ausbreitet. Neben den Fässern stehen sechs Plastikflaschen (6x g, je Flasche gefüllt mit

Wasser +1 AUS) auf dem Boden. Jede der Flaschen fasst 1,5 Liter. Das Rasseln dicker Ketten ertönt aus Pauls Käfig, der rechts neben der Tür ist, durch die du das Dach betreten hast. Du hast den Verschlag nie gemocht, denn er beherbergt das nackte Grauen.
*Wenn du wissen willst, was im Käfig vorgeht: Lies weiter bei **94***
*Wenn du über das Dach gehen willst: Lies weiter bei **187***
*Wenn du nach links zur Backsteinmauer gehst: Lies weiter bei **197***

171

Erneut rüttelst du mit aller Kraft an dem verdammten Schloss, doch es öffnet sich nicht. Und die Toten rücken unerbittlich näher. Ein letzter Versuch bleibt dir noch.

Starte deinen dritten Versuch:

911	*931*	*951*	*971*	*991*	*Lies weiter bei **109***
913	*933*	*953*	*973*	*993*	*Lies weiter bei **190***
915	*935*	*955*	*975*	*995*	*Lies weiter bei **167***
917	*937*	*957*	*977*	*997*	*Lies weiter bei **143***
919	*939*	*959*	*979*	*999*	*Lies weiter bei **180***

172

Die Zombies sind schneller an der Tür, als du die Riegel schließen kannst. Sie stemmen sich dagegen, wollen ans Fleisch. Du schaffst es nicht, die Tür zu sichern. Der Weg durch die Galvanik zum Notausgang ist ungewiss, denn du weißt nicht, ob sich diese Tür öffnen lässt und was dich dahinter erwartet. Dir bleibt nur die Flucht auf das Dach und von dort über die Feuertreppe nach unten.
*Lies weiter bei **178***

173

Du hetzt dicht am Gebäude entlang, siehst nervös in die Lücken zwischen den Garagen. Dort gibt es viele dunkle Ecken, die dir Angst machen. Das Gefühl, verfolgt zu werden, nimmt überhand. Gleichzeitig erwacht in dir die Hoffnung, einen aus deiner Gruppe zu finden.
Das Ziegelsteingebäude weicht zurück, ein Schornstein ragt in den Himmel. Du trittst auf die von einer über zwei Meter hohen Backsteinmauer umgebenen Freifläche hinaus. Die Ursache der Geräusche taumelt mit gefletschten Zähnen zwischen den Schutt- und Eisenschrotthaufen umher: Zombies!

Sie haben dich längst gesehen, verharren in ihrem sinnlosen Bestreben, einem unbekannten Ziel zu folgen, drehen die Köpfe in deine Richtung. Der Weg nach links und geradeaus endet vor der unüberwindbaren Mauer. Einem Impuls folgend willst du auf der Stelle kehrtmachen und zurücklaufen, doch in der Gasse hinter dir tauchen die zerlumpten Gestalten ebenfalls auf. Dir bleiben zwei Möglichkeiten, doch du musst schnell handeln:
Vor dem Schornstein gibt es einen Kellerabgang. Paula hat dir einst erzählt, dass die Tür für Notfälle stets offen stehen würde. Oder du wendest dich nach rechts, läufst bis zur nächsten Mauer. Dort musst du ein weiteres Mal nach rechts. Auf diese Weise kommst du zu der Stelle, an der du durch das Loch in der Mauer in das alte Pflanzenhaus gelangst.
Wenn du zum Kellerabgang gehst: Lies weiter bei ***90***
Wenn du dich nach rechts wendest: Lies weiter bei ***219***

174

Schwitzend kämpfst du dich durch den Vorhang aus ineinander verwachsenen Ästen. Im dahinter verborgenen Gang musst du eine Entscheidung treffen. Der Weg geradeaus scheint sich über mehrere Quadrate zu erstrecken und ist mit verdorrtem Gestrüpp verwachsen. Es geht jedoch auch nach links weiter. Dein Herz macht einen Freudensprung, als du den verwischten, mit Kreide gezeichneten Pfeil auf den Sandsteinplatten erkennst, der dir den Weg weist. Jetzt fällt es dir ein, das muss eine der Markierungen sein, von denen Paula gesprochen hat. Du beschließt, der Markierung zu folgen!
Lies weiter bei ***147***

175

Deine Schulter bohrt sich hart in den weichen, aufgeschwemmten Leib, du hörst marode Rippen brechen und wie faulige Luft aus ihren Lungen zischt. Ihr Körper ist leicht. Wie ein Ball wird sie davongeschleudert, knallt gegen das mit Efeu bewachsene Gitter. Der Weg ist frei! Mit einem Blick über die Schulter stellst du fest, dass die Gesellschaft der niedergestreckten Dame unterwegs zu dir ist. Jetzt gilt es, keinen Fehler mehr zu machen. Es bleibt dir nur der Weg nach rechts.
Lies weiter bei ***221***

176 Du legst alle Kraft in einen einzigen Schlag. Der Tote erhebt sich aus den Fluten, den Blick seiner gelblichen Augen ist gierig auf deine Kehle geheftet. Deine Waffe zischt durch die Luft, beschreibt einen Bogen, drischt mit zerstörerischer Kraft auf den fleckigen Schädel. Der Knochen zersplittert mit einem hässlichen Geräusch. Hirnmasse, Haare, Haut, spritzen dir entgegen, doch das kümmert dich nicht. Du hast das Scheusal erledigt, das ist das Einzige, was zählt. Mit einem triumphierenden Lächeln steigst du über den zusammengesunkenen Körper und vergisst für einen kleinen Moment, dass dieses Ding einst ein Mensch war. Dir bleibt keine Zeit, deinen Sieg auszukosten. Schon nach wenigen Schritten steht dir das Wasser bis zur Hüfte und entzieht dir die Wärme, doch du musst weiter, denn die Toten kommen!
*Lies weiter bei **216***

177 Die Gasse führt zwischen den roten Ziegelsteingebäuden erst nach rechts, danach nach links. Schließlich erreichst du einen weitläufigen leeren Platz. Rechter Hand gibt es eine tiefe Grube von der Größe eines halben Fußballfeldes, in der sich die Toten drängen, bedeckt von gelbem Schlamm. Gegenüber wird der Platz durch eine sehr hohe Backsteinmauer begrenzt. Dennoch keimt Hoffnung auf: Das ist die Außenmauer. Dein Blick folgt ihr nach links. Dort stehen weitere Gebäude. An der Mauer sind hölzerne Transportkisten aufeinandergestapelt, mit deren Hilfe du sie übersteigen kannst. Dahinter steht zweihundert Meter Richtung Innenstadt ein freistehendes Haus, in dem euer *Wartezimmer* ist!
*Lies weiter bei **19***

178 Die Hoffnung, deine Freunde auf dem Dach anzutreffen, spornt dich an. Eilig steigst du die staubigen Stufen nach oben. Du versuchst dabei zu akzeptieren, dass ein Freund gestorben ist. Mühsam ringst du die Tränen der Trauer nieder, doch es will dir nicht gelingen. Der salzige Geschmack auf deinen Lippen trägt Verzweiflung in sich.

Die alte Metalltür, die auf das flache Dach führt, ist nur angelehnt. Es weht ein sanfter Wind, die Tür quietscht leise in den rostigen Angeln. Du bleibst stehen. Es war eine eurer wichtigsten Regeln, alle Türen stets geschlossen zu halten. Du saugst die Luft durch die Nase ein, doch da gibt es keinen verräterischer Gestank, der auf die Toten hinweist. Also machst du einen Schritt nach vorne und stößt die Tür auf. Mit lautem Kreischen öffnet sich der Durchgang, du wirst vom grellen Tageslicht geblendet, trittst hinaus ins Freie. Die Sonne steht hoch am Himmel, die Luft ist angenehm kühl.

Das Dach ist mit Teerpappe ausgelegt, auf der die Reste des letzten Regens in kleinen Pfützen im Licht der Sonne funkeln. Links befindet sich die hüfthohe Backsteinwand, hinter der es drei Stockwerke nach unten geht. Vor dir, einige Meter entfernt, ebenfalls eine Backsteinmauer, dahinter das Rechteck des Innenhofs. Jenseits dieses Lochs, auf dem Dach des gegenüberliegenden Gebäudeteils, ist die Feuertreppe, über die du nach unten gelangst. Rechts stehen die blauen Fässer mit dem Regenwasser. Hier ist der Käfig, Pauls eigenmächtige Konstruktion, um die Toten zu studieren.

*Wenn du nach links zur Backsteinwand gehst: Lies weiter bei **197***
*Wenn du zu den Wasserfässern gehst: Lies weiter bei **170***
*Wenn du zum Käfig gehst: Lies weiter bei **144***

179

Mit dem Gefühl, in einem abstürzenden Fahrstuhl zu stehen geht es im freien Fall nach unten. Drei Stockwerke tiefer ist der Boden übersät mit scharfkantigen Metallteilen und Scherben. Deine Hände greifen nach dem Blitzableiter, packen zu, doch es ist vergebens. Du fällst!

Über dir siehst du den blauen Himmel durch das gezackte Loch, das in rasender Geschwindigkeit zu einem unbedeutenden Punkt verkümmert. Die Luft ist kalt und feucht. Dein Körper dreht sich im Fallen, kurz vor dem Aufschlag siehst du die zerbrochene, in Metall gefasst Glasscheibe, die wie eine verkehrte Guillotine im Licht eines einzelnen Sonnenstrahls glänzt. Der Aufprall ist verbunden mit einem scharfen Schmerz. Die Welt dreht sich um sich selbst, dann liegst du still. Das Glas ist jetzt blutbeschmiert. Du versuchst zu atmen, kannst es aber nicht, willst um Hilfe schreien, doch kein Ton löst sich von deinen Lippen. Der Schmerz weicht eisiger Kälte, dein Blick verschwimmt, wird unscharf, dunkler, schwarz. Es ist vorbei ...

Ende

180 Das Zahlenschloss nimmt dir jede Chance, zu entrinnen. Du drehst wie verrückt an den verdammten Zahlen und verfluchst Bastifür diese ausweglose Falle. Bald bist du umringt von Toten, die mit schmierigen Händen nach dir greifen, dich packen, an deinen Sachen zerren. Mit vor Angst geweiteten Augen stellst du fest, dass es zu viele sind, um zu bestehen. Ihr stinkender Atem schlägt dir entgegen. Sie bedrängen dich, stecken deine verzweifelten Tritte und Schläge weg, drücken dich gegen das kalte Gitter und senken ihre grausamen Mäuler auf dich herab. Unter ihren Bissen ereifern sie sich zur Ekstase. Das Ende hat einen bitteren, metallischen Beigeschmack nach Kupfer ...

*Lies weiter bei **1028***

181 Du passierst eine düstere Zone, erreichst den Keller unter einem anderen Gebäude, stehst ernüchtert vor einer weiteren Kreuzung. Der Weg nach vorne ist verschüttet. Der Zahn der Zeit hat das Gefüge der Deckensteine zerstört und der Schutt ist in sich zusammengebrochen. Von links und hinter dir sickert das Fauchen und Stöhnen der Toten aus den Gängen. Sie sind dir auf den Fersen, kommen unaufhaltsam näher. Plötzlich hast du Angst, in eine Sackgasse zu geraten, denn es bleibt dir nur ein Ausweg!

*Du musst nach rechts: Lies weiter bei **68***

182 Im Gegensatz zur Oberfläche ist es hier still wie in einem Grab. Wasser tropft von der Decke, bildet Pfützen. Der Weg ist abschüssig. Nach einer Weile geht es nach rechts, danach erreichst du eine Kreuzung. Du hast den Keller stets gemieden, weil er dir unheimlich war. Wohin du dich wendest, alle Wege gleichen sich. Gewölbte Ziegelsteindecken, schimmlige Wände, gestampfter Lehmboden. Wenn es Türen gibt, bestehen diese aus dem gleichen, rostigen Metall wie der Zugang in die unterirdische Welt. Wie die, zu der der linke Gang führt. Tageslicht fällt durch ihr staubiges Fenster. Das muss der reguläre Eingang sein, der in der Gasse hinter der Zuflucht liegt, wo die Feuertreppe ist. Manchmal hallen Geräusche durch die Gänge, deren Ursprung du nur erahnst. Metallisch und schabend. Ketten klirren in der Ferne. Du zuckst zusammen, als dir kaltes Wasser ins Genick tropft.

*Wenn du nach rechts gehst: Lies weiter bei **139***
*Wenn du geradeaus gehst: Lies weiter bei **203***
*Wenn du nach links gehst: Lies weiter bei **205***

183 … die verflixte Tür öffnet sich nicht, du steckst in der Falle! Also drehst du dich um und stellst dich der Übermacht, zählst die Köpfe der untoten Hydra. Beim Zehnten hörst du auf. Im Rücken der kalte Stahl, der dich von der rettenden Außenwelt trennt. Schreiend wirfst du dich den Zombies entgegen, springst mitten hinein. Bald wälzt ihr euch im Schlamm. Zähne dringen in dein Fleisch, zerren, reißen dir Stücke aus dem Leib. Brüchige Klauen schlitzen deine Haut, zerfetzen sie wie Papier. Der Gestank raubt dir den Atem. Der verbitterte Kampf dauert nur Sekunden. Einer beugt sich nach unten und frisst dein Gesicht, beraubt dich deiner verzweifelten Schreie. Es ist vorbei.

Ende

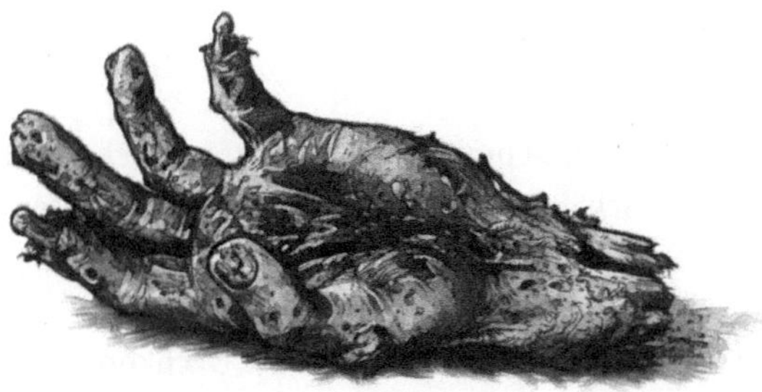

184 Du stapfst durch das Wasser, streifst Dinge, die unter der Oberfläche treiben. Krampfhaft ringst du die aufkeimende Panik nieder, versuchst, die Bilder in deinem Kopf zu verbannen: Von Toten, die sich unter der Wasseroberfläche bewegen, von Krokodilen sogar, oder grotesken Fischen. Deine Lippen sind blau, die Zähne klappern. Bleibst du zu lange in dieser Brühe, wirst du dir den Tod holen. Endlich erreichst du eine Abzweigung, an der es geradeaus geht oder nach links. Du lauschst, hörst Geräusche vor dir, dort, wo es heller ist. Es ist ein Platschen und Stöhnen aus vielen Kehlen. Die Toten! Sie kommen!
*Wenn du nach links gehst: Lies weiter bei **196***
*Wenn du umkehrst, um an der letzten Abzweigung vorbei geradeaus zu gehen: Lies weiter bei **225***

185 Du wirfst dich mit aller Kraft an die Tür, doch die Toten sind schnell. Einige der Bastarde stemmen sich gegen das Metall und versuchen, ihre Hände durch den Spalt zu strecken. Schon siehst du ihre milchigen Augen, wie sie dich fixieren!

*Führe eine Probe auf **AUS** durch!*
*Die Probe ist geglückt: Lies weiter bei **110***
*Die Probe ist misslungen: Lies weiter bei **153***

186 Der rote Ring bleibt verschlossen. Besorgt siehst du über deine Schulter: Die Toten rücken unaufhaltsam näher.

Starte deinen zweiten Versuch:

911	*931*	*951*	*971*	*991*	*Lies weiter bei **171***
913	*933*	*953*	*973*	*993*	*Lies weiter bei **208***
915	*935*	*955*	*975*	*995*	*Lies weiter bei **126***
917	*937*	*957*	*977*	*997*	*Lies weiter bei **49***
919	*939*	*959*	*979*	*999*	*Lies weiter bei **63***

187 Das Dach ist breit, darunter erstreckt sich der Querflügel des Gebäudes. Links von dir befindet sich der Innenhof und rechts eine Reihe rechteckiger Oberlichter. Die Dachpappe hat sich größtenteils gelöst, Risse und Blasen gebildet, an manchen Stellen fehlt sie ganz und gibt den hölzernen Unterbau der Dachkonstruktion preis. Wo die Oberlichter sind, ist es marode. Erst letzte Woche hatte es viel geregnet und das Wasser lief in Sturzbächen in die darunter verborgene Halle drei Etagen tiefer. Aus dem Innenhof dringen Geräusche zu dir herauf …
*Wenn du nach links zur Backsteinmauer gehst: Lies weiter bei **207***
*Wenn du über das Dach gehst und die maroden Stellen ignorierst: Lies weiter bei **217***

188 Wie ein wütender Bulle stürmst du vorwärts, holst mit dem Fuß aus. Der Tritt muss sitzen und das Zombiemädchen ausschalten. Sie darf keine Chance haben, sich dir entgegenzustellen. Dein Eifer hält an, bis dir das tote Mädchen den Kopf aus der dunklen Hütte entgegenstreckt. Ihre gelblich glühenden Augen reichen aus, um dir den Mut zu rauben. Doch es ist zu spät, es gibt kein Zurück mehr. Entschlossen trittst du zu, siehst deinen schweren Stiefel auf den Kopf des Mädchens niedergehen.

Führe den Kampf nach den Regeln durch!

Archetyp	KON	AUS	Waffe	WS
Zombiemädchen	*4*	*8*	–	–

Reduziere deinen ***IW*** *um* ***1W6*** *(IW < 20 gehe zu 1018)*
Du gewinnst: Lies weiter bei ***137***
Du verlierst: Lies weiter bei ***107***

189 Hastig zerrst du die Mullbinde hervor, reißt sie aus der raschelnden Verpackung. Das Knistern verursacht Lärm, von dem du glaubst, das er überall zu hören sein muss. Auch draußen. Nervös siehst du zur Tür. Kommen die Schatten näher? Hat sich das schauerliche Stöhnen gesteigert?
Mit zitternden Fingern ziehst du die Scherbe aus der Wunde. Der Schnitt ist lang, tief und blutet wie verrückt. Einer, der genäht werden müsste. Du wickelst den Verband um den dreckigen Fuß, verknotest ihn doppelt, sodass er sich nicht lösen kann.
Wenn du trotzdem die Tür schließen willst: Lies weiter bei ***92***
Wenn du nach rechts zu den großen Becken kriechst und versuchst, an der rückseitigen Wand unbemerkt an der Tür vorbeizukommen: Lies weiter bei ***50***

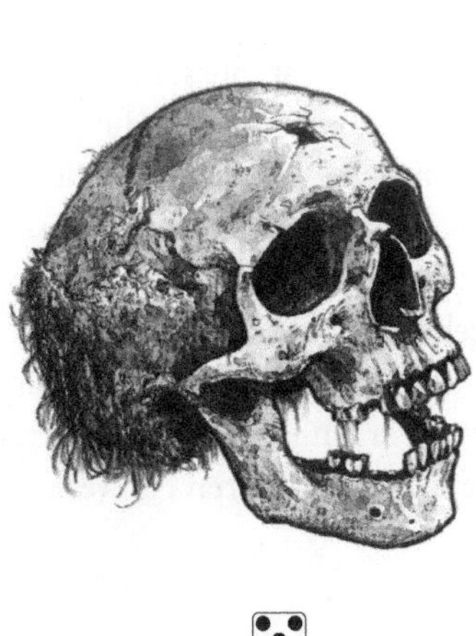

190 Das Schloss hält stand, deine Überlebenschancen lösen sich in Luft auf. Wie ein Verrückter rüttelst du am Gitter, doch es ist vergebens. Du bist umringt von den Toten, die mit gierigen Händen nach dir greifen, dich packen, an deinen Sachen zerren. Mit vor Angst geweiteten Augen stellst du fest, dass es zu viele sind, um zu bestehen. Ihr fauliger Atem schlägt dir ins Gesicht, raubt dir den Verstand. Sie stecken deine verzweifelten Tritte und Schläge ohne Regung weg, drücken dich gegen das kalte Gitter und senken ihre grausamen Mäuler auf dich herab. Dein letzter Gedanke dreht sich darum, wie schnell das alles doch gekommen ist, der Tod, das Verderben ...

*Lies weiter bei **1028***

191 Steine bohren sich wie Nadeln in deine verletzte Fußsohle, treiben dir Tränen in die Augen. Schon nach den ersten Schritten humpelst du nur noch. Die Toten rücken näher, fletschen ihre braunen Zähne, grunzen wie eine Herde hungriger Schweine angesichts der sicheren Mahlzeit.

*Wenn der Kellerabgang deine einzige Hoffnung ist, weil er dir einen Ausweg aus diesem Dilemma verspricht: Lies weiter bei **90***

*Wenn du die halbverfaulten Zombies umgehst: Lies weiter bei **142***

192 Du erreichst nach einem Quadrat eine Ziegelsteinmauer. Hier geht es nur nach links. Der Weg ist überwuchert mit Schlingpflanzen und es kostet dich große Mühe, weiterzukommen.

*Lies weiter bei **220***

193 Im nächsten Quadrat musst du eine Entscheidung treffen. Gepeinigt von Durst und Hunger, verängstigt durch das Gebrüll der Toten, angewidert von ihrem alles betäubenden Gestank, versuchst du, einen klaren Gedanken zu fassen. Wählst du den falschen Weg, bedeutet dies dein Ende, denn die Zombies rücken unaufhaltsam näher. Es geht geradeaus oder nach rechts. Du wirfst einen letzten, prüfenden Blick auf den Weg nach rechts. Halb verborgen unter Staub und dürren Blättern erkennst du einen weiteren Pfeil. Ohne zu zögern folgst du dem einzig brauchbaren Hinweis.

*Lies weiter bei **147***

194 Du biegst an der Kreuzung nach rechts ab. Hier sind die Pflanzen verkümmert. Verwesungsgeruch liegt in der Luft. Er umgibt dich wie dichter Qualm, raubt dir den Atem. Läufst du am Ende in die falsche Richtung, direkt hinein ins Verderben? Es sind Gedanken wie diese, die dich zweifeln lassen, als du nach zwei weiteren Quadraten erneut nach rechts gehst. Die das Pflanzenhaus umgebende Außenwand ist nun links von dir. Du stockst, weil sich der Weg nach rechts wendet. Läufst du etwa im Kreis und den verdammten Fleischfressern direkt in die Arme?

Ein Stück weiter wird es heller und lichter. Die kümmerlichen Pflanzen bedecken kaum den Boden. Es geht nach links und du zweifelst. Ein ungutes Gefühl beschleicht dich, denn direkt vor dir ...

*Lies weiter bei **54***

195 Die Stufen knarren bedrohlich unter deinem Gewicht. Je höher du steigst, desto mehr scheint die Treppe zu schwanken. Ein Ausgang ist nicht in Sicht. Nur undurchdringliche Dunkelheit, die dich wie ein schwerer Mantel umgibt. Ein metallisches Kreischen hallt von dort, wo die Zugangstür zum Keller liegt, jagt dir einen Schauer über den Rücken, treibt deine Schritte zur Eile an.

Wenn du die Treppe hinabsteigst und dich von dem Lärmen entfernst: *Lies weiter bei **151***

Wenn du der Treppe nach oben folgst: *Lies weiter bei **204***

196 Dein unterkühlter Körper droht schlapp zu machen. Die ersten Krämpfe kündigen sich an. Du stolperst über einen in der Brühe verborgenen Gegenstand, brichst in die Knie, stöhnst, schluckst Wasser, das nach Benzin schmeckt. Dein Magen rebelliert, krampfend erbrichst du bittere Galle in die Brühe. Hinter dir die Geräusche der Zombies. Es müssen viele sein. Du rappelst dich auf und wankst weiter. Wieder stehst du vor einer Kreuzung. Die Wege nach links und geradeaus sind finster und gefüllt mit Wasser. Am Ende des rechten Ganges fällt Licht durch ein kleines Fenster. Ist dort ein Ausgang?

Wenn du nach rechts gehst: *Lies weiter bei **43***

Wenn du nach links gehst: *Lies weiter bei **18***

Wenn du geradeaus gehst: *Lies weiter bei **165***

197

Die Brüstung liegt an der Vorderseite des Gebäudes. Von hier aus überblickst du den Industriekomplex und die Straße. Sie führt vom Zufahrtstor zum Eingang des Innenhofes. Doch was du siehst, lässt dir die Haare zu Berge stehen. Auf dem mit Steinen gepflasterten Weg drängt sich eine Armee des Todes dem Gebäude entgegen, auf dem du bist. Aber was ist es genau, das die Toten dazu veranlasst, auf eure Zuflucht zuzusteuern?

Dein Mund ist staubtrocken, als du dich über die Brüstung beugst, um an der Hauswand hinabzublicken. Dir bereitet allein diese Annäherung an die Toten Unbehagen. Die Zombies haben sich wie vermutet am Eingang des Innenhofs versammelt und scharen sich dort wie eine Gruppe Schaulustiger. Als du erkennst, was sie dazu treibt, entweicht deinem Mund ein krächzender, jammernder Schrei. Dein Körper krampft sich zusammen. In diesem Augenblick ist dir egal, dass du damit die Aufmerksamkeit der Scheusale auf dich ziehst. Es ist Andrea. Sie baumelt an den Armen aufgehängt an der Hauswand über den Köpfen der Toten, in einer Höhe, damit sie nicht an ihre Füße kommen, aber nah genug, um sie anzulocken. Die Stahlseile führen von ihren Handgelenken bis zur Brüs-tung zu dem schmalen Sims, über das du die andere Seite erreichen wolltest. Was für Bestien müssen das sein, hämmert es dir im Kopf. Was für perverse Schweine, die einen lebenden Köder aushängen, um die Toten anzulocken?

Andreas Kopf hängt kraftlos zur Seite, ihre Augen sind offen, die blonden Haare blutbeschmiert und strähnig. Ihre verkrusteten Lippen formen tonlose Worte. Die Toten stöhnen, als sie Andreas Lebenszeichen registrieren, und weil sie dich sehen, wie du verzweifelt nach einem Ausweg suchst. Das Sims ist kaum breit genug, um einen Fuß vor den anderen zu setzen. Vor dir die hüfthohe Brüstung, an der Andrea hängt, hinter dir der Innenhof, angefüllt mit den Toten.

*Wenn du vorsichtig zu der Stelle gehst, an der man Andrea aufgehängt hat, um ihr zu helfen: Lies weiter bei **3***

*Wenn du nur dein eigenes Leben retten willst: Mache eine Probe auf **MEN***

*Die Probe ist geglückt: Lies weiter bei **22***

*Die Probe ist missglückt: Lies weiter bei **75***

198 Das Schloss birst mit einem metallischen Krachen. Das Teil mit den Zahlenringen fliegt an dir vorbei durch die Luft. Die Zombies sind inzwischen auf deiner Dachseite angekommen, ihr aufgeregtes Grunzen steigert sich zu einem infernalischen Chor toter Seelen. Ohne Zeit zu verlieren, schlüpfst du durch die Tür und schlägst sie hinter dir zu. Dich verhöhnend schwingt sie mit einem schrillen Kreischen auf. Die einzige Möglichkeit, die Toten daran zu hindern, hinter dir herzujagen, hast du soeben mit der Brechstange zerstört.

*Lies weiter bei **154***

199 Die Zombies verharren lauschend. Ängstlich hältst du die Luft an und wartest.

Mit einem bedrohlichen Knurren bewegt sich einer der Leichensäcke zur Tür, sein Schatten wird länger, er betritt die Halle.

*Wenn du aufspringst und zurück zum Treppenhaus läufst: Lies weiter bei **178***

*Wenn du versuchst, die Tür vor den Toten zuzuschlagen: Lies weiter bei **127***

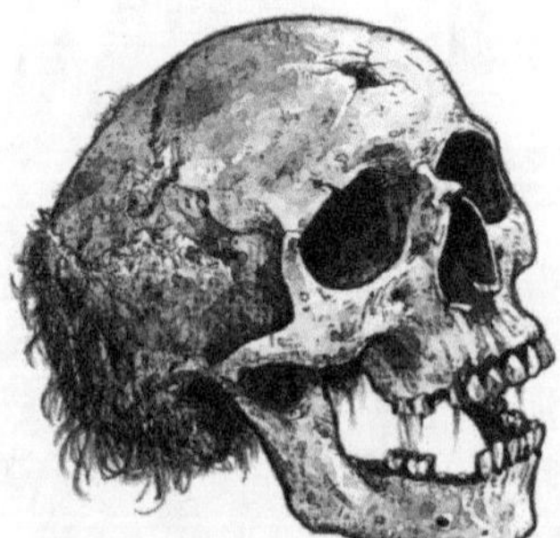

200 Die Toten betäuben dich mit ihrem Gestank. Eitriger Speichel rinnt aus ihren aufgerissenen Mäulern. Ein Mann in zerfetztem Anzug stellt sich dir in den Weg, die Arme nach vorne gereckt. Nur mit einer schnellen Bewegung vermagst du seinem Griff zu entkommen.

*Führe eine Probe auf **AUS** durch!*

*Die Probe ist geglückt: Lies weiter bei **229***

*Die Probe ist misslungen: Lies weiter bei **152***

201 Dicke Wurzeln schieben die Sandsteinplatten nach oben, sodass sie aussehen wie schräge Zähne. Du musst aufpassen, dass du keine der Kanten übersiehst und fällst. Überall liegen mit Staub bedeckte Glasscherben. Aus Angst, eine der Scherben zu zerbrechen und durch das Knacken des Glases deine Position zu verraten, drückst du dich ans Gitter und schiebst dich daran vorbei. Woanders rütteln die Zombies an den Stäben, reißen Pflanzen und Äste nieder, als wären sie wütende Affen.
Es geht im nächsten Quadrat nach rechts. Lies weiter bei ***146***

202 Die tote Frau reißt die Augen auf, bevor dein Stiefel mit Wucht ihren aufgeweichten Schädelknochen zertrümmert. Knochensplitter, weiche Hirnmasse und stinkende Flüssigkeit spritzen dir entgegen. Du setzt über den in sich zusammensinkenden Leichnam hinweg und folgst dem Weg nach rechts. Mit einem Blick über die Schulter stellst du fest, dass die Gesellschaft der niedergestreckten Dame auf dem Weg zu dir ist.
Lies weiter bei ***221***

203 Du tastest dich durch die Dunkelheit in einen helleren Bereich. Hier verzweigen sich die Gänge. Der rechts von dir ist durch einen Schuttberg aus roten Steinen und Mörtel versperrt. Linker Hand erkennst du in kurzer Entfernung eine Ausgangstür. Du musst dich im nächsten Gebäude befinden. Der Weg geradeaus führt in eine düstere Zone, in der Wasser den Boden bedeckt. Hinter dir ertönt ein lautes Scheppern, gefolgt vom schrillen Kreischen rostiger Angeln. Die läuft ein Schauer über den Rücken, denn du weißt: Die Toten sind da!
Das Lärmen treibt dich zur Tür, doch ein Blick durch das Fenster genügt, um zu erkennen, dass draußen die Toten auf dich warten. Dir bleibt nur der Weg geradeaus und du hoffst, dass er keine Sackgasse ist.
Lies weiter bei ***41***

204 Im diffusen Licht schimmert der Umriss eines Ausgangs. Nur wenige Stufen, und du hast es geschafft. Plötzlich wird aus dem Ächzen der alten Treppe ein Brechen und Krachen. Du

verlierst den Boden unter den Füßen, als die wacklige Konstruktion zusammenbricht. Für den Bruchteil einer Sekunde schwebst du in der Luft, greifst verzweifelt nach der letzten Stufe, nach der Rettung. Danach geht es hinab in die Finsternis. Der Aufschlag ist brutal, treibt dir die Luft aus den Lungen. Du spürst, wie etwas Langes deinen Körper durchbohrt. Wie dein Kopf Bekanntschaft mit dem Boden macht und Lichter des Schmerzes hinter deinen Augen flackern. Du schmeckst Blut, als deine Zähne zusammenklappen und die Zunge zerbeißen. Aus, Schluss, Ende. Dein Lebensschalter steht auf Off. Dein letzter Gedanke gilt den Zeichen, die du ignoriert hast.
*Lies weiter bei **1020***

205 Karl hat den Weg durch die Katakomben bevorzugt. Er war der Meinung, dass eine Fortbewegung unter der Erde die sicherste Methode sei, um den Toten aus dem Weg zu gehen. Sicher, es gibt hier gefährliche Zonen, die man meiden sollte, doch die bilden im Verhältnis zur Oberfläche eher die Ausnahme. Direkt neben der Tür hängt Karls Plan, auf dem er seinen Weg durch das Gewirr der unterirdischen Gänge eingezeichnet hat. Das Papier ist feucht, die Bleistiftstriche sind kaum zu erkennen.

Karls Plan mit dem »sicheren Weg« durch die Kellergewölbe. Merk ihn dir gut. Möchtest du dir eine Handskizze anfertigen?

Du gehst zur Tür, blickst durch das kleine Fenster, siehst die Beine und Füße der verwesenden Karawane. Die Tür lässt sich öffnen, aber jetzt den Keller zu verlassen, wäre Selbstmord. Also gehst du zur Kreuzung zurück. Du erinnerst dich, dass du von rechts gekommen bist.
*Wenn du geradeaus gehst: Lies weiter bei **139***
*Wenn du nach links gehst: Lies weiter bei **203***

206 Du bewegst dich nach rechts. Der Gang führt leicht aufwärts. Das merkst du, weil das Wasser flacher wird. Vor dir schält sich ein kleines, helles Rechteck aus der Dunkelheit. Ein Fenster? Du beschleunigst deine Schritte, denn das Licht zieht dich an. Das Röcheln und Fauchen der Toten hinter dir wird dabei zur Ne-

WORT UNLESERLICH
STADT
EXIT
EXIT
EXIT
EXIT
EXIT
EXIT
EXIT
EXIT
EXIT
EXIT
HAUPTTOR
GARTEN-
HAUS

bensache. Die nasse Kleidung klebt dir kalt auf der Haut, dein Körper dampft.

Das Fenster ist in einer eisernen Tür, darüber befindet sich ein grünes Schild, das diese als Notausgang kennzeichnet. Der rennende Mann darauf macht dir Hoffnung, der Blick zurück nicht: Die Toten sind nicht mehr weit, dicht gedrängt im Schacht, hetzen dir wie hechelnde Hunde hinterher. Insgeheim fragst du dich, warum jemand den Totenschädel auf die Wand gezeichnet hatte. Du drehst den kalten Knauf, öffnest voller Hoffnung die Tür. Helles Tageslicht flutet in den Schacht. Geblendet taumelst du die rutschigen Stufen hinauf, bis dich helfende Hände packen und nach oben ziehen. »Paula?«

Deine Sicht klärt sich. Das ist nicht Paula! Eine knochige Fratze grinst dich mit braunen Zähnen an, in denen die Reste der letzten Mahlzeit hängen. Dein Empfangskomitee besteht aus Toten, die sich oben auf der Straße drängen. Der Schock raubt dir alle Sinne. Du spürst nicht, wie deine Verfolger hinter dir aus der Dunkelheit strömen und dich zu Boden zerren. Ein letzter, verzweifelter Schrei löst sich von deinen Lippen, geht unter im vielstimmigen Chor der toten Seelen.

Ende

207 Geduckt pirschst du zu der Backsteinmauer, gehst in die Knie und wagst einen Blick in den Innenhof. Im Schatten des U-förmigen Gebäudes drängen sich die ausgemergelten Leiber zahlreicher Zombies. Die Schlinge zieht sich erbarmungslos um den Sack. Im Hof irren sie vereinzelt umher, suchen einen Zugang zum Gebäude. Die meisten stehen unterhalb der Mauer, in der das Tor liegt, und starren auf etwas, das du nicht siehst. Viele recken sogar ihre aschfahlen Arme nach oben, um danach zu greifen. Du läufst zur gegenüberliegenden Seite. Dein Ziel ist der Gitterverschlag, hinter dem sich die Wendeltreppe an der Außenseite des Gebäudes nach unten windet, um zwei Meter über dem Boden zu enden.

Lies weiter bei ***121***

208 Mit flatternden Nerven zerrst du am Schloss, doch der Ring hält stand. Die Zombies kommen unterdessen näher. Dir bleibt Zeit für einen letzten Versuch.

Starte deinen dritten Versuch:

911	*931*	*951*	*971*	*991*	*Lies weiter bei* ***109***
913	*933*	*953*	*973*	*993*	*Lies weiter bei* ***190***
915	*935*	*955*	*975*	*995*	*Lies weiter bei* ***167***
917	*937*	*957*	*977*	*997*	*Lies weiter bei* ***143***
919	*939*	*959*	*979*	*999*	*Lies weiter bei* ***180***

209 Die Metalltür schließt sich mit lautem Donner. Fett schmatzend gleiten die schweren Riegel in die Halterungen. Im selben Moment krachen die toten Körper dagegen, lassen sie erbeben. Der Durchgang ist gesichert, der Tod für dieses Mal ausgesperrt. Du lehnst dich gegen das kalte Metall, atmest durch. Das war wortwörtlich in letzter Sekunde.

Wenn dein Ziel die nächste Halle ist, in der es nicht nur den Notausgang gibt, sondern auch einen Aufenthaltsraum: Lies weiter bei ***218***

Wenn du umkehren und es über das Dach versuchen willst: Lies weiter bei ***178***

210 Die Gasse öffnet sich zu der Fläche hin, auf der die Garagen stehen. Links folgt ein letztes Backsteingebäude, danach ein weitläufiger Platz. Von dort kam das Geräusch, dem du gefolgt bist.

Wenn du der Ursache des Lärms auf den Grund gehen willst und du nach links gehst: Lies weiter bei ***173***

Wenn du zu dem Loch in der Mauer gehst, durch das du in das alte Pflanzenhaus gelangst: Lies weiter bei ***65***

211 Du setzt alles auf eine Karte, ignorierst den Schmerz, der durch deinen Körper rast, und setzt ungeahnte Kräfte frei. Mit nach vorne gestemmter Schulter krachst du wie ein Rammbock in den Brustkorb des Monsters und spürst, wie dieser nachgibt und nach hinten geprellt wird. Der Zombie rudert mit den Armen und stürzt. Mit einem gewagten Sprung setzt du über ihn hinweg. Bei der Landung schießt dir ein bohrender Schmerz durch den Fuß, doch du läufst weiter, denn der Tod sitzt dir im Nacken.

Lies weiter bei ***227***

212 Deine Schulter bohrt sich in den weichen, aufgeschwemmten Leib. Morsche Rippen brechen, faulig abgestandene Luft strömt aus ihren Lungen. Sie hält dem Angriff stand, weicht nur wenige Zentimeter zurück. Schon reißt sie ihr Maul auf, ein Brillant glitzert im einzig verbliebenen Vorderzahn. Sie zieht dich erbarmungslos in ihre tödliche Umarmung. Mit aller Kraft stemmst du dich dagegen, sprengst ihren Griff. Düstere Gestalten schwanken in den Gang, der für dich zur Todesfalle wird.
Du weichst bis zur Wand zurück. Verzweifelt trommelst du gegen die Steine, kratzt in den Fugen, bis die Fingernägel brechen und sich die Wand vom Blut deiner aufgeschlagenen Hände rot färbt. Fast behutsam ziehen sie dich hinab, senken ihre Köpfe auf dich nieder. Niemand hört die verzweifelten Schreie, die durch das Pflanzenhaus hallen, während sie anfangen, dich aufzufressen.
Lies weiter bei ***1055***

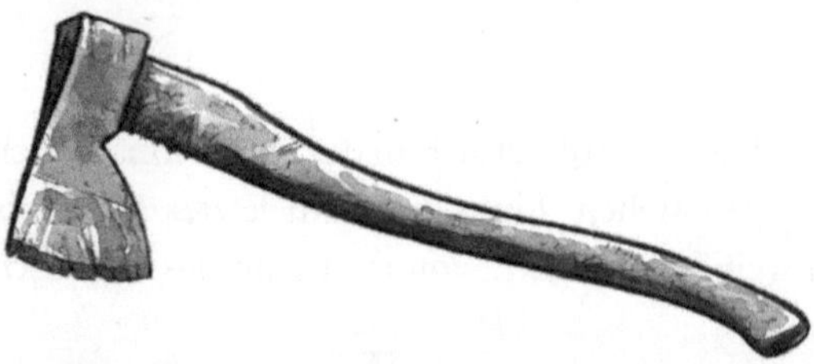

213 Im nächsten Quadrat wendet sich der Weg nach rechts, danach zwei weitere geradeaus. Hier ist es dunkler, denn das Blätterdach ist dicht. Ranken peitschen dir ins Gesicht. Du spürst, dass dir die Verfolger auf den Fersen sind und läufst schneller. Zur Linken ist die Steinwand, rechts das Gitter und geradeaus. …
Lies weiter bei ***163***

214 Du erreichst deinen Ausgangspunkt, der die erste Kreuzung war. Abgesehen von dem Weg, den du gekommen bist, sind alle anderen abschüssig und nass. Ein seltsamer Dunst steht wie feiner Nebel in den Gängen. Nach wie vor wirkt der Keller auf dich bedrückend. Du hast das Gefühl, dass sich etwas in der Dunkelheit verbirgt. Dich beobachtet. Das hier ist kein Ort, um zu verweilen.

Wenn du nach rechts gehst: Lies weiter bei ***139***
Wenn du geradeaus gehst: Lies weiter bei ***203***
Wenn du den Keller verlässt und dich nach links wendest: Lies weiter bei ***148***

215 Anfangs fällt das Licht nur durch die kleinen Löcher der Kanaldeckel, danach wird es heller. Dort ist ein Durchgang, der ins Freie führt. Vorsichtig näherst du dich dem gezackten Loch, das einst eine Wand war, gesäumt von Mauerstücken. Vor dir erstreckt sich eine schlammige Grube von den Ausmaßen eines halben Fußballfeldes.

Du trittst hinaus und versuchst, an den aufgeweichten Wänden hinaufzuklettern, doch der nasse Sand bröckelt ab und du rutschst ab. Deine Füße versinken im rotbraunen Schlamm. Gegenüber, am anderen Ende, ist ein weiteres Loch, das in den Keller führt. Das Lärmen der Toten aus der Richtung aus der du gekommen bist, zwingt dich zum Handeln. Du blickst ein letztes Mal in den blauen Himmel, saugst das Tageslicht ein und trittst in das ungewisse Dunkel. Dort geht es abwärts. Damit verbunden steigt der Wasserpegel an.

Du folgst einem Knick nach links, um eine Abzweigung zu erreichen, an der es geradeaus und nach rechts geht. Das Wasser reicht dir nun bis zur Hüfte. Auf der Oberfläche schimmert ein öliger Film, dessen Gase dir die Tränen in die Augen treiben. Es riecht nach Benzin. Die Kälte des Wassers entzieht deinem Körper die Wärme, der Gestank droht dich zu betäuben.

Wenn du nach rechts gehst: Lies weiter bei ***196***
Wenn du geradeaus gehst: Lies weiter bei ***140***

216 Du erreichst eine T-Verzweigung. Das Wasser reicht dir bis zu den Hüften. Auf der Oberfläche schimmert ein öliger Film. Der scharfe Geruch nach Benzin liegt in der Luft, treibt dir die Tränen in die Augen.

Die Kälte des Wassers entzieht deinem Körper die lebensnotwendige Wärme.

Wenn du nach rechts gehst: Lies weiter bei ***184***
Wenn du nach links gehst: Lies weiter bei ***225***

217 Du hastest zum Gitterverschlag mit der Wendeltreppe, als mit lautem Krachen der Boden unter deinen Füßen nachgibt. Begleitet von einem splitternden Geräusch brichst du durch das morsche Holz.

Da ist ein Blitzableiter, der sich quer über das Dach spannt. Mit etwas Glück schaffst du es, den Stahlstab zu packen, bevor du in die Tiefe stürzt.

Führe eine Probe auf ***AUS*** *durch.*

Die Probe ist geglückt: Lies weiter bei ***155***

Die Probe ist misslungen: Lies weiter bei ***179***

218 Mit klopfendem Herzen stehst du in der leeren Halle. Hier ist es heller, da es an der Vorderseite Fenster gibt. Vorsichtig schließt du die Tür und schiebst die brüchig wirkenden Riegel zu. Rechts ist der Aufenthaltsraum der Arbeiter. Am anderen Ende der Halle erkennst du die mit einem kleinen Fenster versehene Metalltür, die in die Seitengasse führt. Das ist Ausweg aus der Misere!

Wenn du den Aufenthaltsraum nach nützlichen Dingen untersuchen willst: Lies weiter bei ***11***

Wenn du direkt zum Notausgang gehst: Lies weiter bei ***78***

219 Wie in einem Italowestern steht ihr euch gegenüber: die Toten und du! Die Zombies bewegen sich mit aufklaffenden Mäulern auf dich zu, als wärst du das Zentrum eines Sterns, der sich verdichtet, um zu einem schwarzen Loch zu werden.

Du läufst los und hast nicht die geringste Ahnung, ob sich weitere Tote zwischen den Schutthaufen befinden. Jetzt kommt es auf deine Schnelligkeit an!

Und nebenbei darauf, ob du verletzt bist oder nicht!

Wenn du dich vorher am Fuß verletzt hast: Lies weiter bei ***191***

Ansonsten: Lies weiter bei ***227***

220 Am Ende des Quadrates stehst du vor einer undurchdringlichen Pflanzenwand. Als du die Blätter auseinanderschiebst,

siehst du die rostigen Gitterstäbe. Hier ist der Weg zu Ende. Dir bleibt keine andere Wahl, als umzukehren.
Also gehst du zurück zur Kreuzung. Lies weiter bei ***130***

221 Die Zombies kommen! Kaum, dass du das Quadrat durchquert hast, schieben sich ihre ausgemergelten Körper hinter dir um die Ecke. Zum Glück sind es nicht viele. Noch nicht! Der Weg wendet sich nach rechts, erlöst dich vom Anblick der lebenden Toten. Du hörst und riechst sie, schmeckst sie wenn du atmest. Das Ende des Quadrates zwingt dich zu einer wohlüberlegten Entscheidung!
Wenn du geradeaus weiterläufst, in einen Gang voller ineinander verwachsener Brombeerranken, deren Dornen wie Speere aus den Ästen ragen: Lies weiter bei ***100***
Wenn du dem freien Weg nach links folgst (Paula hat gesagt, links wäre gut): Lies weiter bei ***132***
Wenn du dir trotz der Bedrohung einen Moment Zeit nimmst, um die Lage zu sondieren:

 *Führe eine Probe auf* ***MEN*** *durch, um versteckte Zeichen oder Hinweise zu finden!*
Die Probe ist geglückt: Lies weiter bei ***123***
Die Probe ist missglückt: ***Wähle eine der anderen Optionen!***

222 Du stehst vor einem rostigen Gitter. Der Weg ist zu Ende, die Falle schnappt erbarmungslos zu. Hinter dir kämpfen sich die Toten durch das Geäst. Ihnen ist es egal, ob die Dornen ihre Haut zerschneiden. Sie wittern dein Blut, folgen der roten Spur. Verzweifelt krallst du dich an das Gitter. Du siehst auf der anderen Seite den Ausgang, ein gezacktes Loch im roten Stein. So nah und doch unerreichbar fern.
Die ersten Zombies schieben sich durch die dornigen Äste. Du stehst da, an das Gitter gekrallt, die Rettung vor Augen, schreist dir die Seele aus dem Leib. Etwas *in* deinem Kopf zerbricht, gibt auf, stirbt. Hände packen dich, zwingen dich, von Zweigen gefangen, zu Boden. Du fängst an zu lachen. Dass du hier in diesem verfluchten Pflanzenhaus stirbst, ist ein zynischer Witz. Du kicherst irre in die zerfetzten Fratzen, wäh-

rend dein Blut spritzt und sie dir das Fleisch von den Knochen fressen. Den Wahnsinn empfindest du als Gnade, die dir einen schmerzlosen Tod gewährt.

Ende

223

Dieses verdammte Miststück reißt die Arme nach oben und bremst deinen Schlag. Ohne mit den nicht mehr vorhandenen Wimpern zu zucken nimmt sie hin, dass dabei ihre Unterarme brechen, was sie an ihrem Angriff jedoch nicht zu hindern scheint. Schon reißt sie ihr Maul auf, ein Brillant glitzert im einzig verbliebenen Vorderzahn.

*Hast du kein **GLK** mehr: Lies weiter bei **40***

*Du darfst **KON** und **AUS** auf **1** setzen, sofern diese **0** sind. Dein **GLK** sinkt auf **0**.*

Führe den Kampf nach den Regeln durch und verwende für die Zombiefrau die reduzierten Werte, die du dir im vorgehenden Abschnitt notiert hast!

Archetyp	KON	AUS	Waffe	WS
Zombiefrau	*8*	*10*	*Zähne und Klauen*	*-*

*Reduziere deinen **IW** um **1W6** (IW < 20 gehe zu 1018)*

*Du gewinnst Lies weiter bei **81***

*Du verlierst Lies weiter bei **40***

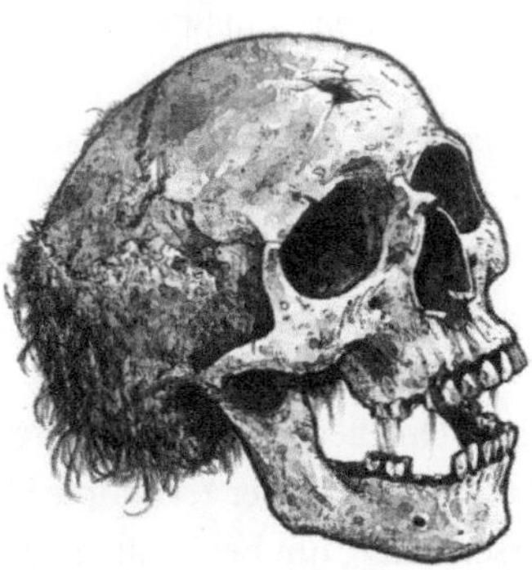

224 Du übersiehst in der trüben Brühe eine Stufe und stürzt, tauchst ein in das eiskalte Wasser. Die Kälte trifft dich wie ein Schock. Als du auftauchst, steht ein Monster direkt vor dir. Weiß die Hölle, wie er aus dem Nichts auftauchen konnte, aber er steht dir in seiner faulig stinkenden Präsenz im Weg und faucht dich an. Seine Hände sind zu Klauen gekrümmt: Du musst kämpfen!
*Wenn du eine Waffe besitzt (Brechstange, Stuhlbein, Schaufel, eiserner Haken …), lies weiter bei **134***
*Wenn du keine Waffe besitzt, lies weiter bei **88***

225 Dich überkommt die Angst, dass dein unterkühlter Körper schlapp macht. Krämpfe deuten sich mit dem unkontrollierten Zucken deiner Muskeln an. Du stolperst über einen in der Brühe verborgenen Gegenstand, gehst stöhnend in die Knie, schluckst nach Benzin schmeckendes Wasser. Dein Magen rebelliert. Hinter dir die Zombies, die wie eine Flutwelle durch die Gänge tosen.
An einer Abzweigung geht es nach rechts oder links, doch Vorsicht, der Gang rechts macht nach einigen Metern einen scharfen Knick und versinkt in Dunkelheit. Dort hat jemand mit Kreide einen Totenschädel an die Wand gemalt.
*Wenn du nach links gehst: Lies weiter bei **84***
*Wenn du nach rechts gehst: Lies weiter bei **206***

226 Du gehst geradeaus weiter, lässt die Garagen und die freie Fläche hinter dem letzten Gebäude, auf der alte Öltanks stehen, links liegen. Doch halt. Von links, an der Rückseite des Baus, zwischen alten Tanks und den Containern, erklingt ein blechernes Scheppern.
*Wenn dein Ziel das Loch in der Mauer zwanzig Meter vor dir ist, also der Zugang zum alten Pflanzenhaus: Lies weiter bei **65***
*Wenn du wissen willst, was es mit den Geräuschen auf sich hat: Lies weiter bei **138***

227 Du kommst schneller voran, als die Toten. Doch dein Vorsprung trügt. Denn dieser zerlumpte Haufen, der weder Schlaf braucht, noch essen muss, um bei Kräften zu bleiben, wird ge-

trieben von der Gier nach heißem Fleisch und folgt den Gesetzen der Beharrlichkeit. Ein Fehltritt und es ist aus. Schwitzend erreichst du die Grenzmauer, läufst nach rechts, wo das Loch in der Mauer zum Pflanzenhaus ist.
*Lies weiter bei **65***

228 Der Weg führt nach oben. Wasser läuft dir in kleinen Rinnsalen entgegen. Auf dem Boden liegt Mörtel, in den Fugen wächst Moos. Nach einiger Zeit endet der Weg vor einer Tür, die nach draußen führt. Fahles Licht scheint durch das schmutzige Fenster im Türblatt. Du drehst den Türknauf, doch der Ausgang bleibt verschlossen. Ein anderer Gang geht nach links, erhellt durch eine Reihe kleinerer Fenster. Deren Licht vermittelt dir ein vages Gefühl von Sicherheit.
*Wenn du nach links gehst: Lies weiter bei **230***
*Wenn du zurück zu deinem Ausgangspunkt gehst: Lies weiter bei **214***

229 Du setzt alles auf eine Karte und stürmst vorwärts, ignorierst den Schmerz, der durch deinen Körper schnellt. Womöglich ist es genau das, was ungeahnte Kräfte freisetzt. Mit nach vorne gestemmter Schulter krachst du wie ein Rammbock in den Brustkorb des Monsters und spürst, wie er nachgibt und nach hinten geprellt wird. Der Zombie rudert mit den Armen, stürzt. Mit einem gewagten Sprung setzt du über ihn hinweg. Bei der Landung schießt dir ein bohrender Schmerz durch den Fuß, doch du läufst weiter, denn der Tod sitzt dir im Nacken.
*Lies weiter bei **227***

230

Der Weg steigt an. Rechts gibt es eine Reihe kleinerer Fenster, durch die Tageslicht fällt und dennoch nicht vermag, die Schatten zu bannen. Links sind im Abstand von drei bis vier Metern grau gestrichene Stahltüren eingelassen, die allesamt verschlossen sind. Auf ihnen stehen hell lackierte Nummern von 1 bis 10. Dich erinnern sie an Gefängniszellen. Am Ende des Ganges führen durch eine offene Tür Stufen hinab in einen finsteren Abschnitt ohne Fenster. Danach geht es die gleiche Anzahl an Treppen wieder hinauf. Jetzt bist du in einem wesentlich älteren Gebäude vor einer Kreuzung. Weiter vorne fällt Licht durch ein Fenster. Der Weg rechts endet nach wenigen Metern vor einer Backsteinmauer. Der nach links versickert im Zwielicht.

Wenn du geradeaus auf das Licht zugehst: Lies weiter bei ***115***

Wenn du nach links gehst: Lies weiter bei ***83***

231

Der Blick aus dem Fenster lässt dich erschauern. Von Backsteingebäuden gesäumt führt die gepflasterte Straße zum Tor des alten Industrieareals.

Die Toten sind da! Es sind viele, die sich dort mit schwankenden Schritten nähern. Ihre Fratzen glänzen käsig feucht im Sonnenlicht. Strähnige, verklebte Haarbüschel zieren ihre Köpfe. Dir ist klar, wohin die Lumpenparade zieht: Das Gebäude, das deine Zuflucht ist, die sich gerade in eine Falle verwandelt!

Hierzubleiben ergibt keinen Sinn. Das Regal unter dem Fenster zieht deine Aufmerksamkeit auf sich. Dein Herz pocht, als du den Vorhang des Regals zur Seite reißt. Abgesehen von zwei Dosen Pfirsichen (2x m / 2x AUS+1) haben dir die Plünderer nichts gelassen.

Wenn du die Pfirsichdosen aufnehmen möchtest, notiere sie dir auf deinem Charakterblatt unter Gegenstände. Beachte deine Tragekapazität!

Eure Schuhe liegen in einem wilden Haufen direkt neben der zweiflügligen Eingangstür zu deiner Rechten. Links ist die Tür zu dem Zimmer, das du dir mit den Männern teilst. Dort sind deine Sachen, die dir nützlich sein könnten. Hier im Raum steht euer großer Versammlungstisch, davor liegt Karls Leiche.

Wenn du zur Tür und den Schuhen gehst: Lies weiter bei ***72***
Wenn du in das Zimmer gehst: Lies weiter bei ***14***
Wenn du zu Karl gehst: Lies weiter bei ***45***
Wenn du zum Tisch gehst: Lies weiter bei ***104***

232 Herzlichen Glückwunsch! Du hast deinen Charakter mit Bravour aus der gefallenen Zuflucht durch das Industriegebiet und bis zum *Wartezimmer* geführt. Dabei hast du die Regeln kennengelernt, Rätsel gelöst und vermutlich den ein oder anderen Kampf ausgefochten. Und du hast die kompromisslose Welt der Toten am eigenen Leib kennengelernt.

Bevor du ins zweite Kapitel startest, darfst du dein ***GLK*** *auf den im Regelteil angegebenen Wert für das zweite Kapitel setzen, denn du wirst es brauchen.*

Nachdem dein Charakter geschlafen hat, steigt deine ***AUS*** *um einen Punkt (maximal bis zum ursprünglichen Wert). Wie es sich mit deiner* ***KON*** *verhält, wirst du beim Einstieg ins zweite Kapitel erfahren.*

DER BLICK ÜBER DIE MAUER

Die Zuflucht ist gefallen. Du musst dein vertrautes Terrain verlassen, fliehst in die Stadt. Du weißt, dass es dort Überlebende gibt. Doch der Angriff auf die Zuflucht beweist: Nicht alle haben Gutes im Sinn. Der Kampf um die letzten Ressourcen treibt die Menschen zu schrecklichen Taten, sät Misstrauen und Neid. Die Überlebenden rotten sich in Banden zusammen, angeführt von erbarmungslosen Despoten, die jedes Mitgefühl verloren haben.

In den Häusern der Stadt verstecken sich Einzelgänger, die aus dem Hinterhalt zuschlagen, um dir zu nehmen, was du dir hart erkämpft hast. Herrenlose Hunde rotten sich zu Rudeln zusammen und machen getrieben vom Hunger Jagd auf alles, was sich bewegt. Sie alle haben eins gemeinsam: den Instinkt des Überlebens!

Dort draußen ist Paula. Steckt sie mit den Angreifern unter einer Decke? War die Zuflucht der Preis für die Sicherheit, die sie sich im Asylum erhoffte? Wer ist der Verräter, der den Angreifern die Türen öffnete? Das erfährst du nur, wenn du selbst zum Asylum gehst. Der Weg durch die Stadt ist verdammt gefährlich, denn hinter jeder Ecke lauert der Tod, der nicht nur aus Zombiehorden besteht. Doch das wirst du bald selbst herausfinden ...

Lies jetzt den nachfolgenden Regelteil für ***Kapitel 2*** *und fahre dann mit* ***Kapitel 2*** *fort.*

KAPITEL 2 – REGELTEIL

Die ergänzenden Attribute

Für die nächsten Kapitel benötigst du drei zusätzliche Attribute: Resistenz, Wahrnehmung und Geschicklichkeit. Du würfelst für jedes Attribut einzeln mit 3W6 und trägst die Augenzahl in das entsprechende Feld auf dem Charakterblatt ein. Oder du würfelst mit 9W6 und verteilst alle Punkte unter den drei Attributen. Pro Attribut müssen mindestens 3 Punkte und dürfen maximal 18 Punkte vergeben werden. Je höher der Wert eines Attributes ist, desto besser!

Resistenz (RES)

Dieser Wert gibt an, in welchem Maß dein *Charakter* psychischem Druck standhalten kann. Psychischer Druck kann durch Befragungen entstehen, denen man sich nicht auf andere Art entziehen kann, aber auch durch Folter oder die Einwirkung von Medikamenten.
Maximalwert: Den ursprünglich ausgewürfelten Wert abzüglich permanenter Verluste während des Abenteuers.
Reduzierung: Wenn Proben nicht bestanden werden, sinkt die Resistenz permanent um den angegebenen Wert. Je weiter die Resistenz absinkt, desto labiler wird der *Charakter*!
Regeneration: keine
Attribut ist verbraucht: Sinkt die Resistenz auf 0, verliert dein *Charakter* den Verstand und irrt als geistiges Wrack sabbernd durch die neue, tödliche Welt. Das wäre das Ende des Abenteuers!

Wahrnehmung (WAH)

Wenn sich dein Charakter in der Stadt bewegt, muss er Situationen bewerten. Ist die Straße sicher, kann man den Platz gefahrlos überqueren, sind das Bewegungen hinter den Vorhängen? Hier kommt

die Wahrnehmung ins Spiel. Die Wahrnehmung gibt an, wie gut dein *Charakter* darin ist, Situationen einzuschätzen und richtige Entscheidungen zu treffen.
Maximalwert: Den ursprünglich ausgewürfelten Wert abzüglich permanenter Verluste während des Abenteuers.
Reduzierung: Die Wahrnehmung kann sich durch äußere Einflüsse (Augenbinden, Ohrenstöpsel) oder Schäden der Sinnesorgane reduzieren. Diese können permanent oder temporär sein.
Regeneration: Sobald die äußeren Einflüsse (Augenbinden, Ohrenstöpsel) wegfallen, regeneriert sich die Wahrnehmung auf ihren ursprünglichen Wert.
Attribut ist verbraucht: Unwahrscheinlich.

Geschicklichkeit (GES)

Dein Charakter wird in Situationen kommen, in denen er knifflige körperliche Aufgaben lösen muss, um zu überleben. Manchmal ist es nur ein Vorhängeschloss, das es zu knacken gilt, womöglich ein Balanceakt auf einem Dachgiebel oder elektrische Leitungen, die er verbinden muss, um eine Funktion auszulösen. Alles ist möglich!
Maximalwert: Den ursprünglich ausgewürfelten Wert
Reduzierung: Temporär durch Medikamente oder Drogen. Dies wird im entsprechenden Abschnitt angegeben.
Regeneration: Wiederherstellung des normalen Zustands des Charakters.
Attribut ist verbraucht: Nur durch eine Überdosierung von Medikamenten oder Drogen möglich. Die Folge wäre der Tod des Charakters und somit das Ende des Spiels.

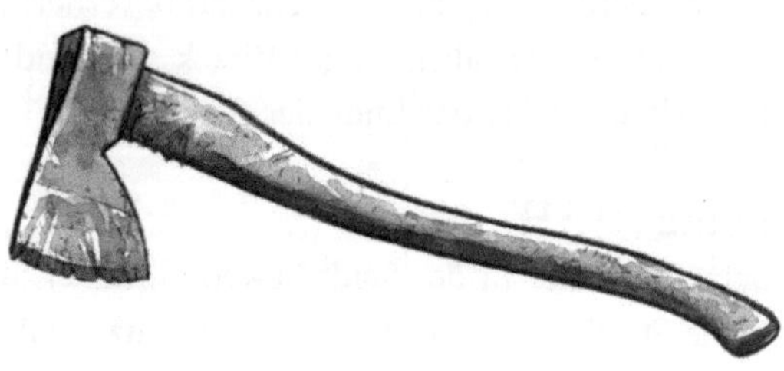

KAPITEL 2 – JAGDZEIT

Du schreckst hoch, reißt die Augen auf, blinzelst. Fahrig tastest du deinen Körper ab und stellst erleichtert fest, dass alles in Ordnung ist. Du wurdest nicht gebissen. Es war nur ein Traum, in dem du von den Toten überwältigt wurdest. Nur ein verdammter Traum …

Das Wartezimmer umgibt dich mit seinem Zwielicht, das schreckliche Schatten gaukelt. Alles versickert in Nuancen von Grau. Es muss Abend sein, womöglich schon Nacht, denn durch die Ritzen der Bretter, mit denen die Fenster vernagelt sind, dringt nur spärliches Licht, kaum genug, die eigene Hand vor Augen zu erkennen.

Abends, kurz bevor die Nacht hereinbricht und Farbiges zu Grau wird, ist die beste Zeit, den getrübten Sinnen der Toten zu entgehen.

Gähnend richtest du dich auf und lauschst dem Regen, der auf das Haus prasselt, als wollte er die Welt ertränken. *Regen ist gut*, denkst du, denn Regen verbirgt die Geräusche, die dich verraten könnten. Regen wäscht die Erde rein.

Bevor du aufbrichst, musst du dich erleichtern. Dazu dient der Blecheimer im stockfleckigen Badezimmer. Dort klebt wie in allen anderen Räumen auch schwarzhaariger Schimmel in den Ecken. Auf dem Weg dorthin spähst du durch die Ritzen der Fenster. Die Straßen wirken wie ausgestorben. Von den Zombies ist nichts zu sehen. Aber wo sind sie hin? Hast du so lange geschlafen? Es waren doch Hunderte, die sich dort drängten, wenn nicht sogar mehr. Doch nun sind sie spurlos verschwunden. Eine bessere Gelegenheit wird sich dir nicht bieten, um zum Asylum zu gehen.

Aber es gibt etwas anderes, das dich beschäftigt. Du hast Hunger und Durst. Dein Mund ist trocken wie ein Stück Sandpapier, und schmutzig bist du, das deine Kleidung von altem Schweiß schwer an deinem Körper klebt.

Solltest du Nahrungsmittel oder Wasser dabei haben, wäre jetzt eine gute Gelegenheit, dich durch essen oder trinken zu stärken. Erhöhe deine ***AUS*** *um den Wert, der bei den Nahrungsmitteln und dem Wasser angegeben ist und streiche diese vom Charakterblatt. Du kannst deine* ***AUS*** *maximal auf den ursprünglich festgelegten Wert erhöhen.*

Solltest du keine Nahrungsmittel und kein Trinkwasser dabei haben, fühlst du dich durstig und erschöpft. Reduziere deine ***AUS*** *um einen Punkt.*

Bevor du gehst, siehst du dich um. Vor dem alten Sofa mit den zwei muffig riechenden Decken (2x g), auf dem du dich ausgeruht hast, steht ein grün gefliester Tisch, gekrönt von einem überquellenden Aschenbecher (k). Daneben liegt ein rotes Gasfeuerzeug (k). An der Wand neben dem Fenster ist ein hellerer, rechteckiger Fleck. Dort hing die Karte, auf der die Wege durch die Stadt verzeichnet sind. Lediglich die abgerissenen Papierecken klemmen unter den vier Reißzwecken (1x k), mit denen sie befestigt war.

Hat Paula sie abgenommen, damit sie nicht in falsche Hände gerät?
Oder waren es gar die Fremden, die sie an sich genommen haben?
Jemand anderes aus der Zuflucht?

Auf der gegenüberliegenden Raumseite steht ein windschiefer Kleiderschrank. Oft habt ihr dort Nützliches deponiert. Mit müden Schritten gehst du zu dem alten Möbelstück, das aus den Sechzigern stammt, und öffnest die knarrenden Türen.

Der muffige Geruch von feuchtem, schimmligem Papier weht dir entgegen. Er steigt aus dem Haufen Zeitschriften, die in einem wilden Chaos auf dem Boden des Schranks liegen. Einige rutschen dir sogar vor die Füße.

An der Kleiderstange hängt ein schmutziges Lederjacken-Outfit (Kleidung), daneben ein olivgrünes Armeeponcho-Outfit (Kleidung). Oben auf der Ablage liegt eine schwarze, ausgeblichene Baseballmütze (Kleidung).

Wenn du eines der Outfits anziehen möchtest, notiere dies auf deinem Charakterblatt!)

Die hat Karl eine Zeitlang getragen. Karl. Er ist jetzt einer von ihnen, geht es dir durch den Kopf. Nirgendwo gibt es einen Hinweis von Paula. Keine Nachricht, keine Zeichnung, nichts. Und dennoch, du bist dir sicher, dass hier was sein muss. Irgendwo, gut versteckt.

Wenn du nach Hinweisen suchen möchtest: Lies weiter bei ***247***

Du magst die schimmlige Wohnung nicht auf den Kopf stellen: Lies weiter bei ***575***

233

Die Erkenntnis schlägt dir brutal ins Gesicht: Der Weg ist durch ein stabiles Eisengitter versperrt. Als wenn dies nicht schlimm genug wäre, stapft dir durch die Brühe ein verrotteter Zombie nach. Er sieht aus, als hätte er wochenlang im Dreck gelegen. Seine Haut ist von Tieren angenagt, sein Schädelknochen leuchtet fahl, als wollte er Gevatter Tod Konkurrenz machen. Ein Kampf ist unausweichlich.

Führe den Kampf nach den Regeln durch!

Archetyp	KON	AUS	Waffe	WS
Verrotteter Zombie	*4*	*5*	*Zähne und Klauen*	*1*

Reduziere deinen ***IW*** *um* ***2W6*** *(IW < 20 gehe zu 1018)*

Wenn du gewinnst und an der letzten Kreuzung nach rechts gehst: Lies weiter bei ***524***

Wenn du gewinnst und an der letzten Kreuzung geradeaus gehst: Lies weiter bei ***494***

Wenn du verlierst: Lies weiter bei ***1019***

234

Die Röhre erweitert sich zu einem Gang, in dem du gebückt laufen kannst. Auch hier fließt Wasser in einer breiten Rinne in der Mitte und es stinkt zum Erbrechen. Es folgt die ernüchternde Wahrheit. Der Weg ist nach wenigen Metern durch ein rostiges Gitter versperrt. Panisch drehst du dich um und siehst, wie die ersten Zombies aus der Röhre in den Gang rutschen und sich zähnefletschend aufrichten. Sie gehen auf dich zu, du glaubst dich verloren, als ...

Lies weiter bei ***235***

235 … dich ein gleißendes Licht von der anderen Seite des Gitters blendet. Es ploppen schallgedämpfte Schüsse. Instinktiv erwartest du den Einschlag der Projektile, doch du spürst keine Treffer. Es folgt ein rostiges Quietschen. Schatten schwanken im grellen Licht, bewegen sich auf dich zu. Ein harter Schlag gegen deinen Kopf katapultiert dich in uferlose Dunkelheit.
*Lies weiter bei **619***

236 Die Finsternis umfasst euch mit eiskalter Faust. Von einem Moment zum nächsten seht ihr nichts mehr. Du hörst dein Herz schlagen und deinen pumpenden Atem, aber auch, wie sich die Zombies schlurfend nähern. Die Entfernung kannst du jedoch nicht abschätzen. Neben dir Maries keuchender Atem in der Dunkelheit. Ihre kleinen Finger krallen sich an deine Kleidung. »Ich will nicht hier unten sein«, flüstert sie ängstlich. Du gehst vorsichtig weiter. Mit den Fingern ertastest du ein Loch in der Wand. Eine enge Röhre, durch die ihr kriechend entkommen könnt.
*Wenn du keine weitere Lichtquelle hast: Lies weiter bei **241***
*Wenn eine zusätzliche Lichtquelle besitzt: Lies weiter bei **250***

237 … packt etwas deinen Arm und reißt dich mit brutaler Gewalt aus der engen Röhre. Im gleißenden Licht siehst du Gestalten, die sich auf dich zubewegen. Der Hund knurrt wie von Sinnen, springt vorwärts. Du hörst Schreie und wie Stoff zerreißt. Du vermutest Zombies, als über dir das Donnern eines Gewehres die Gänge mit Dröhnen erfüllt. Mit einem kläglichen Jaulen ersterben die Kampfgeräusche des Hundes. Das Letzte, das du siehst, sind rotfleckige Gesichter unter feuchten Gasmaskengläsern. Bevor du reagieren kannst, donnert ein Gewehrkolben auf deinen Kopf und knockt dich aus …
*Lies weiter bei **619***

238 Der Gang verjüngt sich zu einer Röhre, durch wdie du nur mit Mühe kriechen kannst. Für den Hund ist das kein Problem. Der springt, ohne zu zögern, in das schwarze Loch und verschwindet darin. Das Lärmen hinter dir wird lauter. Wie Bluthunde haben sich die Toten an deine Fährte geheftet, werden nicht davon ablassen, bis sie dich haben. Genau in diesem Moment fängt dein Leuchtmittel an zu flackern.

*Werfe den **1W6**. Ist das Ergebnis zwischen **3-6**, ist alles in Ordnung. Ist das Ergebnis **1-2**, erlischt, das Licht und du stehst im Dunkeln. Natürlich kannst du dein Ergebnis mit **GLK**-Punkten puschen. Ist eben alles reine Glückssache.*
*Wenn dein Licht versagt: Lies weiter bei **240***
*Wenn dein Licht weiterhin leuchtet: Lies weiter bei **256***

239 Ihr betretet den Abgang. Marie schließt die Tür. Verwundert stellst du fest, dass es nicht gänzlich dunkel ist. Die Stufen sind aus ausgetretenem Sandstein. Sofort fühlst du dich ins Mittelalter versetzt. Steinerne Säulen umgeben unten ein rechteckiges Wasserbecken, das man über eine Art Treppe erreichen kann. Ein Sims führt um das Becken herum. Auch hier erhellt der Leuchtstreifen die Umgebung mit seinem diffusen Licht. Weiter hinten ist ein dunkles Loch. Daneben: In einer provisorischen Halterung steckt eine klobige Akkulampe. Das Problem ist der beschissene Zombie, der bis zu den Hüften im Wasser steht und die Luft mit seinem fauligen Fischgestank verpestet. An dem müsst ihr vorbei. Oben rütteln sie an der Tür. Dir bleibt keine Wahl, du musst kämpfen.

Führe den Kampf nach den Regeln durch!

Archetyp	KON	AUS	Waffe	WS
Fischiger Zombie	*4*	*4*	*Zähne und Klauen*	*1*

*Reduziere deinen **IW** um **3W6** (IW < 20 gehe zu 1018)*
*Wenn du gewinnst: Lies weiter bei **251***
*Wenn du verlierst: Lies weiter bei **1022***

240 Die Finsternis packt dich mit ihrer eiskalten Faust. Von einem Moment zum nächsten stehst du im Dunkeln. Du hörst dein klopfendes Herz und wie sich die Zombies nähern. Du kannst jedoch nicht abschätzen, wie weit sie entfernt sind. Vor dir

hechelt der Hund. Du greifst in die Richtung, ertastest feuchtes Fell, doch das Tier entzieht sich deinem Griff. Du strauchelst, findest ein Loch in der Wand. Eine Röhre, durch die du den Toten entkommst.
*Wenn du keine weitere Lichtquelle hast: Lies weiter bei **241***
*Wenn eine zusätzliche Lichtquelle besitzt: Lies weiter bei **256***

241

Wie ein blindes Kind kriechst du in absoluter Dunkelheit durch die beengende Röhre. Deine Bewegungen verursachen schabende Geräusche. Die stinkende Brühe tränkt deine Kleidung, spritzt dir ins Gesicht.
Schlimmer sind nur die schmierigen Bestandteile dessen, was den Boden bedeckt. Was ist, wenn du dich an einer Gablung für eine Richtung entscheiden musst? Wirst du je dieser beklemmenden Finsternis entkommen?
Gleichzeitig gibt dir die Röhre Halt, denn sie schränkt den Raum um dich herum ein. Aber was, wenn sie sich weitet? Wenn du nicht mehr weißt, wo die Wände sind …
Die schleifenden Geräusche hinter dir lassen vermuten, dass dir die Toten folgen. Sie kriechen schnell. Du hörst schon das Klappern ihrer Kiefer. Plötzlich flammt vor dir ein grelles Licht auf, das dich blendet. Ehe du reagierst …
*Lies weiter bei **252***

242

Der Weg in die Kanalisation ist frei. Die klobige Akkulampe (m) funktioniert. Wenn auch nicht besonders hell, zeigt sie dir dennoch den Weg im dunklen, engen Schacht, in dem du nur kriechend vorankommst. Aber besser als die Zombies vor der Treppentür.
Die Brühe in der Röhre stinkt. Die schmierigen Brocken, die darin treiben, lassen dich würgen. Nachdem du eine Weile gekrochen bist, erreichst du eine Verzweigung, an der du zwischen drei Richtungen wählen musst. Von rechts ertönt das Grunzen aus vielen toten Kehlen. Nur ein Selbstmörder würde diese Richtung einschlagen und so einer bist du nicht.
*Wenn du geradeaus kriechst: Lies weiter bei **234***
*Wenn du nach links kriechst: Lies weiter bei **244***

243 Der Gang wird enger, verjüngt sich zu einer Röhre, durch die ihr kriechen könnt. Das Lärmen hinter euch steigert sich zu einem Orkan. Wie Bluthunde haben sich die Toten an eure Fährte geheftet und werden nicht davon ablassen, bis sie euch haben. Ausgerechnet jetzt fängt dein Leuchtmittel an zu flackern.

*Werfe den **1W6**. Ist das Ergebnis zwischen **3-6,** ist alles in Ordnung. Ist es **1-2,** erlischt das Licht und du stehst im Dunkeln. Natürlich kannst du dein Ergebnis mit **GLK**-Punkten puschen, sofern du noch welche hast!*
*Wenn dein Licht versagt: Lies weiter bei **236***
*Wenn dein Licht weiterhin leuchtet: Lies weiter bei **250***

244 Endlich verbreitert sich die Röhre zu einem Gang, der dir gestattet, gebückt zu stehen. Doch die Freude ist nur von kurzer Dauer. Schon nach wenigen Metern musst du erneut in eine Röhre, die enger ist, als die zuvor. Umkehren kannst du nicht mehr, denn hinter dir kriechen die Zombies. Wie Bluthunde haben sich die Toten an deine Fährte geheftet und werden nicht davon ablassen, bis sie dich haben. Genau in diesem Moment fängt dein Leuchtmittel an zu flackern.

*Werfe den **1W6**. Ist das Ergebnis zwischen **3-6**, ist alles in Ordnung. Ist das Ergebnis **1-2,** erlischt das Licht und du stehst im Dunkeln. Natürlich kannst du dein Ergebnis mit **GLK**-Punkten puschen.*
*Wenn dein Licht versagt: Lies weiter bei **255***
*Wenn dein Licht weiterhin leuchtet: Lies weiter bei **261***

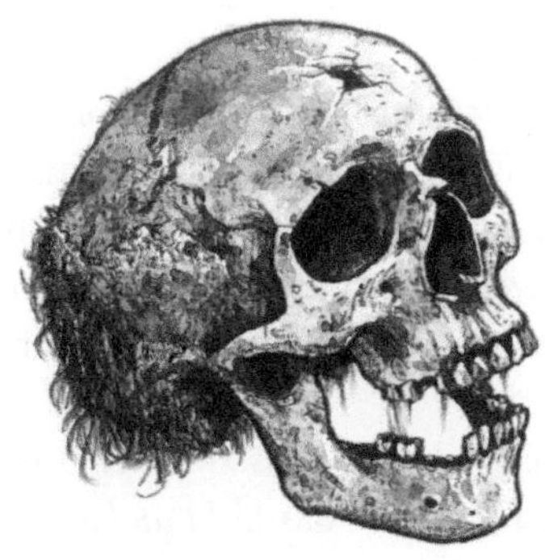

245 … dich ein gleißendes Licht von der anderen Seite des Gitters blendet. Neben deinem Ohr ploppen schallgedämpfte Schüsse. Du spürst keine Treffer, siehst aber, wie sich Maries Kopf in einen roten Nebel verwandelt. Sie fällt. Es folgt ein rostiges Quietschen, Schatten im grellen Licht, die sich auf dich zubewegen. Ein harter Schlag gegen deinen Kopf. Nacht.
*Lies weiter bei **619***

246 … packt etwas deinen Arm und reißt dich mit brutaler Gewalt aus der engen Röhre. Im grellen Licht siehst du Gestalten, die sich auf dich zubewegen.
Du hörst Maries Schreie, wie sie sich wehrt und wie der Stoff ihrer Jacke reißt. Schon denkst du an Zombies, als über dir das Donnern eines Schusses die Gänge mit Dröhnen erfüllt, sodass es dir in den Ohren schmerzt. Damit verstummen Maries verzweifelte Schreie. Das Letzte, was du erkennst, sind Gasmasken, unter denen sich rotfleckige Gesichter verbergen. Ein Gewehrkolben geht auf deinen Kopf nieder und es wird Nacht …
*Lies weiter bei **619***

247 Paula hat oft in den Zeitschriften geblättert. Besonders die Motorradhefte hatten es ihr angetan.

*Führe eine Probe auf **WAH** durch, um dir die Zeitschriften auf dem Boden des Schrankes genauer anzusehen.*
*Die Probe ist geglückt: Lies weiter bei **605***
*Die Probe ist misslungen: Lies weiter bei **275***

248 Der Gang verjüngt sich zu einer Röhre, durch die du mit Mühe kriechen kannst. Ein Zurück ist ausgeschlossen, denn hinter dir wüten die Zombies. Wie Bluthunde haben sie sich an deine Fährte geheftet, werden nicht davon ablassen, bis sie dich haben. Genau in diesem Moment fängt dein Leuchtmittel an zu flackern.

*Werfe den **1W6**. Ist das Ergebnis zwischen **3-6**, ist alles in Ordnung. Ist das Ergebnis, **1-2** erlischt das Licht und du stehst im Dunkeln.*

*Natürlich kannst du dein Ergebnis mit **GLK**-Punkten puschen.*
*Wenn dein Licht erlischt: Lies weiter bei **255***
*Wenn dein Licht weiterhin leuchtet: Lies weiter bei **261***

249 Mit klopfendem Herzen starrst du auf den Leichnam des Mädchens. Ihre Augen blicken starr in die Dunkelheit. Wasser sammelt sich darauf und lässt sie traurig glänzen. Kinder können nichts für diesen ganzen Mist, haben keine Schuld an dem, was geschehen ist. Das sind die Momente, die dir wirklich zu schaffen machen und deine Seele berühren. Was unterscheidet dich von den Toten? Bist du Mensch genug, das alles zu überstehen?
*Wenn deine **MEN** unter **5** ist: Lies weiter bei **450***
*Wenn deine **MEN 5** oder höher ist:*

 *Führe eine Probe auf **MEN** durch.*
*Die Probe ist geglückt: Lies weiter bei **600***
*Die Probe ist misslungen: Lies weiter bei **264***

250 Die Röhre ist verdammt eng. Vor dir kriecht Marie, die aufgrund ihrer geringen Größe schneller vorankommt als du. Die stinkende Brühe tränkt deine Klamotten und spritzt dir bei jeder Bewegung ins Gesicht. Schlimmer als das sind die festeren Bestandteile dessen, was den Boden bedeckt. Es ist zu eng, um sich umzublicken, doch die schleifenden Geräusche hinter dir lassen vermuten, dass die Toten an deinen Hacken hängen.
Auch sie scheinen schneller zu kriechen als du, denn du hörst schon das Klappern ihrer Kiefer. Marie schreit plötzlich gellend auf, verschwindet aus deinem Gesichtsfeld. Du wirst von einem grellen, aufflammenden Licht geblendet. Ehe es dir möglich ist, zu reagieren …
*Lies weiter bei **246***

251 Der Weg in die Kanalisation ist frei. Die klobige Akkulampe (m) leistet gute Dienste. Wenn auch nicht sonderlich hell, zeigt sie euch dennoch den Weg im dunklen und sehr engen Schacht, in dem ihr nur kriechen könnt. Doch das ist immer noch besser als die Zombies vor der Treppentür. Die Brühe in der Röhre stinkt. Aber

schlimmer sind die schmierigen Brocken, die darin treiben. Nachdem ihr eine Weile gekrochen seid, erreicht ihr eine Verzweigung, an der ihr zwischen drei Richtungen wählen könnt. »Besser wir krabbeln nach links«, flüstert Marie, »diesen Weg kenne ich, denn ich war schon einmal hier drin, zu Beginn, als die Zombies kamen ...«
Von rechts ertönt ein widerwärtiges Schmatzen. Das Grunzen aus vielen toten Kehlen. Dieser Weg scheidet somit aus.
Wenn ihr geradeaus kriecht: Lies weiter bei ***260***
Wenn ihr nach links kriecht: Lies weiter bei ***254***

252 … packt etwas deinen Arm und reißt dich mit brutaler Gewalt aus der Röhre. Im grellen Licht siehst du Gestalten, die sich nähern. Schon denkst du an Zombies, als über dir das Donnern eines Gewehres die Gänge mit Dröhnen erfüllt, das es dir in den Ohren schmerzt. Das Letzte, das du siehst, sind Gasmasken und rotfleckige Gesichter hinter beschlagenen Scheiben. Der Gewehrkolben knallt auf deinen Kopf und schickt dich ins Reich der Träume …
Lies weiter bei ***619***

253 Ihr hetzt den Gang entlang. Ein Eisengitter schält sich im Licht aus der Dunkelheit. Dinge treiben im Wasser, von denen du nicht wissen möchtest, um was es sich handelt. Zum Glück zweigt ein Gang nach rechts ab, dem ihr folgen könnt.
Lies weiter bei ***258***

254 Endlich verbreitert sich die Röhre, wird zu einem Gang, in dem ihr gebückt stehen könnt. Doch die Freude ist nur von kurzer Dauer. Nach wenigen Metern müsst ihr erneut in eine Röhre kriechen, die enger ist als die zuvor. Umkehren ist ausgeschlossen, denn hinter euch sind die Zombies. Wie Bluthunde haben sich die Toten an eure Fährte geheftet, werden nicht davon ablassen, bis sie euch haben. In diesem Moment fängt dein Leuchtmittel an zu flackern.

Werfe den ***1W6****. Ist das Ergebnis zwischen* ***3-6****, ist alles in Ordnung. Ist es* ***1-2****, erlischt das Licht und ihr steht im Dunkeln. Natürlich kannst du dein Ergebnis mit* ***GLK****-Punkten puschen.*

*Wenn dein Licht versagt: Lies weiter bei **236***
*Wenn dein Licht weiterhin leuchtet: Lies weiter bei **250***

255 Die Finsternis packt dich mit eiskalter Faust. Von einem Moment zum nächsten siehst du gar nichts mehr. Hörst nur, wie dein Herz schlägt, oder deinen Atem und wie sich die Zombies mit unverminderter Geschwindigkeit nähern. Deine Finger ertasten ein Loch in der Wand vor dir. Eine enge Röhre, durch die du kriechen musst, um den Toten zu entkommen.
*Wenn du keine weitere Lichtquelle hast: Lies weiter bei **241***
*Wenn eine weitere Lichtquelle hast: Lies weiter bei **261***

256 Die Röhre ist verdammt eng. Du musst robben. Die stinkende Brühe tränkt deine Kleidung und spritzt dir bei jeder Bewegung ins Gesicht. Schlimmer sind die festeren Bestandteile dessen, was den Boden bedeckt. Vor dir kriecht der Hund durch die Röhre. Er ist schneller als du, der Abstand zwischen euch vergrößert sich.
Es ist zu eng, um sich umzublicken, doch die schleifenden Geräusche hinter dir lassen vermuten, dass die Toten an deinen Hacken hängen. Sie scheinen schneller zu kriechen als du, denn du kannst das Klappern ihrer Kiefer hören, als der Hund plötzlich aufjault und du von einem grellen Licht geblendet wirst. Ehe du zu reagieren vermagst …
*Lies weiter bei **237***

257 Die Dunkelheit im Wasserkanal ist undurchdringlich. Schon nach den ersten Metern verlierst du die Orientierung. Fahrig folgst du mit der Hand der feuchten Mauer, die hinein in die Schwärze führt. Du hörst das Wasser in der Mitte des Ganges rauschen. Hinter dir stürzen die Toten die Treppen mit Getöse hinab und fallen ins Wasser. Geräusche vermischen sich zu einem Lautbrei, der einem infernalischen Chaos gleicht.
Plötzlich gerätst du auf dem rutschigen Sims ins Rutschen und stürzt ins Wasser. Die Brühe schwappt dir in den Mund, weil du strampelnd nach Luft schnappst. Du greifst blindlings um dich, bekommst das Sims zu fassen, ziehst dich daran hoch, rutschst aber jedes Mal ab.

Nach einer Ewigkeit bist du endlich auf den Beinen, rennst, getrieben vom Fauchen und Zähneknirschen der Toten, blindlings in den Tunnel hinein. Dein Herz hämmert schmerzhaft in der Brust, dein Atem rasselt, als du in vollem Lauf gegen eine Wand rennst und Sterne siehst, weil dein Schädel gegen den Stein geknallt ist.
Mit dröhnendem Kopf taumelst du zurück und hast plötzlich keinen Boden mehr unter den Füßen. Fauliges Wasser schwappt über deinem Kopf zusammen, schließt sich zu einer undurchdringlichen Decke, während du tiefer sinkst …

Ende

258 Der Gang verjüngt sich vor euch zu einer Röhre, die ihr nur kriechend durchqueren könnt. Ein Zurück gibt es nicht mehr, denn hinter euch wüten die Zombies. Wie Bluthunde haben sie sich an eure Fährte geheftet, werden nicht davon ablassen, bis sie euch haben. Genau in diesem Moment fängt dein Leuchtmittel an zu flackern.

*Werfe den **1W6**. Ist das Ergebnis zwischen **3-6**, ist alles in Ordnung. Ist es **1-2**, erlischt das Licht und du stehst im Dunkeln. Natürlich kannst du dein Ergebnis mit **GLK**-Punkten puschen.*
*Wenn dein Licht versagt: Lies weiter bei **236***
*Wenn dein Licht weiterhin leuchtet: Lies weiter bei **250***

259 Du betrittst den Abgang und schließt die Tür hinter dir. Verwundert stellst du fest, dass es nicht gänzlich dunkel ist. Die Stufen sind aus Sandstein und ausgetreten. Sofort fühlst du dich ins Mittelalter versetzt. Steinerne Säulen umgeben weit unten ein rechteckiges Wasserbecken, in das Stufen führen. Um das Becken führt ein Sims. Auch hier erhellt der Leuchtstreifen die Umgebung in diffusem Licht. In der rückwärtigen Wand erkennst du ein dunkles Loch. Daneben, in einer provisorischen Halterung, steckt eine rechteckige Akkulampe. Das einzige Problem ist nur der beschissene Zombie, der bis zu den Hüften im Wasser steht und die Luft mit seinem fauligen Fischgestank verpestet. An dem musst du vorbei. Oben rütteln sie an der Tür. Dir bleibt keine Wahl, du musst kämpfen.

Führe den Kampf nach den Regeln durch!

Archetyp	KON	AUS	Waffe	WS
Fischiger Zombie	*4*	*4*	*Zähne und Klauen*	*1*

*Reduziere deinen **IW** um **3W6** (IW < 20 gehe zu 1018)*
*Wenn du gewinnst: Lies weiter bei **242***
*Wenn du verlierst: Lies weiter bei **1022***

260 Die Röhre erweitert sich in einen Gang, in dem ihr gebückt laufen könnt. Auch hier fließt Wasser in einer breiten Rinne in der Mitte. Der vorherrschende Gestank ist schier unerträglich. Doch der Weg ist nach wenigen Metern durch ein rostiges Gitter versperrt. Panisch drehst du dich um und siehst, wie die ersten Zombies aus der Röhre in den Gang rutschen und sich zähnefletschend aufrichten. Entsetzt packst du Marie und schiebst sie hinter dich. Sie wanken auf euch zu und du glaubst euch verloren, als ...
*Lies weiter bei **245***

261 Die Röhre ist beklemmend eng. Robbend bewegst du dich vorwärts. Stinkende Brühe tränkt deine Klamotten, spritzt dir ins Gesicht. Es ist zu eng, um sich umzublicken, doch die schleifenden Geräusche hinter dir lassen dich wissen, dass die Toten an deinen Hacken kleben. Sie kriechen schneller als du und du kannst das Klappern ihrer Kiefer hören. Plötzlich wirst du von einem grellen Licht geblendet. Ehe du deine Augen schützen kannst ...
*Lies weiter bei **252***

262 Die Erkenntnis schlägt dir brutal ins Gesicht: Der Weg ist durch ein stabiles Eisengitter versperrt. Der gellende Schrei der kleinen Marie lässt dich herumwirbeln. Ein verrotteter Zombie hat sie gepackt und schlägt ihr seine Zähne in den Hals. Ihr hellrotes Blut spritzt dir in einer pumpenden Fontäne entgegen. Der Tote sieht aus, als hätte er wochenlang im Dreck gelegen. Seine Haut ist von Tieren angenagt, sein Schädelknochen leuchtet fahl im Licht. Mit dem Gitter im Rücken ist der Kampf unausweichlich. Dem Mädchen kannst du nicht mehr helfen, doch du musst dich beeilen, um die letzte Kreuzung vor der nachrückenden Zombiemeute zu erreichen.

Führe den Kampf nach den Regeln durch!

Archetyp	KON	AUS	Waffe	WS
Verrotteter Zombie	*4*	*3*	*Zähne und Klauen*	*1*

*Reduziere deinen **IW** um **2W6** (IW < 20 gehe zu 1018)*
*Wenn du gewinnst und an der Kreuzung nach rechts gehst: Lies weiter bei **524***
*Wenn du gewinnst und an der Kreuzung geradeaus gehst: Lies weiter bei **494***
*Wenn du verlierst: Lies weiter bei **1019***

263

Deine Waffe bohrt sich in das Gesicht des Mädchens, die von ihrem Vorwärtsdrang getrieben keine Chance hat, auszuweichen. Blutiger Schleim dringt aus der entstandenen Wunde, vermischt sich mit kühlem Regenwasser. Ein letztes Röcheln entweicht ihrem Mund. Sie fällt neben dir auf die Gleise und bleibt regungslos liegen.

*Du darfst **KON** und **AUS** auf **1** setzen, sofern diese **0** sind. Dein **GLK** sinkt auf **0**.*
*Lies weiter bei **249***

264

Du wischst dir das Regenwasser aus dem Gesicht und atmest durch. Das mit dem Mädchen war unvermeidlich. Dennoch geht es dir nahe. Warum musste es dieses unschuldige Geschöpf treffen? Das ist nicht fair. Nichts ist mehr fair in dieser verdammten Welt. Du willst hier nicht mehr sein. Willst keine Kinder mehr töten. Sie sollten in den Straßen spielen, nicht auf ihnen sterben. Salzige Tränen vermischen sich mit dem kalten Regenwasser ...

*Reduziere deine **MEN** permanent um einen Punkt.*
*Lies weiter bei **450***

265 Die Straße führt in einer sanften Kurve *Richtung Westen*, ist umgeben von überfluteten Sportfeldern. Die Bebauung bleibt hinter dir zurück. Dein Blick streift über die großen Freiflächen. Tote sind keine zu sehen, dafür tummeln sich auf einem der Spielfelder streunende Hunde. Das Fell der Tiere ist nass und schmutzig. Selbst aus dieser Entfernung erkennst du, dass einige von ihnen verletzt sind und einen räudigen Eindruck machen.

Wenn du der Straße nach Westen folgst und dich auf die Hunde zubewegst: Lies weiter bei ***293***

Wenn du zurück zur Kreuzung gehst: Lies weiter bei ***563***

266 Benommen schwankst du aus dem Gebäude, schnappst nach Luft. Der Gestank haftet an dir wie klebrig ranziges Fett. Du siehst dich um und stellst erleichtert fest, dass du keine ungebetene Gesellschaft bekommen hast.

Solltest du verletzt sein, wäre es ratsam, die Wunde zu versorgen. Dazu benötigst du Verbandsmaterial. Streiche die verbrauchten Gegenstände von deinem Charakterblatt.

Bist du verletzt und besitzt kein Verbandsmaterial (oder du möchtest die Wunde nicht versorgen), reduziere deine ***AUS*** *um einen Punkt.*

Wenn du weiter der Fritz-Ober-Straße nach Westen folgen möchtest: Lies weiter bei ***413***

Wenn du umkehrst und Richtung Osten zur Kreuzung Ziegelofenweg gehst: Lies weiter bei ***313***

267 Auch wenn damit eine große Verantwortung verbunden ist, es tut gut, jemanden bei sich zu haben. Du nimmst Marie an der Hand und gehst eiligen Schrittes weiter. Der Gestank der Zombies, die aus dem Norden anrücken, drängt euch dazu. Ihr folgt der Rheintorstraße nach Süden, vorbei an verlassenen Häusern. Der Weg ist gesäumt von zerstörten Autos, überall liegt Schmutz. Um die vergammelten, teils mit Schimmel und Pilzen bedeckten Leichen, vollgesogen mit Regenwasser, macht ihr einen Bogen. Bald bleibt jedes Geräusch hinter euch zurück. Es wird still in der diesigen Dunkelheit. Still und einsam.

»Das ist die Straße des Todes. So nannten es die Eltern immer. Weil es so still ist, als würde man durch eine Tür ins Nichts gehen«, flüstert Marie und greift deine Hand fester.
Lies weiter bei ***381***

268 »Versteh mich nicht falsch, Mann, aber … ich hab‘ nichts zu verschenken, auch keine Informationen!«
»Kein Problem, kann ich verstehen. Sind eben harte Zeiten. Kannst mir wenigstens 'nen sicheren Weg zur Nervenheilanstalt sagen, hm? Wie wär's damit?«: Lies weiter bei ***542***
»Okay, kein Thema. Ich lasse euch in Ruhe, ziehe weiter. Passt auf euch auf …«: Lies weiter bei ***439***

269 Du hast es fast geschafft, die Leiter über die Grube zu legen, als dich der Krampf erwischt. Du rutschst auf dem nassen Boden aus, verlierst den Halt, die Leiter stürzt in die Grube. Bis du dich aufrappelst, klettern die ersten Toten an ihr empor und recken die kahlen Köpfe aus dem Loch. Du musst den Weg über die Autodächer nehmen, wenn du überleben willst!
Lies weiter bei ***526***

270 Der Regen trommelt auf das Fahrzeugdach, vermag aber nicht, das Lärmen der Hupe zu übertönen.

Führe eine Probe auf ***WAH*** *durch, wenn du versuchen möchtest, die Hupe abzustellen.*
Die Probe ist geglückt: Lies weiter bei ***583***
Die Probe ist misslungen: Lies weiter bei ***322***
Wenn du keine Probe durchführst: Lies weiter bei ***442***

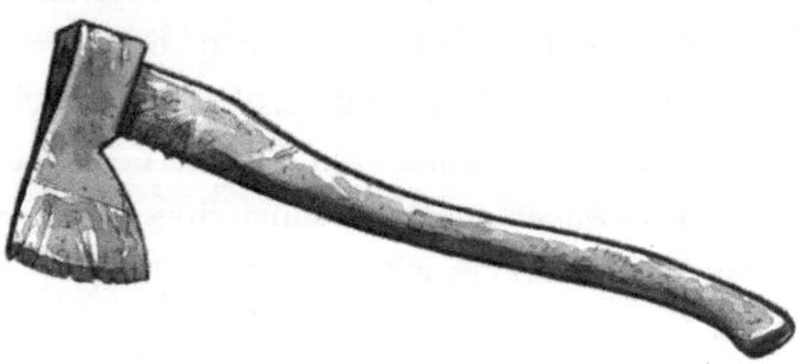

271 Um in die Gasse zu gelangen, musst du dich an einem VW-Bus vorbeischieben. Du kannst nicht in den Bus hineinsehen, denn seine Scheiben sind von innen verschmiert. Als du dich durch den Spalt zwängst, weißt du warum. Die hässliche Fratze eines Toten presst sich von innen gegen die Scheibe. Er kratzt mit schiefen Zähnen über das Glas, schlägt mit den Fäusten dagegen, sodass es bedrohlich knirscht.
In der schmalen Gasse erwartet dich das Grauen. Unter dem Fahrzeug ragen die zermatschten Überreste eines Toten hervor. Der Körper scheint intakt, doch von seinem Kopf ist nichts mehr übrig. In der Gasse liegen weitere Tote. Einige durch Kopfschüsse gerichtet, andere zerschnitten und zertrümmert. Hier muss vor nicht allzu langer Zeit heftig gekämpft worden sein.
*Lies weiter bei **457***

272 Die diesige Dunkelheit schränkt dein Sichtfeld ein. Was weiter als fünf, sechs Meter entfernt liegt, verwandelt sich in dunkle, wehende Schemen. Der Nebel dämpft die Geräusche, das Knacken, Tropfen, das Geheul herrenloser Hunde. Du fühlst dich an Silent Hill erinnert. Die Angst kriecht dir als kalter Schauer über den Rücken.
Ein Zurück gibt es nicht mehr, denn wohin willst du auch gehen? Hinter dir ist nichts als Zerstörung. Vor dir das geheimnisvolle Death Asylum, das Hoffnung oder Tod bedeuten kann. Der Gedanke, dort auf Paula zu treffen, treibt deine Schritte vorwärts. Du stößt auf den Schillerweg, der nach Süden führt.
*Lies weiter bei **326***

273 Du setzt dein Werkzeug zwischen Rahmen und Tür an, bist im Begriff, die Tür mit einem kräftigen Ruck aufzustemmen, als du Bewegungen durch die schmierigen Scheiben erkennst. Ein vielstimmiges Fauchen erhebt sich im Innern, dringt durch den entstandenen Spalt zu dir nach draußen. Zombies!
Schon packen sie zu, wollen dich mitsamt deinem Werkzeug in den Bus zu zerren. Du kannst versuchen, dein Werkzeug freizubekommen, gehst aber gleichzeitig das Risiko ein, dass sie dich packen und, nun ja ...

Wenn du dein Glück versuchen möchtest: *Führe eine Probe auf* ***GLK*** *durch.*
Die Probe ist geglückt: Lies weiter bei ***402***
Die Probe ist misslungen: Lies weiter bei ***299***

Oder du lässt dein Werkzeug los:
Streiche das verlorene Werkzeug von deinem Charakterblatt.
Wenn du nach Süden der Löwengasse folgst: Lies weiter bei ***604***
Wenn du zurück zum Grünen Winkel gehst: Lies weiter bei ***558***

274

So sehr du dich anstrengst, das Schloss widersteht deinen Anstrengungen. Resigniert gibst du schließlich auf.

Du darfst in der Kathedrale nur Punkte besuchen, bei denen du noch nicht warst!
Wenn du die linke Tür öffnest: Lies weiter bei ***333***
Wenn ihr zur Feuerstelle geht: Lies weiter bei ***572***
Wenn ihr zu den Bittkerzen geht: Lies weiter bei ***362***
Wenn ihr die Kathedrale verlasst, um zur Hauptstraße zu gehen: Lies weiter bei ***319***
Wenn ihr die Kathedrale verlasst, um zur Pfaffengasse zu gehen: Lies weiter bei ***559***

275

Du wühlst in den feuchten Zeitschriften herum, blätterst manche durch, schüttelst die verklebten Seiten anderer. Da ist rein gar nichts. Kein Hinweis, keine Nachricht, nichts. Resigniert stehst du auf. Weil du nicht noch mehr Zeit vergeuden willst, bereitest du dich auf den Weg durch die Stadt vor.
Lies weiter bei ***575***

276

Fahrig siehst du dich um. Du bist dir sicher, dass das Lärmen der Hupe die Toten auf den Plan rufen wird. Wenn es nur den einen Zugang von der Straße her gibt, kann dies schnell zu einer Todesfalle werden. Um einen Ausweg zu finden, bleibt dir nicht mehr viel Zeit. In der Hallenmitte steht ein demoliertes Wohnmobil aufgebockt da. Die Luft riecht nach Sprit und Motorenöl. Links gibt es ein Büro, ein Glaskasten ohne Fenster, absolut uninteressant für dich, weil es keinen Ausweg bietet. Rechts, an der rückwärtigen Wand, liegt der Aufenthaltsraum für die Arbeiter. Wenn es dort ein Fenster gibt, wäre dies deine Rettung.

Wenn du zum Aufenthaltsraum gehst: Lies weiter bei ***289***

Wenn du das Gelände verlässt, um dich auf der Straße durchzuschlagen: Lies weiter bei ***414***

277 Du scheiterst und stürzt kopfüber dem stinkenden Haufen verwesender Leiber entgegen. Deine Lichtquelle ...

Führe eine Probe auf ***GLK*** *durch!*

Wenn die Probe gelingt: Lies weiter bei ***307***

Wenn die Probe misslingt Lies weiter bei ***547***

278 Die diesige Dunkelheit mindert deine Sicht. Was weiter als fünf, sechs Meter entfernt ist, wird zu einem verschwommenen Schemen im Nebel. Er dämpft die Geräusche, das Knacken, Tropfen, das Geheul herrenloser Hunde. Du fühlst dich in einen Horrorfilm von Edgar Wallace versetzt, die schwarz-weiße Stadt, in der du dich bewegst, könnte überall liegen.

Die Straße macht einen Knick nach links Richtung Osten in die Hasenpfuhlstraße. Hier stehen die Häuser besonders eng, wird das Atmen aufgrund eines breiig-übermächtigen Verwesungsgestankes zur Qual.

Lies weiter bei ***499***

279 »Der Weg is‘ leicht zu finden. Geh nach Süden bis zur Kathedrale und über den Platz auf die Hauptstraße. Dort folgst du den Schildern bis zum Marktplatz. Aber he, is‘ verdammt gefährlich in der Innenstadt. Je näher du dem Asylum kommst, desto mehr Leichensäcke lauern auf dich! ... Würde dort nicht ohne besonderen Grund hingehen.«

»Hey, danke. Also, ich muss das machen, wegen Paula. Kann sie nicht im Stich lassen.«: Lies weiter bei ***278***

»Danke, das hilft mir weiter. Aber, was ist mit dir? Kommst du klar, so allein? Nur mit dem Hund?«: Lies weiter bei ***464***

280 Du versuchst, dich an der Theke hochzuziehen, rutschst ab und stürzt in das blutige Gemenge. Unaufhaltsam gleitet der Schädel auf dich zu. Erst jetzt erkennst du, dass er auf dem Oberkörper sitzt, welcher zu dem daliegenden Mann gehört. Schartige Fingernägel packen dich am Kragen. Du schreist um Hilfe, doch niemand kommt, um dich zu retten. Bevor dir der Schädel ins Gesicht beißt, lacht er dich mit seinen braunen Zähnen an.

*Lies weiter bei **1023***

281 Plötzlich zerplatzen die Schädel der Zombies vor dir wie überreife Melonen. Einer nach dem anderen geht kopflos zu Boden, begleitet von einem satten Plopp-Plopp. Schemenhafte Gestalten schälen sich hinter den Leichnamen aus der Dunkelheit, Licht flammt auf und blendet deine Augen. Marie schreit, klammert sich hilfesuchend an dich. Du siehst einen Schatten vor dir, weichst einen Schritt zurück, als dich etwas hart im Gesicht trifft. Du verlierst den Kontakt zu Marie, drehst den Kopf und erkennst verschwommen, dass sie in verrenkter Haltung auf dem Boden liegt.

Deine Beine geben nach, du fällst. In deinem Kopf explodieren grelle Lichter. Begleitet von einem dumpfen Gefühl und dem Geschmack von frischem Blut im Mund gleitest du in die Finsternis ...

*Lies weiter bei **619***

282 Auf dem Straßenschild steht »Grüner Winkel«. Grün ist hier allerdings nichts mehr. Eher braun. Oder grau. Wie die Fassaden der alten Häuser. Nach einem kurzen Wegstück geht links die Allmendstraße ab. Düsternis und feuchter Dunst schränken dein Gesichtsfeld ein. Dein Atem bildet feine Wölkchen. In den Straßen stehen schmutzige, demolierte Autos. Ein mittelgroßer Hund steht mit wedelndem Schwanz vor einer Gaststätte, die ebenfalls den Namen Grüner Winkel trägt. Einem leisen Pfiff folgend verschwindet er durch eine kleine Klappe in einem verwitterten Holztor.

*Wenn du weiter dem Grünen Winkel folgst: Lies weiter bei **278***

*Wenn du links in die Allmendstraße abbiegst: Lies weiter bei **586***

*Wenn du zu dem verwitterten Holztor gehst, durch das der Hund verschwunden ist: Lies weiter bei **558***

283 Hier unten stinkt es wie in einer Klärgrube. Es kommt nicht nur von der Brühe, es sickert aus den Steinen des Tunnels, treibt dir Tränen in die Augen. Du erreichst eine Abzweigung, an der es nach rechts und geradeaus geht. »Puh, hier stinkt's«, beschwert sich Marie. »Gehen wir nach rechts, denn geradeaus kommt bald ein Gitter und da geht's nicht weiter.«
Hinter dir hörst du ein lautes Platschen. Eure Verfolger sind in den Tunnel vorgedrungen. Ein hohles Röcheln hallt durch die Dunkelheit.
*Wenn ihr geradeaus weiter geht: Lies weiter bei **554***
*Wenn ihr nach rechts geht: Lies weiter bei **374***

284 Je tiefer du in die Gänge vordringst, desto mehr nimmt der Gestank nach menschlichen Ausscheidungen zu. Dein Rücken schmerzt, weil du dich gebückt vorwärtsbewegen musst. Die Geräusche der Zombies treiben dich voran. Du erreichst eine Kreuzung. Alle Gänge ähneln dem, aus dem du gekommen bist. Den Hund erkennst du im Schein deines Lichts. Er trottet, ohne zu zögern, geradeaus weiter. Du kannst ihm folgen oder einen anderen Weg wählen.
*Wenn du geradeaus gehst: Lies weiter bei **238***
*Wenn du nach links gehst: Lies weiter bei **494***
*Wenn du nach rechts gehst: Lies weiter bei **233***

285 Aus Angst, dich in dem Durcheinander zu verletzen, nimmst du dir einen kleinen Stock und schiebst Papierfetzen und leere Kartonboxen halbherzig zur Seite. Außer Unrat und zertretenem Müll findest du nichts.
*Lies weiter bei **462***

286 Du siehst dich in der verlassenen Gasse um, ob du etwas anderes findest, um die Grube sicher zu überqueren.

*Führe eine Probe auf **WAH** durch!*
*Wenn die Probe gelingt: Lies weiter bei **345***
*Wenn die Probe misslingt: Lies weiter bei **555***

287 »Verschwinde, oder ich jage dir eine Portion Schrot in den Pelz! Das ist meine letzte Warnung, Freundchen!«, stellt die Männerstimme klar.
*Du hörst auf, durchzudrehen. »Sorry Leute … aber ich muss was wissen«: Lies weiter bei **310***
*Du folgst eilig wieder der Straße, um weiteren Ärger zu vermeiden: Lies weiter bei **439***
*Du hämmerst wütend gegen die Tür. »Lasst mich rein, ich muss von der Straße weg!«: Lies weiter bei **512***

288 *Führe eine Probe auf **WAH** durch!*
*Die Probe ist geglückt: Lies weiter bei **490***
*Die Probe ist misslungen: Lies weiter bei **519***

289 Im Aufenthaltsraum stinkt es nach alten Socken und kaltem Zigarettenrauch. Du hast Glück, denn in der rückwärtigen Wand ist ein großes Fenster. Draußen ein Werksgelände, auf dem Müllcontainer und Tankfahrzeuge stehen. Der Boden ist mit großen Pfützen bedeckt. Am anderen Ende des Areals erkennst du eine schmale Straße.
Im Aufenthaltsraum stehen Metallschränke, Tische, Stühle, eben alles, was die Arbeiter brauchen, um Pause zu machen. Auf dem Tisch neben dem Aschenbecher liegt ein Päckchen Zündhölzer (k). Dir bleibt keine Zeit, den Raum zu durchsuchen. Du reißt das Fenster auf und kletterst hinaus.
*Lies weiter bei **377***

290 Entschlossen stellst du dich der Zombie-Kellnerin, deren Beine in just diesem Moment mit einem widerlichen

Schmatzen Fäden ziehend aus ihrem Becken reißen. Die aus den Wunden austretende Flüssigkeit verströmt einen abscheulichen Gestank, der dir die Tränen in die Augen treibt.

Führe den Kampf nach den Regeln durch!

Archetyp	**KON**	**AUS**	**Waffe**	**WS**
Zombie-Kellnerin	*4*	*3*	*Zähne und Klauen*	*1*

*Reduziere deinen **IW** um **2W6** (IW < 20 gehe zu 1018)*
*Wenn du gewinnst: Lies weiter bei **295***
*Wenn du verlierst: Lies weiter bei **1044***

291 Vorsichtig näherst du dich dem Haus, in dem der Fremde verschwunden ist. Die hellblaue Farbe an der Fassade ist verblasst, die Fensterrahmen spröde. Die Tür ist in einem alten Holztor eingelassen und macht einen massiven Eindruck. Im oberen Teil des Türblattes gibt es eine kleine, vergitterte Klappe. Das Holz ist von Furchen überzogen, sodass es dich an eine alte, vernarbte Haut erinnert. Abgebrochene Fingernägel stecken im narbigen Holz.
Am schauerlichsten sind jedoch die Zähne, die sich tief hinein gegraben haben oder Haarbüschel, die wie kleine Wimpel an den herausstehenden Splittern hängen. Vor dem Eingang liegt ein glimmender Zigarettenstummel.
*Wenn du an die Tür klopfst: Lies weiter bei **368***
*Wenn du weitergehst: Lies weiter bei **439***

292 Du packst das Mädchen bei den Haaren, ziehst sie herum, bevor sich ihr weit geöffneter Mund auf dein Gesicht senkt. Stinkender Speichel tropft dir auf die Haut. Mit einem Knien auf ihrem Brustkorb hältst du sie unten. Sie strampelt, zappelt, faucht, während du ihren Kopf packst und solange auf das Gleis schlägst, bis er platzt.
Schwer atmend wälzt du dich von dem still daliegenden Mädchen und versuchst, zu Besinnung zu kommen. Der Kampf ist vorbei, das Kind ist tot. Für immer.

*Du darfst **KON** und **AUS** auf **1** setzen, sofern diese **0** sind. Dein **GLK** sinkt auf **0**.*
*Lies weiter bei **249***

293

Einer der Hunde bemerkt deine Anwesenheit. Die Nase in den Wind gestreckt, kläfft er heiser und entblößt sein starkes Gebiss, mit dem du sicher keine Bekanntschaft schließen willst. Binnen eines Augenblicks hast du die Aufmerksamkeit des gesamten Rudels.

Hunde sind in diesen Tagen eine üble Sache, besonders in dieser Gewichtsklasse. Sie ernähren sich von Leichen und Zombies gleichermaßen. Da kommt ihnen ein Lebender gerade recht. Noch taxieren sie dich nur.

*Wenn du unbeeindruckt an ihnen vorbei Richtung Westen gehst: Lies weiter bei **533***

*Wenn du dich langsam umdrehst und zurück zur Kreuzung gehst: Lies weiter bei **323***

294

Du betätigst den Knopf auf der Taschenlampe, doch sie flammt nicht auf. Erst, nachdem du einige Male an ihr gerüttelt hast, erstrahlt ein trüber, gelblicher Lichtkegel. Du durchquerst den Eingangsbereich, steigst über eine umgeworfene Krankenliege und betrittst den eigentlichen Hallenbereich. Der Lichtkegel fährt zitternd durch den Raum und offenbart dir ein Chaos ohnegleichen. Einige Oberlichter sind zerstört, vermutlich von den Kugeln der Soldaten durchlöchert. Wasser tropft durch die Öffnungen und bildet auf dem Boden schillernde Pfützen, in denen schwammig bepilzte Leichen liegen, deren Körper derart verrottet sind, das sie sich nicht mehr erheben können.

Hinten gibt es Türen, die man mit schweren Ketten gesichert und mit Brettern vernagelt hat. *Nicht öffnen* leuchtet dir in dicken, roten Lettern entgegen.

Anfangs hatte man die Halle wohl mit verschiebbaren Stellwänden in kleinere Bereiche unterteilt. Jetzt zeigt sich dir ein wilder Wust aus umgestürzten und zerrissenen Wänden. Dazwischen stehen oder liegen Krankenliegen. Auf dem Boden ein Durcheinander aus Bettzeug, Kleidung, aufgerissenen Verbandspäckchen, leeren Infusionsbeuteln. Der Lichtstrahl tastet sich langsam durch die Halle. Konzentriert versuchst du, zu erkennen, ob es hier etwas für dich zu holen gibt.

*Führe eine Probe auf **WAH** durch.*
*Die Probe ist geglückt: Lies weiter bei **564***
*Die Probe ist misslungen: Lies weiter bei **354***
*Wenn du die Halle verlässt, ohne eine Probe durchzuführen: Lies weiter bei **266***

295 Nachdem du die Zombie-Kellnerin erledigt hast, beugst du dich zur Scheibe, um zu sehen, wer oder was sich dahinter verbirgt. Erstaunt stellst du fest, dass es ein Mädchen von etwa neun oder zehn Jahren ist, dessen tränennasses Gesicht voller Hoffnung deiner nächsten Handlung entgegenfiebert.
»Bitte, nehmen Sie mich mit, ich heiße Marie … ich weiß nicht mehr, wo meine Eltern sind, was die Stinkemenschen mit ihnen gemacht haben!«
*»Wann hast du denn deine Eltern das letzte Mal gesehen?« Lies weiter bei **415***
*»Geh von der Scheibe weg, ich schlage sie ein, damit du raus kannst!« Lies weiter bei **445***
*»Bist du gesund, wurdest du von einem dieser … Stinkemenschen gebissen?« Lies weiter bei **296***
*»Bleib im Auto. Ich hole Hilfe und komme bald wieder!« Lies weiter bei **596***

296 »Aber nein. Draußen haben die Eltern auf mich aufgepasst. Papa hat die Stinkemenschen fern gehalten. Nach dem Unfall haben sie mich im Auto zurückgelassen und eingeschlossen! Sie wollten mich holen, nachdem sie sich den Weg freigekämpft hatten!«
*»Und deine Eltern gehören zu den Leuten dieser Anstalt?« Lies weiter bei **416***
*»Geh von der Scheibe weg, ich schlage sie ein, damit du raus kannst!« Lies weiter bei **445***
*»Bleib im Auto. Ich hole Hilfe und komme bald wieder!« Lies weiter bei **596***

297 Es ist dir unangenehm, zwischen den nahtlos zusammengefügten Reihenhäusern entlangzugehen. Die Fensterhöhlen starren dich an wie finstere Augen, hinter denen sich alles verbergen kann.

Endlich stößt du auf die quer verlaufende Hafenstraße. Gegenüber stehen die neumodischen, würfelförmigen und mehrgeschossigen Eigenheime gut betuchter Menschen, dahinter erstreckt sich der Jachthafen. Die Hafenstraße führt in südlicher Richtung weiter zur Innenstadt. Du erkennst im Zwielicht die Umrisse des Doms.

Als du nach links blickst, durchfährt dich ein kalter Schauer. Dort wälzt sich eine Flut aus toten Leibern Richtung Norden. Du hörst ihr Grunzen, ihr stöhnendes Jammern, riechst ihren käsigen Gestank.

*Wenn du nach Süden gehst: Lies weiter bei **344***

*Wenn du umkehrst und nach Westen gehst: Lies weiter bei **518***

298 Du legst alles in diesen einen Sprung. Wenn du jetzt keinen Fehler machst, kannst du ihrem gierigen Griff entkommen.

*Führe eine Probe auf **GES** durch und ziehe **2W6** vom Ergebnis ab.*

*Wenn die Probe gelingt Lies weiter bei **508***

*Wenn die Probe misslingt Lies weiter bei **1016***

299 Du beißt die Zähne zusammen, stemmst dich mit dem Fuß an den Bus und legst dich mit aller dir zur Verfügung stehenden Kraft ins Zeug. Doch der Griff der Monster ist eisenhart. Wie Hunde rucken sie an deinem Werkzeug.

Du verlierst deinen Halt und gibst nur einen Moment dem Zerren der Bestien nach, taumelst nach vorne und krachst gegen die Tür des Busses. Um nicht zu stürzen, lässt du dein Werkzeug los und hältst du dich im Reflex am geöffneten Spalt fest. Sofort schließen sich käsig-schmierige Finger um deine Hand.

Streiche das verlorene Werkzeug von deinem Charakterblatt.

*Lies weiter bei **500***

300 Du fixierst das nächste Wagendach, duckst dich, spannst deinen Körper und springst. Noch sind die Hände nicht oben, können dich nicht packen. Dennoch bist du dir der Gefahr des Scheiterns bewusst.

*Führe eine Probe auf **GES** durch und ziehe **2W6** vom Ergebnis ab.*
*Wenn die Probe gelingt: Lies weiter bei **540***
*Wenn die Probe misslingt: Lies weiter bei **1016***

301 Bevor der schnappende Schädel deine Füße erreicht, ziehst du dich auf die Theke und darüber hinweg. Umgeben von einem ekelerregenden Gestank stürmst du ins Freie, weg von diesem unbeschreiblichen Grauen. Nicht auszumalen, was geschehen wäre, wenn dir die Fratze in den Fuß gebissen hätte oder du gestürzt wärst.
*Lies weiter bei **372***

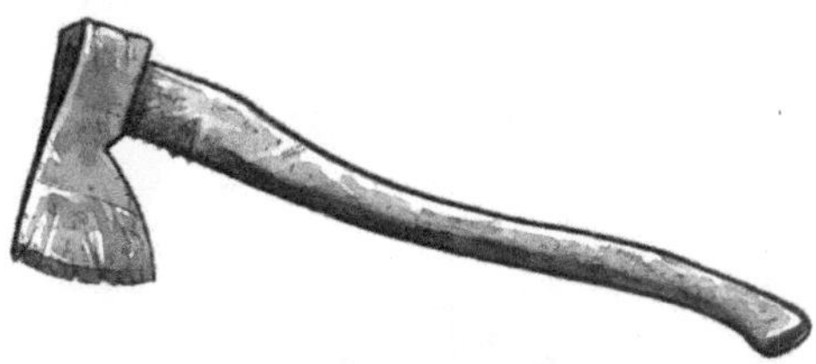

302 Die von Kirchenbänken umgebene Feuerstelle ist das reinste Chaos. Auch hier liegen Patronenhülsen. Es erscheint dir, als wäre dies die letzte Bastion gewesen. Die Asche ist feucht und klebrig wie die Kleidungsstücke, die überall verstreut daliegen. Das hier muss weit vor dem Fall deiner Zuflucht passiert sein. Auf einer der Bänke liegt eine aufgeweichte Pappschachtel, in der sich drei kleine Kerzen (3x k) für den Bittaltar befinden. Daneben liegt eine Art Flugblatt. Um es zu lesen, brauchst du eine Lichtquelle.

(Wenn du ein Feuerzeug besitzt, könntest du damit eine der kleinen Kerzen anzünden, um diese als Lichtquelle zu nutzen!)
*Wenn du eine Lichtquelle hast: Lies weiter bei **514***
*Wenn du keine Lichtquelle hast: Lies weiter bei **394***

303 Voller Wut stapfst du zu dem Kleinwagen. Die größte Gefahr stellt im Moment der Zombie dar, der an der Tür des Wagens rüttelt. Die hoffnungsvoll-panischen Schreie aus dem Innern spornen dich an, bringen dein Blut in Wallung. Hier ist ein Mensch, der gerettet werden muss!
*Lies weiter bei **577***

304 Abgesehen von altem, zerknülltem Zeitungspapier und schmutzigen Socken findest du in dem dunklen Haufen nichts von Bedeutung.

Du darfst in der Kathedrale nur Punkte besuchen, bei denen du noch nicht warst!
*Wenn du die linke Tür öffnest: Lies weiter bei **452***
*Wenn du zur Feuerstelle gehst: Lies weiter bei **302***
*Wenn du zu den Bittkerzen gehst: Lies weiter bei **602***
*Wenn du die Kathedrale verlässt, um zur Hauptstraße zu gehen: Lies weiter bei **470***
*Wenn du die Kathedrale verlässt, um zur Pfaffengasse zu gehen: Lies weiter bei **440***

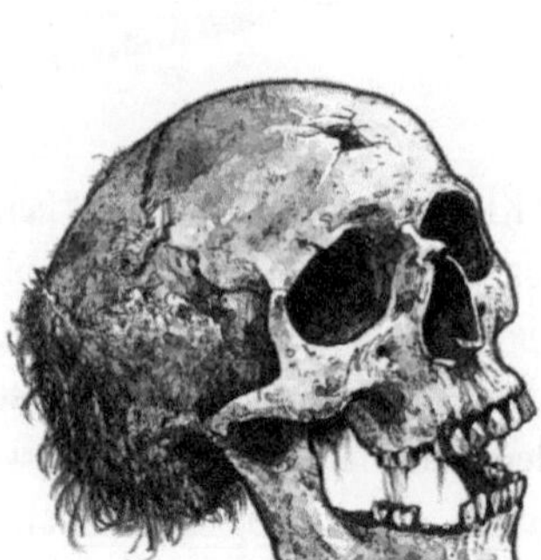

305 Der Regen prasselt erbarmungslos auf dich nieder, während du der Straße Richtung Stadt *nach Süden* folgst. Dein Atem dampft, bildet kleine, weiße Wölkchen. Du schätzt, dass es noch eine Stunde hell sein wird. Unter normalen Umständen wäre dies genügend Zeit, um ins Stadtinnere und somit zum *Asylum* zu

gelangen. Aber mit den Toten hat sich alles verändert. Links von dir zieht sich der große Damm, der die tiefer gelegenen Stadtviertel davor bewahrt, vom Wasser des Flusses verschlungen zu werden. Apropos verschlungen. Von den Toten ist nichts zu sehen. Es scheint, als hätte sie der starke Regen davongespült. Ein schöner Gedanke.
Dein Weg führt dich an alten Stadthäusern vorbei, an einer Holzhandlung, einigen kleineren Firmen. Hier und da stehen verlassene Fahrzeuge mit offenen Türen auf der Fahrbahn. Eins ist ausgebrannt. Schnell gehst du weiter, magst nicht die verbrannten Fratzen der Leichen sehen, die drinnen sitzen.
*Lies weiter bei **545***

306 Das geschmiedete Gitter ist kalt und feucht. Dahinter die stockfinstere Gruft. Ohne Lichtquelle hinabzusteigen wäre der pure Wahnsinn. Du würdest dich in den finsteren Gängen hoffnungslos verlaufen, ganz zu schweigen von den Gefahren, die dort unten zweifellos auf dich lauern.

(Wenn du ein Feuerzeug und Kerzen besitzt, könntest du diese anzünden und als Lichtquelle nutzen!)
*Wenn du **ohne** Lichtquelle nach unten gehst: Lies weiter bei **336***
*Wenn du **mit** Lichtquelle nach unten gehst: Lies weiter bei **576***
*Wenn du noch nicht bei der Feuerstelle warst und du diese nun untersuchen möchtest: Lies weiter bei **302***
*Wenn du noch nicht bei den Beichtstühlen warst und du diese nun untersuchen möchtest: Lies weiter bei **481***
*Wenn du die Kathedrale verlässt, um zur Hauptstraße zu gehen: Lies weiter bei **470***
*Wenn du die Kathedrale verlässt, um zur Pfaffengasse zu gehen: Lies weiter bei **440***

307 … kannst du im letzten Moment festhalten, auch, wenn du hart auf dem Boden aufschlägst und vor Schmerz laut aufschreist. Mit dem Haufen geht eine Veränderung vor sich. Es ist ein Schmatzen und Rutschen, das dir einen Schauer über den Rücken jagt. Er entwickelt ein Eigenleben, als die Leichen aus einem todesähnlichen

Schlaf erwachen und dir ihre faulig-kahlen Schädel zuwenden. Schon stehen die ersten auf, öffnen ihre Mäuler zu einem bösen Röcheln … Hier unten gibt es nur den Tod. Du rappelst dich auf und wendest dich zur Flucht!
*Lies weiter bei **607***

308 Deine harten Faustschläge schicken das Mädchen zu Boden, bevor sie dir gefährlich werden kann. Ohne zu Zögern setzt du dich auf ihren Oberkörper und schlägst ihr ins Gesicht, bis es sich unterhalb der Augen in schmatzenden Brei verwandelt hat. Deine Schreie klingen wie die eines Wahnsinnigen, als du sie bei den Ohren packst und ihren Kopf auf die Gleise schlägst, bis er platzt. Blut rauscht dir in den Ohren. Der Kampf ist vorüber. Du hast gewonnen und das ist das Einzige, das zählt!
*Lies weiter bei **249***

309 Die Gasse erscheint dir wie eine enge Schlucht zwischen zwei sehr hohen, fensterlosen Stadthäusern. Wenn du die Arme ausstreckst, berührst du die Wände zu beiden Seiten. Es ist ein schwacher Trost, dass sie in die richtige Richtung (nach Norden) führt. Hinter dir schwappt das Meer der Toten zähneknirschend zusammen. Und vor dir? Da bewegen sich Schatten im diesigen Nebel …
*Lies weiter bei **459***

310 Jetzt hängt alles weiter von der Wahl deiner Worte ab.
*»Ich brauche dringend medizinische Hilfe. Medikamente, Beruhigungsmittel sogar. Kann euch was abgeben, wenn ihr mir helft. Eine Hand wäscht die andere, ihr wisst schon!«: Lies weiter bei **603***
*»Ich bin auf der Suche nach einer Überlebenden, einer Polizistin. Paula ist ihr Name. Habt ihr von ihr gehört?«: Lies weiter bei **331***
*»Ich bin auf dem Weg zu dieser Nervenheilanstalt im Zentrum der Stadt. Könnt ihr mir sagen, welcher Weg der beste ist?«: Lies weiter bei **542***

311 Der Hund läuft schnurstracks nach rechts (Westen), als würde er den Weg kennen. Die Gasse ist gesäumt von kleinen Restaurants. Zerschlagene Tische und Stühle liegen an den

Häusern, dazwischen Gasbrenner zum Heizen der Gästetische, die wie groteske Pilze aus den Trümmern ragen. Nach wenigen Schritten zweigt eine Gasse nach links (Süden) ab. Dort gibt es einen Kellerabgang, in dem zu deiner Verwunderung Wasser rauscht.
Ein Krachen und Poltern im Gerümpel lässt dich herumfahren. Dort bahnen sich Tote ihren Weg. Auch vor dir wird es laut. Ein langgezogenes Krächzen lässt dir das Blut in den Adern gefrieren. Du hast keine andere Wahl und musst nach links in die Gasse, denn die Toten kommen schnell näher. Bist du am Ende in eine Falle gelaufen?
*Lies weiter bei **521***

312

Kaum, dass du über den Leichnam des Zombie-Bauarbeiters steigst, schälen sich taumelnde Körper vor dir aus dem Nebel. Der Hund ist kampfbereit und an deiner Seite, doch das könnt ihr unmöglich schaffen.
Gleich werden sie über euch herfallen! Ihr werdet in dieser Gasse sterben!
*Lies weiter bei **612***

313

Schwitzend erreichst du die bekannte Kreuzung. Du wischst dir mit dem Ärmel das Regenwasser vom Gesicht und siehst dich um. Der Ziegelofenweg führt nach rechts *Richtung Süden* durch ein Wohngebiet. Also in Richtung Stadt. Oder du gehst nach *Osten* zurück zum Fluss.
*Wenn du nach Süden gehst: Lies weiter bei **348***
*Wenn du nach Osten zurück zur Franz-Kirrmeier-Straße gehst: Lies weiter bei **515***

314

Der Gang verjüngt sich in ein Rohr von höchstens sechzig Zentimetern im Durchmesser. Hinter dir toben die Zombies durch die Gänge, Wasser platscht unter ihren Füßen. Ihr Gestöhne hallt wie fernes Donnergrollen. Die Brühe in der Röhre durchnässt deine Sachen, vom Gestank ganz zu schweigen. Kriechend erreichst du eine Verzweigung, an dem es geradeaus oder nach rechts weitergeht.
*Wenn du geradeaus kriechst: Lies weiter bei **244***
*Wenn du nach rechts kriechst: Lies weiter bei **234***

315 »Was ich meine, ist, das waren diese Typen aus der Nervenheilanstalt. Die tragen diese grauen Schutzanzüge von der Bundeswehr … Fünf oder sechs sind vorgestern hier vorbeigekommen … Wie gehen diesen Leuten aus dem Weg, sind mucksmäuschenstill, denn ich traue denen nicht. Solltest du ehrlich gesagt auch nicht!« Dann, nach einer schweigsamen Pause. »Die sind am gleichen Tag in die Innenstadt gezogen, hatten, wenn ich mich recht entsinne, 'ne Frau im Schlepptau. Nicht besonders groß, dunkelhaarig, auf 'ne gewisse Art kernig.«
Paula, schießt es dir durch den Kopf.
»Danke, das hilft mir echt weiter. Sag, wie komme ich am sichersten zu dieser Nervenheilanstalt?«: Lies weiter bei ***542***
»Alles klar, dann weiß ich Bescheid. Ich muss weiter. Passt auf euch auf, Leute!«: Lies weiter bei ***439***
»Die Frau, ging die freiwillig mit denen? War sie verletzt? Sag mir was, Mann, bitte!«: Lies weiter bei ***506***

316 Während der Hund auf das erste Autodach klettert, siehst du dich in der verlassenen Gasse um, ob du etwas anderes findest, um die Grube zu überqueren.

 *Führe eine Probe auf* ***WAH*** *durch!*
Wenn die Probe gelingt: *Lies weiter bei* ***405***
Wenn die Probe misslingt: *Lies weiter bei* ***465***

317 Du schwankst und ruderst mit den Armen, deine Füße verlieren den Halt. In Zeitlupe kippst du der kreischenden Meute entgegen. Stagediving in seiner finalen Variante. Nur, dass die aufgerissenen Münder nicht lachten, sondern begierig ihre Zähne in dein Fleisch schlagen.
Lies weiter bei ***1014***

318 Im Aufenthaltsraum stinkt es nach alten Socken und kaltem Zigarettenrauch. Jenseits des Fensters in der rückwärtigen Wand erstreckt sich ein Werksgelände, auf dem Müllcontainer und Tankfahrzeuge parken. Der Boden ist mit großen Pfützen bedeckt.

Am anderen Ende des Areals siehst du eine schmale Straße. Im Aufenthaltsraum stehen Metallschränke, in denen schmutzige Arbeitsoveralls (g) hängen. Du findest Arbeitsschuhe (m), die dir leidlich passen. Auf dem Tisch liegt ein zerfleddertes Automagazin (k), daneben ein voller Aschenbecher (k) und ein Päckchen Zündhölzer (k).

*Wenn du **nicht** im Büro warst und es jetzt durchsuchen möchtest: Lies weiter bei **502***

*Wenn du zu den Wohnmobilen möchtest: Lies weiter bei **492***

*Wenn du das Gelände verlässt, um auf der Straße nach Süden zu gehen: Lies weiter bei **421***

*Wenn du das Fenster öffnest und aus dem Gebäude kletterst: Lies weiter bei **377***

319 Ihr überquert den weitläufigen Platz vor dem Dom, lasst die Scheiterhaufen und das Grauen, das an der Front der Kirche baumelt, zurück. Vor euch öffnet sich die breite Hauptstraße. Hier stehen kaum Fahrzeuge, Dreck und Müll gibt es dagegen zuhauf. Nass klebt Papier auf dem Kopfsteinpflaster. Die Fenster der Polizeiwache zur Linken sind zersplittert. Dahinter nichts als gähnende Schwärze.

Im Dunst vor euch erkennst du die schemenhaften Umrisse der Buden des Weihnachtsmarktes, erinnerst dich an fröhlich glänzende Kinderaugen, an glühweinseelige Abende zusammen mit Freunden. An den Duft von Weihnachten, Lebkuchen und Gebäck. Ein Seufzen an deiner Seite lässt dich vermuten, das Marie ähnliche Gedanken durch den Kopf gehen. »In der Mitte, am großen Brunnen, dort gibt es ein Karussell. Papa und Mama haben Glühwein getrunken und Bratwürste gegessen, während ich auf dem schwarzen Pferd saß. Es musste stets das schwarze Pferd sein«, erzählt dir das Kind traurig. »Ob es noch dort ist?«

Jetzt liegt über alldem Dunkelheit und ein Gestank, an den du dich schon allzu sehr gewöhnt hast.

*Lies weiter bei **367***

320 Du stemmst dich gegen den eisernen Griff, der deinen Arm in den Bus ziehen will, mobilisierst alle Kraft. Es fühlt sich an, als würdest du in flüssige Seife greifen. Du kommst frei, taumelst nach hinten, während die Toten von innen gegen die Scheiben des Busses trommeln. Deine Hand ist bedeckt mit etwas, das aussieht wie käsige Haut.

Du hattest Kontakt mit einem Zombie. Reduziere deinen ***IW*** *um* ***1W6*** *(IW <20 gehe zu 1018)*
Wenn du nach Süden der Löwengasse folgst: Lies weiter bei ***604***
Wenn du zurück zum Grünen Winkel gehst: Lies weiter bei ***558***

321 Marie legt einen Finger auf die Lippen. »Jetzt müssen wir leise sein.«
Auf dem Parkplatz stehen eine Menge Autos. Transparente liegen zertreten im Dreck. Floskeln, die sich um Verschwörungstheorien und Lügenpresse drehen. Sie stammen von den ersten Tagen und sind heute kaum mehr wert, als das Papier, auf dem sie stehen. Der Weg führt nach oben. Dort gelangst du zur roten Sandsteinwand der Kathedrale, die sich wie eine Trutzburg über dir erhebt. Sie wird die Katastrophe überdauern, ob mit, oder ohne Menschen.
Ein Lastwagen voller schwarzer Säcke bietet dir Deckung. Es tropft faulig stinkend aus seinem Innern.
»Die würde ich nicht anfassen«, flüstert sie, »da sind tote Stinkemenschen drin!«
Lies weiter bei ***381***

322 Du suchst unter dem Armaturenbrett, im Handschuhfach, hinter der Sonnenblende und sogar unter den Vordersitzen nach einem Ausschalter der Alarmanlage, findest aber nichts. Selbst, nachdem du ein Bündel Kabel unter dem Lenkrad herausreißt, verstummt die Hupe nicht.
Wenn du das Wohnmobil durchsuchst: Lies weiter bei ***442***
Wenn du in die Wellblechhalle gehst: Lies weiter bei ***522***
Wenn du das Gelände verlässt, um der Straße Richtung Süden zu folgen: Lies weiter bei ***476***

323 Erst hat es den Anschein, als würden dir die Hunde folgen, doch nach wenigen Schritten überlegen sie es sich anders und trotten zum Sportplatz zurück. An der Kreuzung hat sich unterdessen nichts verändert. Einsam und verlassen liegt sie da und stellt dich erneut vor die Wahl.

*Wenn du nach Westen zum Schulzentrum gehst, das in den ersten Tagen als Behelfskrankenhaus diente: Lies weiter bei **556***

*Wenn du nach Süden dem Ziegelofenweg ins Zentrum folgst: Lies weiter bei **348***

*Wenn du nach Osten zurück zur Franz-Kirrmeier-Straße gehst: Lies weiter bei **515***

324

Im Eingangsbereich stößt du dir die Schienbeine an einer umgestürzten Krankenliege an und stürzt hart zu Boden. Auf Knien sitzend versuchst du, in dem gähnenden schwarzen Rechteck, das der Halleneingang ist, etwas zu erkennen. Oberlichter heben sich als graue Rechtecke in der Decke ab. Zwischen dem steten Tropfen von Wasser, das durch Öffnungen der Decke tropft, ertönt das Klirren schwerer Ketten.

*Wenn du dich umdrehst und die Halle verlässt: Lies weiter bei **266***

*Wenn du weiter in die Halle vordringst: Lies weiter bei **434***

325

Dankbar nimmt das Mädchen deine Hilfe an und klettert über die Scherben nach draußen. Sie ist leicht und riecht nicht besonders gut. Dennoch ist es ein großes Gefühl, ein lebendiges Kind in den Armen zu halten, das dir nicht die Zähne in den Hals schlagen will.

*Erhöhe deine **MEN** permanent um einen Punkt.*

*Lies weiter bei **355***

326

Die Straße folgt einer sanften Kurve nach Süden. Feuchtigkeit benetzt in feinen Tröpfchen dein Gesicht. Fahrzeuge blockieren in wildem Durcheinander die Fahrbahn. Die meisten umgehst du, doch einige stehen so dicht beieinander, dass du sie überklettern musst. Nach einem kurzen Wegstück geht nach rechts (Westen) eine Gasse ab. Dort stehen die alten Häuser eng. Die Straße nach Süden ist offener. Hinter den modernen Gebäuden zu deiner Linken muss der

Fluss sein, zumindest aber das alte Hafenbecken, das du an lichteren Tagen schon gesehen hast.
Aus der Gasse dringen Geräusche, als wenn Fingernägel über Metall schrammen oder als würde jemand an einem Auto rütteln. Ein raues Fauchen treibt deinen Herzschlag nach oben. Zwischen all den Lauten glaubst du, eine leise Stimme zu hören, die um Hilfe ruft.
Wenn du dem Schillerweg nach Süden folgst: Lies weiter bei ***527***
Wenn du nach Westen in die Gasse gehst: Lies weiter bei ***356***

Oder du machst eine Probe auf ***WAH****, um zu lauschen:*
Wenn die Probe gelingt: Lies weiter bei ***427***
Wenn die Probe misslingt, dann entscheide dich für einen der beiden möglichen Wege.

327 Du hörst das Rauschen des Baches, der parallel zu der Straße verläuft, die zum alten Hafen führt. Heute ankern dort die Jachten der Reichen. Du passierst die Hochwassersperre. Zur Linken gluckst brackiges Wasser im Hafenbecken. Geradeaus endet die Straße am Rhein. Von dort kommen Geräusche. Ab und an das Klirren einer Kette. Das Rascheln feuchter Folie. Du siehst nur wenige Meter weit, alles andere entzieht sich dir in Finsternis.
Wenn du weiter dem Weg zum Hafenbecken folgst: Lies weiter bei ***561***
Wenn du zurück zur Straße gehst, um dem Schillerweg nach Süden zu folgen lies weiter bei ***477***

328 Schweiß läuft dir in kleinen Rinnsalen den Rücken hinab. Geführt von deinem schwachen Licht erreichst du die rückseitige Wand der Turnhalle, dort, wo sich die Zugänge zu den Umkleideräumen befinden. Schwere Eisenketten versperren dir hier den Zugang. Eine Tür ist sogar mit Brettern vernagelt.
Man wollte wohl sicher gehen, dass niemand die dahinterliegenden Räume betritt, oder, was wahrscheinlicher ist, dass das, was sich darin verbirgt, nicht herauskommt.
Die Tür mit der Kette steht einen Spaltbreit offen. Du gehst in die Knie und spähst durch den schmalen Spalt.
Lies weiter bei ***509***

329 »Die sind lang fort, über eine Woche schon. Aber sie haben mir zu Essen da gelassen und gesagt, dass sie wiederkommen oder jemanden schicken, der mich zu der Anstalt in der Innenstadt mitnimmt, denn dort ist es sicher!«
Du bist dir sicher, dass mit der Anstalt in der Innenstadt das Death Asylum gemeint ist. Dein Blick heftet sich für einen Moment auf die Zombie-Kellnerin, die gerade durchdreht. Ihre Haut zeigt an den Beinen Risse, durch die gelblicher Schleim tropft.
»Und deine Eltern gehören zu den Leuten dieser Anstalt?« Lies weiter bei ***565***
»Geh von der Scheibe weg, ich schlage sie ein, damit du raus kannst!« Lies weiter bei ***614***
»Bist du gesund, wurdest du von einem dieser … Stinkemenschen gebissen?« Lies weiter bei ***419***
»Bleib im Auto. Ich hole Hilfe und komme bald wieder!« Lies weiter bei ***595***

330 Du fixierst das nächste Wagendach, duckst dich, spannst deinen Körper und springst. Die fauligen Hände recken sich dir ekstatisch entgegen.
Das wird verdammt knapp.

Führe eine Probe auf ***GES*** *durch und addiere* ***2W6*** *auf das Ergebnis.*
Wenn die Probe gelingt Lies weiter bei ***540***
Wenn die Probe misslingt Lies weiter bei ***1016***

331 »Paula? ’Ne Freundin von dir? Also …«, der Typ schien zu überlegen, »‘ne einzelne Frau wäre uns aufgefallen, allerdings waren ’ne Menge Leute nach Norden unterwegs.«
»Alles klar, wär auch ein recht großer Zufall gewesen. Sag mal, kennt ihr ’nen sicheren Weg in die Innenstadt zu dieser Nervenheilanstalt?«: Lies weiter bei ***542***
»Kein Problem, Leute, ich geh mal weiter.« : Lies weiter bei ***439***
»Nach Norden, also raus aus der Stadt? Was für Leute waren das, hm? Wie sahen die aus? Hatten die Waffen? Ist verdammt wichtig für mich, das zu wissen …«: Lies weiter bei ***532***

332 In dem Gotteshaus herrscht eine gespenstische Atmosphäre. Unter euren Füßen knirscht Dreck. Die Beichtstühle haben die Form großer Schränke. Drei Stück sind es insgesamt. Während die zwei zur Linken offenstehen und dir der Gestank verrät, dass sie als Toiletten missbraucht wurden, scheint der zur Rechten intakt zu sein. Dessen Türen sind geschlossen.

Wenn ihr zum Beichtstuhl geht und die linke Tür öffnet: Lies weiter bei ***333***
Wenn ihr zum Beichtstuhl geht und die rechte Tür öffnet: Lies weiter bei ***543***
Wenn ihr zur Feuerstelle geht: Lies weiter bei ***572***
Wenn ihr zu den Bittkerzen geht: Lies weiter bei ***362***
Wenn ihr die Kathedrale verlasst, um zur Hauptstraße zu gehen: Lies weiter bei ***319***
Wenn ihr die Kathedrale verlasst, um zur Pfaffengasse zu gehen: Lies weiter bei ***559***

333 Knarzend öffnest du die linke Tür des Beichtstuhls. Hier sitzen normalerweise die Gläubigen, um ihr Gewissen zu erleichtern. Zu deiner Überraschung lagert darin zusammengelegte und sauber gestapelte Kleidung. Es sind sogar Unterwäsche, Socken, ein Kapuzenpulli und eine Hose dabei, die dir halbwegs passen. Sogar für die kleine Marie lassen sich frische Sachen finden, die sie dankbar annimmt.

Wenn du das angebotene Outfit oder Teile davon als Kleidung tragen möchtest, notiere das auf deinem Charakterblatt.

Hast du einen der aufgeführten Punkte in der Kathedrale schon besucht, wirst du dort nichts mehr finden
Wenn du die rechte Tür öffnest: Lies weiter bei ***543***
Wenn ihr zur Feuerstelle geht: Lies weiter bei ***572***
Wenn ihr zu den Bittkerzen geht: Lies weiter bei ***362***
Wenn ihr die Kathedrale verlasst, um zur Hauptstraße zu gehen: Lies weiter bei ***319***
Wenn ihr die Kathedrale verlasst, um zur Pfaffengasse zu gehen: Lies weiter bei ***559***

334 Der Kampf ist hart und dennoch erledigst du den Banker, zertrümmerst seinen Schädel mit verbissener Wut. Von deinen Fäusten tropft Blut. Doch dein Überlebenswille gibt dir schier unerschöpfliche Kraft. Du steigst über den Leichnam und stellst dich der nächsten Herausforderung, während sich hinter dir die Reihen der Toten schließen. Es gibt kein Zurück mehr.

Als die tote Polizistin ihren skalpierten Schädel hebt und dich mit unverhohlener Bosheit angrinst, denkst du geschockt an Paula. Du stürzt dich mit einem wilden Aufschrei dem stinkenden Monster entgegen.

Führe den Kampf nach den Regeln durch!

Archetyp	KON	AUS	Waffe	WS
Tote Polizistin	*7*	*6*	*Zähne und Klauen*	*1*

Reduziere deinen ***IW*** *um* ***2W6*** *(IW < 20 gehe zu 1018)*

Wenn du gewinnst: Lies weiter bei ***466***

Wenn du verlierst: Lies weiter bei ***1017***

335 Du gehst auf der Straßenmitte, möglichst weit weg von den dunklen Fenstern, die dich wie düstere Augen anstarren. Hinter den Vorhängen könnte sich alles verbergen. Tote wie Lebende. Das Gefühl, beobachtet zu werden, nimmt zu. Du musst verhindern, dass es die Kontrolle über dein Denken übernimmt.

Rechts erheben sich die schwarzen Mauerreste eines Wohnblocks faulen Zähnen gleich in den dunklen Himmel. Schon in den ersten Tagen ist es niedergebrannt, angezündet von einem wütenden Mob, weil eine Familie in dem Haus ein krankes Kind hatte. Der Regen wird stärker, will das Übel vom Asphalt waschen. Vor dir schälen sich Bahngleise aus dem Dunst, von wildem Buschwerk umgeben. Du stockst. Steht da eine Gestalt auf den Gleisen? Eine kleine, schmale Gestalt? Etwa ein Kind? Du siehst genauer hin. Dort steht ein kleines Mädchen in einem schmutzigen Kleid auf dem Bahnübergang. Sie hält eine Puppe in der Hand. Ein trauriges Bild aus Zeiten eines verlorenen Krieges. Um auf direktem Weg in die Stadt zu kommen, musst du die Gleise überqueren.

Wenn du weiter auf das Mädchen zugehst: Lies weiter bei ***365***

Wenn du zurück zur Franz-Kirrmeier-Straße gehst: Lies weiter bei ***485***

336

Schon am Fuß der Treppe umfängt dich undurchdringliche Dunkelheit. Etwas auf dem Boden bringt dich zu Fall, du stürzt hart auf den rutschigen Steinboden. Orientierungslos tastest du in der Finsternis herum, findest das, was dich stürzen ließ: Das nackte, haarige Bein eines Menschen!

Dem nicht genug, fängt das Bein an zu zucken. Ein dumpfes Röcheln ertönt und hallte von den Wänden wider. Das treibt dich hoch. Du stolperst blindlings weiter, schlägst dir die Nase an einem Sandsteinpfeiler blutig. Die Geräusche des Toten scheint von überall zu kommen. Gelingt es dir, dich auf das Geräusch zu konzentrieren, um herauszufinden, wo es her kommt?

Führe eine Probe auf ***WAH*** *durch!*

Wenn die Probe gelingt: Lies weiter bei ***366***

Wenn die Probe misslingt: Lies weiter bei ***546***

337

Der Kampf hat dich viel Kraft gekostet, aber der Drecksack wird dir jetzt nicht mehr gefährlich werden. Die wilde Horde ist dir auf den Fersen. Du versuchst, das Gitter zu schließen, doch sie drängen hinter dir her, stoßen es auf, sodass es laut gegen die Wand kracht. Du schaffst es die Stufen hinauf ins Kirchenschiff, durchquerst die geschmiedete Gittertür, welche die finstere Krypta von der Kirche trennt, und schlägst diese hinter dir zu. Kaum die Stufen zum Kirchenschiff erklommen, erwartet dich bereits die nächste Überraschung!

Lies weiter bei ***611***

338 Du beschreibst Paula und spürst die Angst der Frau. Offensichtlich misstraut sie dir. Fragen drängen sich auf. Ist sie allein? Klingt da Verzweiflung in ihren Worten?
»Also deine Freundin, Paula, weiß ja nicht, wie die aussieht, aber hab' von anderen gehört, dass bei denen die Leute der Anstalt vorbeigekommen sind. Weißt schon, dieser Irrenanstalt im Zentrum der Stadt.«
*»Okay. Und meine Freundin war bei denen?«: Lies weiter bei **380***
*»Und die sind Richtung Innenstadt gelaufen? Kennst du den Weg und kannst ihn mir beschreiben?«: Lies weiter bei **279***

339 Die Gasse erscheint euch als enger Schlund zwischen hohen, fensterlosen Häusern. Wenn du die Arme ausstreckst, berührst du zu beiden Seiten die Wände. Wenigstens führt sie in die richtige Richtung (nach Norden). Marie klammert sich ängstlich an deine Hand »Mag sein, das dieser Weg in die richtige Richtung führt, doch er wird uns in Verderben führen, ich kann das spüren ...«
Hinter euch schwappt das Meer der Toten zähneknirschend zusammen. Und vor euch? Da bewegen sich Schatten im diesigen Nebel …
*Lies weiter bei **580***

340 Die Wohnmobile sind jetzt rechts von dir, die Wellblechhalle links. Die Lackflächen der Fahrzeuge sind mit Schutzfolie beklebt. Alle sind von gleicher Bauart und haben die Größe eines VW-Busses. Ein Blick durch das Tor der Halle zeigt dir eine Werkstatt, in der die hier abgestellten Fahrzeuge zusammengebaut oder repariert wurden.
*Wenn du dir die Wohnmobile genauer anschaust: Lies weiter bei **472***
*Wenn du die Halle betrittst: Lies weiter bei **382***
*Wenn du das Grundstück verlässt und weiter Richtung Süden gehst: Lies weiter bei **421***

341 Das Gitter vor dem Abgang stellt kein großes Hindernis dar. Der Hund springt darüber und läuft die Stufen hinab. Die Treppen sind aus Sandstein und verdammt rutschig. Unten geht es durch einen gewölbeförmigen Durchgang nach rechts (Westen) oder links (Osten). In dem Gewölbe bewegst du dich leicht geduckt auf einem schmalen Sims seitlich des rauschenden Wasserlaufes. Die Umgebung ist kalt und stockdunkel. In der Gasse treffen derweil die Wogen der Zombies aufeinander. Das Gitter wird sie nicht lang aufhalten. Der Hund kläfft kurz und verschwindet im rechten Tunnel.

Ab hier geht es nur mit Licht weiter. Sollte deine Lichtquelle versagen, kannst du dich natürlich an der Wand entlangtasten, aber das birgt ein unkalkulierbares Risiko.
Wenn du keine Lichtquelle besitzt, musst du bei ***257*** *weiterlesen!*
Wenn du mit Licht nach rechts gehst: Lies weiter bei ***523***
Wenn du mit Licht nach links gehst: Lies weiter bei ***343***

342 Der Lack des grünen Busses ist zerkratzt, hinter den vergitterten Scheiben herrscht Finsternis. Er hat sich mit weiteren Fahrzeugen in der Gasse verkeilt. Sie türmen sich vor dir auf wie ein Bollwerk, hinter dem alles lauern könnte. Die vordere Falttür steht einen Spaltbreit offen, breit genug, um mit den Fingern oder einem Werkzeug hindurch zu fassen, um sie aufzustemmen.
Wenn du deine Finger in den Spalt steckst, um ihn aufzudrücken: Lies weiter bei ***288***
Wenn du einen geeigneten Gegenstand (Schaufel, Brechstange, eiserner Haken, Schaufel, abgebrochenes Stuhlbein) in den Spalt steckst, um ihn aufzustemmen: Lies weiter bei ***460***
Wenn du nach Süden in die Löwengasse gehst: Lies weiter bei ***604***
Wenn du umkehrst und zurück zum Grünen Winkel gehst: Lies weiter bei ***558***

343 Hier unten stinkt es wie in einer Klärgrube. Es kommt nicht von der Brühe, es sickert aus den Steinen des Tunnels, treibt dir Tränen in die Augen. Du erreichst eine Abzweigung, an der es nach rechts und geradeaus weiter geht. Der Hund ist dir nicht gefolgt. Hinter dir hörst du ein lautes Platschen. Dir ist klar, deine stinkenden Verfolger sind in den Tunnel vorgedrungen. Ein hohles Röcheln hallt zur Bestätigung durch die Dunkelheit.
Wenn du geradeaus weiter gehst: Lies weiter bei ***584***
Wenn du nach rechts gehst: Lies weiter bei ***314***

344 Die diesige Dunkelheit schränkt dein Sichtfeld ein. Was weiter als fünf, sechs Meter entfernt liegt, wird zu einem dunklen Schemen im Nebel. Er dämpft die Geräusche, das Knacken, Tropfen, das Geheul herrenloser Hunde. Manchmal blickst du zurück, doch umzukehren ergibt keinen Sinn, denn wohin solltest du gehen, wenn nicht in die verheißungsvolle neue Zuflucht des Death Asylum. Es ist deine einzige Hoffnung, Paula wiederzufinden. Du stößt auf den Schillerweg, der weiter nach Süden führt.
*Lies weiter bei **326***

345 An der Wand eines ausgebrannten Irish Pub lehnt eine alte Holzleiter. Sie ist lang genug, um über die Grube zu reichen. Aber hast du die Kraft, sie darüberzulegen, ohne dass sie dir entgleitet und in die Grube rutscht? Nicht, dass sie am Ende eine Leiter für die Zombies ist, damit die zu ihrem Festmahl gelangen können!

*Führe eine Probe auf **AUS** durch!*
*Wenn die Probe gelingt: Lies weiter bei **478***
*Wenn die Probe misslingt: Lies weiter bei **448***

346 Die Straße macht einen scharfen Knick und führt nun nach Süden. Dort triffst du auf eine Weggabelung, wo sie auf die schräg verlaufende Rheintorstraße stößt.
Nach rechts (Westen) scheint der Weg frei und ohne Hindernisse zu sein, doch zur Linken (Osten) spielen sich dramatische Szenen ab. Ein roter Kleinwagen hat mit der Schnauze eine Hauswand gerammt, dazwischen eingekeilt ein weiblicher Zombie. Sie trägt eine zerfetzte, vor Dreck starrende Kellnerinnenuniform. Ihr blondes Haar, einst zu einem Dutt hochgesteckt, hängt an einem feucht glänzenden Hautlappen an ihrem ausgemergelten Schädel herunter. Voller Wut fletscht sie die Zähne und kratzt mit ihren schwarz-fauligen Fingern an der Frontscheibe des Wagens.
Ein zweiter Zombie, anhand der zerrissenen Reste seiner Kleidung als Koch zu erkennen, zerrt mit ungebrochener Hingabe fauchend am Griff der Fahrertür. Bei seinen Bewegungen wankt die fleckige Kochmütze auf seinem fauligen Schädel wie das Fähnchen eines japanischen

Kriegers hin und her. Die Gasse ist erfüllt von einer Geruchsmixtur aus verdorbenem Fleisch und dünnflüssigen Fäkalien.
Helle Handflächen drücken sich von innen gegen die verschmierten Scheiben. Eine Stimme, schwach und leise, fleht dich durch den schmalen Schlitz einer der Fenster an. »Bitte, helfen Sie mir … Ich flehe Sie an, bitte, lassen Sie mich nicht zurück!«
Wenn du das Flehen ignorierst und nach Westen gehst: Lies weiter bei ***581***
Wenn du dich dazu entschließt, die Zombies anzugreifen, um zu helfen: Lies weiter bei ***303***

347

Nach der Brücke geht es durch eine schmale Altstadtgasse weiter zu einem größeren Platz: dem Holzmarkt. Oder besser das, was davon übrig ist. Inmitten des Platzes gähnt ein gewaltiger Krater, umgeben von ausgebrannten, demolierten Autowracks. Und der ist randvoll gefüllt mir stöhnenden Leibern, die wie Aale durch den aufgewühlten Schlamm am Grund des Loches rutschen. Es stinkt nach altem, verfaultem Fisch.
Gegenüber geht es nach links (Osten) in die Pistoreigasse. Um dort hinzugelangen musst du das Loch überqueren. Überspringen kannst du das Loch nicht. Am Rand des Kraters bilden die ausgebrannten Wracks jedoch ein rutschiges Spalier. Springend könntest du dort von Autodach zu Autodach gelangen, doch das Blech ist feucht und rutschig.
Wenn du den Weg über die Autos wählst: Lies weiter bei ***467***
Wenn du dich nach einer anderen Möglichkeit umsehen möchtest: Lies weiter bei ***286***

348

Das Wohngebiet begleitet dich in trister Eintönigkeit. Ein Haus gleicht hier dem anderen. Einmal läufst du an einem toten, halb aufgefressenen Hund vorbei, danach an demolierten Autos. Aus der Dämmerung wird Nacht. Der Regen wird stärker, prasselt auf dich nieder, entzieht dir die Wärme. Die Straße führt in einer leichten Rechtskurve nach *Südwesten*. Zu deiner Linken siehst du das eingeschlagene Schaufenster eines Ladens. Eine Schlosserei und Schlüsseldienst, wie dir das Schild über der gähnenden Öffnung mitteilt.
Wenn du die Schlosserei untersuchen willst: Lies weiter bei ***551***
Wenn du weiter der Straße folgst: Lies weiter bei ***372***

349 *Solltest du dich nicht im Besitz einer Lichtquelle befinden, begibst du dich in große Gefahr. Du musst auf das Würfelergebnis jeder Probe innerhalb der Kathedrale **2W6 addieren**. Überlege dir deine nächsten Schritte gut.*

Ihr betretet das Kirchengebäude durch das wuchtige Bronzetor. Dahinter liegen die Scherben der Zwischentür sowie eine Menge Patronenhülsen. Kirchenbänke sind zu einer provisorischen Barrikade aufgeschichtet, die jetzt zerschlagen ist. Das Hauptschiff der Kirche ist riesig. Durch die hohen Fenster fällt diffuses Licht. Unterhalb des Altars bilden weitere Bänke einen Kreis um einen Aschehaufen. Die Holzbrocken darin lassen eine Feuerstelle vermuten. Über den Lehnen hängt feucht gewordene Wäsche, die Luft riecht nach nassem Stoff, menschlichen Ausscheidungen und faulem Fleisch. Irgendwo tropft Wasser. Marie klammert sich ängstlich an deine Hand. Ihr scheint es in dem Kirchengebäude nicht geheuer zu sein.

Während sich im Mittelschiff die Stufen zum Altar in der Dunkelheit verlieren, stehen im linken Außenschiff (jenseits der mächtigen Sandsteinpfeiler) Beichtstühle. Am Ende des rechten Außenschiffes erkennst du eine Bronzeskulptur, auf der die Reste abgebrannter Bittkerzen stehen.

*Wenn ihr zu den Beichtstühlen geht: Lies weiter bei **332***

*Wenn ihr zur Feuerstelle geht: Lies weiter bei **572***

*Wenn ihr zu den Bittkerzen geht: Lies weiter bei **362***

*Wenn ihr die Kathedrale verlasst, um zur Hauptstraße zu gehen: Lies weiter bei **319***

*Wenn ihr die Kathedrale verlasst, um zur Pfaffengasse zu gehen: Lies weiter bei **559***

350 Nachdem du den Transporter umrundet und dich auf diese Weise dem grauenhaften Schauspiel entzogen hast, denkst du über das Schicksal des Menschen im roten Kleinwagen nach.

*Reduziere deine **MEN** permanent um **2** Punkte.*
*Lies weiter bei **527***

351 *Du bist allein, auf dich gestellt!*
Hier stinkt es schlimm. Autos verstellen dir die Sicht, doch du glaubst, dazwischen Bewegungen zu erkennen. Erst, als du einen Jeep, dessen Scheiben zerschlagen sind, umrundet hast, siehst du den schwankenden Stinker. Groteskerweise ist er nackt. Graue, schwarzbrandige Haut bedeckt seinen aufgeschwemmten Körper. Ein Arm baumelt lose an seiner Schulter.
*Wenn du ihn angreifst: Lies weiter bei **471***
*Wenn du die Flucht ergreifst, um nach Osten auf den Parkplatz der Kathedrale zu gehen: Lies weiter bei **357***

352 Endlich lässt der Regen nach, verebbt in unstetem Tropfen. Du erreichst den quer verlaufenden Eselsdamm. Hier geht es nach links (Osten) oder rechts (Westen). Hinter dem Damm geht es in den Stadtgraben hinab, der auf der gegenüberliegenden Seite durch einen Bach begrenzt wird. Jenseits des Baches siehst du im Dunst die alte Stadtmauer.
*Wenn du nach links gehst: Lies weiter bei **562***
*Wenn du nach rechts gehst: Lies weiter bei **282***

353 Die haarige Bestie stürzt sich mit der grimmigen Wut eines hungrigen Wolfs auf dich. Der Zusammenprall ist hart, wirft dich nieder. Über dir die zuschnappenden Kiefer des Hundes. Fleischfetzen seiner letzten Beute hängen ihm zwischen den Zähnen. Jetzt, wo er dich hat, traut sich das restliche Rudel heran.
Schnell bist du umgeben von schnappenden Kiefern, die deine Kleidung zerfetzten, deine Haut perforieren. Sie kennen kein Erbarmen, denn es geht ums Überleben. Sie brauchen dein Fleisch, zerren es dir bei lebendigem Leib vom Körper. Der Alpha verbeißt sich in deiner Kehle,

schließt mit brachialer Kraft seine Kiefer. Deine Sinne schwinden. Alles dreht sich in einem blutroten Strudel aus Schmerz, untermalt vom Knurren und Bellen der räudigen Köter …

Ende

354 Du steigst im Licht der Taschenlampe über Krankenliegen und verwesende Leichen, siehst Ratten davonhuschen, die an ihrem Fleisch nagen. In den Pfützen schwimmen Maden. Je tiefer du in die Halle eindringst, desto abscheulicher wird der Gestank nach Tod. Du stolperst über einen umgeworfenen Arzneischrank, schlägst dir das Knie an und fluchst. Die Taschenlampe fällt aus deiner Hand und erlischt. Von plötzlicher Dunkelheit umgeben, fühlst du dich bedroht, siehst Bewegungen in der Finsternis, wo keine sind. Fahrig tastest du über den Boden, suchst das rettende Licht.

*Führe eine Probe auf **GLK** durch.*
*Die Probe ist geglückt: Lies weiter bei **497***
*Die Probe ist misslungen: Lies weiter bei **613***

355 Die Zombiekellnerin im Auge behaltend beugst du dich in den Wagen und unterziehst ihn einer schnellen Durchsuchung. Neben einer Decke (m) und einem kleinen Kinderrucksack (k=5 m=5), an dem ein Plüscheinhorn (k) baumelt, findest du im Handschuhfach einen Notizblock (k), einen Bleistift (k) und ein Schweizer Taschenmesser (k WS=1)
*Lies weiter bei **475***

356 Fahrzeuge stehen dir im Weg. Als du einen Transporter umrundest, offenbart sich ein Fiasko des Todes. Ein feuerroter Kleinwagen steht mit der Schnauze an einer Hauswand, dazwischen hoffnungslos eingekeilt eine Untote. Sie trägt eine zerfetzte und vor Dreck stehende Kellnerinnenuniform. Ihr blondes Haar, einst zu einem Dutt gesteckt, hängt an einem feucht glänzenden Hautlappen an ihrem ausgemergelten Schädel herunter. Voller Wut fletscht sie die Zähne und kratzt mit ihren schwarz-fauligen Fingern an der Frontscheibe des Wagens herum. Ein zweiter Zombie, aufgrund der zerfetzten

Kleidung als Koch zu identifizieren, zerrt mit Hingabe am Griff der Fahrertür. Bei seinen Bewegungen wankt die fleckige Kochmütze auf dem fauligen Schädel wie das Fähnchen eines japanischen Kriegers hin und her.

Die Gasse ist erfüllt von einer Geruchsmixtur aus verdorbenem Fleisch und dünnflüssigen Fäkalien. Hinter verschmierten Scheiben des Wagens siehst du Bewegungen, helle Handflächen, die sich gegen die Wagenfenster drücken. »Bitte, helfen Sie mir ... Ich flehe Sie an, bitte, lassen Sie mich nicht zurück!«

Wenn du weiter nach Süden durch den Schillerweg gehst: Lies weiter bei ***350***

Wenn du dich dazu entschließt, die Zombies anzugreifen: Lies weiter bei ***560***

357

Auf dem Parkplatz stehen eine Menge Autos. Transparente liegen im Dreck. Floskeln, die sich um Verschwörungstheorien und Lügenpresse drehen. Sie stammen von den ersten Tagen und sind heute kaum mehr als eine Farce. Der Weg führt nach oben. Dort gelangst du zur roten Sandsteinwand der Kathedrale, die sich wie eine Trutzburg über dir erhebt. Sie wird die Katastrophe überdauern, ob mit, oder ohne Menschen. Ein Lastwagen voll mit schwarzen Säcken bietet dir Deckung. Es tropft faulig stinkend aus seinem Innern.

Lies weiter bei ***531***

358

»Mit solchen Leuten haben wir hier nichts zu tun, haben nur das für dich ...« Hinter der Tür wurde es laut, die vergitterte Klappe öffnet sich.

Führe eine Probe auf ***WAH*** *durch!*

Die Probe gelingt: Lies weiter bei ***412***

Die Probe misslingt: Lies weiter bei ***525***

359

Die Leiter knarrt unter deinem Gewicht, schwankt, während dich der Hund kläffend auf der anderen Seite auffordert, zu ihm zu kommen. Du kletterst auf allen vieren, stets bewusst, dass ein falscher Griff, ein Ausrutscher, dein sicheres Ende bedeutet.

Unter dir ein Moloch aus stinkenden, im Schlamm aufgeweichten Leibern, die wie ein brandende Woge schwanken und sich gegenseitig niedertrampeln, um höher zu kommen.

*Führe eine Probe auf **AUS** und eine auf **GES** durch und addiere die Ergebnisse.*

*Die Probe gelingt, wenn die Summe kleiner oder gleich der Summe aus **AUS** und **GES** ist.*
*Wenn die Probe gelingt: Lies weiter bei **601***
*Wenn die Probe misslingt: Lies weiter bei **1016***

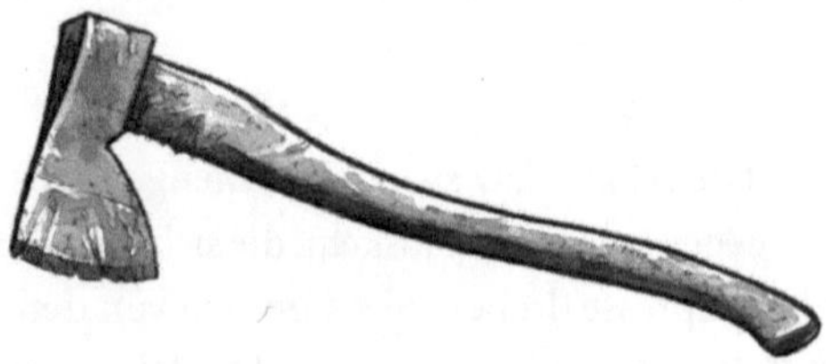

360 Erneut legst du alles in diesen Sprung. Doch die Zombies in der Grube schlafen nicht und strecken sich dir voller Gier entgegen.

*Führe eine Probe auf **GES** durch und addiere **1W6** auf das Ergebnis.*
*Wenn die Probe gelingt: Lies weiter bei **420***
*Wenn die Probe misslingt: Lies weiter bei **1016***

361 Du setzt dein Werkzeug zwischen Tür und Rahmen an und drückst es kräftig nach unten. Metall knirscht, gibt nach. Es folgt ein hässliches Knacken und die Tür schwingt dir entgegen. Die Alarmanlage springt an und erfüllt den Hof mit einem lauten, pulsierenden Hupen. Der Lärm muss meilenweit zu hören sein.
*Wenn du in die Halle gehst: Lies weiter bei **522***
*Wenn du trotzdem das Fahrzeug betrittst: Lies weiter bei **270***
*Wenn du das Gelände verlässt und der Straße nach Süden folgst: Lies weiter bei **476***

362 Der Bittkerzenaltar ist aus Bronze gefertigt und mit gespenstisch anmutenden Kreaturen verziert. Wachsreste haben Tropfnasen gebildet. Die meisten Kerzen sind niedergebrannt.
In einem Kästchen daneben findest du zwei lange, dünne Kerzen (2x k).
Marie klammert sich an dich. »Ich will hier nicht sein!«, flüstert sie voller Angst.
Ein kalter Luftzug umstreicht deine Beinen, kriecht in die feuchte Kleidung und lässt dich frösteln. Neben dem Altar führt eine Sandsteintreppe hinab in die Gruft. Normalerweise ist der Abgang durch ein schweres Eisengitter verschlossen, doch jetzt steht es offen. »Dort unten wohnt das Böse«, flüstert Marie. Du spürst ihr Zittern.

Du darfst in der Kathedrale nur Punkte besuchen, bei denen du noch nicht warst!
*Wenn du die Treppen nach unten steigst: Lies weiter bei **606***
*Wenn ihr zu den Beichtstühlen geht: Lies weiter bei **332***
*Wenn ihr zu der Feuerstelle geht: Lies weiter bei **572***
*Wenn ihr die Kathedrale verlasst, um zur Hauptstraße zu gehen: Lies weiter bei **319***
*Wenn ihr die Kathedrale verlasst, um zur Pfaffengasse zu gehen: Lies weiter bei **559***

363 Du gleitest durch den schmierigen Griff des Zombies, kommst frei. Dein Arm ist jetzt ganz aus dem Spalt, überzogen mit einer schleimigen Substanz, die einst die Haut der Toten war.

*Du hattest Kontakt mit einem Zombie. reduziere deinen **IW** um **2W6** (IW < 20 gehe zu 1018)*
*Wenn du nach Süden der Löwengasse folgst: Lies weiter bei **604***
*Wenn du zurück zum Grünen Winkel gehst: Lies weiter bei **558***

364 Abgesehen von altem, zerknülltem Zeitungspapier und abstoßend klebrigen Socken findest du in dem dunklen Haufen nichts von Bedeutung.

Du darfst in der Kathedrale nur Punkte besuchen, bei denen du noch nicht warst!
Wenn du die linke Tür öffnest: Lies weiter bei ***333***
Wenn ihr zur Feuerstelle geht: Lies weiter bei ***572***
Wenn ihr zu den Bittkerzen geht: Lies weiter bei ***362***
Wenn ihr die Kathedrale verlässt, um zur Hauptstraße zu gehen: Lies weiter bei ***319***
Wenn ihr die Kathedrale verlässt, um zur Pfaffengasse zu gehen: Lies weiter bei ***559***

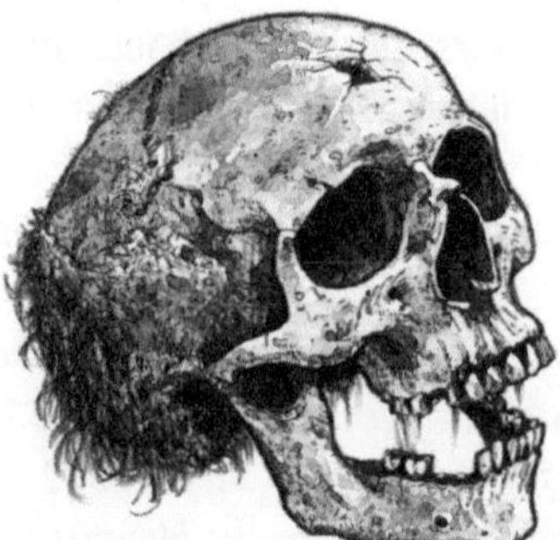

365 Vorsichtig näherst du dich dem Mädchen, das regungslos da steht. Zwielicht und Dunst lassen nicht zu, ihr Gesicht zu erkennen. Sind das dunkle Flecken auf ihrem Kleid? Ist das Blut? Das Kind verlagert sein Gewicht von einem Bein auf das andere, schwankt. Das nasse Haar umgibt ihren Kopf wie eine künstliche Schale. Sie lächelt dich an. Ohne Lippen, dafür aber mit seltsam makellosen Zähnen.
Dich trennen nur wenige Meter von dem Kind.
Wenn du ihr entgegentrittst: Lies weiter bei ***395***
Wenn du dich umdrehst und die Flucht ergreifst: Lies weiter bei ***485***

366 Du bist dir sicher, dass das Röcheln zu deiner Rechten erklingt und gehst los. Dein Fuß stößt an etwas, das eine Stufe sein könnte. Doch als du darauf trittst, sinkt er darin ein. Dein Fuß knickt um und du fällst. Wie ein Bett umfängt dich die weiche Schmierigkeit.

Schmierigkeit? Entsetzt stößt du dich ab, gleitest tiefer in ein Gewühl aus glitschigen, nackten Körpern, die einen Gestank verströmen, als wärest du in die Grube eines Abdeckers gefallen. Hände greifen nach dir, Kiefer schnappen in deine Kleidung, ziehen dich hinab, bis du vollends im Faulschlamm versinkst ...

Ende

367

Die Buden nehmen die gesamte Breite der Hauptstraße ein. Ihr müsst den Weihnachtsmarkt durchqueren, um nach Westen zu gelangen. Viele der Verkaufsstände sind verwüstet. Über den Wurstständen hängt ein Odem aus verdorbenem Fleisch und ranzigem Fett.

Waren die Geschäfte geöffnet, als es geschah?

Drängten sich die Menschen ahnungslos auf dem Markt?

Dicht gedrängt stehen jedenfalls die Buden. Dir fällt auf, dass an die Holzwände Zettel geheftet sind. Vermisstenanzeigen mit Bildern und Telefonnummern. Viele handgeschrieben, beklebt mit Herzen und Fotos aus dem Familienalbum. Das Karussell steht neben dem Brunnen. Marie jauchzt freudig auf, als sie das schwarze Pferd sieht, läuft hin und klettert auf den Rücken des Kunststofftieres.

Der Brunnen daneben ist angefüllt mit Leichen, aber das scheint sie nicht zu stören. Sie hat nur Augen für das Pferd und streichelt seine Mähne. Vielen hat man die Köpfe abgeschlagen, einer davon steckt aufgespießt auf dem Schwert Siegfrieds, des Drachentöters, der als Figur mit einem Fuß in der Mitte des Brunnens auf dem unterworfenen Drachen steht.

Am Ende des Marktes liegen Patronenhülsen wie Konfetti auf dem Boden, daneben die aufgeblähten Kadaver von Zombies. Ihrem Zustand zufolge muss das erst vor Kurzem geschehen sein. Ein Hund frisst an einer der Leichen, bleckt die Zähne, als er dich sieht, und trollt sich davon. Neben dem Ausgang des Marktes findest du ein Übersichts-Schild (siehe Abbildung nächste Seite).

Du kannst der Hauptstraße oder der engen Korngasse folgen, die parallel zu der Hauptstraße verläuft. Beide führen nach Westen. Marie kommt zu dir zurück und deutet auf das Schild. »›Folge der kleinen Gasse und wende dich bei der ersten Gelegenheit nach links‹, haben

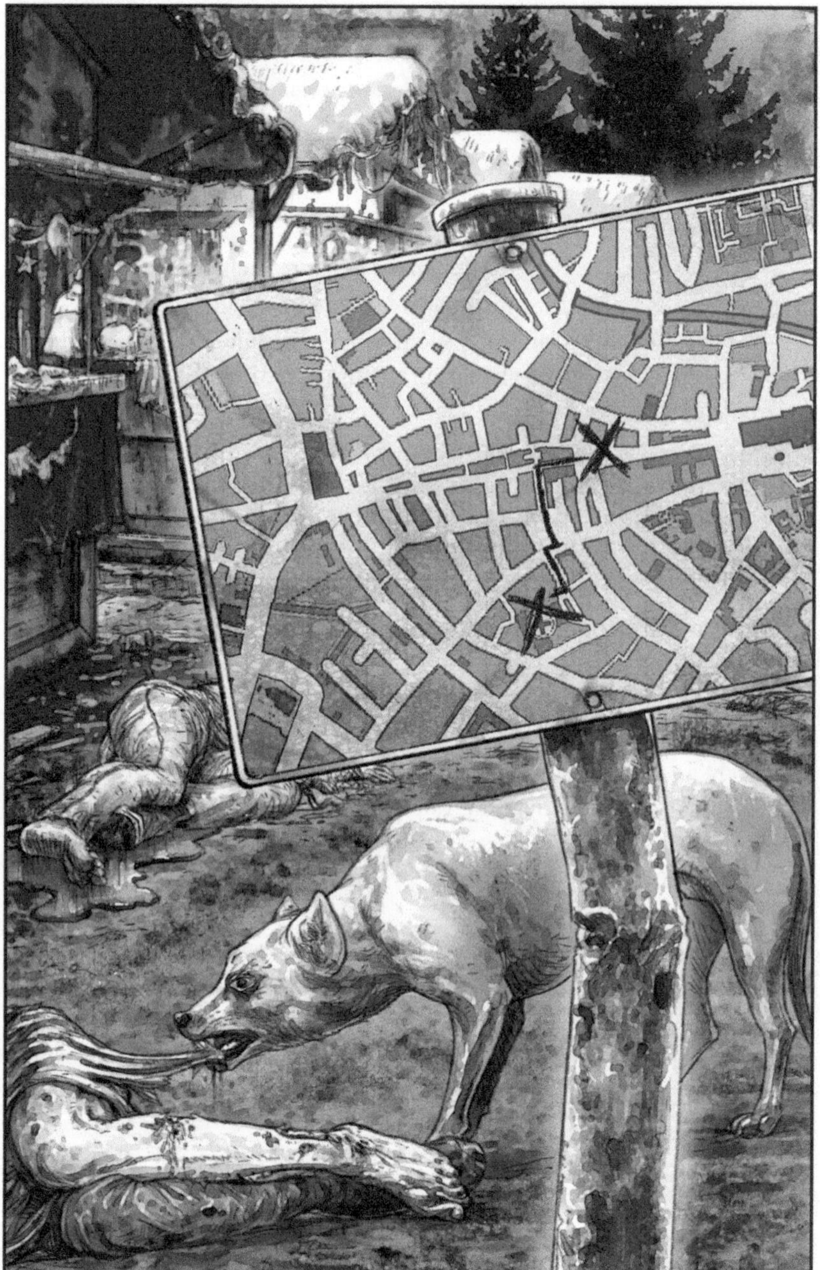

mir meine Eltern eingebläut. ›Denn auf der Hauptstraße erwartet dich der Tod!‹«
*Wenn du auf der Hauptstraße bleibst: Lies weiter bei **398***
*Wenn du der Korngasse folgst: Lies weiter bei **578***

368 *Du klopfst verhalten an die Tür und versuchst es mit einem freundlichen »Hallo? Ich will nichts von euch, will nur was wissen!«: Lies weiter bei **310***
*Du klopfst barsch an die Tür und schweigst: Lies weiter bei **597***

369 Es kostet dich einiges an Überwindung, den verfaulten Mann zu durchsuchen. Wenigstens wird er nicht wieder auferstehen, denn jemand hat ihm in den Kopf geschossen. An seinem Gürtel findest du eine funktionierende Stablampe (m), Handschellen (k) und zehn stabile Kabelbinder (10x k). Die Durchsuchung hat dich Zeit gekostet, die Toten strömen zu beiden Seiten in die Gasse. Dir bleibt nur der Weg in den Keller!
*Lies weiter bei **549***

370 Der Kampf war kurz, aber intensiv, denn der Kerl war zäher als erwartet. Aber nun liegt er mit eingeschlagenem Schädel neben dem Kleinwagen, hinter dessen Scheiben ein klägliches Weinen ertönt. Beunruhigender ist der zweite Zombie, der sich in die Lüftungsschlitze der Motorhaube krallt und sich getrieben nach der Gier auf dein Fleisch nach oben zieht, ungeachtet dessen, dass er sich dabei selbst die maroden, halb verfaulten Beine abreißt.
*Wenn du die Zombie-Kellnerin ausschalten willst: Lies weiter bei **290***
*Wenn du den Wagen öffnen und die Insassin befreien willst: Lies weiter bei **568***
*Wenn du der Rheintorstraße weiter nach Westen folgst: Lies weiter bei **423***
*Wenn du der Rheintorstraße nach Osten folgst, um an deren Ende auf der Schillerstraße nach Süden zu gehen: Lies weiter bei **527***

371 Es kostet dich einiges an Überwindung, den verfaulten Mann zu durchsuchen. Wenigstens ist er tot und wird nicht auferstehen. Jemand hat ihm in den Kopf geschossen. An seinem

Gürtel findest du eine funktionierende Stablampe (m), Handschellen (k) und zehn stabile Kabelbinder (10x k). Die Durchsuchung hat dich eine Menge Zeit gekostet, denn auf der breiten Straße (Norden) schieben sich dir Zombies in fauchenden Reihen entgegen. Die Toten strömen jetzt zu beiden Seiten in die Gasse. Dir bleibt nur der Weg in den Keller. Der Hund setzt mit einem gewagten Sprung über das Gitter und läuft die Treppe hinunter ...

Lies weiter bei ***341***

372

Der Regen durchdringt mit seiner Kälte die Schutzschicht deiner Kleidung. Die Straße gabelt sich erneut. Nach Süd-Osten geht es halb-links in die Schulze-Delitzsch-Straße. Dort erheben sich die Umrisse des Doms als kaum sichtbare Schemen im Dunst. In süd-westlicher Richtung könntest du halb-rechts dem Ziegelofenweg folgen. Trist, grau und einsam präsentieren sich die beiden Wege, bebaut mit von Gärten umgebenen Mehrfamilienhäusern. Eine scheint so gut wie die andere.

Wenn du nach Süd-Osten gehst: Lies weiter bei ***539***
Wenn du nach Süd-Westen gehst: Lies weiter bei ***400***

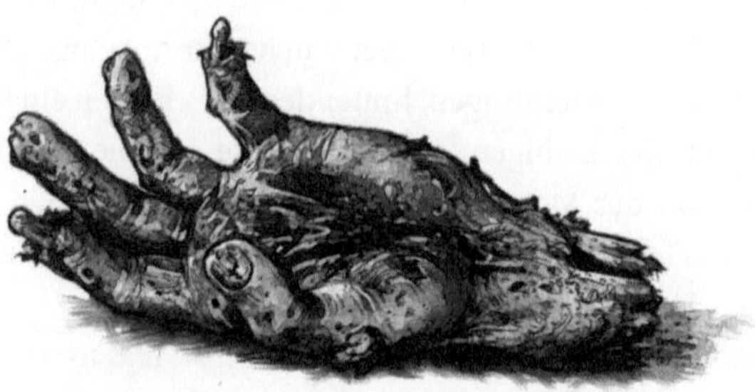

373

Je tiefer du in die Gänge vordringst, desto mehr nimmt der Gestank noch zu. Den Rücken schmerzt, weil du dich gebückt bewegen musst. Hinter dir treiben dich die Geräusche der Zombies vorwärts. Du erreichst eine Kreuzung. Alle Gänge ähneln dem, aus dem du gekommen bist.

Wenn du geradeaus gehst: Lies weiter bei ***524***
Wenn du nach links gehst: Lies weiter bei ***494***
Wenn du nach rechts gehst: Lies weiter bei ***233***

374 Der Gang verjüngt sich zu einem Rohr von höchstens sechzig Zentimetern im Durchmesser. Hinter euch toben die Zombies durch die Gänge, Wasser platscht unter ihren Füßen. Ihr Gestöhne hallt wie ein fernes Donnergrollen. Die Brühe in der Röhre durchnässt deine Sachen, vom Gestank ganz zu schweigen. Kriechend erreicht ihr einen Abzweig, an dem es geradeaus oder nach rechts weitergeht. »Wir müssen geradeaus weiter«, flüstert Marie aufgeregt. »Das ist der einzige Weg!«

*Wenn du geradeaus kriechst: Lies weiter bei **254***

*Wenn du nach rechts kriechst: Lies weiter bei **260***

375 »Ich sag dir, verschwinde. Hab‘n Gewehr. Hau ab und zwar schnell!«

*Dir wird das zu heikel und du ziehst deines Weges den Grünen Winkel hinab: Lies weiter bei **278***

»Ich brauche wirklich Hilfe. Bitte, ich komm allein nicht weiter«. Dann:

*Führe eine Probe auf **MEN** durch!*

*Die Probe gelingt: Lies weiter bei **553***

*Die Probe misslingt: Lies weiter bei **590***

376 Du fixierst das nächste Wagendach, duckst dich, spannst deinen Körper und springst. Noch sind die Hände nicht oben, können dich nicht packen. Dennoch bist du dir der Gefahr des Scheiterns bewusst.

*Führe eine Probe auf **GES** durch und ziehe **2W6** vom Ergebnis ab.*

*Wenn die Probe gelingt: Lies weiter bei **435***

*Wenn die Probe misslingt: Lies weiter bei **1016***

377 Der Regen empfängt dich mit offenen Armen. Du überquerst den sandigen Platz und achtest darauf, nicht in die Pfützen zu treten. Die Müllcontainer stinken und die Tankfahrzeuge sehen nicht besser aus. Das hier muss schon vor dem Untergang ein heruntergekommenes Loch gewesen sein. Als du das Geländer überquert

hast, stehst du vor einer schmalen Seitenstraße. Nach rechts endet die Straße in nördlicher Richtung nach etwa hundert Metern vor einem verschlossenen Metalltor. Gegenüber gibt es eine Freifläche, doch die ist von einer hohen Steinmauer begrenzt. Der Weg in südlicher Richtung, also nach links, scheint frei zu sein. Die Silhouette des Doms schwebt wie ein finsteres Omen in erhöhter Position in der dunstigen Dämmerung.
*Lies weiter bei **404***

378 Während du die Barrikade überkletterst, verfolgt dich der flehende Blick des gefangenen Hundes. Ohne fremde Hilfe hat er keine Chance auf ein Überleben.
*Es ist dir weiterhin gleich, was mit dem Hund geschieht: Lies weiter bei **347***
*Wenn du dich erbarmst und dich ihm zuwendest: »Versprich mir, dass ich diesen Entschluss nicht bereuen werde, okay? Soll ich dich befreien?«: Lies weiter bei **498***

379 Während hinter dir Zombies unter dem Lieferwagen röchelnd versuchen, zentimeterweise auf deine Seite zu kriechen, hast du die Barrikade erreicht. Der Hund wedelt aufgeregt mit dem Schwanz und setzt sich erwartungsvoll hin. Sein Blick wandert zwischen dir und dem Stück Eisen, an dem sich die Leine verheddert hat, hin und her. Er ist nass, aber nicht besonders schmutzig.
*Wenn du an ihm vorbei über die Barrikade kletterst: Lies weiter bei **378***
*Wenn du dich vor ihn hinkniest und mit leiser Stimme »Na, bist ein guter Junge, hm? Soll ich dich befreien?«: Lies weiter bei **498***
*Wenn du dich vor ihm aufbaust und mit harter Stimme sagst: »Verdammter räudiger Köter, bist in 'ner beschissenen Situation, hm?« Lies weiter bei **408***

380 »Wir kommunizieren über die Dächer, weißt du? Die Leute haben jedenfalls gesagt, dass die Typen der Anstalt in ihren grauen Schutzanzügen ein Stück weiter den Damm hoch vorbeigekommen sind. Kamen wohl aus dem Norden der Stadt. Dort sind die oft auf Beutezug. Und die hätten wohl 'ne Gefangene dabei gehabt. 'Ne Frau, auf die deine Beschreibung passt. Mehr weiß ich nicht.«

Das lässt nur einen Schluss zu. Paula befindet in der Gewalt der Anstaltsleute. Es ist beruhigend zu wissen, dass sie keine Verräterin ist. Dort, wo du hergekommen bist, klappert etwas. Die Vorstellung, dass sich Tote im Schutz des Nebels und der Dunkelheit nähern, ist unangenehm.

»Es scheint, dass die Leute der Anstalt nicht sonderlich beliebt sind, hm?«: Lies weiter bei ***453***

»Kennst du den Weg zur Anstalt?«: Lies weiter bei ***279***

»Was ist eigentlich mit dir? Kommst du klar? Hast du jemanden, zu dem du gehört?«: Lies weiter bei ***464***

381

Ihr bewegt euch im Schutz des Lastwagens zur vorderen Ecke der Kathedrale. Der nasse Sandstein der Mauern ist kalt, und dennoch fühlst du dich von dem Gebäude magisch angezogen. Es vermag in seiner massiven Bauweise dem Untergang zu trotzen. Als wäre es ein Zeichen, hört es endlich auf, zu regnen. Ihr wagt einen Blick auf den großen Platz, der auf die Hauptstraße mündet. Ihr habt die Innenstadt erreicht!

»Ab jetzt wird es gefährlich«, flüstert Marie.

Zombies sind keine zu sehen, also tretet ihr auf den Platz vor der Kathedrale hinaus. Im diesigen Zwielicht siehst du große Haufen verbrannten Holzes, aus denen verkohlte Pfähle ragen. Und daran hängen, das erkennst du selbst in der Dunkelheit, verbrannte Körper. Weiter hinten gibt es einen ganzen Haufen davon, übereinandergeschichtet in mehreren Lagen, nass glänzend und schwarz wie Kohle. Papier klebt auf dem feuchten Kopfsteinpflaster. Es ist still wie in einer Gruft. Türen und Fenster des gegenüberliegenden Bischofssitzes sind zerschlagen, teilweise verbrannt.

Du wendest dich ab und blickst zum Eingangsportal des Kirchengebäudes. Die eisernen Zäune stehen weit offen. Auf den Stufen liegen Patronenhülsen. Braune Flecken im porösen Stein. Das bronzene Eingangsportal scheint nur angelehnt. Maries Finger schließen sich fest um die deinen. »Am Anfang, haben mir meine Eltern erzählt, haben sich viele in der Kirche versteckt. Dann kamen die Toten. Sie haben mich davor gewarnt, einen Fuß hineinzusetzen. Gott hätte das Haus verlassen, sagten sie!«

Als du nach oben blickst, zieht sich dein Magen zusammen. Für einen kurzen Moment öffnen sich die düsteren Wolken und offenbaren dir im kalten Licht des Mondes ein Szenario des Grauens. Weit über dem Portal starren dich die toten Augen dreier erhängter Kirchenmänner anklagend an. Bei den äußeren scheint es sich um Pfarrer zu handeln, denn sie tragen dunkle Gewänder auf ihren verdrehten, offenbar zertrümmerten Körpern. In der Mitte aber, eine Brise dreht ihn zu dir hin, hängt der Bischof in seinem feierlichsten Ornat. Noch die spitz zulaufende Mütze auf dem Kopf starrt er zu dir herunter, die graue Zunge weit aus dem erdrosselten Hals hängend. Nass schmiegt sich der noble Stoff um seinen eingefallenen Leichenkörper.
Maries Stimme bebt. »Der dort oben hat das auf dem Platz gemacht. Deswegen hängt er jetzt hier.«
Dennoch zieht dich das offenstehende Portal an.
Das Death Asylum ist in der Nähe des alten Marktplatzes. Wenn du Paulas Beschreibungen Glauben schenkst, gibt es den Weg über die Hauptstraße, die sich breit und offen durch die Mitte der Innenstadt gen Westen zieht, oder über einen Umweg die wesentlich engere Kleine Pfaffengasse nach Südosten.
Wenn ihr der Hauptstraße nach Westen folgst: Lies weiter bei ***319***
Wenn ihr nach Südosten zur Kleinen Pfaffengasse geht: Lies weiter bei ***559***
Wenn du trotz Maries Warnung die Kathedrale betrittst: Lies weiter bei ***349***

382

In der Halle ist es düster. Es riecht nach Motorenöl und Benzin, nicht jedoch nach dem allgegenwärtigen Tod. Ein Wohnmobil steht aufgebockt in der Mitte des Arbeitsbereiches, umgeben von umgestürzten Werkzeugkarren und Reifen. Das verbeulte Blech deutet auf einen Unfall hin. Links gibt es ein kleines Büro, ein Glaskasten mit schmutzigen Scheiben, und rechts einen Aufenthaltsraum für die Arbeiter.
Wenn du in das Büro gehst: Lies weiter bei ***502***
Wenn du in den Aufenthaltsraum gehst: Lies weiter bei ***318***
Wenn du die Halle verlässt, um die Wohnmobile zu durchsuchen: Lies weiter bei ***492***
Wenn du das Gelände verlässt, um auf der Straße nach Süden zu gehen: Lies weiter bei ***421***

383 Rechts ist die Straße von stereotypen Reihenhäusern gesäumt, die den Anschein erwecken, als wäre hier die Welt noch in Ordnung. Wenn da nicht die Kreuze wären, die man mit Farbe auf die Haustüren gepinselt hat. Im oberen Feld steht entweder ein T für Tod oder ein kleineres X als Zeichen, dass dieses Haus verlassen ist. Im unteren Feld ist jeweils vermerkt, wie viele Tote sich im Haus befinden. Linkerhand erkennst du, versteckt hinter einigen Büschen, die dunkle Silhouette des Schulzentrums. Begleitet vom steten Rauschen des Regens gehst du weiter deines Weges, fühlst dich einsam und verloren.
*Wenn du der Straße Richtung Norden folgst: Lies weiter bei **265***
*Wenn du umkehrst und zurück zur Kreuzung gehst: Lies weiter bei **563***

384 Du steigst im Licht deines Feuerzeugs über Krankenliegen und Leichen, siehst Ratten davonhuschen, die sich von ihnen nähren. In den Pfützen schwimmen Maden. Je tiefer du in die Halle eindringst, desto abscheulicher wird der Gestank.
Plötzlich stolperst du über einen umgeworfenen Arzneischrank, schlägst dir das Knie an und fluchst. Das Feuerzeug fällt dir aus der Hand und erlischt. Von plötzlicher Dunkelheit umgeben, fühlst du dich bedroht, siehst Bewegungen in der Finsternis, wo keine sind. Fahrig tastest du über den Boden, suchst das rettende Licht.

*Führe eine Probe auf **GLK** durch.*
*Die Probe ist geglückt: Lies weiter bei **497***
*Die Probe ist misslungen: Lies weiter bei **613***

385 »Du bist gemein! … Das werde ich mir merken!«, fährt dich das Kind an und streckt dir die blutenden Hände entgegen. Dir ist klar, und das bestätigt dir die Reaktion der Zombie-Kellnerin auf der Motorhaube, dass die Toten das Blut meilenweit riechen werden.

Wenn du Verbandsmaterial besitzt, musst du ihr damit die Hände bandagieren. Und streiche den Verband von deinem Charakterblatt. Wenn du ihr die Verletzungen nicht verbinden kannst, notiere dies auf deinem Charakterblatt!

Die Zombiekellnerin im Auge behaltend beugst du dich in den Wagen und unterziehst ihn einer schnellen Durchsuchung. Neben einer Decke (m) und einem kleinen Kinderrucksack (k=5 m=5), an dem ein Plüscheinhorn baumelt (k), findest du im Handschuhfach einen Notizblock (k), einen Bleistift (k) und ein Schweizer Taschenmesser (k WS=1)
*Lies weiter bei **475***

386 Du setzt dein Werkzeug zwischen Rahmen und Tür an, bist im Begriff, die Tür mit einem kräftigen Ruck aufzustemmen, als du Bewegungen durch die schmierigen Scheiben erkennst. Ein vielstimmiges Fauchen erhebt sich im Innern, dringt durch den Spalt zu dir nach draußen.
Entsetzt ziehst du dein Werkzeug aus der Öffnung und bist froh, die Tür nicht geöffnet zu haben.
*Wenn du nach Süden der Löwengasse folgst: Lies weiter bei **604***
*Wenn du zurück zum Grünen Winkel gehst: Lies weiter bei **558***

387 Du hörst das Plätschern des Baches, der parallel zu der Straße verläuft, die zum alten Hafen führt. Heute liegen dort die Jachten der Reichen. Ihr passiert die Hochwassersperre. Zur Linken gluckst das brackige Wasser im Hafenbecken. Geradeaus endet die Straße am Rhein. Von dort kommen Geräusche. Ab und an das Klirren einer Kette. Untermalt vom Rascheln nasser Folie. Du siehst nur wenige Meter weit, alles andere entzieht sich dir in Finsternis. Das Mädchen löst sich von deiner Hand. »Ich geh' da nicht hin, da sind die Stinkemenschen. Das weiß ich genau!« Sie bleibt stehen. »Dorthin musst du allein gehen!«
*Wenn du trotz der Warnung dem Weg zum Hafenbecken folgst: Lies weiter bei **561***
*Wenn du zurück zur Straße gehst, um dem Schillerweg nach Süden zu folgen: Lies weiter bei **591***
*Wenn du umkehrst, um nach Osten auf den Parkplatz der Kathedrale zu gehen: Lies weiter bei **321***

388 Du springst. Schon recken sich die Arme nach oben, klappen die gierigen Mäuler auf.

*Führe eine Probe auf **GES** durch und addiere **2W6** auf das Ergebnis.*
*Wenn die Probe gelingt: Lies weiter bei **508***
*Wenn die Probe misslingt: Lies weiter bei **1016***

389 Heiße Galle steigt dir in den Mund. Der Leichnam hinter der Theke fiel anscheinend gierigen Aasfressern zum Opfer. Die Beine stecken in blauen Arbeitshosen, doch ab der Hüfte sind nur schmierig braune Knochen übrig, gekrönt vom Gewusel weißer Maden, die sich um den Rest kümmern. Der Oberkörper fehlt, ebenso Kopf und Arme. Inmitten des Leichenschleims schimmert dir ein Werkzeug entgegen, das du als Dietrich (k) kennst. Damit kann man mit etwas Übung Schlösser knacken. Von den ekelerregenden Überresten führt eine breite Blutspur zur Tür, reicht hinauf bis zur Klinke. Was sich dort wohl verbirgt?
*Wenn du hinter die Theke gehst und die Tür öffnest: Lies weiter bei **482***
*Wenn du den Laden verlässt: Lies weiter bei **372***

390 Du springst. Mit etwas Glück kannst du es schaffen.

*Führe eine Probe auf **GES** durch und ziehe **1W6** vom Ergebnis ab.*
*Wenn die Probe gelingt: Lies weiter bei **420***
*Wenn die Probe misslingt: Lies weiter bei **1016***

391 Um in die Gasse zu gelangen, musst du dich an einem VW-Bus vorbeischieben. Für den schlanken Körper des Hundes ist dies kein Problem, doch für dich eine verdammt knappe Sache. Du kannst nicht in den Bus hineinsehen, denn die Scheiben sind von innen verschmiert. Als du dich durch den Spalt zwängst, erfährst du warum. Die hässliche Fratze eines Toten presst sich gegen das Glas. Er kratzt mit seinen schiefen Zähnen darüber, schlägt mit den Fäusten dagegen.
In der schmalen Gasse erwartet dich ein nicht minder grausiger Anblick. Unter dem Fahrzeug ragen die zermatschten Überreste eines To-

ten hervor. Der Körper scheint halbwegs intakt, doch von seinem Kopf ist nichts mehr übrig. In der Gasse liegen weitere Tote. Einige durch Kopfschüsse gerichtet, andere regelrecht zerschnitten oder zertrümmert. Anhand des Zustands der Körper erkennst du, dass der Kampf erst vor Kurzem stattgefunden hat. Der Hund wartet am Ende der Gasse auf dich, sein Verhalten drängt zur Eile.
*Lies weiter bei **311***

392 Zwischen all dem Lärmen ertönt ein metallisches Klacken. Das gleiche Geräusch kennst du, wenn Paula vor einem Außeneinsatz ihre Pistole geprüft hat. Hinter der Tür wird eine Waffe durchgeladen. Im letzten Augenblick wirfst du dich zur Seite. Eine Schrotladung kracht durch die geöffnete Klappe, hagelt auf die Straße und gegenüber gegen die Hauswand. Du hast verdammtes Schwein gehabt.
*Wenn du dich aufrappelst und es auf die nette Art nochmal versuchst. »Wir hatten 'nen schlechten Start. Sorry Leute, ich will nichts von euch, nur reden, Okay?«: Lies weiter bei **310***
*Wenn du die Flucht ergreifst und der Straße folgst: Lies weiter bei **439***

393 Die Schrauben, mit denen der Schlossriegel befestigt ist, lösen sich mit einem Knirschen aus dem Holz des Beichtstuhls. Überlaut hallt das Geräusch von den hohen Wänden wider, als wollte es die Toten aus ihrem tiefen Schlaf erwecken. Hinter der Tür erwartet dich ein Chaos aus Gegenständen verschiedenster Art, eingeräumt in provisorisch gezimmerten Regalböden.
Da sind drei Konservendosen (3x m, 3x AUS+2), gefüllt mit Eintopf, eine Tafel Schokolade (m, AUS+1), ein Päckchen Kaugummi (k), und etwas ganz Wertvolles: 2 Rollen vierlagiges super softes Toilettenpapier (2x m)!
Aber der Beichtstuhl hat mehr zu bieten, wenn du ihn dir genauer ansiehst.

*Führe eine Probe auf **WAH** durch. Solltest du keine Lichtquelle besitzen, addiere auf das Ergebnis deines Würfelwurfs **2W6**.*
*Die Probe ist geglückt: Lies weiter bei **574***
*Die Probe ist misslungen: Lies weiter bei **304***

394 Vorsichtig faltest du das nasse Blatt auseinander. Aber so sehr du dich auch bemühst, das Papier zerreißt in kleine Stücke und bildet Klumpen, wird somit unleserlich. Du wirst wohl nie erfahren, was darauf zu lesen stand.

Du darfst in der Kathedrale nur Punkte besuchen, bei denen du noch nicht warst!
Wenn du zu den Beichtstühlen gehst: Lies weiter bei ***481***
Wenn du zu den Bittkerzen gehst: Lies weiter bei ***602***
Wenn du die Kathedrale verlässt, um zur Hauptstraße zu gehen: Lies weiter bei ***470***
Wenn du die Kathedrale verlässt, um zur Pfaffengasse zu gehen: Lies weiter bei ***440***

395 Ihrem Schlund entfährt ein schauriges Fauchen, das dir eine Gänsehaut über den Rücken treibt. Gegen Tote zu kämpfen, gehört zum Alltag, doch tote Kinder sind ein Problem. Du machst dich zum Kampf bereit, denn wenn du weiterkommen willst, musst du dich dem toten Kind stellen.
Wenn du eine Waffe besitzt: Lies weiter bei ***425***
Wenn du keine Waffe besitzt: Lies weiter bei ***455***

Zur Erinnerung: Eine Waffe ist ein Gegenstand, der einen Waffenschaden (WS) verursacht.

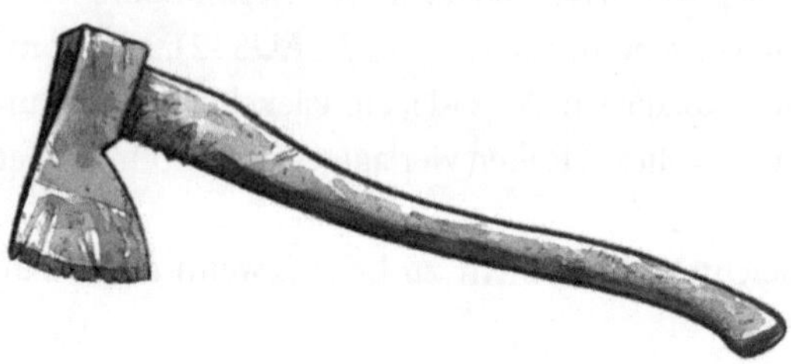

396 Zu deiner Rechten entlockt dein Licht der Dunkelheit zaghaft die schemenhaften Umrisse steinerner Bänke. Links stehen schmucklose Steinaltare aufgereiht an der Wand. Und vor dir? Ja, was ist das denn? Ein Haufen von ...

*Führe eine Probe auf **WAH** durch!*
*Wenn die Probe gelingt: Lies weiter bei **516***
*Wenn die Probe misslingt: Lies weiter bei **426***

397 Es erfolgt keine Reaktion auf dein Klopfen.
*Wenn du ein weiteres Mal klopfst und mit einem zaghaften »Hallo« indizierst, dass du ein Lebender bist: Lies weiter bei **407***
*Wenn du weiter dem Grünen Winkel folgst: Lies weiter bei **278***

398 Kaum zwei Häuserblöcke weiter schälen sich Gestalten aus dem dunstigen Nebel. Erst sind es vereinzelte, dann schließen sich die Reihen, bis sie dicht gedrängt die gesamte Breite der Hauptstraße ausfüllen. Marie klammert sich fest an deine Hand, wimmert.
Dem nicht genug, hörst du hinter dir ein lautes Scheppern. Dort strömt eine verfault stinkende Lumpenparade zwischen den Buden des Weihnachtsmarktes hervor. Zu viele, um dagegen anzugehen. Rechts führt eine schmale Gasse Richtung Norden. Auf der anderen Seite der Hauptstraße gibt es ebenfalls eine kaum zwei Meter breite Gasse nach Süden. »Auch wenn's komisch ist, aber wir müssen nach Norden«, flüstert Marie mit bebender Stimme. »Dort kenn ich 'nen geheimen Weg!«
*Wenn du in die Gasse nach Norden gehst Lies weiter bei **609***
*Wenn du in die Gasse nach Süden gehst Lies weiter bei **339***

399 Du bittest Marie, am Gitter zu warten, während du dich dem Polizisten widmest. Es kostet dich einiges an Überwindung, den matschig verfaulten Mann zu durchsuchen. Der ist definitiv tot, denn jemand hat ihm in den Kopf geschossen.
An seinem Gürtel findest du eine funktionierende Stablampe (m), Handschellen (k) und zehn stabile Kabelbinder (10x k). Die Durchsuchung hat Zeit gekostet.
Die Toten strömen zu beiden Seiten in die Gasse. Euch bleibt nur der Weg in den Keller!
*Lies weiter bei **489***

400 Dein Weg führt dich durch eine Geisterstadt, begleitet von der einlullenden Musik des nachlassenden Regens. Du fühlst dich einsam. Der Ziegelofenweg endet an einer Kreuzung, an der der Eselsdamm quert. Geradeaus geht es über den alten Stadtgraben in den Grünen Winkel, eine enge zugebaute Altstadtgasse ohne Ausweichmöglichkeiten. Gleichzeitig ist dies der schnellste Weg zur Innenstadt, während sich der Eselsdamm am Stadtgraben entlang nach links bis zur nächsten Brücke weiterzieht.

Wenn du geradeaus gehst: Lies weiter bei ***282***
Wenn du nach links gehst: Lies weiter bei ***562***

401 Der Schatten entpuppt sich als Zombie. Er ist ein Hüne von Kerl, ein schwergewichtiger Bauarbeiter, der dich mindestens um einen Kopf überragt. Hinter dir strömen die Toten einer Woge gleich in die Gasse. Der Hund stürzt sich ihm entgegen, doch allein wird er den Hünen nicht bezwingen. Du musst kämpfen!

Führe den Kampf nach den Regeln durch! Durch den Hund erhältst du einen Bonus von ***1W6/2*** *auf deinen Waffenschaden* ***WS!***

Archetyp	KON	AUS	Waffe	WS
Zombie-Bauarbeiter	*4*	*5*	*Zähne und Klauen*	*1*

Reduziere deinen ***IW*** *um* ***2W6*** *(IW < 20 gehe zu 1018)*
Wenn du gewinnst: Lies weiter bei ***312***
Wenn du verlierst: Lies weiter bei ***1056***

402 Du beißt die Zähne zusammen, stemmst dich mit dem Fuß ab und legst dich mit aller dir zur Verfügung stehenden Kraft ins Zeug. Dein Werkzeug löst sich mit einem laut schmatzenden Geräusch aus den Klauen der untoten Monster.

Wenn du nach Süden der Löwengasse folgst: Lies weiter bei ***604***
Wenn du zurück zum Grünen Winkel gehst: Lies weiter bei ***558***

403 Je tiefer ihr in die Gänge vordringt, desto mehr nimmt der Gestank nach menschlichen Ausscheidungen zu. Dein

Rücken schmerzt, weil du dich gebückt vorwärtsbewegst. Ihr erreicht eine Kreuzung. Alle Gänge ähneln dem, aus dem ihr gekommen seid. Marie zeigt geradeaus. »Den Weg kenne ich, der ist sicher. Denn rechts kommt'n Gitter ...«

Wenn du geradeaus gehst: Lies weiter bei ***243***
Wenn du nach links gehst: Lies weiter bei ***253***
Wenn du nach rechts gehst: Lies weiter bei ***262***

404 Im verebbenden Regen folgst du der Straße in südlicher Richtung, den Dom vor Augen. Nicht mehr lange, und die hereinbrechende Dunkelheit wird ihn verschlingen. Dann senkt sich Finsternis über die Stadt und begräbt sie unter ihrem undurchdringlichen Mantel. Links säumen Büsche den Weg, vor denen nass glänzende Autos stehen.

Wie gerne würdest du dich in eins hineinsetzen, um für einen Moment der Nässe und Kälte zu entkommen. Einfach dasitzen, die Augen schließen und dich ausruhen. Doch das geht natürlich nicht.

Nach kurzer Zeit erreichst du eine Kreuzung. Geradeaus geht es auf der Nonnenbachstraße nach Süden und hinein in die Altstadt. Richtung Westen geht es über rostige Bahngleise auf den Eselsdamm. Nach Osten führt die Straße Am Heringsee, gesäumt von Reihenhäusern. Du wischst dir das Regenwasser aus den Augen.

Wenn du nach Süden gehst: Lies weiter bei ***272***
Wenn du nach Westen gehst: Lies weiter bei ***444***
Wenn du nach Osten gehst: Lies weiter bei ***297***

405 An der Wand eines ausgebrannten Irish Pub lehnt eine alte Holzleiter. Sie ist lang genug, um über die Grube zu reichen. Aber hast du die Kraft, sie darüberzulegen, ohne dass sie dir entgleitet und in die Grube rutscht?

Nicht, dass sie eine Leiter für die Zombies wird, damit die zu ihrem Festmahl gelangen!

Führe eine Probe auf ***AUS*** *durch!*
Wenn die Probe gelingt: Lies weiter bei ***599***
Wenn die Probe misslingt: Lies weiter bei ***269***

406 Du fixierst das Wagendach, duckst dich und springst. Noch sind die Hände der Toten nicht oben, können dich nicht packen. Dennoch bist du dir der Gefahr des Scheiterns bewusst.

Führe eine Probe auf ***GES*** *durch und ziehe* ***1W6*** *vom Ergebnis ab.*
Wenn die Probe gelingt: Lies weiter bei ***435***
Wenn die Probe misslingt: Lies weiter bei ***1016***

407 Ein Knarren über dir. Hinter geschlossenen Läden wird ein Fenster geöffnet. Ein zaghaftes »Geh weg … geh schnell weiter. Wir haben nichts.« Die Stimme ist hell, eindeutig eine Frau. Als du nach oben siehst, erkennst du vage Bewegungen hinter den Schlitzen.
Wenn du dem Grünen Winkel folgst: Lies weiter bei ***278***
»Ich will nichts von dir. Hab nur 'ne Frage, dann bin ich weg«: Lies weiter bei ***553***
»Bist mir gleich, gib mir Informationen, dann bist mich los«: lies weiter bei ***616***

408 Der Hund steht auf, weicht vor dir zurück, fletscht die Zähne, knurrt. Ihm scheint deine Ansprache nicht zu gefallen.
Wenn du an ihm vorbei über die Barrikade kletterst: Lies weiter bei ***378***
Wenn du dich vor ihn hinkniest und es freundlicher versuchst »Ganz cool mein Junge, hab' dich auf dem falschen Fuß erwischt, hm? Ich seh' mal, was ich tun kann!«: Lies weiter bei ***498***
Wenn du dir das nicht gefallen lässt und ihm einen Tritt oder Schlag verpasst »Verfluchtes Drecksvieh, dir werde ich's zeigen«: Lies weiter bei ***437***

409 Aus Angst, dich in dem Durcheinander zu verletzen, nimmst du dir einen kleinen Stock, schiebst Papierfetzen und leere Kartonboxen zur Seite. Vieles ist zertreten oder derart uninteressant, das du schon resignieren möchtest. Ein metallisches Geräusch erweckt dein Interesse. Unter einem Haufen aufgequollener Papiertaschentücher findest du ein 2 m langes Kettenstück inklusive Vorhängeschloss (m).

Sogar der Schlüssel hängt dran. In einem der Regale findest du ein Feuerzeug (k) mit dem Werbeaufdruck »*Wir öffnen Ihnen jede Tür*« sowie eine kleine Taschenlampe (k), die nach einigem Rütteln wieder funktioniert.
Lies weiter bei ***462***

410 Wie ein Hase springst du Haken schlagend durch die wankenden Gestalten. Einige versuchen deine Kleidung zu packen, doch du befreist dich. Einer rammt dich an der Schulter und lacht mit zahnlosem Kiefer, doch du stößt ihn weg. Dann ist da diese Frau mit dem Kinderwagen. Ein unachtsamer Moment, ein falscher Schritt. Du stürzt über den Wagen, aus dem es hungrig röchelt. Mit voller Wucht reißt du ihn um und fängst aus einem Instinkt heraus das stinkende Bündel, das sich darin befindet.
Lies weiter bei ***1053***

411 Der Zombie bricht vor dir zusammen. Der wird dir keine Probleme mehr bereiten. Eher die, die sich aus dem Nebel auf dich zubewegen. Stinkende Wasserleichen, aufgedunsen und schmierig. Die Haut hängt ihnen in Fetzen vom Körper, mit wässrigen Augen starren sie dich an, fletschen die Zähne.
Wenn du die Meute dennoch angreifst: Lies weiter bei ***1025***
Wenn du die Flucht ergreifst, um nach Osten auf den Parkplatz der Kathedrale zu gehen: Lies weiter bei ***357***

412 Du hörst ein metallisches Klacken. Das kennst du von Paula, wenn sie vor einem Außeneinsatz ihre Waffe geprüft hat. Dir ist klar: Hinter der Tür wird eine durchgeladen. Im letzten Augenblick wirfst du dich zur Seite. Eine Schrotladung donnert durch die geöffnete Klappe, hagelt auf die Straße und in die gegenüberliegende Hauswand. Du hast verdammtes Glück gehabt. Verwirrt läufst du davon.
Lies weiter bei ***439***

413 Kurz hinter dem Schulzentrum ist die Fritz-Ober-Straße durch gepanzerte Fahrzeuge blockiert, die die gesamte

Straßenbreiten versperren. Dem nicht genug, hat man die Zwischenräume mit Stacheldraht verbaut, in dessen mehrlagigem Geflecht Tote festhängen und fauchend in deine Richtung geifern. Der Weg nach vorne ist somit versperrt. Sicher könntest du die Sperre überwinden, doch was erwartet dich dahinter? Ein Meer aus Untoten? Weiterer Stacheldraht, womöglich Minen? Einige Meter vor der Sperre zweigt die Christian-Eberle-Straße nach Süden ab.
Wenn du nach Süden gehst: Lies weiter bei ***372***
Wenn du nach Osten zurück zur Kreuzung gehst: Lies weiter bei ***313***

414

Als du das Gelände verlässt und auf die Straße trittst, erkennst du die Übermacht, gegen die du dich stellen willst. Sie kommen von allen Seiten. Aus Norden, Süden, sogar aus den Häusern jenseits des Damms strömen sie. Aus Autos klettern sie, die Mäuler in gieriger Erwartung aufgerissen. Ihr Stöhnen vermischt sich mit dem Rauschen des Regens.
Wenn du lieber umkehrst, um in der Blechhalle dein Glück zu versuchen: Lies weiter bei ***276***
Wenn du dich durchkämpfen willst und einen Gegenstand besitzt, der Waffenschaden (WS) verursacht: Lies weiter bei ***588***
Wenn du dich durchkämpfen willst und keinen Gegenstand besitzt, der Waffenschaden (WS) verursacht: Lies weiter bei ***429***

415

»Die sind fort, bestimmt zehnmal Tag und Nacht. Aber sie haben mir zu Essen dagelassen und gesagt, dass sie wiederkommen oder jemanden schicken, der mich zur Anstalt in der Innenstadt mitnimmt, denn dort ist es sicher!«
Du weißt, dass mit der Anstalt in der Innenstadt das Death Asylum gemeint sein muss.
»Und deine Eltern gehören zu den Leuten dieser Anstalt?« Lies weiter bei ***416***
»Geh von der Scheibe weg, ich schlage sie ein, damit du raus kannst!« Lies weiter bei ***445***
»Bist du gesund, wurdest du von einem dieser … Stinkemenschen gebissen?« Lies weiter bei ***296***
»Bleib im Auto. Ich hole Hilfe und komme bald wieder!« Lies weiter bei ***596***

416 »Aber nein. Dort wollten wir hin, denn es heißt, dort ist es sicher. Da gibt's Kinder und Ärzte und sogar eine kleine Schule mit vielen Spielsachen …«

*»Geh von der Scheibe weg, ich schlage sie ein, damit du raus kannst!« Lies weiter bei **445***

*»Bleib im Auto. Ich hole Hilfe und komme bald wieder!« Lies weiter bei **596***

417 »Verdammt nochmal, hör auf, Lärm zu machen. Ziehst sonst die Leichensäcke an!«, hallt dumpf eine heisere Männerstimme von jenseits der Tür.

*Du hörst auf mit dem Lärmen auf und beschließt, das Gespräch ruhiger anzugehen: Lies weiter bei **310***

*Du trittst wütend gegen die Tür »Mach die scheiß Tür auf oder ich trete sie ein!«: Lies weiter bei **287***

*Du gehst weiter deines Weges: Lies weiter bei **439***

418 Der Sprung war weit und die Landung hart, aber du hast es geschafft. Nun liegt die Grube hinter dir und du kannst dich auf den vor dir liegenden Weg konzentrieren.

Die Kleine Himmelsgasse führt leicht bergauf. Die Innenstadt ist nicht mehr fern. Gesäumt von alten übermannshohen und mit Efeu bewachsenen Mauern ist die kaum zwei Meter breite Gasse ein enger Schlauch, der zur Todesfalle werden kann. Doch jetzt gibt es kurz vor dem Ziel kein Zurück mehr. Die Gasse mündet zwischen zwei Sandsteingebäuden in eine Straße, auf der sich eine endlose Schlange an Fahrzeugen hoffnungslos ineinander verkeilt hat. Teils haben sie sich gar übereinander geschoben.

Ironischerweise nennt sich diese Straße Große Himmelsgasse. Dein Atem dampft feucht von deinen Lippen. Es ist klamm, neblig, finster. Stille lastet schwer auf deiner Seele.

Du weißt nicht, was zwischen den Fahrzeugen geschieht. Immerhin hast du die Ebene der Innenstadt erreicht. Etwas versetzt geht gegenüber eine Gasse nach Süden ab. Du weißt, dass es nach links (Osten) zur Kathedrale geht.

*Wenn du nach Süden gehst Lies weiter bei **271***

*Wenn du nach Osten gehst: Lies weiter bei **541***

419 »Aber nein. Draußen haben die Eltern auf mich aufgepasst. Papa hat die Stinkemenschen fern gehalten. Nach dem Unfall haben sie mich im Auto zurückgelassen und eingeschlossen. Nur für den Moment, sagten sie, nur, bis sie sich einen sicheren Weg freigekämpft hatten ...«

»Und deine Eltern gehören zu den Leuten dieser Anstalt?« Lies weiter bei ***565***

»Geh von der Scheibe weg, ich schlage sie ein, damit du raus kannst!« Lies weiter bei ***614***

»Bleib im Auto. Ich hole Hilfe und komme bald wieder!« Lies weiter bei ***595***

420 Mit klopfendem Herzen landest du auf dem Wagendach, das dich von der anderen Seite trennt. Der Hund dreht sich am Rand der Grube im Kreis und kläfft. Grunzend strecken sich die Toten nach dir, kratzen mit schartigen Nägeln am Lack des Wagens, wollen ihn in die Grube zu zerren. Ihre Gebisse klackern im Takt des Untergangs. Geschicklichkeit wird dir dieses Mal nicht reichen, du musst hoch und weit springen und dazu brauchst du deine ganze Kraft.

Führe eine Probe auf ***AUS*** *und eine auf* ***GES*** *durch und addiere die Würfe. Die Probe gelingt, wenn die Summe kleiner oder gleich der Summe aus* ***AUS*** *und* ***GES*** *ist.*

Wenn die Probe gelingt Lies weiter bei ***601***

Wenn die Probe misslingt Lies weiter bei ***1016***

421 In der Dämmerung erkennst du vage die Umrisse des Domes. Der Regen hat nachgelassen. Wasser dampft vom Asphalt. Nässe und Erschöpfung lassen deine Zähne klappern. Linkerhand reihen sich die Nobelbauten der Reichen an der Straße entlang. Dahinter ist der alte Hafen, in dem wohl noch die Jachten dümpeln, während sich rechts alte Ziegelsteinhäuser nahtlos entlangziehen. Schließlich erreichst du die Abzweigung, an der die Franz-Kirrmeier-Straße nach Süden in die Hafenstraße übergeht und rechts die Straße Am Heringsee von Reihenhäusern gesäumt nach Westen führt.

Wenn du nach Süden gehst: Lies weiter bei ***344***

Wenn du nach Westen gehst: Lies weiter bei ***518***

422 Diese Tür ist durch ein Vorhängeschloss gesichert. Um es aufzustemmen, brauchst du einen dafür geeigneten Gegenstand (Brechstange, eiserner Haken, Leatherman etc.).

*Führe eine Probe auf **GES** durch (Solltest du keine Lichtquelle besitzen, addiere auf das Ergebnis deines Würfelwurfs **2W6**).*
*Die Probe ist geglückt: Lies weiter bei **393***
*Die Probe ist misslungen: Lies weiter bei **513***
*Wenn du keinen geeigneten Gegenstand besitzt: Lies weiter bei **481***

423 Der Gestank der Zombies, die aus dem Norden anrücken, nötigt dich, wegzulaufen. Also folgst du der Rheintorstraße nach Süden, vorbei an verlassenen Häusern. Dein Weg ist gesäumt von rostenden Autos, überall liegt Schmutz. Um die vergammelten, teils mit Schimmel und Pilzen bedeckten Leichen, vollgesogen mit Regenwasser, machst du einen Bogen. Bald bleibt jedes Geräusch hinter dir zurück. Es wird still in der diesigen Dunkelheit. Still und unglaublich einsam.
*Lies weiter bei **531***

424 Vorsichtig faltest du mit Maries Hilfe das völlig durchnässte Blatt auseinander. Das Papier zerreißt und bildet Klumpen. Ihr werdet nie erfahren, was darauf zu lesen stand.

Du darfst in der Kathedrale nur Punkte besuchen, bei denen du noch nicht warst!
*Wenn ihr zu den Beichtstühlen geht: Lies weiter bei **332***
*Wenn ihr zu den Bittkerzen geht: Lies weiter bei **362***
*Wenn ihr die Kathedrale verlasst, um zur Hauptstraße zu gehen: Lies weiter bei **319***
*Wenn ihr die Kathedrale verlasst, um zur Pfaffengasse zu gehen: Lies weiter bei **559***

425 Das Kind stürzt auf dich zu, die Zähne gefletscht, die Arme vorgestreckt, die Finger zu Krallen verkrümmt. Ihrer Kehle entsteigt ein gutturaler Schrei. Sie will dich fressen, dein warmes Fleisch verschlingen. Du reißt deine Waffe hoch, bereit, den Ansturm des Mädchens zu stoppen.

Führe den Kampf nach den Regeln durch!

Archetyp	KON	AUS	Waffe	WS
Zombiemädchen	6	8	–	–

*Reduziere deinen **IW** um **1W6** (IW < 20 gehe zu 1018)*
*Wenn du gewinnst: Lies weiter bei **592***
*Wenn du verlierst: Lies weiter bei **488***

426 So sehr du dich auch anstrengst, du kannst nichts erkennen. Deine Augen sind müde und dein Licht reicht nicht aus, dieses *Etwas* der Dunkelheit zu entreißen. Also gehst du weiter, bis sich die schreckliche Wahrheit offenbart. Deine Füße treten in etwas Nasses. Wie Schmierseife fühlt es sich an, ebenso glatt wie rutschig.
*Lies weiter bei **486***

427 Nachdem du genauer hingehört hast, hörst du ein feines Stimmchen in all dem Getöse. Es ruft um Hilfe. Dort ist ein Kind oder eine junge Frau in Bedrängnis. Ein lebendiger Mensch!
*Wenn du dem Schillerweg nach Süden folgst: Lies weiter bei **527***
*Wenn du nach Westen in die Gasse zur Quelle der Geräusche gehst: Lies weiter bei **356***

428 Während sich der Ring der Toten unaufhaltsam schließt, stehst du vor dem mit einem hüfthohen Gitter versperrten Abgang in den Untergrund, in dem ein Bach fließt. Daneben gibt es einen geradezu winzigen Hinterhof, in dem Müllcontainer stehen und aufgerissene Säcke, die ihren fauligen Inhalt auf den Boden ergießen. Es stinkt nach altem Kohl und gegorenem Obst. Dort liegt ein toter Polizist mit dem Gesicht nach unten. In der Korngasse hörst du das Fauchen unzähliger Zombies, dorthin zurückzugehen, wäre glatter Selbstmord. Auf der Hauptstraße marschiert die Phalanx der Toten von beiden Seiten unaufhaltsam auf deinen Standort zu. Noch könntest du die

Straße überqueren und in die schmale Gasse, die nach Süden führt, verschwinden.

Wenn du den Abgang zum Bach hinabsteigst: Lies weiter bei ***549***
Wenn du die Straße überquerst, um zur Gasse zu gehen: Lies weiter bei ***309***
Wenn du den toten Polizisten durchsuchst: Lies weiter bei ***369***

429 Deine Chancen sind mehr als gering, dennoch stellst du dich den Toten entgegen. Hastig checkst du die Situation und entdeckst einen schmalen Weg zwischen der Hauswand und einigen abgestellten Autos, der nach Süden führt. Um ihn zu erreichen, musst du jedoch zwei Zombies aus dem Weg räumen.
Entschlossen ballst du deine Fäuste und stürzt dich dem ersten Feind, einem übergewichtigen Anzugträger mit aufgeblähtem Bauch und von Fäulnis zersetztem Gesicht entgegen. Grunzend nimmt er deine Herausforderung an.

Führe den Kampf nach den Regeln durch!

Archetyp	KON	AUS	Waffe	WS
Dicker Banker	*8*	*8*	*Zähne und Klauen*	*2*

Reduziere deinen ***IW*** *um* ***3W6*** *(IW < 20 gehe zu 1018)*
Wenn du gewinnst: Lies weiter bei ***334***
Wenn du verlierst: Lies weiter bei ***1017***

430 Kaum, dass du über den Leichnam des Zombie-Bauarbeiters steigst, um den Toten hinter dir zu entkommen, schälen sich taumelnde Körper aus dem Nebel vor dir. Du sitzt in der Falle. Gleich werden sie über dich herfallen! Du wirst ganz sicher in dieser Gasse sterben!
Lies weiter bei ***520***

431 Hinter den Schlitzen des Rollladens bewegt sich etwas. Ein leiser Pfiff bringt den Hund zum Schweigen.
Lies weiter bei ***553***

432 Hier unten stinkt es wie in einer Jauchegrube. Es kommt nicht nur von der Brühe, es sickert aus den Steinen, treibt dir Tränen in die Augen. Du erreichst eine Abzweigung, an der es nach links und geradeaus weiter geht. In deinem Rücken verkündet ein Platschen, das die stinkenden Verfolger in den Tunnel vorgedrungen sind. Ein hohles Röcheln hallt durch die Dunkelheit.

*Wenn du geradeaus gehst: Lies weiter bei **493***
*Wenn du nach links gehst: Lies weiter bei **373***

433 Da ist etwas vor dir im Gang. Erst erkennst du es nicht, doch die Gewissheit trifft dich kurz darauf wie ein brutaler Schlag ins Gesicht: Der Weg ist durch ein stabiles Eisengitter versperrt. Der Hund hatte den richtigen Riecher und den sicheren Weg gewählt. Wärst du doch nur dem Tier gefolgt. Doch nun ist es zu spät. Als du dich umdrehst, wankt dir ein massiger Zombie in der Brühe entgegen. Ein fetter, nackter Kerl, dessen Haut mit Schorf und etwas, das wie Käseabrieb aussieht, bedeckt ist. Mit dem Gitter im Rücken ist ein Kampf unausweichlich.

Führe den Kampf nach den Regeln durch!

Archetyp	KON	AUS	Waffe	WS
Nackter Zombie	*5*	*2*	*Zähne und Klauen*	*1*

*Reduziere deinen **IW** um **2W6** (IW < 20 gehe zu 1018)*

*Wenn du gewinnst: Lies weiter bei **373***
*Wenn du verlierst: Lies weiter bei **1019***

434 Wie ein Blinder tastest du dich vorwärts, tiefer hinein in die Halle, in die Finsternis. Wasser tropft dir auf den Kopf, umspült deine Füße. Du trittst in etwas Weiches und willst nicht wissen, was es ist. Erahnst es aber anhand seiner Konsistenz. Der Gestank betäubt deine Sinne, macht sie stumpf. Du stößt gegen einen Raumteiler und wirfst ihn mit ohrenbetäubendem Getöse um. Du erstarrst in der Bewegung und lauschst. Irgendwo klirren Ketten, ächzt eine Tür unter dem Ansturm unbekannter Gewalten. Du taumelst erschrocken zurück,

spürst die Liege in den Kniekehlen und stürzt. Dein Kopf schlägt schwer auf den Boden, weißes Licht explodiert vor deinen Augen.
Am anderen Ende der Halle bersten die Ketten, zersplittern Türen. Einhergehend mit einem unbeschreiblichen Gestank wälzt sich eine stöhnende Masse auf dich zu, gleich einer Sturmflut kommen sie über dich. Eine gnädige Ohnmacht umhüllt deinen benebelten Geist.
*Lies weiter bei **1041***

435

Du landest auf dem Wagendach, strauchelst, fängst dich im letzten Moment. Du spürst, wie sich der Wagen unter dir bewegt und in die Grube zu rutschen droht. Die Toten schwanken wie Halme im Wind, jedoch wesentlich langsamer, als beim ersten Sprung. Das nächste Wagendach erscheint zu weit entfernt, doch es gibt kein Zurück mehr. Acht Sekunden, bis die Arme der Toten erneut ihren schaurigen Höhepunkt erreichen
*Wenn du sofort springst: Lies weiter bei **598***
*Wenn du bei VIER springst: Lies weiter bei **298***
*Wenn du bei SECHS springst: Lies weiter bei **538***
*Wenn du bei ACHT springst: Lies weiter bei **388***

436

Der Mann scheint zu überlegen. Du wiederholst deine Bitte. Schaffst du es, sein Mitgefühl zu wecken?

 *Führe eine Probe auf **MEN** durch!*
*Die Probe gelingt: Lies weiter bei **315***
*Die Probe misslingt: Lies weiter bei **268***

437 Das überschnappende Bellen des Hundes wird begleitet vom Klirren der Kette, als er springt. Dabei löst sich eine der Eisenstangen und scheppert zu Boden. Die Kette rutscht aus dem Haken, der Hund ist frei. Und der hat es auf dich abgesehen, geht dich mit gefletschten Zähnen an.

Führe den Kampf nach den Regeln durch!

Archetyp	KON	AUS	Waffe	WS
Schäferhund	*5*	*4*	*Gebiss*	*1*

*Reduziere deinen **IW** um **4W6** (IW < 20 gehe zu 1018)*
*Wenn du gewinnst: Lies weiter bei **347***
*Wenn du verlierst: Lies weiter bei **1032***

438 Du packst die Dachreling und ziehst dich nach oben, findest kaum Halt an den glatten Seitenwänden. Und da sind noch die Zombies unter dem Wagen, die versuchen, deine Füße zu greifen. Dein Schwung wird jäh gebremst, als einer dieser Bastarde mit schmieriger Hand deinen Knöchel umschließt und dich gnadenlos zu Boden zerrt. Schon findest du dich im tödlichen Handgemenge mit ihm wieder.

Führe den Kampf nach den Regeln durch!

Archetyp	KON	AUS	Waffe	WS
Zombie unter Lieferwagen	*3*	*4*	*Zähne und Klauen*	*1*

*Reduziere deinen **IW** um **2W6** (IW < 20 gehe zu 1018)*
*Wenn du gewinnst: Lies weiter bei **587***
*Wenn du verlierst: Lies weiter bei **1037***

439 Die diesige Dunkelheit behindert deine Sicht. Was weiter als fünf, sechs Meter entfernt ist, wird zum dunklen Schemen im Nebel. Er dämpft die Geräusche, das Knacken, Tropfen,

das Geheul herrenloser Hunde. Du fühlst dich in einen Horrorfilm von Edgar Wallace versetzt, die Stadt, in der du dich bewegst, könnte überall sein.
Die Schiffergasse stößt auf die quer verlaufende Hasenpfuhltraße. Der Weg nach rechts (Westen) ist durch zwei gegenüberstehende Häuser versperrt, deren Ruinen sich geneigt haben und ein Durchkommen unmöglich machen. In den Trümmern stecken unzählige Tote. Ihre Zähne klappern wie die Schnäbel von Störchen, wenn sie in ihren Nestern sitzen. Dünne, fast fleischlose Arme recken sich dir aus den Trümmern hoffnungsvoll entgegen. Also geht es hier nur nach links (Osten) weiter.
Lies weiter bei ***346***

440 Neben dem Bischofssitz geht es nach Westen in die Kleine Pfaffengasse. Das ist eine enge, einspurige, von dreistöckigen Stadthäusern gesäumte Straße. Dichter Nebel wabert zwischen den Häusern. Wasser tropft aus verstopften Regenrinnen. Wo es nach links (Süden) in die Judengasse geht, hörst du ein Schlurfen und Grunzen. Zombies!
Es müssen viele sein, du erkennst ihre Schatten im Nebel, die sich abzeichnen wie Scherenschnitte. In der Judengasse geht es in einen Innenhof, aus dem es keinen Ausgang gibt. Doch halt, kurz, bevor dich die Verzweiflung packt, siehst du, dass der Kellerabstieg zum Judenbad offen steht. Paula hat einst erzählt, dass das Judenbad im Mittelalter erbaut wurde und mit dem Bach darunter verbunden ist, der es mit frischem Wasser versorgt. Der Bach fließt unterirdisch durch einen Kanal.
Lies weiter bei ***259***

441 Du hast den stinkenden Bastard fertig gemacht. Nackt und schmierig liegt er zu deinen Füßen. Der Nebel vor dir gebiert weitere Zombies. Eine asiatische Reisegruppe nebst skalpierter Reiseleiterin, die ihr Fähnchen über den Boden hinter sich her schleift. Schon johlt der faulige Chor mit freudigem Röcheln. Dem nicht genug, hörst du in deinem Rücken schlurfende Schritte. Gestank und kehlige Grunzlaute machen dir klar: Die sind vom Hafen gekommen und im

Begriff, dir den Weg abzuschneiden. Ein Kampf wäre gegen diese Menge aussichtslos, was bleibt, ist die Flucht nach Osten, zum Parkplatz. Doch das wird nicht leicht, da ist einiges an Geschick vonnöten!

Führe eine Probe auf ***GES*** *durch!*
Wenn die Probe gelingt: Lies weiter bei ***530***
Wenn die Probe misslingt: Lies weiter bei ***410***

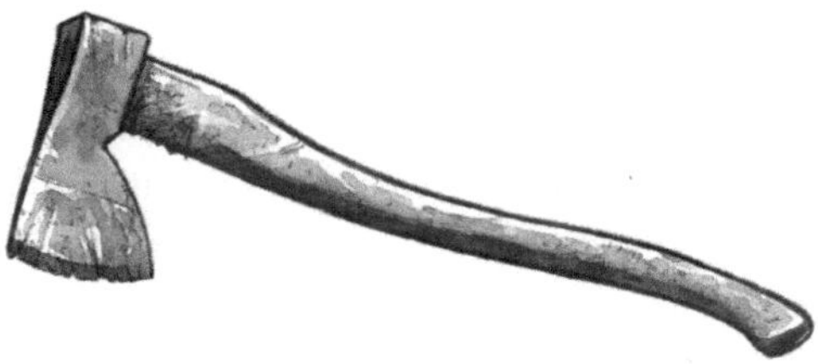

442 Weder das Trommeln des Regens auf dem Dach noch das Lärmen der Hupe können dich davon abhalten, das Wohnmobil zu durchsuchen. Im Handschuhfach findest du die Gebrauchsanweisung des Fahrzeugs sowie eine Straßenkarte von Deutschland (m). In den Hängeschränken befinden sich vier Plastikteller (4x m), vier Plastikbecher (4x m), sowie vier Plastikbestecke (4x k), bestehend aus einer Gabel, einem Messer und einem Löffel. Alles in wunderschönem Pink. Und zwischen einigen unhandlichen Töpfen entdeckst du eine funktionierende Stab-Taschenlampe (m). In der Nasszelle findest du zwei in Plastik eingeschweißte Zahnreinigungssets (2x k) sowie zwei verpackte Seifen (2x k). Als du das Wohnmobil verlässt, fällt dein Blick auf einen nagelneuen KFZ-Verbandskasten (g), der über der Tür befestigt ist.
Wenn du in die Wellblechhalle gehst: Lies weiter bei ***522***
Wenn du das Gelände verlässt, um der Straße Richtung Süden zu folgen: Lies weiter bei ***476***

443 Die Scherben der zerborstenen Eingangstür knirschen unter deinen Füßen. Nur der Aluminiumrahmen hängt noch in den Angeln. Drinnen ist es finster. Der dumpfe Geruch nach Tot ist intensiver als draußen, raubt dir fast die Besinnung. Irgendwo tropft Wasser von der Decke. Ansonsten ist es in der Halle totenstill.

Solltest du dich nicht im Besitz einer Lichtquelle befinden, macht es wenig Sinn, tiefer in die Turnhalle einzudringen. Überlege dir deinen nächsten Schritt gut.

Wenn du eine Taschenlampe hast: Lies weiter bei ***294***
Wenn du ein Gasfeuerzeug hast: Lies weiter bei ***594***
Wenn du keine Lichtquelle hast, aber dennoch die Turnhalle betrittst: Lies weiter bei ***324***
Wenn du die Turnhalle verlässt: Lies weiter bei ***413***

444

Aufsteigender Nebel dämpft deine Schritte. Nach wenigen Metern erreichst du eine Abzweigung, an der es links in die Schiffergasse geht. Dir fährt der Schreck durch Mark und Bein, als du dort eine schemenhafte Gestalt auf der Straße stehen siehst. Sie scheint dich mit hängenden Armen zu fixieren.
Plötzlich wirft sie sich herum und verschwindet in einem der alten, geduckten Altstadthäuser. Dann der abgemilderte Knall einer zuschlagenden Tür!
Geradeaus führt der Eselsdamm am alten Stadtgraben entlang, hinter dessen Mauern sich die Altstadt duckt.

Wenn du geradeaus weiter gehst: Lies weiter bei ***458***
Wenn du nach links gehst: Lies weiter bei ***291***

445

»Okay, ich ziehe mir die Decke über den Kopf.« Nachdem sich das Mädchen geschützt hat, hebst du einen der Steine auf, die hier überall auf der Straße herumliegen (oder benutzt eines deiner Werkzeuge) und schlägst die Scheibe ein.
Das Glas zerspringt mit sattem Klirren. Der Gestank, der aus dem Wagen dringt, ist unbeschreiblich. Das Mädchen muss geraume Zeit eingesperrt gewesen sein.
Dankbar klettert dir durch die Fensteröffnung ein schmutziges Mädchen mit blonden, langen Haaren und einer vor Dreck stehenden dunkelblauen Latzhose entgegen und streckt hilfesuchend die Arme nach dir aus!

Du nimmst das Mädchen bei den Händen und hilfst ihr nach draußen: Lies weiter bei ***566***
Du weichst vor ihr zurück: Lies weiter bei ***446***

446 Das Mädchen sieht dich enttäuscht an und klettert ungeschickt durch die entstandene Öffnung. Plötzlich rutscht sie ab und durch das Fenster hindurch. Sie schreit laut auf, als Glassplitter ihre Handflächen zerschneiden. »Aua …!«
Weinend sieht sie dich mit ihren großen, wasserblauen Augen anklagend an. »Das wäre nicht passiert, wenn du mir geholfen hättest!«
»Oh Gott, es tut mir leid, Kleines. Komm, ich helfe dir auf!«: Lies weiter bei ***474***
»Hör auf zu jammern und steh auf, wir müssen weiter!«: Lies weiter bei ***504***

447 »Ich meine, es ist die sicherste Zuflucht in der ganzen verdammten Stadt, aber die Leute dort sind echte Ärsche. Greifen jeden ab, den sie kriegen können, schleppen ihn ins Ayslum. Zwei von uns hat es schon erwischt … Am besten, du hältst dich an den Dom, meide aber die Hauptstraße, denn dort kommst du nicht durch. Geh, wenn du das Portal des Doms im Rücken hast, etwas nach links und dort die kleine Gasse entlang, die parallel zur Hauptstraße Richtung Westen führt … Noch 'ne Frage: Gehörst du zu der Fremden, die sie verschleppt haben?«

Wenn du weißt, was er damit meint:
»Sie gehört zu meinen Leuten. Danke mein Freund. Hast echt was gut bei mir. Passt auf euch auf!« Du nickst dem Mann aufmunternd zu und folgst der Straße Richtung Innenstadt: Lies weiter bei ***439***

Wenn du wissen willst, was er damit meint:
»'ne Frau? Nicht allzu groß, dunkelhaarig? Hast du sie gesehen? Was weißt du über sie?«: Lies weiter bei ***479***

Wenn es dir egal ist:
»Keine Ahnung, was du meinst. Aber Danke für deine Hilfe, passt auf euch auf.«: Lies weiter bei ***439***

448 Du hast es fast geschafft, die Leiter über die Grube zu legen, als dich deine Kraft verlässt. Du rutschst auf dem

nassen Boden aus, verlierst den Halt, die Leiter stürzt hinab. Als du dich aufrappelst, klettern die Toten an ihr empor und recken die kahlen Köpfe aus dem Loch. Du musst den Weg über die Autodächer nehmen!
*Lies weiter bei **467***

449 Du fixierst das nächste Wagendach, duckst dich, spannst deinen Körper und springst. Verwesende Hände greifen nach dir. Das wird eine verdammt knappe Angelegenheit.

*Führe eine Probe auf **GES** durch und addiere **1W6** auf das Ergebnis.*
*Wenn die Probe gelingt: Lies weiter bei **540***
*Wenn die Probe misslingt: Lies weiter bei **1016***

450 Kurz nach dem Bahnübergang erreichst du eine Kreuzung. Der anhaltende Regen ist stark genug, dass das Wasser aus der Kanalisation läuft. Hier unten. Du stellst dir vor, dass es so nah beim Fluss leicht zu Überschwemmungen kommt. Es ist niemand mehr da, der die Flutwerke beaufsichtigt oder die Dämme überprüft. Ein unschöner Gedanke. Du leckst dir das Regenwasser von den Lippen und siehst dich in den verlassenen Straßen um. Der Ziegelofenweg geht hier nach links, führt *Richtung Süden* in ein Wohngebiet. Geradeaus weiter geht es *nach Westen* auf der Fritz-Ober-Straße zu einem Schulzentrum, das in den frühen Tagen der Seuche als Behelfskrankenhaus diente. Von dort schwappte die erste Welle der Toten in die Stadt. Die Dr.-Eduard-Orth-Straße führt nach *Norden* am Schulzentrum vorbei zu einem Sportplatz.
*Wenn du nach Norden gehst: Lies weiter bei **383***
*Wenn du nach Westen gehst: Lies weiter bei **556***
*Wenn du nach Süden gehst: Lies weiter bei **348***
*Wenn du nach Osten zurück zur Franz-Kirrmeier-Straße gehst: Lies weiter bei **515***

451 Zombies sind keine zu sehen, also trittst du auf den Platz vor der Kathedrale hinaus. Im diesigen Zwielicht siehst du verbrannte Holzhaufen, aus denen Pfähle ragen. Daran hängen, das

erkennst du selbst in der Dunkelheit, schwarz verkohlte Körper. Weiter hinten gibt es einen ganzen Stapel davon, übereinander geschichtet in mehreren Lagen, nass glänzend und schwarz wie Kohle. Papier klebt auf dem feuchten Kopfsteinpflaster. Es ist still wie in einem Grab. Türen und Fenster des gegenüberliegenden Bischofssitzes sind zerschlagen. Rußige Fenster zeugen von einem Feuer.

Du wendest dich zum mächtigen Eingangsportal des Kirchengebäudes. Die eisernen Zäune stehen weit offen. Auf den Stufen liegen Patronenhülsen. Braune Flecken im porösen Stein. Der bronzene Haupteingang dahinter scheint nur angelehnt. Als du nach oben blickst, zieht sich dein Magen schmerzhaft zusammen. Für einen kurzen Moment öffnen sich die düsteren Wolken und offenbaren dir im kalten Licht des Mondes ein Szenario des Grauens. Weit über dem Portal starren dich die toten Augen dreier erhängter Kirchenmänner anklagend an. Bei den äußeren scheint es sich um Pfarrer zu handeln, sie tragen dunkle Gewänder auf ihren seltsam verrenkten Körpern. In der Mitte, eine Brise dreht ihn zu dir hin, hängt der Bischof in seinem feierlichsten Ornat. Noch die spitz zulaufende Mütze auf dem Kopf starrt er zu dir herunter, die graue Zunge weit aus dem erdrosselten Hals hängend. Nass schmiegt sich der noble Stoff um seinen eingefallenen Leichenkörper.

Das Death Asylum liegt in der Nähe des alten Marktplatzes. Wenn du Paulas Beschreibungen Glauben schenkst, gibt es den Weg entlang die Hauptstraße, die sich breit und offen durch die Mitte der Innenstadt gen Westen zieht, oder über einen Umweg die wesentlich engere Kleine Pfaffengasse Richtung Südosten.

Wenn du der Hauptstraße nach Westen folgst: Lies weiter bei ***470***
Wenn du nach Südosten zur Kleinen Pfaffengasse gehst: Lies weiter bei ***440***
Wenn du die Kathedrale betrittst: Lies weiter bei ***589***

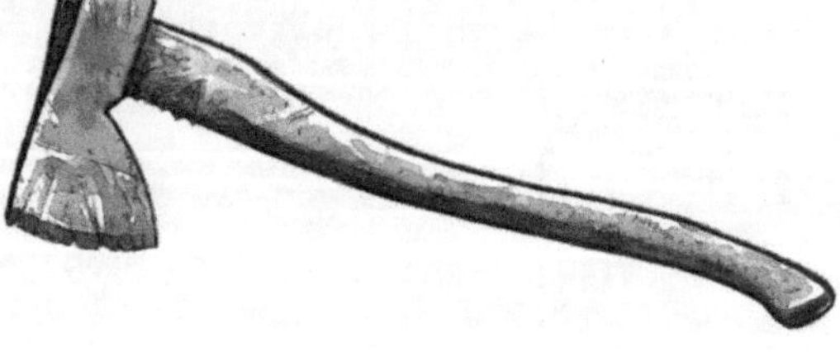

452 Knarrend öffnest du die linke Tür des Beichtstuhls. Hier sitzen normalerweise die Gläubigen, um ihre Sünden zu beichten. Zu deiner Überraschung lagert darin zusammengelegte und sauber gestapelte Kleidung. Es sind sogar Unterwäsche, Socken, ein Kapuzenpulli und eine Hose dabei, die dir halbwegs passen.

Wenn du das angebotene Outfit oder Teile davon als Kleidung tragen möchtest, notiere das auf deinem Charakterblatt.

Hast du einen der aufgeführten Punkte in der Kathedrale schon zuvor besucht, wirst du dort nichts Neues finden

Wenn du zum Beichtstuhl gehst und die rechte Tür öffnest: Lies weiter bei ***422***

Wenn du zur Feuerstelle gehst: Lies weiter bei ***302***

Wenn du zu den Bittkerzen gehst: Lies weiter bei ***602***

Wenn du die Kathedrale verlässt, um zur Hauptstraße zu gehen: Lies weiter bei ***470***

Wenn du die Kathedrale verlässt, um zur Pfaffengasse zu gehen: Lies weiter bei ***440***

453 »Verfluchte Bastarde sind das. Denen geht man besser aus dem Weg. Wir warnen uns gegenseitig, wenn die durch die Straßen ziehen. In solchen Momenten sind wir still, sitzen ohne Licht in den Zimmern, verschwinden in den Schatten, als hätte es uns nie gegeben. Du wirst dich an meine Worte erinnern. Aber es ist deine Entscheidung, der du folgen musst. Geh nach Süden, zur Kathedrale. Folge den Schildern zum Marktplatz, dort ist es, das Asylum. Ihre beschissene Zentrale. Aber wie gesagt, dort wimmelt es von Leichensäcken. Die sind überall.«

»Danke, Mann. Ich werde deinen Rat beherzigen. Aber was ist mit dir? So allein, nur mit 'nem Hund. Bist du in Ordnung?«: Lies weiter bei ***464***

»Danke, ich werde darauf achten, wenn ich die Typen sehe und vorsichtig sein«: Lies weiter bei ***278***

454 Verweigert euch nicht der neuen Gemeinschaft des Asylums! Ihr seid die Kinder des Morgens, die wir mit offenen

Armen empfangen, euch öffnen wir unsere Pforten. Sprecht euch von den Pfaffen frei, die euch mit alten Doktrinen unterdrücken, euch in Angst und Schrecken versetzen!
Sprecht als »**Kinder des Asylums**« vor und wir werden euch eine neue Zukunft in Sicherheit schenken. Doch zögert nicht zu lange, denn es kommt der Tag, an dem unsere Pforten für Neuankömmlinge verschlossen werden!
Werdet noch heute Teil der Gemeinschaft des Asylums!
Geh zurück zu dem Sprungpunkt, von dem du gekommen bist!

455

Das Kind stürzt auf dich zu, die Zähne gefletscht, die Arme ausgestreckt, die Finger zu Krallen gekrümmt. Ihrer Kehle entsteigt ein gutturaler Schrei. Sie will fressen, will dein warmes Fleisch, dein frisches, pulsierendes Blut. Du ballst deine Hände, fühlst dich nicht bereit für eine Konfrontation. Aber he, es ist nur ein verdammtes, totes Kind.

Führe den Kampf nach den Regeln durch!

Archetyp	KON	AUS	Waffe	WS
Zombiemädchen	*6*	*8*	*–*	*–*

*Reduziere deinen **IW** um **1W6** (IW < 20 gehe zu 1018)*
*Wenn du gewinnst: Lies weiter bei **308***
*Wenn du verlierst: Lies weiter bei **608***

456

Du schaffst es, findest du Halt, bevor du in den Leichenhaufen stürzt. Fast hättest du deine Lichtquelle verloren. Ganz lautlos bist du dabei jedoch nicht. Mit dem Haufen geht eine Veränderung vor. Es ist ein Schmatzen und Rutschen, das dir einen Schauer über den Rücken jagt. Er entwickelt ein Eigenleben, als die Leichen aus einem todesähnlichen Schlaf erwachen und dir ihre faulig-kahlen Schädel zuwenden. Schon stehen die ersten auf, öffnen ihre Mäuler zu einem bösen Röcheln … Hier unten gibt es nur den Tod. Du wendest dich zur Flucht!
*Lies weiter bei **607***

457 Die Gasse ist gesäumt von kleinen Restaurants. Allerlei Gerümpel, wie zerschlagene Tische und Stühle liegen herum, dazwischen Gasbrenner zum Heizen der Gästetische, die wie groteske Pilze aus den Trümmern ragen. Nach wenigen Metern zweigt eine Gasse nach links (Süden) ab. Dort gibt es einen Kellerabgang, in dem zu deiner Verwunderung Wasser rauscht.
Ein Krachen und Poltern im Gerümpel lässt dich herumfahren. Tote graben sich aus ihm hervor. Ihre ausgestreckten Arme ragen wie Äste aus dem Holz. Auch vor dir wird es laut. Ein böses, langgezogenes Krächzen gefriert dir das Blut in den Adern. Du hast keine andere Wahl und musst nach links in die Gasse.
*Lies weiter bei **428***

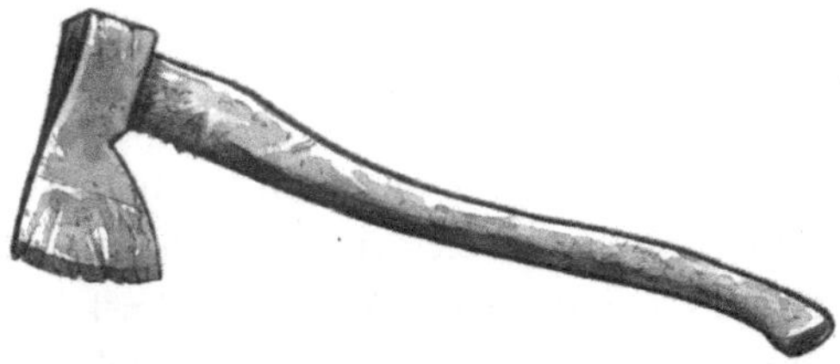

458 Du bewegst dich durch eine tote Stadt, ein Nichts in Dunst und Nebel. Es ist deprimierend, zieht dich runter. Nach einiger Zeit erreichst du eine Kreuzung, an der es links in eine kopfsteingepflasterte Straße namens Grüner Winkel geht. Wobei grün eine Farce ist, denn alles ist grau. Jedenfalls scheint dieser Weg verlassen. Rechts geht der Ziegelofenweg ab, blockiert durch einen Wust aus verbrannten Autos. Sie bilden eine unüberwindbare Wand, die von einer Straßenseite zur anderen reicht. Du bekommst eine Gänsehaut, als du von jenseits der Blechmauer ein Schaben vernimmst.
*Wenn du nach links in den Grünen Winkel gehst: Lies weiter bei **282***
*Wenn du umkehrst und zurück zur Abzweigung Schiffergasse gehst: Lies weiter bei **562***

459 Der Schatten entpuppt sich als Zombie. Ein wahrer Hüne von Kerl, ein schwergewichtiger Bauarbeiter, der dich um einen Kopf überragt. Hinter dir strömen die Toten einer Woge gleich in die Gasse. Du musst kämpfen!

Führe den Kampf nach den Regeln durch!

Archetyp	KON	AUS	Waffe	WS
Zombie-Bauarbeiter	*4*	*5*	*Zähne und Klauen*	*1*

*Reduziere deinen **IW** um **2W6** (IW < 20 gehe zu 1018)*
*Wenn du gewinnst: Lies weiter bei **430***
*Wenn du verlierst: Lies weiter bei **1056***

460 *Führe eine Probe auf **WAH** durch!*
*Die Probe ist geglückt: Lies weiter bei **386***
*Die Probe ist misslungen: Lies weiter bei **273***

461 Die Gasse erscheint dir wie eine enge Schlucht zwischen hohen, fensterlosen Stadthäusern. Wenn du die Arme ausstreckst, berührst du die Wände zu beiden Seiten. Es ist ein schwacher Trost, dass sie zumindest in die richtige Richtung (nach Norden) führt. Hinter dir schwappt das Meer der Toten zähneknirschend zusammen. Der Hund läuft vor dir. Plötzlich bleibt er stehen, fletscht die Zähne und knurrt. Schatten bewegen sich im diesigen Nebel …
*Lies weiter bei **401***

462 Du stockst. Hinter der Kassentheke ragen Füße hervor. Füße, die in muffigen Filzpantoffeln steckten. Die Fußspitzen zeigen nach oben und bewegen sich nicht. Hinter der Theke befindet sich eine verschlossene Tür.
*Wenn du den Laden verlässt: Lies weiter bei **372***
*Wenn du zur Theke gehst, um herauszufinden, zu wem die Füße gehören: Lies weiter bei **529***

463 Da ist etwas vor euch im Gang. Erst erkennst du es nicht, doch Sekunden später trifft dich die Gewissheit wie ein brutaler Schlag ins Gesicht: Der Weg endet vor einem stabilen Gitter.
»Oh nein«, wimmert Marie. »Ich wusste es.«
Doch es kommt schlimmer. Als du dich umdrehst, wankt euch ein massiger Zombie in der Brühe entgegen. Ein fetter, nackter Mann, der über

und über mit Schorf und etwas, das wie Käseabrieb aussieht, bedeckt ist. Mit dem Gitter im Rücken ist ein Kampf unausweichlich.

Führe den Kampf nach den Regeln durch!

Archetyp	KON	AUS	Waffe	WS
Nackter Zombie	*5*	*2*	*Zähne und Klauen*	*1*

*Reduziere deinen **IW** um **2W6** (IW < 20 gehe zu 1018)*
*Wenn du gewinnst: Lies weiter bei **403***
*Wenn du verlierst: Lies weiter bei **1019***

464 »Geht dich nichts an, Mann. Komm schon klar. Und außerdem, werde dir sicher nicht mehr erzählen, hab' keine Ahnung, ob ich dir trauen kann.« Ihre Worte klingen schwer, um Beherrschung bemüht. Die Letzten sogar schluchzend. Knirschend schließt sich der Riegel des Fensters. Du hörst Geräusche aus der Richtung, aus der du gekommen bist. Zeit zu gehen.
*Lies weiter bei **278***

465 So sehr du dich anstrengst, du findest nichts, um die Grube sicher zu überqueren. Also bleibt dir nur der Weg über die rutschigen Autodächer. Dort erwartet dich der Hund. Er schaut dich an, als wollte er sagen »Hab' ich dir doch gleich gesagt, Hombre!«
*Lies weiter bei **526***

466 Erschöpft taumelst du weiter. Dein Körper giert nach einer Pause, nach Luft und Wasser, doch dafür bleibt keine Zeit, denn die ausgemergelten Hände der Toten greifen nach dir.

Umgeben vom unfassbaren Gestank der Leichen und nass vom kalten Regen schiebst du dich zwischen Hauswand und Autos hindurch, den schmalen Durchgang vor Augen. Doch Moment, etwas anderes scheint die Aufmerksamkeit der Toten auf sich zu ziehen, denn sie geben die Verfolgung nach wenigen Metern auf und strömen Richtung Norden davon, getrieben von einer unheimlichen Macht. Was es wohl war, das sie von dir abgelenkt hat?

*Lies weiter bei **421***

467 Du kletterst auf das Autodach und blickst in den Spalt dazwischen, in dem die Toten deine Anwesenheit registrieren und ihre Arme gierig zu dir emporrecken. Du bist der ultimative Rockstar, der mit seinem Stagediving alles auf eine Karte setzt. Insgesamt wirst du drei Sprünge wagen müssen. Die Menge unter dir schwankt hin und her, erinnert dich an Meeresbrandung. Schwanken sie zurück, müssen sie Halt suchen und ihre Arme sinken hinab, erreichen sie den Punkt, der dir am nächsten ist, recken sie sich erneut nach oben.

Bis sie das nächste Mal die Arme emporrecken, kannst du an dieser Stelle bis fünf zählen.

*Wenn du direkt springst: Lies weiter bei **496***

*Wenn du bei DREI springst: Lies weiter bei **376***

*Wenn du bei VIER springst: Lies weiter bei **406***

*Wenn du bei FÜNF springst: Lies weiter bei **585***

468 Du packst die Dachreling und ziehst dich an ihr hinauf. Die unter dem Wagen eingekeilten Zombies versuchen, deine Füße zu packen. Jetzt erkennst du den Grund, weshalb die Lieferwagen die Blockade bilden. Die Straße ist voller Zombies. Sie stehen so eng, dass sie sich kaum drehen können. Kein Laut dringt aus ihren fauligen Mäulern. Bewegungslos stehen die ausgemergelten Körper da und stinken vor sich hin.

Bis jetzt. Einer hebt seinen Kopf. Der Blick seiner trüben Augen trifft den deinen. Du siehst den Kiefer nach unten klappen, wie sei Körper wie bei einem Fieberschub durchgeschüttelt wird. Ein langgezogenes, heiseres »aaarrrggghhhhsssccccchht« dringt aus seiner Kehle. Bewegung kommt in die Herde, durchläuft sie wie eine Welle. Alle fallen sie in den Chor der Fleischfresser ein, recken ihre Arme in deine Richtung, stoßen und drängen nach vorne. Der Lieferwagen fängt bedrohlich an zu schaukeln, als sich die Masse dagegenstemmt.

*Führe eine Probe auf **GES** durch, um nicht zu stürzen!*
*Wenn die Probe gelingt: Lies weiter bei **617***
*Wenn die Probe misslingt: Lies weiter bei **317***

469 »So, hast also keinen besonderen Grund, hm? Dann hab' ich keinen, dir was zu sagen!« Polternd hantiert er dabei hinter der Tür herum.
*»Hast recht, Mann. Ich ziehe dann mal wieder meines Weges. Haltet die Ohren steif.« Du zuckst mit den Schultern und folgst weiter der Straße: Lies weiter bei **439***
*»Sorry, hab' mich da wohl ungeschickt ausgedrückt. Es ist so, dass ich mit denen was zu klären habe. Was Persönliches, verstehst du? Es ist verdammt wichtig für mich!«: Lies weiter bei **447***
*»Verdammt, das geht dich 'nen Scheiß an. Also … sag mir, wie ich zu dieser verfluchten Anstalt komme, Alter … sonst …«: Lies weiter bei **358***

470 Du überquerst den weitläufigen Platz, lässt die Scheiterhaufen und das Grauen, das von der Front der Kirche baumelt, hinter dir. Vor dir liegt hingegen die breite Hauptstraße. Hier stehen kaum Fahrzeuge, Dreck und Müll gibt es dagegen zuhauf. Nass klebt Papier auf dem Kopfsteinpflaster. Die Fenster der Polizeiwache zur Linken sind zersplittert. Dahinter nichts als gähnende Schwärze. Im Dunst vor dir erkennst du die schemenhaften Umrisse der Buden des Weihnachtsmarktes, erinnerst dich an fröhlich glänzende Kinderaugen, an glühweinselige Abende zusammen mit Freunden. An den Duft von Weihnachten, Lebkuchen und Gebäck. Jetzt liegt über alldem Dunkelheit und ein Gestank, an den du dich längst gewöhnt hast.
*Lies weiter bei **517***

471 Mutig stellst du dich dem aufgeschwemmten Bastard entgegen. Der schlurft auf dich zu, röchelt hohl und streckt die Arme nach dir aus. Der Kampf beginnt!

Führe den Kampf nach den Regeln durch!

Archetyp	KON	AUS	Waffe	WS
Nackter Zombie	*4*	*5*	*Zhne und Klauen*	*1*

*Reduziere deinen **IW** um **2W6** (IW < 20 gehe zu 1018)*
*Wenn du gewinnst: Lies weiter bei **441***
*Wenn du verlierst: Lies weiter bei **1046***

472

Insgesamt stehen auf dem Parkplatz fünf Fahrzeuge. Auf den Frontscheiben kleben die Nummern 1-5. Die 1 steht der Einfahrt am nächsten. Alle Fahrzeuge sind abgeschlossen.

Wenn du ein Brechstange, einen eisernen Haken, eine Schaufel oder ein abgebrochenes Stuhlbein besitzt, um dir gewaltsam Zutritt zu verschaffen:
*Wenn du damit die Türscheibe einschlägst: Lies weiter bei **571***
*Wenn du damit die Türen aufhebelst: Lies weiter bei **361***

Wenn du keinen der Gegenstände besitzt oder du eine andere Auswahl treffen möchtest:
*Wenn du das Grundstück verlässt, um weiter Richtung Süden zu gehen: Lies weiter bei **421***
*Wenn du **noch nicht** in der Halle warst und diese jetzt untersuchen willst: Lies weiter bei **382***

473

Der Platz vor der Sporthalle ist voller Müll. Überall liegen einzelne Schuhe und nasse Kleidungsstücke. Und Leichen, die mit ihren aufgeblasenen Bäuchen wie überdimensionale Maden aussehen. Angefressen und bleich liegen sie da, entblößen die Zähne ihrer lippenlosen Münder und starren mit leeren Augenhöhlen in den grauen Himmel. Der Regen wäscht das Schlimmste weg und dennoch hängt über allem der dumpfe Gestank fortschreitender Verwesung. Direkt neben dem Eingang liegt ein ganzer Haufen nackter Leichen, notdürftig mit einer schwarzen Plastikplane abgedeckt. Faulige Körperflüssigkeit vermischt sich mit dem Regenwasser, das große Pfützen bildet.

Es ist dunkler geworden, der Regen prasselt auf dich nieder.
*Wenn du die Sporthalle betrittst: Lies weiter bei **443***
*Wenn du der Fritz-Ober-Straße nach Westen folgst: Lies weiter bei **413***

474 Die Handflächen des Mädchens weisen stark blutende Schnitte auf. Dir ist klar, dass die Toten das Blut meilenweit riechen werden.

Wenn du Verbandsmaterial besitzt, musst du ihr damit die Hände bandagieren. Und streiche den Verband von deinem Charakterblatt. Wenn du ihr die Verletzungen nicht verbinden kannst, notiere dies auf deinem Charakterblatt!

Du unterziehst den Wagen einer schnellen Durchsuchung. Neben einer Decke (m) und einem kleinen Kinderrucksack (k=5 m=5), an dem ein Plüscheinhorn baumelt (k), findest du im Handschuhfach einen Notizblock (k), einen Bleistift (k) und ein Schweizer Taschenmesser (k WS=1)
*Lies weiter bei **475***

475 »Also … ich heiße Marie, nur, damit du das weißt.« Das Mädchen dreht sich, damit du das Plüscheinhorn sehen kannst, das an ihrem Rucksack befestigt ist. »Und das ist Fury. Der passt auf mich auf. Immer! Auch als die Erwachsenen alle komisch wurden und anfingen zu stinken.« Sie wischt sich den Schmutz aus dem Gesicht. »Bringst du mich zu meinen Eltern in die Anstalt? … Ich kann dir zeigen, welchen Weg wir gehen müssen, denn den habe ich mir gut gemerkt!«

Das Mädchen streckt den Arm aus und zeigt nach Westen zur Rheintorstraße. »Ich würde da lang gehen, denn den Weg kenne ich!«
»Okay, wir gehen nach Westen und folgen der Rheintorstraße.«: Lies weiter bei ***267***
»Wir gehen dahin, wohin ich sage. Wir folgen dem Schillerweg nach Süden!«: Lies weiter bei ***507***

476 Als du das Zufahrtstor erreichst, stellst du fest, dass die Bevölkerungsdichte auf der Straße extrem zugenommen hat. Angelockt vom Lärmen der Hupe kriechen die Toten aus ihren Löchern, steigen aus Fahrzeugen oder torkeln aus Wohnungen. Auf die Straße zu gehen, käme einem Selbstmord gleich. Du sitzt in der Falle!
Wenn du in die Wellblechhalle gehst: Lies weiter bei ***276***
Wenn du versuchst, dich auf der Straße durchzukämpfen: Lies weiter bei ***414***

477 Die Kathedrale erhebt sich zu deiner Rechten. Es stinkt penetrant nach altem, vergammeltem Fleisch. Ein Gestank, den du in den letzten Wochen oft gerochen hast, dass du nicht mehr weißt, wie Blumen duften. Dort vorne wartet der Tod. Dennoch ist es einer der möglichen Wege, die in die Stadt führen.
Wenn du dem Schillerweg weiterhin nach Süden folgst: Lies weiter bei ***351***
Wenn du umkehrst, um nach Osten auf den Parkplatz der Kathedrale zu gehen: Lies weiter bei ***357***

478 Das Holz der Leiter ist nass und schwer, doch du schaffst es! Begleitet von einem lauten Knall schlägt sie um und legt sich wie eine Brücke über die Grube der tobenden Bestien. Jetzt musst du es schaffen, auf die andere Seite zu klettern, ohne den Toten in die weit geöffneten Mäuler zu stürzen.

Führe eine Probe auf ***GES*** *durch.*
Wenn die Probe gelingt: Lies weiter bei ***569***
Wenn die Probe misslingt: Lies weiter bei ***1016***

479 »Na ja, war vorgestern. Die Sache kam mir ziemlich seltsam vor, auch wenn die Leute aus dem Asylum so was öfter machen. Die kamen in ihren Schutzanzügen direkt hier vorbei, zogen Richtung Innenstadt, die Frau in ihrer Mitte. Ihre Augen waren verbunden, die Hände auf den Rücken gefesselt. Einer hat sie an 'ner Art Leine hinter sich her geführt … Ich sag nur, 'ne weitere Gefangene, die auf Nimmerwiedersehen in der Anstalt verschwindet.«
Du nickst dem Mann dankbar zu und folgst, von verstörenden Gedanken geplagt, dem Weg Richtung Innenstadt.
Lies weiter bei ***439***

480 Du spannst dich an und springst. Schon recken sich die Arme nach oben, klappen die gierigen Mäuler auf.

Führe eine Probe auf ***GES*** *durch und addiere* ***2W6*** *auf das Ergebnis.*
Wenn die Probe gelingt: Lies weiter bei ***420***
Wenn die Probe misslingt: Lies weiter bei ***1016***

481 In dem Gotteshaus herrscht eine gespenstische Atmosphäre. Unter deinen Füßen knirscht Dreck. Die Beichtstühle haben die Form großer Schränke. Drei Stück sind es insgesamt. Während die zwei zu deiner Linken offenstehen und dir der Gestank verrät, dass diese als Toiletten missbraucht worden sind, scheint der zur Rechten intakt zu sein. Dessen Türen sind geschlossen.
Wenn du zum Beichtstuhl gehst und die linke Tür öffnest: Lies weiter bei ***452***
Wenn du zum Beichtstuhl gehst und die rechte Tür öffnest: Lies weiter bei ***422***
Wenn du zur Feuerstelle gehst: Lies weiter bei ***302***
Wenn du zu den Bittkerzen gehst: Lies weiter bei ***602***
Wenn du die Kathedrale verlässt, um zur Hauptstraße zu gehen: Lies weiter bei ***470***
Wenn du die Kathedrale verlässt, um zur Pfaffengasse zu gehen: Lies weiter bei ***440***

482 Du musst deine Schritte vorsichtig setzen, um nicht auf der schmierigen Schicht, die den Leichnam umgibt, auszugleiten. Deine Finger legen sich auf den Griff der Tür. Du drückst ihn nach unten. Kaum, dass der Riegel aufschnappt, schwingt dir die Tür mit Wucht entgegen, beschleunigt von einer unbekannten Masse auf der anderen Seite. Du fliegst gegen die Theke, während sich ein Gemisch aus Körperteilen und Schleim über deine Füße ergießt. Du siehst den schnappenden Kopf, umkränzt von verklebtem Haar, wie er auf dich zurutscht ...

*Führe eine Probe auf **GES** durch.*
*Die Probe ist geglückt: Lies weiter bei **301***
*Die Probe ist misslungen: Lies weiter bei **280***

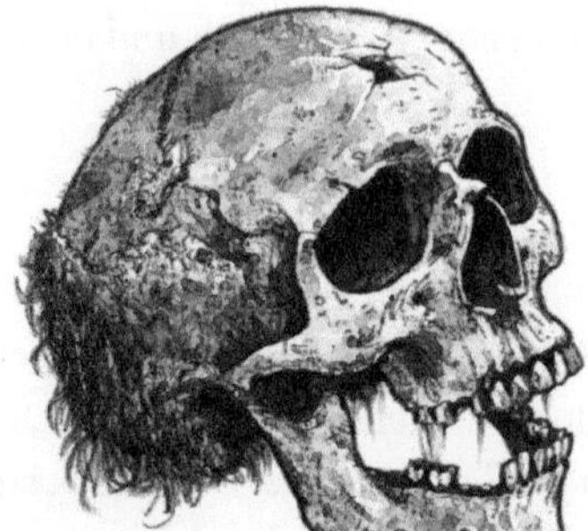

483 Die Schrauben, mit denen der Schlossriegel befestigt ist, lösen sich mit einem kreischenden Knirschen aus dem Holz des Beichtstuhls. Überlaut hallt das Geräusch von den hohen Sandsteinwänden wider, als wollte es die Toten in den Gräbern wecken. Hinter der Tür erwartet dich ein Chaos aus Gegenständen verschiedenster Art, eingeräumt in provisorisch gezimmerten Regalböden. Da sind drei Konservendosen (3x m, 3x AUS+2), gefüllt mit Eintopf, eine Tafel Schokolade (m, AUS+1), ein Päckchen Kaugummi, das sich die kleine Marie nimmt, und etwas ganz Wertvolles: zwei Rollen vierlagiges super softes Toilettenpapier (2x m)!
Aber der Beichtstuhl hat mehr zu bieten, wenn du ihn einer genaueren Untersuchung unterziehst!

*Führe eine Probe auf **WAH** durch (Solltest du keine Lichtquelle besitzen, addiere auf das Ergebnis deines Würfelwurfs **2W6**).*
*Die Probe ist geglückt: Lies weiter bei **544***
*Die Probe ist misslungen: Lies weiter bei **364***

484

Vorsichtig faltest du das völlig durchnässte Blatt ausein ander. Du musst aufpassen, damit es nicht zerreißt oder die Schrift sich verwischt und hältst Marie davon ab, auf das nasse Papier zu fassen. Es ist eine handgeschriebene Nachricht im Stil eines Flugblattes.

*Notiere dir die Nummer dieses Abschnittes und gehe zu **:454**, um die Nachricht zu lesen. Danach wähle dein neues Ziel:*

Du darfst in der Kathedrale nur Punkte besuchen, bei denen du nicht warst!
*Wenn ihr zu den Beichtstühlen geht: Lies weiter bei **332***
*Wenn ihr zu den Bittkerzen geht: Lies weiter bei **362***
*Wenn ihr die Kathedrale verlasst, um zur Hauptstraße zu gehen: Lies weiter bei **319***
*Wenn ihr die Kathedrale verlasst, um zur Pfaffengasse zu gehen: Lies weiter bei **559***

485

Auf eine Konfrontation mit einem untoten Kind willst du es nicht ankommen lassen. Also drehst du dich um und gehst mit schnellen Schritten zurück, wo du hergekommen bist. Nach wenigen Metern blickst du über die Schulter. Das Mädchen ist verschwunden. Haben dir deine Augen etwa einen Streich gespielt? Wenn sie eine Tote war, hätte sie dich nicht direkt angegriffen?
Deine Entscheidung ist gefallen. Du gehst mit schnellen Schritten zurück zur Abzweigung und folgst der Franz-Kirrmeier-Straße in die Stadt.
*Lies weiter bei **515***

486

Du rutschst auf der öligen Flüssigkeit aus, verlierst die Balance und strauchelst dem Haufen entgegen: dem mit Kalk bedeckten Leichenberg, den Händen und Armen, die daraus hervorragen, den nackten, aufgedunsenen Körpern, aus denen der Saft läuft. Kannst du deinen Sturz abwenden?

Führe eine Probe auf ***GES*** *durch!*
Wenn die Probe gelingt: Lies weiter bei ***456***
Wenn die Probe misslingt: Lies weiter bei ***277***

487 Zwei Häuserblöcke weiter schälen sich Gestalten aus dem dunstigen Nebel. Anfangs nur eine Handvoll, doch schon bald schließen sich ihre Reihen, bis sie dicht gedrängt die gesamte Breite der Hauptstraße ausfüllen. Dem nicht genug, scheppert es hinter dir. Dort strömt eine verfault stinkende Lumpenparade zwischen den Buden des Weihnachtsmarktes hervor. Es sind zu viele, um dagegen anzugehen. Rechts führt eine schmale Gasse nach Norden. Auf der anderen Seite der Hauptstraße gibt es eine weitere, kaum zwei Meter breite Gasse nach Süden.
Wenn du in die Gasse nach Norden gehst: Lies weiter bei ***428***
Wenn du in die Gasse nach Süden gehst: Lies weiter bei ***309***

488 Die Kleine läuft genau in deinen Schlag. Sollte sie zumindest. Kurz, bevor deine Waffe ihren Schädel zertrümmert, rutscht dein Fuß auf dem nassen Metall der Gleise aus und du gehst zu Boden. Das hämisch grinsende Totengesicht kommt näher, bereit, die Chance zu nutzen. Mit zusammengebissenen Zähnen stößt du auf dem Rücken liegend deine Waffe mitten hinein in dieses abscheuliche Kindergesicht.

Führe eine Probe auf ***GLK*** *durch.*
Die Probe ist geglückt: Lies weiter bei ***263***
Die Probe ist misslungen: Lies weiter bei ***618***

489 Das Gitter vor dem Abgang stellt kein Hindernis dar. Die Treppen sind aus Sandstein und entsprechend rutschig. Unten geht es durch einen gewölbeartigen Durchgang nach rechts (Westen) oder links (Osten). Wie in einem Gewölbe bewegst du dich leicht geduckt auf einem schmalen Sims neben dem rauschenden

Wasserlauf. Unten ist es eiskalt und stockdunkel. Oben in der Gasse treffen die Wogen der Zombies aufeinander. Das Gitter wird sie nicht aufhalten.
»Hier kenne ich mich aus«, meint Marie und zeigt nach links. »Vertrau mir, das ist der bessere Weg!«

Ab hier geht es nur mit Licht weiter. Sollte deine Lichtquelle versagen, kannst du dich natürlich blind an der Wand entlang tasten. Wenn du keine Lichtquelle besitzt, musst du bei ***257*** *weiterlesen!*
Wenn ihr nach rechts geht: Lies weiter bei ***552***
Wenn ihr nach links geht: Lies weiter bei ***283***

490 Als du zupacken willst, um die Tür aufzuziehen, siehst du eine Bewegung hinter den verschmierten Scheiben. Im Innern des Busses erhebt sich ein vielstimmiges Fauchen. Schon spürst du eine zaghafte und dennoch klebrige Berührung an deinen Fingern. Im letzten Moment gelingt es dir, die Hand wegzuziehen. Es gibt nur eins, was du im Bus finden wirst: Den Tod!
Wenn du nach Süden der Löwengasse folgst: Lies weiter bei ***604***
Wenn du zurück zum Grünen Winkel gehst: Lies weiter bei ***558***

491 Die breite Straße, bei der es sich um die Hauptstraße handelt, liegt auf den ersten Blick verlassen da, doch plötzlich tauchen vor und hinter dir schemenhafte Gestalten aus dem finsteren Nebel auf. Ihr schwankender Schritt, das Knirschen gefletschter Zähne lässt dich erschauern. Die Gasse mit dem Bach ist ebenfalls von Toten überflutet.
Es bleibt lediglich ein Ausweg, den du erreichen kannst: Die enge Gasse auf der anderen Straßenseite. Dorthin läuft der Hund, der die Gefahr schneller als du erkannt hat.
Lies weiter bei ***461***

492 Du verlässt die Halle und gehst auf den Parkplatz, um dir die Wohnmobile anzusehen.
Wenn du Fahrzeugschlüssel gefunden hast: Lies weiter bei ***615***
Wenn du ***keine*** *Schlüssel hast: Lies weiter bei* ***472***

493 Da ist etwas vor dir im Gang. Erst siehst du es nicht richtig. Die Gewissheit trifft dich kurz darauf wie ein brutaler Schlag: Ein massives Eisengitter versperrt euch den Weg. Als du dich umdrehst, wankt dir ein massiger Zombie in der Brühe entgegen. Ein fetter, nackter Mann, dessen Haut mit Schorf und etwas, das wie Käseabrieb aussieht, bedeckt ist. Mit dem Gitter im Rücken ist ein Kampf unausweichlich.

Führe den Kampf nach den Regeln durch!

Archetyp	KON	AUS	Waffe	WS
Nackter Zombie	*5*	*2*	*Zähne und Klauen*	*1*

*Reduziere deinen **IW** um **2W6** (IW < 20 gehe zu 1018)*

*Wenn du gewinnst: Lies weiter bei **373***

*Wenn du verlierst: Lies weiter bei **1019***

494 Du hetzt den Gang entlang. Ein Eisengitter schält sich aus der Dunkelheit. Dinge treiben im Wasser, von denen du nicht wissen willst, was es ist. Zum Glück zweigt ein Gang nach rechts ab, dem du folgst.

*Lies weiter bei **248***

495 »Jeder kennt den Weg zur Anstalt. Ist zwar gefährlich in der Innenstadt, aber mit Glück kommst'e ungeschoren hin. Halt dich Richtung Süden, erst auf die Kathedrale zu und dann weiter. Folge den Schildern zum Marktplatz!«

*»Wow, danke. Und was ist mir dir, lebst du hier allein? Kommst du klar?«: Lies weiter bei **464***

*»Hab' keine Wahl, ich muss in die Stadt, zu dieser Anstalt, weil ich meine Freundin Paula suche. Die ist … hm … abhandengekommen.«: Lies weiter bei **338***

496 Du fixierst das Wagendach, duckst dich, springst. Verwesende Hände greifen nach dir, das wird eine verdammt knappe Angelegenheit.

*Führe eine Probe auf **GES** durch und addiere **1W6** auf das Ergebnis.*
*Wenn die Probe gelingt: Lies weiter bei **435***
*Wenn die Probe misslingt: Lies weiter bei **1016***

497 Deine Finger tasten durch das schmutzige Wasser, suchen zwischen alten Laken und Müll, während dein Herz bis zum Hals schlägt. Die imaginären Bewegungen werden zur Bedrohung, du glaubst, Geräusche zu hören, fühlst dich beobachtet. Doch da, ist es der gesuchte Gegenstand?
Du ertastest die bekannte Form, findest die Bestätigung, die du brauchst. Ein kurzes Klicken. Endlich vertreibt das Licht die dunklen Schatten. Alles ist so, wie es vorher war. Die Dunkelheit hat dir zugesetzt. Du willst hier raus, dorthin, wo es heller ist, wo der Gestank sich nicht wie ein öliger Film auf deinen Gaumen legt.
*Lies weiter bei **266***

498 Deine sanften Worte beruhigen den Hund. Er öffnet das Maul und hechelt. Du nestelst an der Kette herum, die sich mit einigen Gliedern in den Stangen der Barrikade verheddert hat.

*Um herauszufinden, ob du den Hund befreien kannst, führe eine Probe auf **GES** durch!*

*Solltest du ein Werkzeug besitzen, wie eine Brechstange, einen Leatherman oder einen eisernen Haken, darfst du von deiner Probe **1W6** Punkte abziehen.*
*Wenn die Probe gelingt: Lies weiter bei **557***
*Wenn die Probe misslingt und du den Hund seinem Schicksal überlassen musst: Lies weiter bei **347***

499 Der Wust aus ineinander verschachtelten Altstadthäusern nimmt dir den Raum, macht alles eng und undurchsichtig. Hier gibt es keine klaren Linien. Fahrzeuge stehen nur vereinzelt am Straßenrand. Die Scheiben sind eingeschlagen, die Kofferräume aufgebrochen und leer. Manchmal zweigen enge Gassen ab, dass deine

Schultern bald die Wände der geneigten Häuser berühren. Sie enden alle nach wenigen Metern vor mannshohen Mauern.
Als du eine Kreuzung erreichst, erwartet dich eine unangenehme Überraschung. Hier sind Lieferwagen als Barrikade aufgestellt, sodass sie die Straße nach links (Norden) und den Weg geradeaus weiter (Westen) versperren. Sie sind derart ineinander verkeilt, dass man eine Planierraupe bräuchte, um sie wegzubewegen. Unter den Wagen versuchen Untote, sich auf deine Seite durchzuarbeiten.
Nur der Weg nach rechts ist frei. Dort führt die Gasse über eine Brücke, auf der zertrümmerte, recht provisorisch wirkende Barrikaden stehen, die du überklettern müsstest. Eine Bewegung erweckt deine Aufmerksamkeit, gefolgt von einem Winseln. Ein Schäferhund steht vor der Barrikade und sieht dich an. Er trägt ein Halsband, an dem eine Leine befestigt ist. Augenscheinlich hat er sich im Gewirr aus Schrott, Stahlteilen und Pfählen verfangen, die aus der Absperrung wie Lanzen herausstehen.
*Wenn du auf die Brücke nach Süden gehst: Lies weiter bei **379***
*Wenn du auf einen der Lieferwagen kletterst: Lies weiter bei **528***

500 Du stemmst dich gegen den eisernen Griff, der deinen Arm in den Bus ziehen will, mobilisierst deine Reserven, doch es ist nicht genug. Dein Arm wird in den Bus gezogen. Die Toten verfallen fauchend in Ekstase. Eine letzte Chance bleibt dir noch!

 *Führe eine Probe auf **GLK** durch.*
*Die Probe ist geglückt: Lies weiter bei **363***
*Die Probe ist misslungen: Lies weiter bei **537***

501 Beherzt stellst du dich dem Kettenzombie entgegen. Der schlurft auf dich zu, röchelt hohl und streckt die Arme nach dir aus. Der Kampf beginnt!

Führe den Kampf nach den Regeln durch!

Archetyp	KON	AUS	Waffe	WS
Kettenzombie	*5*	*4*	*Zähne und Klauen*	*1*

*Reduziere deinen **IW** um **2W6** (IW < 20 gehe zu 1018)*
*Wenn du gewinnst: Lies weiter bei **411***
*Wenn du verlierst: Lies weiter bei **1030***

502 Im Büro herrscht ein unordentliches Chaos. Auf dem Schreibtisch steht ein Teller mit einem verschimmelten Käsebrot, daneben eine Tasse eingetrockneter Kaffee. Auf den Aktenschränken wie auf dem Schreibtisch türmen sich Unterlagen. In einer der Schublade findest du eine kleine Schlüsselanhänger-Lampe (k), die sogar funktioniert. An der rückwärtigen Wand hängen Familienbilder und Meisterurkunden. Recht interessant ist das Board neben der Tür, an dessen Haken fünf von 1-5 durchnummerierte Fahrzeugschlüssel (5x k) hängen.
*Wenn du **noch nicht** im Aufenthaltsraum warst und ihn jetzt durchsuchen möchtest: Lies weiter bei **318***
*Wenn du zu den Wohnmobilen gehst: Lies weiter bei **492***
*Wenn du das Gelände verlässt, um auf der Straße weiter Richtung Süden zu gehen: Lies weiter bei **421***

503 Nach einem harten Kampf liegt der Rudelführer tot zu deinen Füßen. Sein kräftiges Gebiss hat deine Kleidung zerrissen, womöglich Wunden geschlagen. Ihr habt euch im Todeskampf eng umschlungen auf dem Boden gewälzt. Du bist nass, schmutzig und schwitzt wie ein Schwein. Schwer atmend blickst du zu dem Rudel, das weiterhin Abstand hält. Dennoch machen sie dir unverkennbar klar, dass an ihnen kein Weg vorbei führt. Also kehrst du um, dankbar, am Leben zu sein.
*Lies weiter bei **323***

504 »Du bist gemein! … Das werde ich mir merken!«, fährt dich das Kind an und streckt dir die blutenden Hände entgegen. Dir ist klar, dass die Toten das Blut meilenweit riechen können.

Wenn du Verbandsmaterial besitzt, musst du ihr damit die Hände verbinden. Streiche den Verband vom Charakterblatt. Wenn du ihr die Verletzungen nicht verbinden kannst (oder willst), notiere dies auf deinem Charakterblatt!

Du unterziehst den Wagen einer schnellen Durchsuchung. Neben einer Decke (m) und einem kleinen Kinderrucksack (k=5 m=5), an dem ein Plüscheinhorn baumelt (k), findest du im Handschuhfach einen Notizblock (k), einen Bleistift (k) und ein Schweizer Taschenmesser (k WS=1)
Lies weiter bei ***475***

505 Die Handflächen des Mädchens weisen stark blutende Schnitte auf. Dir ist klar, und das bestätigt dir die Reaktion der Zombie-Kellnerin auf der Motorhaube, dass die Toten das Blut meilenweit wittern werden.

Wenn du Verbandsmaterial besitzt, musst du ihr damit die Hände verbinden. Streiche den Verband vom Charakterblatt. Wenn du ihr die Verletzungen nicht verbinden kannst (oder möchtest), notiere dies auf deinem Charakterblatt!

Die Zombiekellnerin im Auge behaltend beugst du dich in den Wagen und unterziehst ihn einer schnellen Durchsuchung. Neben einer Decke (m) und einem kleinen Kinderrucksack (k=5 m=5), an dem ein Plüscheinhorn baumelt (k), findest du im Handschuhfach einen Notizblock (k), einen Bleistift (k) und ein Schweizer Taschenmesser (k WS=1).
Lies weiter bei ***475***

506 »Kann deine Frage verstehen, Freund. Die Leute aus der Nervenheilanstalt, also die in den Schutzanzügen, die hier vorbeikamen und Richtung Innenstadt gingen, die haben die Frau in ihrer Mitte geführt. Ihre Augen waren verbunden, die Hände auf den Rücken gefesselt. Einer hat sie an 'ner Art Leine hinter sich her geführt … Hoffe, das hilft dir weiter.«

*»Danke Mann, und ob mir das weiterhilft! Wenn du mir jetzt noch sagst, wie ich zu dieser Nervenheilanstalt komme, ohne gefressen zu werden, hast echt was gut!«: Lies weiter bei **542***

*»Huh, das kann nur Paula gewesen sein. Danke, damit kann ich was anfangen. Passt auf euch auf Leute.« Du nickst dem Mann hinter der Klappe aufmunternd zu und folgst der Straße: Lies weiter bei **439***

507

Marie ergreift deine Hand. Ihr Griff ist überraschend fest. Zur Linken säumen Altstadthäuser die Straße und zur Rechten moderne und vermutlich sündhaft teure Betonklötze in bunten Farben. Jetzt sehen sie verblichen aus, haben ihren Wert eingebüßt. In den Tagen des Untergangs hat sich alles relativiert, und Geld ist nur dazu zu gebrauchen, um ein Feuer zu entfachen und sich die klammen Hände zu wärmen.

Auch hier ist die Straße mit verlassenen Fahrzeugen verstopft. Auf einer Brücke überquert ihr einen träge dahinfließenden Bach. Ab und an gluckst das Wasser, ansonsten ist es still. Hier stinkt es zum Erbrechen nach faulem Fleisch. Links zweigt nach einiger Zeit eine schmale Straße zum Hafenbecken ab.

»Da würde ich nicht hingehen«, flüstert Marie leise. »Dort sind Stinkemenschen!«

Zur anderen Seite geht es auf einen großen Parkplatz, über dem sich die monumentale Kathedrale wie ein uneinnehmbares Bollwerk erhebt.

»Von der Kirche aus kenne ich den Weg«, wispert sie.

Geradeaus, also weiter in südlicher Richtung, verschwindet der Schillerweg zwischen üppigem Buschwerk, das die Straße zu beiden Seiten säumt.

»Dort vorne, da haben meine Eltern gesagt, dass sie sich tummeln, die Toten. Da möchte ich nicht gehen!«

*»Alles Quatsch, wie gehen zum Hafenbecken.«: Lies weiter bei **387***

*»Das war mal, wir gehen geradeaus nach Süden.«: Lies weiter bei **591***

*»Okay, wenn du dir da sicher bist, danach gehen wir nach rechts über den Parkplatz zur Kathedrale.«: Lies weiter bei **321***

508 Mit klopfendem Herzen landest du auf dem Wagendach, das dich von der anderen Seite trennt. Unten stehen die Toten fest. Grunzend strecken sie sich, kratzen am Lack des Wagens, wollen ihn in die Grube zu zerren. Die fauligen Gebisse klappern voller Gier auf frisches Fleisch. Geschicklichkeit wird dir dieses Mal nicht reichen, du musst hoch und weit springen, und dazu brauchst du deine ganze Kraft.

*Führe eine Probe auf **AUS** und eine auf **GES** durch und addiere die Ergebnisse.*

*Die Probe gelingt, wenn die Summe kleiner oder gleich der Summe aus **AUS** und **GES** ist.*
*Wenn die Probe gelingt: Lies weiter bei **418***
*Wenn die Probe misslingt: Lies weiter bei **1016***

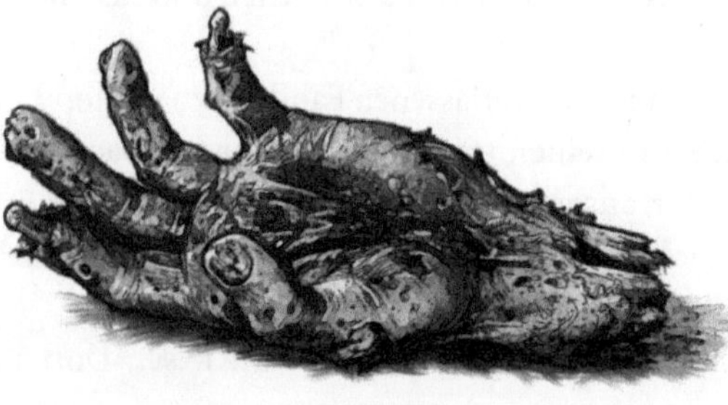

509 Aus dem Raum jenseits des Türspalts dringt ein bestialischer Gestank. Eine Mischung aus feuchtem Schimmel und altem, ranzigem Käse. Der Lichtschein enthüllt die schreckliche Wahrheit. Der Raum ist vollgestopft mit Toten. Aufrecht stehen sie da, leicht schwankend, Schulter an Schulter. Die Haare nass an den Köpfen klebend, die Haut weiß wie die von Maden, die zerfetzte Kleidung durchtränkt von käsigem Totenfett, das den Poren der schwammigen Leiber entweicht.
Plötzlich kommt Bewegung in die Leichenkammer. Es erhebt sich ein hohles Stöhnen und sie drehen ihre Köpfe und starren in das Licht in deiner Hand. Es dauert nicht lange, bis sie sich gegen die Tür werfen und ihre dürren Finger durch den schmalen Spalt schieben, um dich

zu packen. In ihrer schieren Menge stellen sie eine tödliche Gefahr dar, zudem macht das Holz der Tür keinen stabilen Eindruck. Hastig drehst du dich um und rennst, das Fauchen der Meute im Nacken. Deine Lichtquelle erlischt, du stürmst zu dem grauen Rechteck des Ausgangs und übersiehst dabei einen zerbrochenen Raumteiler, du stürzt zu Boden.

*Du hast dich am Gestänge des Raumteilers verletzt. Würfle mit **1W6**, teile das Ergebnis durch **2** und ziehe das abgerundete Resultat von deiner **KON** ab.*

*Reduziere deinen **IW** um **2W6** (IW < 20 gehe zu :1018)*

Halb betäubt stehst du auf, schwankst, mobilisierst deine Kräfte. Du willst raus, dorthin, wo es heller ist, wo der Gestank sich nicht wie ein öliger Film auf deinen Gaumen legt.

*Streiche dir das verlorene Beleuchtungsmittel vom Charakterblatt. Lies weiter bei **266***

510

Du springst!

*Führe eine Probe auf **GES** durch und ziehe **2W6** vom Ergebnis ab.*
*Wenn die Probe gelingt: Lies weiter bei **420***
*Wenn die Probe misslingt: Lies weiter bei **1016***

511

Vorsichtig bewegst du dich zwischen den Fahrzeugen nach Osten. Die Stille ist gespenstisch. Die Große Himmelsgasse öffnet sich seitlich zur Kathedrale hin, einem Bauwerk von gigantischen Ausmaßen. Der nasse Sandstein der Mauern ist kalt. Es vermag ohne Zweifel den Zeiten des Untergangs zu trotzen. Als wäre es ein Zeichen, hört es endlich auf zu regnen. Du wagst einen Blick auf den großen Platz vor dem Kirchengebäude, der auf die Hauptstraße mündet.
Du hast die Innenstadt erreicht!

*Wenn du umkehrst, um dem Hund in die Gasse nach Süden zu folgen: Lies weiter bei **391***

*Wenn du auf den Hund pfeifst und zur Kathedrale gehst: Lies weiter bei **451***

512 »Es ist immer dasselbe mit euch. Ihr kommt hierher, bringt uns in Gefahr und versucht, uns das Wenige zu nehmen, das wir haben!« Die Stimme des Mannes schnappt über. Hinter der Tür poltert es laut.

*Führe eine Probe auf **WAH** durch!*

*Die Probe gelingt: Lies weiter bei **392***

*Die Probe misslingt: Lies weiter bei **525***

513 Das Schloss will sich deiner Gewalt nicht fügen. Resigniert gibst du auf.

Du darfst in der Kathedrale nur Punkte besuchen, bei denen du nicht warst!

*Wenn du die linke Tür öffnest: Lies weiter bei **452***

*Wenn du zur Feuerstelle gehst: Lies weiter bei **302***

*Wenn du zu den Bittkerzen gehst: Lies weiter bei **602***

*Wenn du die Kathedrale verlässt, um zur Hauptstraße zu gehen: Lies weiter bei **470***

*Wenn du die Kathedrale verlässt, um zur Pfaffengasse zu gehen: Lies weiter bei **440***

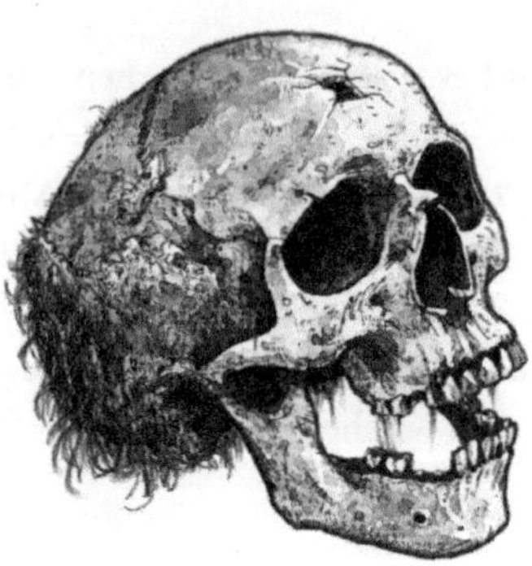

514 Vorsichtig faltest du das völlig durchnässte Blatt auseinander. Du musst aufpassen, dass es nicht zerreißt oder die Schrift sich verwischt. Es ist eine handgeschriebene Nachricht im Stil eines Flugblattes.

Notiere dir die Nummer dieses Abschnittes und gehe zu ***:454****, um die Nachricht zu lesen. Danach wähle dein neues Ziel:*

Du darfst in der Kathedrale nur Punkte besuchen, bei denen du nicht warst!
Wenn du zu den Beichtstühlen gehst: Lies weiter bei ***481***
Wenn du zu den Bittkerzen gehst: Lies weiter bei ***602***
Wenn du die Kathedrale verlässt, um zur Hauptstraße zu gehen: Lies weiter bei ***470***
Wenn du die Kathedrale verlässt, um zur Pfaffengasse zu gehen: Lies weiter bei ***440***

515 Die ausgestorbene Straße verläuft parallel zum Damm und ist verstopft mit ineinander verkeilten Fahrzeugen. Alle wollten die Stadt verlassen, als die Lage kippte. Jetzt stehen sie mit offenen Türen im Regen und offenbaren wie Schaukästen die kleinen Dramen, die sich in ihrem Innern abgespielt haben. Umgeben von aufgeweichten Kleidungsstücken, Schuhen, verlorenen Handys und Taschen sind sie Zeugen der Tage des Untergangs. Nicht ein Toter ist zu sehen. Gegenüber erstreckt sich hinter kümmerlichen Büschen verborgen ein heruntergekommenes Industriegelände. Auf der rechten Straßenseite reihen sich kleinere Firmen aneinander.
Plötzlich siehst du rechts ein offenstehendes Tor. Drinnen gibt es einen schmalen Parkplatz, auf dem Wohnmobile abgestellt sind. Ihnen gegenüber ist eine langgezogene Wellblechhalle, deren Schiebetor in der Mitte der Frontseite offen steht.
Wenn du das Grundstück betrittst: Lies weiter bei ***340***
Wenn du weiter der Straße Richtung Süden folgst: Lies weiter bei ***421***

516 … menschlichen, mit Kalk bedeckter Körper. Männer, Frauen, Alte und Junge. Allesamt sind sie nackt. Arme und Beine ragen heraus, aufgerissene Augen starren dich an. Auf dem Boden umgibt den Haufen eine dunkel glänzende Flüssigkeit. Es ist totenstill.

Wenn du zum Haufen gehst: Lies weiter bei ***486***

Wenn du dich abwendest und die Gruft verlässt: Lies weiter bei ***611***

517 Die Buden nehmen die gesamte Breite der Hauptstraße ein. Du musst den Weihnachtsmarkt passieren, um weiter nach Westen zu gelangen. Viele der Verkaufsstände sind verwüstet. Über den Wurstständen hängt ein Odem aus verdorbenem Fleisch und ranzigem Fett.

Waren die Geschäfte geöffnet, als es geschah?

Drängten sich die Menschen ahnungslos auf dem Markt?

Dicht beieinander stehen die Buden. Dir fällt auf, dass an den Holzwänden Zettel geheftet sind. Vermisstenanzeigen mit Bildern und Telefonnummern. Viele von Hand geschrieben, beklebt mit Herzen und Fotos aus dem Familienalbum. Das Karussell steht neben dem Brunnen, der angefüllt ist mit Leichen. Vielen hat man die Köpfe abgeschlagen. Einer steckt aufgespießt auf dem Schwert Siegfrieds, des Drachentöters, der als Figur mit einem Fuß in der Mitte des Brunnens auf dem unterworfenen Drachen steht. Am Ende des Marktes liegen Patronenhülsen auf dem Boden, daneben die aufgeblähten Kadaver einiger Zombies, die erst vor Kurzem erlöst wurden. Ein Hund frisst an einer der Leichen, bleckt die Zähne, als er dich sieht, und trollt sich davon. Neben dem Ausgang des Marktes findest du dieses Schild *(siehe gegenüber)*:

Du kannst der Hauptstraße oder der wesentlich schmaleren Korngasse folgen, die rechts parallel verläuft. Beide führen nach Westen.

Wenn du auf der Hauptstraße bleibst: *Lies weiter bei* ***487***

Wenn du der Korngasse folgst: *Lies weiter bei* ***457***

518 Die Reihenhäuser weichen an einer Kreuzung zurück. Nach Süden geht es in die Nonnenbachstraße Richtung Altstadt, die in diffusem Dunst versinkt. Über ihr erhebt sich der Schatten des Domes. Geradeaus geht's nach einem Bahnübergang auf dem von unübersichtlichem Buschwerk gesäumten Eselsdamm nach Westen. Rechts führt nach Norden der als Sackgasse gekennzeichnete Sterngarten

und bietet dir keine Option, ebenso wenig, wie umzukehren und mit großer Wahrscheinlichkeit den Zombies in die Arme zu laufen.
*Wenn du nach Süden gehst: Lies weiter bei **272***
*Wenn du nach Westen gehst: Lies weiter bei **444***

519 Du schließt deine Finger um das kalte Metall der Falttür. Als du sie aufdrücken willst, wird deine Hand von schmierigen Fingern gepackt. Da bewegt sich etwas hinter der beschlagenen Scheibe, ein vielstimmiges Fauchen ertönt. Kannst du dich dem tödlichen Griff entziehen?

 *Führe eine Probe auf **AUS** durch:*
*Die Probe ist geglückt: Lies weiter bei **320***
*Die Probe ist misslungen: Lies weiter bei **500***

520 Plötzlich zerplatzen die Schädel der Zombies wie überreife Melonen. Einer nach dem anderen geht zu Boden, begleitet von einem satten Plopp-Plopp. Gestalten schälen sich aus der Dunkelheit, Licht flammt auf, blendet deine Augen. Du siehst einen Schatten vor dir, weichst zurück, bis dich etwas hart im Gesicht trifft. Deine Beine geben nach und du fällst. In deinem Kopf explodieren tausend grelle Lichter. Begleitet von einem dumpfen Gefühl und dem Geschmack von frischem Blut im Mund gleitest du in eine bodenlose Finsternis ...
*Lies weiter bei **619***

521 Während sich die Flut der Toten hinter dir unaufhaltsam schließt, stehst du vor dem, durch ein hüfthohes Gitter versperrten Abgang in den Untergrund, in dem ein Bach fließt. Der Hund läuft zielstrebig zum Gitter, schaut dich auffordernd an. Ohne Licht hinunterzusteigen wäre der pure Wahnsinn, käme Selbstmord gleich. Am Gitter ist ein Infoschild der Stadt angebracht. Jemand hat mit roter Farbe deinen Standpunkt und mit einem X ein Ziel markiert, das nur das Death Asylum sein kann.
Hier ist ein kleiner Hinterhof, eher eine Gasse, in der Müllcontainer stehen, daneben aufgerissene Säcke, die ihren fauligen Inhalt auf den

Boden ergießen. Es stinkt nach altem Kohl und vergorenem Obst. Zwischen all dem Unrat liegt ein toter Polizist mit dem Gesicht nach unten. In der Korngasse hörst du das Fauchen der Zombies, umzukehren ist also keine Option.

Aber es gibt weitere Möglichkeiten. Die Gasse ist kurz, kaum einen Häuserblock lang. An ihrem Ende erkennst du eine breite Straße. Gegenüber öffnet sich eine enge Gasse, die nach Süden führt. Auch von dort hörst du die typischen Geräusche der Toten, siehst aber keinen der Bastarde. Die Zeit drängt, denn die Toten hinter dir reißen dir bald den Hintern auf!

Wenn du den Abgang zum Bach hinabsteigst: Lies weiter bei ***341***

Wenn du auf die breite Straße (Norden) trittst: Lies weiter bei ***491***

Wenn du den toten Polizisten durchsuchst: Lies weiter bei ***371***

522

Fahrig siehst du dich in der Halle um. Du bist dir sicher, dass das Lärmen der Hupe die Toten auf das Gelände locken wird. Wenn es nur den einen Zugang von der Straße her gibt, kann dies schnell zu deiner Todesfalle werden. In der Hallenmitte steht ein aufgebocktes Wohnmobil. Die Luft riecht nach Sprit und Motorenöl. Links gibt es ein Büro, ein Glaskasten ohne Fenster, absolut uninteressant für dich, weil er keinen Ausweg bietet. Rechts, an der rückwärtigen Wand, liegt der Aufenthaltsraum für die Arbeiter. Wenn der Raum ein Fenster hat, wäre dies deine Rettung.

Wenn du zum Aufenthaltsraum gehst: Lies weiter bei ***289***

Wenn du das Gelände verlässt, um dein Glück auf der Straße zu suchen: Lies weiter bei ***476***

523

Es stinkt wie in einer Jauchegrube. Das kommt nicht nur von der Brühe, es sickert aus den Steinen des Tunnels, treibt dir Tränen in die Augen. Du erreichst eine Abzweigung, an der es nach links und geradeaus geht. Der Hund läuft, ohne zu zögern, nach links, blickt sich nicht nach dir um. Er scheint zu wissen, wo's lang geht. Hinter dir verkündet ein Platschen, das deine Verfolger in den Tunnel vorgedrungen sind. Hohl hallt ihr Röcheln durch die Dunkelheit.

Wenn du geradeaus gehst: Lies weiter bei ***433***

Wenn du nach links gehst: Lies weiter bei ***284***

524 Der Gang wird enger, verjüngt sich zu einer Röhre, durch die du kriechen musst. Das Lärmen in deinem Rücken nimmt zu, wird brachialer.
Wie Bluthunde haben sich die Toten an deine Fährte geheftet und werden nicht davon ablassen, bis sie dich haben. Genau in diesem Moment fängt dein Leuchtmittel an zu flackern.

*Werfe den **1W6**. Ist das Ergebnis zwischen **3-6**, ist alles in Ordnung. Ist es **1-2**, erlischt das Licht und du stehst im Dunkeln. Natürlich kannst du dein Ergebnis mit **GLK**-Punkten puschen.*
*Wenn dein Licht versagt: Lies weiter bei **255***
*Wenn dein Licht weiterhin leuchtet: Lies weiter bei **261***

525 Das Letzte, was du siehst, ist das schwarze Loch am Ende des Laufs einer Schrotflinte. Dein Leben erlischt im blutigen Nebel.

Ende

526 Du kletterst auf das erste Autodach und blickst in den Spalt dazwischen, in dem die Toten deine Anwesenheit registrieren und ihre Arme zu dir emporrecken. Der Hund macht einen Satz über die Lücke, als die Toten ihre Arme für einen Moment nach unten nehmen. Ohne zu Zögern springt er weiter und erreicht die andere Seite.
Du bist der ultimative Rockstar, der mit seinem Stagediving alles auf eine Karte setzt, denn sie können dich durchaus erreichen. Insgesamt wirst du drei Sprünge absolvieren müssen. Die Menge unter dir schwankt, erinnert dich an Meeresbrandung. Schwanken sie zurück, suchen sie Halt und lassen ihre Arme sinken. Erreichen sie den Punkt, der dir am nächsten ist, recken sie sich nach oben. Das Ganze dauert etwa fünf Sekunden.
*Wenn du direkt springst: Lies weiter bei **449***
*Wenn du bei DREI springst: Lies weiter bei **300***
*Wenn du bei VIER springst: Lies weiter bei **570***
*Wenn du bei FÜNF springst: Lies weiter bei **330***

527 Zur Linken stehen Altstadthäuser und rechts sündhaft teure Betonklötze in bunten Farben. Jetzt sind sie verblichen und haben keinen Wert mehr. In den Tagen des Untergangs hat sich alles relativiert. Geld ist nur dazu da, ein Feuer zu entfachen, um sich die klammen Hände zu wärmen.

Auch hier ist die Straße mit Fahrzeugen verstopft. Auf einer Brücke überquerst du einen träge dahinfließenden Bach. Ab und an gluckst das Wasser, ansonsten ist es still. Hier stinkt es zum Erbrechen nach faulem Fleisch. Links biegt nach einiger Zeit eine schmale Straße zum Hafenbecken ab, die dich jedoch weiter von deinem eigentlichen Ziel, der Kathedrale, wegführen würde. Rechts geht es auf einen großen Parkplatz, über dem sich die monumentale Kathedrale wie ein uneinnehmbares Bollwerk erhebt. Geradeaus, in südlicher Richtung, verschwindet der Schillerweg zwischen üppigem Buschwerk, das die Straße zu beiden Seiten säumt, doch Geräusche schrecken dich davon ab, diesen Weg zu nehmen. Da wälzt sich eine bösartige, noch unsichtbare Flut auf dich zu!

*Wenn du nach links zum Hafenbecken gehst: Lies weiter bei **327***

*Wenn du weiterhin dem Schillerweg folgst: Lies weiter bei **477***

*Wenn nach rechts auf den Parkplatz unterhalb der Kathedrale gehst: Lies weiter bei **357***

528 Die Lieferwagen sind vom Regen nass, das Metall rutschig.

*Führe eine Probe auf **GES** durch!*

*Wenn die Probe gelingt: Lies weiter bei **468***

*Wenn die Probe misslingt: Lies weiter bei **438***

529 Vorsichtig näherst du dich der Theke, beugst dich langsam darüber, um mehr sehen zu können, und versuchst dabei, keinen Lärm zu machen.

*Lies weiter bei **389***

530 Wie ein Hase springst du Haken schlagend durch die wankenden Gestalten. Einige greifen nach deiner Kleidung, doch dir gelingt es, dich zu befreien. Einer rammt dich an der Schulter und scheint dabei mit zahnlosem Kiefer hämisch zu lachen, doch du stößt ihn weg. Fast stürzt du über eine Frau, die einen Kinderwagen schiebt, aus dem es hungrig röchelt. Plötzlich lichten sich ihre Reihen. Du nutzt die Chance und stürmst nach Osten zur Kathedrale, den Parkplatz hinauf.

*Reduziere dein **IW** um **1W6** (IW < 20 gehe zu 1018)*
*Lies weiter bei **357***

531 Vorsichtig hast du dich im Schutz des Lastwagens zur Ecke der Kathedrale geschlichen. Der nasse Sandstein der Mauern ist kalt. Er vermag den Zeiten des Untergangs zu trotzen. Als wäre es ein Zeichen, hört es endlich auf, zu regnen. Du riskierst einen Blick auf den Platz, der auf die Hauptstraße mündet. Du hast die Innenstadt erreicht!

Zombies siehst du keine, also trittst du vor der Kathedrale hinaus. Im diesigen Zwielicht heben sich Haufen verbrannten Holzes gegen den Nachthimmel ab, aus denen verkohlte Pfähle ragen. Und daran befestigt dem Feuer geopferte Körper. Weiter hinten gibt es gar einen Haufen davon, übereinandergeschichtet in mehreren Lagen, nass glänzend und schwarz wie Kohle. Papier klebt auf dem feuchten Kopfsteinpflaster. Türen und Fenster des gegenüberliegenden Bischofssitzes sind zerschlagen, teilweise ausgebrannt.

Du blickst zum Eingangsportal des Kirchengebäudes. Die eisernen Zäune stehen weit offen. Auf den Stufen liegen Patronenhülsen. Braune Flecken im Stein künden von vergossenem Blut. Der bronzene Haupteingang dahinter scheint nur angelehnt. Als du nach oben siehst, zieht sich dein Magen schmerzhaft zusammen. Für einen kurzen Moment öffnen sich die düsteren Wolken und offenbaren dir im kalten Licht des Mondes ein Szenario des Grauens. Über dem Portal starren dich die toten Augen dreier erhängter Kirchenmänner anklagend an. Bei den äußeren handelt es sich um Pfarrer, denn sie tragen dunkle Gewänder an ihren verdrehten Körpern. In der Mitte, eine Brise dreht ihn zu dir hin, hängt der Bischof in seinem feierlichsten Ornat. Die spitz zulaufende Mütze auf dem Kopf starrt er zu dir herunter, die graue Zunge

weit aus dem erdrosselten Hals gestreckt. Nass schmiegt sich der noble Stoff um seinen eingefallenen Leichenkörper. Dennoch übt das offene Bronzeportal eine magische Anziehungskraft auf dich aus.
Das Death Asylum liegt in der Nähe des alten Marktplatzes. Wenn du Paulas Beschreibungen Glauben schenkst, gibt es den Weg über die Hauptstraße, die sich breit und offen durch die Mitte der Innenstadt gen Westen zieht, oder über einen Umweg die engere Kleine Pfaffengasse Richtung Südosten entlang.
Wenn du der Hauptstraße nach Westen folgst: *Lies weiter bei* ***470***
Wenn du nach Südosten zur Kleinen Pfaffengasse gehst: *Lies weiter bei* ***440***
Wenn du die Kathedrale betrittst: *Lies weiter bei* ***589***

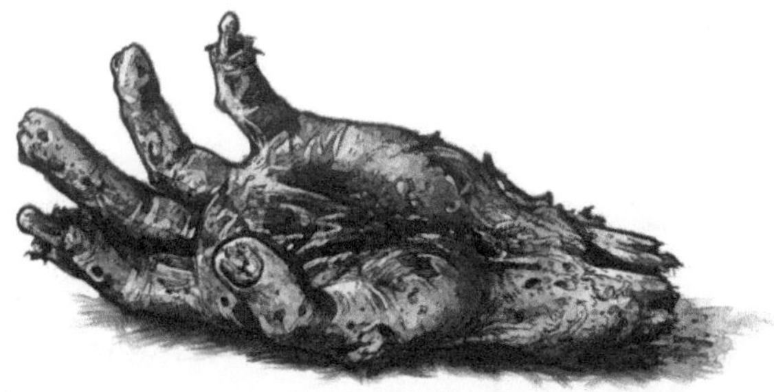

532 »Du willst das echt wissen, hm? Sag mal, hast du was zu essen dabei? Oder Verbandszeug? Eine Hand wäscht die andere, wenn du verstehst, was ich meine!« Knarrend öffnet sich die Klappe in der Tür. »… Reich's durch das Gitter.«
Wenn du dem Mann entweder zwei Verbandspäckchen oder eine Konserve reichst: Lies weiter bei ***315***
»Sorry, Mann. Ich hab' nichts abzugeben. Für meine Freundin geht es hier um Leben und Tod, also komm schon, fass dir ein Herz …«: Lies weiter bei ***436***
»Ich hab' nichts, Mann. Sagst du mir wenigstens, wie ich am sichersten zur Nervenheilanstalt komme, hm?«: Lies weiter bei ***542***

533 Das Rudel bewegt sich in einer breit gefächerten Linie auf dich zu. Eine Konfrontation ist unvermeidlich. Du hast die Chance zum Rückzug verpasst, jetzt musst du kämpfen. Ein Hund bildet die Vorhut, während das restliche Rudel zurückbleibt. Eins ist jedenfalls klar: Es wird keine Gnade geben, kein Gewinsel ums Überleben. In diesem Kampf geht es um Leben oder Tod!

 *Führe den Kampf nach den Regeln durch!*

Archetyp	KON	AUS	Waffe	WS
Hund	*3*	*6*	*Mörderisches Gebiss*	*2*

*Reduziere deinen **IW** um **1W6** (IW < 20 gehe zu 1018)*
*Wenn du gewinnst: Lies weiter bei **503***
*Wenn du verlierst: Lies weiter bei **353***

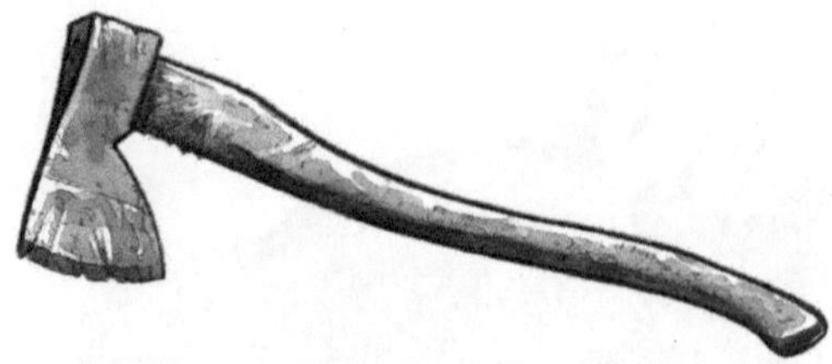

534 Du steigst im flackernden Licht der winzigen Flamme über Krankenliegen, manchmal über Leichen, siehst Ratten davonhuschen. In den Pfützen schwimmen Maden. Je tiefer du in die Halle eindringst, desto abscheulicher wird der Gestank. Du stolperst über einen umgeworfenen Arzneischrank, schlägst dir das Knie auf und fluchst, weil du dich beim Versuch, den Sturz abzufangen, in eine Leiche stützt. Der kleine Schrank weckt jedoch dein Interesse. Du öffnest seine Tür. Er enthält vier eingeschweißte Verbandspäckchen (4x k, je +2 IW, +1 KON), eine Schachtel Antibiotika, in deren Aluminiumträger sich zwei Tabletten  **2x4** (k, reduziert pro eingenommener Tablette GES um 2 für 1W6 Abschnitte) befinden. Ein Dreieckstuch (k, +2 IW, +1 KON) sowie eine kleine Verbandsschere (k) sind ebenfalls da. Für dich ist das wie ein Wunder. An einem Schlüsselbund, den eine arme Seele auf der Flucht verloren hat, hängt eine kleine LED-Lampe (k). Ansonsten gibt es hier nichts Brauchbares zu finden.
*Wenn du die Halle verlässt: Lies weiter bei **266***
*Wenn du dir die hinteren Türen ansehen willst: Lies weiter bei **328***

535 Das Mädchen sieht dich enttäuscht an und klettert ungeschickt durch die entstandene Öffnung. Plötzlich rutscht sie ab und durch das Fenster hindurch. Sie schreit laut auf, weil Glassplitter ihre Handflächen zerschneiden. »Aua ...!«
Weinend sieht sie dich mit ihren großen, wasserblauen Augen an. »Das wäre nicht passiert, wenn du mir geholfen hättest!«
(Du kannst ihr natürlich die Hände verbinden.)
»Oh Gott, es tut mir leid, Kleines. Komm, ich helfe dir auf!«: Lies weiter bei ***505***
»Hör auf zu jammern und steh auf, wir müssen weiter!«: Lies weiter bei ***385***

536 Nachdem das Mädchen ausgestiegen ist, durchsuchst du den Wagen. Neben einer Decke (m) und einem kleinen Kinderrucksack (k=5 m=5), an dem ein Plüscheinhorn baumelt (k), findest du im Handschuhfach einen Notizblock (k), einen Bleistift (k) und ein Schweizer Taschenmesser (k WS=1).
Lies weiter bei ***475***

537 Du stemmst dich mit Kraft gegen den eisernen Griff des Zombies, doch es hilft nichts. Zentimeterweise zieht er deinen Arm in den Bus. Hinter der Tür entsteht Aufruhr, Finger berühren deine Haut. Du beißt die Zähne zusammen und reißt an deinem Arm, würdest ihn gar abschneiden, um frei zu kommen. Fast zärtlich schließt sich ein Kiefer um deine Finger. Schartige Zähne trennen sie von deiner Hand. Ein Feuerwerk des Schmerzes explodiert, als du das Unmögliche realisierst: Du wurdest gebissen, bist verloren!
Lies weiter bei ***1039***

538 Du springst!

Führe eine Probe auf ***GES*** *durch und ziehe* ***1W6*** *vom Ergebnis ab.*
Wenn die Probe gelingt: Lies weiter bei ***508***
Wenn die Probe misslingt: Lies weiter bei ***1016***

539 Du bewegst dich durch eine verlassene Einöde, der Regen kühlt dich aus. Und dunkel wird es auch. Plötzlich stehst du auf einem von Mehrfamilienhäusern umgebenen Platz. Geradeaus geht es nicht mehr weiter. Nach links führt die Schulze-Delitzsch-Straße zurück in die Richtung, aus der du gekommen bist. Erst glaubst du an eine Täuschung, als du dort Bewegungen zwischen den Fahrzeugen siehst. Du erkennst schwankende Gestalten und duckst dich zwischen einige Mülltonnen am Wegesrand. Noch haben sie dich nicht entdeckt. Rechts geht es in eine Gasse, gerade breit genug für zwei Fußgänger nebeneinander. Zwischen verwilderten Gärten führt sie vage in die Richtung, in der sich der finstere Dom gegen den Nachthimmel abzeichnet.

*Lies weiter bei **352***

540 Der Hund bellt, als du auf dem Wagendach landest und strauchelst, doch du fängst dich im letzten Moment. Du spürst, wie sich der Wagen unter dir bewegt und in die Grube zu rutschen droht. Die Toten schwanken wie Halme im Wind, jedoch wesentlich langsamer, als beim ersten Sprung. Das nächste Wagendach erscheint dir zu weit entfernt, doch es gibt kein Zurück mehr. Du zählst bis acht, bis die Arme der Toten erneut ihren schaurigen Höhepunkt erreichen.

*Wenn du direkt springst: Lies weiter bei **360***
*Wenn du bei VIER springst: Lies weiter bei **510***
*Wenn du bei SECHS springst: Lies weiter bei **390***
*Wenn du bei ACHT springst: Lies weiter bei **480***

541 Vorsichtig hast du dich zwischen den Fahrzeugen nach Osten bewegt. Die Stille ist gespenstisch. Die Große Himmelsgasse öffnet sich seitlich zur Kathedrale. Der nasse Sandstein der Mauern ist kalt. Das Bauwerk vermag den Zeiten des Untergangs zu trotzen. Als wäre es ein Zeichen, hört es auf, zu regnen. Du wagst einen Blick auf den Platz vor dem Kirchengebäude, der auf die Hauptstraße mündet. Du hast die Innenstadt erreicht!
Zombies sind hier keine, also trittst du auf den Platz. Im diesigen Zwielicht siehst du abgebrannte Holzhaufen, aus denen verkohlte

Pfähle mit daran befestigten Körpern ragen. Weiter hinten gibt es einen ganzen Haufen davon, übereinandergeschichtet, in mehreren Lagen, nass glänzend und schwarz wie Kohle. Papier klebt auf dem feuchten Kopfsteinpflaster. Auch hier ist es still wie in einem Grab. Türen und Fenster des gegenüberliegenden Bischofssitzes sind zerschlagen, teilweise gar verbrannt.

Du wendest dich ab und blickst zum Eingangsportal des Kirchengebäudes. Die eisernen Zäune stehen offen. Auf den Stufen liegen Patronenhülsen. Braune Flecken im Stein, die von vergossenem Blut zeugen. Der bronzene Haupteingang dahinter scheint nur angelehnt. Als du nach an der Fassade hinaufsiehst, krampft dein Magen. Für einen Moment öffnen sich die düsteren Wolken und offenbaren dir im kalten Licht des Mondes ein Szenario des Grauens. Von weit oben starren dich die toten Augen dreier erhängter Kirchenmänner anklagend an. Bei den äußeren scheint es sich um Pfarrer zu handeln, sie tragen dunkle Gewänder auf ihren verdrehten Körpern. In der Mitte, eine Brise dreht ihn zu dir hin, hängt der Bischof im feierlichsten Ornat. Noch die spitz zulaufende Mütze auf dem Kopf starrt er zu dir herunter, die graue Zunge weit aus dem erdrosselten Hals hängend. Nass schmiegt sich der noble Stoff um den eingefallenen Leichenkörper.

Das Death Asylum erstreckt sich jenseits des alten Marktplatzes. Wenn du Paulas Beschreibungen Glauben schenkst, gibt es den Weg über die Hauptstraße, die sich breit und offen durch die Mitte der Innenstadt gen Westen zieht, oder durch die wesentlich engere Kleine Pfaffengasse Richtung Südosten.

Wenn du der Hauptstraße nach Westen folgst: Lies weiter bei ***470***
Wenn du nach Südosten zur kleinen Pfaffengasse gehst: Lies weiter bei ***440***
Wenn du die Kathedrale betrittst: Lies weiter bei ***589***
Wenn du umkehrst, um die Gasse nach Süden zu nehmen: Lies weiter bei ***271***

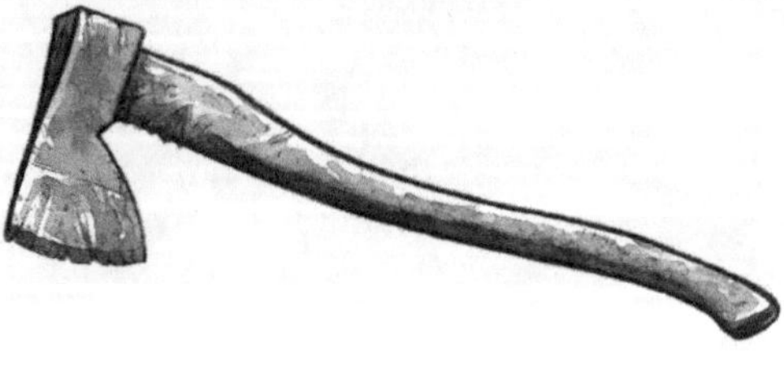

542 »Du willst ernsthaft in die Innenstadt, zur Anstalt? Bist du lebensmüde?«
Der Mann schaut aus der inzwischen geöffneten Klappe. Seine Augen sind blau, sein Blick ist müde.

»Dort sind Freunde von mir. Hab' eine Art Einladung!«: Lies weiter bei ***567***

»Ich muss dorthin, denn die haben meine Leute getötet!«: Lies weiter bei ***447***

»Ist nur 'ne Frage, Mann. Geht um nichts Besonderes.«: Lies weiter bei ***469***

543 Die Tür ist durch ein kleines Vorhängeschloss gesichert. Um es aufzustemmen, brauchst du einen dazu geeigneten Gegenstand (Brechstange, eiserner Haken, Leatherman etc.)

Führe eine Probe auf ***GES*** *durch (Solltest du keine Lichtquelle besitzen, addiere auf das Ergebnis deines Würfelwurfs* ***2W6****).*

Die Probe ist geglückt: Lies weiter bei ***483***

Die Probe ist misslungen: Lies weiter bei ***274***

Wenn du keinen geeigneten Gegenstand besitzt: Lies weiter bei ***332***

544 Hier sind die interessanten Sachen. Zwischen altem Zeitungspapier findest du drei in Plastik eingepackte Mullbinden (3x k, je +1 IW, +1 KON), dahinter eine Dose mit Antibiotika, in der sich drei Tabletten **3x4** (k, reduziert pro eingenommener Tablette GES um 2 für 1W6 Abschnitte) befinden. Verborgen in schmutzigen Socken findest du eine rot leuchtende bengalische Fackel (m) für den einmaligen Gebrauch.

Du darfst in der Kathedrale nur Punkte besuchen, bei denen du nicht warst!

Wenn du die linke Tür öffnest: Lies weiter bei ***333***

Wenn ihr zur Feuerstelle geht: Lies weiter bei ***572***

Wenn ihr zu den Bittkerzen geht: Lies weiter bei ***362***

Wenn ihr die Kathedrale verlässt, um zur Hauptstraße zu gehen: Lies weiter bei ***319***

Wenn ihr die Kathedrale verlässt, um zur Pfaffengasse zu gehen: Lies weiter bei ***559***

545 Kurz, nachdem du eine abgebrannte Tankstelle passiert hast, in die ein Panzer der Bundeswehr gerast ist, erreichst du die Abzweigung. Fahrzeuge haben sich hier ineinander verkeilt, aber irgendetwas ist anders, als beim letzten Mal. Du erinnerst dich, dass die Fahrzeuge beide Straßen blockiert hatten, doch heute gähnt dazwischen eine Lücke, breit genug, einem Lkw Platz zu bieten.
Etwas Glitzerndes auf dem Boden erweckt deine Aufmerksamkeit. Es sind Patronenhülsen. Sie sind überall. Hinter dem Fahrzeugwall liegen Leichen. Tote, die man durch gezielte Kopfschüsse hingerichtet hat. Du wischst dir das Regenwasser vom Gesicht und siehst dich um. Nach wie vor ist es ruhig. Die Franz-Kirrmeier-Straße ist breiter und folgt in einer leichten Kurve dem Damm in *südlicher Richtung*. Der schmalere Ziegelofenweg ist von Häusern gesäumt und führt rechts *Richtung Westen*. Beide Straßen führen in die Stadt.
Wenn du nach Süden der Franz Kirrmeier-Straße folgst: Lies weiter bei ***515***
Wenn du nach Westen dem Ziegelofenweg folgst: Lies weiter bei ***335***

546 Du findest nicht heraus, woher das Röcheln kommt. Hierbleiben kannst du nicht. Also entscheidest du dich für eine Richtung und läufst los. Dein Fuß stößt an etwas, das eine Stufe sein könnte. Als du darauf trittst, ist es weich, dass du umknickst und stürzt. Wie in einem Bett umfängt dich der verwesende Leib mit weicher Schmierigkeit.
Schmierigkeit? Entsetzt stößt du dich ab, versuchst, Halt zu finden, gleitest tiefer in das Gewühl aus glitschigen, nackten Körpern, die einen Geruch verströmen, als währest du in eine Jauchegrube gefallen. Schon greifen Hände nach dir, schnappen Kiefer in deine Kleidung und ziehen dich hinab, bis sich die faulige Decke über dir schließt ...

Ende

547 … entgleitet deinem Griff, fällt zu Boden und erlischt. Kurz darauf tauchst du kopfüber in den Haufen stinkender Leiber. Entsetzt stößt du dich ab, versuchst, Halt zu finden, gleitest aber tiefer ins Gewühl aus glitschigen, nackten Körpern, die einen abscheulichen Geruch verströmen. Hände greifen nach dir, Kiefer schnappen in deine Kleidung und ziehen dich hinab, bis sich die faulige Decke über dir schließt …

Ende

548 »Bist nicht krank und fragst nach Medikamenten? Willst nur wissen, was wir haben, ist es nicht so?«, knurrt die raue Stimme hinter dem Holz der Tür.

»Aber nein, ich hab' einen verdammt harten Weg durch die Stadt vor mir, zu dieser Nervenheilanstalt, und wollte nur gut ausgerüstet sein. Kennt ihr 'nen sicheren Weg dorthin?«: Lies weiter bei ***542***

»Lasst gut sein, Leute. Wollte nichts von euch. Ich verschwinde, lasse euch in Ruhe!«: Lies weiter bei ***439***

»Ich such nur 'ne Freundin von mir, Paula ist ihr Name. Vielleicht ist sie verletzt, deswegen die Frage. Habt ihr sie gesehen, kam sie hier vorbei, hm?«: Lies weiter bei ***331***

549 Das Gitter vor dem Abgang ist kein Hindernis. Die Treppen sind aus Sandstein und rutschig. Unten geht es durch einen gewölbeartigen Durchgang nach rechts (Westen) oder links (Osten).

Du bewegst dich geduckt auf einem schmalen Sims neben dem rauschenden Wasserlauf fort. Dein Atem dampft dir kalt von den Lippen, die Dunkelheit gaukelt dir Trugbilder vor. Oben in der Gasse treffen die Wogen der Zombies aufeinander. Das Gitter wird sie gewiss nicht lang beschäftigen.

Ab hier geht es nur mit Licht weiter. Sollte dein Licht versagen, kannst du dich natürlich an der Wand entlangtasten. Wenn du keine Lichtquelle besitzt, musst du bei ***257*** *weiterlesen!*

Wenn du nach rechts gehst: Lies weiter bei ***432***

Wenn du nach links gehst: Lies weiter bei ***582***

550 Kaum, dass ihr über den Leichnam des Zombie-Bauarbeiters steigt, um den Toten zu entkommen, schälen sich weitere taumelnde Körper aus dem Nebel vor euch. Das könnt ihr unmöglich schaffen. Gleich werden sie über euch herfallen! Ihr werdet in dieser Gasse sterben!
*Lies weiter bei **281***

551 Du steigst über die Glasscherben der ehemaligen Eingangstür, trittst ein ins dunkle Ungewisse. Hier hat die Feuchtigkeit längst Einzug gehalten. Es riecht nach Schimmel und aufgeweichtem Papier. Die Regale des kleinen Ladens sind leergefegt. Alles liegt in einem wilden Wust auf dem Boden verstreut herum.

*Führe eine Probe auf **WAH** durch, wenn du nach etwas Brauchbarem suchen möchtest.*
*Die Probe ist geglückt: Lies weiter bei **409***
*Die Probe ist misslungen: Lies weiter bei **285***
*Wenn du keine Probe durchführst: Lies weiter bei **462***

552 Hier unten stinkt es nach Fäkalien. Das kommt nicht nur von der Brühe, es sickert aus den Steinen des Tunnels, treibt dir Tränen in die Augen. Ihr erreicht eine Abzweigung, an der es nach links und geradeaus weitergeht. Die Kleine nimmt deine Hand und zieht dich nach links. »Da geht's weiter, denn geradeaus ist ein Gitter, da kommen wir nicht weiter.« Hinter euch verkündet ein Platschen, dass eure stinkenden Verfolger in den Tunnel vorgedrungen sind. Ein hohles Röcheln hallt durch die Dunkelheit.
*Wenn ihr geradeaus weiter geht: Lies weiter bei **463***
*Wenn ihr nach links geht: Lies weiter bei **403***

553 Du hörst das Rascheln von Stoff. »Okay. Aber schnell. Mir ist das ziemlich unangenehm.«
*»Ich suche eine Freundin von mir. Sie heißt Paula. Könnte hier vorbeigekommen sein. Was gesehen?« Lies weiter bei **338***
*»Ich muss wissen, wie ich zu der Anstalt in der Innenstadt komme. Weißt du, was ich meine?« Lies weiter bei **495***

554

Da ist etwas vor euch im Gang. Ein massives Eisengitter, das den Weg vor euch abriegelt.
Doch es kommt noch besser. Als du dich umdrehst, stapft dir durch die Brühe eine dürre Zombiefrau entgegen. Sie sieht aus, als hätte sie im Wasser gelegen, ist bleich, aufgedunsen wie eine Made. Mit dem Gitter im Rücken ist ein Kampf unausweichlich.

Führe den Kampf nach den Regeln durch!

Archetyp	KON	AUS	Waffe	WS
Dürre Zombiefrau	*3*	*3*	*Zähne und Klauen*	*1*

*Reduziere deinen **IW** um **2W6** (IW < 20 gehe zu 1018)*
*Wenn du gewinnst: Lies weiter bei **374***
*Wenn du verlierst: Lies weiter bei **1019***

555

Du findest keinen geeigneten Gegenstand, um die Grube zu überqueren. Also bleibt dir nur der Weg über die rutschigen Autodächer.
*Lies weiter bei **467***

556

Das Schulzentrum hat in den Tagen des Ausbruchs gelitten, denn hier nahm alles seinen Anfang. Kranke starben und wurden zu lebenden Toten, die dafür sorgten, dass sich die Seuche wie ein Flächenbrand ausbreitete. Im Gebäudeflügel mit den Klassenzimmern wurde gekämpft. Soldaten stellten sich mit schweren Waffen gegen die ersten Untoten. Granaten haben den Komplex verwüstet, Garben aus Maschinengewehren die Wände zerfetzt. Die Druckwellen der Explosionen brachten die Fenster zum Bersten. Du hast von dem Chaos, das in den finster daliegenden Gebäuden herrschte, nur gehört, und dennoch jagt dir allein der Gedanke einen eiskalten Schauer über den Rücken.
Einzig die Turnhalle, in der das Behelfskrankenhaus untergebracht war, scheint unversehrt.
*Wenn du die Turnhalle untersuchen möchtest: Lies weiter bei **473***
*Wenn du der Fritz-Ober-Straße nach Westen folgst: Lies weiter bei **413***

557 Begleitet von dem Hund kletterst du über die Barrikade. Es tut gut, nicht mehr allein unterwegs zu sein.
Nach der Brücke geht es durch eine schmale Altstadtgasse zu einem größeren Platz: der Holzmarkt. Oder besser das, was davon übrig ist. Denn inmitten des Platzes gähnt ein riesiger Krater, umgeben von ausgebrannten, demolierten Autowracks. Und der ist randvoll gefüllt mir stöhnenden Leibern, die wie Aale durch den aufgewühlten Schlamm am Grund des Loches rutschen. Und so stinkt es hier auch, nach altem, verfaultem Fisch. Der Hund stellt sich an den Rand, fletscht die Zähne und knurrt die Toten an.
An der Ecke geht es nach links (Osten) in die Pistoreigasse. Um dort hinzugelangen, musst du das Loch überqueren. Schnell stellst du fest, dass die Distanz zum Springen zu weit ist. Am Rand des Kraters bilden die ausgebrannten Wracks ein rutschiges Spalier. Die Abstände zwischen den einzelnen Fahrzeugen könntest du leicht überspringen, doch das Blech ist feucht und rutschig. Dort bewegt sich der Hund hin und sieht sich zu dir um, als würde er den Weg kennen.
*Wenn du dem Hund folgst und den Weg über die Autos wählst: Lies weiter bei **526***
*Wenn du dich nach einer anderen Möglichkeit umsiehst: Lies weiter bei **316***

558 Das Holz um die Torklappe, durch die der Hund im Grünen Winkel verschwunden ist, sieht zerbissen aus. Als hätte etwas versucht, sich hindurch zu fressen. Ansonsten scheint das Tor recht stabil zu sein. Abgesehen von dem Bereich, in dem eine Hundeklappe eingebaut ist, türmt sich Unrat. Ein Zeichen, dass es lang nicht mehr geöffnet wurde. Dennoch bist du sicher, einen Pfiff gehört zu haben.
*Wenn du an das Tor klopfst: Lies weiter bei **397***
*Wenn du weitergehst, um dem Grünen Winkel zu folgen: Lies weiter bei **278***

559 Neben dem Bischofssitz geht es nach Westen in die Kleine Pfaffengasse. Das ist eine enge, einspurige, von dreistöckigen Stadthäusern gesäumte Straße. Dichter Nebel liegt zwischen den Häusern. Wasser tropft aus verstopften Regenrinnen. Wo es nach links

(Süden) in die Judengasse geht, hörst du ein Schlurfen und Grunzen. Zombies!
Marie keucht ängstlich und klammert sich an deine Hand. Es müssen viele sein, wie du an den Schatten im Nebel erkennst. Die Judengasse ist ein Innenhof ohne Ausgang. Doch halt, kurz, bevor dich die Verzweiflung packen will, siehst du, dass der Kellerabstieg zum Judenbad offensteht. Maries Miene hellt sich auf. »Papa hat gesagt, dass man von dort in die Kanäle gelangt. Wir sollten nach unten steigen!« Paula hat einst erzählt, dass das Judenbad im Mittelalter erbaut wurde und mit dem Bach verbunden ist, der es mit frischem Wasser versorgt. Der Bach fließt unterirdisch durch eine dicke Röhre. Das muss euer Ausweg sein.
*Lies weiter bei **239***

560 Voller Grimm stapfst du auf den Kleinwagen zu. Die größte Gefahr stellt im Moment der Zombie dar, der an der Tür des Wagens rüttelt. Die hoffnungsvollen, aber dennoch panischen Schreie aus dem Innern spornen dich an, bringen dein Blut in Wallung. Hier ist ein Mensch, der gerettet werden muss!
*Lies weiter bei **577***

561 *Du bist allein auf dich gestellt!*
Der Verwesungsgeruch nimmt zu. Die Geräusche, das Glucksen des Wassers scheinen dich zu verhöhnen. Eine Windbö schüttelt Wassertropfen von den Bäumen, die dir den Nacken hinablaufen, lichtet den Dunst. Das Klirren einer Kette, unmittelbar vor dir. Der Tote mit der Kette um den Hals grinst dich aus seinem lippenlosen Gesicht hämisch an. Hinter ihm in der Dunkelheit sind weitere, schwankende Silhouetten.
*Wenn du ihn angreifst: Lies weiter bei **501***
*Wenn du die Flucht ergreifst, um nach Osten auf den Parkplatz der Kathedrale zu gehen: Lies weiter bei **357***

562 Nebel steigt auf, frisst Geräusche und Licht. Du erreichst eine von Bäumen umsäumte Abzweigung. Hier geht es geradeaus oder nach rechts über einen Graben in die Altstadt, hinter

der sich der Dom als düsterer Schatten erhebt. In der Altstadtgasse siehst du eine schemenhafte Gestalt. Sie steht mit hängenden Armen mitten auf der Straße, scheint dich zu fixieren. Plötzlich wirft sie sich herum und verschwindet in einem der alten Häuser. Dumpf fällt eine Tür ins Schloss.
Der Eselsdamm führt in einer leicht geschwungenen Linkskurve über die Gleise, die du schon zuvor überquert hast.
Wenn du geradeaus gehst: Lies weiter bei ***610***
Wenn du nach rechts gehst: Lies weiter bei ***291***

563 An der Kreuzung hat sich nichts verändert. Einsam und verlassen liegt sie vor dir, stellt dich erneut vor die Wahl.
Wenn du nach Westen zum Schulzentrum gehst: Lies weiter bei ***556***
Wenn du nach Süden dem Ziegelofenweg folgst: Lies weiter bei ***348***
Wenn du nach Osten zurück zur Franz-Kirrmeier-Straße gehst: Lies weiter bei ***515***

564 Du steigst im Licht deiner Taschenlampe über Kranken-liegen, manchmal über Leichen, siehst Ratten davonhuschen. In den Pfützen schwimmen Maden. Je tiefer du in die Halle vordringst, desto abscheulicher wird der Gestank. Du stolperst über einen umgeworfenen Arzneischrank, schlägst dir das Knie an und fluchst. Doch der kleine Schrank weckt dein Interesse. Du beugst dich nach unten und öffnest ihn. Zu deiner Überraschung enthält er vier eingeschweißte Verbandspäckchen (4x k, je +2 IW, +1 KON), eine Schachtel Antibiotika, in deren Aluminiumträger sich zwei Tabletten  **2x4** (k, reduziert pro eingenommener Tablette GES um 2 für 1W6 Abschnitte) befinden. Ein Dreieckstuch (k, +2 IW, +1 KON) sowie eine kleine Verbandsschere (k, WS=1) sind ebenfalls da. Für dich ist das wie ein kleines Wunder. An einem Schlüsselbund, den eine arme Seele auf der Flucht verloren hat, hängt eine kleine LED-Lampe (k).
Wenn du die Halle verlässt: Lies weiter bei ***266***
Wenn du dir die hinteren Türen ansehen willst: Lies weiter bei ***328***

565 »Aber nein. Dort wollten wir hin, denn es heißt, dort ist es sicher. Da gibt’s sogar Kinder und Ärzte und so …«

»Geh von der Scheibe weg, ich schlage sie ein, damit du raus kannst!«: Lies weiter bei ***614***
»Bleib im Auto. Ich hole Hilfe und komme bald wieder!«: Lies weiter bei ***595***

566 Dankbar nimmt das Mädchen deine Hilfe an und klettert nach draußen. Sie ist leichter als gedacht und riecht nicht besonders gut. Dennoch ist es ein gutes Gefühl, ein lebendiges Kind in Armen zu halten, das dir nicht die Zähne in den Hals schlagen will.

Erhöhe deine ***MEN*** *permanent um einen Punkt.*
Lies weiter bei ***536***

567 »Sind das etwa deine Freunde, hm? Versuchst du, mir Fangfragen zu stellen, gehörst womöglich selbst zu denen?«
Es wird laut hinter der Tür, der Mann hantiert herum.
Du hebst beschwichtigend die Hände. »Ich gehör nicht zu denen, es ist nur … ich muss dorthin, weil die den Leuten in meiner Zuflucht was angetan haben … kenn dich ja nicht!«: Lies weiter bei ***447***
»Solltest mir besser antworten, hörst du?«: Lies weiter bei ***358***
»Nicht für ungut, Leute, ich will keinen Ärger. Ich verschwinde jetzt!« Du ziehst weiter deines Weges. Der Mann schreit dir hinterher, dass du dich nie mehr blicken lassen sollst: Lies weiter bei ***439***

568 Du beugst dich zur Scheibe, um zu sehen, wer oder was sich dahinter verbirgt. Es ist ein kleines Mädchen von neun oder zehn Jahren, dessen tränennasses Gesicht voller Hoffnung deiner nächsten Handlung entgegenfiebert. »Bitte, nehmen Sie mich mit, ich heiße Marie … ich weiß nicht mehr, wo meine Eltern sind, was die Stinkemenschen mit ihnen gemacht haben … und die Türen geh'n auch irgendwie nicht auf!«

»Wann hast du denn deine Eltern das letzte Mal gesehen?«: Lies weiter bei ***329***

»Geh von der Scheibe weg, ich schlage sie ein, damit du raus kannst!«: Lies weiter bei ***614***

»Bist du gesund, wurdest du von einem dieser … Stinkemenschen gebissen?«: Lies weiter bei ***419***

»Bleib im Auto. Ich hole Hilfe und komme bald wieder!«: Lies weiter bei ***595***

569

Die Leiter knarrt und schwankt, wie es Leitern nun mal tun, wenn sie alt und morsch sind. Du bist dir bewusst, dass ein falscher Griff dein sicheres Ende bedeutet. Unter dir ein Moloch aus stinkenden, im Schlamm aufgeweichten Leibern, die wie eine brandende Woge schwanken und andere niedertrampeln, um höher zu kommen. Du hast nur ein Ziel vor Augen: die rettende andere Seite!

Führe eine Probe auf ***AUS*** *und eine auf* ***GES*** *durch und addiere die Ergebnisse.*

Die Probe gelingt, wenn deine Würfe kleiner oder gleich der Summe aus ***AUS*** *und* ***GES*** *sind.*

Wenn die Probe gelingt: Lies weiter bei ***418***

Wenn die Probe misslingt: Lies weiter bei ***1016***

570

Du fixierst das Wagendach, spannst deinen Körper und springst. Noch sind die Hände nicht oben, um dich zu packen. Dennoch bist du dir der Gefahr des Scheiterns bewusst.

Führe eine Probe auf ***GES*** *durch und ziehe* ***1W6*** *vom Ergebnis ab.*

Wenn die Probe gelingt: Lies weiter bei ***540***

Wenn die Probe misslingt: Lies weiter bei ***1016***

571 Dein kraftvoller Schlag lässt die Scheibe Bersten. Die Glassplitter regnen als kleine Kristalle zu Boden. Deine Hand findet den Riegel auf der Innenseite und die Tür öffnet sich. Sofort erwacht die Alarmanlage und erfüllt den Hof mit einem lauten, pulsierenden Hupen. Der Lärm muss bis in die Innenstadt zu hören sein.
*Wenn du in die Halle gehst: Lies weiter bei **522***
*Wenn du trotzdem das Fahrzeug betrittst: Lies weiter bei **270***
*Wenn du das Gelände verlässt und der Straße nach Süden folgst: Lies weiter bei **476***

572 Die von Kirchenbänken umgebene Feuerstelle ist das reinste Chaos. Auch hier liegen Patronenhülsen. Es macht auf dich den Eindruck, dass dies die letzte Bastion eines brechenden Widerstandes war.
Doch gegen wen haben sie gekämpft?
Und wo sind all die Leichen geblieben?
Die Asche in der Feuerstelle ist feucht und klebrig wie die Kleidungsstücke, die überall verstreut sind. Das hier muss lange vor dem Fall deiner eigenen Zuflucht passiert sein. Auf einer der Bänke liegt eine aufgeweichte Pappschachtel, in der sich drei kleine Kerzen (3x k) für den Bittaltar befinden. Marie reibt sich fröstelnd die Arme und blickt sich ängstlich um. Neben dem Altar liegt eine Art Flugblatt. Um es zu lesen, brauchst du eine Lichtquelle.
Wenn du ein Feuerzeug besitzt, könntest du damit eine der kleinen Kerzen anzünden, um diese als Lichtquelle zu nutzen!
*Wenn du eine Lichtquelle hast: Lies weiter bei **484***
*Wenn du keine Lichtquelle hast: Lies weiter bei **424***

573 Vorsichtig näherst du dich den klatschnassen Gegenständen, die in willkürlicher Anordnung auf der Straße liegen. Neben einigen zerfledderten Kleidungsstücken, die einer Frau gehörten, fällt dein Augenmerk auf eine Plastikkarte, die dich an einen Ausweis denken lässt. Als du sie aufhebst, trifft dich fast der Schlag. Es ist der Polizeiausweis von Paula. Du erkennst ihr Passbild sofort, denn sie hat ihn stets bei sich getragen. Freiwillig hätte sie ihn niemals abgelegt, geschweige denn weggeworfen.

Hat sie es dennoch getan, um eine Spur für dich zu legen?
Dieses profane Stück Plastik war für sie der Strohhalm, an den sie sich klammerte. Das letzte Stückchen Erinnerung an eine bessere Welt.

Der Ausweis ist zu klein, um als Gegenstand ins Gewicht zu fallen. Wenn du ihn mitnimmst, musst du ihn auf deinem Charakterblatt vermerken!
*Lies weiter bei **278***

574

Hier befinden sich die wirklich interessanten Sachen. Zwischen altem Zeitungspapier findest du drei in Plastik eingepackte Mullbinden (3x k, je +1 IW, +1 KON), dahinter eine Dose mit Antibiotika, in der noch drei Tabletten  **3x4** (k, reduziert pro eingenommener Tablette GES um 2 für 1W6 Abschnitte) sind. Verborgen in schmutzigen Socken findest du eine rotleuchtende bengalische Fackel (m) für den einmaligen Gebrauch.

Du darfst in der Kathedrale nur Punkte besuchen, bei denen du bisher nicht warst!
*Wenn du die linke Tür öffnest: Lies weiter bei **452***
*Wenn du zur Feuerstelle gehst: Lies weiter bei **302***
*Wenn du zu den Bittkerzen gehst: Lies weiter bei **602***
*Wenn du die Kathedrale verlässt, um zur Hauptstraße zu gehen: Lies weiter bei **470***
*Wenn du die Kathedrale verlässt, um zur Pfaffengasse zu gehen: Lies weiter bei **440***

575

Es ist Zeit, aufzubrechen. Der Schlaf hat dich gestärkt und du hast ein Ziel vor Augen. Dennoch fühlst du dich schlapp, müde, und ausgepowert. Deine Kopfverletzung pocht wie verrückt. Die Wunde fühlt sich heiß an und du hast Angst, dass sie sich entzündet. Das irgendetwas hineinkriecht und sich in deinem Blut ausbreitet.

*Jetzt wäre eine gute Gelegenheit, über deine **KON** nachzudenken. Wenn du verletzt bist und Verbandszeug dabei hast, kannst du deine Wunden versorgen und somit deine **KON** um einen Punkt anheben. Wenn* *du verletzt bist, aber nichts zur Wundversorgung dabei hast, reduziere deine **KON** um einen Punkt. Solltest du im Besitz von Aspirin sein, wäre es ratsam, eine der Tabletten zu nehmen, um einem Fieber vorzubeugen und deinen **IW** zu steigern. Streiche die Gegenstände, die du verbraucht hast, von deinem Charakterblatt.*

Nachdem du dich halbwegs gesammelt hast, packst du deine Sachen zusammen und bereitest dich auf den Weg durch die verregnete Stadt vor. Die ausgestorbenen Straßen offenbaren sich dir jedes Mal anders, aber stets brandgefährlich. Als würde sich die Welt jede Nacht ein neues, hässliches Gesicht überstreifen.

Da wir uns nun in freiem Gelände bewegen, wird es zusätzliche Richtungsangaben geben, die sich auf die Himmelsrichtungen beziehen. Dir ist bekannt, dass von deinem jetzigen Standpunkt der Dom, das alles überragende Wahrzeichen der Stadt, im Süden liegt und der stählerne Träger der Brücke im Norden. Diese Wegmarken sind fast überall zu sehen.
*Lies weiter bei **305***

576

Am Fuß der Treppe ist die Finsternis dicht genug, dass selbst das Licht einer starken Lampe nur wenige Schritte hinein reicht. Die Luft ist wärmer als oben und riecht penetrant nach Weihrauch mit einem Hauch menschlicher Ausscheidungen. Links neben dem Abgang liegt eine mit Kalk bedeckte, nackte Männerleiche. An was er gestorben ist, ist nicht mehr zu erkennen. Er liegt mit dem Gesicht nach unten. Neben ihm steht ein Blecheimer, gefüllt mit weißem Kalk. Links geht es in die von mächtigen Sandsteinpfeilern gestützte Krypta hinab, in der längst vergessene Kaiser zu Grabe liegen.

Ein kühler Lufthauch zieht von unten hoch, umweht deine Beine wie tastende Finger. Fügt sich mit der Grabesstille zum schauderhaften Ganzen des lautlosen Rauschens.

*Wenn du in die Krypta gehst: Lies weiter bei **396***

*Wenn du noch nicht bei der Feuerstelle warst und du diese nun untersuchen möchtest: Lies weiter bei **302***

*Wenn du noch nicht bei den Beichtstühlen warst und du diese nun untersuchen möchtest: Lies weiter bei **481***

*Wenn du die Kathedrale verlässt, um zur Hauptstraße zu gehen: Lies weiter bei **470***

*Wenn du die Kathedrale verlässt, um zur Pfaffengasse zu gehen: Lies weiter bei **440***

577

Du hast den Wagen noch nicht erreicht, als der Zombie-Koch innehält und witternd die Nase in die Luft streckt. Er lässt vom Wagen ab, wendet sich dir zu. Je näher du kommst, desto größer erscheint dir der tote Kerl. Es gibt kein Zurück mehr, du musst kämpfen!

Führe den Kampf nach den Regeln durch!

Archetyp	KON	AUS	Waffe	WS
Koch	*7*	*5*	*Zähne und Klauen*	*1*

*Reduziere deinen **IW** um **2W6** (IW < 20 gehe zu 1018)*

*Wenn du gewinnst: Lies weiter bei **370***

*Wenn du verlierst: Lies weiter bei **1051***

578

Die Gasse ist gesäumt von kleinen Restaurants. Zerschlagene Tische und Stühle liegen herum, dazwischen Gasbrenner zum Heizen der Gästetische, die wie groteske Pilze aus den Trümmern ragen. Nach wenigen Metern zweigt links eine Gasse (Süden) ab. Dort gibt es einen Kellerabgang, in dem zu deiner Verwunderung Wasser rauscht. »Dort müssen wir hineinsteigen, das ist der beste Weg«, erklärt dir Marie mit fester Stimme. »Das geht aber nur, wenn wir Licht haben!«

Ein Krachen und Poltern im Gerümpel lässt dich herumfahren. Dort bahnen sich Tote ihren Weg. Ihre ausgestreckten Arme zeigen auf dich. Auch vor dir werden Geräusche laut. Ein böses, langgezogenes Krächzen lässt dir das Blut in den Adern gefrieren. Ihr habt keine andere Wahl und müsst nach links in die Gasse.

*Lies weiter bei **609***

579 Der Kampf ist hart und dennoch erledigst du den Banker, zerschmetterst und filetierst ihn mit verbissener Wut. Dein Überlebenswille gibt dir schier unerschöpfliche Kraft. Du steigst über den Leichnam und stellst dich der nächsten Herausforderung, während sich hinter dir die Reihen der Toten schließen. Es gibt kein Zurück mehr. Als die tote Polizistin ihren skalpierten Schädel hebt und dich mit unverhohlener Bosheit angrinst, denkst du geschockt an Paula. Du stürzt dich mit einem wilden Aufschrei dem stinkenden Monster entgegen.

Führe den Kampf nach den Regeln durch!

Archetyp	KON	AUS	Waffe	WS
Tote Polizistin	*7*	*6*	–	–

*Reduziere deinen **IW** um **1W6** (IW < 20 gehe zu 1018)*

*Wenn du gewinnst: Lies weiter bei **466***

*Wenn du verlierst: Lies weiter bei **1017***

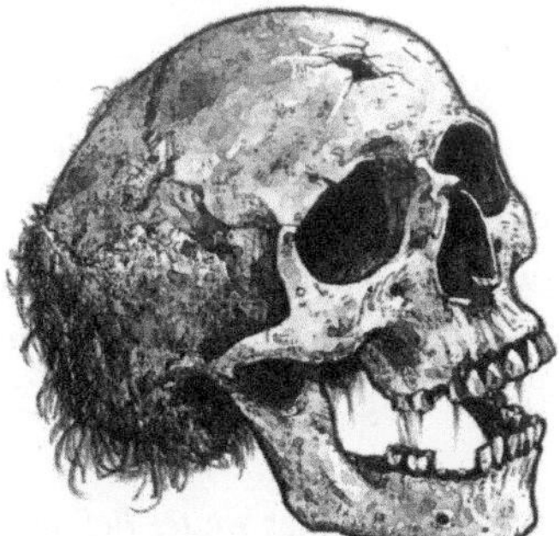

580 Marie schreit gellend. Der Schatten entpuppt sich als Zombie. Es ist ein Hüne von Kerl, ein schwergewichtiger Bauarbeiter, der dich um einen Kopf überragt. Hinter dir strömen die Toten einer Woge gleich in die Gasse. Du schiebst Marie hinter dich, denn du musst kämpfen!

Führe den Kampf nach den Regeln durch!

Archetyp	KON	AUS	Waffe	WS
Zombie-Bauarbeiter	*4*	*5*	*Zähne und Klauen*	*2*

Reduziere deinen ***IW*** *um* ***2W6*** *(IW < 20 gehe zu 1018)*
Wenn du gewinnst: Lies weiter bei ***550***
Wenn du verlierst: Lies weiter bei ***1056***

581 Nachdem du dich abgewendet hast und ein Stück der Rheintorstraße nach Westen gefolgt bist, plagt dich das Schicksal des Menschen im roten Kleinwagen.

Wenn du dennoch weitergehst, reduziere deine ***MEN*** *permanent um zwei Punkte.*
Lies weiter bei ***423***

Wenn du beschließt, dem Menschen zu helfen, erhöhe deine ***MEN.*** *permanent um einen Punkt.*
Lies weiter bei ***303***

582 Hier unten stinkt es wie in einer Klärgrube. Es kommt nicht nur von der Brühe. Es ist der Tunnel, der es ausatmet. Sein verdorbener Odem.
Du erreichst eine Abzweigung, an der es nach rechts und geradeaus weiter geht. Hinter dir hörst du ein Platschen. Deine stinkenden Verfolger sind in den Tunnel vorgedrungen. Ein hohles Röcheln hallt durch die Dunkelheit.
Wenn du geradeaus weiter gehst: Lies weiter bei ***584***
Wenn du nach rechts gehst: Lies weiter bei ***314***

583 Fieberhaft suchst du unter dem Lenkrad, unter dem Fahrersitz, im Handschuhfach, ja, sogar hinter der Sonnenblende nach dem Schalter der Alarmanlage. Resigniert lässt du dich auf den Fahrersitz sinken, als dein Blick auf einen unscheinbaren Schalter neben dem Zigarettenanzünder fällt. Als du ihn betätigst, verstummt das Lärmen der Hupe augenblicklich.

Sofort beginnst du mit der Durchsuchung. Im Handschuhfach findest du die Gebrauchsanweisung des Fahrzeugs, eine Straßenkarte von Deutschland (m) und eine funktionierende Stablampe (m). In den Hängeschränken befinden sich vier Plastikteller (4x m), vier Plastikbecher (4x m), sowie vier Plastikbestecke (4x k), bestehend aus einer Gabel, einem Messer und einem Löffel. Alles in wunderschönem Pink.

In der Nasszelle findest du zwei in Plastik eingeschweißte Zahnputzsets (2x k) sowie zwei verpackte Seifen (2x k). Als du das Wohnmobil verlassen willst, fällt dein Blick auf einen nagelneuen KFZ-Verbandskasten (g), der über der Tür befestigt ist.

Wenn du in die Wellblechhalle gehst: Lies weiter bei ***382***

Wenn du das Gelände verlässt, um der Straße Richtung Süden zu folgen: Lies weiter bei ***421***

584 Da ist etwas vor dir im Gang. Der Weg ist durch ein stabiles Eisengitter versperrt.

Als wäre dies nicht schon übel genug, stapft dir durch die Brühe eine klapperdürre Zombiefrau entgegen. Die Frau sieht aus, als wäre sie tagelang im Wasser gelegen, ist bleich und aufgedunsen wie eine Made. Mit dem Gitter im Rücken ist ein Kampf unausweichlich. Aber du musst dich beeilen, um die Abzweigung vor der wilden Horde zu erreichen.

Führe den Kampf nach den Regeln durch!

Archetyp	KON	AUS	Waffe	WS
Dürre Zombiefrau	*3*	*4*	*Zähne und Klauen*	*1*

VIRUS *Reduziere deinen* ***IW*** *um* ***2W6*** *(IW < 20 gehe zu 1018)*

Wenn du gewinnst: Lies weiter bei ***314***

Wenn du verlierst: Lies weiter bei ***1019***

585 Du duckst dich, spannst deinen Körper und springst. Die fauligen Hände recken sich dir ekstatisch entgegen. Das wird verdammt knapp.

*Führe eine Probe auf **GES** durch und addiere 2**W6** auf das Ergebnis.*
*Wenn die Probe gelingt: Lies weiter bei **435***
*Wenn die Probe misslingt: Lies weiter bei **1016***

586 Nach wenigen Schritten geht es von der Allmendstraße rechts Richtung Süden in die Löwengasse. Die Luft riecht nach Rauch und dir erscheint es dunstiger als in den Straßen zuvor. Es mag an der Enge liegen, in der die Altstadthäuser stehen. Hinter der Abzweigung steht ein Polizeibus und blockiert den Weg (nach Osten).
*Wenn du umkehrst und zurück zum Grünen Winkel gehst: Lies weiter bei **558***
*Wenn du zum Polizeibus gehst: Lies weiter bei **342***
*Wenn du nach Süden in die Löwengasse gehst: Lies weiter bei **604***

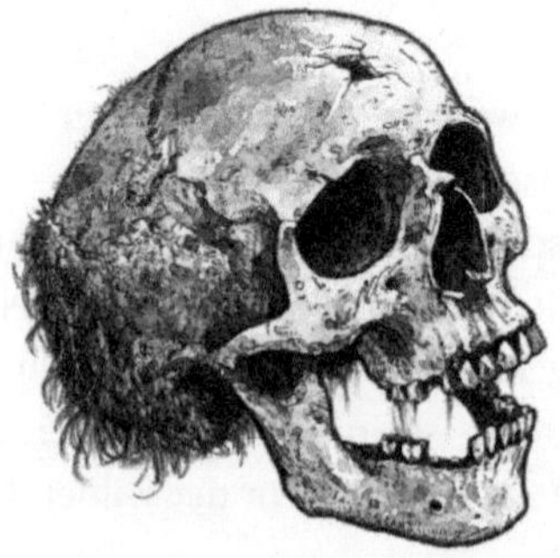

587 Der Kampf war hart, das Scheusal unter dem Wagen zäh wie gegerbtes Leder. Dennoch hast du es irgendwie geschafft, den Drecksack in die Ewigen Jagdgründe zu schicken. Nun bleibt dir nur der Weg über die Brücke.
*Lies weiter bei **379***

588 Deine Chancen sind gering, dennoch stellst du dich der Übermacht, die Waffe fest umklammert. Grimmig son-

dierst du die Lage und entdeckst einen schmalen Weg zwischen Hauswand und einigen abgestellten Autos, der nach Süden führt. Lediglich zwei Totensäcke musst du dazu aus dem Weg räumen. Wenn du dich beeilst, könntest du es schaffen!
Entschlossen stürzt du dich deinem ersten Feind, einem übergewichtigen Anzugträger mit aufgeblähtem Bauch und von Fäulnis zersetztem Gesicht entgegen. Grunzend nimmt er deine Herausforderung an.

Führe den Kampf nach den Regeln durch!

Archetyp	KON	AUS	Waffe	WS
Dicker Banker	*8*	*8*	–	–

*Reduziere deinen **IW** um **2W6** (IW < 20 gehe zu 1018)*
*Wenn du gewinnst: Lies weiter bei **579***
*Wenn du verlierst: Lies weiter bei **1017***

589

*Solltest du dich nicht im Besitz einer Lichtquelle befinden, begibst du dich jetzt in große Gefahr. Du musst auf das Würfelergebnis jeder Probe in der Kathedrale **2W6 addieren.** Überlege dir deine nächsten Schritte also gut.*

Du betrittst die Kathedrale durch das mächtige Bronzetor. Dahinter liegen die Scherben der Zwischentür, dazwischen Patronenhülsen. Jemand hat Kirchenbänke zu einer provisorischen Barrikade aufgerichtet, die dem Ansturm nicht standhalten konnte. Das Hauptschiff der Kirche ist riesig. Durch die hohen Fenster fällt diffuses Licht. In der Nähe des Altars bilden weitere Bänke einen Kreis um einen Aschehaufen. Die Holzstücke darin lassen eine Feuerstelle vermuten. Über den Lehnen hängt klamme Wäsche, die Luft riecht nach schimmligen Fäkalien und faulem Fleisch. Irgendwo tropft Wasser.
Während sich im Mittelschiff die Stufen zum Altar in der Dunkelheit verlieren, stehen im linken Außenschiff (jenseits der mächtigen Sandsteinpfeiler) Beichtstühle. Am Ende des rechten Außenschiffes siehst du eine Bronzeskulptur, auf der die Reste abgebrannter Bittkerzen stehen.

*Wenn du zu den Beichtstühlen gehst: Lies weiter bei **481***
*Wenn du zur Feuerstelle gehst: Lies weiter bei **302***
*Wenn du zu den Bittkerzen gehst: Lies weiter bei **602***
*Wenn du die Kathedrale verlässt, um zur Hauptstraße zu gehen: Lies weiter bei **470***
*Wenn du die Kathedrale verlässt, um zur Pfaffengasse zu gehen: Lies weiter bei **440***

590 Das Knirschen des Fensterriegels setzt einen finalen Schlussstrich unter die Konversation.
*Lies weiter bei **278***

591 Marie krallt sich an deiner Hand fest. Die Kathedrale erhebt sich jetzt zu deiner Rechten. Hier stinkt es penetrant nach altem, vergammeltem Fleisch. Ein Gestank, den du in den letzten Wochen zu oft riechen musstest. Dort vorne wartet der Tod, dennoch ist es einer der möglichen Wege, die in die Stadt führen. Das Mädchen bleibt stehen. »Dahin würde ich nicht gehen, denn dort vorne warten die Fresser.« Sie löst sich von deiner Hand. »Dorthin gehe ich nicht mit dir!«
*Wenn du trotz der Warnung dem Schillerweg weiterhin nach Süden folgst: Lies weiter bei **351***
*Wenn du umkehrst, um nach Osten auf den Parkplatz der Kathedrale zu gehen: Lies weiter bei **321***

592 Die Kleine läuft dir genau in den Schlag. Deine Waffe dringt in ihren aufgeweichten Schädel ein. Das hat gesessen. Ihr Kopf wird mit einem hässlichen Knacken nach hinten geschleudert. Sie geht rücklings zu Boden, fällt in eine ölige Pfütze zwischen den Gleisen. Der Kampf ist schnell vorüber, das Kind ist endgültig tot.
*Lies weiter bei **249***

593 Du liegst auf dem Rücken. Die Bekanntschaft mit den nassen Gleisen ist äußerst schmerzhaft und treibt dir die Luft aus den Lungen. Sterne explodieren vor deinen Augen. Noch

während du nach Luft schnappst, fällt das Mädchen über dich her. Du willst sie packen, doch deine Bewegungen sind zu langsam. Mit unerwarteter Kraft schließen sich ihre Zähne und beißen dir kurzerhand zwei Finger ab.
Deine gellenden Schreie erreichen deine Ohren nicht. Du siehst ihr Gesicht, wie es sich hinabsenkt, unaufhaltsam. Ihre Zähne dringen in das weiche Fleisch deines Gesichts, bereiten einen unbeschreiblichen Schmerz, zerren es dir vom Schädel …
*Lies weiter bei **1034***

594

Du betätigst den Wetzstein des Feuerzeugs. Funken sprühen, aber es entzündet sich keine Flamme. Erst, nachdem du einige Male am Feuerzeug gerüttelt hast, erstrahlt eine Flamme und spendet spärliches Licht. Du durchquerst den Eingangsbereich, steigst über eine umgeworfene Krankenliege und betrittst den eigentlichen Hallenbereich. Die kleine Flamme erzeugt einen schwachen Lichtschein, in dem sich dir ein Chaos ohnegleichen offenbart. Die Oberlichter sind zerstört, vermutlich von den Kugeln der Soldaten durchlöchert. Sie heben sich als graue Rechtecke in der ansonsten schwarzen Decke ab. Wasser tropft durch die entstandenen Öffnungen. Auf dem Boden haben sich schillernde Pfützen gebildet, in denen schwammige Leichen liegen.
Anfangs hatte man die Halle durch verschiebbare Stellwände in kleine Bereiche unterteilt, in denen die Infizierten, entsprechend ihres Krankheitsstadiums behandelt wurden. Jetzt zeigt sich dir ein wilder Wust aus umgestürzten oder zerrissenen Wänden. Dazwischen stehen oder liegen Krankenliegen. Auf dem Boden ein Durcheinander aus Bettzeug, Kleidung, aufgerissenen Verbandspäckchen, leeren Infusionsbeuteln. Im Schein der Flamme bewegst du dich langsam durch die Halle. Konzentriert versuchst du, zu erkennen, ob es hier etwas zu holen gibt.

*Führe eine Probe auf **WAH** durch.*
*Die Probe ist geglückt: Lies weiter bei **534***
*Die Probe ist misslungen: Lies weiter bei **384***
*Wenn du die Halle verlässt, ohne eine Probe durchzuführen: Lies weiter bei **266***

595 Du siehst zu, dass du schnell von dem Auto wegkommst. Ist es dein Gewissen, das dich plagt? Die Verantwortung, der du dich verweigerst? Hast du keine Lust, dich mit einem Kind zu belasten? Oder ist es die Zombiekellnerin, die sich jeden Augenblick befreien wird?

*Reduziere deine **MEN** permanent um **1W6** Punkte.*
*Wenn du dem Schillerweg nach Süden folgst: Lies weiter bei **527***
*Wenn du der Rheintorstraße nach Süd-Westen folgst: Lies weiter bei **423***

596 Du läufst davon. Ist es dein Gewissen, das dich plagt? Die Verantwortung, der du dich verweigerst? Hast du keine Lust, dich mit einem Kind zu belasten? Ist es überhaupt ein Kind oder schon ein Monster?

*Reduziere deine **MEN** permanent um **1W6** Punkte.*
*Wenn du dem Schillerweg nach Süden folgst: Lies weiter bei **527***
*Wenn du der Rheintorstraße nach Süd-Westen folgst: Lies weiter bei **423***

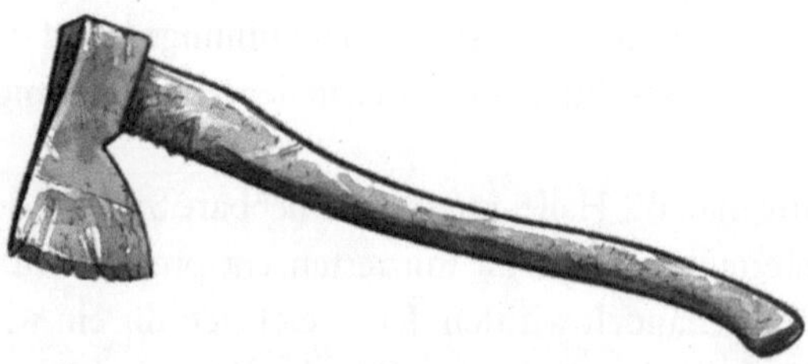

597 *Nachdem keine Reaktion erfolgt, rüttelst du an der Tür und rufst »Ich hab' dich gesehen, verdammter Penner!«: Lies weiter bei **417***
*Du versuchst es mit einem freundlichen »Hallo? Ich wollte nur was Fragen, Leute«: Lies weiter bei **310***
*Du gibst auf und folgst der Straße: Lies weiter bei **439***

598 Erneut legst du alles, was du hast, in diesen Sprung. Doch die Zombies in der Grube schlafen nicht und strecken sich dir voller Gier entgegen.

*Führe eine Probe auf **GES** durch und addiere **1W6** auf das Ergebnis.*
*Wenn die Probe gelingt: Lies weiter bei **508***
*Wenn die Probe misslingt: Lies weiter bei **1016***

599 Das Holz der Leiter ist nass und schwer, doch du schaffst es! Mit einem lauten Knall schlägt sie um und legt sich wie eine Brücke über die Grube der tobenden Bestien. Jetzt musst du es nur schaffen, auf die andere Seite zu klettern, ohne den Toten in die weit geöffneten Mäuler zu stürzen.

*Führe eine Probe auf **GES** durch.*
*Wenn die Probe gelingt: Lies weiter bei **359***
*Wenn die Probe misslingt: Lies weiter bei **1016***

600 Du wischst dir mit der Hand das Regenwasser aus dem Gesicht und atmest durch. Das mit dem Mädchen war hart, aber unvermeidlich. Davon darfst du dich nicht aufhalten lassen. Die Rechnung ist leicht: Entweder sie oder ich. Sei froh, dass du glimpflich davongekommen bist.
Mit einem trockenen Räuspern nickst du der Kleinen ein letztes Mal zu und überquerst die Bahngleise. Es schmerzt, sie zurückzulassen, um als Aas für die Tiere zu enden.
*Lies weiter bei **450***

601 Du hast den Sprung geschafft und dich somit auf die sichere Seite gerettet. Mit klopfendem Herzen folgst du dem vor dir liegenden Weg.
Die Kleine Himmelsgasse führt stetig bergauf. Die Innenstadt ist nicht mehr weit entfernt. Gesäumt von alten übermannshohen und mit Efeu bewachsenen Mauern ist die kaum zwei Meter breite Gasse ein enger Schlauch, der schnell zur Todesfalle werden kann. Der Hund läuft voraus, scheint den Weg zu kennen.
Die Gasse mündet zwischen Sandsteingebäuden in eine Straße, auf der sich eine endlose Schlange an Fahrzeugen hoffnungslos ineinander verkeilt, teilweise gar übereinander geschoben hat. Ironischerweise

nennt sich diese Straße Große Himmelsgasse. Dein Atem dampft feucht. Es ist klamm, neblig, finster und still. Schwer abzuschätzen, was sich zwischen den Fahrzeugen abspielt. Wenigstens hast du die Ebene der Innenstadt erreicht.
Etwas versetzt geht auf der anderen Straßenseite eine Gasse nach Süden ab. Du weißt, dass es links (Osten) zur Kathedrale geht. Der Hund überquert die Straße, läuft bis zur südlichen Gasse, geht auffordernd hinein und kommt zurück, um auf dich zu warten.
*Wenn du nach Süden gehst: Lies weiter bei **391***
*Wenn du nach Osten gehst: Lies weiter bei **511***

602 Der Bittkerzenaltar ist aus massiver Bronze gefertigt und mit gespenstisch anmutenden Tieren geschmückt. Wachsreste haben Tropfnasen gebildet. In einem Kästchen daneben findest du zwei lange, dünne Kerzen (2x k). Ein kalter Luftzug umstreicht deine Beine, kriecht in die feuchte Kleidung und lässt dich frösteln. Neben dem Altar führt eine Sandsteintreppe hinab in die Gruft. Normalerweise ist der Abgang durch ein schweres Eisengitter verschlossen, doch jetzt steht es offen.
Wenn du ein Feuerzeug besitzt, könntest du damit eine der kleinen Kerzen anzünden und als Lichtquelle nutzen!

Du darfst in der Kathedrale nur Punkte besuchen, bei denen du bisher nicht warst!
*Wenn du die Treppen nach unten steigst: Lies weiter bei **306***
*Wenn du zu den Beichtstühlen gehst: Lies weiter bei **481***
*Wenn du zu der Feuerstelle gehst: Lies weiter bei **302***
*Wenn du die Kathedrale verlässt, um zur Hauptstraße zu gehen: Lies weiter bei **470***
*Wenn du die Kathedrale verlässt, um zur Pfaffengasse zu gehen: Lies weiter bei **440***

603 »Wir haben selbst nicht genug. Wurdest du gebissen oder hast dich infiziert, bist du etwa krank, hm?«
*Wenn du seine Frage bejahst: Lies weiter bei **358***
*Wenn du seine Frage verneinst: Lies weiter bei **548***

604 Während du der Löwengasse folgst, stellst du dir die Frage, woher dieser seltsame Geruch nach Rauch kommt. Die Straße ist verlassen, als sich der Dunst etwas lichtet und du einige Gegenstände siehst, die verstreut vor dir auf der Straße liegen. Es sieht aus, als hätte jemand eine Tasche ausgeleert.

Wenn du dir das genauer ansehen willst: Lies weiter bei ***573***

Wenn du umkehrst und zurück zum Grünen Winkel gehst: Lies weiter bei ***558***

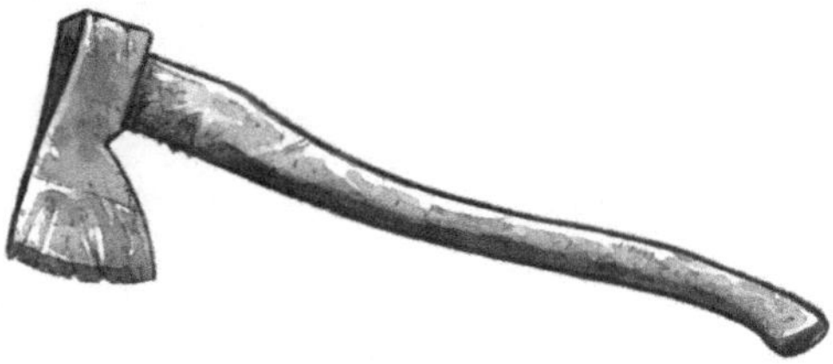

605 Du wühlst in den feuchten Zeitschriften herum, blätterst manche durch, schüttelst andere, deren Seiten sich nicht mehr öffnen lassen. Da ist rein gar nichts. Du willst aufstehen, als dein Augenmerk auf einen Fetzen Papier fällt, der unter dem Schrank hervorragt. Die ausgefransten Ränder lassen erahnen, um was es sich dabei handelt. Aufgeregt ziehst du das Papier hervor. Es ist die Karte (k), die einst an der Wand hing (siehe Abbildung nächste Seite).

Wie bei Landkarten üblich, ist Norden oben.

Sie ist verblichen und zerknittert, aber eine wertvolle Hilfe, um sich in der Stadt zurechtzufinden. Jemand hat mit einem roten Kreuz das Death Asylum markiert.

Hat Paula diesen Hinweis versteckt?

Lies weiter bei ***575***

606 Als du dich dem Treppenabgang zuwendest, reißt sich Marie von dir los. »Bitte, geh dort nicht hinunter. Papa sagte, dass von dort nie einer zurückgekommen ist!«

Sie weicht mit Angst im Blick zurück, bis sie fast in den Schatten verschwunden ist. »Wenn du in die Gruft steigst, bin ich weg!«

Du darfst in der Kathedrale nur Punkte besuchen, bei denen du noch nicht warst!

»Ich will herausfinden, was dort unten ist. Muss ja was Wichtiges sein. Geh, wenn du willst, ich steige in die Gruft!«: Lies weiter bei ***306***

»Tut mir leid, Marie, ich wollte dich nicht ängstigen. Lass uns zu den Beichtstühlen gehen«: Lies weiter bei ***332***

»Entschuldige, ich wollte dich nicht erschrecken. Komm, wir gehen zur Feuerstelle«: Lies weiter bei ***572***

»Okay, ich hab's verstanden. Gehen wir raus und zur Hauptstraße«: Lies weiter bei ***319***

»Alles gut, Kleine. Verschwinden wir von hier und gehen zur Pfaffengasse«: Lies weiter bei ***559***

607

Im Schein des trüben Lichtleins stürmst du Hals über Kopf der Treppe entgegen. Hinter dir erfüllt das Stöhnen der lebenden Toten die Krypta, die von der Grabesstätte zur wahren Leichenkammer geworden ist. An der Treppe sollte der Tote liegen, doch stattdessen offenbart sich nur der kalkige Umriss seinen Körpers. Am Pfeiler tritt er dir mit gefletschten Zähnen madenweiß entgegen. Du musst kämpfen!

Führe den Kampf nach den Regeln durch!

Archetyp	**KON**	**AUS**	**Waffe**	**WS**
Zombie in der Krypta	*5*	*3*	*Zähne und Klauen*	*1*

Reduziere deinen ***IW*** *um* ***3W6*** *(IW < 20 gehe zu 1018)*

Wenn du gewinnst: Lies weiter bei ***337***

Wenn du verlierst: Lies weiter bei ***1048***

608

Dein harter Faustschlag soll sie am Kinn treffen, doch sie packt stattdessen deinen Arm. Es kommt zu einem Gerangel, dein Fuß verliert den Halt auf den nassen Gleisen. Das Mädchen zögert keine Sekunde und stürzt sich auf dich. Mit einem verzweifelten Aufschrei reißt du die Arme nach oben, versuchst sie zu packen.

*Führe eine Probe auf **GLK** durch.*
*Die Probe ist geglückt: Lies weiter bei **292***
*Die Probe ist misslungen: Lies weiter bei **593***

609

Während sich der Ring der Toten unaufhaltsam schließt, steht ihr vor dem mit einem hüfthohen Gitter versperrten Abgang in eine Art Keller, in dem ein Bach fließt. Daneben gibt es einen kleinen Hinterhof, in dem Müllcontainer stehen, daneben aufgerissene Säcke, die ihren fauligen Inhalt auf den Boden ergießen. Es stinkt nach altem Kohl und gegorenem Obst. Dazwischen liegt ein toter Polizist mit dem Gesicht nach unten.
»Wir müssen dem Bach folgen, der bringt uns ganz sicher zum Ziel!«, flüstert Marie und will über das Gitter steigen. In der Korngasse hörst du das Fauchen unzähliger Zombies, dorthin zurückzugehen, wäre glatter Selbstmord. Auch auf der Hauptstraße marschiert die Phalanx der Toten von beiden Seiten unaufhaltsam auf euren Standort zu. Noch könntest ihr die Straße überqueren und in die schmale Gasse, die nach Süden führt, verschwinden.
*Wenn ihr den Abgang zum Bach hinabsteigt: Lies weiter bei **489***
*Wenn ihr die Straße überquert, um zur Gasse zu gehen: Lies weiter bei **339***
*Wenn du den toten Polizisten durchsuchst: Lies weiter bei **399***

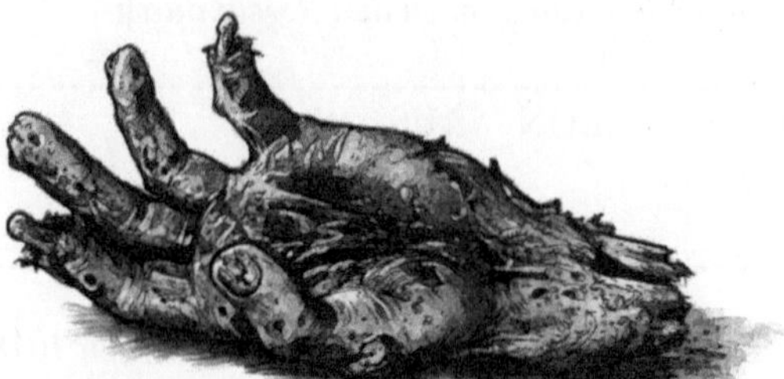

610

Du überquerst die Bahnlinie und hast das Gefühl, dich im Kreis zu bewegen. Nebel und Dämmerung machen alles noch schlimmer. Bald wird sich Finsternis über die Stadt legen und sie unter ihrem undurchdringlichen Mantel begraben. Rechts von dir säumen Büsche den Weg, in denen Autos stehen. Wie gerne würdest du eins davon öffnen und dich hineinsetzen, um der Nässe und Kälte zu entkommen.

Jenseits der Gleise erreichst du eine Kreuzung. Geradeaus geht es auf dem Heringsee in nordöstlicher Richtung. Nach Norden geht es in den Sterngarten, doch das Sackgassen-Schild macht diesen Weg uninteressant. Rechts führt die Nonnenbachstraße weiter auf den südlich gelegenen Dom zu. Du reibst dir die Müdigkeit aus den Augen und musst dich entscheiden.

*Wenn du nach Nord-Osten gehst: Lies weiter bei **297***
*Wenn du nach Süden gehst: Lies weiter bei **272***
*Wenn du umkehrst: Lies weiter bei **444***

611

Das Schloss bricht unter dem brachialen Ansturm der Zombies. Die Tür schwingt auf, knallt scheppernd gegen das Gitter. Die Toten drängen sich zähnefletschend durch das Gitter und kommen schnell näher. Ihr käsiger Gestank flutet das kalte Kirchengebäude. Plötzlich blendet dich grelles Licht, begleitet von einem trockenen Plopp-Plopp. Hinter dir hörst du ein ekelerregendes Klatschen, als die Köpfe der Toten wie faule Tomaten platzen. Gehirnmasse und Knochensplitter bilden einen klebrigen Nebel. Schatten bewegen sich schnell und geduckt jenseits des Lichts, das vor dir zu einer kleinen Sonne anwächst. Etwas trifft dich hart im Gesicht. Schmerz explodiert in grellen Lichtblitzen hinter deinen Augen. Begleitet von einem dumpfen Gefühl und dem Geschmack von frischem Blut in deinem Mund gleitest du in eine bodenlose Finsternis ...

*Lies weiter bei **619***

612

Der Hund jault kläglich, sein Kopf verwandelt sich in roten Nebel. Die Schädel der Zombies vor dir zerplatzen nacheinander wie überreife Melonen. Sie gehen kopflos zu Boden, begleitet von einem satten Plopp-Plopp. Schemenhafte Gestalten schälen sich hinter den Leichen aus der Dunkelheit, Licht flammt auf und blendet deine Augen. Du siehst einen Schatten vor dir, weichst einen Schritt zurück, als dich etwas sehr hart im Gesicht trifft. Deine Beine geben nach, du fällst. In deinem Kopf explodieren tausend grelle Lichter. Begleitet von einem dumpfen Gefühl und dem Geschmack von frischem Blut in deinem Mund gleitest du in eine bodenlose Finsternis ...

*Lies weiter bei **619***

613 Deine Finger tasten durch das schmutzige Wasser, suchen zwischen alten Laken und Müll, während dir das Herz bis zum Hals schlägt. Die imaginären Bewegungen werden zur Bedrohung, du hörst komische Geräusche, fühlst dich beobachtet.
Doch da, ist es der gesuchte Gegenstand?
Du ergreifst die bekannte Form, doch es ist nur eine alte Spritze. Die Dunkelheit droht dich zu erdrücken, treibt dich auf die Beine. Der Ausgang zeichnet sich als graues Rechteck ab. Kopflos stürmst du los, gleitest auf etwas Weichem aus, strauchelst und stürzt über einen umgeworfenen Raumteiler. Der Aufprall brennt sich als brennender Schmerz in deine Seite.

Du hast dich am Gestänge des Raumteilers verletzt. Würfle mit ***1W6****, teile das Ergebnis durch 2 und ziehe das abgerundete Resultat von deiner* ***KON*** *ab.*

VIRUS *Reduziere deinen* ***IW*** *um* ***2W6*** *(IW < 20 gehe zu 1018)*

Benommen rappelst du dich auf und beißt die Zähne zusammen. Du willst raus, dorthin, wo es heller ist, wo der Gestank sich nicht wie ein öliger Film auf deinen Gaumen legt.

Streiche das verlorene Beleuchtungsmittel von deinem Charakterblatt.
Lies weiter bei ***266***

614 »Okay, ich ziehe mir die Decke über den Kopf.«
Nachdem das Mädchen sich geschützt hat, hebst du einen der Steine auf, die hier überall auf der Straße herumliegen (oder benutzt eines deiner Werkzeuge) und schlägst die Scheibe ein. Derweil wird der Zombie auf der Motorhaube wilder. An seiner Hüfte reißt das Fleisch. Sehnen lösen sich mit ekelhaftem Schnalzen. Das Glas zerspringt mit einem satten Klirren.
Der Gestank, der aus dem Wagen dringt, ist unbeschreiblich. Das Kind muss lange Zeit hier eingesperrt gewesen sein. Dankbar klettert dir durch die Fensteröffnung ein schmutziges Mädchen mit blonden, langen Haa-

ren und einer vor Dreck starrenden dunkelblauen Latzhose entgegen und streckt hilfesuchend die Arme nach dir aus!

Du nimmst das Mädchen bei den Händen und hilfst ihr nach draußen: Lies weiter bei ***325***

Du weichst vor ihr zurück: Lies weiter bei ***535***

615 Insgesamt stehen auf dem Parkplatz fünf Wohnmobile. Auf den Frontscheiben kleben die Nummern 1-5. Die 1 steht der Einfahrt am nächsten. Alle Fahrzeuge sind abgeschlossen, doch die Zahlen auf deinen Schlüsseln passen zu denen auf den Fahrzeugen. Da sich die Wohnmobile im Originalzustand befinden, ist davon auszugehen, dass sich ihr Inhalt nicht unterscheidet. Du kannst dir also ein beliebiges Fahrzeug aussuchen.

Mit einem trockenen Schnappen öffnet sich die Fahrzeugtür. Der Regen trommelt mit unverminderter Kraft auf das Dach, während du dich umsiehst. Im Handschuhfach findest du nur die Gebrauchsanweisung des Fahrzeugs und eine Straßenkarte von Deutschland (m). In den Hängeschränken sind vier Plastikteller (4x m), vier Plastikbecher (4x m), sowie vier Plastikbestecke (4x k), bestehend aus einer Gabel, einem Messer und einem Löffel. Alles in Pink. Zwischen einigen unnützen Töpfen findest du eine funktionierende Stablampe (m). In der Nasszelle findest du zwei in Plastik eingeschweißte Zahnputzsets (2x k) sowie zwei verpackte Seifen (2x k). Als du das Wohnmobil verlassen willst, fällt dein Blick auf einen nagelneuen KFZ-Verbandskasten (g), der über der Tür befestigt ist.

Lies weiter bei ***421***

616 Deine barsche Antwort führt dazu, dass sich die Frau vom Fenster zurückzieht. Außerdem fängt der Hund hinter dem Tor an zu knurren.

Du folgst weiter dem Grünen Winkel: Lies weiter bei ***278***

Oder: *»Sorry, war 'ne blöde Antwort von mir. Tut mir leid. Hatte 'ne Menge Stress. Wollte nicht blöd rüber kommen!«*

Führe eine Probe auf ***MEN*** *durch!*

Die Probe gelingt: Lies weiter bei ***431***

Die Probe misslingt: Lies weiter bei ***375***

617 Du schwankst, kippst den emporgestreckten Armen entgegen. Im letzten Augenblick fängst du dich. Beherzt springst du auf der sicheren Seite nach unten und gehst auf die Brücke. Das Toben hinter dir verrät, dass du die Hölle geweckt hast. Der Hund schaut dich aufgeregt hechelnd an.

Wenn du an ihm vorbei über die Barrikade kletterst: Lies weiter bei ***378***

Wenn du dich vor ihn hinkniest und mit leiser Stimme sagst: »Na, bist ein guter Junge, hm? Soll ich dich befreien?«: Lies weiter bei ***498***

Wenn du dich vor ihm aufbaust und mit harter Stimme sagst: »Verdammter Drecksköter, bist in 'ner beschissenen Situation, hm?«: Lies weiter bei ***408***

618 Du liegst auf dem Rücken. Die Bekanntschaft mit den nassen Gleisen ist äußerst schmerzhaft und treibt dir die Luft aus den Lungen. Sterne explodieren vor deinen Augen. Zu allem Elend hast du die Waffe verloren. Ohne zu zögern, fällt das Mädchen über dich her. Du willst sie mit der Hand abwehren, doch mit unerwarteter Kraft beißt sie dir kurzerhand zwei Finger ab. Deine gellenden Schreie erreichen deine Ohren nicht. Du siehst ihr Gesicht, wie es sich hinabsenkt, unaufhaltsam. Unbeschreiblichen Schmerz verursachend dringen ihre Zähne in das weiche Fleisch deines Gesichts, zerren es dir vom Schädel …

Lies weiter bei ***1034***

KAPITEL 3 – DEATH ASYLUM

619 ***Bevor du weiterspielst:***
Übertrage alle Werte von ***Charakterblatt A*** *auf* ***Charakterblatt B****. Ausgenommen hiervon sind Gegenstände, Kleidung und Schuhe. Diese bleiben bis auf Weiteres leer. Warum, wirst du verstehen, sobald du den ersten Spielabschnitt in diesem Kapitel gelesen hast.*
Alle Änderungen werden ab jetzt nur noch in ***Charakterblatt B*** *vorgenommen!*
Sofern du in Kapitel 3 Gegenstände und Waffen findest (dies wird, wie auch schon in den ersten beiden Kapiteln, in Klammern hinter dem entsprechenden Gegenstand angegeben), notiere diese auf ***Charakterblatt B****.*

Die Dunkelheit legt sich wie ein erstickendes Tuch auf deine Seele. Als hätte jemand mit schwarzer Tinte den Himmel übergossen. Wind rauscht durch die Wipfel der Trauerweiden, während du mit vorsichtigen Schritten auf die alte Blockhütte jenseits der Brücke zugehst. Libellen schwirren surrend durch das sich träge wiegende Schilf. Als du die Brücke betrittst, die aus altem, narbigem Holz besteht, steigt dir der dumpfe Gestank des stehenden Gewässers in die Nase, zwingt Tränen aus deinen Augen.
Das Wasser zwischen dem Schilf ist schwarz wie der von Blitzen durchzuckte, finstere Himmel. Düstere Wolken verdecken Mond und Sterne, ziehen von einem starken Wind gepeitscht einem unbestimmten Ziel entgegen. Du hustest, weil der Gestank zunimmt und dir den Atem raubt. Weil er von faulig-dumpf zu süßlich-kupfrig wechselt, so, als würde er in ein neues, unheimliches Gewand schlüpfen, das aus vergammelten Fleisch besteht. Eines, das triefend rot die Bohlen der Brücke durchnässt, bis sie weich werden und beginnen, sich unter deinem Gewicht durchzubiegen.

Als du deine Schritte beschleunigst, schlägt dein Herz schmerzhaft in der Brust, macht hektische, unregelmäßige Sprünge, will den geplagten Körper verlassen, der nach altem Schweiß und *in die Hose gemacht* stinkt. Der Tanz der surrenden Libellen wird lauter, ja wild sogar. Sie umflirren dich mit hektisch schnellen Flügelschlägen, werden penetranter, bohren sich in deine Ohren, fressen sich durch die Gehörgänge, um ihr nervtötendes Spiel in deinem Kopf fortzusetzen. Du strauchelst, weil sich das Holz unter dir verflüssigt, sich das brackige Wasser auftut, um dich in sich aufzunehmen, deinen Körper zu verdauen …

Ein grelles Licht schwebt scheinbar im Nichts über dir, blendend und hell. Eine Sonne, die deine Augen aus dem Schädel brennen will. Du möchtest dich abwenden und gehen, doch dein Körper folgt dir nicht. Blinzelnd klärt sich dein Blick. Das helle Licht hat vor deinem linken Auge ein rotierendes Zentrum. Ein nervtötend surrender Bohrer, einen Zentimeter von deinem Augapfel entfernt.
Ein Bohrer?
Ein gottverdammter, surrender Bohrer!
Genauer gesagt, ein Zahnarztbohrer, der an einer Vorrichtung befestigt vor deinem panisch zuckenden Auge schwebt. Und noch etwas. Das klebrig-kühle Leder unter den Schenkeln und hinter dem Rücken, macht dir klar, dass man dich nackt auf einem altmodischen Zahnarztstuhl festgeschnallt hat. Du spürst einen Luftzug auf der Haut, der über die feinen Härchen streift. Deine Füße stehen auf den mit Gummi beschichteten Auflagen. Und dein Kopf ist mit einem breiten Lederband über der Stirn fixiert, sodass du ihn keinen Millimeter bewegen kannst.
Wären der kreischende Bohrer, das Gefesseltsein und die Nacktheit nicht schlimm genug, stellst du fest, dass du deinen Mund nicht schließen kannst. Dass er weit aufgerissen austrocknet, von etwas fast bis zum Zerreißen gespannt, das nach Metall schmeckt. Nach süß-kupfrigem, weil dein Zahnfleisch ob der unnatürlich weiten Spreizung blutet und so den Geschmack aufnehmen kann. Dein verzweifelter Aufschrei wird zu einem »Hiiirgggscccchttt« verzerrt. Speichel rinnt dir über die Lippen, findet seinen Weg über dein Kinn und den Hals hinab, um unangenehm zäh auf deine Nacktheit zu tropfen.

Das Licht bewegt sich, weicht zurück. Der Geruch von Chloroform dringt in deine Nase. Das Licht wird zu einem dritten Auge auf der Stirn einer Silhouette eines in einen weißen Arztkittel gekleideten Menschen. Ob Mann oder Frau weißt du nicht. Und so richtig weiß ist der Kittel auch nicht. Eher braun fleckig bis grau.

»Verrrrrdasssccchhhhhhhht ...«

Ein Mann kichert ob deines hilflosen Versuchs, zu kommunizieren. »Ah, Sie weilen wieder unter uns ...« Das Surren des Bohrers erstirbt. Das grelle Licht weicht einer eher düsteren Beleuchtung. Mit nervös huschendem Blick erkennst du einen eher kleinen, schmalen und gänzlich haarlosen Mann, dessen Augen hinter den Gläsern einer runden Nickelbrille riesig wirken. Seine Lippen sind dünn, die Haut ist grau, als hätte er ewig kein Tageslicht mehr gesehen. Was zu dem Raum passt, in dem ihr seid. Der Zahnarztstuhl steht genau in der Mitte. In der Wand vor dir befindet sich eine dunkel lackierte Metalltür. Als nächstes Regale, in denen Gegenstände aufbewahrt werden, die du im Zwielicht nicht erkennst. Was links, rechts und hinter dir liegt, siehst du wegen deiner Fesselung nicht.

»Lassen Sie mich kurz nachsehen«, sagt der Arzt und blättert in einer dünnen Akte. »Ah ja, hier haben wir es … Aufgegriffen in der Stadt, Herkunft unbekannter Natur, schlechte Verfassung, Kopfwunde, weitere kleinere Blessuren …«

Er klappt die Akte zu und wirft diese auf einen polierten Rolltisch neben sich. Aus dem Augenwinkel erkennst du ein sauberes Zahnarztbesteck. Hacken, Spiegel, Schaber, es ist alles da. Und eine chromglänzende, beängstigend große Spritze, den gläsernen Kolben gefüllt mit milchiger Flüssigkeit. »Sssscccchhheeeeeggggrrfffft!«

»Ich denke, es ist an der Zeit, uns einander vorzustellen.« Der Arzt lächelt sardonisch. »Meine Name ist Doktor Alexander Bohr, meines Zeichens leitender Arzt dieser Anstalt und, nun, den Umständen entsprechend, einziger Arzt, also auch Anstaltsleiter.« Er nimmt seine Brille ab und beginnt diese mit einem sauberen Taschentuch zu polieren. »Ihnen hat man die Nummer Zwei gegeben. Belassen wir es dabei.« Er setzt die Brille auf, faltet das Tuch sorgfältig zusammen und steckt es weg. »Und nun ist es an der Zeit, mit der Befragung zu beginnen!« Damit löst er den Riegel der Maulsperre, dein tauber Kiefer kehrt in eine entspannte Position zurück. Er nimmt sich einen Zahnarzthaken vom Tablett und hebt ihn so, damit du ihn genau sehen kannst. »Frage 1: Kamen Sie mit dem Speichel oder anderen Körperflüssigkeiten von Auferstandenen in Kontakt? Wurden Sie eventuell früher gebissen und die Wunde ist bereits verheilt?«

*Wenn du mit **JA** antwortest: Lies weiter bei **839***
*Wenn du mit **NEIN** antwortest: Lies weiter bei **639***
*Wenn du schweigst: Lies weiter bei **703***

620 »Das ist vollkommen belanglos«, erklärt der Doktor. »Aber damit Sie beruhigt sind, es entspricht der Wahrheit. Die Soldaten haben Ihrer sogenannten Zuflucht einen Besuch abgestattet. Auf Einladung, versteht sich!« Er tippt auf den Bohrer vor deinem Auge, sodass dieser gefährlich wackelt. »Ihre Feststellung erübrigt Frage 2, kommen wir also zu Frage 3: Warum treiben Sie sich in der Nähe unserer Anstalt herum?«

*»Zufall. Musste vor einigen Stinkern fliehen, nichts weiter«: Lies weiter bei **654***
*»Geht Sie überhaupt nichts an!«: Lies weiter bei **:717***
*»Ich hoffe nicht, dass Paula Ihnen die Türen geöffnet hat. Jedenfalls suche ich sie. Und ich glaube, sie ist hier!«: Lies weiter bei **740***

621 Der Doktor macht ein bedauerndes Gesicht, nimmt sich einen großen, schweren Hammer und zeigt ihn dir. »Ich werde Ihnen mit diesem Hammer den Schädel einschlagen, wenn Sie mir nicht auf der Stelle sagen, was ich wissen möchte! Also?«

*»Verdammt, Mann, das müssen Sie nicht tun. Ich wollte doch nur was abgreifen. Zum Überleben, verstehen Sie das?«: Lies weiter bei **982***
*»Hören Sie auf, bitte. Ich geb's ja zu. Bin wegen meiner Freundin hier. Paula ist ihr Name!«: Lies weiter bei **740***
*»FICK! DICH! INS! KNIE!«: Lies weiter bei **819***

622 Mit geballten Fäusten gehst du Paula an. Die stößt einen bestialischen Schrei aus und stürmt dir wild entschlossen entgegen. Was dich angreift, hat mit der Paula, die du kennst, nur wenig gemein.

*Paula ist eine gnadenlose Kämpferin. Würfle mit jeweils **3W6** die Attribute **AUS, KON, GLK** und **GES** für sie aus und trage die Werte in Paulas Charakterblatt, welches du im Anhang des interaktiven Romans findest. Für Paula gelten die gleichen Kampfregeln, wie für deinen Charakter. Und das in aller Konsequenz!*

Führe den Kampf nach den Regeln durch!

*Reduziere deinen **IW** um 4W6 (IW < 20 gehe zu 1018)*
*Du gewinnst: Lies weiter bei **742***
*Du verlierst: Lies weiter bei **782***

623 Keiner der grimmigen Männer steht zwischen dir und der rostig roten Metalltür. Und die Chance, dass diese unverschlossen ist, ist groß. Du stößt den Tisch in Richtung der kampfbereiten Männer, wirfst dich herum, und stürmst los.

*Führe eine Probe auf **AUS** durch!*
*Die Probe ist geglückt: Lies weiter bei **783***
*Die Probe ist misslungen: Lies weiter bei **823***

624 Du spürst in deinem Rücken die hungrigen Blicke der Toten. Auf Augenhöhe ist eine Art Schieber, ähnlich derer, wie es sie in Gefängniszellen gibt, doch der ist fest verschlossen. Die Tür selbst hat auf deiner Seite weder Schlüsselloch noch Riegel. Deine Finger folgen ihrem Rand, der sich in den Rahmen schmiegt. Auf diese Weise wirst du nicht entkommen.
*Lies weiter bei **704***

625 Die blutverschmierte Machete fest gepackt, auf den Fingern der anderen Hand den mit Hautfetzen bedeckten Schlagring. Mit unbändiger Wut trittst du den Gasmaskenmännern entgegen. Es ist der Mann mit dem Elektroschock-Stab, der sich dir als Erster entgegenstellt.

Führe den Kampf nach den Regeln durch!

Archetyp	KON	AUS	Waffe	WS
Gasmaskenmann 1	*6*	*4*	*Elektroschock-Stab*	*2*

*Reduziere deinen **IW** um **1W6 (IW < 20 gehe zu 1018)***
*Du gewinnst: Lies weiter bei **785***
*Du verlierst: Lies weiter bei **745***

626 Du weichst dem ungeschickten Stich aus und packst das Handgelenk des verrückten Arztes, windest ihm das Skalpell (k, WS 1) *(notiere dir das Skalpell auf dem Charakterblatt B)* aus den schwitzigen Fingern. Du drehst dem überraschend dünnen Mann den Arm auf den Rücken und hältst ihm das Skalpell an die pochende Halsschlagader.
»Eine Bewegung von euch und ich schneide ihm den Hals durch!«, hallen deine warnenden Worte durch den halbdunklen, gefliesten Raum den Gummiwächtern entgegen.
»Tut, was Patient 2 sagt«, keucht Doktor Bohr in deinem Griff. Die Wächter verharren, warten ab, was als Nächstes geschieht.
*»Werft eure Waffen weg und verschwindet!«: Lies weiter bei **706***
*»Werft eure Waffen zu mir rüber und kniet euch mit dem Rücken zu mir hin!«: Lies weiter bei **746***

627 Du schlägst dem Doktor das Griffstück des Polizei-Schlagstocks gegen das Kinn. Er sieht dich erstaunt an und geht wie ein nasser Sack zu Boden. Der ist die nächsten Minuten ausgeschaltet. Jetzt solltest du dich nach etwas umsehen, das dazu taugt, die Wächter zu fesseln.
*Lies weiter bei **787***

628 Du nimmst die Beine in die Hand und stürmst zur Tür. »Aufhalten! Unbedingt aufhalten!«, kräht Doktor Bohrs aufgeregte Stimme durch den Raum. Der Wächter zögert nicht lange, stürmt dir hinterher. Erreichst du die Tür vor dem Wächter? Kannst du entkommen?

*Führe eine Probe auf **GES** durch!*
*Die Probe ist geglückt: Lies weiter bei **708***
*Die Probe ist misslungen: Lies weiter bei **748***

629 Der Doktor sinniert einige Sekunden über deine Frage nach. »Die Antwort ist ›vielleicht‹ … Du kannst, also, wenn du einen starken Willen und einen gesunden Geist besitzt, in einer Art Co-Existenz mit dem höheren Wesen leben … zumindest, solange du nicht die dritte Infusion erhalten hast … Bis dahin lässt es dir deinen Willen und kriecht nur an die Oberfläche, wenn es etwas gibt, was es haben will. Die Seelen anderer Überlebender zum Beispiel … Du lachst? Du glaubst mir nicht, was die Seele betrifft? … Nun, was denkst du denn, was deinen Geist ausmacht? Was dein Wesen gestaltet, dich von anderen abhebt? … Du tätest besser daran, zu glauben, wenn du dem Abgesandten gegenübertrittst!«
*Lies weiter bei **814***

630 »Ich hoffe für dich, dass du das ernst meinst!« Paulas Bewegungen sind raubtierhaft. Sie kommt dir nah. Ihre nackte Haut riecht nach feuchtem Mörtel. »Lass uns keine Zeit verlieren und stell deine verdammten Fragen!«
Sie schlingt ihre dünnen Arme um dich, sieht dich mit ihren gelb flimmernden Augen an. »Und danach geht's gleich ohne Umschweife hier raus!«

*Würfle mit **2W6**. Das Ergebnis entspricht der Anzahl der Fragen, die du Paula maximal stellen kannst. Nach jeder Frage kehrst du hierher zurück.*
*Wenn du alle Fragen gestellt hast, oder denkst, keine mehr stellen zu müssen: Lies weiter bei **631***

Die möglichen Fragen an Paula:

»Ist das Asylum eine echte Zuflucht, oder handelt es sich nur um einen Ort, an dem sie ihre abscheulichen Experimente durchführen?«: Lies weiter bei ***830***

»Was haben die mit dir angestellt, was mit mir?«: Lies weiter bei ***870***

»Kann Doktor Bohr die Toten steuern?«: Lies weiter bei ***910***

»Wer hat hier das Sagen? Ist des Doktor Bohr, oder jemand, etwas anderes?«: Lies weiter bei ***950***

»Haben die ein Heilmittel gefunden, oder etwas, mit dem man die Zombieseuche aufhalten kann?«: Lies weiter bei ***990***

»Hast du uns verraten?«: Lies weiter bei ***650***

»Was bezweckt Doktor Bohr mit seinen Experimenten?«: Lies weiter bei ***690***

»Haben die zu anderen Gruppen von Überlebenden Kontakt?«: Lies weiter bei ***730***

»Gibt es eine höhere Intelligenz, welche die Zombies steuert?«: Lies weiter bei ***770***

»Gibt es für dich eine Chance auf ein normales Leben?«: Lies weiter bei ***810***

»Wie kommen wir hier raus, wie können wir dem Wahnsinn des Death Asylums entfliehen?«: Lies weiter bei ***850***

»Wo sind meine Sachen, wo meine Kleidung?«: Lies weiter bei ***890***

»Ist Doktor Bohr noch ein Mensch oder hat er sich die Infusionen selbst verabreicht?«: Lies weiter bei ***930***

»Wie viele Infusionen wurden dir verabreicht?«: Lies weiter bei ***970***

»Habe ich nach der zweiten Infusion eine Chance, zu überleben?«: Lies weiter bei ***1010***

631 Paula taxiert dich mit ihren gelben Augen. Lauernd, auf eine Antwort von dir wartend. »Ich habe jetzt all deine scheiß Fragen beantwortet, keine Lust mehr zu warten, denn die Zeit läuft uns davon!« Sie ballt ihre schmalen Hände zu Fäusten, dass die Knochen in den Gelenken knacken. »Jetzt gehen wir. Ich kenne den Weg … was sagst du?«

*»Lass mich die anderen Räume untersuchen. Ich schließe dich ein und hole dich ab, sobald ich damit fertig bin! Du hast mein Ehrenwort!«: Lies weiter bei **671***

*»Lass uns zusammen von hier abhauen!« Gemeinsam verlasst ihr die Zelle und geht zur Gittertür, welche diesen Teil des Kellers vom anderen trennt: Lies weiter bei **989***

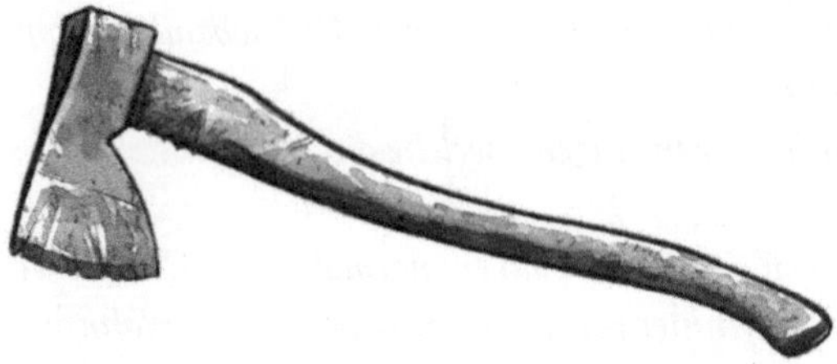

632 Die Wellen ebben ab. Du kommst nur langsam zur Besinnung, fühlst dich erschöpft, ausgelaugt. Die Luft riecht nach verbrannter Haut, nach versengtem Haar. Keuchend schnappst du nach Luft. »Bitte …«, flüsterst du mit schwacher Stimme. »Ich tue alles, was sie wollen … aber hören sie damit auf … im Namen der Ethik!« Doktor Bohr dreht sich verwundert zu dir um. »Im Namen der Ethik?« Er beugt sich über dich, überprüft den Sitz der Elektroden. »Die Ethik hat lang vor der Katastrophe versagt. Das hier hat nichts mit Ethik zu tun, sondern nur mit dem Schüren von Wahnsinn und Angst!«

VIRUS *Reduziere deine **IW** um **2W6** (IW < 20 gehe zu 1018)*
*Reduziere deine **RES** um **2 Punkte.***

Das Klicken des Schalters beendet die einseitige Konversation, hämmert dir wie ein Hammer in den Kopf, knüppelt deinen Verstand zu einem bedeutungslosen Nichts zusammen.

*Führe eine Probe auf **RES** durch!*
*Die Probe ist geglückt: Lies weiter bei **712***
*Die Probe ist misslungen: Lies weiter bei **672***

633

Das dritte Regal ist angefüllt mit Pappkartons, auf denen mit schwarzem Filzstift Namen gekritzelt stehen. Einige der Kartons liegen zerrissen im Dreck. Mit Fäkalien beschmierte Kleidungsstücke bilden einen klebrigen Grund. Schuhe türmen sich an der Wand zu einem wilden Haufen, allesamt schmutzig und mit blühendem Schwarzschimmel bedeckt. Von allen Pappkartons scheinen lediglich vier unberührt. Und eine von ihnen trägt deinen Name!
(Merke dir unbedingt die Nummer dieses Abschnitts, damit du hierher zurückkehren kannst)
*Wenn die Kiste »Hermann« öffnest: Lies weiter bei **721***
*Wenn die Kiste »Jason« öffnest: Lies weiter bei **881***
*Wenn die Kiste »Lucy« öffnest: Lies weiter bei **761***
*Wenn du die Kiste »Paula« öffnest: Lies weiter bei **801***
*Wenn du deine eigene Kiste öffnest: Lies weiter bei **841***
*Wenn du lieber eine andere Möglichkeit versuchst: Lies weiter bei **768***

634

Die Kettensäge trifft auf deine eigene Waffe. Kreischend sprühen Funken. Ihr löst euch voneinander, um mit größerer Wut weiterzukämpfen. Das Knattern der Kettensäge, das Klirren, wenn deine Waffe auf sie trifft. Brennender Schweiß, der dir in die Augen läuft. Muskeln, die zum Zerreißen gespannt, rebellieren. Die kalt funkelnden Augen des Schlachters, der stinkt wie ein toter Fisch …
… Mit pumpenden Lungen stehst du über dem Leichnam deines Gegners und weißt selbst nicht genau, wie du es geschafft hast, diesen Giganten zu besiegen. Jetzt liegt er da in seinem eigenen Blut. Der Motor der Kettensäge dreht sich im knatternden Leerlauf.
*Lies weiter bei **714***

635

Wie viele einzelne Schlüssel du auch besitzen magst, lediglich der silberfarbene aus der Pathologie vermag das gelbe Schloss zu öffnen. Alle anderen erweisen sich als nutzloser Ballast.

*Wenn du den Schlüsselbund durchprobierst: Lies weiter bei **1007***
*Wenn du ein Werkzeug wie ein Schweizer Taschenmesser, einen Leatherman oder einen Dietrich hast: Lies weiter bei **675***
*Wenn du woanders weitermachen willst: Lies weiter bei **992***

636 Die Arme des Monsters ziehen dich in eine tödliche Umarmung. Krallen schieben sich mit unerbittlicher Konsequenz unter die Haut deines Rückens, bis sie dir am Rückgrat schrammen, sich hineinbohren ins Fleisch, über Knochen tasten. Der Schmerz macht dich fast wahnsinnig, ist aber im Vergleich zu dem, was kommt, geradezu lächerlich.

Das Bauch-Maul öffnet sich, das die Mundwinkel reißen, und es größer wird, als es sowieso schon war. Zähne aus hundert Mündern schlagen sich hungrig in deinen Bauch, dringen knirschend tiefer, bis sie Haut und Fleisch durchstoßen, um in den Eingeweiden herumzuwühlen. Zerfetzend fressen die Kiefer unabhängig voneinander weiter, während hundert Zungen wie Schlangen in deinen Körper dringen, um sabbernd dein Fleisch zu zermahlen.

Zäher Speichel frisst sich ätzend in dein Fleisch, gebiert einen unvorstellbaren Schmerz, der dich erahnen lässt, wie es war, von glühenden Eisen gefoltert zu werden. Der dich in einen Lachen gebärenden Irrsinn treibt, aus dem es nur ein Entrinnen gibt: den Tod!

Der riesige Bauch-Mund zieht dich in sich hinein, bis du vollends aufgenommen wirst im Monster an der Wand. Bis du ein Teil von ihm wirst, wie Hunderte zuvor. Kurz vor dem Ende fängst du an, zu begreifen …

Das ist es also, das Haus, das jedes Licht entbehrt, wo Staub ihr Hunger, und ihre Speise Lehm ist. Wo sie das Licht nicht sehen und in aller Ewigkeit in der Finsternis sitzen …

Ende

637 Sechs Arme schließen sich um dich, ziehen dich zu dem brennenden Geschöpf in eine Art tödliche Umarmung, aus der es kein Entkommen gibt.

Oder hast du doch eine Chance?

*Lies weiter bei **965***

638 Paula ist zu langsam, um dir beizustehen. Der zungenbewehrte Stachel bohrt sich mit brachialer Gewalt in dein Fleisch. Zungen bohren sich, ätzendes Gift verspritzend, in dich, transportieren unbegreifliche Bosheit. Es kriecht in dich hinein, zwingt dich in die Knie. In Sekundenschnelle schmettert es deinen Geist nieder. Dir bleibt keine andere Wahl, als dich in den hintersten Winkel zu verkriechen. Dorthin, wo es finster und einsam ist. Ins schwarze Loch des Vergessens.

»Dein Fleisch wird zu meinem Fleisch ...« Das Monster an der Wand breitet die Arme aus. »Dein Blut zu meinem Blut!«

Hilflos im eigenen Körper gefangen erlebst du mit, wie eine andere, absolut böse Präsenz dein Fleisch und Blut übernimmt. Wie dein Körper zur Puppe dessen wird, was dir der Doktor verabreicht hat. Was zuvor in dir schlummerte, auf den einen Moment wartend, um zu erwachen.

Innereien mitreißend zieht sich der Stachel aus deinem Körper. Fleisch und Haut haften bluttriefend an den Widerhaken. Wie eine Peitsche zischt er durch die Luft und schlägt Paula in der Mitte durch. Teilt sie in zwei Hälften, die schmatzend in sich zusammenfallen.

Nun ist es soweit. Der Moment der Offenbarung ist gekommen. Was jemals war, wird nichtig. Wie dein Leben, das du in den düsteren Winkel mitgenommen hast. An das du dich in der Hoffnung auf Erlösung klammerst. Das Monster an der Wand reicht dir den Schlüssel *des Abgesandten*, als wäre es der Heilige Gral.

»Geh hinaus und bringe den Gläubigen den Kelch der Offenbarung!«

Durch die Augen, die einst deine waren, siehst du, wie sich dein Körper aus dem Raum bewegt, dem Gang folgend zum Gitter schreitet, um die Schlösser zu öffnen, hinter denen der Aufzugschacht liegt. Wie ein Affe klettert er hinauf, Stockwerk um Stockwerk, bis es hell wird und du auf das Dach des Asylums hinaustrittst und zum Rand gehst.

Um das Asylum brandet ein aufgewühltes Meer toter Leiber, die sich dir in wilder Gier entgegenrecken. Dies ist der letzte Auftritt eines Rockstars. Der ultimative Gig. Du wirst zum Messias des Untergangs, breitest die Arme aus und trittst über den Rand. Der sekundenlange Fall wird zur Ewigkeit, die emporgereckten Hände, die schmierigen Gesichter zur Farce des Lebens ...

Ende

639 »Na also, das war doch jetzt gar nicht schwer.« Doktor Bohr nickt zufrieden. »Kommen wir sogleich zu Frage 2: Wo kommen Sie her? Wo befand sich zuletzt Ihre Zuflucht?«

*»Ich … ich komme aus dem alten Industriegebiet, unten am Fluss, wo die Backsteingebäude stehen.«: Lies weiter bei **733***

*»Rutsch mir den Buckel runter, geht dich überhaupt nichts an!«: Lies weiter bei **866***

*»Das wissen Sie doch genau, ihre Leute waren es doch, die uns überrannt und meine Freunde getötet haben!«: Lies weiter bei **620***

*Wenn du schweigst: Lies weiter bei **859***

640 Du steckst dein Werkzeug in die Schlüsselöffnung des vorletzten Schlosses. Deine Hände zittern, deine Bewegungen sind fahrig. Dein Geschick im Öffnen des Schlosses wird über den Verlauf deines kläglichen Lebens entscheiden!

*Führe jeweils für dich und Paula eine Probe auf **GES** durch. Paulas **GES** kannst du ihrem Charakterblatt entnehmen.*

*Die Probe ist geglückt: Lies weiter bei **922***

*Die Probe ist misslungen: Lies weiter bei **802***

641 Vorsichtig steigst du über den sich türmenden Unrat. Der scharfe Gestank der Reinigungsmittel lässt deine Augen tränen, brennt dir in der Lunge. Dennoch überwindest du den Ekel und greifst in den klebrigen Haufen aus Plastik und Papier, um ihn anzuheben …

*Lies weiter bei **681***

642 Die Schlüssel sind klebrig von Schweiß, Blut und anderen Dingen, an die du gar nicht denken magst. Unter dem Geschrei der Versuchsobjekte, die wie wild gewordene Affen an den Gittern ihrer Zellen rütteln, öffnest du ein Schloss nach dem anderen. Grün. Gelb. Rot. Paula steht eng bei dir, sucht deine Nähe, als hätte sie Angst, du könntest sie in diesem Inferno zurücklassen. Die Tür öffnet sich mit hässlichem Kreischen. Ohne einen Blick zurückzuwerfen gehst du zu den halb offenstehenden Aufzugtüren und spähst in den düsteren

Schacht. Eine hölzerne Leiter lehnt an der Wand, die es ermöglicht, die in der Wand eingelassenen Eisensprossen zu erreichen, die nach oben führen. Ihr Ende steht in einem ölig schwarzen Sud, von dem du hoffst, dass er keinen Albtraum verbirgt.

Ihr werdet springen müssen, um die Leiter zu erreichen. Ein letztes Hindernis zwischen euch und der lichtdurchfluteten Freiheit.

*Führe jeweils für dich und Paula eine Probe auf **GES** durch. Paulas **GES** kannst du ihrem Charakterblatt entnehmen.*
*Die Probe ist für beide geglückt: Lies weiter bei **842***
*Die Probe ist dir geglückt, aber Paula misslungen: Lies weiter bei **963***
*Die Probe ist dir misslungen: Lies weiter bei **882***

643

Unerbittlich zieht es dich ins Feuer. Deine Haare rollen sich versengt zusammen, die Haut schlägt Blasen und zischt, als Feuchtigkeit aus den Poren perlt. Brennendes Fleisch von Mensch und Monster verbindet sich in tödlicher Umarmung, während das gefräßige Bauch-Maul deine Gedärme zerfleischt, sich Zungen züngelnd in deinen Körper bohren, um selbst im Augenblick des Todes ihr Gift zu verspritzen.

Das Feuer zwingt euch beide in die Knie. In Flammen stehend wird dein Empfinden taub. Deine Augäpfel platzen, du stürzt in Dunkelheit und fällst ins unendliche Nichts, in dem es weder Hoffnung noch Vergebung gibt. Nur der Gestank nach verbranntem Fleisch und versengtem Haar, der bleibt dir ewig …

Ende

644 Der boshafte Stachel bohrt sich tief und suchend in deinen Geist. Schmettert ihn mit brachialer Gewalt nieder. Dir bleibt keine andere Wahl, als dich in den hintersten Winkel zu verkriechen. Dorthin, wo es finster und einsam ist. In das schwarze Loch des Vergessens.

»Dein Fleisch wird zu meinem Fleisch ...« Das Monster an der Wand breitet die Arme aus. »Dein Blut zu meinem Blut!«

Hilflos im eigenen Leib gefangen erlebst du mit, wie eine andere, absolut böse Präsenz dein Fleisch und Blut übernimmt. Wie dein Körper zur Puppe dessen wird, was dir der Doktor verabreicht hat. Was zuvor in dir schlummerte, auf den einen Moment wartend, um zu erwachen.

Nicht fühlend siehst du, wie Paula in wilder Verzweiflung angreift, und sie versucht, ihm den Schlüssel zu entreißen. Stattdessen wird sie von vier Händen zugleich gepackt und zerrissen wie eine Puppe aus sprödem Stroh. Was in ihrem Körper ist, fällt heraus. Gedärme ringeln sich Schlangen gleich zum Boden, ergießen ihren schwarzen, teerartigen Inhalt. Der Dämon stopft sich Paulas zuckenden Körper in das gierig klaffende Bauch-Maul, wo es Stück für Stück von ihr verschlingt, bis nichts mehr bleibt als ein stinkend schwarzer Fleck vor seinen Füßen.

Nun ist es soweit. Der Moment der Offenbarung ist gekommen. Was jemals war, wird nichtig. Wie dein Leben, das du in den düsteren Winkel mitgenommen hast. An das du dich in der Hoffnung auf Erlösung klammerst.

Das Monster an der Wand reicht dir den Schlüssel *des Abgesandten*, als wäre es der Heilige Gral.

»Geh hinaus und bringe den Gläubigen den Kelch der Offenbarung!«

Durch die Augen, die einst deine waren, siehst du, wie sich dein Körper aus dem Raum bewegt, dem Gang folgend zum Gitter schreitet, um die Schlösser zu öffnen, hinter denen der Aufzugschacht liegt. Wie ein Affe klettert er hinauf, Stockwerk um Stockwerk, bis es hell wird und du auf das Dach des Asylums hinaus trittst und zum Rand gehst.

Um das Asylum brandet ein aufgewühltes Meer toter Leiber, die sich dir in wilder Gier entgegenrecken. Dies ist der letzte Auftritt eines Rockstars. Der ultimative Gig. Du wirst zum Messias des Untergangs, breitest die Arme aus und trittst über den Rand. Der sekundenlange

Fall wird zur Ewigkeit, die emporgereckten Hände, die schmierigen Gesichter zur Farce des Lebens …

Ende

645 Grimmig stellst du dich dem ungleichen Kampf Monster gegen Mensch. Keine Aussicht auf Flucht oder Vergebung. Dies ist der alles entscheidende Moment!

Führe den Kampf nach den Regeln durch!

Archetyp	KON	AUS	Waffe	WS
Der Abgesandte	*9*	*10*	*Krallen und Bauch-Maul*	*2*

*Reduziere deinen **IW** um **3W6** (IW < 20 gehe zu 1018)*
*Du gewinnst: Lies weiter bei **1006***
*Du verlierst: Lies weiter bei **636***

646 Die Arme recken sich euch entgegen, als erwarten sie eine innige Umarmung. »Bist du gekommen, um deine letzte Weihe zu empfangen? Um aufzugehen in einer neuen Daseinsform, die deine Gefährtin schon erreicht hat?« Die dunkle, unheilschwangere Stimme scheint von überall zu kommen, sowohl von innerhalb als auch von außerhalb deines Kopfes.
Der Dämon, denn um einen solchen muss es sich handeln, erwartet mit gebieterisch geöffneten Händen deine Antwort. Paula klammert sich an dich. Du spürst ein Zittern, das ihren Körper durchläuft. »Krall dir den Schlüssel und nichts wie weg«, flüstert sie dir ins Ohr.
*»Ich bin gekommen, um den Schlüssel zu holen!«: Lies weiter bei **677***
*»Was bist du?«: Lies weiter bei **797***
*»Was erwartet mich in dieser neuen Daseinsform?«: Lies weiter bei **837***
*Wenn du stattdessen das Wesen angreifst: Lies weiter bei **877***

647 Die Dunkelheit vor dir hat etwas Bedrohliches. Sie wirkt wie ein Schlund, der dich in sich einsaugen möchte. Eine offenstehende Gittertür lädt dich in den Gang dahinter ein, in dem es abscheulich nach übergelaufener Toilette und Leichenkammer stinkt.

Dieser Teil ist wesentlich älter, als der Rest des Kellers. Die Wände bestehen aus roten, von Algen und Moos bewachsenen Ziegelsteinen. Die Decke ist gewölbt. Eine einzige Lampe, von einem rostigen Gitter bedeckt, spendet spärliches, gelbliches Licht.
Zur Rechten erstrecken sich durch Gittertüren abgeschlossene Zellen, in denen sich schauderhafte Abscheulichkeiten in den Schatten zurückziehen. Ausnahmslos nackt, offenbaren sie dir ihre Grässlichkeit in bleichen, verstümmelten Körpern. Hier fehlen Finger und Hände, woanders Arme oder Beine, die auf dem Boden liegend stinkend vor sich hin faulen. Ihre Münder und Augen sind ausnahmslos zugenäht, die Ohren abgeschnitten, und Nasen haben sie auch keine mehr. Stattdessen klaffen schwarz-nässende Schlitze im Trümmerfeld, das sich einst Gesicht nannte. Denen, die Männer waren, hat man die Genitalien abgeschnitten. Den Frauen fehlen die Brüste, was an Scham übrig ist, wurde sorgsam vernäht. Kurzum, die Körper der armen Opfer wurden auf das abscheulichste entmenschlicht.
Links gibt es in der langen Wand nur eine einzige Tür. Sie besteht aus vernietetem Gusseisen, sieht schwer aus und ist schwarz. Sie hat weder Klappe noch Schloss. Nur einen Riegel, über den sie sich öffnen lässt. Du spürst, dass etwas dahinter lauert. Etwas Uraltes, Böses, das nur auf dein Eintreten wartet. Das seine geistigen Fühler durch das Eisen hinweg nach dir ausstreckt …
Wenn du sie öffnest: Lies weiter bei **967**
Wenn du woanders weitermachen willst: Lies weiter bei **992**

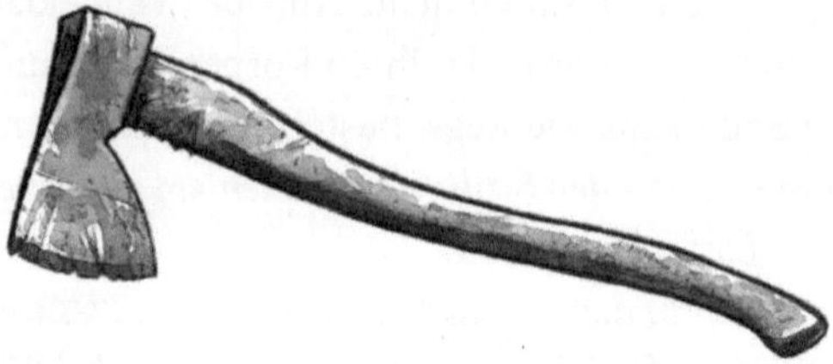

648 Zu deiner Verwunderung ist die Tür zur »Haustechnik« nicht abgeschlossen. Dennoch überkommt dich ein seltsames Prickeln, als du das narbige Türblatt berührst.
»Dort drin findest du allen möglichen Kram«, meint Paula gelangweilt. »Hast sicher nichts dagegen, wenn ich draußen warte …«

*Wenn du die Tür öffnest und den Raum betrittst: Lies weiter bei **848***
*Wenn du lieber eine andere Möglichkeit versuchst: Lies weiter bei **832***

649 Die Tür zur dritten Zelle unterscheidet sich in nichts von den anderen. Nur, dass du keinen Schlüssel findest, um sie zu öffnen und der Finsternis hinter dem winzigen Fensterchen die Wahrheit zu entreißen.
*Um eine andere Tür zu öffnen: Lies weiter bei **831***

650 »Vielleicht war ich bei meinen Beobachtungen unvorsichtig.« Sie kaut auf ihrer grauen Unterlippe herum, zuckt mit den Schultern. »Was soll's, es hat für mich zu einer Verbesserung geführt. Was ich jetzt bin, wäre ich in der Zuflucht nie geworden. Im Gegensatz zu euch Menschen habe ich eine höhere Existenzebene erreicht, die es mir ermöglicht, über dem Tod zu stehen! Also, scheiß auf die Zuflucht und nerv mich nicht mit diesem alten Mist!«
*Lies weiter bei **630***

651 Der dritte Schlüssel passt, dreht sich knirschend im Schloss. Die fahle Erinnerung an Angst und Demütigung wallt in dir auf, als die Tür aufschwingt und du den altmodischen Zahnarztstuhl in der Mitte des Raumes siehst, beleuchtet von einer alten OP-Lampe. Der restliche Raum liegt in trügerischer Finsternis. Blutflecken umgeben den Stuhl wie ein bizarres Muster. Auf einem Tablett daneben liegen fleckige Zahnarztinstrumente. Die ausgeübte Gewalt, die in diesem Raum stattgefunden, ja regelrecht zelebriert wurde, ist körperlich zu spüren.
An einem Haken neben der Tür hängt ein schmutziger Arztkittel (Kleidung). Seine Taschen sind leer, aber du könntest damit zumindest deine Nacktheit verbergen. Das würde dir immerhin etwas Würde zurückgeben.
Wenn du dir das Tablett mit den Zahnarztutensilien näher anschaust, findest du dort ein Skalpell (k, WS 1), einen Zahnarzt-Winkelspiegel (k), eine Art Zange (k), um Zähne zu ziehen, eine Pinzette (k) sowie einen dieser gebogenen Zahnarzthaken (k), mit denen man hervorragend im Zahnfleisch herumstochern kann.

Es gibt einen Medikamentenschrank, besser gesagt ein Regal mit Gitterblechtüren. Dahinter findest du drei altmodische Kolbenspritzen (je k). Eine ist mit einer klaren Flüssigkeit gefüllt, eine mit einer rot-eitrigen und eine mit etwas Schwarzem, das sich Schlieren ziehend zu bewegen scheint, doch da bist du dir nicht sicher.
Weiterhin liegen drei Mullbinden (3x k, je +1 IW, +1 KON) sowie eine Rolle braunes Pflaster (reicht für 4 Anwendungen) (k, je +1 IW, +0 KON) und ein Aluminiumbriefchen mit drei extrastarken Schmerztabletten **3x3** (k, reduziert pro eingenommener Tablette GES um 1W6 für 1W6 Abschnitte) in den Fächern.
Ekel ergreift dich, als du mit bloßen Füßen in etwas Feucht-Schmieriges trittst, das neben dem Zahnarztstuhl eine an den Rändern eingetrocknete Lache bildet. Ein Gemisch aus Erbrochenem, Blut und menschlichen Exkrementen, die du dir lieber nicht näher ansehen möchtest. Dennoch stellst du dir die Frage, ob du es warst, der dies hinterlassen hat.

***Hinweis:** Du kannst alles in den ausgebeulten Taschen des Arztkittels verstauen.*
*Lies weiter bei **822***

652

Deine Fragen scheinen den Doktor zu amüsieren. Ein mitleidiges Lächeln umspielt seine dünnen Lippen. »Der Glaube an ein Heilmittel ist vergleichbar mit dem Glauben an Gott. Ein netter Gedanke, an den sich der einfältige Geist gerne klammert, nichts weiter … was ich gefunden habe, ist die Hoffnung auf eine neue Menschheit, jenseits dessen, was wir Krankheit und Tod nennen. Eine neue Existenzebene … und du könntest sie erreichen, wenn du dich nicht verweigern würdest. Noch ist es nicht zu spät dazu …«
Seine Worte haben etwas Prophetisches. Ziehen dich in ihren Bann.

*Achtung: Sofern man dir die zweite Infusion verabreicht hat, führe eine Probe auf **RES** durch, denn genau darauf hat das Böse in dir gewartet!*
*Die Probe ist geglückt: Lies weiter bei **814***
*Die Probe ist misslungen: Lies weiter bei **669***
Ansonsten: *Lies weiter bei **814***

653 Erst nachdem der Doktor verschnürt auf der Metall-Liege liegt, wendest du dich den beiden Maskenträgern zu. Dieser seltsame Blick aus dem bleichen Auge lässt dich nicht los. Du musst dir Gewissheit verschaffen.

Also trittst du vor eine der Gestalten hin und greifst an den feuchtschmierigen Gummi. Schmatzend löst sich die Gasmaske von dem darunter verborgenen Gesicht. Der Schock trifft dich wie ein harter Schlag in den Magen. Ein grauhäutiger, schwarzlippiger Schädel grinst dich mit eingefallenen Wangen an. Was da vor dir liegt, ist nicht eben erst gestorben. Fast vermutest du einen Zombie, doch wie ist es möglich, dass Doktor Bohr sie kontrolliert?

Sollte dies der Hintergrund der Experimente sein, die der wahnsinnige Doktor mit dir durchführt?

Die aufkeimende Wut über das Unvorstellbare, das sich hier anbahnt, nimmt dir den Atem. Deine Hand findet die Schlagwaffe, erhebt sich selbstständig über den Kopf. Mit brachialer Gewalt lässt du den Stock auf den Schädel des Zombies niedergehen, bis er platzt. Als der zweite Gasmaskenmann mit eingeschlagenem Kopf im träge sickernden schwarzen Blut liegt, wendest du dich dem Doktor zu.

*Wenn du den wehrlosen Doktor totschlägst: Lies weiter bei **774***

*Wenn du den Doktor deswegen zur Rede stellen willst: Lies weiter bei **814***

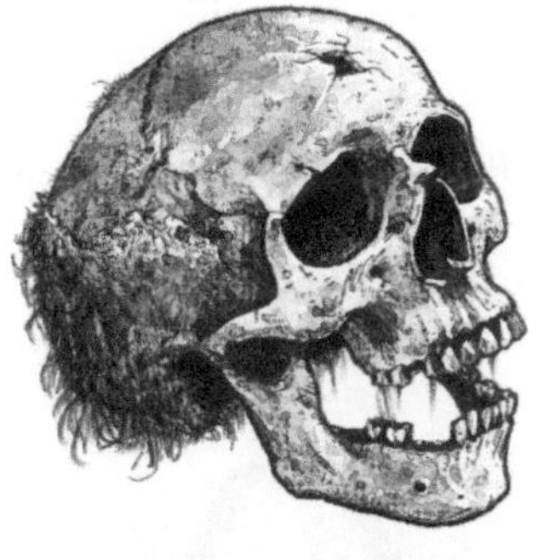

654 »Wissen Sie was? Ich glaube nicht an Zufälle. Hinter jeder unserer Handlungen verbirgt sich ein Grund, der uns antreibt, zu tun, was wir tun.« Der Doktor wechselt den Aufsatz des Bohrers in etwas, das dich an einen Fräser erinnert. »Lügen haben Konsequenzen. Leben sie damit!«

Sein Ziel ist ein Backenzahn. Genau dort, wo das Zahnfleisch beginnt, setzt er ihn an und fräst eine breite Rille in den Zahnhals. Der Schmerz ist brutal, raubt dir den Atem. Du schmeckst den bitteren Staub deines Zahns, danach Fleisch, das in Fetzen auf deine Zunge fällt. Letztendlich Blut. Der Doktor nimmt das bluttropfende Werkzeug aus deinem Mund. »Also? Was war nun der Grund?«

*Reduziere deinen **IW** um **1W6** (IW < 20 gehe zu 1018)*

*Führe eine Probe auf **RES** (Resistenz) durch. Gelingt die Probe, kannst du deine Antwort frei wählen. Misslingt die Probe, musst du die erste Antwort wählen.*
*»Bitte, ich, nun ja, ich suche nach einer Freundin von mir. Paula ist ihr Name!«: Lies weiter bei **740***
*»Verreck doch in der Hölle, du Drecksack!«: Lies weiter bei **717***
*»Okay, ich geb's ja zu. Dachte, könnte bei euch was Nützliches abgreifen!«: Lies weiter bei **982***

655 Mit einem beherzten Sprung hechtest du zu Doktor Bohr, der mit einem entsetzten, ja, fast weibischen Schrei vor dir zurückweicht. Linkisch stößt er mit einem rostigen Skalpell nach deinem Gesicht. Schaffst du es, der ungestüm ausgeführten Gegenwehr auszuweichen?

*Führe eine Probe auf **GES** durch!*
*Die Probe ist geglückt: Lies weiter bei **626***
*Die Probe ist misslungen: Lies weiter bei **666***

656 Das rot blinkende Licht der Kamera zieht dich in seinen Bann. Wer sich dahinter versteckt, wird zu deiner letzten Hoffnung. Und außerdem, reden hat doch schon immer geholfen. Ist es nicht so?

»Das ständige Gegeneinander bringt doch nichts. Wir Überlebenden sollen zusammenhalten. Ich bin bereit, Kompromisse einzugehen, wenn ihr das hier beendet!«: Lies weiter bei ***776***

»Was ihr hier macht, ist unmenschlich. Es ist grauenhaft, absolut abstoßend. Wir sollten zusammenhalten, uns einen Ausweg suchen, der für alle von Vorteil ist!«: Lies weiter bei ***816***

»Was ihr mit Paula angestellt habt, ist das Grässlichste, was ich je gesehen habe. Es ist grausam, einfach unmenschlich. Aber ich bin bereit, es zu vergessen, wenn ihr mich gehen lasst! Allein oder mit Paula!«: Lies weiter bei ***856***

657 Du hast nicht den Hauch einer Chance. Der Kerl ist zwar klein, aber flink wie eine Schlange. Bevor du einen Schlag landest, drischt er dir den Schlagstock gegen den Kopf. Wie ein gefällter Baum gehst du benommen zu Boden.

VIRUS *Reduziere deinen* ***IW*** *um* ***1W6*** *(IW < 20 gehe zu 1018)*
Reduziere deinen ***KON*** *um* ***1 Punkt****.*

Zornig brüllt in deinem Inneren eine unbekannte Wut. Sie brodelt wie glühende Lava unter der Oberfläche. Ist bereit, hervorzubrechen, wenn der Moment kommt ...
Lies weiter bei ***978***

658 Was Doktor Bohr mit *Rage* meint, betritt in Form von zwei in Flecktarn gekleideten kräftigen Männern den düsteren Raum. Hämisch lachend schwingt einer der beiden einen Schlagstock. Der Doktor tritt zur Seite und nickt den Schlägern zu. »Das Versuchsobjekt gehört Ihnen. Aber, bitte, machen Sie es nicht wieder kaputt wie das letzte ...«
»Keine Sorge, Doktor«, meint der Größere der Zwei. »Wir sind zart wie kleine Vögelchen.« Ein kratziges Lachen entsteigt seiner Kehle, während

der andere damit beginnt, deine Fesseln zu lösen. Die Männer sind sich ihrer Sache sicher, verzichten darauf, dir die Hände zu binden, bevor die letzte Fessel fällt.

*Wenn du abwartest, was als Nächstes geschieht: Lies weiter bei **698***

*Wenn du auf der von den Männern abgewandten Seite von der Liege springst: Lies weiter bei **738***

*Wenn du den Mann, der die letzte Fessel gelöst hat, angreifst: Lies weiter bei **778***

659 Die funkensprühende Spitze des Elektroschockers bohrt sich in deine Magengrube. Der Stab ist stark genug, um ein Schwein, das man vor sich hertreibt, zu Boden zu schicken. Deine Muskeln verkrampfen sich, zucken. Du fällst, merkst, wie sich deine Blase entleert, knallst auf die kalten Fliesen. Licht aus ...

*Lies weiter bei **899***

660 »Die ist abgeschlossen, da kommst du nicht raus«, flüstert eine trockene, raue Stimme aus den Decken. Die richten sich auf, als würde sich ein Geist erheben, rutschen zur Seite. Eine menschliche Gestalt, ebenso nackt wie du, kommt darunter zum Vorschein. Bleich und dünn sieht sie aus, und seltsam vertraut …

*Lies weiter bei **860***

661 Beherzt trittst du auf sie zu, ziehst sie in deine Arme. Da ihr nackt seid, ist die Berührung intensiv. Paulas Haut ist feucht, leicht schmierig sogar, was auf die Zelle zurückzuführen sein könnte. Und sie ist kalt wie die Luft hier unten. Kalt wie die Pritsche und die Steine, die euch umgeben. Paula faucht auf, befreit sich mit ungeahnter Kraft aus der Umklammerung, stößt dich wild fauchend weg, als wäre sie ein Tier und kein Mensch. Sie zieht sich in die Schatten zurück. »Ich warne dich nicht noch einmal. Bleib weg von mir!«

*Erschrocken lässt du von ihr ab, gehst zu deiner Pritsche. »Sag mir, was los ist, okay?«: Lies weiter bei **980***

*Trotz ihrer Warnung dringst du auf sie ein, suchst Halt bei einem dir bekannten Menschen, und versuchst sie erneut, zu umarmen: Lies weiter bei **781***

662 Du prallst mit der Schulter hart auf den Boden, doch du schaffst es, den Elektroschocker (m, WS 2) zu packen. Dich herumwerfen und den Schalter zu betätigen ist eine Bewegung. Zischend bohrt sich die Spitze des Stabes in Paulas ungeschützten Bauch. Zigtausend Volt entladen sich und schütteln ihren dünnen Körper durch, als wäre sie eine Puppe. Ihre Krallen zerschneiden deine Haut, doch die hindern dich nicht daran, Paula einen Stromschlag nach dem nächsten zu verpassen, bis sie zuckend und zusammengekrümmt daliegt. Du ziehst sie in die Zelle zurück, legst sie neben den Pfleger und verriegelst die Tür. Da regt sich Paula bereits wieder. Der Schlüsselbund (k) des Mannes steckt im Schloss. Erschöpft lehnst du dich an die Wand und schöpfst Atem.

VIRUS *Reduziere deinen **IW** um **2W6** (IW < 20 gehe zu 1018)*
*Lies weiter bei **822***

663 Mit geballten Fäusten stürzt du dich auf den dir am nächsten stehenden Mann. Zu deinem Glück ist es der Kleinere, wobei das reine Ansichtssache ist und kein Vorteil. Der hebt seinen Schlagstock mit siegessicherem Grinsen.

Führe den Kampf nach den Regeln durch!

Archetyp	KON	AUS	Waffe	WS
Kleiner Schläger	*6*	*6*	*Schlagstock, Fäuste*	*2*

VIRUS *Reduziere deinen **IW** um **1W6 (IW < 20 gehe zu 1018)***
*Du gewinnst: Lies weiter bei **983***
*Du verlierst: Lies weiter bei **657***

664 Es sind die Toten, die auf deine Rufe antworten. Ein Kauderwelsch aus Röcheln und Fauchen ertönt aus den Zellen. Ihre Gesichter drücken sich zwischen die Stäbe. Münder, angefüllt mit fauligem Fleisch, öffnen sich knirschend. Die Zombies scheinen zu wissen, was als Nächstes geschehen wird.
Lies weiter bei ***704***

665 »In Ordnung«, gestehst du keuchend. »Ich bin fertig, kann nicht mehr kämpfen … Ich gebe auf!« Aber tust du das wirklich? Gibst du dich wirklich geschlagen? Knirschend dreht sich ein Schlüssel im Schloss der Metalltür.

*Lies weiter bei **896***

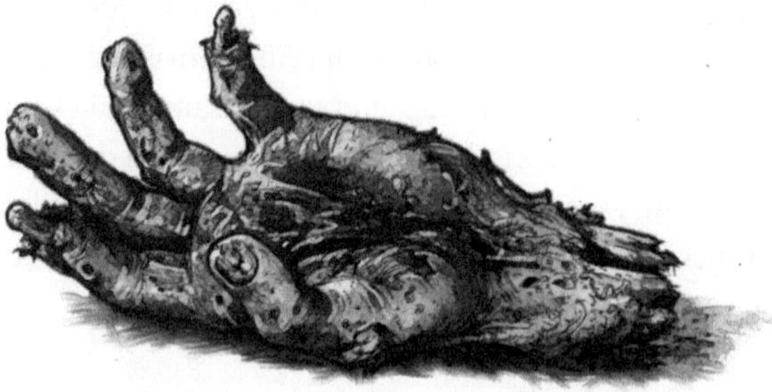

666 Doktor Bohr kreischt wie eine alte Jungfer, springt dir entgegen, stößt das rostige Skalpell in einem geraden Stich nach vorne. Die Klinge wächst an, versinkt in deinem rechten Auge. Ploppend öffnet sich der Augenball. Du stolperst auf den Doktor zu, treibst dir dabei die Klinge tiefer in den Kopf. Eine Sonne explodiert in deinem Schädel, bringt dein Gehirn zum Schmelzen. Die Klinge bohrt sich in dein Denkorgan, trennt dich vom Leben, stößt dich hinab in die bodenlose Finsternis des Todes …

Ende

667 Ohne den Doktor loszulassen, prügelst du mit dem Polizei-Schlagstock auf die knienden Wächter ein. Das laute Klatschen der Schläge weckt den schlummernden Zorn in dir. Die Wut, die dich zuvor in der Zombiearena gepackt hatte, kehrt wieder!

*Führe eine Probe auf **MEN** durch!*
*Die Probe ist geglückt: Lies weiter bei **907***
*Die Probe ist misslungen: Lies weiter bei **895***

668 Mit bloßen Händen stehst du gegen den mit einem Polizei-Schlagstock bewaffneten Wächter. Du hast keine Wahl und musst kämpfen!

Führe den Kampf nach den Regeln durch!

Archetyp	KON	AUS	Waffe	WS
Gummiwächter	*4*	*3*	*Schläge, Tritte, Waffe*	*2*

*Reduziere deinen **IW** um **1W6** (IW < 20 gehe zu 1018)*
*Du gewinnst: Lies weiter bei **788***
*Du verlierst: Lies weiter bei **973***

669 Zähneknirschend nimmst du zur Hand, was greifbar ist. Der Griff der Schlagwaffe schmiegt sich in deine schweißigen Finger, verwachsen geradezu miteinander. Die Wut erwacht mit der Wucht eines wilden Stiers. Das Böse, das sich mit deinem Blut vermischt, macht dich zum Tier! Widerstehst du dem drohenden Wahn? Ringst du die Bestie nieder?

*Halbiere deine **MEN** und runde das Ergebnis auf!*
*Halbiere deinen **IW** und runde das Ergebnis auf!*

Die Antwort ist: **VIELLEICHT**!

*Solange dein **IW** über **20** ist, bist du auf der sicheren Seite und kannst widerstehen. Lies in diesem Fall weiter bei **709***
*Erreicht dein **IW** diese Grenze, bricht dein Widerstand wie ein Kartenhaus in sich zusammen: Lies weiter bei **1018***

670 Entschlossen packst du Paula an ihrem dünnen Arm und ziehst sie aus der Zelle. »Ich hab's versprochen, Paula. Ich bringe dich hier raus. Nichts wird mich davon abhalten! Auch nicht deine Zähne!« Paula schmiegt ihren feuchtkalten Körper an dich. »Ich hoffe, dass ich das Biest in mir in Zaum halten kann.« Sie sieht zu dir auf. »Und ich weiß, wie wir hier rauskommen, nur muss es gleich sein, sonst verliere ich den Verstand!«
Gemeinsam verlasst ihr die Zelle und geht zur Gittertür, die diesen Teil des Kellers vom anderen trennt.
*Lies weiter bei **989***

671 »Einen Scheiß gebe ich auf dein Ehrenwort!« Paula schreit wie eine Furie und springt dich mit gefletschten Zähnen an. Entfesselter Wahnsinn, unbändige Wut spiegelt sich gelb in ihren Augen. Du musst kämpfen!

*Paula ist eine gnadenlose Kämpferin. Würfle mit jeweils **3W6** die Attribute **AUS, KON, GLK** und **GES** für sie aus und trage die Werte in Paulas Charakterblatt, welches du im Anhang des Spielbuchs findest (sofern du das nicht bereits getan hast).*

Für Paula gelten die gleichen Kampfregeln, wie für deinen Charakter. Und das in aller Konsequenz!

Führe den Kampf nach den Regeln durch!

*Reduziere deinen **IW** um **2W6** (IW < 20 gehe zu 1018)*

*Du gewinnst: Lies weiter bei **790***

*Du verlierst: Lies weiter bei **1026***

672 Mit unvorstellbarer Wucht bricht es über dich herein. Das Böse reitet auf den Wellen des elektrischen Stroms, verbrennt mit glühendem Schwert deinen wimmernden Verstand zu schwarzer Asche. Was dich bisher angetrieben hat, was Mensch in dir war, bricht in sich zusammen, kann nicht mehr widerstehen. Es ist aus. Es ist vorbei. Du existierst nicht mehr. Oder etwa doch?

*Lies weiter bei **1052***

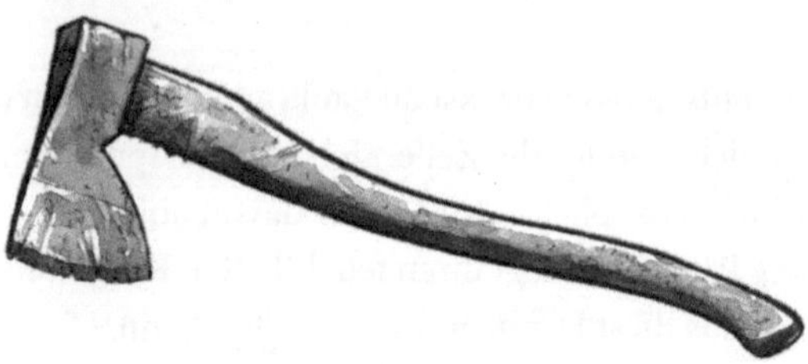

673 Es ist nicht leicht, den Schreibtisch zu erreichen, ohne über Müll zu fallen oder in Fäkalien zu treten. Wer hier gehaust hat, war ein Schwein. Was sich auf der nass aufgequollenen Tischplatte türmt, ist eine Herausforderung für sich. Was aus Papier ist, ist zu einem schimmligen Haufen vergoren, der auf dich den Eindruck von Tapetenkleister macht. Natürlich gibt es einen wuchtigen Aschenbecher aus Glas (m), in dem Zigarettenreste schwimmen. Daneben liegt ein funktionierendes Einwegfeuerzeug (k). Um die Schubfächer zu öffnen, erfordert es einiges an Geschick.

*Führe eine Probe auf **GES** durch!*
*Die Probe ist geglückt: Lies weiter bei **913***
*Die Probe ist misslungen: Lies weiter bei **848***

674 Die Kettensäge trifft auf deine eigene Waffe. Kreischend sprühen Funken. Ihr löst euch voneinander, um mit größerer Wut weiterzukämpfen. Das Knattern der Kettensäge, das Klirren, wenn deine Waffe auf sie trifft. Brennender Schweiß, der dir in die Augen läuft. Muskeln, die zum Zerreißen gespannt sind, rebellieren. Die kalt funkelnden Augen des Schlachters, der stinkt wie ein toter Fisch …
… bis sich die Kettensäge mit ihren alles zerfetzenden Zähnen in deine Schulter senkt und dir den Arm vom Rumpf trennt. In deinem Kopf explodiert der Schmerz, blendet dich mit grellem Weiß. Die Woge brandet über dir hinweg, verebbt, weicht einer dumpfen Gefühllosigkeit. Du findest dich auf dem Seziertisch wieder, wo der Schlachter über dich gebeugt mit seinen Werkzeugen hantiert. Das Hackbeil geht nieder und etwas Schweres fällt in die Metallkiste. Die Säge teilt knirschend Knochen und Fleisch. Die Kettensäge macht dich halbblind …
Der Raum schwankt im langsamen Takt. Du schwebst auf den Tisch mit den abgeschnittenen Köpfen zu, findest deinen Platz zwischen ihnen, starrst ohne jedes Gefühl in den Raum, beginnst, weg zu triften in ein graues, belangloses Nichts. Das Letzte, was du siehst, ist der Schlachter, wie er sich die nächste Leiche auf dem Seziertisch vornimmt …

Ende

675 Dein Werkzeug passt lediglich in das gelbe Schloss. Jetzt kommt es auf deine Geschicklichkeit an, ob du es schaffst, das gelbe Schloss zu knacken. Es ist nur ein Versuch zulässig, das Schloss zu öffnen!

*Wenn du das Schweizer Taschenmesser benutzt, reduziere für die Probe deine **GES** um **2 Punkte.***
*Wenn du den Leatherman benutzt, reduziere für die Probe deine **GES** um **1 Punkt.***
*Wenn du einen Dietrich benutzt, erhöhe für die Probe deine **GES** um **1 Punkt.***

*Führe eine Probe auf **GES** durch!*
Die Probe ist geglückt: Das Schloss öffnet sich nach einiger Fummelei mit sattem Klacken!
Die Probe ist missglückt: Du kannst das Schloss leider nicht öffnen. Es muss hier unten im Keller irgendwo einen Schlüssel geben, der passt. Dessen bist du dir absolut sicher!
*Wenn du den Schlüsselbund durchprobierst: Lies weiter bei **1007***
*Wenn du andere, einzelne Schlüssel hast: Lies weiter bei **635***
*Wenn du woanders im Keller weitermachen willst: Lies weiter bei **992***

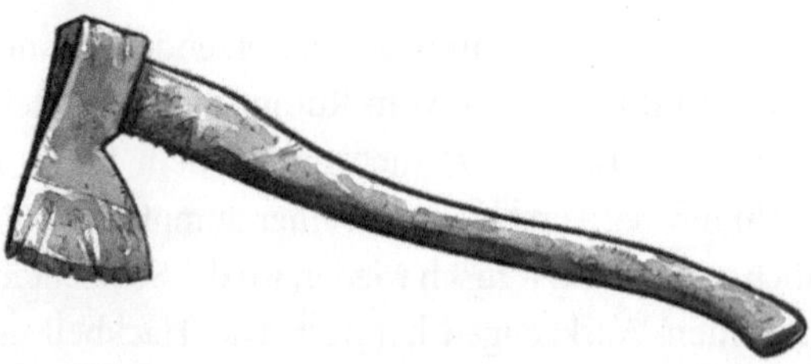

676 Das Scheusal ist besiegt. Du stehst vor der Gittertür, hinter der sich der Aufzugschacht hinauf in die ersehnte Freiheit windet. Der Etagen durchbricht wie ein rechteckiger Wirbel, von denen du nicht weißt, was dich dort erwartet.
Die Wahrheit ist viel profaner. Du bist ausgelaugt und müde, willst den grauenvollen Keller hinter einem Schleier aus Vergangenheit wissen. Die Frage ist nur, hast du die Mittel, um die unüberwindliche Barriere aus Schlössern zu überwinden?

Folgende Werkzeuge kommen zum Öffnen der Schlösser infrage: Brechstange, Schweizer Taschenmesser, Dietrich, Kettensäge, Polizeischlagstock, Machete.

Wenn du den Schlüssel des Abgesandten, den silberfarbenen Schlüssel aus der Pathologie und den Schlüsselbund besitzt: Lies weiter bei ***763***
Wenn du den Schlüssel des Abgesandten, einen weiteren der genannten Schlüssel und mindestens ein Werkzeug besitzt, mit dem man ein Schloss öffnen kann: Lies weiter bei ***803***
Wenn du nur den Schlüssel des Abgesandten und ein Werkzeug besitzt: Lies weiter bei ***843***
Wenn du nur ein Werkzeug besitzt: Lies weiter bei ***883***
Wenn du keine der oben genannten Kriterien erfüllst: Lies weiter bei ***923***

677 Der Dämon bewegt unter der straff gespannten Haut den Kopf. Der Blick aus den schwarz glänzenden Augen bohrt sich in dein Gehirn, sondiert dich bis in den letzten Winkel deines Geistes, das es schmerzt. »Du betrittst meine Gefilde und stellst Forderungen? Bringst ein Weib mit, von dem du denkst, das es dich unterstützt?« Geräusche, die ein Lachen imitieren, dringen krächzend zwischen den Lippen hervor.
Irritiert siehst du Paula an, die auf ihrer Unterlippe herumkaut. »Ich weiß doch selbst nicht, was mit mir ist ... wie ich denken oder reagieren soll ...« Sie sieht dich traurig an. »Vertrau mir, du wirst es nicht bereuen. Und vor allem, lass dich von diesem Scheusal nicht einlullen. Was aus seinem Mund kommt, ist Lüge!«
Die Zähne des Bauch-Mauls schließen sich klappernd, als würden sie Beifall klatschen. »Du weißt nicht, mit wem du es zu tun hast, Menschlein! ... Oder mit was!«
»Dann erklär dich!«: Lies weiter bei ***797***
»Du bist nichts weiter als ein abgefucktes Scheusal, das dieser irre Doktor zusammengebaut hat«: Lies weiter bei ***917***
Der Dämon erscheint dir in seiner fixierten Position nicht sonderlich gefährlich. Du greifst ihn an: Lies weiter bei ***877***

678 Du stürmst zu den Armee-Benzinkanistern, die, wie von Paula beschrieben zwischen den Kisten stehen, und schraubst schnell den Deckel ab. Die Füllstutzen sind viel größer als bei den zivilen Kanistern. Es sollte möglich sein, den Inhalt in einem großen Schwall auszukippen.

Das Monster kommt näher, richtet sich auf und droht wie eine Riesenspinne mit ihren wild fuchtelnden sechs Armen, während sich das Bauch-Maul laut schmatzend öffnet, und schließt und dabei schwarzen Schleim versprüht, dessen Gestank dir in den Atemwegen brennt. Paula schnappt sich einen zweiten Kanister und tut es dir gleich. Schaffst du es, das Benzin über die Albtraumkreatur zu schütten, bevor diese angreift?

 *Führe je eine Probe für dich und Paula auf* ***GES*** *durch. Paulas* ***GES*** *kannst du ihrem Charakterblatt entnehmen.*
Mindestens eine Probe ist geglückt: Lies weiter bei ***758***
Beide Proben sind misslungen: Lies weiter bei ***798***

679

Du setzt alles auf eine Karte, beißt die Zähne zusammen, nimmst Anlauf, und springst!
Der Boden weicht einem schwarzöligen Abgrund. Die Leiter wächst vor dir an, ist bald zum Greifen nah. Doch als du die Sprosse packen willst, rutschst du auf dem Feuchtschmierigen ab. Vom Gewicht deines Körpers wirst du nach unten gezogen, verlierst den Halt. Der Sturz ist kurz und bei Gott nicht tödlich.
Doch als du in die ölige Brühe tauchst, nach verwesendem Fisch schmeckendes Wasser schluckst, wird dir gewahr, das du nicht allein bist. Dicht gedrängt stehen sie unter der finsteren Oberfläche. Ihre gelben Augen glimmen in bösem Licht. Aufgedunsen und schmierig recken sie sich dir entgegen, ergreifen träge deine Gliedmaßen, während du in wilder Verzweiflung versuchst, die Sprossen der Leiter zu erreichen. Doch deine Finger rutschen jedes Mal ab. Die Toten ziehen dich in die lichtlose Finsternis eines Schlundes, in dem sich unter ihren Bissen Blut mit Öl vermischt, du aufgenommen wirst in den Reigen der ewig Toten …

Ende

680

Du steckst dein Werkzeug in den Bügel des vorletzten Schlosses. Deine Hände zittern, die Bewegungen sind fahrig. Dein Geschick im Öffnen des Schlosses wird über den Verlauf deines kläglichen Lebens entscheiden!

*Führe jeweils für dich und Paula eine Probe auf **AUS** durch. Paulas **AUS** kannst du ihrem Charakterblatt entnehmen.*
*Die Probe ist geglückt: Lies weiter bei **962***
*Die Probe ist misslungen: Lies weiter bei **802***

681 ... und findest die Ursache des Wahnsinns, der diesen Raum heimgesucht hat. Ein halb von scharfen Rohrreinigern aufgelöster Zombie schwimmt in schmierigem rotbraunem Faulschlamm. Sein gehäuteter Körper reckt sich dir röchelnd entgegen. Das Ding, denn menschlich ist es längst nicht mehr, hat sich von seinem Unterleib getrennt, oder besser gesagt, dieser hat sich bereits aufgelöst. Das grauenhafte Maul öffnet sich Fäden ziehend. Was an Lippen übrig ist, rutscht verklebt vom bleichen Knochen. Für dieses arme Geschöpf kannst du nichts mehr tun!
»Wer ist das?«, willst du von Paula wissen. Die lacht hämisch. »Du hast den bescheuerten Hausmeister gefunden!«
*Lies weiter bei **848***

682 Die Schlüssel sind klebrig von Schweiß, Blut und anderen Dingen, an die du gar nicht denken magst. Unter dem Geschrei der Versuchsobjekte, die wie wild gewordene Affen an den Gittern ihrer Zellen rütteln, öffnest du zwei der Schlösser, hebst das Verbliebene an. »Nimm das Werkzeug und brich damit das Schloss auf«, zischt dir Paula ins Ohr. Sie klebt regelrecht an dir, sucht deine Nähe, als hätte sie Angst, dich im letzten Moment zu verlieren.
*Wenn dein Werkzeug ein Schweizer Taschenmesser oder ein Dietrich ist: Lies weiter bei **922***
*Wenn dein Werkzeug ein Polizeischlagstock, eine Kettensäge, eine Machete oder eine Brechstange ist: Lies weiter bei **962***

683 Keuchend steht ihr vor dem brennenden Desaster, das einst ein Gott gewesen war. Hat es zumindest behauptet, denn du gibst einen Scheiß darauf, was es gesagt hat.
»Du glaubst gar nicht, wie sehr ich diesen Moment feiere«, stellt Paula feixend fest und spuckt in die Flammen. »Hoffentlich schmort er in der Hölle weiter!«

Einer Spinne gleich liegt es auf dem Rücken, die widerwärtigen Gliedmaßen zerschlagen und gegrillt zusammengezogen. Dampfend, rauchend, zischend ist es vergangen. Letztendlich erschlagen von deinem unbändigen Zorn. Den Lohn hältst du in Händen: Den verdammten Schlüssel des Abgesandten (k) *(notiere dir diesen Gegenstand unbedingt auf dem Charakterblatt B)*, um das Gitter zu öffnen. Die Luft ist unerträglich heiß. Der benzingeschwängerte Rauch legt sich beißend auf die Atemwege, bringt deine Augen zum Tränen. Es ist höchste Zeit, von hier zu verschwinden!

VIRUS *Reduziere **AUS** und **KON** um jeweils **1 Punkt.***
*Lies weiter bei **764***

684 Ihr habt das Unmögliche geschafft und das Monster aus der Dunkelheit im Kampf besiegt. Es war Verzweiflung, die euch dazu getrieben hat. Das Resultat liegt in zerstörtem Fleisch, schwarzen Teer blutend auf dem Boden. Zertreten, zerschlagen, zermatscht. Kurzum, durch den Fleischwolf des Zorns gedreht.

»Hol dir den Schlüssel«, keucht Paula. Sie ist von dem Kampf gezeichnet, blutet schwarz und stinkend. Deine Finger fischen den Schlüssel des Abgesandten (k) *(notiere dir diesen Gegenstand unbedingt auf dem Charakterblatt B)* aus dem schmierigen Matsch, das kleine Stück Metall, das Freiheit verspricht, jedoch keine Hoffnung. Du hast Wunden davongetragen, von denen du nicht weißt, ob das Böse in dich gekrochen ist.

Scheiß drauf, denkst du dir, und verlässt mit Paula den Raum des Desasters. *Wenigstens bin ich nicht allein …*
*Lies weiter bei **764***

685 Der scharfe Geruch von hochoktanigem Benzin vermischt sich mit dem Fäulnisgestank des kreischenden Monsters, als es von Brennstoff übergossen zurückweicht.
Jetzt noch anzünden, dann gibt‘s ein flammendes Inferno, mit dem du die Kreatur zur Hölle zurückschicken kannst!

Führe eine Probe auf ***GLK*** *durch!*
Die Probe ist geglückt: Lies weiter bei ***765***
Die Probe ist misslungen: Lies weiter bei ***805***

686 Der Dämon bewegt unter der straff gespannten Haut den Kopf. Der Blick aus den schwarz glänzenden Augen bohrt sich in dein Gehirn, sondiert dich bis in den letzten Winkel deines Geistes, sodass es schmerzt. »Du betrittst meine Gefilde und stellst Forderungen?« Geräusche, die ein Lachen imitieren, dringen krächzend zwischen den Lippen. Die Zähne des Bauch-Mauls schnappen zu, als würden sie Beifall klatschen. »Du weißt nicht, mit wem du es zu tun hast, Menschlein!«
»Erklär dich!«: Lies weiter bei ***726***
»Du bist nichts weiter als ein abgefucktes Scheusal, das dieser irre Doktor zusammengebaut hat«: Lies weiter bei ***846***
Der Dämon erscheint dir in seiner fixierten Position nicht sonderlich gefährlich. Du greifst ihn an: Lies weiter bei ***806***

687 Die Tür ist nicht nur verrammelt, sie ist auf ewig versiegelt. Das Metall ist narbig, als wäre es von Werkzeugen bearbeitet worden. Als hätten sie darauf geschossen, mit Waffen und Feuer versucht sie zu öffnen. Jeder scheint daran gescheitert zu sein, also brauchst du es erst gar nicht zu versuchen!
Lies weiter bei ***992***

688 Das Wort »Pathologie« weckt böse Bilder in deinem Kopf. Von aufgeschnittenen, auf das Übelste verstümmelten Leichen. Die siehst den typischen Y-Schnitt vor Augen, erinnerst dich an Szenen aus CSI, die du im Fernsehen gesehen hast.
Fernsehen, denkst du, *wie lange ist das nun her? Ein ganzes Leben?*

Der Türgriff ist klebrig und feucht. Mit etwas benetzt, das schleimige Fäden zieht. Das dunkle Türblatt umgibt eine unangenehme Aura, die eher abweisend, als anziehend wirkt. Paula nickt wissend. »Du wirst das dort drin nicht sehen wollen …« Sie lehnt sich neben der Tür an die Wand. »Auf dem Tisch in diesem Raum landet das, was nach den Versuchen übrig bleibt. Das ist das Reich des Schlachters!« Sie packt dich entschlossen am Arm. »Wenn du diese Tür öffnest, gibt es kein Zurück mehr!«

*Wenn du die Tür öffnest und den Raum betrittst: Lies weiter bei **888***

*Wenn du lieber eine andere Möglichkeit versuchst: Lies weiter bei **832***

689 Der dritte Schlüssel passt, dreht sich knirschend im Schloss. Die fahle Erinnerung an Schmerz pocht in deinem Zahnfleisch wieder, als die Tür aufschwingt, du den altmodischen Zahnarztstuhl in der Mitte des Raumes siehst, beleuchtet von einer alten OP-Lampe. Der restliche Raum liegt in trügerischer Finsternis. Blutflecken umgeben den Stuhl wie ein bizarres Muster. Auf einem Tablett daneben liegen fleckige Zahnarztinstrumente. Die ausgeübte Gewalt, die in diesem Raum stattgefunden, ja sogar zelebriert wurde, spürst du am ganzen Leib. An einem Haken neben der Tür hängt ein schmutziger Arztkittel (Kleidung). Seine Taschen sind leer, aber du könntest deine damit Nacktheit verbergen, was dir etwas Würde zurück verleiht.

Wenn du dir das Tablett mit den Zahnarztutensilien näher anschaust, findest du dort ein Skalpell (k, WS 1), einen Zahnarzt-Winkelspiegel (k), eine Art Zange (k), um Zähne zu ziehen, eine Pinzette (k), sowie einen dieser gebogenen Zahnarzthaken (k), mit denen man hervorragend im Zahnfleisch herumstochern kann.

Es gibt einen Medikamentenschrank, besser gesagt ein Regal mit Gitterblechtüren. Dahinter findest du drei altmodische Kolbenspritzen (je k). Eine ist mit einer klaren Flüssigkeit gefüllt, eine mit einer rot-eitrigen, und einer mit etwas schwarzem, das sich Schlieren ziehend zu bewegen scheint, doch da bist du dir nicht sicher.

Weiterhin liegen drei Mullbinden (3x k, je +1 IW, +1 KON) sowie eine Rolle braunes Pflaster (reicht für 4 Anwendungen) (k, je +1 IW, +0 KON) und ein Aluminiumbriefchen mit drei extrastarken Schmerz-

tablette  **3x3** (k, reduziert pro eingenommener Tablette GES um 1W6 für 1W6 Abschnitte) in den Fächern.
Ein starkes Ekelgefühl ergreift dich, als du mit bloßen Füßen in etwas feucht Schmieriges trittst, das neben dem Zahnarztstuhl eine an den Rändern eingetrocknete Lache bildet. Ein Gemisch aus Erbrochenem, Blut, und menschlichen Ausscheidungen, die du dir lieber nicht näher ansehen möchtest. Dennoch stellst du dir die Frage, ob du es warst, der dies hinterlassen hat.

Hinweis: *Du kannst alles in den ausgebeulten Taschen des Arztkittels verstauen.*
*Lies weiter bei **831***

690 »Da musst du den Doktor fragen und nicht das Opfer!« Sie lacht meckernd. »Oder besser, frag dich selbst! Sieh in den Spiegel, und du weißt, dass es bei den Experimenten nicht um Heilung geht, sondern um Kontrolle.« Sie schnalzt mit der Zunge. »Denn Kontrolle ist Macht, meinte der Doktor … nur dumm, dass er mich nicht kontrollieren konnte … nicht eine Sekunde lang!«
*Lies weiter bei **630***

691 Gleich der erste Schlüssel im Ring passt, dreht sich zwischen deinen schweißigen Fingern im Schloss. Du stößt die Tür auf, bereit, abzuwehren, was sich dahinter verbergen könnte. Stattdessen schlägt dir nach elektrischem Strom schmeckende Luft entgegen, durchsetzt mit einem Hauch von Schweiß und Urin. Eine einzelne Glühbirne hängt von der Decke herab, verbreitet mit ihrem träge glühenden Faden ein düsteres Licht. Ein hölzerner Stuhl, der dich an einen Elektrischen erinnert, auf dem Verbrecher vom Leben zum Tod befördert werden, bildet den makabren Mittelpunkt. Drähte ringeln sich davon weg zu einem einfachen Tisch, auf dem ein altmodischer Kasten steht, dessen Vorderseite mit allerlei Reglern und Anzeigen gefüllt ist. Und, das hattest du erwartet, hängt über der Lehne ein Drahtbügel, an dessen Enden Drähte in fettige Wattebäusche führen. Die Sitzfläche hat ein kreisrundes Loch. Darunter steht auf den braunen Fließen eine verchromte Schüssel mit schwarz verkrustetem Rand. In diesem Raum

riecht es nach Tod. Nach etwas Verwesendem, doch du findest die Ursache dessen nicht. Die Angst, die hier mittels Elektroschocks verströmt wurde, kannst du förmlich zwischen den Zähnen kauen. Es zwingt deine Schritte rückwärts, hinaus aus diesem grauenvollen Raum …
*Lies weiter bei **822***

692 »Die ehrliche Antwort ist, ich weiß es nicht. Vermutlich niemand. Deine kleine Polizistin war schlichtweg unvorsichtig, hat meine Soldaten direkt zu euch geführt. Den Rest kennst du ja …«
*Lies weiter bei **814***

693 »Der verdammte Teufel soll dich holen!«, krächzt du den offensichtlich wahnsinnigen Doktor an. Du bäumst dich in den Fesseln auf, doch sie halten dich mit unerbittlicher Bestimmtheit auf dem Metalltisch fest. Aus eigener Kraft wirst du nicht entkommen können. Der Doktor winkt einen der Wächter bei. »Ich denke, wir sollten dem Menschlein unsere ganz besondere Zuneigung zuteilwerden lassen.« In den Raum für besondere Fälle mit ihm. Der Wächter im Gummianzug nickt dem Doktor wortlos zu, holt aus und versetzt dir mit dem Schlagstock einen harten Hieb. Schmerz explodiert wie eine Handgranate in deinem Kopf.

 *Führe eine Probe auf **KON** durch!*
*Die Probe ist geglückt: Lies weiter bei **813***
*Die Probe ist misslungen: Lies weiter bei **853***

694 Ohne den irren Doktor loszulassen, nimmst du den Polizei-Schlagstock (m, WS 2) an dich *(notiere dir den Gegenstand auf Charakterblatt B).*
*Du schlägst den Doktor bewusstlos: Lies weiter bei **627***
*Du schlägst die beiden Wächter bewusstlos: Lies weiter bei **667***
*Du befiehlst dem Doktor, die Wachen zu fesseln: Lies weiter bei **734***

695 Du siehst es nicht, aber die eitrige Essenz, die das infizierte Blut ist, rinnt in deine Adern. Schlechtes vermischt sich mit Gutem, macht es trübe. Du fühlst es brennend durch die Adern fließen, wie es den Körper flutet und verseucht, was zuvor gesund war. Die Gewissheit, dass es kein Zurück mehr gibt, nimmt Gestalt an, als das Brennen dein Genick hinauf und in deinen Kopf kriecht, die Kopfhaut mit einem Prickeln überzieht, als würdest du in einem Ameisenhaufen stecken. Widerstehst du der aufkeimenden Panik? Zögerst du das Unvermeidliche hinaus?

*Führe eine Probe auf **RES** durch!*
*Die Probe ist geglückt: Lies weiter bei **935***
*Die Probe ist misslungen: Lies weiter bei **975***

696 Die Wut kocht in dir über. »Ihr Schweine. Ihr verdammten, dreckigen Schweine!« Voller Zorn schlägst du gegen die Tür, dass es knallt. Die Zombies werden in ihren Käfigen unruhig, knurren drohend. »Ihr versteckt euch hinter Mauern, seid nichts weiter, als Feiglinge!« Du springst nach oben zu der Kamera, erreichst sie aber nicht. Dein Zorn schäumt über!
*Lies weiter bei **904***

697 Der Weg zur Tür ist frei. Wenn du schnell bist, kannst du es schaffen ...
*Lies weiter bei **783***

698 Die Männer treten an dich heran und packen dich an den Oberarmen. Rücksichtslos zerren sie dich von der Liege und werfen dich zu Boden. Es gibt ein klatschendes Geräusch, als deine klamme Haut mit den nasskalten Fliesen kollidiert. Gedemütigt nimmst du eine fötale Schutzhaltung ein, während die Schlagstöcke mit brutaler Gewalt auf dich niedergehen.
*Wenn du die Schläge ohne Gegenwehr einsteckst: Lies weiter bei **818***
*Wenn du versuchst, von den Schlägen wegzukriechen: Lies weiter bei **858***
*Wenn du aufspringst, um zu kämpfen: Lies weiter bei **898***

699 Du stehst mit bluttriefenden Fäusten über dem zusammengesunkenen Körper des Pflegers, dessen Gesicht einer roten Kraterlandschaft gleicht. Blutiger Schaum tritt über seine zerschlagenen Lippen, bildet Blasen, die zerplatzen und winzige Spritzer auf den Boden zeichnen.

*Reduziere deinen **IW** um **2W6** (IW < 20 gehe zu 1018)*

Du hast es geschafft. Schwer atmend drehst du dich zur Zelle um, erstarrst. Fast möchte dein Herz aufhören zu schlagen. Paula steht genau hinter dir. Nackt und totenbleich. Ihr Haar ist stumpf, ihre Lippen spröde und grau. Ihr Mund öffnet sich zu einem Knurren, entblößt Zähne, die länger sind, als bei einem normalen Menschen. Doch es sind ihre Augen, die dir einen Schauer über den Rücken jagen. Gelb, in der Mitte schwarz geschlitzt, taxieren sie dich wie ein Raubtier seine Beute. Ihre Muskeln spannen sich an, gleich wird sie dich anspringen.
*Wenn du versuchst, an den Elektroschocker zu gelangen: Lies weiter bei **939***
*Wenn du Paula angreifst: Lies weiter bei **622***

700 … bewegt sich etwas darunter.
*Du schreckst zurück und gehst zu deiner Pritsche: Lies weiter bei **780***
*Du ziehst die Decke weg, um herauszufinden, was sich darunter verbirgt: Lies weiter bei **820***
*Du gehst zur Tür und versuchst, diese zu öffnen: Lies weiter bei **660***

701 »Es ist doch, wie ich's sage!«, schreist du sie an. »Wer sonst hat sich denn in der Stadt rumgetrieben, hä? Wer hat von dieser tollen Zuflucht hier erzählt? Du warst das und kein anderer!«
Paula drängt sich gegen die Wand, keucht aufgeregt, als hätte sie sich nur schwer unter Kontrolle. »Willst du wissen, was passiert ist? Interessiert es dich, was ich durchgemacht habe, ja?«
*»Sag, was du zu sagen hast!«: Lies weiter bei **980***
*»Interessiert mich nicht die Bohne, was du zu sagen hast, verdammte Verräterin!«: Lies weiter bei **821***
*Du hast genug von ihren Lügen, springst nach vorne und packst sie: Lies weiter bei **781***

702 Bevor du den Elektroschocker erreichst, schlägt sie dir ihre zu Krallen verformten Fingernägel in den Rücken und reißt herunter, was an Haut und Fleisch über deinen Knochen klebt. Heißer Schmerz flutet dein Gehirn, macht anderes als Stürzen und Schreien unmöglich. Hart knallst du mit dem Gesicht zu Boden, spürst, wie dein Kiefer bricht. Paula krallt sich in dein Haar, reißt deinen Kopf weit nach hinten und dir mit den Krallen die Kehle heraus. Heißes Blut klatscht auf kalten Boden. Ein irres Lachen ist das Letzte, das du hörst. Und die von schmatzenden Fressgeräuschen durchsetzte Finsternis.

Ende

703 »Ich hatte gehofft, dass Sie schweigen«, sagt Doktor Bohr und lächelt. »Denn ich bin nach wie vor der Meinung, dass man die besten Informationen über das Medium Schmerz erhält.« Seine Hand schließt sich um deinen Unterkiefer. Dein Kopf ist nach wie vor mit der Ledermanschette fixiert.

Er schiebt deine Oberlippe hoch, entblößt Zähne und Zahnfleisch. Letzteres ist des Hakens Ziel. Wehrlos wie du bist, bewegst du leidig den Unterkiefer, willst zuschnappen. Doch das ändert nichts daran, dass sich der Stahlhaken am Zahnhals des mittleren Vorderzahns entlang ins Zahnfleisch schiebt, bis er auf den Knochen trifft. Der Schmerz ist elektrisch, fährt dir wie ein glühender Pfeil ins Hirn. Doktor Bohr dreht den Haken und schabt damit am Zahnhals entlang, sucht den Nerv, findet ihn. Der Schmerz ist scharf wie ein Messer und absolut gemein. Du schmeckst warmes Blut. »Also, erneut frage ich: Wurden Sie früher schon gebissen? Kamen Sie mit Körperflüssigkeiten von Auferstandenen in oral in Kontakt? Durch winzig kleine Wunden eventuell?«

*Reduziere deinen **IW** um **1W6** (IW < 20 gehe zu 1018)*
*Wenn du mit **JA** antwortest: Lies weiter bei **839***
*Wenn du mit **NEIN** antwortest: Lies weiter bei **639***
*Wenn du schweigst: Lies weiter bei **929***

704 In der Tür öffnet sich der Schieber mit einem metallisch kratzenden Geräusch. Ein matt glänzender Gegenstand klappert vor dir auf die nassen Fliesen: Ein Schlagring (k, WS 2)! Du beginnst zu realisieren, was gleich geschehen wird. Der Mensch in dir schaudert vor Todesangst. Die Wut, welche dir die Droge beschert, knirscht in freudiger Erwartung mit den Zähnen. Ein elektrisches Summen ertönt. Kreischend öffnet sich die Tür des ersten Käfigs. Fast beiläufig bückst du dich nach dem Schlagring und steckst ihn dir grinsend auf die Finger. Dein erster Gegner betritt den Ring. Es ist eine Frau. Ein junges Ding in grauen, mit Leichensaft vollgesogenen Shorts und schwarzem Top. Ihre Haut ist aschefarben, die straßenköterblonden Haare stehen in wilden Büscheln von ihrem leichenfleckigen Kopf. Mit glühenden Augen präsentiert sie dir ihre schartigen Krallen und stürmt auf dich zu.

Führe den Kampf nach den Regeln durch!

Archetyp	KON	AUS	Waffe	WS
Zombiemädchen	*5*	*6*	*Zähne und Klauen*	*–*

*Reduziere deinen **IW** um **1W6** (IW < 20 gehe zu 1018)*
*Du gewinnst: Lies weiter bei **744***
*Du verlierst: Lies weiter bei **1043***

705 »Schickt mir den letzten dieser Bastarde, damit ich ihn zur Hölle schicken kann!« Sekundenlang geschieht nichts, dann schnarrt das elektrische Schloss der letzten Tür, hinter der ein Zombie auf seine Show wartet. Es ist ein junges, fast unversehrtes Ding. Sie ist abgemagert, die Brüste hängen ihr schlaff auf den aschgrauen Körper, baumeln halbleeren Luftballons gleich im Takt ihrer Schritte. Einzig der halb aufgefressene Hals zeugt von der Art ihres Todes. Die gelben Augen auf dich gerichtet, tritt sie dir entgegen.

Führe den Kampf nach den Regeln durch!

Archetyp	KON	AUS	Waffe	WS
Zombiemädchen	*5*	*3*	*Zähne und Klauen*	*–*

*Reduziere deinen **IW** um **1W6** (IW < 20 gehe zu 1018)*
*Du gewinnst: Lies weiter bei **825***
*Du verlierst: Lies weiter bei **1043***

706

Erst auf ein Nicken des Doktors hin, werfen die zwei Wächter ihre Waffen zu Boden, verlassen den Raum und schließen die Tür hinter sich. Das war überraschend einfach. Endlich bist du mit dem Doktor allein. Dem Mann, der für all das verantwortlich ist. Der den Tod in deine Zuflucht gebracht hat.
*Du stößt Doktor Bohr von dir und nimmst den Elektroschock-Stab: Lies weiter bei **786***
*Du stößt Doktor Bohr von dir und nimmst den Polizei-Schlagstock: Lies weiter bei **826***
*Du schneidest Doktor Bohr die Kehle durch: Lies weiter bei **906***

707

Mit staksigen Bewegungen kommen die Wächter näher. Ihre Waffen haben sie nicht aufgenommen. Wie Schlafwandler strecken sie die Arme nach dir aus. Du musst kämpfen.

Führe den Kampf nach den Regeln durch!

Archetyp	KON	AUS	Waffe	WS
Gummigestalt 1	*4*	*1*	*Schläge und Tritte*	*–*

*Reduziere deinen **IW** um **1W6** (IW < 20 gehe zu 1018)*
*Du gewinnst: Lies weiter bei **747***
*Du verlierst: Lies weiter bei **775***

708

Du hast Glück und erreichst dir Tür vor dem Gummimann, öffnest sie. Wie ein Schatten schlüpfst du hindurch und ziehst sie sofort ins Schloss. Das Türblatt dröhnt, als der Wächter

dagegen donnert. Da stecken Schlüssel auf deiner Seite. Ein ganzer Bund (k) sogar. Hastig drehst du am Schlüssel, der Riegel verbindet knirschend Tür und Rahmen. In Rage brichst du den Schlüssel ab, um sicherzugehen, dass die Tür verschlossen bleibt. Du hast es geschafft!
*Lies weiter bei **822***

709 Alle Fragen, die gestellt werden konnten, sind beantwortet. Neue Mysterien um das, was hinter Doktor Bohr und dieser seltsamen Einrichtung steckt, treiben dich fast in den Wahnsinn. Erst jetzt wird dir bewusst, dass du dringend etwas zum Anziehen brauchst, um deine verletzliche Blöße zu bedecken. Doch zuerst musst du dich um den Doktor kümmern. Und das bedeutet, dass du ihn entweder hier in diesem Raum an die Pritsche gefesselt zurücklässt und dafür sorgst, dass ihn niemand befreit, oder, nun ja, dass du seinem schändlichen Treiben ein für alle Mal ein Ende setzt. Wärst du überhaupt in der Lage dazu?

*Führe eine Probe auf **RES** durch!*
*Die Probe ist geglückt: Lies weiter bei **711***
*Die Probe ist misslungen: Lies weiter bei **751***

710 »Du bringst mich zu der Kreatur, die all die Leben auf dem Gewissen hat, und ich bringe dich im Gegenzug hier raus! Was sagst du? Haben wir einen Deal?«
Paula muss nicht überlegen. Begleitet von einem freudigen Jauchzen springt sie dich an, nimmt dich in ihre abgemagerten Arme. »Und wenn es das Letzte ist, was ich tue. Ich bringe dich zu ihm … es ist nicht besonders weit …« Dann, mit leiserer Stimme. »Und ich hoffe, dass mich das Böse nicht dazu zwingt, dir deine verdammte Kehle aus dem Hals zu reißen!«
Gemeinsam verlasst ihr die Zelle und geht zur Gittertür, die diesen Teil des Kellers vom anderen trennt.
*Lies weiter bei **989***

711 Das Schlagwerkzeug juckt dir in den Fingern. Da liegt er vor dir, der Folterbastard. Wehrlos und mit flehendem

Blick. Aber ist da nicht Boshaftigkeit in seinen Augen? Ein verstecktes Grinsen, weil er weiß, welcher Kampf in dir tobt? Und genau diese Überheblichkeit schürt deine Wut!

*Wenn du deiner Wut freien Lauf lässt, und den Doktor totschlägst: Lies weiter bei **791***

*Wenn du ihn trotz der Dinge, die er getan hat, weiterleben lässt, einfach, weil du anders bist, nämlich menschlicher: Lies weiter bei **751***

712

Dein Gehirn scheint zu schmelzen. Es ist, als würdest du das göttliche Licht sehen, kurz, bevor sich dein Verstand in Schutt und Asche verwandelt. Es ist der Strom, der dich gebrochen hat und nicht das Virus. Speichel rinnt dir aus dem Mundwinkel, zieht einen langen Faden. Platschend entleerst du dich in die verchromte Schüssel unter dem elektrischen Stuhl. Du siehst Doktor Bohrs schemenhafte Gestalt, versuchst, zu sprechen, doch findest keine Worte, weil du dich nicht mehr an sie erinnerst. Der Strom hat aus dir ein verbranntes, sabberndes Wrack gemacht … wenn da nicht der Doktor andere Pläne mit dir hätte. Welche? Das erfährst du bald, sei dir dessen gewiss!

*Lies weiter bei **752***

713

Das Regal durchzieht den Raum wie eine Wand. In den Fächern stapeln sich von der Feuchtigkeit aufgequollene Bücher, Zeitschriften und Zeitungen aus längst vergangenen Tagen. Wie ein Archäologe stehst du vor den Hinterlassenschaften einer untergegangenen Zivilisation. Zerfledderte Bücher und Hefte liegen zertreten und mit Fäkalien beschmiert auf dem Boden machen ein Durchkommen schwer. Zumeist sind es Romane, die eine fiktive Zombieapokalypse beschreiben, andere, die sich um die letzten Tage der Menschheit drehen. Geschichten, die Realität geworden sind, deren Happy Ends denen von Lügenmärchen gleichen. Hier gibt es nichts, das dir von Nutzen ist!

*Lies weiter bei **848***

714

Der dumpfe Gestank der Pathologie raubt dir den Atem. Der Leichnam des Schlachters hat abgesehen von der Kettensäge (g, WS 4) nichts zu bieten. Außer, du möchtest dir seine Ar-

beitsschürze (Kleidung) umhängen. Sie besteht aus stabilem Leder, das durchaus vor Schnitten zu schützen vermag.
Die Auswahl der Werkzeuge ist wirklich beeindruckend. Du kannst zwischen einer Axt (g, WS 4), einem Hackbeil (m, WS 3), wie es Metzger verwenden, einem langen, gezahntes Messer (m, WS 2) und einer monströsen, aber unhandlichen Säge (g, WS 3, Reduzierung GES-1), in deren Zähnen Hautfetzen und Haare hängen, frei wählen.
Der Boden ist klebrig von Blut und Körpersäften, die vermischt mit Formalin einen zähen Belag gebildet haben. Du fragst dich, wie lange der Schlachter hier drin wohl schon seinem Handwerk nachging. Sofern du die Schubfächer öffnest, wirst du feststellen, dass in diesen halbverweste Leichen mit schwarzfleckiger Haut liegen, aus deren Körperöffnungen Faulflüssigkeit tropft, die sich in Töpfen darunter sammelt.
Als du die Pathologie verlässt, fällt dir ein Nagel im Türrahmen auf, an dem ein einzelner, silberfarbener Schlüssel (k) *(notiere dir diesen Gegenstand unbedingt auf dem Charakterblatt B)* hängt, wie man sie für Vorhängeschlösser verwendet.
*Lies weiter bei **792***

715 Als du den Deckel öffnest, weht dir ein scharfer Geruch entgegen. Beide Kanister sind bis zum Rand mit hochoktanigem und leicht entflammbarem Benzin gefüllt!
Paula kichert und formt mit den Fingern das Anschnippen eines Feuerzeuges. »Damit könntest du die ganze, verdammte Klinik in Schutt und Asche legen. Bämm!«
(Die Kanister sind zu schwer und unhandlich zum Mitnehmen, dennoch solltest du dir diese Gegenstände merken)
*Lies weiter bei **728***

716 »Was wagst du da zu sagen? Dass der Doktor mich benutzt? Du musst von Sinnen sein!«
Immer mehr vom Fleisch der grotesken Horrorgestalt löst sich von der Wand. Faule Fetzen bleiben an den Steinen haften. Anderes fällt nass zu Boden, türmt sich Gestank verbreitend auf. In der Arroganz des Monsters siehst du deine Chance, du musst sie nur zu nutzen wissen! Gelingt es dir, seine Wut zu wecken, es zu unbedachten Handlungen zu reizen?

»Er missbraucht dein Blut für seine Experimente, um Wesen zu schaffen, die ihm dienen und nicht dir!«: Lies weiter bei ***796***
»Du bist nichts weiter, als ein primitives Scheusal! Kannst nur zerstören, den Tod bringen! Das ist beschissen nochmal nicht göttlich!«: Lies weiter bei ***836***
Du erträgst das alles nicht mehr und greifst an: Lies weiter bei ***806***

717 »Sie sollten dringend an ihrer Kommunikation arbeiten und mir vernünftige Antworten geben. Das erspart mir eine Menge Arbeit und Ihnen Schmerzen!« Der Doktor nimmt sich einen kleinen Hammer und einen langen, spitz zulaufenden Dorn. »Ein antiquarischer Gegenstand, mit dem man früher abgebrochene Zahnstümpfe entfernt hat. Ich nenne ihn den Willensbrecher.«
Er setzt das Werkzeug am Übergang deines Schneidezahns ins Zahnfleisch an, holt aus und schlägt den Dorn ins Fleisch und den darin verborgenen Zahnhals. Die Spitze dringt direkt in den Nerv, der zu glühend heißer Lava wird, die deine Nervenbahnen mit der Geschwindigkeit einer Pistolenkugel überflutet. Der Schmerz ist unvorstellbar grauenhaft.
Der Doktor stößt nach und macht weiter, bis der Zahn nicht nur bricht, sondern unter dem Druck berstet. Splitter füllen deinen Mund, schwimmen im Blut.

Reduziere deinen ***IW*** *um* ***2W6*** *(IW < 20 gehe zu 1018)*
Reduziere deinen ***KON*** *um* ***1W6****.*

*Führe eine Probe auf **RES** (Resistenz) durch. Gelingt die Probe, kannst du deine Antwort frei wählen. Misslingt die Probe, musst du die erste Antwort wählen.*
*»Ich geb's ja zu, Mann, bin wegen 'ner Freundin hier. Paula ist ihr Name«: Lies weiter bei **740***
*»Ist das alles, was du drauf hast? Ja?«: Lies weiter bei **621***
*»Was abgreifen wollte ich, nichts weiter. Wollte euch nicht in die Quere kommen.«: Lies weiter bei **982***

718 Grimmig stellst du dich dem ungleichen Kampf Monster gegen Mensch. Keine Aussicht auf Flucht oder Vergebung. Dies ist der alles entscheidende Moment!

Paula ist eine gnadenlose Kämpferin. Benutze für den Kampf Paulas Charakterblatt, welches du im Anhang findest. Führe die Kampfrunden abwechselnd durch. Für Paula gelten die gleichen Kampfregeln wie für deinen Charakter. Und das in aller Konsequenz!

Führe den Kampf nach den Regeln durch!

Archetyp	KON	AUS	Waffe	WS
Der Abgesandte	*9*	*10*	*Krallen und Bauch-Maul*	*2*

*Reduziere deinen **IW** um **3W6** (IW < 20 gehe zu 1018)*
*Du gewinnst: Lies weiter bei **684***
*Du verlierst: Lies weiter bei **724***
*Du gewinnst, aber Paula stirbt: Lies weiter bei **1006***

719 Du führst dein Werkzeug in die Öffnung des letzten Schlosses. Deine Hände sind feucht, Schweiß steht dir auf der Stirn. Von dem, was nun geschieht, hängt alles ab. Dein Leben, deine Zukunft!

*Führe eine Probe auf **GES** durch!*
*Die Probe ist geglückt: Lies weiter bei **799***
*Die Probe ist misslungen: Lies weiter bei **923***

720 Dein Werkzeug taucht tief in die Öffnung des ersten Schlosses ein. Deine Bewegungen sind fahrig, dein Mund verkniffen. Was in den nächsten Sekunden geschieht, bestimmt dein Schicksal, das du viel zu oft auf die Probe gestellt hast!

*Führe jeweils für dich und Paula eine Probe auf **GES** durch. Paulas **GES** kannst du ihrem Charakterblatt entnehmen.*
*Die Probe ist geglückt: Lies weiter bei **640***
*Die Probe ist misslungen: Lies weiter bei **802***

721 In der Kiste befindet sich: Eine schmutzige Jeans (m) von den Ausmaßen eines Zirkuszeltes, ein rotes, ausgeleiertes T-Shirt in XXXL, dazu Feinrippunterwäsche, ausgelatschte Sandalen Größe 48 (Schuhwerk) sowie ein Ledergürtel von beachtlicher Länge und ein leerer, rosa Kinderrucksack (k=10, m=6).

Wenn du das angebotene Outfit oder Teile davon als Kleidung tragen möchtest, notiere das auf deinem Charakterblatt.
Geh zum letzten Punkt zurück!

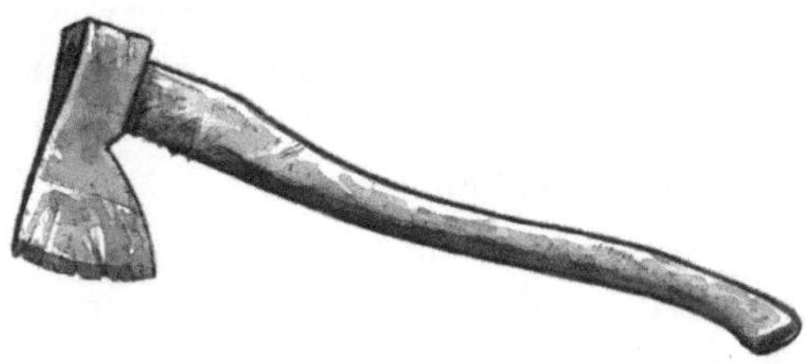

722 Der Schlüssel ist klebrig von Schweiß, Blut und anderen Dingen, an die du gar nicht denken magst. Unter dem Geschrei der Versuchsobjekte, die wie wild gewordene Affen an den Gittern ihrer Zellen rütteln, öffnest du das Schloss, zu dem du den Schlüssel besitzt.
»Nimm endlich das verdammte Werkzeug und brich die Schlösser auf«, zischt dir Paula ins Ohr. Sie klebt regelrecht an dir, sucht deine Nähe, als hätte sie Angst, dich im letzten Moment zu verlieren. Aber Paula hat recht, ihr werdet hier nur mit roher Gewalt rauskommen. Und einer gehörigen Portion Glück!

*Wenn dein Werkzeug ein Schweizer Taschenmesser oder ein Dietrich ist: Lies weiter bei **640***
*Wenn dein Werkzeug ein Polizeischlagstock, eine Kettensäge, eine Machete oder eine Brechstange ist: Lies weiter bei **680***

723 Sechs Arme schließen sich um dich, ziehen dich an das brennende Geschöpf in einer Art tödlicher Umarmung, aus der es kein Entkommen gibt. Oder hast du doch eine Chance?
*Lies weiter bei **643***

724 Die Arme des Monsters ziehen dich in eine tödliche Umarmung. Krallen schieben sich mit unerbittlicher Konsequenz unter die Haut deines Rückens, bis sie dir am Rückgrat schrammen, sich hineinbohren ins Fleisch. Der Schmerz macht dich fast wahnsinnig, ist aber im Vergleich zu dem, was kommt, geradezu lächerlich.
Das Bauch-Maul öffnet sich weit, sodass dessen Mundwinkel reißen und es größer wird, als es sowieso schon ist. Zähne aus hundert Mündern schlagen sich hungrig in deinen Bauch, dringen knirschend tiefer, bis sie Haut und Fleisch durchstoßen, um in den Eingeweiden herumzuwühlen. Zerfetzend fressen die Kiefer unabhängig voneinander weiter, während hundert Zungen wie Schlangen in deinen Körper dringen, um sabbernd dein Fleisch zu verschlingen.
Zäher Speichel frisst sich ätzend in dein Fleisch, gebiert einen unvorstellbaren Schmerz, der dich erahnen lässt, wie es war, von glühenden Eisen gefoltert zu werden.
Der dich in einen Lachen gebärenden Irrsinn treibt, aus dem es nur ein Entrinnen gibt: Den Tod!
Das riesige Bauch-Maul zieht dich in sich hinein, bis du vollends aufgenommen bist im Monster an der Wand. Bis du ein Teil von ihm wirst, wie Hunderte zuvor.
Kurz vor dem Ende verstehst du es endlich …
Das ist es also, das Haus, das jedes Licht entbehrt, wo Staub ihr Hunger, und ihre Speise Lehm ist. Wo sie das Licht nicht sehen und in aller Ewigkeit in der Finsternis sitzen …

Ende

725 So sehr du dich beeilst, du bist zu langsam. Die Albtraumkreatur richtet sich vor dir auf wie eine gereizte Spinne. Was bleibt, ist die Kanister sein zu lassen und dich dem Wesen mit dem, was du hast, entgegenzustellen!
*Lies weiter bei **645***

726 »Einer von uns ist aus dem Loch gekrochen, um die Menschheit mit Seuche zu überziehen. Den habt ihr niedergerungen«, hallte es dumpf in deinem Kopf. »Doch ich bin einer der Ereškigal, aufgestiegen aus dem Kurnugia, dem Land ohne Wiederkehr.« Schmatzend bewegen sich die Arme, als das mittlere Paar dir die geöffneten Handflächen darbietet. »Aus dem Haus, das Licht entbehrt, wo Staub ihr Hunger und ihre Speise Lehm ist und sie in der Finsternis sitzen.«
Der Mund verzieht sich zu einer Grimasse, die ein Lächeln sein soll. »Nun haben wir die Welt zu unserem Haus gemacht, sind als brennender Dorn in euren Geist gedrungen, um euch untertan zu machen. Aus Lehm wurden die Menschen einst geformt. Und Lehm werden sie fortan fressen ...«
*»Vergiss das mit dem Untertan sein. Fuck Off und verpiss dich zurück in deine Hölle!«: Lies weiter bei **886***
*»So mächtig kannst du nicht sein, wenn du 'nen scheiß Doktor brauchst, um dich zusammenzuflicken«: Lies weiter bei **846***
*Du hast genug gehört. Du greifst an: Lies weiter bei **806***

727 Der Käfig vor der halb offenstehenden Aufzugtür besteht aus stabilem Drahtgeflecht. Du besitzt weder ein Werkzeug noch eine Waffe, um es zu zerstören. Durch den geöffneten Spalt der Schiebetür erkennst du schemenhaft den Schacht. Ein fahler Lichtschein fällt von oben hinein, taucht ihn in diffuses Licht. Du siehst Kabel, die herunterhängen und eine, nun, da bist du dir nicht hundertprozentig sicher, Leiter. Die Käfigtür ist durch drei massive Vorhängeschlösser in den Farben rot, gelb und grün gesichert. Die von der ganz großen Sorte, die man nicht mit Gewalt, sondern nur mit Finesse oder dem passenden Schlüssel öffnen kann. Die sich grober Gewalt mittels massivem Stahls widersetzen.

Wenn du den Schlüsselbund durchprobierst: Lies weiter bei ***1007***
Wenn du andere, einzelne Schlüssel besitzt: Lies weiter bei ***635***
Wenn du ein Werkzeug wie ein Schweizer Taschenmesser, einen Leatherman oder einen Dietrich besitzt: Lies weiter bei ***675***
Wenn du woanders weitermachen willst: Lies weiter bei ***992***

728

Der Gang erweitert sich in eine kleine Halle. Die Lampen baumeln aus den Halterungen gerissen an funkensprühenden Kabeln. Viele leuchten gar nicht mehr. Herabgefallener Mörtel knirscht unter deinen Sohlen. Wasser tropft von der Decke, bildet ölig schimmernde Pfützen. Rechts gibt es eine Einbuchtung, in der sich allerlei Zeug im Zwielicht stapelt. Geradeaus geht es ins Dunkle weiter. Dort wendet sich der Gang nach links. Du schmeckst geradezu die böse Präsenz, die dort herrscht. Bitter legt sich der Geschmack auf deinen Gaumen, treibt dein Herz zu schnelleren Schlägen.

Links ist hinter einem demolierten Drahtgitterkäfig befindet sich eine doppelflügelige Tür. Ihr stählernes Blatt ist nicht nur mit dem Rahmen fest verschweißt, nein, man hat zusätzlich Bretter quer darüber genagelt und Fässer davor aufgestapelt. Über allem glimmt ein blass-grünes Exit. Rechts schließt sich ein zweiter Gitterkäfig an, der intakt ist und dessen Tür mit drei Vorhängeschlössern gesichert wird. Im Käfig steht ein primitiv gezimmerter Holzstuhl vor einer halb geöffneten Aufzugtür.

Du kehrst von den einzelnen Stationen in den meisten Fällen hierher zurück. Gut möglich, dass du von einer nicht mehr zurückkommst. Wähle die Reihenfolge deiner Sprünge also mit Bedacht, denn einer davon könnte dein letzter sein!
Du darfst jedes Ziel nur einmal untersuchen!

*Wenn du das aufgestapelte Zeug auf der rechten Seite untersuchen möchtest: Lies weiter bei **767***
*Wenn du geradeaus weiter in die Dunkelheit gehst, wird dich Paula am Arm festhalten. »Bist du dir sicher, dass du dorthin gehen willst? Denn dort wartet das Böse darauf, deine Seele zu fressen!«: Lies weiter bei **807***
*Wenn du dir die Türen zum Treppenhaus genauer ansehen willst: Lies weiter bei **847***
*Wenn du den Gitterkäfig vor dem Aufzug ansehen möchtest: Lies weiter bei **887***
*Wenn du zu dem Gang zurückgehst: Lies weiter bei **832***

729 Gleich der erste Schlüssel im Ring passt, dreht sich zwischen deinen schweißigen Fingern im Schloss. Du stößt die Tür auf, bereit, abzuwehren, was sich dahinter verbergen könnte. Stattdessen schlägt dir nach elektrischem Strom schmeckende Luft entgegen, durchsetzt mit einem Hauch von Schweiß und Urin. Eine Glühbirne hängt von der Decke herab, verbreitet mit ihrem träge glühenden Faden ein düsteres Licht.
Ein hölzerner Stuhl, der dich an einen Elektrischen erinnert, auf dem Verbrecher vom Leben zum Tod befördert werden, bildet den makabren Mittelpunkt. Drähte ringeln sich davon weg zu einem hölzernen Tisch, auf dem ein altmodischer Kasten steht, dessen Vorderseite mit allerlei Reglern und Anzeigen gefüllt ist. Und, das hattest du erwartet, hängt über der Lehne ein Drahtbügel, an dessen Enden Drähte in fettige Wattebäusche führen.
Die Sitzfläche hat ein kreisrundes Loch. Darunter steht auf den braunen Fließen eine verchromte Schüssel mit schwarz verkrustetem Rand. Hier riecht es nach Tod. Nach etwas Verwesendem, doch du findest die Ursache dessen nicht. Die Angst, die hier mittels Elektroschocks verströmt wurde, zerkaust du zwischen den Zähnen. Es zwingt deine Schritte rückwärts, hinaus aus diesem grauenvollen Raum …
*Lies weiter bei **831***

730 Paula hebt ihre schmalen, bleichen Schultern. »Darüber weiß ich nichts und es ist mir ehrlich gesagt auch egal!«
*Lies weiter bei **630***

731 Um die Tür zu öffnen, musst du eine Probe durchführen, um den passenden Schlüssel zu finden.

Achtung: Es ist dir nur ein einziger Versuch gestattet, die Tür zu dieser Zelle zu öffnen!

*Führe eine Probe auf **WAH** durch!*
*Die Probe ist geglückt: Lies weiter bei **771***
*Die Probe ist misslungen: Lies weiter bei **822***

732 Doktor Bohr schnauft schwer und lächelt. »Ich hatte gehofft, dass du das fragst. Erinnerst du dich an die Nachrichten, kurz vor dem Ausbruch? Auf welchem Weg sich die Menschheit befand? Wohin man sah, Kriege, Korruption, Mord, Hungersnöte ... da stieg der gefallene Engel aus dem Abgrund und tilgte die Sünde von der Erde Antlitz ... also metaphorisch gemeint. Die Seuche ist in Wahrheit eine Gabe, die dem, der sie zu nutzen weiß, Macht über das Geschick der Menschheit verleiht, denn der Engel des Todes herrscht absolut. Meine Experimente verleihen denen, die stark sind, die Möglichkeit, die neue Existenzebene zu erreichen, fernab dem, was früher als menschlich galt ... denn für das, was uns befallen hat, gibt es keine Heilung!«
*Lies weiter bei **814***

733 Der Doktor scheint zufrieden. »Sehr schön. Sie machen das prima. Kommen wir direkt zur nächsten Frage: Was haben Sie in der Nähe unserer Anstalt zu suchen?«
*»Keine Ahnung, was sie meinen, war nur zufällig in der Nähe.«: Lies weiter bei **654***
*»Geht dich 'nen feuchten Scheiß an!«: Lies weiter bei **717***
*»Ich bin auf der Suche nach meiner Freundin. Paula. Sie lebte in unserer Zuflucht und ich glaube, sie ist hier!«: Lies weiter bei **740***

734 Du stößt Doktor Bohr zu den knienden Wachen. »Nimm 'ne Schnur oder verdammte Kabelbinder. Irgendwas, und fessele ihnen die Hände auf den Rücken!«

Doktor Bohr sieht dich verwundert an, schnauft, als würde es ihm schwerfallen, das, was er gleich sagt, auszusprechen. »Steht auf und tötet Patient Nummer 2. Das Experiment ist gescheitert!«
Wie Marionetten erheben sich die Gummianzüge und greifen dich an!
*Lies weiter bei **707***

735 Die in den Gummianzug gehüllte Gestalt ist langsam und schwach. Du unterläufst ihre linkisch geführten Schläge, treibst sie zurück und bringst sie zu Fall. Kochende Wut lässt dich auf ihren Kopf eintreten, als sie unten liegt. Die runden Scheiben der Gasmaske zersplittern, es folgt ein hässliches Knacken, als der Schädel bricht. Das Ding im Gummianzug erschlafft. Der Elektroschock-Stab liegt zu deinen Füßen. Schaffst du es, ihn aufzuheben, bevor dich die zweite Gummigestalt angreift?

*Führe eine Probe auf **GES** durch!*
*Die Probe ist geglückt: Lies weiter bei **815***
*Die Probe ist misslungen: Lies weiter bei **855***

736 »Mal im ernst, es ist klar, dass ich wegen Paula hier bin.« Die Gedanken an die Polizistin schmerzen in deiner Seele. »Mir ist klar, was ihr mit ihr angestellt habt. Dennoch würde ich sie ohne Zögern mitnehmen!« Das blinkende Licht der Kamera scheint dich zu verhöhnen, denn es geschieht … nichts!
Von der eigenen Wut verlacht, willst du dich nach den Waffen bücken, als sich ein Schlüssel knirschend in das Schloss der Stahltür schiebt.
*Lies weiter bei **896***

737 Nackt stehst du dem breit grinsenden Koloss gegenüber. Der lässt seinen Schlagstock in die offene Handfläche knallen und greift mit einem animalischen Schrei an!

Führe den Kampf nach den Regeln durch!

Archetyp	KON	AUS	Waffe	WS
Großer Schläger	*6*	*7*	*Schlagstock, Fäuste*	*2*

*Reduziere deinen **IW** um **1W6** (IW < 20 gehe zu 1018)*
*Du gewinnst: Lies weiter bei **777***
*Du verlierst: Lies weiter bei **817***

738 Das ist die Chance. Beherzt springst du auf der von den Männern abgewandten Seite von der Liege. Deine nackten Füße platschen auf die schmierig-kalten Fliesen. Während der Doktor erschrocken aufschreit und sich hinter den Schlägern versteckt, scheinen die beiden Prügelknaben genau auf diese Reaktion gewartet, ja gehofft zu haben.
*Wenn du versuchst, die Tür zu erreichen: Lies weiter bei **623***
*Wenn du dich mit bloßen Fäusten den Männern entgegenstellst: Lies weiter bei **663***
*Wenn du die Hände hebst und den Weg des Wortes einschlägst: Lies weiter bei **743***

739 Die Schläge des Pflegers schicken dich hart und unerbittlich zu Boden. Wie ein Boxer nimmt er dich in die Mangel, bis dir die Lichter ausgehen.

*Reduziere deinen **IW** um **2W6** (IW < 20 gehe zu 1018)*
*Reduziere deinen **KON** um **1W6**.*
*Lies weiter bei **899***

740 »Aha, dachte ich es mir doch. Sie suchen die junge, überaus bezaubernde Dame.« Der Doktor lehnt sich entspannt zurück und verschränkt die Arme. »Mit dieser Antwort, die der Wahr-

heit entsprechen muss, denn sonst wüssten Sie ihren Namen nicht, ersparen Sie sich eine Menge Pein.« Mit einem Lächeln im Gesicht zieht er eine Spritze auf und sticht die Nadel in deinen Unterarm. »Die folgenden Untersuchungen erfordern es, dass Sie schlafen ...«
Lies weiter bei 757

741

Paula macht sich auf ihrer Pritsche ganz klein, zieht die Knie an den Oberkörper, als sie zu erzählen beginnt.
»Oh ja, ich habe das Asylum auf einer meiner Erkundungstouren entdeckt. Habe sie beobachtet und bin deswegen wohl etwas unvorsichtig geworden, als ich nach Hause eilte, um euch die Neuigkeiten über eine mögliche Zukunft mitzuteilen.«
Ein schwerer Seufzer entweicht ihrem Mund. Ihr Gesicht liegt in den Schatten. »Sie kamen im Morgengrauen, als ich Wache hatte. Gehetzt. Nass. Schmutzig. Ein Mann und eine Frau. Auf ihr Flehen hin habe ich ihnen das Tor geöffnet.«
»Kann mich beim besten Willen nicht mehr daran erinnern.« Du stellst dir die Frage, ob dir der Schlag auf den Kopf die Erinnerung daran raubte, hörst ein schabendes Geräusch, als sie sich über die Oberarme reibt. »Das Nächste, an das ich mich erinnern kann, ist ein kalter Metalltisch, auf den man mich festgeschnallt hatte. Nackt. Nass und frierend, weil sie mich gewaschen hatten. Doktor Bohr war da und zwei weitere starke Männer. Soldaten.«
Paula wimmert, als sie sich daran erinnert. Draußen, im düsteren Flur, öffnet sich irgendwo eine Tür. Ein leises Stöhnen weht durch den Gang, das dir einen Schauer über den Rücken jagt. »Meine Arme schmerzten, weil sie drei dicke Nadeln hineingesteckt hatten, an deren Enden Schläuche zu einem Stand mit Infusionsbeuteln führten. Einer davon war angefüllt mit einer roten Flüssigkeit, von gelblichen Schlieren durchzogen. Der Zugang dieses Beutels war geschlossen.«
Paula kratzt sich an den Unterarmen, wo wohl die Nadeln gesteckt hatten. »Ein weiterer war gefüllt mit einer klaren Flüssigkeit, die träge in den Schlauch tropfte und in meinen Arm sickerte. Das war dazu da, um mich wach zu halten und gleichzeitig meine Empfindungen zu maximieren. Es war wichtig, dass ich Schmerz in seinem vollen Umfang erfahre, erklärte mir Doktor Bohr. Zu diesem Zeitpunkt wusste

ich nicht, was er damit meinte.« Sie atmete aus, versuchte, ihrer Stimme bei den folgenden Worten einen festen Klang zu geben, was ihr gründlich misslang. »Der dritte und ebenfalls verschlossene Beutel aber, der war angefüllt mit etwas Schwarzem, Waberndem, das aussah, als würde es leben. Doktor Bohr nannte es Höllenteer. Die Essenz des absolut Bösen.«

Draußen wird eine weitere Tür geöffnet. Schlüssel klirren. Schritte werden laut, die sich langsam nähern. Jemand, der eine monotone Melodie pfeift. Paula rutscht nervös auf ihrer Pritsche herum. »Du hast nur eine Chance«, stößt sie hastig hervor. »Wenn sie dir den ersten Beutel verabreicht haben, stecken sie dich zusammen mit einem Zombie in einen Käfig. Das ist der einzige Moment, in dem sie dir die Fesseln abnehmen. Nutze ihn oder geh wie ich daran zugrunde!«

»Ich will euch ja nicht stören, ihr süßen Turteltäubchen«, dröhnt eine tiefe Männerstimme durch den Gang. Summend erwachen Deckenleuchten im Gang, spenden flackernd-gelbliches Licht. Du hörst ein elektrisches Brutzeln, das unangenehme Ahnungen weckt. »Ab in deine Ecke mit dir, Nummer Eins!«

Paula rutscht nach hinten und verschwindet in der Dunkelheit. »Denk an meine Worte«, flüstert sie noch, als sich ein Schlüssel ins Schloss schiebt und sich schabend der Riegel öffnet. »Zeit, dem Doktor seine Aufwartung zu machen!«

*Kaum, dass die Tür aufschwingt, stürzt du dich dem Pfleger entgegen: Lies weiter bei **861***

*Du springst zu Paula in die Schatten, willst bei ihr bleiben: Lies weiter bei **901***

*Du lässt dich ohne Widerstand aus der Zelle führen: Lies weiter bei **941***

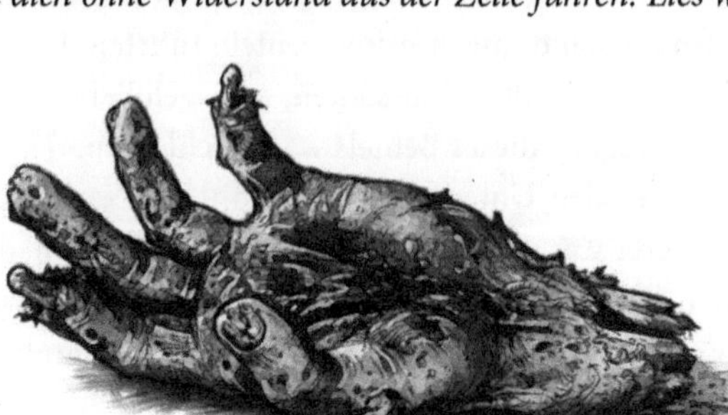

742 Du musst eine Menge einstecken. Paulas Krallen zerschneiden deine Haut wie Papier, doch du schaffst es, sie mit Schlägen und Tritten in einem schmutzigen Kampf zurück in die Zelle zu treiben und die Tür zuzuwerfen. Der Schlüsselbund (k) des Pflegers steckt außen im Schloss. Erschöpft holst du dir den Elektroschocker, lehnst dich gegen die Wand und versuchst, zu Atem zu kommen.

*Reduziere deinen **IW** um **2W6** (IW < 20 gehe zu 1018)*
*Reduziere deinen **KON** um **1W6**.*
*Reduziere deinen **AUS** um **1W6**.*
*Lies weiter bei **822***

743 Beschwichtigend hebst du die Hände. »Also ... hört mal, wir können doch über alles reden!« Die Schläger wollen sich auf dich stürzten, doch Doktor Bohr hebt die Hand. »Moment. Anhören würde ich mir schon, was das Versuchskaninchen zu sagen hat.«
*»Ich nehme meine Sachen, verlasse das Asylum und ihr hört nie wieder etwas von mir. Deal?«: Lies weiter bei **857***
*»Ich verstehe, dass ihr die Neuen auf Herz und Nieren prüft. Aber ich sage euch, ich bin auf eurer Seite, will bei euch einsteigen!«: Lies weiter bei **897***
*»Ihr seid die perversesten Drecksäue, die ich je gesehen habe. Aber, ich kann's verstehen, in diesen Zeiten. Übergebt mir Paula, ich hau mit ihr ab und ihr seht uns nie wieder!«: Lies weiter bei **937***

744 Das Mädchen war eine wilde Furie. Sie war schnell und verdammt stark. Dem Schlagring und deiner Wut hatte sie jedoch nur wenig entgegenzusetzen. Jetzt liegt sie da, zerschlagen zu Brei, hat kein Gesicht mehr, denn das hast du ihr in einem wahren Blutrausch zertrümmert, in eine fleischige Masse verwandelt. Dein nackter Körper ist mit Blut bespritzt. Die Meute um dich herum tobt, rüttelt an den Gittern.
Das elektrische Summen kündigt deinen nächsten Gegner an. Gleichzeitig öffnet sich der Schieber. Eine Machete (m, WS 3) klappert vor dir auf den Boden. Da möchte wohl jemand, dass du gewinnst. Und genau das hast du vor: den grinsenden Tod zu Brei zu schlagen *(sofern du das*

Geschenk der Machete annimmst, notiere diese auf Charakterblatt B). Ein schwergewichtiger Schwabbelbauch betritt den Ring. Sein kahler Kopf entbehrt jeglicher Haut. Stattdessen glänzt der Schädelknochen in nassem Schleim.

 *Führe den Kampf nach den Regeln durch!*

Archetyp	KON	AUS	Waffe	WS
Schwabbelbauch	6	6	*Zähne und Krallen*	-

*Reduziere deinen **IW** um **1W6 (IW < 20 gehe zu 1018)***
*Du gewinnst: Lies weiter bei **784***
*Du verlierst: Lies weiter bei **1043***

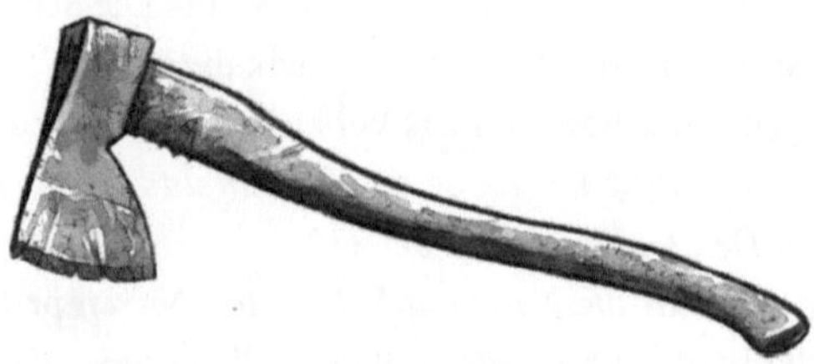

745 Der Kampf hat dich an die Grenzen des Möglichen gebracht. Du bist am Leben, die Frage ist nur, wie lange noch.

*Reduziere deinen **IW** um **2W6** (IW < 20 gehe zu 1018)*
*Halbiere deine **KON** und runde das Ergebnis auf!*
*Halbiere deine **AUS** und runde das Ergebnis auf!*
Streiche alle Waffen vom Charakterblatt B!

Mitleidlos stößt man dich in den Raum, in dem die metallene Totenbahre steht, auf der man dir zuvor die erste Infusion verabreicht hat. Außer dem nackten Menschlein, das du bist, befinden sich Doktor Bohr, gekleidet in den für ihn typischen schmutzigen Arztkittel, sowie zwei Gummianzug tragende Gestalten mit Gasmasken. Es sind andere als jene, die dich aus der Zombiearena geholt haben. Das erkennst du, weil sie schmaler, ja, fast fraulich wirken. Doktor Bohr klatscht begeistert in die Hände. »Ah, Patient 2 kehrt wohlbehalten ins Behandlungszimmer zurück. Es ist alles vorbereitet.« Damit meint er wohl den mit der roten, von eitrigen Schlieren durchzogenen Flüssigkeit gefüllten Beutel, von dem ein langer, durchsichtiger Schlauch baumelt.

Du lässt dich widerstandslos zur Bahre führen: Lies weiter bei ***945***

Noch bist du nicht gebrochen. Noch besteht Hoffnung. Bereit, bis zum Äußersten zu gehen, greifst du die beiden schmalen Gummileute an: Lies weiter bei ***985***

Du springst Doktor Bohr an, denn noch bist du nicht geschlagen: Lies weiter bei ***655***

746

Die Wachen zögern. Erst durch ein leichtes Nicken von Doktor Bohr lassen sie die Waffen fallen und knien sich hin. Das war überraschend leicht. Nun musst du nur noch die Wachen unschädlich machen.

Du führst Doktor Bohr mit dem Skalpell am Hals vor dir her und nimmst den Elektroschock-Stab: Lies weiter bei ***986***

Du führst Doktor Bohr mit dem Skalpell am Hals vor dir her und nimmst den Polizei-Schlagstock: Lies weiter bei ***694***

Du lässt Doktor Bohr los und befiehlst ihm, die beiden Wächter zu fesseln: Lies weiter bei ***734***

747

Das Skalpell durchtrennte das Gummi wie Butter. Du hast dem Wächter ins Herz gestochen, in den Hals. Aber erst, als du ihm die Klinge durch das Sichtfenster der Gasmaske tief ins Auge gerammt hast, brach der Kerl zusammen. Jetzt musst du gegen den zweiten Wächter antreten.

Führe den Kampf nach den Regeln durch!

Archetyp	KON	AUS	Waffe	WS
Gummigestalt 2	*5*	*3*	*Schläge und Tritte*	*–*

Reduziere deinen ***IW*** *um* ***1W6*** *(IW < 20 gehe zu 1018)*

Du gewinnst: Lies weiter bei ***895***

Du verlierst: Lies weiter bei ***775***

748 Du schaffst es, die Tür aufzureißen, siehst den dämmrigen Gang vor dir, die verlockende Illusion der Freiheit. Der Wächter kracht aus vollem Lauf gegen die Tür, die donnernd ins Schloss fällt. Die Seifenblase zerplatzt, denn nun steht der Wächter zwischen dir und der Tür.
Lies weiter bei ***668***

749 Deine Finger berühren das rissige Metall und die Erinnerung kehrt wieder. Womöglich ist es nur ein vages Gefühl, aber du weißt, dass dies der Raum mit dem Zahnarztstuhl ist, in dem man dich der peinlichen Befragung unterzogen hat. In dem du das erste Mal im Death Asylum erwacht bist, nackt, gefesselt und wehrlos. Was erwartet dich dahinter? Ein grinsender Doktor Bohr, umgeben von grimmig dreinschauenden Wächtern? Weitere Schmerzen, mehr Pein?
Wenn du nach einem Schlüssel suchst, um die Tür zu öffnen: Lies weiter bei ***651***
Wenn du lieber eine andere Tür öffnen möchtest: Lies weiter bei ***822***

750 »Ich reiße dir dein verlogenes Herz raus und stopfe es mir in den Rachen!« Einer Raubkatze gleich katapultiert sich Paula mit gefletschten Zähnen auf dich zu, die schmutzigen Finger zu Krallen verkrümmt. Der Kampf ist unausweichlich!

Führe den Kampf nach den Regeln durch!

Archetyp	KON	AUS	Waffe	WS
Paula	*5*	*5*	*Klauen und Zähne*	–

Reduziere deinen ***IW*** *um* ***2W6*** *(IW < 20 gehe zu 1018)*
Du gewinnst: Lies weiter bei ***790***
Du verlierst: Lies weiter bei ***1026***

751 »Ich bin nicht wie sie«, schreist du ihn an. »Ich bin keine Bestie, die wehrlose erschlägt, kein Monster, wie die dort draußen!« Du versetzt ihm einen Schlag, der ihn benommen aufheulen lässt.

Sollte er nicht auf die Liege geschnallt daliegen, wirst du ihn jetzt darauf festschnallen. Du ziehst die Fesseln straff, bis seinerseits kaum eine Bewegung möglich ist. Dann stopfst du ihm einen schmutzigen Lappen, den du auf dem Boden gefunden hast, in den Mund, damit er nicht schreien kann. Seine Augen verfolgen deine Bewegungen mit starrem Blick, sprechen von Rache …

Für dich ist es Zeit, den Raum, in dem so viel Böses getan wurde, zu verlassen. Es ist ein befreiendes Gefühl, als du mit dem Schlüsselbund (k) in der Hand den Raum verlässt.

*Lies weiter bei **831***

752 Der irre Arzt ist längst nicht mit dir fertig. Vorsichtig löst er die rauchenden Elektroden von der verschmorten Haut, als ginge es darum, dich möglichst wenig zu verletzen. Du registrierst das in einer seltsam fremden, ja, teilnahmslosen Art, als wärst du ein Außenstehender. Nun, womöglich bist du das auch.

Doktor Bohr räumt Kabel und Elektroden zur Seite und rollt ein kleines, verchromtes Wägelchen heran, auf dem ein seltsam anmutendes Sammelsurium an medizinischen Werkzeugen liegt. Zum einen ist da ein kleiner, polierter Hammer. Und ein weiterer Gegenstand, der dich an einen langen, verchromten Eispickel erinnert, nur eben dünner. Den nimmt der Doktor lächelnd in die Hand. »Schreiten wir zur Lobotomie.«

Lobotomie?, denkst du. *Das hört sich final an, schmerzhaft final …*

Der Herr Doktor hebt dein Augenlid an, setzt die Spitze des Eispickels oberhalb deines Augapfels an und lächelt selig. »Freeman's Eispickelmethode.« Er nimmt sich den Hammer. »An dieser Stelle ist der Schädelknochen am dünnsten. Es wird leicht sein die Spitze in dein Gehirn zu treiben.« Das Letzte, das du hörst, ist das metallische Klacken, als der Hammerkopf auf den Eispickel trifft …

Ende

753 Hier sind drei Flaschen scharfer Toilettenreiniger (3x g) und alles andere gelagert, was man zum Desinfizieren von Räumen und Kleidung braucht. So auch drei Dosen Desinfektionsspray (3x m).

Mit dem Toilettenreiniger kannst du pro Flasche und unter großen Schmerzen eine frische Wunde auswaschen, was die damit verbundene IW-Reduzierung aufhebt.
Mit dem Desinfektionsspray kannst du pro Dose eine frische Wunde behandeln, was die damit verbundene IW-Reduzierung halbiert.

Der Boden ist mit einer schmierigen Schicht, bestehend aus menschlichen Ausscheidungen und dem Inhalt der Flaschen bedeckt. Weiter hinten, an der Wand, türmen sich dreckige Schutzanzüge, die überbacken sind von schwarzem Schimmel und von etwas, das aussieht, wie verflüssigtes Fleisch. Doch Moment mal, hat sich dieser ekelerregende Berg nicht eben bewegt?
»Großer Gott«, keucht Paula mit gespieltem Entsetzen. »Liegt der Penner etwa immer noch hier?« Sie spuckt angewidert aus. »Manchmal gibt es doch so etwas wie Gerechtigkeit ...«
*Wenn du unter der verklebten Masse nachsiehst: Lies weiter bei **641***
*Wenn du lieber eine andere Möglichkeit versuchst: Lies weiter bei **848***

754 Ohne zu zögern hechtet ihr zum Tisch, auf dem die Auswahl ausgebreitet auf einem schmutzigen Tuch bereitliegt. Der Schlachter bewegt sich ebenfalls, kann aber nicht verhindern, dass ihr den Tisch vor ihm erreicht.
Für welche Waffen entscheidet ihr euch?

Du darfst für dich und Paula je eine Waffe auswählen!
Trage die Waffe deiner Wahl auf deinem Charakterblatt B ein und die für Paula auf ihrem Charakterblatt.

Ihr habt die Wahl zwischen einer Axt (g, WS 4), einem Hackbeil (m, WS 3), wie es Metzger verwenden, einem langen, gezahnten Messer (m, WS 2) und einer monströsen, aber unhandlichen Säge (g, WS 3, Reduzierung GES-1), in deren Zähnen Hautfetzen und Haare hängen. Das Gesicht grimmig verzerrt, die Waffe deiner Wahl in Händen, trittst du gemeinsam mit Paula dem Schlachter entgegen. Es ist fast wie in alten Zeiten!
*Lies weiter bei **834***

755 »Bitte«, flüstert Paula mit ängstlichem Vibrieren in der Stimme. »Wenn du diese Tür öffnest, gibt es kein Zurück mehr!« Ihre kalte Hand klammert sich an deinen Unterarm. Ihre sonst so stoische Selbstsicherheit ist dahin.

»Wenn wir hier raus wollen, muss ich es tun!« Umgeben vom Gestöhne und den Geräuschen aus den anderen Zellen legst du die Hand auf die Metalltür, die aus irgendeinem Grund zu Schwitzen scheint. Es ist ein öliges Wasser, das aus ihren rostigen Poren dringt. Du zerreibst es nachdenklich zwischen den Fingern und spürst das unheilverkündende Kribbeln, das deine Haut durchdringt.

Komm zu mir, wispert es in deinem Kopf. Ein Schauer fährt dir über die Wirbelsäule in den Nacken, überzieht dich mit kaltem Zittern.

Ich erwarte dich …

Ich habe dich erwartet, schon von Anbeginn der Zeiten …

Dein Speichel schmeckt nach süßem Kupfer, denn dir wird klar, dass die Stimme in deinem Kopf von jenseits der Tür kommt. Von einer Präsenz, die dir seltsam bekannt erscheint.

Ich bin die Antwort auf all deine Fragen …

Zukunft wie Vergangenheit …

Das, was immer war und ewig sein wird …

»Was ist das dort drin?«, willst du von Paula wissen.

Sie leckt sich nervös die bleichen Lippen. »Das absolut Böse!«

Du weißt, was auch immer dich hinter der Tür erwartet, es ist final. Die Entscheidung, durch diese Tür zu gehen, wird nicht mehr rückgängig zu machen sein. Umgeben von einem Albtraum versinkst du in den Abgrund von etwas weit Schlimmerem, als du die Klinke drehst und die Tür öffnest.

*Lies weiter bei **955***

756 »Angst gebiert Anbetung. Und Opfer seid ihr alle, so ihr mir doch als Nahrung dient! So war es und so wird es immer sein!«
*Lies weiter bei **836***

757 Eine unangenehme Kälte zwingt dich dazu, die Augen zu öffnen. Du liegst lang ausgestreckt auf einer unbequemen Holzpritsche und starrst zur Decke, die sich im herrschenden Halbdunkel nur schemenhaft als solche abzeichnet. Deine Glieder schmerzen, doch immerhin kannst du sie bewegen. Keine Fesseln hindern dich daran. Du setzt dich auf und dein Blick gleitet zu der einzigen Lichtquelle im Raum: einem rechteckigen, vergitterten Ausschnitt in der Tür. Ein Fenster gibt es nicht. Auch sonst scheint die Zelle leer zu sein. An der gegenüberliegenden Wand gibt es eine Pritsche, auf der ein Haufen Decken liegt. Fröstelnd reibst du dir die Arme. Dir wird bewusst, dass du nackt bist.
*Du stehst auf und gehst zur Tür, um aus dem Fenster zu sehen: Lies weiter bei **979***
*Du gehst zu der anderen Pritsche und holst dir eine Decke: Lies weiter bei **1003***
*Du bleibst sitzen und grübelst über deine Lage nach: Lies weiter bei **779***

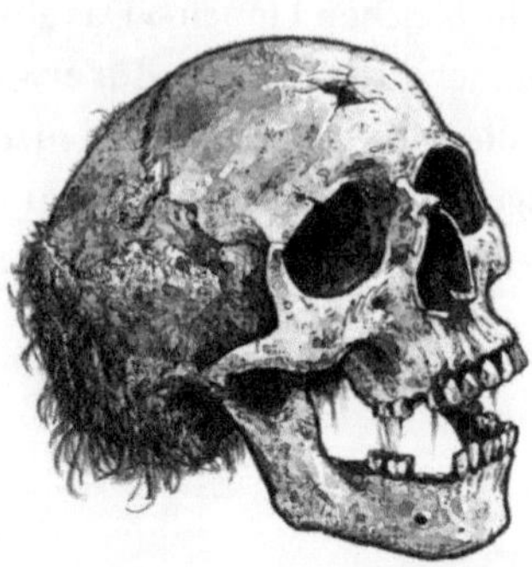

758 Der scharfe Geruch von hochoktanigem Benzin vermischt sich mit dem Fäulnisgestank des kreischenden Monsters, als es von Brennstoff übergossen zurückweicht. Jetzt noch anzünden, dann gibt es ein flammendes Inferno, mit dem ihr die Kreatur zur Hölle zurückschicken könnt!

Führe für dich und Paula jeweils Probe auf ***GLK*** *durch. Paulas* ***GLK*** *kannst du ihrem Charakterblatt entnehmen.*
Mindestens eine Probe ist geglückt: Lies weiter bei ***838***
Beide Proben sind misslungen: Lies weiter bei ***878***

759 Du führst dein Werkzeug in den Bügel des letzten Schlosses. Deine Hände sind feucht, Schweiß steht dir auf der Stirn. Von dem, was nun geschieht, hängt alles ab. Dein Leben, deine Zukunft!

Führe eine Probe auf ***AUS*** *durch!*
Die Probe ist geglückt: Lies weiter bei ***799***
Die Probe ist misslungen: Lies weiter bei ***923***

760 Du schiebst dein Werkzeug in den Bügel des ersten Schlosses. Deine Bewegungen sind fahrig, dein Mund verkniffen.
Was in den nächsten Sekunden geschieht, bestimmt dein Schicksal, das du viel zu oft auf die Probe gestellt hast!

Führe jeweils für dich und Paula eine Probe auf ***AUS*** *durch. Paulas* ***AUS*** *kannst du ihrem Charakterblatt entnehmen.*
Die Probe ist geglückt: Lies weiter bei ***680***
Die Probe ist misslungen: Lies weiter bei ***802***

761 Die Kiste enthält: einen roten, kurzen Rock, dazu ein schwarzes T-Shirt und einen dunklen Kapuzenpulli. Du findest eine schwarze Wollmütze mit Totenkopflogo sowie ein Paar rote Cowboystiefel in deiner Größe. Dann noch Ringelsöckchen. Alles getragen und nicht gerade frisch.

Wenn du dieses Minirock-Outfit (Kleidung) und die Cowboystiefel (Schuhwerk) anziehen möchtest, notiere das auf deinem Charakterblatt B.
Geh zum letzten Punkt zurück!

762 Unter dem Geschrei der Versuchsobjekte, die wie wild gewordene Affen an den Gittern ihrer Zellen rütteln, siehst du dir die drei verdammten Schlösser an. Grün, Gelb und Rot. Paula stößt dich grob an. »Echt jetzt, du hast nicht einen verdammten Schlüssel? Das darf doch nicht wahr sein …« Es entzieht sich deinem Verständnis, wo die Schlüssel geblieben sind. Doch du besitzt immerhin ein Werkzeug, mit welchem du die Schlösser öffnen kannst. Glück wird das Mindeste sein, das du jetzt brauchen wirst.

*Wenn dein Werkzeug ein Schweizer Taschenmesser oder ein Dietrich ist: Lies weiter bei **720***

*Wenn dein Werkzeug ein Polizeischlagstock oder eine Brechstange ist: Lies weiter bei **760***

763 Die Schlüssel sind klebrig von Schweiß, Blut und anderen Dingen, an die du gar nicht denken magst. Unter dem Geschrei der Versuchsobjekte, die wie wild gewordene Affen an den Gittern ihrer Zellen rütteln, öffnest du ein Schloss nach dem anderen. Grün. Gelb. Rot. Die Tür öffnet sich mit einem hässlichen Kreischen. Ohne einen Blick zurück gehst du zu den halb offenstehenden Aufzugtüren und spähst in den düsteren Schacht. Eine hölzerne Leiter lehnt an der Wand, gerade lang genug, um die eisernen Sprossen zu erreichen, die in die Aufzugwand eingelassen nach oben führen. Ihr Ende steht in einem ölig schwarzen Sud, von dem du hoffst, dass er keinen Albtraum verbirgt. Du musst springen, um die Leiter zu erreichen. Da es kein Zurück mehr gibt, setzt du alles auf eine Karte.

*Führe eine Probe auf **GES** durch!*
*Die Probe ist geglückt: Lies weiter bei **963***
*Die Probe ist misslungen: Lies weiter bei **679***

764 Das Scheusal ist besiegt. Zusammen mit Paula stehst du vor der Gittertür, hinter der sich der Aufzugschacht hinauf in die ersehnte Freiheit windet. Der Etagen durchbricht wie ein rechteckiger Wirbel, von denen ihr nicht wisst, was euch dort erwartet. Die Wahrheit ist profaner. Du bist ausgelaugt und müde, willst den grauenvollen Keller hinter einem Schleier aus Vergangenheit wissen.

Und du bist dir sicher, Paula denkt wie du, auch, wenn sie, nun ja, offen gesagt mehr eine von *den Anderen* ist, als ein Mensch.
Die Frage ist, ob du die Mittel hast, um die unüberwindliche Barriere aus Schlössern zu überwinden?

Folgende Werkzeuge kommen zum Öffnen eines Schlosses infrage: Brechstange, Schweizer Taschenmesser, Dietrich, Kettensäge, Polizeischlagstock, Machete.
Wenn du den Schlüssel des Abgesandten, den silberfarbenen Schlüssel aus der Pathologie und den Schlüsselbund besitzt: Lies weiter bei **642**
Wenn du den Schlüssel des Abgesandten, einen weiteren der genannten Schlüssel und mindestens ein Werkzeug besitzt, mit dem man ein Schloss öffnen kann: Lies weiter bei **682**
Wenn du nur den Schlüssel des Abgesandten und ein Werkzeug besitzt: Lies weiter bei **722**
Wenn du nur ein Werkzeug besitzt: Lies weiter bei **762**
Wenn du keines der oben genannten Kriterien erfüllst: Lies weiter bei **802**

765 Das Feuer springt über. Die Zeit erstarrt für den Bruchteil einer Sekunde. Die winzige Flamme entfacht das Benzin, das sich fauchend und alles verzehrend entflammt. Nahrung findet es reichlich in dem vom Zerfall gezeichneten Fleisch. Das Albtraumgeschöpf richtet sich kreischend auf. Erhebt seine Stimme in einer Sprache, die du nicht verstehst.
Wenn du nach vorne springst, um dem Scheusal die Kette mit dem Schlüssel des Abgesandten vom Hals zu reißen: Lies weiter bei **845**
Wenn du das Monster zuerst niederkämpfen willst: Lies weiter bei **885**

766 »Wir sind Ereškigal, aufgestiegen aus dem Kurnugia, dem Land ohne Wiederkehr! Wir sind Legion! Wir sind unglaublich viele, sodass ein jeder von uns seinen Platz in euren Köpfen findet.«
Die Handflächen des mittleren Armpaares finden sich gefaltet zusammen. Der abscheuliche Mund atmet aus, ein glühender Dorn bohrt sich in deinen Geist, um dich zu unterwerfen. Widerstehst du dem Angriff?

*Führe eine Probe auf **RES** durch!*
*Die Probe ist geglückt: Lies weiter bei **926***
*Die Probe ist misslungen: Lies weiter bei **966***

767 Du findest dich in einem Chaos aus Kisten, Fässern und Kanistern wieder. Zu Bündeln gepackte Kleidung stapelt sich auf zerfledderten Zeitschriften. Daneben stehen zerstörte Krankenhausbetten, auf denen Moos und Schimmel wuchert. In Plastikfässern stinken dir dreckige Laken entgegen, ein anderes ist gefüllt mit Menschenhaar, ein weiteres mit ausgeschlagenen Zähnen und Knochenresten in unglaublicher Menge. Du hast die Müllhalde des Death Asylum gefunden. Das Resultat der schrecklichen Versuche des Doktors. Paula stochert angewidert in den Haarresten herum. »Das übersteigt bei Weitem die Anzahl an Versuchskaninchen, die ich geschätzt hatte … Dieser Perversling muss gleich zu Beginn der Katastrophe mit seinen Experimenten begonnen haben!«
Es gibt eine Menge aufeinandergestapelter Holzkisten, die sich nicht öffnen lassen. Zwei große, olivgrüne Kanister wecken dein Interesse.
*Wenn du sie öffnest: Lies weiter bei **715***
*Wenn du woanders weitermachen willst: Lies weiter bei **728***

768 In dem großen, durch vollgestopfte Regale unterteilten Raum herrscht das pure Chaos. Und es stinkt, als hätte man eine längst übergelaufene Toilette tapfer weiterbenutzt. Rechts gibt es hinter einem nicht nur umgestürzten, sondern zusätzlich zerschlagenen Bürostuhl einen Schreibtisch, auf dem verschimmeltes Papier und anderes Zeug liegt. Wie ein haariges Geschwür wuchert schwarzer Schimmel in den Ecken, streckt seine giftigen Fühler aus.
Der Raum zur Linken ist lang. Drei schäbige, aber blickverstellende Regalreihen ziehen sich quer durch den Raum. Auf dem Boden türmt sich ein wahres Chaos aus Papierabfällen und, nun ja, menschlichen Ausscheidungen verschiedenster Art.

Du kannst dein Ziel auswählen und kehrst danach hierher zurück, um das nächste Ziel auszusuchen!
Du darfst jedes Ziel nur einmal durchsuchen!

*Wenn du den Schreibtisch untersuchen willst: Lies weiter bei **928***
*Wenn die Regalreihe 1 untersuchen möchtest: Lies weiter bei **968***
*Wenn die Regalreihe 2 untersuchen möchtest: Lies weiter bei **1008***
*Wenn die Regalreihe 3 untersuchen möchtest: Lies weiter bei **633***
*Wenn du den Raum verlässt: Lies weiter bei **792***

769 Um die Tür zu öffnen, musst du eine Probe durchführen, um den passenden Schlüssel zu finden.

Achtung: Es ist dir nur ein einziger Versuch gestattet, die Tür zu dieser Zelle zu öffnen!

*Führe eine Probe auf **WAH** durch!*
*Die Probe ist geglückt: Lies weiter bei **809***
*Die Probe ist misslungen: Lies weiter bei **831***

770 »Der, der aus den Tiefen der Äonen gekommen ist, den man aus der ewigen Gruft befreit hat, wacht über uns. Er ist es, der uns den Funken einhaucht, auf dass wir ewig existieren.« Sie tippt dir auf die Brust. »Und ob es dieses höhere Wesen gibt. Es hat Äonen darauf gewartet, Rache an der Menschheit zu nehmen. Manche von uns, und da spreche ich nicht vom Menschlichen, heiligt er mit der Gabe, so, wie er mich geheiligt hat … mein Körper ist sein Tempel, mein Geist sein Brunnen, aus dem er schöpft.« Paula lacht schallend. »Du denkst, ich bin irre? Wirklich? Womöglich hast du recht und ich hab' meinen scheiß Verstand hier unten in der Dunkelheit verloren. Ausgeschissen in einen Eimer aus gewalztem Blech …«
*Lies weiter bei **630***

771 Du hast Glück und findest den passenden Schlüssel. Die Zelle ist zweifach abgeschlossen. Das Knirschen des sich im Schloss drehenden Schlüssels klingt bedrohlich in deinen Ohren. Der Riegel schnappt zurück, die Tür schwingt auf und du findest dich im Chaos wieder. Wie die Zelle, in der du dich mit Paula wiedergefunden hast, gibt es hier an jeder Langseite eine einfache Pritsche und sonst keine weiteren Möbelstücke. Du konntest nicht durch das Fenster

sehen, weil dieses mit einem schwarzen Stofffetzen verhangen ist. Die Luft in dem Raum riecht nach verrottetem Fleisch, alt und verbraucht. Kein Ort, an dem man länger verweilen möchte.
Auf der einen Pritsche türmt sich Frauenkleidung. Du findest eine zerknautschte Krankenschwesterntracht neben der einer Nonne, die nicht aus Stoff, sondern aus Lackleder gefertigt sind. Sogar eine Polizeiuniform gibt es in gleicher Art. Anscheinend hat die Bewohnerin der Zelle ein ausgeprägtes Faible für Uniformen. Die Sachen sind nicht frisch, teilweise sogar fleckig und mit einem schmierigen Film bedeckt, aber he, in diesen Zeiten darf man nicht wählerisch sein.

Wenn du eines der angebotenen Outfits oder Teile davon als Kleidung tragen möchtest, notiere das auf deinem Charakterblatt.
Ganz gleich, ob du einen männlichen oder weiblichen Charakter führst, die Sachen passen zu deiner Körpergröße.

Auf der anderen Pritsche liegen zwei zerwühlte Decken (2x m), die stinken, als hätte ein nasser Otter darin geschlafen. Wochenlang. Dennoch vermögen sie, eine feuchtschmierige Wärme zu spenden. Dein Fuß stößt gegen einen Zinkeimer, der unter der Pritsche steht. Als du ihn herausziehst, schwappt Flüssigkeit darin. Es ist ein widerwärtiges Gemisch aus geronnenem, Fäden ziehendem Blut, in dem Brocken schwimmen, die grünlich angelaufenes Fleisch sind. Ein Auge starrt dich schaukelnd aus der Brühe an, das dir bittere Galle in den Mundraum steigt.

*Achtung: Sofern du die zweite Infusion erhalten hast, oder dein **IW < 20** ist, musst du die folgende Probe durchführen!*

*Führe eine Probe auf **RES** durch!*
*Die Probe ist geglückt oder keine Probe notwendig: Lies weiter bei **822***
*Die Probe ist misslungen: Lies weiter bei **811***

772 Doktor Bohr kichert. »Wenn, dann nur, um neue Versuchsobjekte zu besorgen, denn ob du es glaubst, oder nicht, es gibt Gruppierungen, die mich mit allem, was sie haben, unterstützen … Du staunst? Wundert dich das etwa? … nun, ist es

nicht so, dass sich in der Not jeder selbst der Nächste ist? … Nein? Du denkst, in solchen Situationen wachsen die Menschen zusammen? … Blödsinn. Jeder kämpft um das eigene, nackte Überleben. Wie du! … Hier in der Nähe gibt es keine nennenswerten Gruppen, aber in den Bergen, dort gibt es sogar ganze Täler, die abgeschottet von allem in einer Blase leben … die Frage ist nur, wann sie platzt!«
*Lies weiter bei **814***

773 Wut überflutet dich mit unvorstellbarer Gewalt, gebiert Hass auf alles, was menschlich ist. Was Menschsein ausmacht. Dein Geist schreit kläglich auf, verkriecht sich jammernd und heulend in den hintersten Winkel dessen, was dich ausmacht. Eine schwere, schwarze Tür fällt ins Schloss, sperrt dich von den Handlungen deines Körpers aus. Etwas anderes, Uraltes, absolut Böses, hat die Kontrolle übernommen. Du wirst im eigenen Körper zum ungebetenen Gast, weggesperrt in ein Zimmer ohne Fenster. Eines, in dem abgrundtiefe Finsternis herrscht …

Ende

774 Deine Wut kocht über. Was der Doktor getan hat, es war ein Verbrechen an der Menschlichkeit. In deinem Kopf legt sich ein Schalter um, du nimmst dir die Schlagwaffe und prügelst auf den Mann ein, bis er in die Knie geht. Bis sein Gesicht eine zerschlagene Masse aus Hautfetzen, Fleisch, zerbrochenen Zähnen und zersplitterten Knochenfragmenten ist, aus der ein glotzendes Auge baumelt.

Letztendlich kippt sein sterbender Körper zur Seite, ein letzter Hauch verlässt seine spröden Lippen. Der Doktor ist tot und mit ihm ist all das Wissen gestorben, das dir hätte nutzen können.

VIRUS *Reduziere deine MEN um **1W6.***
*Passe deinen **IW** deiner neuen **MEN** an.*
*Lies weiter bei **854***

775 Der Kampf hat dich geschwächt. Das Gute ist, das du lebst, die Frage ist nur, wie lange noch.

*Reduziere deinen **IW** um **1W6** (IW < 20 gehe zu 1018)*
Halbiere *deine **KON** und runde das Ergebnis auf!*
Halbiere *deine **AUS** und runde das Ergebnis auf!*
Streiche alle Waffen vom Charakterblatt B!

Sie schleppen dich halb bewusstlos zur Schlachtbank. Als sich die ledernen Schnallen um deine Gelenke schließen, ist es wie der Abschied vom Leben. Doktor Bohr schiebt dir die Infusionsnadel unter die Haut, bohrt sie mitleidlos in die pochende Ader. Der Schmerz ist übel, jedoch nur ein fader Vorgeschmack dessen, was kommen wird.
Der perverse Arzt beugt sich lächelnd zu dir herab. »Widerstand ist zwecklos, Patient Nummer 2. Sei dir der Ehre bewusst, im Dienst der Wissenschaft auf eine andere Existenzebene überzugehen.« Als würde er dir etwas Heilendes verabreichen, öffnet er den Stellhebel am Tropf. Fast andächtig rinnt die mit Schlieren durchzogene blutrote Flüssigkeit den Schlauch hinab und bahnt sich ihren Weg in die wild pochende Ader …
»Fuck You!«, entweicht es deinen geschundenen Lippen.
*Lies weiter bei **695***

776

Ein in der Decke verborgener Lautsprecher knackt blechern. Ein schrilles Pfeifen lässt die Zombies aufschreien, weil ihnen der Ton in den Ohren schmerzt. »Ich glaube, du bist nicht in der Position, uns irgendetwas anzubieten ...« Es folgt ein banges, endloses Rauschen. »Daher werden wir unverzüglich mit der Testreihe fortfahren!«
*»Moment! Macht das nicht! Ich … ich, also, ich stelle meinen Widerstand ein, aber holt mich hier raus!«: Lies weiter bei **896***
*»Ihr dreckigen Penner!« Du bückst dich nach den Waffen, hebst sie auf. »Es kommt der Tag, da wird abgerechnet. Dann werdet ihr sehen, wie gefügig ich sein werde!«: Lies weiter bei **904***

777

Der Kampf ist kurz, aber verdammt hart. Triumphierend stehst du über dem zusammengesunkenen Hünen. Eine schnell anwachsende Blutpfütze breitet sich unter seinem Kopf aus, rinnt den Fugen folgend zum Abfluss der Mitte des Raumes, um gurgelnd darin zu verschwinden. Es ist nicht die brachiale Gewalt, die dich zu Boden schickt. Es ist eine kleine, gemeine Nadel, von des Doktors Hand geführt. Sie senkt sich tief in deinen Nacken, ergießt ihren brennenden Inhalt.

Du fährst herum, den Schlagstock erhoben, um dem heimtückischen Mann den Garaus zu machen. Da fängt der Raum an, sich zu drehen. Der weißbekittelte Mann verschwimmt vor deinen Augen, zerläuft wie geschmolzenes Wachs.

*Lies weiter bei **978***

778 Mit entschlossener Kraft stößt du den Mann zur Seite und springst von der Liege.

*Lies weiter bei **663***

779 Während du dasitzt und über deine Zukunft nachdenkst, bewegt sich der Deckenhaufen auf der anderen Pritsche. Du siehst genauer hin. Lugt da nicht eine Hand unter den Decken hervor?

*Du springst auf und rennst zur Tür, um daran zu rütteln: Lies weiter bei **660***

*Du ziehst die Decken weg, um herauszufinden, was sich darunter verbirgt: Lies weiter bei **820***

780 Du spürst den harten Rand der Pritsche in den Kniekehlen, den feuchten Stein der Wand in deinem Rücken. Weiter zurückweichen kannst du nicht. Was sich unter den schweren Wolldecken bewegt, richtet sich auf und nimmt menschliche Konturen an, die schlank sind. Die Decken rutschen hinab und entblößen eine nackte Gestalt, die dir seltsam vertraut erscheint …

*Lies weiter bei **860***

781 Als du in ihre Nähe kommst, schreit Paula auf. Kehlig und laut dröhnt es durch die Zelle. Du hast sie noch nicht berührt, das greift sie dich mit einer Schnelligkeit an, die dir unmenschlich erscheint. Ihre Finger zischen zu Krallen gekrümmt durch die Luft. Endlich siehst du ihr Gesicht. Es ist verzerrt, die Wangen sind hohl, der Mund weit aufgerissen. Aber es sind die Augen, die dir einen kalten Schauer über den Rücken jagen. Stumpfes Weiß vermischt sich mit animalischem Gelb. Aus schwarz geschlitzten Pupillen funkelt sie dich hasserfüllt an. Mit einem wilden Schrei stürzt sie sich auf dich und dir wird im selben Augenblick klar, dass du in dieser Zelle sterben wirst. Da werden ihre Zähne, die dir die Haut vom Fleisch reißen, um an das begehrte, heiße Nass zu gelangen, zur Belanglosigkeit, denn du stürzt in die bodenlose Schwärze des Wahnsinns. Paula ist tot. Du hast den Eindruck, das an ihre Stelle ein Monster getreten ist, geschaffen von Menschenhand, beseelt vom absolut Bösen.

Ende

782 Paula nimmt deine Schläge mit einem irren Lachen hin und stößt dir ihrerseits die Krallenhände bis zu den Handgelenken in den Bauch, packt, was sie fassen kann, und reißt es dir heraus. Schmatzend entrollen sich Darmschlingen aus dem gerissenen Loch und klatschen auf den Boden. Du brichst in die Knie, versuchst von Schmerzen betäubt, hineinzustopfen, was herausgefallen ist. Spürst nicht das Stakkato an schlitzenden Schlägen, das auf dich eingeht und zerschneidet, was Kopf und Körper war. Dankbar gibst du dich der deinen Körper entleerenden Dunkelheit hin, siehst kein Licht am Ende des letzten Tunnels …

Ende

783 Deine Füße fegen über den tückisch feuchten Boden.Du musst dich nicht umdrehen, um zu wissen, dass dir die Schläger folgen, denn ihre Stiefel knallen laut auf die Fliesen. Es ist pure Verzweiflung, die dich der Tür entgegentreibt. Du erreichst sie weit vor den wütenden Männern, drückst die Klinke nach unten und ...

*Lies weiter bei **863***

784 Die Machete in der einen, den Schlagring in der anderen Hand, hast du ihn in faulfleischiges Schaschlik verwandelt. Blut tropft von der Klinge. Hautfetzen kleben am Schlagring. Dein Körper ist nass von fremden Körpersäften. Du pumpst nach Atem, doch deine Peiniger schenken dir keine Pause.

Summend öffnet sich Käfig Nummer drei. Dieses Mal ist es ein muskelbepackter Hüne, der dir entgegentritt. Er überragt dich um einen guten Kopf, hat anstelle von Nase und Ohren eiternde Löcher. Auch Lippen hat er keine, es sieht aus, als hätte man ihm diese abgeschnitten. Du hast freien Blick auf seine langen, braunen Zähne, zwischen denen die Fetzen der letzten Mahlzeit hängen.

Führe den Kampf nach den Regeln durch!

Archetyp	KON	AUS	Waffe	WS
Muskelmann	*7*	*7*	*Zähne und Krallen*	–

*Reduziere deinen **IW** um **1W6** (IW < 20 gehe zu 1018)*

*Du gewinnst: Lies weiter bei **824***

*Du verlierst: Lies weiter bei **1043***

785 Der Gummianzugmann hatte nicht die geringste Chance gegen die rasiermesserscharfe Machete. Dein Schlagring hat erst die kreisrunden Scheiben der Gasmaske und danach das Gesicht dahinter zertrümmert. Mister Alu-Baseballschläger scheint allein vom Körperbau her ein dickerer Brocken, der nicht gewillt ist, zurückzuweichen.

Führe den Kampf nach den Regeln durch!

Archetyp	KON	AUS	Waffe	WS
Gummimasken-mann 2	*5*	*3*	*Baseballschläger*	*2*

*Reduziere deinen **IW** um **1W6 (IW < 20 gehe zu 1018)***

*Du gewinnst: Lies weiter bei **865***

*Du verlierst: Lies weiter bei **745***

786 Der Elektroschock-Stab (m, WS 2) fühlt sich gut an in deiner Hand *(notiere dir den Gegenstand auf Charakterblatt B)*. Er verleiht dir nicht nur Macht über den entsetzt dreinschauenden Doktor, er gibt dir einen kleinen Teil deiner Würde zurück. Du bist zwar nackt, aber bewaffnet. Grimmig wendest du dich dem Doktor zu, musterst die dürre, faltige Gestalt, die selbst eher tot als lebend erscheint.

*In grenzenloser Wut schlägst du den Doktor tot: Lies weiter bei **854***

*Du beschließt, den Doktor zur Rede zu stellen: Lies weiter bei **814***

787 Nachdem alle Gegner ausgeschaltet daliegen, suchst du im Labor nach Gegenständen, um die Wächter zu fesseln. Am Gürtel des einen hängen zehn schwarze Polizei-Kabelbinder (10x k). Damit sollte es gehen. Du biegst ihnen die Hände auf die Rücken und fesselst sie mit je einem Kabelbinder. Zwei weitere verwendest du, um ihre Füße zu fesseln. Als du sie an die Wand lehnst, fällt dein Blick auf die runden Sichtscheiben der Gasmasken. Ein mattweißes Auge sieht dich ausdruckslos an. Der Schock fährt dir durch alle Glieder.

*Du ziehst dem Wächter die Gasmaske ab: Lies weiter bei **947***

*Du fesselst Doktor Bohr und lehnst ihn neben den Wächtern an die Wand: Lies weiter bei **987***

*Du schleppst den Doktor zu der Metall-Liege, legst ihn darauf und schnallst ihn fest: Lies weiter bei **653***

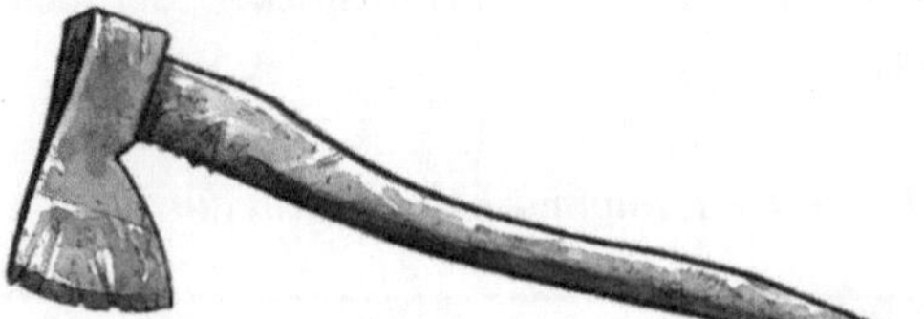

788 Die ersten Schläge des Wächters entfesselten in dir eine ungeahnte Wut, die dich in einen rasenden Zorn versetzte. Du hast rot gesehen und den Wächter mit bloßen Fäusten zu Boden geschlagen. Jetzt kniest du neben ihm und zerrst ihm die Gasmaske vom Kopf, um ihm den Rest zu geben. Schmatzend löst sich das schmierige Gummi vom Gesicht darunter …

… und enthüllt eine Fratze des Grauens. Fade, leichenfleckige Haut bedeckt ein eingefallenes Gesicht, aus dem dich bleiche Augen bösartig anfunkeln. Was da vor dir auf dem Boden liegt, ist definitiv tot. Fahrig

nimmst du den Schlagstock (m, WS 2) und schlägst dem Ding unter dir den Schädel ein. Begreifen kannst du es dennoch nicht.
Ist das etwa das Resultat der Experimente des Doktors?
Ist er in der Lage, die Toten zu steuern?
Du wendest dich dem Doktor zu, der sich hinter die Liege zurückgezogen hat: Lies weiter bei ***814***
Geschockt von der neuen Erkenntnis öffnest du die Tür und verlässt das Labor: Lies weiter bei ***828***

789 Der Schriftzug wirkt verblichen, weckt ein leichtes Kribbeln unter deinen Fingerspitzen. Was verbirgt sich wohl hinter dem Wort »Elektrotherapie«? Dir kommen Szenen diverser Horrorfilme in den Sinn, in denen wahnsinnige Ärzte kopfhörerartige Metallbögen mit Fett bestreichen und sie ihren wehrlos ans Bett gefesselten Patienten an die Schläfen drücken. Es ist nur zu ihrem Besten …
Wenn du nach einem Schlüssel suchst, um die Tür zu öffnen: Lies weiter bei ***691***
Wenn du lieber eine andere Tür öffnen möchtest: Lies weiter bei ***822***

790 Keuchend stehst du über Paulas Dunkelheit blutenden Körper. Totes Blut tropft von deinen Fäusten. Zerbrochen liegt sie da, wie eine Gliederpuppe, der man die Fäden abgeschnitten hat, den Kopf nach hinten gedreht, weil du im Wahn ihr Genick gebrochen hast. In deine Seele bohrt sich ein tiefer, schwer zu deutender Schmerz. Fragen keimen in deinem Kopf. Hätte es Hoffnung für Paula gegeben? Oder Rettung? Gar eine gemeinsame Zukunft? Nun ist es zu spät, sich diese Fragen zu stellen. Benommen taumelst du von ihr weg und zum Gitter außerhalb der Zelle, das diesen Kellerabschnitt von dem anderen trennt. Du musst das Asylum verlassen, musst hier raus, wenn du nicht auch noch den Rest deines Verstandes verlieren willst!
Lies weiter bei ***989***

791 Als du wieder bei Sinnen bist, stehst du vor einem zu Brei geschlagenen, menschlichen Desaster. Was der Doktor war, ist nun eine blutige Masse aus Hautfetzen, Knochensplittern und Fleisch. Dampfend verbreitet sich ein betäubender Gestank aus dem zerstörten Kadaver. Du brichst in die Knie und kotzt bittere Galle. Was du angerichtet hast, kann man nur bestialisch nennen!

*Reduziere deine **IW** um **2W6** (IW < 20 gehe zu 1018)*
*Reduziere deine **MEN** um **2 Punkte.***

Benommen taumelst du mit dem Schlüsselbund (k) in der Hand aus dem Raum, willst das Angerichtete hinter dir lassen.
*Lies weiter bei **831***

792 Das Gitter kreischt in den rostigen Angeln, als du es öffnest. Jenseits der Biegung ist es düsterer als hinter dir. Die Lampen flackern nervös, einige hängen halb von der Decke gerissen herunter, versprühen zischende Funken, wenn sie sich im leichten Luftzug bewegen. Weiter hinten sind sie sogar ganz erloschen. Dieser Bereich liegt jetzt im Dunkeln. An den Wänden reihen sich Rollbetten. Unter den schmutzigen Laken zeichnen sich die Umrisse von Körpern ab. Tropfende Flüssigkeit bildet kleine, schmierige Pfützen.
Plitsch-Platsch … Plitsch-Platsch …
Dir steigt ein eigenartiger Geruch in die Nase. Nicht der übliche faulig-verwesende. Es riecht eher alkoholisch und scharf, sodass dir die Augen davon tränen. Der Boden ist mit Unrat übersät. Klumpen von aufgeweichtem Papier, wechseln sich mit nassen Kleidungsstücken und leergeschossenen Patronenhülsen ab. Zu beiden Seiten gibt es je eine Tür. Etwa auf der Hälfte des überraschend langen Ganges folgen Gitterverschläge auf der Linken und eine hallenartige Erweiterung zur Rechten. Was hinten im Gang liegt, wirst du erst sehen können, wenn du dort angekommen bist. Welchen Weg wählst du?

Der Schlüsselbund in deiner Hand könnte dir die Türen öffnen. Danach kehrst du in den meisten Fällen hierher zurück, um das nächste Ziel auszuwählen!
*Die Tür rechts trägt die Aufschrift »Haustechnik«: Lies weiter bei **872***
*Die Tür links trägt die Aufschrift »Pathologie«: Lies weiter bei **912***
*Du gehst weiter den Gang bis zur hallenartigen Erweiterung hinunter: Lies weiter bei **992***

793 Das dritte Regal ist angefüllt mit Pappkartons, auf denen mit schwarzem Filzstift Namen gekritzelt stehen. Einige der Kartons sind zerrissen. Mit Fäkalien beschmierte Kleidungsstücke bilden einen klebrigen Grund, Schuhe an der Wand einen wilden Haufen. Alles ist schmutzig und mit blühendem Schwarzschimmel bedeckt. Von den Pappkartons scheinen lediglich vier unberührt. Und einer von ihnen trägt deinen Name!

»Geil! Endlich was zum Anziehen!« Paula wirft die Decke ab, in die sie sich gehüllt hatte und zieht die Kiste mit ihrem Namen aus dem Regal. Darin enthalten sind die Sachen, die sie trug, wenn sie auf Tour ging: schwarze Cargohose, schwarzes Bandshirt von den Ramones, dunkelgrauer Kapuzenpulli mit Totenkopfmotiv, schwere Einsatzstiefel und eine schwarze Baseballmütze. Auf die sich ebenfalls im Karton befindliche Unterwäsche verzichtet sie.

(Merke dir unbedingt die Nummer dieses Abschnitts, damit du hierher zurückkehren kannst)

*Wenn die Kiste »Hermann« öffnest: Lies weiter bei **721***

*Wenn die Kiste »Jason« öffnest: Lies weiter bei **881***

*Wenn die Kiste »Lucy« öffnest: Lies weiter bei **761***

*Wenn du deine eigene Kiste öffnest: Lies weiter bei **841***

*Wenn du lieber eine andere Möglichkeit versuchst: Lies weiter bei **848***

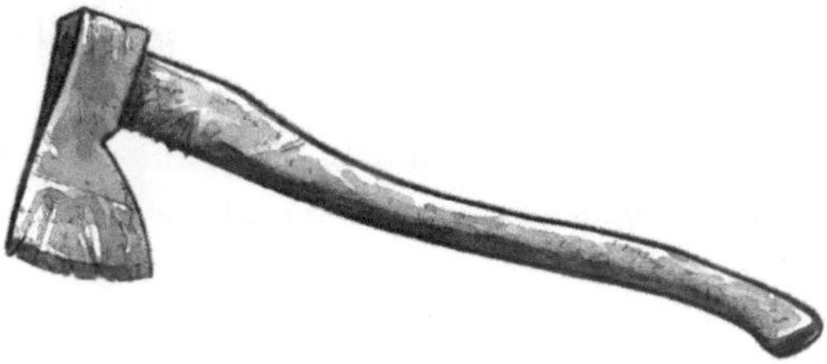

794 Ihr stürmt in Richtung des Tisches, auf dem die rettende Auswahl ausgebreitet auf einem schmutzigen Tuch bereitliegt. Der Schlachter bewegt sich diagonal zu euch und schneidet euch mit aufheulender Kettensäge den Weg ab. In letzter Sekunde tauchst du unter der schrill jaulenden Kettensäge weg, prallst mit der Hüfte gegen den Seziertisch, und realisierst, dass du mit dem, was du hast, diesem fleischgewordenen Albtraum gegenüberstehst!

Paula hat es ebenfalls nicht geschafft, sich einen der Gegenstände zu nehmen. Sie rutscht unter dem Schlachter hindurch und gelangt an deine Seite.
*Lies weiter bei **834***

795 Nervös probierst du den Schlüsselbund durch, jedoch ohne Erfolg. Erst beim grünen Schloss hast du Glück. Mit leisem Klacken springt es auf.
*Wenn du weitere, einzelne Schlüssel besitzt: Lies weiter bei **835***
*Wenn du ein Werkzeug wie ein Schweizer Taschenmesser, einen Leatherman oder Dietrich hast: Lies weiter bei **875***
*Wenn du woanders weitermachen willst: Lies weiter bei **728***

796 »Aaaarggggghhhh!« Zorn lässt das Monster mit den Zähnen knirschen. Sowohl mit denen im Mund, als auch mit denen im Bauch-Maul. Die Gesichtshaut zerreißt mit lautem Knall, als es den Kopf von der Wand löst. Leder rutscht von schmierigem Fleisch, als es seine Beine vom Gestein zieht, um sich zu befreien.
»Der Doktor ist mein Mittel zum Zweck. Er ist mein erster Diener in diesem Reich. Ich werde dich zerfetzen! Dich in mich aufnehmen als warme Mahlzeit!«
Damit löst es sich vollends von der Wand, eine menschliche Spinne mit dem von Hautfetzen bedeckten Gesicht eines schwarzblütigen Dämons!
*Wenn du dich umdrehst und die Flucht ergreifst: Lies weiter bei **876***
*Das ist der Moment, auf den du gewartet hast. Du greifst an: Lies weiter bei **806***

797 »Einer von uns ist aus dem Loch gekrochen, um der Menschheit die Seuche zu schenken. Den habt ihr niedergerungen«, hallte es dumpf in deinem Kopf. »Doch ich bin einer der Ereškigal, aufgestiegen aus dem Kurnugia, dem Land ohne Wiederkehr.«
Schmatzend bewegen sich die Arme, als das mittlere Paar dir die geöffneten Handflächen darbietet. »Aus dem Haus, das Licht entbehrt, wo Staub ihr Hunger und ihre Speise Lehm ist und sie in der Finsternis sitzen.«

»Ich habe es gesehen, das Kurnigia«, flüstert Paula. »Ein schwarzer, alles verschlingender Moloch, in dem eine Sprache gesprochen wird, die ich nicht verstehe. Das voll ist von Wesen, die weit schrecklicher als Dämonen sind. Was das Kurnigia ausspuckt, ist Untergang!«
Der Mund verzieht sich zu einer Grimasse, die ein Lächeln sein soll. »Aus deinen Worten spricht die Angst, Schwester. Nun haben wir die Welt zu unserem Haus gemacht, sind als brennender Dorn in euren Geist gedrungen, um euch untertan zu machen. Aus Lehm wurden die Menschen einst geformt. Und Lehm werden sie fortan fressen ...«
»Vergiss das mit dem Untertan sein. Fuck Off und verpiss dich zurück in deine Hölle!«: Lies weiter bei ***957***
»So mächtig kannst du nicht sein, wenn du 'nen scheiß Doktor brauchst, um dich zusammenzuflicken«: Lies weiter bei ***917***
Du hast genug gehört. Du greifst an: Lies weiter bei ***877***

798 Ihr seid zu langsam. Die Albtraumkreatur richtet sich vor euch auf wie eine gereizte Spinne. Was bleibt, ist, die Kanister sein zu lassen und euch dem Wesen mit dem, was ihr habt, entgegenzustellen!
Lies weiter bei ***718***

799 Das letzte Schloss springt auf. Die Tür öffnet sich mit einem hässlichen Kreischen. Ohne einen Blick zurück gehst du zu den halb offenstehenden Aufzugtüren und spähst in den düsteren Schacht. Eine hölzerne Leiter lehnt an der Wand. Sie ist gerade lang genug, um die Eisensprossen zu erreichen, die in die Betonwand eingelassen im Aufzugschacht nach oben führen. Ihr Ende steht in einem ölig schwarzen Sud, von dem du hoffst, dass er keinen Albtraum verbirgt. Du musst springen, um die Leiter zu erreichen. Da es kein Zurück mehr gibt, setzt du alles auf eine Karte.

*Führe eine Probe auf **GES** durch!*
*Die Probe ist geglückt: Lies weiter bei **963***
*Die Probe ist misslungen: Lies weiter bei **679***

800 Irre lachend tritt Paula an den Rand, bis ihre Zehen darüber hinausragen. Die Arme ausgebreitet lächelt sie dich an. »Behalte mich in Erinnerung, wie ich war, und nicht, wie ich bin!« Sie lässt sich langsam nach vorne kippen, will sich vom Dach in die Menge stürzen. Entsetzt springst du auf sie zu, um ihren Todessprung zu verhindern.

*Führe eine Probe auf **AUS** durch!*
*Die Probe ist geglückt: Lies weiter bei **880***
*Die Probe ist misslungen: Lies weiter bei **920***

801 In der Kiste sind: Schwarze Cargohosen, die dir passen könnten, ein verwaschenes Bandshirt von den Ramones, ein dunkelgrauer Kapuzenpulli mit Totenkopfmotiv, schwere Polizei-Einsatzstiefel (Schuhwerk) in deiner Größe, sowie eine schwarze Baseballmütze. Dazu olivgrüne BW-Unterhosen und ein paar BW-Strümpfe, beides ordentlich getragen und nicht frisch, wie die braunen Streifen in der Hose zeigen.

Wenn du das Ramones-Outfit (Kleidung) anziehen möchtest, notiere das auf deinem Charakterblatt B.
Geh zum letzten Punkt zurück!

802 Da stehst du nun. Unter Umständen hast du einen der Schlüssel nicht gefunden oder übersehen. Womöglich ein Werkzeug, das hilfreich gewesen wäre, liegengelassen. Oder, was weit schlimmer ist, du bist beim Versuch des Öffnens der Schlösser kläglich gescheitert. Das Resultat bleibt in jedem Fall das Gleiche. Das

verdammte Glück hat dich verlassen, du hast es zu oft auf die Probe gestellt. Hast zu oft den Joker ausgespielt, alles auf eine Karte gesetzt. Doch das Schicksal hatte das bessere Blatt.
Der Keller ist nicht nur zu deiner Todesfalle geworden. Paula sitzt ebenfalls hier fest. Die Frau, wegen der du den Weg durch die untergegangene Stadt überhaupt auf dich genommen hast. Die Dunkelheit wird zu deinem ständigen und letzten Begleiter. Womöglich ist es besser, hier unten zu verrecken, um nicht das in die Welt zu tragen, was dir an diesem Ort widerfahren ist.
Nervös fährst du dir mit der schmutzigen Hand über das Gesicht. In deinen Ohren steigert sich das Toben der Irren in ihren Käfigen zum Orkan, von dem du hoffst, dass er dich in die barmherzige Finsternis des Wahnsinns treibt …
Paula sieht dich an, bevor sie dich in ihre Arme zieht, um sich an dich zu schmiegen.
»Ich mache dich zum König in meinem düsteren Reich«, flüstert sie traurig. Ihre Arme schließen sich fester um deinen Körper. Du spürst ihre zu Krallen verhärteten Fingernägel und weißt, dass es die letzte Umarmung ist.
»Geh mit mir zusammen auf in endlosem Schmerz. In der Verzweiflung des Wahnsinns. Dem apokalyptischen Gedanken des Untergangs!«

Ende

803 Die Schlüssel sind klebrig von Schweiß, Blut und anderen Dingen, an die du gar nicht denken magst. Unter dem Geschrei der Versuchsobjekte, die wie wild gewordene Affen an den Gittern ihrer Zellen rütteln, öffnest du zwei der Schlösser, hebst das Verbliebene an. Zeit, dein Werkzeug einzusetzen.

Wenn dein Werkzeug ein Schweizer Taschenmesser oder ein Dietrich ist: Lies weiter bei ***719***

Wenn dein Werkzeug ein Polizeischlagstock, eine Kettensäge, eine Machete oder eine Brechstange ist: Lies weiter bei ***759***

804 »Du wagst es, Derartiges zu behaupten? Dass der Doktor mich benutzt? Du musst von Sinnen sein!«
Immer mehr vom Fleisch der grotesken Horrorgestalt löst sich von der

Wand. Faules Fleisch bleibt in Fetzen an den Steinen haften. Anderes fällt nass zu Boden, türmt sich Gestank verbreitend auf.
»Der Dämon will von der Wand weg«, schreit Paula warnend. »Ich stehe dir bei, aber gottverdammt nochmal, mach was!«
In der Arroganz des Monsters siehst du deine Chance, du musst sie nur zu nutzen wissen! Gelingt es dir, seine Wut zu wecken, es zu unbedachten Handlungen zu reizen?
»Er missbraucht dein Blut für seine Experimente, um Wesen zu schaffen, die ihm dienen, und nicht dir!«: Lies weiter bei ***884***
»Du bist nichts weiter, als ein primitives Scheusal! Kannst nur zerstören, den Tod bringen! Das ist beschissen nochmal überhaupt nicht göttlich!«: Lies weiter bei ***924***
Du erträgst das alles nicht mehr, erliegst dem Druck, den Paula ausübt, und greifst an: Lies weiter bei ***877***

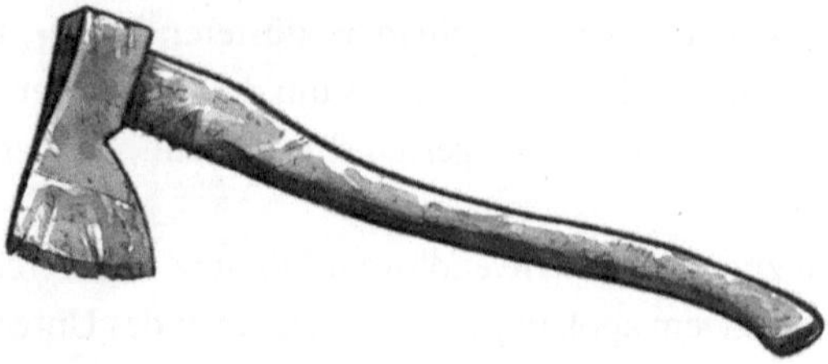

805 Das Unerträgliche geschieht: Das Feuer verwehrt dir seinen Dienst!
Das Monster rückt davon unbeeindruckt, aber wütend, weiter auf dich zu. Zu Klauen verformte Hände zischen durch die Luft, versuchen, dich zu greifen, während sich das schreckliche Bauch-Maul klackend öffnet, die Zunge leckt, begierig auf eine Süßspeise der besonderen Art.
Lies weiter bei ***645***

806 Als du dich dem Monster an der Wand entgegenwirfst, lösen sich dessen Arme schmatzend und Fäden ziehend von der Ziegelsteinwand. Einer Spinne gleich recken sie sich dir eine Umarmung anstrebend entgegen. Du siehst obsidianschwarze Fingernägel, die Krallen sind. Die dich packen und in das klaffende Bauch-Maul des Dämons ziehen wollen!

Führe den Kampf nach den Regeln durch!

Archetyp	KON	AUS	Waffe	WS
Der Abgesandte	*9*	*10*	*Krallen und Bauch-Maul*	*2*

Reduziere deinen ***IW*** *um* ***3W6*** *(IW < 20 gehe zu 1018)*

Du gewinnst: Lies weiter bei ***1006***

Du verlierst: Lies weiter bei ***636***

807

Die Dunkelheit hat etwas Bedrohliches. Sie wirkt wie ein Schlund, der dich in sich einsaugen möchte. Eine offenstehende Gittertür lädt dich in den Gang dahinter ein, in dem es abscheulich nach übergelaufener Toilette und Leichenkammer stinkt. Dieser Teil ist wesentlich älter, als der Rest des Kellers. Die Wände bestehen aus roten, von Algen und Moos bewachsenen Ziegelsteinen. Die Decke ist gewölbt. Eine einzige Lampe, von einem rostigen Gitter bedeckt, spendet gelbliches Licht. Paula berührt dich am Arm. Ihr Gesicht schimmert kalkweiß in der Dunkelheit. »Das hier ist ein böser Ort. Ich mag hier nicht sein!«

Doch dazu ist es längst zu spät. Zur Rechten erstrecken sich durch Gittertüren abgeschlossene Zellen, in denen sich schauderhafte Abscheulichkeiten in den Schatten zurückziehen. Ausnahmslos nackt, offenbaren sie dir ihre Grässlichkeit an bleichen, verstümmelten Körpern. Hier fehlen Finger und Hände, dort ganze Arme oder Beine, die am Boden stinkend vor sich hin faulen. Ihre Münder und Augen sind zugenäht, die Ohren abgeschnitten. Nasen haben sie auch keine mehr. Stattdessen klaffen schwarz-nässende Schlitze im Trümmerfeld, das sich einst Gesicht nannte. Denen, die Männer waren, hat man die Genitalien abgeschnitten. Den Frauen fehlen die Brüste, was an Scham übrig ist, wurde sorgsam vernäht.

Links gibt es in der langen Wand nur eine einzige Tür. Sie besteht aus vernietetem Gusseisen, sieht schwer aus und ist schwarz. Sie hat weder Klappe noch Schloss. Nur einen Riegel, über den sie sich öffnen lässt. Du spürst, dass etwas dahinter lauert. Etwas Uraltes, Böses, das nur auf dein Eintreten wartet. Das seine geistigen Fühler durch das Eisen hinweg nach dir ausstreckt …

*Wenn du sie öffnest: Lies weiter bei **755***
*Wenn du woanders weitermachen willst: Lies weiter bei **728***

808 Der dumpfe Geruch nach Formalin und verwesendem Fleisch hämmert dir in die Nase, treibt Tränen in deine Augen. Die Pathologie wird nur von einer einzigen Lampe erhellt und die hängt in einem rostigen Drahtkorb über einem Seziertisch in der Mitte des Raumes. Oder besser gesagt der Schlachtbank. Auf dem Metallgestell liegt ein teilweise zerlegter, menschlicher Körper. Blut tropft zäh über den Rand, zieht Fäden. Und dahinter steht ein Hüne in blutbesudelter Plastikschürze über einem braunen Overall und hält eine Kettensäge in der Hand. Langsam blickt er von seiner zerlegenden Arbeit auf. Ein braun verschmierter Mundschutz bläht sich vor den Lippen. Die eng stehenden Augen sind zwei glühende Nadeln im kahlen, grauhäutigen Schädel.
An den Wänden stehen Metallbehälter, aus denen Arme, Beine und Torsos ragen. Auf einem Tisch liegen abgesägte Köpfe aufgereiht da und starren dich aus toten Augen an. Der Hüne tritt vom Seziertisch zurück und zieht an der Startschnur der Kettensäge, die brüllend zum Leben erwacht. Hinter ihm reihen sich silberglänzende Leichenschubfächer in der Wand.
Dir ist klar, dass Flucht ausgeschlossen ist. Er hat dich gesehen und wird dich verfolgen, ganz gleich, wohin du dich wendest. Aber was ist das da neben der Tür? Auf einem Tisch liegen weitere Schlachterwerkzeuge sauber aufgereiht da. Du erkennst eine Axt, ein Hackbeil, ein langes, gezahntes Messer und eine obszön monströse Säge, in deren Zähnen Hautfetzen und Haare hängen. Schaffst du es, zu dem Tisch zu gelangen und dich zu bewaffnen?

*Führe eine Probe auf **GES** durch!*
*Die Probe ist geglückt: Lies weiter bei **921***
*Die Probe ist misslungen: Lies weiter bei **961***

809

Du hast Glück und findest den passenden Schlüssel. Die Zelle ist zweifach abgeschlossen. Das Knirschen des sich im Schloss drehenden Metalls klingt bedrohlich in deinen Ohren. Der Riegel öffnet sich, die Tür schwingt auf und du findest dich im Chaos wieder. Wie die Zelle, in der du dich mit Paula wiedergefunden hast, gibt es an jeder Langseite eine Pritsche und sonst keine weiteren Möbelstücke. Du kannst nicht durch das Fenster sehen, weil es mit einem schwarzen Stofffetzen verhangen ist. Die Luft in dem Raum riecht nach verrottetem Fleisch, alt und verbraucht. Kein Ort, an dem man länger verweilen möchte.
Auf der einen Pritsche türmt sich Frauenkleidung. Du findest eine zerknautschte Krankenschwesterntracht neben der einer Nonne, die nicht aus Stoff, sondern aus Lackleder gefertigt ist. Anscheinend hat die Bewohnerin der Zelle eine schräge Vorliebe für Uniformen.
Die Sachen sind nicht frisch, teilweise sogar fleckig und mit einem schmierigen Film bedeckt, aber hey, in diesen Zeiten darf man nicht wählerisch sein.

Wenn du eins der angebotenen Outfits oder Teile davon als Kleidung tragen möchtest, notiere das auf deinem Charakterblatt.
Ganz gleich, ob du einen männlichen oder weiblichen Charakter führst, die Sachen passen zu deiner Körpergröße.

Auf der anderen Pritsche liegen zwei zerwühlten Decken (2x m), die stinken, als hätte ein nasser Otter daran geschlafen. Wochenlang. Dennoch vermögen sie, eine feuchtschmierige Wärme zu spenden. Dein Fuß stößt gegen einen Zinkeimer, der unter der Pritsche steht. Als du ihn herausziehst, schwappt Flüssigkeit darin. Es ist ein widerwärtiges Gemisch aus geronnenem, Fäden ziehenden Blut, in dem Brocken schwimmen, die grünlich angelaufenes Fleisch sind. Ein Auge starrt dich schaukelnd aus der Brühe an, das dir bittere Galle in den Mundraum steigt.

*Achtung: Sofern du die zweite Infusion erhalten hast, oder dein **IW < 20** ist, musst du die folgende Probe durchführen!*

*Führe eine Probe auf **RES** durch!*
*Die Probe ist geglückt oder du musst die Probe nicht durchführen: Lies weiter bei **831***
*Die Probe ist misslungen: Lies weiter bei **849***

810 Paula legt ihren Kopf schief, leckt sich die spröden Lippen. »Ich werde noch sein, wenn es dich längst nicht mehr gibt. Also lebe ich? Hm, keine Ahnung, denke nein … existiere ich als anderes, höheres Wesen, das die Fesseln des Todes abgestreift hat? Unbedingt! Also such's dir aus, was du jetzt glauben willst!«
*Lies weiter bei **630***

811 Du findest dich auf Knien vor dem Eimer wieder, die Hände tief in die Blutsoße getaucht. Gierig fischst du dir die Brocken aus der Suppe und stopfst sie dir in den Mund. Der Geschmack nach Verdorbenheit überschwemmt deinen Gaumen, die Lust auf totes Fleisch flutet deinen Geist. Während dein Magen gegen das ekelhafte Mahl protestiert, setzt du dir den Eimer an den Mund und leerst die schleimige Brühe in dich hinein …

*Reduziere deine **IW** um **2W6** (IW < 20 gehe zu 1018)*
*Reduziere deine **MEN** um **2 Punkte.***

Gottes zorniger Finger hat dich niedergestreckt. Dich in eine von wirren Albträumen durchzogene Finsternis geschleudert. Du hast von Fleisch geträumt, von blutigem Fleisch. Von Haut, welche du mit den Zähnen von jammernden Opfers ziehst, das es sich Fäden ziehend löst, wie spröder Gummi …
Jetzt liegst du in deinem Erbrochenen da und wimmerst ob dem, was du getan hast. Dein makabres Mahl rumort tonnenschwer in den Gedärmen. Der Gestank nach schlechtem Fleisch und bitterer Galle ist ekelerregend, lässt dich erneut würgen.
*Lies weiter bei **822***

812 »Oh ja, dessen kannst du dir sicher sein. Hinter alldem steckt ein großer, für uns Menschen nicht zu begreifender Plan. Ein Wesen von höherer Macht ist aufgestiegen und hat unseren Untergang beschlossen, um Sünden längst vergangener Tage abzustrafen. Es hat mir einen Abgesandten geschickt, der mich in meinem Bestreben unterstützt. Er ist es auch, der in den Tiefen des Kellers das Sagen hat. Der unser aller Geschicke lenkt. Die Menschen, die oben im Asylum leben, haben sich dem verwehrt, und die Zugänge versiegelt. Sie sagen, hier unten herrscht das Böse. Das pure Chaos. Ich sage, es ist unsere einzige Chance, zu überleben!«
*Lies weiter bei **814***

813 Der Hieb entringt dir einen gellenden Schrei. Eine Galaxie aus Sternen explodiert vor deinen Augen, doch du verlierst nicht das Bewusstsein. Noch nicht. Stattdessen driftest du in einem nebulösen Grau dahin. Der Wächter löst die Fesseln. Erst die an den Füßen, dann jene, die deine Arme binden. Ist dies die Chance, auf die du gewartet hast? Bringst du die Kraft auf, um sie zu nutzen?

 *Führe eine Probe auf **AUS** durch!*
*Die Probe ist geglückt: Lies weiter bei **893***
*Die Probe ist misslungen: Lies weiter bei **933***

814 Die Macht über das weitere Geschehen scheint nun in deinen Händen zu liegen. Doktor Bohr ist dir auf Gedeih und Verderb ausgeliefert. Der Zeitpunkt ist perfekt, um herauszufinden, was in diesem Death Asylum vor sich geht. Es ist an der Zeit, Fragen zu stellen!

Würfle mit ***2W6****. Das Ergebnis entspricht der Anzahl der Fragen, die du dem Doktor maximal stellen kannst. Nach jeder kehrst du hierher zurück.*

Achtung: Sofern man dir die zweite Infusion verabreicht hat, führe nach jeder Frage eine Probe auf ***RES*** *durch!*
Die Probe ist geglückt: Mach mit der nächsten Frage weiter!
Die Probe ist misslungen: Lies weiter bei ***669***
Wenn alle Fragen verbraucht sind und du nicht an der Probe gescheitert bist: Lies weiter bei ***709***

Die möglichen Fragen an den Doktor:
»Ist das Asylum eine echte Zuflucht, oder handelt es sich nur um einen Ort, an dem Sie Ihre abscheulichen Experimente durchführen?«: Lies weiter bei ***868***
»Was haben Sie mit Paula und mir gemacht?«: Lies weiter bei ***908***
»Können Sie die Toten steuern?«: Lies weiter bei ***948***
»Wer hat hier das Sagen? Sie oder jemand, etwas anderes?«: Lies weiter bei ***988***
»Haben Sie ein Heilmittel gefunden, oder etwas, mit dem man die Zombieseuche aufhalten kann?«: Lies weiter bei ***652***
»Wer hat unsere Zuflucht verraten?«: Lies weiter bei ***692***
»Was bezwecken Sie mit Ihren Experimenten?«: Lies weiter bei ***732***
»Stehen Sie mit anderen Überlebenden in Kontakt?«: Lies weiter bei ***772***
»Was halten Sie von der Theorie, das es eine höhere Intelligenz gibt, welche die Zombies steuert?«: Lies weiter bei ***812***
»Gibt es für Paula eine Überlebenschance?«: Lies weiter bei ***852***
»Wie komme ich hier raus, wie kann ich diesem Wahnsinn des entfliehen?«: Lies weiter bei ***892***
»Wo sind meine Sachen, wo meine Kleidung?«: Lies weiter bei ***932***
»Was ist mit Ihnen? Sind Sie ein Mensch oder haben Sie sich die Infusionen selbst verabreicht?«: Lies weiter bei ***972***
»Wie viele Infusionen wurden Paula verabreicht?«: Lies weiter bei ***1012***
»Habe ich nach der zweiten Infusion eine Chance zu überleben?«: Lies weiter bei ***629***

815 Mit dem funkensprühenden Elektroschock-Stab (m, WS 2) trittst du dem zweiten Wächter entgegen.

Führe den Kampf nach den Regeln durch!

Archetyp	**KON**	**AUS**	**Waffe**	**WS**
Gummigestalt 2	*4*	*1*	*Elektroschock-Stab*	*2*

*Reduziere deinen **IW** um **1W6** (IW < 20 gehe zu 1018)*
*Du gewinnst: Notiere dir den Elektroschock-Stab und lies weiter bei **895***
*Du verlierst: Lies weiter bei **775***

816 Ein in der Decke verborgener Lautsprecher knackt blechern. Ein schrilles Pfeifen lässt die Zombies aufschreien, weil ihnen der Ton in den Ohren schmerzt. »Das Einzige, was zählt, ist das Asylum. Und es kann nur eines zum Vorteil gereichen: das Fortführen unserer Testreihe ...« Es folgt ein banges, endloses Rauschen. »Wir denken, du bist bereit für die nächste Infusion!«
*Lies weiter bei **896***

817 Blutend klappst du unter dem wütenden Ansturm des starken Mannes zusammen. Er schickt dir ein paar Tritte hinterher, bis du auf den kalten Fliesen dein frisch vergossenes Blut schmeckst.

*Reduziere deinen **IW** um **1W6** (IW < 20 gehe zu 1018)*
*Reduziere deinen **KON** um **1 Punkt.***
*Reduziere deinen **AUS** um **1 Punkt.***

Du spürst die Veränderung, die in dir erwächst. Sie brodelt wie glühende Lava unter der Oberfläche und besteht aus purer, archaischer Wut. Sie ist bereit, hervorzubrechen, wenn der Moment kommt ...
*Lies weiter bei **978***

818 Wieder zieht sich dein Körper in einer schützenden, fötalen Haltung zusammen. Die Schläge gehen hart auf dich nieder, prügeln dich windelweich. Du steckst sie wimmernd ein, weinst, hoffst auf ein baldiges Ende, ganz gleich, wie dieses aussehen wird.

*Reduziere deinen **IW** um **1W6** (IW < 20 gehe zu 1018)*
*Reduziere deinen **KON** um **1 Punkt.***

Doch da ist noch etwas anderes. Tief in dir. Versteckt und lauernd. Eine unbekannte Wut, die unter der Oberfläche wie glühende Lava brodelt. Sie ist bereit, auszubrechen, wartet wie eine Spinne im Verborgenen auf den Moment … und das macht dir noch mehr Angst als alles andere ...
*Lies weiter bei **978***

819 »Ich bedauere ihre Entscheidung zutiefst. Ihnen sollte klar sein, das ich nicht bluffe!«
Der Arzt holt weit mit dem Hammer aus und schlägt ihn dir auf den Kopf, bis dein Schädel bricht und du tot bist.

Ende

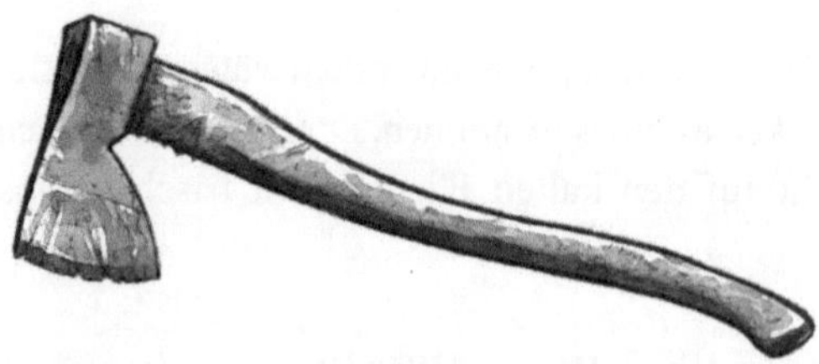

820 Beherzt machst du einen wagemutigen Schritt und ziehst die Decken von dem, was sich darunter verbirgt. Es ist eine dünne Gestalt mit bleicher Haut, die sich wie aus einem tiefen Schlaf erwacht aufrichtet. Die dir zudem seltsam vertraut vorkommt, sodass dein Magen schmerzhaft krampft ...
*Lies weiter bei **860***

821 »Du glaubst, dass ich eine Verräterin bin, ja? Ist es das?« Ihre Stimme hat nichts Bekanntes mehr, klingt wie die einer gereizten, mühsam beherrschten Wahnsinnigen. Zähneknirschend

bewegte sie sich in den Schatten. »Aber du hast recht. Ich hab' einen Verrat begangen. An mir selbst. An dem, was ich einst war und in der Dunkelheit dieses scheiß Kellers verloren habe! Ich bin nicht mehr ich selbst, weißt du? Sie haben mir die Seele herausgerissen und mich zu einem Monster gemacht!«
Bevor du etwas darauf erwiderst, katapultiert sie sich aus den Schatten auf dich zu, die Hände zu Krallen gekrümmt vorgestreckt, die Zähne gefletscht. Ihre Augen ziehen dich in einen bodenlosen Abgrund. Gelb und geschlitzt, wie die eines Raubtieres, oder besser, eines Dämons, graben sie sich ihren Weg in deinen Geist, um ihn Stück für Stück aufzufressen. In einer Art Opferstarre stehst du da, siehst dem sicheren Untergang entgegen. Empfängst die scharfen Zähne in deinem Hals als göttliche Gabe, spendest dein sprudelndes Blut dem bösen Geist, der in wenigen Tagen die Welt beherrschen wird. Dankbar empfängst du die sanfte Wärme des aufsteigenden Wahnsinns, heißt ihn willkommen in blutigem Rot.

Ende

822 Nackt stehst du mit wild pumpendem Herzen im schwach beleuchteten Kellergang. Die Euphorie, dem leibhaftigen Grauen entkommen zu sein, verflüchtigt sich wie fader Rauch. Der Boden ist kalt und dunkel gefliest. Die Decke ist leicht nach oben gewölbt, Putz bröckelt und gibt Risswunden gleich narbigem Gestein preis. Hier und da tropft Kondenswasser herab. Plitsch – Platsch – Plitsch – Platsch … Das Schlimmste von allem ist jedoch die Stille, die jeden deiner Atemzüge wie Donnerhall erscheinen lässt. Argwöhnisch musterst du die rostfleckigen Türen, hinter denen das Grauen lauert. Dessen bist du dir sicher.
Wo der Gang hinter dir endet, gibt es eine Gittertür. Dahinter türmt sich nasses Laub, das dumpf nach Zerfall stinkt. Ehemals als Notausgang fungierend, ist das Gitter nun fest mit dem Rahmen verschweißt. Vor dir versperrt im Zwielicht eine Gittertür den Weg. Links liegen zwei Türen, rechts sogar vier, die Geheimnisse vermuten lassen. Hinter den darin eingelassenen Sichtfenstern erwartet dich Finsternis. Du vermutest, dass in einer der Zellen Paula auf dich wartet. Doch welche ist die richtige?

Der Schlüsselbund in deiner Hand könnte dir helfen, mehr über den Gang und dessen Geheimnisse herauszufinden.

Du kannst unter Zuhilfenahme des Schlüsselbundes versuchen, die Türen in beliebiger Reihenfolge zu öffnen. Danach kehrst du in den meisten Fällen hierher zurück, um die nächste Tür zu wählen (oder eben auch nicht!). Du darfst jede Tür nur einmal öffnen!
Die erste Tür links ist mit »Zahnbehandlung« beschriftet: Lies weiter bei ***749***
Die zweite Tür links ist mit »Elektrotherapie« beschriftet: Lies weiter bei ***789***
Die erste Tür rechts ist mit »Zelle 1« beschriftet: Lies weiter bei ***829***
Die zweite Tür rechts ist mit »Zelle 2« beschriftet: Lies weiter bei ***869***
Die dritte Tür rechts ist mit »Zelle 3« beschriftet: Lies weiter bei ***909***
Die vierte Tür rechts ist mit »Infusionsraum« beschriftet: Lies weiter bei ***949***
Du wählst die Gittertür, die diesen Bereich vom Rest des Kellers trennt: Lies weiter bei ***989***

823

Es ist der Kleinere, der dich erwischt. Wie ein Ninjakämpfer hat er den Schlagstock geworfen, der dir wie ein glühender Stachel in die Kniekehlen knallt.
Deine Beine knicken in vollem Lauf unter dir weg. Hart stürzt du auf die Fliesen. Die ausgestreckte Hand berührt die Tür, gleitet an ihr hinab. Ihre Oberfläche ist wunderbar narbig und rau. Dann sind die Schläger auch schon bei dir und ein Stakkato aus harten Hieben, ja, Tritten sogar, geht auf dich nieder.
Du schützt mit den Armen deinen Kopf und hoffst, dass es bald vorüber ist.

VIRUS *Reduziere deinen* ***IW*** *um* ***2W6*** *(IW < 20 gehe zu 1018)*
Reduziere deinen ***KON*** *um* ***2 Punkte***

In deinem Innern spielen sich andere Dinge ab. Dort erwächst eine Wut, die brodelt wie glühende Lava unter der Oberfläche. Die bereit ist, hervorzubrechen, wenn der Moment kommt ...
Lies weiter bei ***978***

824 Keuchend stehst du zwischen einem Desaster aus Fleisch, Knochen und Blut. Es stinkt in einer Mischung aus Schlachthaus und Klärgrube. Dein Herz trommelt ein schmerzhaftes Stakkato in der Brust. Wütend drehst du dich im Kreis, erwartest den nächsten Gegner. Zwei Käfige sind verschlossen, beinhalten knurrende Bestien, die nichts Menschliches mehr an sich haben.

Du wendest dich mit drohend erhobenen Waffen zur Kamera. »Ich hab' genug! Ich kann nicht mehr! Holt mich hier raus!«: Lies weiter bei ***864***

Drei hast du geschafft. Zwei weitere können nicht schlimmer sein. Entschlossen packst du deine Waffen. »Was ist los? Auf, kommt, schickt mir den nächsten!«: Lies weiter bei ***904***

825 Schnaufend stehst du über deinem letzten Opfer. Fast friedlich liegt sie da, raubt dir in ihrer vergänglichen Unschuld jeden Zorn. Müde wirfst du die Waffen in den menschlichen Matsch. Der Kampf ist aus. Du bist am Ende. Resignierend siehst du nach oben zur Kamera. »Es ist vorbei … holt mich raus und macht mit mir, was ihr wollt!« Keine Minute später erfolgt die Antwort in Form eines Schlüssels, der knirschend ins Schloss der Metalltür geschoben wird. Aber gibst du dich wirklich geschlagen? Ist dies nicht die Möglichkeit, aufzubegehren? Immerhin hast du hier zwei verdammt gute Waffen, mit denen du eine Menge Schaden anrichten kannst ...

Lies weiter bei ***896***

826 Der Polizeischlagstock (m, WS 2) fühlt sich gut an in deiner Hand *(notiere dir den Gegenstand auf Charakterblatt B)*. Er verleiht dir Macht über den entsetzt dreinschauenden Doktor. Natürlich bist du nackt, aber wenigstens bewaffnet. Grimmig wendest du dich dem Doktor zu, musterst die dürre, faltige Gestalt, die selbst eher tot als lebend erscheint.

In deiner grenzenlosen Wut schlägst du den Doktor tot: Lies weiter bei ***854***

Du beschließt, den Doktor zur Rede zu stellen: Lies weiter bei ***814***

827 Nachdem deine Gegner niedergeschlagen im Dreck liegen, siehst du dich im Labor nach Gegenständen um, mit denen du die Wächter fesseln kannst. Am Gürtel von einem hängen

zehn schwarze Polizei-Kabelbinder (10x k). Du biegst den Wächtern die Hände auf die Rücken und fesselst sie mit je einem Kabelbinder. Zwei weitere verwendest du, um die Füße zu binden. Als du sie an die Wand lehnst, fällt dein Blick auf die runden Sichtscheiben der Gasmasken. Das Glas ist stumpf und dennoch erkennst du etwas dahinter. Ein mattes Auge sieht dich ausdruckslos an. Der Schock fährt dir durch alle Glieder.
*Du ziehst dem Wächter die Gasmaske ab: Lies weiter bei **947***
*Du fesselst Doktor Bohr und lehnst ihn neben den Wächtern an die Wand: Lies weiter bei **987***
*Du schleppst den Doktor zur Metall-Liege, legst ihn darauf und schnallst ihn fest: Lies weiter bei **653***

828 Nachdem die Tür hinter dir ins Schloss gefallen ist, lehnst du dich an das feuchtkalte Türblatt, schließt die Augen und atmest durch. Dein neues Wissen treibt dich an die Grenzen des Verstandes und näher an den Wahnsinn, als dir lieb ist. Das Böse in deinen Venen scheint dich höhnisch zu verlachen. Du raffst dich auf, findest die Kraft weiterzumachen, weißt aber selbst nicht, woher. Im Zwielicht des Ganges siehst du einen Schlüsselbund (k) in der Tür stecken. Du schließt die Tür zu, brichst den Schlüssel ab, um die Tür zu verriegeln. Danach siehst du dich nach einem Ausweg um.
*Lies weiter bei **822***

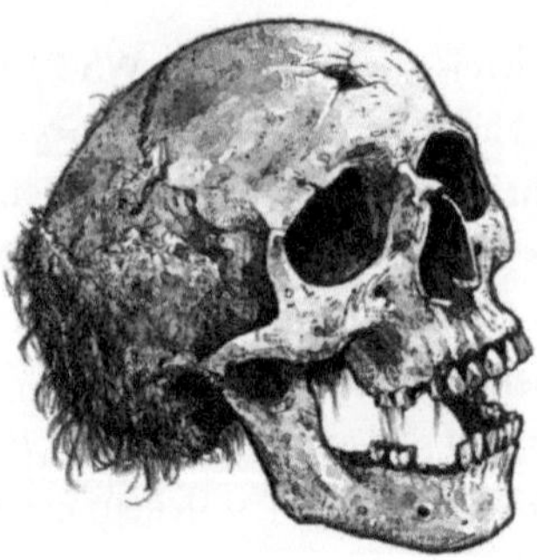

829 Die Türen der Zellen sind anders. Sie fühlen sich dicker an, als wollten sie dich daran hindern, einzutreten. Oder, was wahrscheinlicher ist, um zu verhindern, dass das, was sich dahinter verbirgt, befreit wird. Dein Blick durch das kleine, schmierige Fensterchen verliert sich in undurchdringlicher Finsternis, denn das schwache Licht im Gang reicht nicht aus, das Geheimnis dahinter zu entschlüsseln.

*Wenn du nach einem Schlüssel suchst, um die Tür zu öffnen: Lies weiter bei **731***

*Wenn du lieber eine andere Tür öffnen möchtest: Lies weiter bei **822***

830

»Als ich das Asylum beobachtete, war es ein Ort, an dem das Leben pulsierte.« Paula leckt sich über ihre spröden, bleichen Lippen. »Doch nun bin ich mir nicht mehr sicher.« Sie legt den Kopf schief, umschleicht dich wie eine Katze. »Die Stimmen in meinem Kopf sagen etwas anderes. Sie frohlocken, weil er in den Gefilden der Lebenden Einzug gehalten hat!«

*Lies weiter bei **630***

831

Die Tür fällt hinter dir ins Schloss. Wie in Trance drehst du den Schlüssel, bis es nicht mehr weitergeht, brichst ihn im Schloss ab. Niemand soll diesen schrecklichen Raum je wieder öffnen können. Niemand das Grauen entfesseln, das dort in der Luft zu schweben scheint, zur Essenz geworden ist!

Nun stehst du mit wild pumpenden Herzen im schwach beleuchteten Kellergang. Die Euphorie, dem leibhaftigen Grauen entkommen zu sein, verflüchtigt sich wie fader Rauch. Der Boden ist kalt und dunkel gefliest. Die Decke ist leicht nach oben gewölbt, Putz bröckelt und gibt Risswunden gleich narbigem Gestein preis. Hier und da tropft Kondenswasser herab. Plitsch – Platsch – Plitsch – Platsch …

Das Schlimmste von allem ist jedoch die Stille, die jeden deiner Atemzüge wie Donnerhall erscheinen lässt. Argwöhnisch musterst du die rostfleckigen Türen, hinter denen das Grauen lauert. Dessen bist du dir sicher.

Wo der Gang hinter dir endet, gibt es eine Gittertür. Dahinter türmt sich nasses Laub, das dumpf nach Zerfall stinkt. Ehemals als Notausgang fungierend, ist das Gitter nun fest mit dem Rahmen verschweißt. Im Zwielicht vor dir versperrt eine Gittertür den Weg. Links sind es zwei Türen, rechts sogar vier, die Geheimnisse vermuten lassen. Das eine

kennst du. Hinter den darin eingelassenen Sichtfenstern erwartet dich Finsternis. Du weißt, dass in einer der Zellen Paula gefangen gehalten wird. Doch welche ist die Richtige?
Der Schlüsselbund in deiner Hand könnte sie dir offenbaren.

Du kannst unter Zuhilfenahme des Schlüsselbundes versuchen, die Türen in beliebiger Reihenfolge zu öffnen. Danach kehrst du in den meisten Fällen hierher zurück, um die nächste Tür zu wählen (oder eben auch nicht!). Du darfst jede Tür nur einmal öffnen!
Die erste Tür links ist mit »Zahnbehandlung« beschriftet: Lies weiter bei ***871***
Die zweite Tür links ist mit »Elektrotherapie« beschriftet: Lies weiter bei ***911***
Die erste Tür rechts ist mit »Zelle 1« beschriftet: Lies weiter bei ***951***
Die zweite Tür rechts ist mit »Zelle 2« beschriftet: Lies weiter bei ***991***
Die dritte Tür rechts ist mit »Zelle 3« beschriftet: Lies weiter bei ***649***
Die vierte Tür rechts ist mit »Infusionsraum« beschriftet: ***Aus diesem Raum bist du gekommen, du hast ihn mit dem abgebrochenen Schlüssel versiegelt!***
Du wählst die Gittertür, die diesen Bereich vom Rest des Kellers trennt: Lies weiter bei ***989***

832

Paula ist von nun an deine Begleiterin. Würfle mit jeweils ***3W6*** *die Attribute* ***AUS, KON, GLK*** *und* ***GES*** *für sie aus und trage die Werte in Paulas Charakterblatt, welches du im Anhang findest. Paula wird dich bei verschiedenen Aufgaben unterstützen. Führe sie in jeder Hinsicht wie deinen eigenen Charakter, denn für sie gelten die gleichen Regeln.*
Im gemeinsamen Kampf gegen einen Gegner bestreitet sie jede zweite Kampfrunde mit ihren Werten. Und das in aller Konsequenz!
Reduziere ihre Werte, wenn sie verletzt wird. Teile Medikamente, Proviant und Verbandsmaterial mit ihr, wenn du möchtest, dass sie wieder zu Kräften kommt. Statte sie mit Kleidung und Schuhwerk aus, wenn es dir beliebt. Sogar mit einer Waffe, wenn du welche findest.
Behandelst du sie schlecht, kann sie sich gegen dich wenden. Behandelst du sie gut, geht sie für dich in den Tod!

Als du das Gitter öffnest, kreischt es in den rostigen Angeln. Paula lässt dir den Vortritt. Es ist ein seltsames Gefühl, sie hinter dir zu wissen. Jenseits der Biegung ist es düsterer als dort, wo ihr herkommt. Die Lampen flackern unruhig, einige hängen halb von der Decke gerissen herunter, versprühen zischende Funken, wenn sie sich im leichten Luftzug bewegen. Weiter hinten sind sie ganz erloschen, sodass dieser Bereich im Dunkeln liegt. An den Wänden reihen sich Rollbetten. Unter den schmutzigen Laken zeichnen sich die Umrisse von Körpern ab. Hier und da tropft Flüssigkeit, bildet kleine, schmierige Pfützen.
Plitsch-Platsch … Plitsch-Platsch …
Dir steigt ein eigenartiger Geruch in die Nase. Nicht der übliche Faulig-Verwesende. Es riecht eher alkoholisch und scharf, sodass dir die Augen davon tränen. »Formalin«, flüstert Paula hinter dir, jagt dir mit ihrer dunklen Stimme einen kalten Schauer über den Rücken. »Damit die Toten länger funktionieren …«
Der Boden ist mit Unrat übersät. Klumpen von aufgeweichtem Papier wechseln sich mit nassen Kleidungsstücken und leergeschossenen Patronenhülsen ab. Zu beiden Seiten gibt es je eine Tür. In der Mitte des überraschend langen Ganges folgen weitere Gitterverschläge zur Linken und eine hallenartige Erweiterung zur Rechten. Welchen Weg wählst du?

Der Schlüsselbund in deiner Hand könnte dir die Türen öffnen. Danach kehrst du in den meisten Fällen hierher zurück, um das nächste Ziel auszuwählen!
Die Tür rechts trägt die Aufschrift »Haustechnik«. »Das ist der Raum, wo sie die Sachen der Versuchskaninchen aufbewahren«, wispert Paulas Stimme: Lies weiter bei ***648***
Die Tür links trägt die Aufschrift »Pathologie«. Als du sie fragend ansiehst, zuckt sie mit den Schultern. »Was halt? Dort lauert der Tod, wie's auf der Tür steht!« Lies weiter bei ***688***
Du folgst dem Gang bis zur hallenartigen Erweiterung hinunter: Lies weiter bei ***728***

833

Du siehst Paula fragend an. »Was für 'ne Krankenschwester?«

Paula lacht und schnalzt mit der Zunge. »Des Doktors persönlicher Amüsier-Zombie. Verstehst schon, was ich meine?«
Ein kalter Schauer des Abscheus fährt dir über den Rücken. »Ähm, du meinst, er tut es mit einem …«
»Zombie, ganz genau«, beantwortet Paula deine unausgesprochene Frage. »Und nicht nur das. Das perverse Dreckstück von Zombie hat mich ziemlich in die Mangel genommen. Mit den Spritzen des Doktors und ihrer verdammt langen Zunge, wenn du verstehst, was ich meine!«
»Okay …« Das musst du erst verdauen. »Ein Zombie, der nach eigenem Willen handelt und zu solchen, hm, nennen wir es intensiven Handlungen fähig ist?«
Paula grinst, leckt sich über die spröden Lippen. »Sei nicht so spröde, auch Zombies haben Gefühle.« Sie kichert. »Der Doktor hat mich vorher auf dem Zahnarztstuhl festgeschnallt, mir die Beine gespreizt, damit die Schwester freie Bahn hatte … womöglich liegt das an dem, was sie mir verabreicht haben, doch ich muss zugeben, die ist verdammt geschickt, hat mir auf 'ne bestimmte Art sogar gefallen …«
Mehr willst du zu diesem Thema gar nicht wissen. Noch nicht …
*Lies weiter bei **848***

834 Der Schlachter erinnert dich an den Serienkiller aus *Texas Chainsaw Massacre*, wie er mit der knatternden Kettensäge vor der Brust dasteht. Nur die Hautmaske fehlt. Die beschmierte Schürze spannt sich über seinem Bauch, als er den Gashebel zieht, die ratternde Kettensäge anhebt und in eindeutiger Absicht auf euch zugeht. Paula scheint zu allem bereit. »Besser, auf diese Art zu sterben, als langsam zu verfaulen.«

Paula ist eine gnadenlose Kämpferin. Benutze für den Kampf Paulas Charakterblatt, welches du im Anhang findest. Führe die Kampfrunden abwechselnd durch. Für Paula gelten die gleichen Kampfregeln wie für deinen Charakter. Und das in aller Konsequenz!

Führe den Kampf nach den Regeln durch!

Archetyp	KON	AUS	Waffe	WS
Der Schlachter	*7*	*5*	*Kettensäge*	*4*

Reduziere deinen ***IW*** *um* ***2W6*** *(IW < 20 gehe zu 1018)*
Du gewinnst: Lies weiter bei ***874***
Du gewinnst, aber Paula stirbt: Lies weiter bei ***634***
Du verlierst: Lies weiter bei ***914***

835

Wie viele einzelne Schlüssel du auch besitzen magst, lediglich der silberfarbene aus der Pathologie vermag das gelbe Schloss zu öffnen. Alle anderen erweisen sich als nutzloser Ballast.
Wenn du den Schlüsselbund durchprobierst: Lies weiter bei ***795***
Wenn du ein Werkzeug wie ein Schweizer Taschenmesser, einen Leatherman oder Dietrich hast: Lies weiter bei ***875***
Wenn du woanders weitermachen willst: Lies weiter bei ***728***

836

»Die alles vernichtende Göttlichkeit hast du zu akzeptieren, im Tod, wie im Leben!«
Ein stachelartiger Fortsatz schießt dir aus dem weit geöffneten Bauch-Maul entgegen, gespickt mit Zungen, deren Spitzen giftglänzende Stacheln sind. Schaffst du es, dem Angriff auszuweichen?

Führe eine Probe auf ***GES*** *durch!*
Die Probe ist geglückt: Lies weiter bei ***916***
Die Probe ist misslungen: Lies weiter bei ***956***

837

»Wir sind Ereškigal, aufgestiegen aus dem Kurnugia, dem Land ohne Wiederkehr. Wir sind Legion, so unglaublich viele, dass ein jeder von uns seinen Platz in euren Köpfen findet. Manchmal zu zweit.« Die Handflächen des mittleren Armpaares finden sich gefaltet zusammen. Der abscheuliche Mund atmet aus, ein glühender Dorn bohrt sich in deinen Geist, um dich zu unterwerfen. Widerstehst du dem Angriff?

 *Führe eine Probe auf* ***RES*** *durch!*
Die Probe ist geglückt: Lies weiter bei ***997***
Die Probe ist misslungen: Lies weiter bei ***644***

838 Das Feuer springt über. Die Zeit erstarrt für den Bruchteil einer Sekunde. Die winzige Flamme entfacht das Benzin, das sich fauchend und alles verzehrend entflammt. Nahrung findet es reichlich in dem vom Zerfall gezeichneten Fleisch. Das Albtraumgeschöpf richtet sich kreischend auf. Erhebt seine Stimme in einer Sprache, die du nicht verstehst.
Wenn du nach vorne springst, um dem Scheusal die Kette mit dem Schlüssel des Abgesandten vom Hals zu reißen: Lies weiter bei ***918***
Wenn du das Monster mit Paulas Hilfe zuerst niederkämpfen willst: Lies weiter bei ***958***

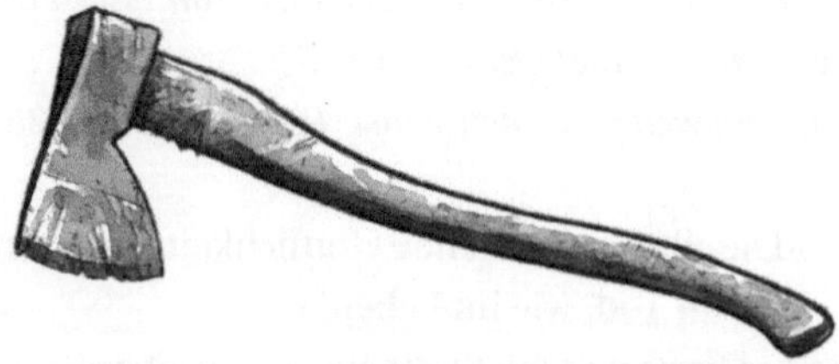

839 »Sie wissen, dass es eine böse, böse Krankheit ist, die auszumerzen unser höchstes Ziel ist«, schnarrt die dünne Stimme. Der Doktor legt den Haken weg und hebt mit einer bedauernden Geste die Schultern. »Mir persönlich ist es äußerst unangenehm, das Folgende zu tun, aber es ist unabwendbar und zum Wohle der Gesellschaft!«
Damit greift er neben sich, nimmt einen Holzhammer und schlägt ihn dir auf den Kopf, bis du tot bist.

Ende

840 »Seht, der König ist tot! Es lebe die Königin!« Paula wirbelt zu dir herum und springt dich mit zu Krallen geformten Händen an. »Empfangt das Fleisch, das ich euch opfere, denn es ist von meinem Fleisch!«
In letzter Sekunde realisierst du, dass du ein weiteres Mal kämpfen musst, um zu überleben!
Paula ist eine gnadenlose Kämpferin. Benutze für den Kampf Paulas Charakterblatt, welches du im Anhang findest. Für Paula gelten die gleichen Kampfregeln wie für deinen Charakter. Und das in aller Konsequenz!

Führe den Kampf nach den Regeln durch!
*Du gewinnst den Kampf: Lies weiter bei **960***
*Du verlierst den Kampf: Lies weiter bei **1000***

841 In dieser Kiste befinden sich, abgesehen von den Waffen, alle Gegenstände, die du vor deinem erzwungen Aufenthalt im Asylum besessen hast. Dies beinhaltet deine Kleidung, das Schuhwerk und alle Gegenstände, die nicht als Waffen benutzt werden können (also nichts mit WS), sowie Gepäckstücke wie Rücksäcke oder Taschen. Selbst Proviant, Verbandsmaterial und Arzneimittel sind noch da, solltest du Derartiges vorher besessen und dies auf Charakterblatt A vermerkt haben.
*Alle Gegenstände, Kleidung, oder Schuhwerk, welche du mitnehmen oder anziehen möchtest, kannst du nun von **Charakterblatt A** auf **Charakterblatt B** übertragen. Beachte hierbei deine Transportmöglichkeiten!*
*Beinhaltet deine Gegenstandsliste auch Nahrungsmittel und Wasser, wäre jetzt ein guter Zeitpunkt, um damit deine **AUS** aufzufrischen!*
Kehre zum letzten Punkt zurück!

842 Du setzt alles auf eine Karte, beißt die Zähne zusammen, nimmst Anlauf und springst!
Der Boden weicht einem schwarzöligen Abgrund. Die Wucht des Sprungs katapultiert dich gegen die Leiter, die ächzend stöhnt. Deine Finger greifen eine Sprosse, die Füße landen auf einer anderen. Erst glaubst du, das marode Holz bricht, doch sie hält stand. Unter dir ent-

steht Gewühl im schwarzen Nass. Ölige Krallen, die einst Hände waren, durchstoßen die Oberfläche, die einer dünnen Haut gleicht, und recken sich zu dir empor. Doch du bist zu weit weg, sie können dich nicht greifen. Über dir, du glaubst es kaum, ein winziges Rechteck blauer Himmel!

Schnell kletterst du einige Sprossen empor, um Paula Platz auf der Leiter zu bieten. Sie nimmt Anlauf. Ihr bleiches Gesicht wirkt verkniffen, fast panisch. Du liest die Angst in ihren Augen. Sie sprintet los, springt, verharrt für einen kurzen Moment in der Luft, und knallt gegen die Leiter, dass du glaubst, sie bricht unter euer beider Gewicht zusammen. Doch sie hält und Paula findet keuchend halt.

»Was für ein kranker Mist«, lacht sie hysterisch und grinst dir zu. »Na komm schon, worauf wartest du. Klettern wir nach oben!«

Die Hoffnung überschwemmt dich wie ein wildes Meer, nimmt dir den Atem und durchströmt dich mit ungeahnter Kraft, die dich nach oben klettern lässt. Stufe um Stufe ziehst du dich hoch, dem Licht entgegen.

Erdgeschoss …

Schweiß rinnt dir in die Augen, macht sie brennend. Durch den schmalen Spalt zwischen den Aufzugtüren schieben sich Hände. Füllen ihn aus wie faulschwarze Schmetterlinge, deren Flügelschlag in schartigen Fingernägeln endet.

Erste Etage …

Du stellst dir die Frage, wo der eigentliche Aufzug geblieben ist, denn über dir ist jetzt nichts mehr als Blau. Hier sind die Türen verschweißt. Kratzend fahren Fingernägel von der anderen Seite übers Metall, kreischen wie aufgebrachte Krähen. Deine Muskeln protestieren, fordern für deinen ausgepowerten Körper Ruhe. Doch du kletterst weiter.

Zweite Etage …

Die Aufzugtüren stehen offen. Dahinter erstreckt sich der verwüstete Flur einer Krankenstation. Der Boden ist bedeckt mit schmutzigen Laken und braunfleckigem Papier. Ein vertrockneter, nackter Leichnam ist in Kreuzigungspose an die Wand genagelt. Seine braune Haut ist gespickt mit Spritzen. Skalpelle bilden einen Heiligenschein auf seinem Kopf. Anstelle von Augen ragen Füllfederhalter aus den leeren Höhlen.

»Heilige Scheiße«, keuchte Paula unter dir. »Das ist selbst mir ’ne Nummer zu krass …«

Das Loch …

Das rechteckige Blau umfängt dich in winterkalter Umarmung. Du kriechst auf das Dach hinaus, kneifst ob des hellen Lichts die Augen zu. Ein unbeschreiblicher Gestank schwappt wie eine Flut über dir zusammen. Ein Raunen aus tausend und abertausend Kehlen umfängt dich wie ein erdrückender Mantel. Auf dem Dach selbst bist du allein, doch als du an den Rand des Asylums trittst, siehst du dich von einem Meer aus aufrecht verfaulenden Leibern umgeben, die dem letzten, verbliebenen Rockstar die Hände entgegenrecken und darauf fiebern, was er als nächsten Song spielen wird.

»Wie verfluchte Jünger des Bösen«, flüstert Paula hinter dir. In diesem Augenblick wäre es leicht für sie, dich mit einem beherzten Tritt in die Menge zu befördern. Doch da geht etwas anderes vor. Schwindel erfasst deinen Geist, als du sie sich an den Wänden auftürmen siehst. Wie sie übereinander klettern und hinaufwachsen wie ein ekliges, Leichensaft schwitzendes Geschwür.

Nur Tote, sagst du dir. *Was sind die im Vergleich zu dem, was unten war! Nur tote, von Verwesung gezeichnete Körper, Maden gleich!*

Entschlossen trittst du ihnen entgegen. »Ihr könnt mir nichts anhaben, denn ich habe euren Gott getötet!«

»Und wie er das hat!«, keift Paula neben dir. »Hat ihn ausgelöscht, wie der verdammte Erzengel den Teufel. Vom Himmel gefegt!«

Irre kichernd breitet Paula ihre Arme aus.

*Wirf **1W6**!*

*Würfelzahl ist gerade: Lies weiter bei **800***

*Würfelzahl ist Ungerade: Lies weiter bei **840***

843

Der Schlüssel ist klebrig von Schweiß, Blut und anderen Dingen, an die du gar nicht denken magst. Unter dem Geschrei der Versuchsobjekte, die wie wild gewordene Affen an den Gittern ihrer Zellen rütteln, öffnest du das Schloss, zu dem du den Schlüssel besitzt. Die anderen wirst du mit deinem Werkzeug knacken müssen. Glück wird das Mindeste sein, was du jetzt brauchen wirst.

Wenn dein Werkzeug ein Schweizer Taschenmesser oder ein Dietrich ist: Lies weiter bei ***879***
Wenn dein Werkzeug ein Polizeischlagstock, eine Kettensäge, eine Machete oder eine Brechstange ist: Lies weiter bei ***919***

844 »Angst gebiert Anbetung. Und Opfer seid ihr alle, die ihr mir doch als Nahrung dient! So war es und so wird es immer sein!«
Lies weiter bei ***924***

845 Allen Mut zusammenraffend springst du das in Flammen stehende Geschöpf an und versuchst dabei, den rotierenden Armen auszuweichen. Zischend lösen sich Klumpen brennenden Fleisches, tropfen zäh zu Boden.

Führe eine Probe auf ***GES*** *durch!*
Die Probe ist geglückt: Lies weiter bei ***925***
Die Probe ist misslungen: Lies weiter bei ***965***

846 »Wie wagst du es, mit dem Göttlichen der Ereškigal zu sprechen! DER Göttin der Weite, der großen Herrin der Unterwelt! Der obersten sumerischen Schlangengöttin, die über die Unterwelt Kurnugia regiert!«
Jetzt lösen sich die anderen Arme von der Wand. Stemmen sich Fäden ziehend und schmatzende Finsternis blutend aus dem roten Stein. »Wer bist du, das du es wagst, Sterblicher?«
»Göttlich nennst du dich? Echt jetzt? Du bist doch nichts weiter, als eine Marionette des Doktors, hab' ich recht?«: Lies weiter bei ***716***
»Wenn du wirklich göttlicher Natur bist, willst du denn nicht, dass dich die Menschen anbeten? Dir huldigen und Opfer bringen?«: Lies weiter bei ***756***
Du hast genug gehört. Du greifst an: Lies weiter bei ***806***

847 Die Tür ist nicht nur verrammelt, sie ist auf ewig versiegelt. Das Metall ist narbig, als wäre es von Werkzeugen bearbeitet worden. Als hätten sie darauf geschossen, es mit Waffen und

Feuer versucht, um sie zu öffnen. Jeder scheint daran gescheitert zu sein, also brauchst du es erst gar nicht versuchen!
*Lies weiter bei **728***

848 In dem großen, durch vollgestopfte Regale unterteilten Raum herrscht das pure Chaos. Und es stinkt, als hätte man eine längst übergelaufene Toilette tapfer weiterbenutzt. Rechts gibt es hinter einem nicht nur umgestürzten, sondern zusätzlich zerschlagenen Bürostuhl einen Schreibtisch, auf dem sich schimmlig-nasses Papier und allerlei anderes Zeug häuft. Wie ein haariges Geschwür wuchert schwarzer Schimmel in den Ecken, streckt seine giftigen Fühler aus.
Der Raum zur Linken ist lang. Drei schäbige, aber blickverstellende Regalreihen ziehen sich quer durch den Raum. Auf dem Boden türmt sich ein wahres Chaos aus Papierabfällen und, nun ja, menschlichen Ausscheidungen verschiedenster Art.
»Deine Klamotten sind in einer Pappschachtel in einem der Regale«, meint Paula, die dir nun doch hinterhergekommen ist, um sich etwas zum Anziehen zu suchen, da ihr nackter Körper nur von der Decke verhüllt wird. »Sofern sich nicht diese beschissene Krankenschwester alle gekrallt hat!« Sie zwinkert dir zu. »Ich weiß das, weil sich die Pfleger manchmal recht laut im Gang unterhalten. Geschwätzige Mistkerle, sag ich dir.«

Du kannst dein Ziel auswählen und kehrst danach hierher zurück, um das nächste Ziel auszusuchen! Du darfst jedes Ziel nur einmal durchsuchen!
*Wenn du den Schreibtisch untersuchen willst: Lies weiter bei **673***
*Wenn du die Regalreihe 1 untersuchen möchtest: Lies weiter bei **713***
*Wenn du die Regalreihe 2 untersuchen möchtest: Lies weiter bei **753***
*Wenn du die Regalreihe 3 untersuchen möchtest: Lies weiter bei **793***
*»Was für eine Krankenschwester?«, willst du von Paula wissen: Lies weiter bei **833***
*Wenn du den Raum verlässt: Lies weiter bei **832***

849 Du findest dich auf Knien vor dem Eimer wieder, die Hände tief in die Blutsoße getaucht. Gierig fischst du dir die

Brocken aus der Suppe und stopfst sie dir in den Mund. Der Geschmack nach Verwesung überschwemmt deinen Gaumen, die Lust auf totes Fleisch flutet deinen Geist. Während dein Magen gegen das verdorbene Mahl protestiert, setzt du dir den Eimer an den Mund und leerst die schleimige Brühe in dich hinein …

*Reduziere deine **IW** um **2W6** (IW < 20 gehe zu 1018)*
*Reduziere deine **MEN** um **2 Punkte.***

Gottes zorniger Finger hat dich niedergestreckt. Dich in eine von wirren Albträumen durchzogene Finsternis geschleudert. Du hast von blutigem Fleisch geträumt. Von Haut, die du mit den Zähnen von jammernden Opfers ziehst, das es sich Fäden ziehend löst wie sprödes Gummi … Jetzt liegst du in deinem Erbrochenen da und wimmerst ob dem, was du getan hast. Dein makabres Mal rumort tonnenschwer in den Gedärmen. Der Gestank nach schlechtem Fleisch und bitterer Galle ist ekelerregend, lässt dich erneut würgen.
*Lies weiter bei **831***

850 Paula legt sich einen Finger an die gespitzten Lippen. »Ich weiß, wie wir hier rauskommen. Aber ich verrate es dir nicht.« Sie kichert wie ein kleines Mädchen. »Zumindest jetzt nicht. Ich werfe dir die Häppchen stückchenweise zu, sodass du schön hungrig bleibst. Doch eins lass dir gesagt sein: Allein gehst du hier unten vor die Hunde! Ich komme aus eigener Kraft hier nicht raus und du würdest daran verzweifeln, also ziehen wir‘s gemeinsam durch oder verrecken wie jämmerliche Hunde!«
*Lies weiter bei **630***

851 Fast lautlos schwingt die Tür auf, wird von den Füßen des auf dem Rücken liegenden toten Wachmanns aufgehalten. Der Lichtstrahl gleitet seinen Körper hinab, zwischen den im Schatten verborgenen Pritschen über die Hüften hinweg, erreicht seinen Bauch. Dort glänzt ein fußballgroßes Loch, angefüllt mit schmierigem Rot. Gedärme hängen heraus und erinnern an braun gefüllte Schläuche, die sich winden und verknoten. Etwas, das aussieht, wie eine angefressene

Leber, liegt auf seiner Brust. Deutlich erkennst du den Abdruck eines menschlichen Gebisses. Ein leises Stöhnen weht dir aus der Finsternis entgegen, lässt dich schaudern.

Wenn dich der Mut verlässt und du die Tür zuknallst: Lies weiter bei ***822***

»Verdammt nochmal, Paula. Ich bin gekommen, um dich hier rauszuholen, selbst nach dieser Nummer hier!«: Lies weiter bei ***891***

»Bleib mir ja vom Leib! Ich bin nur gekommen, um dir einige Fragen zu stellen. Danach verschwinde ich und du siehst mich nie wieder!«: Lies weiter bei ***931***

852 »Hm, was nennst du denn überleben? Als Mensch? Dann ist die Antwort leider nein … Als höheres Wesen auf einer anderen Existenzebene? Unbedingt! … Paula ist eine überaus starke Persönlichkeit, sie hat es geschafft, einen Teil ihres eigenen Wesens zu erhalten und gleichzeitig zu etwas anderem zu werden, das in dieser neuen Welt überleben kann. Es gibt ein Auskommen mit ihr, aber es steht auf des Messers Schneide …«

Lies weiter bei ***814***

853 Aus der Bewusstlosigkeit erwachst du nackt, sitzend auf einen hölzernen Stuhl geschnallt. Einen, der in der Sitzfläche ein großes Loch hat, denn das fühlst du am bloßen Hintern. Über dir baumelt eine nackte Glühbirne von der Decke, verbreitet mit dem glühenden Faden in ihrem Glaskolben ein eher düsteres Licht. In deinem Mund den bitteren Geschmack geronnenen Blutes, versuchst du, den Kopf zu drehen. Doch der ist mit einem breiten Lederband an der Lehne fixiert, aus dem gewundene Drähte zu einem ebenfalls hölzernen Kasten führen, der auf einem Tisch steht. An dem Kasten gibt es eine Menge Anzeigen und Regler. Und einen beängstigend großen, roten Knopf. Altmodische Röhren summen in dem Ding, das dir aus unerfindlichem Grund Angst macht.

Doktor Bohr gibt einer Krankenschwester in leisem, für dich unverständlichem Ton letzte Anweisungen. Dass etwas an der Frau nicht stimmt, erkennst du auf den ersten Blick. Es ist nicht ihre schmutzige Schwesterntracht. Es sind nicht die zerrissenen Strümpfe an ihren schlanken Beinen. Nicht der straff sitzende Kittel über ihrem toten Fleisch.

Es ist ihre aschfahle Haut, es sind die schwarzen Leichenflecken in ihren Gelenken, letztendlich ihr hungriger, gelb flimmernder Blick aus den Augen einer Toten. Diese Frau ist definitiv ein Zombie!

*Lies weiter bei **973***

854

Keuchend stehst du vor dem dampfenden Desaster aus zerfetzter Haut, zertrümmerter Knochen und nassem Fleisch. Mehr ist vom Doktor nicht geblieben. Heiße Galle stößt wie ein bitterer Speer aus deinem Magen in den Mund und platscht auf den zerstörten Leichnam. Wimmernd brichst du in die Knie, presst dir die Hände an den Schläfen, weil dein Kopf zu bersten droht. Hast du am Ende deine einzige Chance auf Flucht erschlagen? Hättest du besser mit dem Mann reden sollen? Verwandelst du dich in eine zähnefletschende Bestie?

VIRUS *Reduziere deine **IW** um **2W6** (IW < 20 gehe zu 1018)*
*Reduziere deine **MEN** um **2 Punkte.***

Es wird Zeit, von hier abzuhauen. Den Raum zu verlassen, in dem dir grenzenloses Leid zugefügt wurde. In dem du unsägliches Leid zugefügt hast!

*Lies weiter bei **831***

855

Die Gummigestalt stößt dich grob zur Seite, lässt den Polizeischlagstock auf dich niedergehen, verfehlt dich aber knapp. Der Elektroschock-Stab ist in unerreichbare Ferne gerückt. Du musst mit bloßen Fäusten gegen den Wächter antreten.

Führe den Kampf nach den Regeln durch!

Archetyp	KON	AUS	Waffe	WS
Gummigestalt 2	*4*	*1*	*Elektroschock-Stab*	*2*

VIRUS *Reduziere deinen **IW** um **1W6** (IW < 20 gehe zu 1018)*
*Du gewinnst: Lies weiter bei **895***
*Du verlierst: Lies weiter bei **775***

856 Ein in der Decke verborgener Lautsprecher knackt blechern. Ein schrilles Pfeifen lässt die Zombies aufschreien, weil ihnen der Ton in den Ohren schmerzt. »Beantworte uns die nächste Frage mit einem einfachen Ja oder Nein!« Es folgt ein banges, endloses Rauschen. »Wenn wir dich Paula mitnehmen lassen, bist du bereit, wie sie zu werden?«

»Ja!«: Lies weiter bei ***896***

»Nein!«: Lies weiter bei ***904***

857 Der Doktor scheint über deinen Vorschlag nachzudenken. Ein schräges Grinsen stiehlt sich in sein Gesicht. Ein bedauerndes Seufzen leitet seine Antwort ein. »Es tut mir sehr leid, aber diesen Wunsch vermag ich nicht zu erfüllen. Du gehörst uns. Du bist in unserem Haus. Und, mit Verlaub, du weißt zu viel über uns. Also …«, er sieht zu seinen Schlägern, »... nehmt das Versuchsobjekt in Gewahrsam!«

Vermutlich hast du mit einer derartigen Antwort gerechnet. Dir bleiben zwei Optionen.

Niemand steht zwischen dir und der Tür. Wenn du schnell bist, könntest du diese vor den Schlägern erreichen: Lies weiter bei ***623***

Wut wallt in dir auf. Du bist kein Versuchsobjekt, kein Tier. Deine Fäuste ballen sich, du willst kämpfen: Lies weiter bei ***663***

858 Wie eine Made windest du dich über die schmierigen Fliesen, während die Schläge der Männer auf dich niedergehen. Du siehst die Tür, als du deinen Kopf unter den Prügeln hebst. Der nächste Hieb streckt dich nieder. Dein Kinn knallt auf die Keramik und du schmeckst Blut. Einer tritt dir in den nackten Hintern. Schmerz explodiert in deinem Anus. Ein Brennen, das dich schreiend macht. Es hat keinen Zweck. Du musst einsehen, dass in all deiner Verzweiflung die brutalen Männer siegen.

Reduziere deinen ***IW*** *um* ***1W6*** *(IW < 20 gehe zu 1018)*
Reduziere deinen ***KON*** *um* ***1 Punkt***

Unter deiner gepeinigten Haut regen sich neue, unbekannte Gefühle. Dort brodelt glühende Lava, bereit, auszubrechen, wenn es soweit ist ...
Lies weiter bei ***978***

859 »Beharrliches Schweigen bedeutet Ignoranz und diese kann ich nicht dulden.« Zur Unterstreichung seiner Worte nimmt sich der Doktor einen Zahnarzt-Haken. Er öffnet deinen Mund und schiebt dir den Stahl unter das Zahnfleisch, wo deine Schneidezähne sitzen. Er kratzt ihn am Zahn entlang, bis er auf den Kieferknochen stößt. Mit Nachdruck schiebt er weiter. Schmerz frisst sich wie elektrischer Strom durch deinen Knochen, kriecht höher ins Gehirn, um dort zu explodieren. Du schmeckst Blut.
»Also? Warum haben Sie sich hier herumgetrieben?«

Reduziere deinen ***IW*** *um* ***1W6*** *(IW < 20 gehe zu 1018)*

Führe eine Probe auf ***RES*** *(Resistenz) durch. Gelingt die Probe, kannst du deine Antwort frei wählen. Misslingt die Probe, musst du die erste Antwort wählen:*
»Es ist, es ist wegen Paula! Ich glaube, dass sie hier ist! Dass ihr sie mitgenommen habt!«: Lies weiter bei ***740***
»Hören Sie bitte auf! Es war ein verdammter Zufall, nichts weiter!«: Lies weiter bei ***654***
»LECKEN! SIE! SICH! SELBST!«: Lies weiter bei ***717***

860 »Gütiger Gott, Paula«, entfährt es fassungslos deiner heiseren Kehle.
Paula setzt sich halb in den Schatten verborgen auf. Du siehst ihr Gesicht jedoch nicht. Nur ihre Augen, die seltsam glänzen. »Du hier? Weg-

gesperrt im Keller?« Ihre Stimme klingt müde und brüchig, aber in einer bestimmten Note auch gefährlich und gereizt.

Du gehst zu ihr und willst sie umarmen: Lies weiter bei ***900***
Du schimpfst wütend: »Verdammt, Paula, hast du uns an diese Schweine verraten?«: Lies weiter bei ***940***
Du zeigst deine Sorge. »Paula, ich hab' dich gesucht, haben sie dich mitgenommen?«: Lies weiter bei ***980***

861 Die dunkle Silhouette des Pflegers zeichnet sich im Türrahmen ab, füllt ihn nahezu aus. Du springst denn Mann mit dem Mut der Verzweiflung an, weißt, dass du töten musst, um zu überleben. Der Elektroschock-Stab schnellt nach oben. Blaue Funken zucken zwischen seinen Enden.

Führe eine Probe auf ***GES*** *durch!*
Die Probe ist geglückt: Lies weiter bei ***981***
Die Probe ist misslungen: Lies weiter bei ***659***

862 Der Gedanke, den verseuchten Substanzen hilflos ausgesetzt zu sein, knüppelt wie ein eiserner Hammer deinen Verstand nieder. Panik steigt in dir auf, krallt sich mit scharfen Klingen in deinen Geist!

Führe eine Probe auf ***RES*** *durch!*
Die Probe ist geglückt: Lies weiter bei ***902***
Die Probe ist misslungen: Lies weiter bei ***942***

863 … die Tür schwingt dir quietschend entgegen. Wie ein nackter Aal gleitest du hindurch in einen düsteren, von flackernden Lampen erleuchteten Flur, in dem es stinkt, als würden irgendwo Leichen verwesen. Doch das ist jetzt Nebensache. Du registrierst den Schlüsselbund (k) *(notiere dir diesen Gegenstand unbedingt auf dem Charakterblatt B)* im Schloss, wirfst dich gegen die Tür und versuchst sie zu schließen, bevor die Schläger diese erreichen.

*Führe eine Probe auf **GES** durch!*
*Die Probe ist geglückt: Lies weiter bei **903***
*Die Probe ist misslungen: Lies weiter bei **943***

864 Es fällt dir schwer, die Ruhe zu bewahren. Der Geist dessen, was man dir verabreicht hat, will um jeden Preis kämpfen. Deine Hände zittern, dein Körper ist erschöpft. Über den Raum senkt sich eine trügerische Stille, die selbst die Toten zum Schweigen bringt. Die Droge fordert ein letztes Mal deinen Willen heraus.

*Führe eine Probe auf **RES** durch!*
*Die Probe ist geglückt: Lies weiter bei **944***
*Die Probe ist misslungen: Lies weiter bei **984***

865 Mit triumphierendem Grinsen stehst du über dem Gasmaskenmann. Sein Schädel klafft in zwei blutenden Hälften auf seinem Hals. Doch etwas ist anders. Das Blut, das aus dem geöffneten Krater sickert, ist schwarz und zäh wie Teer. Du solltest keine Zeit verlieren, dennoch beugst du dich über den Leichnam und zerrst ihm die Maske vom Kopf …
*Lies weiter bei **905***

866 »Ihre Unhöflichkeit verwehrt Ihnen den leichten Weg, wird Ihnen viel Schmerz bereiten.« Doktor Bohr greift zum Bohrer und entnimmt ihn der Halterung vor deinem Auge. Surrend erwacht der winzige Kopf zum Leben, verspritzt feine Wassertröpfchen, die dein Gesicht benetzen. Der Doktor lächelt. »Dennoch ist es mir eine Freude, nachdrücklicher zu werden. In gewisser Weise eine Beziehung zwischen uns beiden aufzubauen, die tiefer geht als bloße Worte.«

Der Bohrer schreit förmlich nach dir, rotiert schneller. Die Spitze nähert sich deinem Oberkiefer. Dein Kopf ist zur Bewegungslosigkeit verdammt, als er deine Lippe anhebt und dir kichernd in den Schneidezahn bohrt. Schmerz explodiert vor deinen Augen. Grelles Licht wird zu alles verbrennendem Feuer …

Als er den Bohrer aus deinem Zahn zieht und dir selbst das Atmen zur Qual wird, steht noch immer die unausgesprochene Frage im Raum.

*Reduziere deinen **IW** um **1W6** (IW < 20 gehe zu 1018)*

*Führe eine Probe auf **RES** (Resistenz) durch. Gelingt die Probe, kannst du deine Antwort frei wählen. Misslingt die Probe, musst du die Wahrheit sagen.*

*»Verdammt, hören Sie auf. Ich komme aus dem Industriegebiet am Fluss, wo die Backsteingebäude stehen.«: Lies weiter bei **733***

*»Ihre Männer waren es doch, die unsere Zuflucht zerstört haben, also, was soll die Frage?«: Lies weiter bei **620***

*Wenn du schweigst: Lies weiter bei **859***

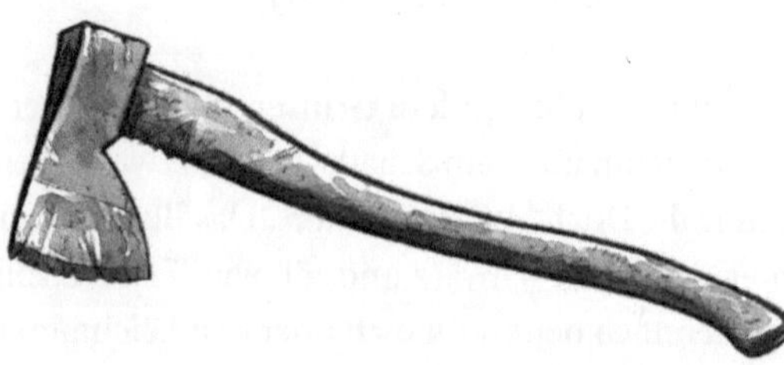

867

Du stößt den Doktor grob von dir und prügelst auf die knienden Wächter ein. Das Klatschen der Schläge weckt den schlummernden Zorn in dir. Die Wut, die dich zuvor in der Zombiearena gepackt hatte, droht, dich in Raserei zu übermannen!

*Führe eine Probe auf **MEN** durch!*

*Die Probe ist geglückt: Lies weiter bei **907***

*Die Probe ist misslungen: Lies weiter bei **895***

868 Der Doktor scheint einen Moment über die Frage nachzudenken. »Ich habe eine Ewigkeit den Keller nicht mehr verlassen. Wenn ich recht überlege, seit Monaten nicht mehr. Warum auch, hier unten ist alles, was ich brauche. Mein Leben. Meine Liebe ... und ja, als ich das letzte Mal oben war, waren die Räume angefüllt mit Überlebenden, ja, mit Kindern sogar. Sie haben ihren Mikrokosmos und ich den meinen. Die einen bei den Lebenden, die anderen bei den Toten ...«

*Lies weiter bei **814***

869 Was sich hinter dieser Tür verbirgt, ist der Grund, weswegen du den beschwerlichen Weg durch die Stadt auf dich genommen hast: Paula!

Das Licht wirft einen schwachen Schein durch das Türfenster, der gerade dazu reicht, den Bereich zwischen den beiden Pritschen zu erhellen. Du glaubst, ihre Füße zu sehen, bevor sie ins Dunkel entschwinden. Hörst ein leises Rascheln von Stoff ... oder ist es nur dein verwirrter Geist, der dich das glauben macht?

Du weißt, dass sich alle ändern wird, wenn du diese Zelle öffnest. Zum Guten, wie zum Schlechten. Das hängt nicht etwa von dir ab. Vielmehr ist es Paula, oder das, was der Doktor aus Paula gemacht hat, die diese Entscheidung fällen wird. Überlege dir also gut, ob du bereit dazu bist, ihr ein weiteres Mal gegenüberzutreten!

*Wenn du die Zelle öffnest: Lies weiter bei **851***

*Wenn du lieber eine andere Tür öffnen möchtest: Lies weiter bei **822***

870 »Als sie mich hierher brachten, landete ich wie du auf dem Tisch des Doktors. Anfangs, da wehrte ich mich noch, versuchte, das Unmögliche aufzuhalten.«

Paula zieht sich in die Tür zurück, blickt traurig, fast mitleiderregend verloren. »Die erste Infusion brachte mich an den Rand des Wahnsinns. Die Zombies in den Abgrund der Verzweiflung. Als er mir das Rotschlierige verabreichte, fing ich an zu fallen.« Sie knirscht mit den Zähnen. »Paula findest du hier nicht mehr, denn Paula hat das Gebäude längst verlassen ...«

*Lies weiter bei **630***

871 Deine Finger berühren das rissige Metall und die Erinnerung kehrt wieder. Womöglich ist es nur ein vages Gefühl, aber du weißt, dass dies der Raum mit dem Zahnarztstuhl ist, in dem man dich der überaus peinlichen Befragung unterzogen hat. In dem du das erste Mal im Death Asylum erwacht bist. Nackt, gefesselt und gedemütigt. Was erwartet dich dahinter? Ein grinsender Doktor Bohr, umgeben von grimmig dreinschauenden Wächtern? Weitere Schmerzen, mehr Pein?

*Wenn du nach einem Schlüssel suchst, um die Tür zu öffnen: Lies weiter bei **689***

*Wenn du lieber eine andere Tür öffnen möchtest: Lies weiter bei **831***

872 Zu deiner Verwunderung ist die Tür zur »Haustechnik« nicht abgeschlossen. Dennoch überkommt dich ein seltsames Prickeln, als du das narbige Türblatt berührst.

*Wenn du die Tür öffnest und den Raum betrittst: Lies weiter bei **768***

*Wenn du lieber eine andere Möglichkeit versuchst: Lies weiter bei **792***

873 Es knirscht und knackt, aber letztendlich geben die Schubfächer unter deinen Versuchen nach. Insgesamt sind es zwei, die sich aus der störrischen Verankerung lösen.

Im Oberen, etwas kleineren, rollt dir ein schwarzer Filzstift (k) entgegen. Zwischen einigen Fotos, welche die weißbekittelten Angestellten der Klinik zeigen, liegt eine zusammengeknüllte, schwarze Unterhose. Der vom Stoff aufsteigende Geruch macht es dir unmöglich, diese auch nur anzufassen.

Im unteren Schubfach rollt dir eine halbvolle Flasche Wodka (g) entgegen. So etwas hast du lange nicht mehr gesehen.

*Würfle mit **2W6**, um die **Anzahl der Dosen** in der Flasche zu ermitteln. Pro Dosis kannst du eine Wunde reinigen (hebt bei sofortiger Anwendung die IW-Reduzierung auf!).*

*Wenn du das Zeug trinken möchtest, reduziert sich **pro Dosis** für 1W6 Abschnitte deine **GES** um **1** und erhöht sich deine **KON** um **1**.*

*Lies weiter bei **768***

874 Die Kettensäge trifft auf deine eigene Waffe. Kreischend sprühen Funken. Ihr löst euch voneinander, um mit größerer Wut weiterzukämpfen. Paula hechtet ihn von der anderen Seite zähnefletschend und zu allem entschlossen an. Das Knattern der Kettensäge, das Klirren, wenn deine Waffe auf sie trifft. Brennender Schweiß, der dir in die Augen läuft. Muskeln, die, zum Zerreißen gespannt, rebellieren. Die kalt funkelnden Augen des Schlachters, der stinkt wie ein toter Fisch …

… Mit pumpenden Lungen stehst du über dem Leichnam deines Gegners und weißt selbst nicht mehr, wie ihr es geschafft habt, diesen Giganten zu besiegen. Jetzt liegt er da in seinem eigenen Blut. Der Motor der Kettensäge (g, WS 4) ist verstummt.

Paula kichert irre. »Das wollte ich mit diesem Mistkerl schon längst machen!«

*Lies weiter bei **954***

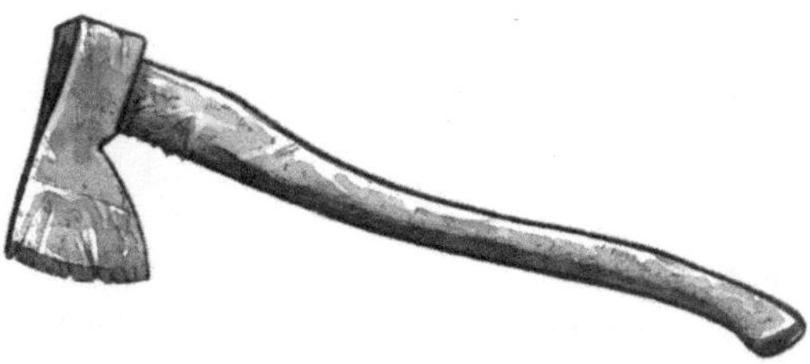

875 Dein Werkzeug passt lediglich in das gelbe Schloss. Jetzt kommt es auf deine Geschicklichkeit an, ob du es schaffst, das Schloss zu knacken. Es ist jeweils ein Versuch von dir und einer von Paula zulässig.

Die Geschicklichkeit von Paula kannst du ihrem Charakterblatt entnehmen.

*Wenn du das Schweizer Taschenmesser benutzt, reduziere für die Probe deine **GES** um **2 Punkte.***

*Wenn du den Leatherman benutzt, reduziere für die Probe deine **GES** um **1 Punkt.***

*Wenn du einen Dietrich benutzt, erhöhe für die Probe deine **GES** um **1 Punkt.***

Führe eine Probe auf ***GES*** *durch!*
Die Probe ist geglückt: Das Schloss öffnet sich nach einiger Fummelei mit sattem Klacken!
Andernfalls: Du kannst das Schloss leider nicht öffnen. Es muss hier unten im Keller einen Schlüssel geben, der passt. Dessen bist du dir absolut sicher!
Wenn du den Schlüsselbund durchprobierst: Lies weiter bei ***795***
Wenn du andere, einzelne Schlüssel besitzt: Lies weiter bei ***835***
Wenn du in den Keller zurückkehren und woanders weitermachen willst: Lies weiter bei ***728***

876

Im Gang umfängt dich das schmerzerfüllte Gejammere der Missgeburten aus den Zellen. Sie winden sich, als würden sie unermessliche Qualen erleiden. Sind aufgebracht, weil es ihr Herr ist. Du hörst, wie es dir matschig nass hinterherkommt. Was du jetzt brauchst, ist eine Waffe, um dich dem Scheusal entgegenzustellen.
Eine Kettensäge?
Nein, nicht genug!
Feuer?
Ja, genau, Feuer!
Das wär's. Verbrennen und niederknüppeln, dich des Schlüssels des Abgesandten bemächtigen, das Gitter aufschließen und abhauen aus diesem Albtraum!
Doch wie entfachst du ein Feuer, das mächtig genug ist, das Monster zu verbrennen?
Da wäre Benzin nötig. Und ein Feuerzeug, um es zu entfachen. Zeit zum Suchen bleibt dir nicht mehr, denn das Monster kommt dir mit der Geschwindigkeit einer Spinne hinterher, auf sechs Händen und zwei Füßen laufend. Du erreichst die kleine Halle vor der Gittertür. Deine letzte, nein, deine einzige Hoffnung!
Wenn du Zündhölzer, eine bengalische Fackel, ein Feuerzeug (egal, welcher Art) besitzt, um ein Feuer zu entfachen, und weißt, wo es Benzin gibt: Lies weiter bei ***996***
Wenn du nur das hast, was du im Augenblick mit dir führst: Lies weiter bei ***645***

877 Ein kurzer Blickwechsel mit Paula reicht, um euch zu verständigen. Als ihr euch dem Monster an der Wand entgegenwerft, lösen sich dessen Arme schmatzen und Fäden ziehend von der Ziegelsteinwand. Einer Spinne gleich recken sie sich euch eine Umarmung anstrebend entgegen. Du siehst obsidianschwarze Fingernägel, die Krallen sind. Die dich packen und in das klaffende Maul im Bauch des Dämons ziehen wollen!

Paula ist eine gnadenlose Kämpferin. Benutze für den Kampf Paulas Charakterblatt, welches du im Anhang findest. Führe die Kampfrunden abwechselnd durch. Für Paula gelten die gleichen Kampfregeln wie für deinen Charakter. Und das in aller Konsequenz!

Führe den Kampf nach den Regeln durch!

Archetyp	KON	AUS	Waffe	WS
Der Abgesandte	*9*	*10*	*Krallen und Bauch-Maul*	*2*

*Reduziere deinen **IW** um **3W6** (IW < 20 gehe zu 1018)*

*Ihr gewinnt den Kampf: Lies weiter bei **684***

*Du gewinnst den Kampf, aber Paula kommt dabei um: Lies weiter bei **1006***

*Ihr verliert den Kampf: Lies weiter bei **724***

878 Das Unerträgliche geschieht: Das Feuer versagt dir seinen Dienst!

Das Monster rückt davon unbeeindruckt, aber wütend, weiter auf dich zu. Zu Klauen verformte Hände zischen durch die Luft, versuchen, dich

zu greifen, während sich das schreckliche Bauch-Maul klackend öffnet, die Zungen gierig lecken, begierig auf eine Süßspeise der besonderen Art.
*Lies weiter bei **718***

879 Du steckst dein Werkzeug in die Öffnung des vorletzten Schlosses. Deine Hände zittern, die Bewegungen sind fahrig. Dein Geschick wird über den Verlauf deines kläglichen Lebens entscheiden!

*Führe eine Probe auf **GES** durch!*
*Die Probe ist geglückt: Lies weiter bei **719***
*Die Probe ist misslungen: Lies weiter bei **923***

880 Beherzt springst du vor, während sie über den Rand kippt. Du bekommst ihre Hand zu fassen und ziehst sie zu dir. Einen Moment sieht es aus, als würde ihr Schwung euch beide in die Tiefe reißen, doch im letzten Augenblick schwingt sie herum und schlingt ihre Arme um dich. »Verdammt, hättest mich fallen lassen sollen!«
Du schüttelst entschieden den Kopf. »In diese beschissene Welt gehe ich nicht ohne dich, Paula. Ganz gleich, was die aus dir gemacht haben!«
Lächelnd schmiegt sie sich an dich. Am Himmel folgt ein Flugzeug seiner Bahn, hinterlässt einen weißen, sich schnell verflüchtigenden Streifen. Du prägst dir die Richtung ein, in die es fliegt. Denn dorthin wirst du gehen, denn die Überlebenden müssen die Wahrheit erfahren!
*Lies weiter bei **1058***

881 In der Kiste ist: Eine grüne Schnittschutzhose (die dir etwas zu groß ist), ein dunkelblaues T-Shirt mit schmutzigem Rand, ein grauer Fleece-Pulli, der sich fettig anfühlt. Dazu braune Wanderschuhe (Schuhwerk), die dir zwei Nummern zu groß sind, eine getragene Unterhose mit nicht zu übersehenden Spuren, ein paar karierte Kniestrümpfe sowie ein Armeerucksack (k=15, m=15), ein breiter olivgrüner Armeegürtel und ein schwarzer Regenponcho. Ganz unten liegen ein zerknautschter Cowboyhut und ein Paar gelbe Lederhandschuhe.

(Wenn du das Waldarbeiter-Outfit anziehen möchtest, notiere es bitte auf deinem Charakterblatt B.)
Geh zum letzten Punkt zurück!

882 Du setzt alles auf eine Karte, beißt die Zähne zusammen, nimmst Anlauf, springst!
Der Boden weicht einem schwarzöligen Abgrund. Die Leiter wächst vor dir an, ist zum Greifen nah. Doch als sich die Finger um die Sprosse schließen wollen, rutschen diese auf dem feucht-schmierigen Zeug ab, verlieren, von Deinem Gewicht nach unten gezogen, den Halt. Der Sturz ist nicht hoch und bei Gott nicht tödlich. Doch als du in die ölige Brühe tauchst, nach verwesendem Fisch schmeckendes Wasser schluckst, wird dir gewahr, das du nicht allein bist. Sie stehen dicht gedrängt unter der finsteren Oberfläche. Ihre gelben Augen tödliche Lichter. Aufgedunsen und schmierig recken sie sich dir entgegen, ergreifen träge deine Gliedmaßen, während du in wilder Verzweiflung versuchst, die Sprossen der Leiter zu erreichen, klammerst dich an die unterste Sprosse.
Paula fliegt über dich hinweg, knallt gegen die Leiter, findet Halt. Böse grinst sie von oben auf dich herab. »Sorry, Honey, ist nichts Persönliches!« Sie rammt ihren Fuß auf deine Finger, dass die Knöchel brechen. »Aber in der neuen Weltordnung ist nun mal kein Platz für solche wie dich!«
Deine geschundenen Finger verlieren den Halt, du fällst. Die gierigen Hände ziehen dich hinab in die lichtlose Finsternis eines Schlundes, in dem sich unter ihren Bissen Blut mit Öl vermischt, du aufgenommen wirst in den Reigen der ewig Toten …

Ende

883 Unter dem Geschrei der Versuchsobjekte, die wie wild gewordene Affen an den Gittern ihrer Zellen rütteln, siehst du dir die drei verdammten Schlösser an. Grün, Gelb und Rot. Es entzieht sich deinem Verständnis, wo die Schlüssel geblieben sind. Doch du besitzt immerhin ein Werkzeug, um die Schlösser zu öffnen. Glück wird das Mindeste sein, was du jetzt brauchen wirst.
Wenn dein Werkzeug ein Schweizer Taschenmesser oder ein Dietrich ist: Lies weiter bei **959**
Wenn dein Werkzeug ein Polizeischlagstock, eine Kettensäge, eine Machete oder eine Brechstange ist: Lies weiter bei **999**

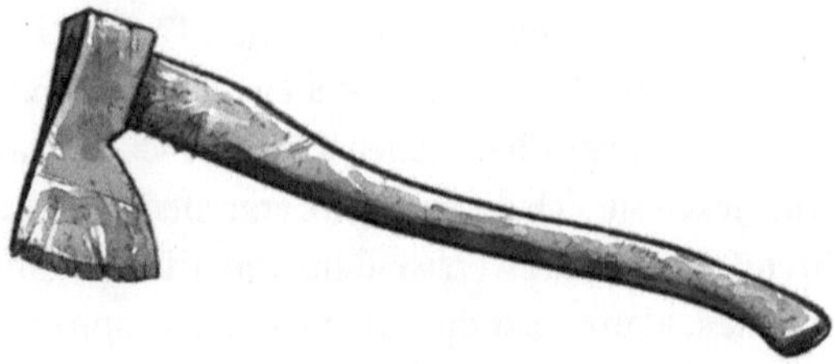

884 »Aaaargggghhhh!« Zorn lässt das Monster mit den Zähnen knirschen. Sowohl mit denen in seinem Mund, als auch mit denen im Bauch-Maul. Die Gesichtshaut zerreißt mit lautem Knall, als es den Kopf von der Wand löst. Leder rutscht von schmierigem Fleisch, als es seine Beine vom Gestein zieht, um sich zu befreien.
»Er kommt!«, keucht Paula.
»Der Doktor ist mein Mittel zum Zweck. Er ist mein erster Diener in diesem Reich. Ich werde dich zerfetzen! Dich in mich aufnehmen als warme Mahlzeit!«
Damit löst es sich vollends von der Wand, eine menschliche Spinne mit dem von Hautfetzen bedeckten Gesicht eines schwarzblütigen Dämons!
Wenn du dich umdrehst, und zusammen mit Paula die Flucht ergreifst: Lies weiter bei **964**
Das ist der Moment, auf den du gewartet hast. Du greifst an: Lies weiter bei **877**

885 Grimmig stellst du dich dem ungleichen Kampf Monster gegen Mensch. Keine Aussicht auf Flucht oder Vergebung.

Dies ist der alles entscheidende Moment!
Doch dieses Mal hast du eine gute Chance, als Sieger aus dem Kampf zu gehen. Die Kreatur ist mit sich selbst beschäftigt, versucht, die Flammen zu löschen.

Führe den Kampf nach den Regeln durch!

Archetyp	KON	AUS	Waffe	WS
Der Abgesandte	*668*	–	*Krallen und Bauch-Maul*	*1*

Reduziere deinen ***IW*** *um* ***3W6*** *(IW < 20 gehe zu 1018)*
Du gewinnst: Lies weiter bei ***1005***
Du verlierst: Lies weiter bei ***637***

886 »Du meinst also, du kannst mir widerstehen? Dich mir verweigern? Die Göttlichkeit meines Selbst anzweifeln?« Es knirscht schauderhaft, als sich das Monster bewegt und sich damit einhergehend Fetzen seines Fleisches vom Körper lösen, um am Gestein der Wand zu verbleiben.
Lies weiter bei ***756***

887 Der Käfig vor der halb offenstehenden Aufzugtür besteht aus stabilem Drahtgeflecht. Du besitzt weder Werkzeug noch Waffen, um es zu zerstören. Durch den geöffneten Spalt in der Schiebetür des Aufzugs erkennst du schemenhaft den Schacht. Ein fahler Lichtschein fällt von oben hinein, taucht ihn in diffuses Licht. Du siehst Kabel, die herunterhängen, und eine, nun, da bist du dir nicht hundertprozentig sicher, Leiter. Die Käfigtür ist durch drei massive Vorhängeschlösser in den Farben rot, gelb und grün gesichert. Die von der ganz großen Sorte, die man nicht mit Gewalt öffnen kann. »Komm, lass uns die blöden Schlüssel durchprobieren!«, kichert Paula.
Wenn du den Schlüsselbund durchprobierst: Lies weiter bei ***795***
Wenn du andere, einzelne Schlüssel besitzt: Lies weiter bei ***835***
Wenn du ein Werkzeug wie ein Schweizer Taschenmesser, einen Leatherman oder Dietrich hast: Lies weiter bei ***875***
Wenn du woanders weitermachen willst: Lies weiter bei ***728***

888 Der dumpfe Geruch nach Formalin und verwesendem Fleisch hämmert dir in die Nase, treibt Tränen in deine Augen. Die Pathologie wird nur von einer einzigen Lampe erhellt und die hängt in einem rostigen Drahtkorb in der Mitte des Raumes über einem Seziertisch. Oder besser gesagt einer Schlachtbank. Auf dem Metallgestell liegt ein teilweise zerlegter, menschlicher Körper. Blut tropft zäh über den Rand, zieht Fäden. Und dahinter steht ein Hüne in blutbesudelter Plastikschürze über einem braunen Overall und hält eine Kettensäge in der Hand. Langsam blickt er von der zerlegenden Arbeit auf. Ein braun verschmierter Mundschutz bläht sich vor seinen Lippen. Die eng stehenden Augen sind zwei glühende Nadeln im kahlen, grauhäutigen Schädel.

An den Wänden stehen Metallbehälter, aus denen Arme, Beine und Torsos ragen. Auf einem Tisch liegen abgesägte Köpfe aufgereiht da und starren dich aus toten Augen an. Der Hüne tritt vom Seziertisch zurück und zieht an der Startschnur der Kettensäge, die brüllend zum Leben erwacht. Hinter ihm reihen sich silberglänzende Leichenschubfächer in der Wand.

Dir ist klar, dass Flucht ausgeschlossen ist. Er hat euch gesehen und wird euch verfolgen, ganz gleich, wohin ihr euch wendet. Aber was ist das da neben der Tür? Auf einem Tisch liegen weitere Schlachterwerkzeuge sauber aufgereiht da. Du erkennst eine Axt, ein Hackbeil, ein langes, gezahntes Messer und eine obszön monströse Säge, in deren Zähnen Hautfetzen und Haare hängen. Schaffst du es zusammen mit Paula, zu dem Tisch zu gelangen, damit ihr euch bewaffnen könnt?

*Führe eine Probe auf **GES** durch!*
*Die Probe ist geglückt: Lies weiter bei **754***
*Die Probe ist misslungen: Lies weiter bei **794***

889 Fast lautlos schwingt die Tür auf, wird von den Füßen des auf dem Rücken liegenden toten Wachmanns aufgehalten. Das Licht folgt seinem Körper, gleitet zwischen den im Schatten verborgenen Pritschen über die Hüften hinweg, erreicht seinen Bauch. Dort glänzt ein fußballgroßes Loch, angefüllt mit schmierigem Rot. Gedärme hängen heraus und erinnern an braun gefüllte Schläuche, die

sich winden und verknoten. Etwas, das aussieht, wie eine Leber, liegt auf seiner Brust, die Hälfte gefressen. Du erkennst deutlich den Abdruck eines menschlichen Gebisses. Ein leises Stöhnen weht dir aus der Finsternis entgegen, lässt dich schaudern.
Wenn dich der Mut verlässt und du die Tür zuknallst: Lies weiter bei ***831***
»Du musst dich nicht vor mir fürchten, Paula. Ich bin gekommen, um dich hier rauszuholen!«: Lies weiter bei ***969***
»Bleib, wo du bist! Ich bin gekommen, um dir einige Fragen zu stellen. Danach verschwinde ich und du siehst mich nie wieder!«: Lies weiter bei ***1009***

890 »Die durchgeknallte Krankenschwester holt sich ihre Sachen aus 'nem Raum, den sie den Hausmeisterraum nennt. Ich gehe davon aus, dass dort deine Sachen sind!«
Lies weiter bei ***630***

891 Kein Rascheln, kein Atem, sondern mit lautlosem Rauschen angefüllte Stille. Plötzlich ein leises Kichern, das dir einen eiskalten Schauer über den Rücken jagt. Da liegt viel Bosheit in dem Ton, viel Verachtung dir gegenüber. Ein Schatten bewegt sich in der Dunkelheit vor dir, nimmt eine lauernde, hockende Position ein. »Willst du das wirklich, Freund? Mich befreien und so, wie ich bin, an deiner Seite haben?«
Womöglich ist dies deine letzte Chance, dich zurückzuziehen: Lies weiter bei ***822***
»Warum sonst hätte ich das alles auf mich genommen? Nur wegen dir! Also, ich kann dir nicht viel Hoffnung machen, aber wenn wir es gemeinsam hier raus schaffen, wäre das zumindest ein Anfang!«: Lies weiter bei ***971***
»Na ja, ich will ehrlich zu dir sein. Du machst mir Angst. Was ich sagte, geschah aus alten Verpflichtungen heraus. Aber wie wär's, beantwortest du mir ein paar Fragen?«: Lies weiter bei ***931***

892 Der Doktor grunzt amüsiert. »Lebend? Das wird nicht einfach. Dazu müsstest du dir Tür zum Treppenhaus, das nach oben führt, aufsprengen …« Er kichert. »An Sprengstoff soll's nicht mangeln, den findest du im Raum des Hausmeisters. Warum ich dir das sage? Weil mit dir auch ein Teil von ihm ins Asylum hinaufsteigt … aber einen anderen Ausgang gibt es nun mal nicht. Nicht mehr jedenfalls. Die, die dich gebracht haben, schoben dich durch die Rutsche, wo früher die Kohle in den Keller geschüttet wurde. Dort geht's nur hinab und niemals hinauf. Also … öffne das Treppenhaus, danach wirst du sehen …«

Lies weiter bei ***814***

893 Wie eine gespannte Feder schnellst du nach oben, rammst dabei den vollkommen überrumpelten Wächter zur Seite. Doktor Bohr stößt einen überraschten, hellen Schrei aus. Du springst von der widerlichen Liege, spürst feucht-schmierige Fliesen unter deinen nackten Füßen. Mit einem schnellen Blick vergewisserst du dich, das sich keine weiteren Personen im Raum finden. Nur der Gasmaskenwächter im Gummianzug, Doktor Bohr im schmutzigen Kittel, und du, nackt.

Du versuchst, durch die Tür zu entkommen: Lies weiter bei ***628***

Du greifst den Wächter an: Lies weiter bei ***668***

894 Zuckend fällt der Doktor auf den Boden. Zur Sicherheit verpasst du ihm einen weiteren Stromschlag und er liegt still. Die beiden Wächter hocken unterdessen da und rühren sich nicht.

Du versetzt den Gummianzug-Wächtern einen Stromschlag, der sie für eine Minute ausschaltet: Lies weiter bei ***934***

Du benutzt den Elektroschock-Stab als Waffe und schlägst beide Wächter bewusstlos: Lies weiter bei ***974***

Du suchst nach etwas, mit dem du die Wächter fesseln kannst: Lies weiter bei ***787***

895 Du hast es geschafft und die beiden Wächter in ihren Gummianzügen besiegt. Ohne Doktor Bohr aus den Augen zu lassen, stößt du mit der Ferse die Tür zu. Mit sattem Knall fällt sie ins Schloss. Die Waffen der Wächter stehen dir beide zur Verfügung. Ein Elektroschock-Stab (m, WS 2) und ein Polizei-Schlagstock

(m, WS 2) *(notiere dir den Gegenstand deiner Wahl unbedingt auf dem Charakterblatt B).* Aber da ist etwas anderes, das deine Aufmerksamkeit auf sich lenkt. Aus dem zerbrochenen Fenster einer der Gasmaske starrt dir ein bleiches, totes Auge entgegen!
Du kniest dich hin und reißt dem Wächter die Gasmaske vom Kopf. Ein grauhäutiger, schwarzlippiger Schädel grinst dich mit eingefallenen Wangen an. Was da vor dir liegt, ist nicht eben erst gestorben. Fast vermutest du einen Zombie, doch wie ist es möglich, dass Doktor Bohr ihnen Befehle erteilen kann?
Sollte dies der Hintergrund der Experimente sein, die der wahnsinnige Doktor mit dir durchführt?
Aufkeimende Wut über das Unvorstellbare, das sich hier anbahnt, steigt in dir hoch und du wendest dich dem Doktor zu.
*Wenn du eine der Waffe nimmst und damit den wehrlosen Doktor totschlägst: Lies weiter bei **774***
*Wenn du den Doktor deswegen zur Rede stellen willst: Lies weiter bei **814***

896 Die Tür schwingt in den Angeln schreiend auf. Zwei massige Schatten, in gummierte Schutzanzüge gehüllt und mit Gasmasken auf den Köpfen, treten in den Raum, der zum Schlachthaus geworden ist. Sie kommen dir wie ferngesteuerte Insekten vor. Der eine hält einen langen Elektroschock-Stab in der Hand, der andere einen Aluminium-Baseballschläger.
*Wenn du die Waffen fallen und dich widerstandslos abführen lässt: Lies weiter bei **976** (streiche in diesem Fall die Gegenstände von Charakterblatt B)*
*Wenn du die Chance nutzt und die beiden angreifst: Lies weiter bei **625***

897 Der Doktor scheint einen Augenblick über deinen Vorschlag nachzudenken. Ein schräges Grinsen breitet sich in seinem Gesicht aus. Bedauernd seufzend antwortet er dir. »Es tut mir sehr leid, mein herzallerliebstes Versuchskaninchen, diesen Wunsch vermag ich nicht zu erfüllen. Du bist unser Besitz, aber einer von uns werden, das kannst du nicht. Nicht, nachdem wir dir das Serum verabreicht haben. Nicht nach Paula und alldem. Also …«, er sieht zu seinen Schlägern, »... nehmt das Versuchsobjekt in Gewahrsam!«

Vermutlich hast du mit einer derartigen Antwort gerechnet. Dir bleiben zwei Optionen.

Niemand steht zwischen dir und der Tür. Wenn du schnell bist, könntest du diese vor den Schlägern erreichen: Lies weiter bei ***623***

Wut wallt in dir auf. Du bist kein Versuchsobjekt, kein Tier. Deine Fäuste ballen sich, du willst kämpfen: Lies weiter bei ***663***

898 Den ersten Schlag steckst du zwischen den Rippen ein. Es ist der Schmerz, der dich nach oben treibt. Der deine Wut entfesselt, wie nichts anderes. Den Hieb des kleineren Mannes schlägst du mit dem Unterarm weg. Du kommst nach oben, auf die Beine!

Führe eine Probe auf ***GES*** *durch!*

Die Probe ist geglückt: Lies weiter bei ***778***

Die Probe ist misslungen: Lies weiter bei ***938***

899 Mit einem bitteren Geschmack im Mund und kaltem Stahl unter der nackten Haut deines Rückens wachst du auf. Beine und Arme sind mit ledernen Manschetten an die Liegestatt gefesselt, die ein metallener Seziertisch ist. Mühsam überzeugst du deine schmerzenden Muskeln, den Kopf zu heben. Über dir baumelt eine Glühbirne an zwei langen Drähten von der Decke. Ihr orangeroter Glühfaden spendet nur schwaches Licht, aber genug, um zu erkennen, wo du bist.

Du bist nackt. Neben dir steht ein Infusionsständer, an dem drei pralle Beutel hängen. Einer ist gefüllt mit einer klaren, durchsichtigen Flüssigkeit, die dich an Wasser erinnert, aber mit Sicherheit keines ist. Im zweiten schwappt etwas Blutig-Rotes, durchzogen von eitergelben Schlieren, die ein Eigenleben zu besitzen scheinen. Im dritten ist es letztendlich rabenschwarz. Wie mit Teer gefüllt strahlt er etwas Unangenehmes aus, das dir den Atem raubt und nur schwer in Worte zu fassen ist.

Entsetzt folgst du dem durchsichtigen Infusionsschlauch, der von deinem Unterarm zum Beutel mit der klaren Flüssigkeit führt, die träge tropfend in dich hineinfließt.

Lies weiter bei ***862***

900 Kaum, dass du einen Schritt auf sie zu gemacht hast, faucht sie dich warnend an. »Wage es ja nicht, mich anzufassen. Bleib weg von mir, hörst du? Bleib weg!«
Verdattert bleibst du stehen.
»Verdammt, Paula, ich bin's doch! Was ist denn los mit dir, was geschehen?«: Lies weiter bei ***980***
Was is'n los mir dir? Hast du was zu verbergen? Hast du uns am Ende etwa verraten?«: Lies weiter bei ***940***
Du gehst trotz ihrer unverhohlenen Warnung zu ihr und ziehst sie in deine Arme: Lies weiter bei ***661***

901 Du springst in die Schatten, wo sich Paula versteckt, und stellst dich beschützend vor sie. Ihr kalter Körper schmiegt sich für einen kurzen Moment an deinen Rücken, ihre Finger berührten deinen Hals.
»Bleib weg von ihr, verdammt nochmal, und dreh ihr nicht den Rücken zu, sie ist ...«, schreit dir der massige Pfleger entgegen und hebt seinen funkensprühenden Elektroschocker.
Bereit, dem Mann entgegenzutreten, ist es der unerwartete Angriff in deinem Rücken, der dir einen erstickten Aufschrei entringt. Paula beißt dir in den Nacken. Knirschend lösen sich Haut und Fleisch, die sie schmatzend verschlingt. Gleichzeitig stoßen ihre rasiermesserscharfen Fingernägel, die jetzt Krallen sind, in deine Seiten, bohren sich tief in dich und reißen heraus, was sie zu fassen bekommen. All das geschieht in rasender Geschwindigkeit, die selbst dem Pfleger die Möglichkeit nimmt, einzuschreiten.
Als die Funken des Elektroschockers deine Brust verbrennen, gleicht dein Oberkörper einem zerfleischten, bluttriefenden Chaos. Deine Beine geben nach, dein Geist entflieht in eine andere Welt, lässt Schmerzen und Pein in sterbendem Fleisch zurück, verweht auf nimmer Wiedersehen ...

Ende

902 Dein Körper schwitzt eiskalten Schweiß. Deine Glieder krampfen, dass es schmerzt. Doch es gelingt dir, die aufkeimende Panik niederzuringen. Du hast es kaum geschafft, Atem

und Herzschlag unter Kontrolle zu bringen, als sich die in den rostigen Angeln schreiende Tür öffnet, und Doktor Bohr in seinem schmutzigen Arztkittel den Raum betritt. Diabolisch grinsend tritt er unter dem schwach flackernden Licht der Kohlefaserlampe an dich heran. »Ah, ich sehe, unser Neuzugang ist erwacht.«
Er holt ein klebrig braunes Skalpell aus der Tasche und zieht es dir über die Brust. Der brutale Schmerz lässt dich gellend schreien. Tränen schießen dir heiß in die Augen. Das Gefühl aufgeschnitten und filetiert zu werden, erwächst tausendfach verstärkt in deinem Geist. Der Doktor leckt zufrieden grinsend die Klinge ab und steckt sie weg. »Die Medikation scheint anzuschlagen. Es ist an der Zeit, Sie ein wenig in Rage zu versetzen ...«
Die Worte jagen dir einen kalten Schauer über den Rücken. Du verbindest Rage mit unsäglichem Schmerz, hilflos ausgeliefert, wie du bist.
*Lies weiter bei **658***

903 Es gelingt dir, die Tür ins Schloss zu drücken und den Schlüssel zu drehen. Rastend verriegelt sich die Tür. In blinder Wut brichst du den Schlüssel ab, damit sie dir nicht nachkommen können. Keuchend realisierst du, dass du die Bastarde eingeschlossen hast.
*Lies weiter bei **822***

904 Ein elektrisches Schnarren kündigt den nächsten Kampf an. Aus der entriegelten Zelle tritt dir ein Kerl entgegen, der schon zu Lebzeiten wie eine Ratte ausgesehen haben muss. Jetzt hat er keine Wangen mehr, sondern Löcher, durch die das langzahnige Gebiss schimmert. Einem mit Haut überzogenem Skelett nicht unähnlich, taumelt er auf dich zu.

Führe den Kampf nach den Regeln durch!

Archetyp	KON	AUS	Waffe	WS
Rattenmann	*3*	*4*	*Zähne und Krallen*	*–*

*Reduziere deinen **IW** um **1W6** (IW < 20 gehe zu 1018)*

*Du gewinnst: Lies weiter bei **936***
*Du verlierst: Lies weiter bei **1043***

905 ... und kannst einen erstickten Aufschrei nicht unterdrücken. Die aschfahle Haut, die spröden, schwarz angelaufenen Lippen sprechen eine eindeutige Sprache. Du hast gegen einen Toten gekämpft! Gegen einen Zombie!
Hab Doktor Bohr etwa die Macht, die Toten zu kontrollieren?
Oder schlimmer, steht Doktor Bohr mit finsteren Mächten im Bunde, dass er dazu in der Lage ist?
Nackt, blutbeschmiert, am Ende deiner Kräfte, nimmst du dir die Waffen deiner Wahl. Das Resultat einer flüchtigen Untersuchung der Gummianzugmänner fördert einen fettschmierigen Schlüsselbund (k) zutage.

Zur Erinnerung: Du kannst aufgrund deiner Nacktheit maximal zwei Gegenstände beliebiger Größe mitnehmen. Wähle zwischen dem Alu-Baseballschläger (m, WS 2), dem Elektroschock-Stab (m, WS 2), der Machete (m, WS 3) und dem Schlagring (k, WS 2)!
(Notiere dir den Gegenstand unbedingt auf dem Charakterblatt B.)

Benommen taumelst du zur Tür, schlägst sie hinter dir zu, drehst den Schlüssel, damit sie dir nicht nachkommen können. Wie in Trance stolperst du den von flackerndem Licht erhellten Gang entlang, durchquerst eine feuchtglänzende Gittertür, die hinter dir wie von Geisterhand geführt ins Schloss fällt. Dort drehst du dich verwirrt im Kreis, taumelst, brichst in die Knie, bis es dir schwarz vor Augen wird ... dein Verstand rettet sich dabei ins trostreiche Vergessen. Blendet aus, was geschehen ist ...
*Lies weiter bei **822***

906 Die rostige Klinge durchtrennt Doktor Bohrs Hals, als bestünde dieser aus faltiger Butter. Blut spritzt in einem pulsierenden Strahl aus der geöffneten Wunde, klatscht auf die Fliesen. Der Doktor bricht in die Knie, presst sich die Hände auf den Hals, doch es ist zu spät. Das Leben fließt in einem nicht zu stoppenden Fluss aus ihm heraus, bildet in den Fugen rotschillernde Rinnsale, die im mit Haaren und Dreck verstopften Abfluss in der Mitte des Raumes versickern. Letztendlich kippt sein sterbender Körper zur Seite, ein letzter Hauch verlässt seine spröden Lippen. Der Doktor ist tot und mit ihm ist all das Wissen gestorben, das dir hätte nutzen können.

VIRUS *Reduziere deine **MEN** um **1W6.***
*Passe deinen **IW** deiner neuen **MEN** an.*
*Lies weiter bei **854***

907 Keuchend stehst du über den zusammengesunkenen Körpern der Wachen. Du hast sie hart verprügelt, ihnen sogar die Scheiben ihrer Gasmasken eingeschlagen. Aber wie geht's jetzt weiter?
*Du versetzt Doktor Bohr ebenfalls einen Hieb, der ihn ausschaltet: Lies weiter bei **827***
*Du befiehlst dem Doktor, die Wachen zu fesseln: Lies weiter bei **734***

908 Doktor Bohr lacht krächzend. »Das liegt doch wohl auf der Hand, oder nicht? Sie kam als Patient 1 in meinen Keller. Ein wunderbares Gefäß voller Möglichkeiten. Infusion 1 weckte ihre Wut. Du hättest sehen sollen, was sie mit den Zombies in der Arena angestellt hat! Es war ein Rausch in Rot … Infusion 2 hat sie locker weggesteckt … nun ja, also, ich meine, solange man ihr nicht zu nah kommt, sie nicht die Angst der Lebenden oder gar Blut riechen kann. Sie ist ein großer Erfolg. Der erste Schritt zur neuen Menschheit!«
*Lies weiter bei **814***

909 Die Tür zur dritten Zelle unterscheidet sich in nichts von den anderen. Nur, dass du keinen Schlüssel findest, um sie zu öffnen. Um der Finsternis hinter dem winzigen Fensterchen die Wahrheit zu entreißen.
*Lies weiter bei **822***

910 »Irgendwie kann der Schweinehund das, ja. Sie dir seine Wächter an, also, die in den Gummianzügen. Die kuschen

vor ihm wie dumme, dressierte Hunde. Und diese bescheuerte Krankenschwester, die mich mit ihrem Schlagstock quält, und Dinge damit tut, über die ich hier nicht reden will.« Eine blutrote Träne rollt über Paulas Wange. »Oh ja, er kann sie steuern, er kann sie manipulieren, als wären sie Marionetten. Nur über mich hat er keine Macht und das treibt ihn in den Wahnsinn …«
*Lies weiter bei **630***

911

Der Schriftzug wirkt verblichen, weckt ein leichtes Kribbeln unter deinen Fingerspitzen. Was verbirgt sich wohl hinter dem Wort »Elektrotherapie«? Dir kommen Szenen diverser Horrorfilme in den Sinn, in denen wahnsinnige Ärzte kopfhörerähnliche Metallbögen mit Fett bestreichen und sie ihren wehrlos ans Bett gefesselten Patienten an die Schläfen drücken. Es ist nur zu ihrem Besten …
*Wenn du nach einem Schlüssel suchst, um die Tür zu öffnen: Lies weiter bei **729***
*Wenn du eine andere Tür öffnen möchtest: Lies weiter bei **831***

912

Das Wort »Pathologie« kreiert böse Bilder in deinem Kopf. Von aufgeschnittenen, auf das Übelste verstümmelten Leichen. Du siehst den typischen Y-Schnitt vor Augen, erinnerst dich an Szenen aus CSI, die du im Fernsehen gesehen hast.
Fernsehen, denkst du, *wie lange ist das her? Ein ganzes Leben?*
Der Türgriff ist klebrig und feucht. Mit etwas benetzt, das schleimige Fäden zieht. Das dunkle Türblatt umgibt eine unangenehme Aura, die eher abweisend als anziehend wirkt.
*Wenn du die Tür öffnest und den Raum betrittst: Lies weiter bei **808***
*Wenn du lieber eine andere Möglichkeit versuchst: Lies weiter bei **792***

913

Es knirscht und knackt, aber letztendlich geben die Schubfächer unter deinen Versuchen nach. Insgesamt sind es zwei, die sich aus der störrischen Verankerung lösen. Im Oberen, etwas kleineren, rollt dir ein schwarzer Filzstift (k) entgegen. Zwischen einigen Fotos, welche die weißbekittelten Angestellten der Klinik zeigen, liegt eine zusammengeknüllte, schwarz Unterhose. Allein der Geruch, der dir aus dem Stoff entgegensteigt, macht es dir unmöglich, diese auch nur anzufassen. Im unteren Schubfach rollt dir eine halbvolle Flasche Wodka (g) entgegen. So etwas hast du ewig nicht mehr gesehen.

*Würfle mit **2W6**, um die **Anzahl der Dosen** in der Flasche zu ermitteln. Pro Dosis kannst du eine Wunde reinigen (hebt bei sofortiger Anwendung die IW-Reduzierung auf!).*
*Wenn du das Zeug trinken möchtest, reduziert sich **pro Dosis** für 1W6 Abschnitte deine **GES** um **1** und erhöht sich **KON** um **1**.*
*Lies weiter bei **848***

914 Die Kettensäge trifft auf deine eigene Waffe. Kreischend sprühen Funken. Ihr löst euch voneinander, um mit größerer Wut weiterzukämpfen. Das Knattern der Kettensäge, das Klirren, wenn deine Waffe auf sie trifft. Brennender Schweiß, der dir in die Augen läuft. Muskeln, die, zum Zerreißen gespannt, rebellieren. Die kalt funkelnden Augen des Schlachters, der stinkt wie ein toter Fisch …
… bis sich die Kettensäge mit ihren alles zerfetzenden Zähnen in deine Schulter senkt und dir den Arm vom Rumpf trennt. Im Kopf explodiert der Schmerz, blendet dich mit grellem Weiß. Die Woge brandet über dich hinweg, verebbt, weicht einer dumpfen Gefühllosigkeit. Du findest dich auf dem Seziertisch wieder, wo der Schlachter über dich gebeugt mit seinen Werkzeugen hantiert. Das Hackbeil geht nieder und etwas Schweres fällt in die Metallkiste. Die Säge teilt knirschend Knochen und Fleisch, das es dir nass ins Gesicht klatscht und dir für einen Moment die Sicht raubt … …
Der Raum schwankt im langsamen Takt. Du schwebst auf den Tisch mit den abgeschnittenen Köpfen zu, findest doch deinen Platz zwischen ihnen, starrst ohne jedes Gefühl in den Raum, driftest in ein graues, be-

langloses Nichts. Das Letzte, das du siehst, ist der Schlachter, wie er sich Paula auf dem Seziertisch vornimmt. …

Ende

915 Die Tür öffnet sich lautlos. Feuchtwarme Luft, die an ein Tropenhaus erinnert, schlägt dir entgegen. Umfängt dich wie ein nasser, schwerer Mantel. Gelblich flackerndes Licht fällt aus von nässenden Flechten umgebenen Drahtkäfiglampen. Der Gedanke an Geschwüre drängt sich dir geradezu auf.

Komm …

Mechanisch setzt du einen Fuß vor den anderen, betrittst ein Szenario, das einem ziemlich kranken Gehirn entsprungen scheint. Wände, Decke, ja, selbst der Boden sind von einem bräunlichen Geflecht bedeckt, das dich an pulsierende Wurzeln erinnert. An etwas, das wie ein Tumor wuchert, sich ausbreitet, um alles einzunehmen, was in seine Reichweite gerät. Wenn du auf sie trittst, zerplatzen die Verästlungen, verströmen dabei den Gestank brandiger Wunden und bluten Finsternis.

Es ist das Gebilde, das dich an der gegenüberliegenden Seite des ansonsten komplett leeren Raumes in seinen Bann zieht. Die gesamte Wand einnehmend erinnert es dich vage an einen Menschen. Einen, der in Kreuzigungspose am roten Ziegelgestein haftet und dabei der notwendigen Nägel entbehrt. Ins Fleisch eingewachsene, von Schimmel graue Lederbänder halten es am Stein. Einer bizarren Korsage gleich winden sich die Schlaufen um Gelenke, von denen es mehr als bei einem normalen Menschen zu geben scheint. Das Geflecht wuchert wie ein makabrer, Finsternis blutender Strahlenkranz aus dem Fleisch. Der geschundene Körper ist nackt. Nicht im Sinne von unbekleidet, sondern was die Haut betrifft. Denn die hat man ihm genommen. Stattdessen glänzt faulig-schwarzes Fleisch, das sowohl üppige Brüste als auch männliche Genitalien aufweist. Unter den abgespreizten Armen sind an jeder Körperseite zwei weitere in stümperhafter Weise angenäht, die aber dennoch funktionieren und dir insgesamt den Eindruck einer menschlichen Spinne vermitteln. Die sich bewegenden Finger verursachen Übelkeit, machen deinen Kopf vor Schmerzen taub.

Dem nicht genug, ist der Bauch in einer Art und Weise aufgebrochen, die dich an ein gierig tropfendes Maul erinnert, dessen Ränder mit

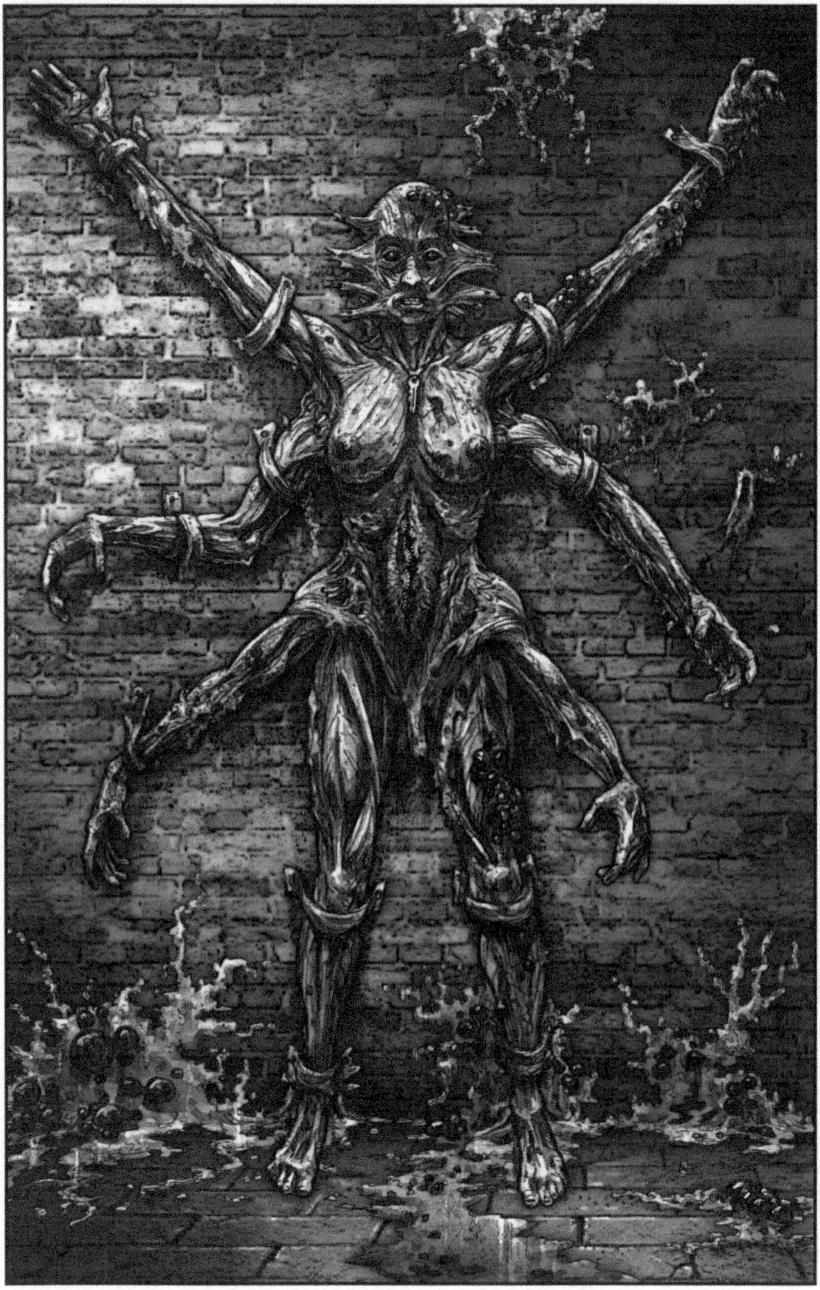

braun verfärbten menschlichen Zähnen gespickt sind, die in entzündetem Zahnfleisch stecken. Es sind Unterkiefer, die man hier verarbeitet hat. Und Zungen. Feuchtrote, lüstern leckende Zungen, die dich an Tentakel erinnern, von deren Spitzen zäher Speichel rinnt.

Das Gesicht überspannt eine Haut, wie bei einer Trommel, und ist ringsherum an den Stein genagelt und gleicht somit einer grotesken Maske. Lidlose Augen, schwarz wie die Nacht, glänzend wie Käferrücken, sehen dich an. Alles in dir schreit danach, diesen Raum, der einem Portal zur Hölle gleicht, auf der Stelle zu verlassen, wenn da nicht die dünne, halb ins Fleisch verwachsene Halskette wäre, an der ein Schlüssel baumelt.

Während sich das mittlere Armpaar schmatzend von der Wand löst, um sich vor der Brust der Abstrusität zu verschränken, öffnet sich der Mund, um zu dir zu sprechen. …

*Lies weiter bei **995***

916 Du hechtest zur Seite, der zustoßende Stachel verfehlt dich nur um Haaresbreite. Doch du hast es geschafft und die unbändige Wut des Monsters geweckt.

»Aaaargggghhhh!« Zorn lässt das Monster mit den Zähnen knirschen. Sowohl mit denen in seinem Mund, als auch mit denen im Bauch-Maul. Die Gesichtshaut zerreißt mit lautem Knall, als es den Kopf von der Wand löst. Leder rutscht von schmierigem Fleisch, als es seine Beine vom Gestein zieht, um sich zu befreien.

»Ich werde jeden Zweifler zerfetzen! Sie in mich aufnehmen als warme Mahlzeit!«

Damit löst es sich vollends von der Wand, eine menschliche Spinne mit dem von Hautfetzen bedeckten Gesicht eines schwarzblütigen Dämons!

*Wenn du dich umdrehst und die Flucht ergreifst: Lies weiter bei **876***

*Das ist der Moment, auf den du gewartet hast. Du greifst an: Lies weiter bei **806***

917 »Du wagst es, so mit dem Göttlichen der Ereškigal zu sprechen! Der Göttin der Weite, der großen Herrin über die Unterwelt! Der obersten sumerischen Schlangengöttin, die über das Kurnugia regiert!«

Jetzt lösen sich die anderen Arme von der Wand. Stemmen sich Fäden ziehend und schmatzende Finsternis blutend aus dem roten Stein. »Wer bist du, dass du es wagst, Sterblicher? Wer ist das Menschlein an deiner Seite, die sich mir stinkend verwesend entgegenstellt?«

»Göttlich nennst du dich? Echt jetzt? Du bist doch nichts weiter, als eine Marionette des Doktors, hab' ich recht?«: Lies weiter bei ***804***

»Wenn du wirklich göttlicher Natur bist, willst du nicht, dass dich die Menschen anbeten? Dir huldigen und Opfer bringen?«: Lies weiter bei ***844***

Du hast genug gehört. Du greifst an: Lies weiter bei ***877***

918 Allen Mut zusammenraffend springt ihr das brennende Geschöpf an und versucht, den rotierenden Armen auszuweichen, mit denen das Monster die Flammen ausschlagen will. Zischend ösen sich Klumpen brennenden Fleisches, tropfen zäh zu Boden.

Führe jeweils für dich und Paula eine Probe auf ***GES*** *durch. Paulas* ***GES*** *kannst du ihrem Charakterblatt entnehmen.*

Mindestens eine Probe ist geglückt: Lies weiter bei ***998***

Beide Proben sind misslungen: Lies weiter bei ***643***

919 Du steckst dein Werkzeug in den Bügel des vorletzten Schlosses. Deine Hände zittern, die Bewegungen sind fahrig. Dein Geschick im Öffnen des Schlosses wird über den Verlauf deines kläglichen Lebens entscheiden!

Führe eine Probe auf ***AUS*** *durch!*

Die Probe ist geglückt: Lies weiter bei ***759***

Die Probe ist misslungen: Lies weiter bei ***923***

920 Beherzt springst du vor, derweil sie über den Rand kippt. Du bekommst ihre Hand zu fassen, doch ihre feuchten Finger gleiten dir durch den Griff. Wie ein Stein stürzte sie mit ausgebreiteten Armen der Meute entgegen, wird gierig in ihr aufgenommen, als bestünde sie aus einer homogenen Masse, die sich zur Nahrungsaufnahme öffnet. Nur Sekunden später ist sie verschwunden, als hätte es sie nie gegeben.

»Verdammt nochmal, das hätte nicht sein müssen«, flüsterst du fassungslos, während sich dein Herz in Trauer zusammenzieht. Was auch immer die Zukunft für dich geplant hat, du stehst dem allein gegenüber.
Am Himmel folgt ein Flugzeug seiner Bahn, hinterlässt einen weißen, sich schnell verflüchtigenden Streifen. Du prägst dir die Richtung ein, in die es fliegt. Dorthin wirst du gehen, denn die Überlebenden müssen die Wahrheit erfahren!
*Lies weiter bei **1058***

921 Mit einem gewagten Sprung hechtest du zum Tisch, auf dem die Auswahl ausgebreitet auf einem schmutzigen Tuch bereitliegt. Der Schlachter bewegt sich ebenfalls, kann aber nicht verhindern, dass du den Tisch vor ihm erreichst. Für welche Waffe entscheidest du dich?
Du hast die Wahl zwischen einer Axt (g, WS 4), einem Hackbeil (m, WS 3), wie es Metzger verwenden, einem langen, gezahnten Messer (m, WS 2) und einer monströsen, aber unhandlichen Säge (g, WS 3, Reduzierung GES-1), in deren Zähnen Hautfetzen und Haare hängen. Das Gesicht grimmig verzerrt, die Waffe deiner Wahl in Händen, trittst du dem Schlachter entgegen ...
*Lies weiter bei **1001***

922 Du führst dein Werkzeug in die Schlüsselöffnung des letzten Schlosses. Deine Hände sind feucht, Schweiß steht dir auf der Stirn. Von dem, was nun geschieht, hängt alles ab. Dein Leben, deine Zukunft!

*Führe jeweils für dich und Paula eine Probe auf **GES** durch. Paulas **GES** kannst du ihrem Charakterblatt entnehmen.*
*Mindestens eine Probe ist geglückt: Lies weiter bei **1002***
*Beide Proben sind misslungen: Lies weiter bei **802***

923 Da stehst du nun. Womöglich hast du einen der Schlüssel nicht gefunden. Oder ein Werkzeug, das hätte hilfreich sein können, übersehen. Vielleicht bist du beim Versuch des Schlösser-

öffnens kläglich gescheitert. Das Resultat bleibt in jedem Fall das Gleiche. Das verdammte Glück hat dich verlassen, du hast es zu oft auf die Probe gestellt. Hast zu oft den Joker ausgespielt, alles auf eine Karte gesetzt. Doch das Schicksal hatte das bessere Blatt.
Eins steht fest. Der Keller ist zu deiner Todesfalle geworden. Die Dunkelheit zum ständigen Begleiter. Womöglich ist es besser, hier unten zu bleiben, um nicht das in die Welt zu tragen, was dir an diesem Ort widerfahren ist.
Nervös fährst du dir mit der schmutzigen Hand über das Gesicht. In deinen Ohren steigert sich das Toben der Irren in ihren Käfigen zum Orkan, von dem du hoffst, dass er dich in die barmherzige Finsternis des Wahnsinns treiben wird …

Ende

924 »Die alles vernichtende Göttlichkeit hast du zu akzeptieren, im Tod, wie im Leben!«
»Achtung!«, schreit Paula entsetzt.
Ein stachelartiger Fortsatz schießt dir aus dem weit geöffneten Bauch-Maul entgegen, gespickt mit Zungen, deren Spitzen giftglänzende Stacheln sind.
Paula reißt ihre Arme nach oben und will dich aus der Reichweite des Stachels stoßen.

*Du erhältst durch Paulas Unterstützung einen einmaligen Bonus von **1W6** Punkten, die du wie **GLK** Punkte auf deine Probe anwenden kannst!*
Schaffst du es, dem Angriff auszuweichen?

*Führe eine Probe auf **GES** durch!*
*Die Probe ist geglückt: Lies weiter bei **1004***
*Die Probe ist misslungen: Lies weiter bei **638***

925 Die Hitze umfängt dich, will dir den Atem rauben. Die Kette ist heiß, das Metall brennt sich in die Haut deiner Finger, doch du packst mit aller Kraft zu, reißt daran. Zugleich weichst du den Schlägen der Arme aus, die ihrerseits ebenfalls brennen.

Ein harter Ruck, die Kreatur schreit wütend auf, die Kette löst sich und du hast den begehrten Schlüssel des Abgesandten (k) *(notiere dir diesen Gegenstand unbedingt auf dem Charakterblatt B).*
Eilig springst du von dem brennenden Fleisch weg, gehst auf Distanz und siehst zu, wie das Albtraumgeschöpf um sich schlagend verbrennt. Wie es schließlich in sich zusammensinkt, verstummt, mit den Gliedmaßen scharrt und diese wie eine gegrillte Spinne auf dem Rücken liegend anwinkelt und stirbt.
Die Luft ist unerträglich heiß im Keller. Der Rauch legt sich beißend auf deine Atemwege, bringt deine Augen zum Tränen. Es ist höchste Zeit, von hier zu verschwinden!

VIRUS *Reduziere **AUS** und **KON** wegen der Brandwunde um jeweils **1 Punkt**.*
*Lies weiter bei **676***

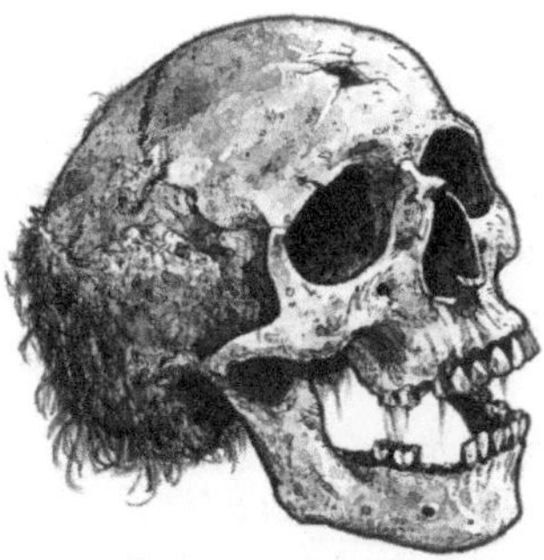

926 Mit an die Schläfen gepressten Händen findest du dich auf Knien wieder. Du blutest aus Augen und Nase. Selbst aus den Ohren rinnt dir das lebendige Nass. Den Angriff, mit dem dich der Dämon niederringen wollte, hast du abgewehrt. Doch du hast einen hohen Preis dafür gezahlt.

VIRUS *Reduziere deine **AUS** um **1W6***
*Reduziere deine **KON** um **1W6***

Grimmig spuckst du einen Batzen Blut aus. Die Wut zwingt dich auf die Beine.

»Nie werde ich mich dir beugen. Niemals! Hörst du?«: Lies weiter bei ***886***
»Ohne den Doktor bist du doch nur ein mieses Nichts!«: Lies weiter bei ***846***
Es gibt nur eine Antwort auf das, was soeben geschehen ist. Du greifst an: Lies weiter bei ***806***

927 Als du den Deckel öffnest, weht dir ein scharfer Geruch entgegen. Beide Kanister sind bis zum Rand mit hochoktanigem und leicht entflammbarem Benzin gefüllt!

(Die Kanister sind zu schwer und unhandlich zum Mitnehmen, dennoch solltest du dir diese Gegenstände merken.)
Lies weiter bei ***992***

928 Es ist nicht leicht, den Schreibtisch zu erreichen, ohne über Müll zu fallen oder in Fäkalien zu treten. Wer hier gehaust hat, war ein Schwein. Was sich auf der nass aufgequollenen Tischplatte türmt, ist eine Herausforderung für sich. Was aus Papier ist, ist zu einem schimmligen Haufen vergoren, der auf dich den Eindruck von Tapetenkleister macht. Natürlich gibt es einen wuchtigen Aschenbecher aus Glas (m), in dem Zigarettenreste schwimmen. Daneben liegt ein funktionierendes Einwegfeuerzeug (k). Um die Schubfächer zu öffnen, erfordert es einiges an Geschick.

Führe eine Probe auf ***GES*** *durch!*
Die Probe ist geglückt: Lies weiter bei ***873***
Die Probe ist misslungen: Lies weiter bei ***768***

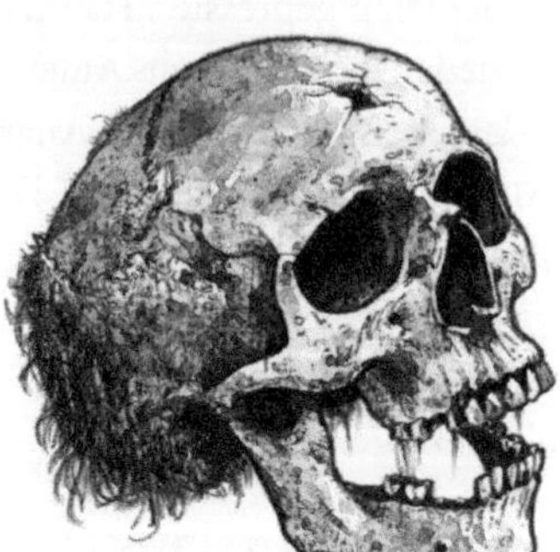

929 »Nun gut, Sie haben sich also dazu entschlossen, zu schweigen. Es tut mir sehr leid, denn dies kann und darf ich natürlich nicht tolerieren.«
Der Doktor wühlt auf dem Tisch herum, zeigt dir eine rostige, nicht zum medizinischen Besteck passende Kombizange.
»Das wird jetzt sehr weh tun!« Grob packt er damit den durchbohrten Zahn, zerrt daran, dass dir ein neuer, nie gekannter Schmerz durch Mark und Bein fährt, und reißt ihn dir aus dem Kiefer. Pein explodiert in deinem Gehirn. Du schmeckst kupfriges Blut, das dir in den Rachen läuft.

*Reduziere deinen **IW** um **1W6** (IW < 20 gehe zu 1018)*

*Führe eine Probe auf **RES** (Resistenz) durch. Gelingt die Probe, kannst du deine Antwort frei wählen. Misslingt die Probe, musst du die Wahrheit sagen.*
*Wenn du mit **JA** antwortest: Lies weiter bei **839***
*Wenn du mit **NEIN** antwortest: Lies weiter bei **639***
*Wenn du weiterhin schweigst: Lies weiter bei **952***

930 Paula verdreht von der Frage genervt die Augen. »Der Doktor ist längst kein Mensch mehr. Zumindest im eigentlichen Sinn nicht. Er hat sich die ersten beiden Infusionen selbst gesetzt, alles Weitere hat der Abgesandte in die Hand genommen. Was vor der Katastrophe ein gewissenloser Schweinehund war, wird sich jetzt sicher auch nicht ändern …«
*Lies weiter bei **630***

931 Paula ist ein sich lauernd bewegender Schatten, der hin und her zu wippen scheint. Der Umriss ihres Kopfes neigt sich zur Seite.
»Fragen willst du mir also stellen? Deswegen bist du bekommen? Was, wenn ich frei sein will, wie du? Wenn das meine Bedingung wäre, dir deine Fragen zu beantworten?«
Ihre Worte sind abwägend, taxierend. Die nächste Antwort wird alles entscheiden!

»Ich kann dich nicht gehen lassen, Paula. Wir beide wissen, dass du es in dir trägst, zum Großteil sogar dazu geworden bist. Aber du kannst mir helfen, dass ich die Wahrheit nach draußen trage!«: Lies weiter bei ***1011***
»Wenn du mir meine Fragen beantwortest, nehme ich dich mit. Ich gebe dir mein Wort darauf. Außerdem, nun ja, denk an unsere Freundschaft, die mich hierher getrieben hat. Schaffen wir es nach draußen, wird alles gut!«: Lies weiter bei ***630***
Du überlegst es dir anders und ziehst dich zurück: Lies weiter bei ***822***

932 »Im Raum des Hausmeisters. Dort bewahren wir alle Sachen auf, die wir den Versuchskaninchen abnehmen. Sauber gefaltet in einem beschrifteten Karton. Musst dich nur an deinen Namen erinnern …«
Lies weiter bei ***814***

933 Der Wächter ringt deinen faden Angriff mühelos nieder, drückt dich zurück auf die gehasste Liege. Der Knüppel trifft dich ein weiteres Mal, unerbittlich und hart. Es tut weh, gleich darauf wird es schwarz vor deinen Augen. Du sinkst in eiskalte Finsternis …
Lies weiter bei ***853***

934 Du drückst den Elektroschock-Stab an die Gummianzüge der Wächter. »Legt euch schlafen, meine lieben Freunde«, flüstert Doktor Bohr und lacht. Zuckend kippen die Wächter zur Seite und bleiben bewegungslos liegen.
Du versetzt Doktor Bohr einen Stromschlag, der ihn für eine Minute ausschaltet: Lies weiter bei ***827***
Du benutzt den Elektroschock-Stab als Waffe und prügelst sicherheitshalber auf die Wächter ein: Lies weiter bei ***867***
Du befiehlst dem Doktor, die Wachen zu fesseln: Lies weiter bei ***734***

935 Ein unangenehmes Kribbeln läuft durch deinen Körper. Es kriecht in dich hinein, sucht nach der Schwachstelle, die du im Moment noch gut versteckst. Es breitet sich aus, wie ein schnell wucherndes Krebsgeschwür, tastet in deinem Gehirn herum,

wispert mit leiser Stimme und bittet darum, eingelassen zu werden. Doch du sagst laut und deutlich **NEIN**!
*Lies weiter bei **946***

936 Krächzend meldet sich eine Stimme über den Lautsprecher zu Wort. »Ah, du streitest besser, als jeder zuvor. Selbst Paula hat es nur bis zum Dritten geschafft. Die Frage ist nun ...« Eine endlos erscheinende, durch Rauschen getragene Pause entsteht. »... ob du genug hast, oder ob deine Wut dich zu weiterem Blutvergießen zwingt!«
Vier Kämpfe liegen bereits hinter dir. Du hast genug, bist mit deinen Kräften am Ende. Dein nackter, mit Blut und Fleisch beschmutzter Körper braucht eine Pause.

*Führe eine Probe auf **RES** durch!*
*Die Probe ist geglückt: Lies weiter bei **665***
*Die Probe ist misslungen: Lies weiter bei **705***

937 Der Doktor denkt über deinen Vorschlag nach, grinst auf eine seltsam schräge Weise. Ein mitleidiges Seufzen leitet seine Antwort ein. »Es tut mir sehr leid, mein herzallerliebstes Versuchskaninchen, diesen Wunsch vermag ich nicht zu erfüllen. Ich verstehe, dass du deine Freundin mitnehmen möchtest, doch in ihr steckt unglaublich viel Arbeit. Also … nein. Und was dich betrifft, du bist jenseits, aller Möglichkeiten. Nun …«, er sieht zu seinen Schlägern, »... nehmt das aufsässige Versuchsobjekt endlich in Gewahrsam, es ist an der Zeit, mit unseren Experimenten fortzufahren!«
Wahrscheinlich hast du mit einer derartigen Antwort gerechnet. Dir bleiben zwei Optionen.
*Niemand steht zwischen dir und der Tür. Wenn du schnell bist, könntest du diese vor den Schlägern erreichen: Lies weiter bei **623***
*Wut wallt in dir auf. Du bist kein Versuchsobjekt, kein Tier. Deine Fäuste ballen sich, du willst kämpfen: Lies weiter bei **663***

938 Die Schläge prasseln in einem unbarmherzigen Stakkato auf dich nieder, zwingen dich auf die schmierigen Fliesen.

Die Rippen werden malträtiert, dein Kopf schreit in grellem Licht nach glitzernden Sternen, die purer Schmerz sind. Bald blutet deine Nase. Der rote Saft läuft dir aus dem Mund, bildet feucht glänzende Blumen, die in grauen Fugen zerfließen. Sogar aus den Ohren blutest du, so hart treffen dich die Schläge.
Bis dein Widerstand letztendlich zerbricht und du geschlagen zusammensinkst.

*Reduziere deinen **IW** um **2W6** (IW < 20 gehe zu 1018)*
*Reduziere deinen **KON** um **2 Punkte***

Doch deine Wut, die brodelt wie glühende Lava unter der Oberfläche, bereit, auszubrechen, wenn der Moment kommt ...
*Lies weiter bei **978***

939 Begleitet von einem wilden Aufschrei drehst du dich um und springst zu der Stelle, wo der Elektroschocker auf dem Boden liegt.

*Führe eine Probe auf **AUS** durch!*
*Die Probe ist geglückt: Lies weiter bei **662***
*Die Probe ist misslungen: Lies weiter bei **702***

940 Paula faucht wütend auf, springt auf die Füße und knirscht bedrohlich mit den Zähnen, bleibt aber in den Schatten. »Mich bezeichnest du als Verräterin? Bist du bescheuert?« Sie pirscht an der Wand entlang, nähert sich dir. »Pass ja auf, was du sagst«, zischt sie aggressiv.
*»Sag mir, was los ist, okay?«: Lies weiter bei **980***
*»Ich bleib' dabei, du hast uns verraten!«: Lies weiter bei **701***

941 Unterwürfig hebst du die Hände, stehst auf. Die Decke rutscht zu Boden, entblößt deinen nackten, verletzlichen Körper. »Ist ja gut, ich komme freiwillig mit!«
»Feigling«, hörst du Paulas zischende Stimme, als dich der Mann grob in den Gang stößt. »Sieh an die Wand!« Du tust wie dir befohlen. Die

Tür fällt ins Schloss, der Schlüssel dreht sich. Der Elektroschocker entlädt sich brutzelnd in deinem Genick. Deine Muskulatur hört auf, zu funktionieren. Du knallst auf den Boden und spürst den warmen Fluss aus deiner sich entleerenden Blase. Es wird dunkel ...
*Lies weiter bei **899***

942

Panik explodiert, presst dein Hirn wie die glühende Faust eines Titanen zusammen, verbrennt unbarmherzig deinen Verstand. Ein gellender Schrei entfährt deinen spröden Lippen, bringen all die Verzweiflung zum Ausdruck. Gemartert bäumt sich dein Körper in den Fesseln auf, du entleerst dich warm auf dem Metall, das es in entwürdigender Weise dein Rückgrat entlang rinnt. Weinend wimmerst du um Gnade, flehst nach dem Tod, der einzig wahren Erlösung.

VIRUS *Reduziere deinen **IW** um **1W6** (IW < 20 gehe zu 1018)*
*Reduziere deinen **MEN** um **1 Punkt***

Du zuckst erschrocken zusammen. Deine Schreie bleiben dir im Hals stecken, als sich die in den rostigen Angeln schreiende Tür öffnet und Doktor Bohr in seinem schmutzigen Arztkittel den Raum betritt. Diabolisch grinsend tritt er unter dem flackernden Licht der Kohlefaserlampe an dich heran.
»Ah, in Panik erwacht, dem Wahnsinn nah.«
Er holt ein klebrig braunes Skalpell aus der Tasche und zieht es dir über die Brust. Der brutale Schmerz lässt dich gellend schreien. Was als düstere Vorahnung deine panischen Gedanken schreckte, manifestiert sich in greller Pein. Tränen schießen heiß in deine Augen. Das Gefühl aufgeschnitten und filetiert zu werden, erwächst tausendfach verstärkt. Der Doktor leckt zufrieden grinsend die Klinge ab und steckt sie weg.
»Die Medikation zeigt ihre unerbittliche Wirkung. Es wird Zeit, dich ein wenig in Rage zu versetzen ...«
Die Worte lassen deinen Atem stocken, jagen dir einen kalten Schauer über den Rücken. Du verbindest Rage mit unsäglichem Schmerz, hilflos ausgeliefert, wie du bist.
*Lies weiter bei **658***

943 Die Tür schließt sich. Der schwere Kerl kracht gegen das Metall und knallt dir die narbige Tür ins Gesicht. Von der Wucht beschleunigt fliegst du durch den Gang, donnerst an die gegenüberliegende Wand und gehst zu Boden. Wie ein Berg ragt der wütende Schläger über dir auf, hebt die dicken Arme und lässt seinen Schlagstock wie einen zerstörenden Hagelschauer auf dich niedergehen. Verzweifelt krümmst du dich zusammen, schützt deinen Kopf mit den Armen und schließt mit allem ab, was du je Leben nanntest.

*Reduziere deinen **IW** um **2W6** (IW < 20 gehe zu 1018)*
*Reduziere deinen **KON** um **2 Punkte***

In deinem Innern spielen sich jedoch andere Dinge ab. Dort erwächst eine Wut, die brodelt wie glühende Lava unter der Oberfläche. Die bereit ist, hervorzubrechen, wenn der Moment kommt ...
*Lies weiter bei **978***

944 Es fällt dir nicht leicht, den Wahnsinn zu unterdrücken. Den Zorn zu bezwingen, der dich rasend macht. Aber es gelingt. Triumphierend siehst du zu dem rot blinkenden Licht der Kamera.
*»Ich werde nicht mehr kämpfen, ganz gleich, was geschieht! Lasst mich raus und wir reden!«: Lies weiter bei **656***
*»Ihr habt keine Macht über mich, hört ihr? Euer beschissener Versuch ist gescheitert. Also lasst mich gehen, bevor ich's mir anders überlege und euch zur Rechenschaft ziehe!«: Lies weiter bei **696***
*»Was ich will, ist Paula. Lasst mich mit ihr gehen und wir sehen uns nie wieder!«: Lies weiter bei **736***

945 Wie ein Lamm auf der Schlachtbank kommst du dir vor, als sich die ledernen Schnallen um deine Gelenke schließen. Doktor Bohr schiebt dir die Infusionsnadel unter die Haut, bohrt sie in die darunter pochende Ader. Der Schmerz ist schlimm, jedoch nur ein fader Vorgeschmack dessen, was kommen wird. Da bist du dir sicher. Der perverse Arzt beugt sich zu dir herab und lächelt. »Bald hast du es geschafft, Patient Nummer 2. Sei dir der Ehre gewiss, einen Dienst an

der Wissenschaft verrichtet zu haben.« Als würde er dir etwas Heilendes verabreichen, öffnet er den Stellhebel am Tropf. Fast andächtig rinnt die mit Schlieren durchzogene blutrote Flüssigkeit den Schlauch hinab und bahnt sich ihren Weg in deine wild pochende Ader …
*Lies weiter bei **695***

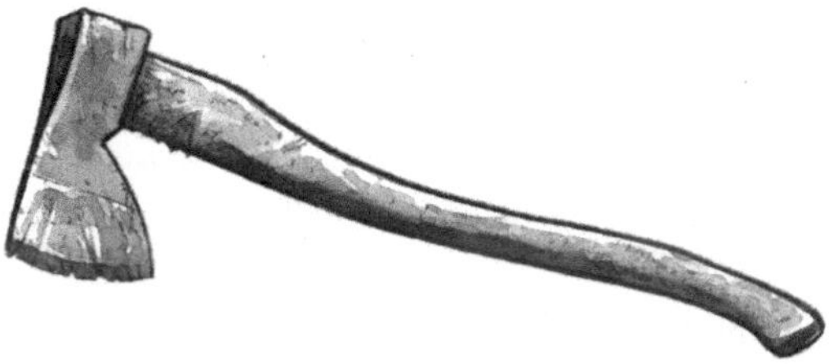

946 Das Böse kriecht in deine Venen, breitet sich aus wie ein Geschwür. Noch bestehst du gegen die wispernden Stimmen. Noch … denn es ist nur eine Frage der Zeit, bis der Damm deines Verstandes bricht. Bis du zum Monster wirst, am Leben und dennoch tot. Doktor Bohr beugt sich über dich, leuchtet dir mit einer Lampe in die Augen, studiert deine hektischen Reflexe. »Wie ist es, wie fühlt es sich an? Hat es schon deinen Geist übernommen?«
Er verschwindet aus deinem Gesichtsfeld, macht der sporenfleckigen Betondecke Platz, die auf dich herabzustürzen scheint, dich in einen Strudel aus Wahnsinn und Wut zieht. Ein unmenschlicher Zorn wird erweckt. Er kriecht in deinen Kopf, droht dich zu übermannen. Widerstehst du der bösen Versuchung?

*Führe eine Probe auf **RES** durch!*
*Die Probe ist geglückt: Lies weiter bei **693***
*Die Probe ist misslungen: Lies weiter bei **773***

947 Schmatzend löst sich die Gasmaske von dem darunter verborgenen Gesicht. Der Schock trifft dich wie ein harter Schlag in den Magen. Ein grauhäutiger, schwarzlippiger Schädel grinst dich mit eingefallenen Wangen an. Was da vor dir liegt, ist nicht eben erst gestorben. Fast vermutest du einen Zombie, doch wie ist es möglich, dass Doktor Bohr ihnen Befehle erteilen kann?

Sollte dies der Hintergrund der Experimente sein, die der wahnsinnige Doktor mit dir durchführt?
Die aufkeimende Wut über das Unvorstellbare, das sich hier anbahnt, nimmt dir den Atem. Deine Hand findet die Schlagwaffe, erhebt sich selbstständig über den Kopf. Mit brachialer Gewalt lässt du den Stock auf den Schädel des Zombies niedergehen, bis er platzt. Als der zweite Gasmaskenmann mit eingeschlagenem Kopf im träge sickernden schwarzen Blut liegt, wendest du dich dem Doktor zu.
*Wenn du den wehrlosen Doktor totschlägst: Lies weiter bei **774***
*Wenn du den Doktor deswegen zur Rede stellen willst: Lies weiter bei **814***

948 Doktor Bohrs schallendes Lachen erfüllt den Raum. »Wenn ich es könnte, wäre ich Feldherr und kein Arzt. Aber ich will ehrlich zu dir sein. Es gibt eine Wesenheit, die ist dazu in der Lage. Kein Mensch, wohlgemerkt. Eher ein … unmögliches Ding, ein höheres Wesen göttlicher Herkunft. In einer Art von gegenseitiger Übereinkunft gestattet es mir, den Toten einfache Befehle zu erteilen. Es hat mir seinen Abgesandten geschickt, der in diesen Gefilden unter der Erde weilt. Ich musste mich für eine besondere Art der Behandlung zur Verfügung stellen … doch das ist eine andere Geschichte. Willst du ihn kennenlernen?«
*Lies weiter bei **814***

949 Diese Tür ist anders. Sie scheint erst vor Kurzem mit einem eierschalenfarbenen Lack gestrichen worden zu sein, der zerkratzt ist. Etwas in deinem Kopf, das eine vage Erinnerung ist, verknüpft sich mit dieser Tür und dem, was dahinter geschah. Etwas Schreckliches, sehr Unangenehmes, Schmerzhaftes. Du betastest das Schloss und stellst fest, dass darin der abgebrochene Bart eines Schlüssels steckt. Als du den Bund in deiner Hand kontrollierst, findest du das passende Griffstück dazu. Diese Tür wirst du nicht öffnen können.
*Lies weiter bei **822***

950 Stille senkt sich nach deiner Frage wie ein bleiernes, alles erstickendes Tuch über den Keller. Paula zittert, reibt sich in einer nutzlosen Geste die dürren Arme. »Nicht der Doktor. Kein Le-

bender. Eher etwas … Altes, Furchteinflößendes …« Sie wirft dir einen flehenden Blick zu. »Es ist selbst nicht hier, doch es hat einen geschickt, der einem Dämon gleich an Boshaftigkeit kaum zu übertreffen ist.« Sie schlägt sich klatschend an die Schläfe, dass ihr Kopf zur Seite wippt. »Etwas davon ist in meinem Kopf, frisst, rumort, treibt mich in den Wahnsinn … macht mich zu seinesgleichen …«
*Lies weiter bei **630***

951 Die Türen der Zellen sind anders. Sie fühlen sich dicker an, als wollten sie dich daran hindern einzutreten. Oder, was wahrscheinlicher ist, um zu verhindern, dass das, was sich darin verbirgt, herauskommt. Dein Blick durch das kleine, schmierige Fensterchen versinkt in undurchdringlicher Finsternis, denn das Licht im Gang reicht nicht aus, das Geheimnis dahinter zu entschlüsseln.
*Wenn du nach einem Schlüssel suchst, um die Tür zu öffnen: Lies weiter bei **769***
*Wenn du lieber eine andere Tür öffnen möchtest: Lies weiter bei **831***

952 »Nun gut, was jetzt kommt, haben Sie sich selbst zuzuschreiben«, schnarrt die dünne Stimme. Der Doktor legt den Haken weg und hebt mit einer bedauernden Geste die Schultern. »Mir persönlich ist es äußerst unangenehm, das Folgende zu tun, aber es ist unabwendbar und zum Wohle der Gesellschaft!«
Damit greift er neben sich, nimmt einen Holzhammer und schlägt ihn dir auf den Kopf, bis du tot bist.

Ende

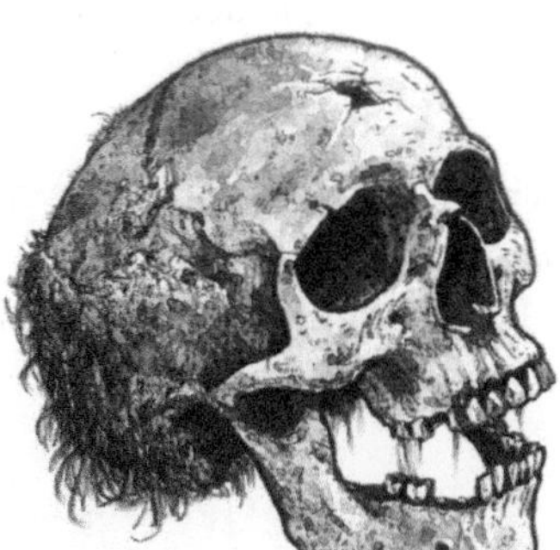

953 Vorsichtig steigst du über den sich türmenden Unrat. Der scharfe Gestank der Reinigungsmittel lässt deine Augen tränen, brennt dir in der Lunge. Dennoch überwindest du deinen Ekel und greifst in den klebrigen Haufen aus Plastik und Papier, um ihn anzuheben …

*Lies weiter bei **993***

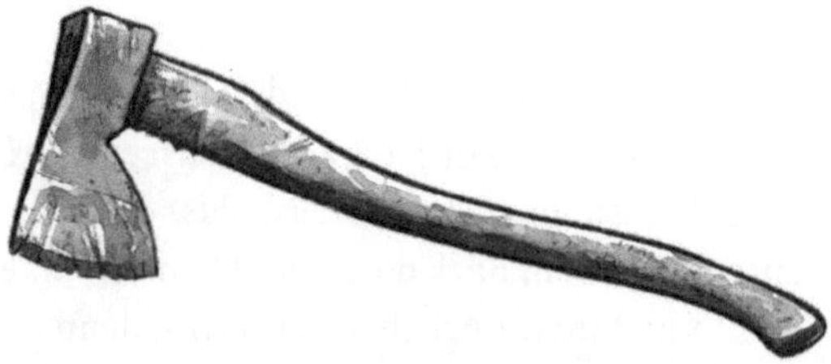

954 Der dumpfe Gestank der Pathologie raubt dir fast den Atem. Der Leichnam des Schlachters hat abgesehen von der Kettensäge (g, WS 4) nichts zu bieten. Außer, du möchtest dir seine blutbefleckte Arbeitsschürze (Kleidung) umhängen. Sie besteht aus stabilem Leder, das durchaus vermag, vor Schnitten zu schützen.
Paula tritt der Leiche in die Seite. »Dieser Bastard zerlegt keinen mehr!« Sie kratzt sich am Kopf, zieht ein Büschel ihres stumpfschwarzen Haars heraus. »Wenn das so weitergeht, sehe ich bald aus, wie 'ne abgehalfterte Vogelscheuche …«
Die Auswahl der Werkzeuge ist beeindruckend. Es gibt eine Axt (g, WS 4), ein Hackbeil (m, WS 3), wie es Metzger verwenden, ein langes, gezahntes Messer (m, WS 2) und eine monströse, aber unhandliche Säge (g, WS 3, Reduzierung GES-1), in deren Zähnen Hautfetzen und Haare hängen.

Du darfst für dich und Paula je eine Waffe auswählen, die ihr bisher noch nicht an euch genommen habt!
Trage die Waffe deiner Wahl auf deinem Charakterblatt B und die für Paula auf ihrem Charakterblatt ein.

Der Boden ist klebrig von Blut und Körpersäften, die vermischt mit Formalin einen zähen Belag gebildet haben. Du fragst dich, wie lange der Schlachter hier drin wohl seinem Handwerk nachging. Sofern du die Schubfächer öffnest, wirst du feststellen, dass in diesen halbverweste Leichen mit schwarzfleckiger Haut liegen, aus deren Körperöffnungen Faulflüssigkeit tropft, die sich in Töpfen darunter sammelt. Als du die Pathologie verlässt, fällt dir ein Nagel im Türrahmen auf, an dem ein einzelner, silberfarbener Schlüssel (k) *(notiere dir diesen Gegenstand unbedingt auf dem Charakterblatt B)* hängt, wie man sie für Vorhängeschlösser verwendet.

»Der ist ganz sicher von Bedeutung«, flüstert Paula hämisch lächelnd.

*Lies weiter bei **832***

955

Die Tür öffnet sich lautlos. Feuchtwarme Luft, die an ein Tropenhaus erinnert, schlägt dir entgegen. Umfängt dich wie ein nasser, schwerer Mantel. Gelblich flackerndes Licht fällt aus von nässenden Flechten umgebenen Drahtkäfiglampen. Der Gedanke an Geschwüre drängt sich dir geradezu auf.

Komm …

Mechanisch setzt du einen Fuß vor den anderen, betrittst ein Szenario, das einem wahnsinnigen Gehirn entsprungen scheint. Wände, Decke, ja selbst der Boden sind von einem bräunlichen Geflecht bedeckt, das dich an pulsierende Wurzeln erinnert. An etwas, das wie ein Tumor wuchert, sich ausbreitet, um alles einzunehmen, was in seine Reichweite gerät. Wenn du auf sie trittst, zerplatzen die Verästlungen, verströmen dabei den Gestank brandiger Wunden und bluten Finsternis. Paula hält sich an deiner Seite, als hätte sie Angst, den Kontakt zu dir und somit zu sich selbst zu verlieren.

Es ist das groteske Gebilde, das dich an der gegenüberliegenden Seite des ansonsten komplett leeren Raumes in seinen Bann zieht. Die gesamte Wand einnehmend erinnert es dich vage an einen Menschen. Einen, der in Kreuzigungspose am roten Ziegelgestein haftet und dabei der typischen Nägel entbehrt. Ins Fleisch eingewachsene, von Schimmel graue Lederbänder halten es am Stein. Einer bizarren Korsage gleich winden sich die Schlaufen um Gelenke, von denen es mehr als bei einem normalen Menschen zu geben scheint. Das Gefecht wuchert wie ein makabrer, Finsternis blutender Strahlenkranz aus dem Fleisch.

Der geschundene Körper ist nackt. Nicht im Sinne von unbekleidet, sondern was die Haut betrifft. Denn die hat man ihm genommen. Stattdessen glänzt faulig-schwarzes Fleisch, das sowohl üppige Brüste als auch männliche Genitalien aufweist. Unter den abgespreizten Armen sind an jeder Körperseite zwei weitere in stümperhafter Weise angenäht, die aber dennoch funktionieren und dir insgesamt den Eindruck einer menschlichen Spinne vermitteln. Die sich bewegenden Finger verursachen Übelkeit, machen deinen Kopf vor Schmerzen taub.
Dem nicht genug, ist der Bauch in einer Art und Weise aufgebrochen, die dich an ein gierig tropfendes Maul erinnert, dessen Ränder mit braun verfärbten menschlichen Zähnen gespickt sind, die in entzündetem Zahnfleisch stecken. Es sind Unterkiefer, die man hier verarbeitet hat. Und Zungen. Feuchtrote, hungrig leckende Zungen, gleich Tentakeln, von deren Spitzen zäher Speichel rinnt.
Das Gesicht überspannt eine Haut, die wie die einer Trommel ringsherum an den Stein genagelt ist und somit einer grotesken Maske gleicht. Lidlose Augen, schwarz wie die Nacht, glänzend wie Käferrücken, sehen dich an. Alles in dir schreit danach, diesen Raum, der einem Portal zur Hölle gleicht, auf der Stelle zu verlassen, wenn da nicht die dünne, halb ins Fleisch verwachsene Halskette wäre, an der ein Schlüssel baumelt.
Während sich das mittlere Armpaar schmatzend von der Wand löst, um sich vor der Brust der Absurdität zu verschränken, öffnet sich der Mund, um zu dir zu sprechen …
Lies weiter bei ***646***

956

Der zungenbewehrte Stachel bohrt sich mit brachialer Gewalt in dein Fleisch. Zungen winden sich, ätzendes Gift verspritzend, in dich hinein, transportieren unbegreifliche Bosheit. Sie kriecht durch deinen Körper, zwingt dich in die Knie. In Sekundenschnelle schmettert es deinen Geist nieder. Dir bleibt keine andere Wahl, als dich in den hintersten Winkel zu verkriechen. Dorthin, wo es finster und einsam ist. Ins schwarze Loch des Vergessens.
»Dein Fleisch wird zu meinem Fleisch …« Das Monster an der Wand breitet die Arme aus. »Dein Blut zu meinem Blut!«
Hilflos im eigenen Körper gefangen erlebst du mit, wie eine andere, absolut böse Präsenz dein Fleisch und Blut übernimmt. Wie dein Körper

zur Puppe dessen wird, was dir der Doktor verabreicht hat. Was zuvor in dir schlummerte, auf den einen Moment wartend, an dem es aus dem Dunkel kriecht.
Nun ist es soweit. Der Augenblick der Offenbarung ist gekommen. Was jemals war, wird nichtig. Wie dein Leben, das du in den düsteren Winkel mitgenommen hast. An das du dich in der Hoffnung auf Erlösung klammerst. Das Monster an der Wand reicht dir den Schlüssel, als wäre es der Heilige Gral.
»Geh hinaus und bringe den Gläubigen den Kelch der Offenbarung!«
Durch die Augen, die einst deine waren, siehst du, wie sich dein Körper aus dem Raum bewegt, dem Gang folgend zum Gitter schreitet, um die Schlösser zu öffnen, hinter denen der Aufzugschacht liegt. Wie ein Affe klettert er hinauf, Stockwerk um Stockwerk, bis es hell wird und du auf das Dach des Asylums hinaus trittst und zum Rand gehst.
Um das Asylum brandet ein aufgewühltes Meer toter Leiber, die sich dir in wilder Gier entgegenrecken. Dies ist der letzte Auftritt eines Rockstars. Der ultimative Gig. Du wirst zum Messias des Untergangs, breitest die Arme aus und trittst über den Rand. Der sekundenlange Fall wird zur Ewigkeit, die emporgereckten Hände, die schmierigen Gesichter zur Farce des Lebens …

Ende

957 »Du meinst also, du kannst mir widerstehen? Dich mir verweigern? Die Göttlichkeit meines Selbst anzweifeln?«
Es knirscht schauderhaft, als sich das Monster bewegt und sich damit einhergehend Fetzen seines Fleisches vom Körper lösen, um am Gestein der Wand zu verbleiben.
*Lies weiter bei **844***

958 Grimmig stellt ihr euch dem ungleichen Kampf Monster gegen Mensch, wobei dies in Paulas Hinsicht eher als zweifelhaft anzusehen ist. Jedenfalls gibt es keine Aussicht auf Flucht oder Vergebung. Dies ist der alles entscheidende Moment!
Doch dieses Mal stehen die Chancen gut, als Sieger aus dem Kampf hervorzugehen. Die Kreatur ist mit sich selbst beschäftigt, versucht, die Flammen zu löschen.

Paula ist eine gnadenlose Kämpferin. Benutze für den Kampf Paulas Charakterblatt, welches du im Anhang findest. Führe die Kampfrunden abwechselnd durch. Für Paula gelten die gleichen Kampfregeln wie für deinen Charakter. Und das in aller Konsequenz!

Führe den Kampf nach den Regeln durch!

Archetyp	KON	AUS	Waffe	WS
Der Abgesandte	*6*	*6*	*Krallen und Bauch-Maul*	*1*

*Reduziere deinen **IW** um **3W6** (IW < 20 gehe zu 1018)*
*Ihr gewinnt den Kampf: Lies weiter bei **683***
*Du gewinnst den Kampf, doch Paula kommt dabei um: Lies weiter bei **1005***
*Ihr verliert den Kampf: Lies weiter bei **723***

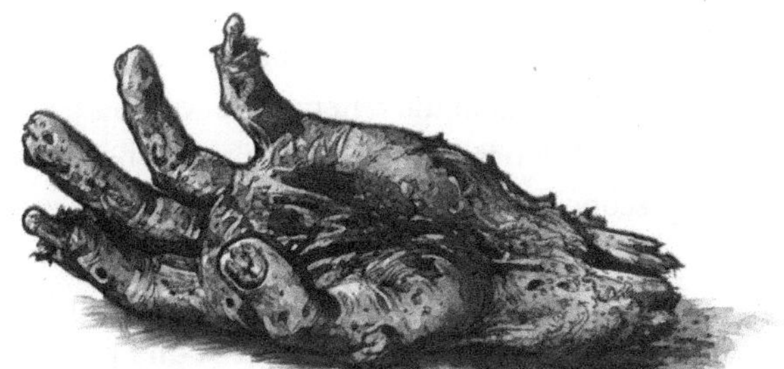

959 Dein Werkzeug taucht tief in die Schlüsselöffnung des ersten Schlosses ein. Deine Bewegungen sind fahrig, dein Mund verkniffen.
Was in den nächsten Sekunden geschieht, bestimmt dein Schicksal, das du schon zu oft auf die Probe gestellt hast!

*Führe eine Probe auf **GES** durch!*
*Die Probe ist geglückt: Lies weiter bei **879***
*Die Probe ist misslungen: Lies weiter bei **923***

960 Der Kampf ist kurz, aber hart. Fordert dir alles ab, auch Blut. Doch letztendlich obsiegst du dem Bösen, schlägst sie nieder und stößt sie über den Rand des Dachs. Wie ein Stein stürzte

sie mit ausgebreiteten Armen der Meute entgegen, wird gierig in ihr aufgenommen, als bestünden sie aus einer homogenen Masse, die sich zur Nahrungsaufnahme öffnet. Nur Sekunden später ist sie verschwunden, als hätte es sie nie gegeben.
»Verdammt nochmal, Paula! Das hätte nicht sein müssen.«, flüsterst du fassungslos, während sich dein Herz im trauernden Krampf zusammenzieht. Was die Zukunft für dich geplant hat, du stehst dem allein gegenüber.
Am Himmel folgt ein Flugzeug seiner Bahn, hinterlässt einen weißen, sich schnell verflüchtigenden Streifen. Du prägst dir die Richtung ein, in die es fliegt.
Dorthin wirst du gehen, denn die Überlebenden müssen die Wahrheit erfahren!
*Lies weiter bei **1058***

961 Mit einem gewagten Sprung hechtest du in Richtung des Tisches, auf dem die rettende Auswahl ausgebreitet auf einem schmutzigen Tuch bereitliegt. Der Schlachter bewegt sich diagonal zu dir und schneidet dir mit aufheulender Kettensäge den Weg ab.
In letzter Sekunde tauchst du unter der schrill jaulenden Kettensäge weg, prallst mit der Hüfte gegen den Seziertisch und realisierst, dass du mit dem, was du hast, diesem fleischgewordenen Albtraum gegenüberstehst!
*Lies weiter bei **1001***

962 Du führst dein Werkzeug in den Bügel des letzten Schlosses. Deine Hände sind feucht, Schweiß steht dir auf der Stirn.
Von dem, was nun geschieht, hängt alles ab. Dein Leben, deine Zukunft!

*Führe jeweils für dich und Paula eine Probe auf **AUS** durch. Paulas **AUS** kannst du ihrem Charakterblatt entnehmen*
*Die Probe ist geglückt: Lies weiter bei **1002***
*Die Probe ist misslungen: Lies weiter bei **802***

963 Du setzt alles auf eine Karte, beißt die Zähne zusammen, nimmst Anlauf und springst!

Der Boden weicht einem schwarzöligen Abgrund. Die Leiter wächst vor dir an, ist bald zum Greifen nah. Die Wucht deines Sprungs katapultiert dich dagegen. Du ergreifst eine Sprosse, die Füße landen auf einer anderen. Erst glaubst du, das marode Holz bricht, doch sie hält stand.

Unter dir entsteht Gewühl im schwarzen Nass. Ölbeschmierte Krallen, die einst Hände waren, durchstoßen die Oberfläche, die einer dünnen Haut gleicht, und recken sich zu dir empor. Doch du bist zu weit weg, sie können dich nicht greifen.

Über dir, du glaubst es kaum, ein winziges Rechteck blauer Himmel! Die Hoffnung überschwemmt dich wie ein wildes Meer, nimmt dir den Atem und durchströmt dich mit ungeahnter Kraft, die dich nach oben klettern lässt. Sprosse um Sprosse ziehst du dich hoch, dem Licht entgegen.

Erdgeschoss …

Schweiß rinnt dir in die Augen, macht sie brennend. Durch den schmalen Spalt zwischen den Aufzugtüren schieben sich Hände. Füllen ihn aus wie faulschwarze Schmetterlinge, deren Flügelschlag in schartigen Fingernägeln endet.

Erste Etage …

Du stellst dir die Frage, wo der eigentliche Aufzug geblieben ist, denn über dir ist jetzt nichts mehr als Blau. Hier sind die Türen verschweißt. Kratzend fahren Fingernägel von der anderen Seite über das Metall, kreischen wie aufgebrachte Krähen. Deine Muskeln protestieren, fordern für den ausgepowerten Körper Ruhe. Doch du kletterst weiter.

Zweite Etage …

Die Aufzugtüren stehen offen. Dahinter erstreckt sich der verwüstete Flur einer Krankenstation. Der Boden ist bedeckt mit schmutzigen Laken und braunfleckigem Papier. Ein vertrockneter, nackter Leichnam ist in Kreuzigungspose an die Wand genagelt. Die braune Haut ist gespickt mit Spritzen. Skalpelle bilden einen Heiligenschein auf seinem Kopf. Anstelle von Augen ragen Füllfederhalter aus den leeren Höhlen.

Das Loch …

Das rechteckige Blau umfängt dich in winterkalter Umarmung. Du kriechst auf das Dach hinaus, kneifst ob des hellen Lichts die Augen zu.

Ein unbeschreiblicher Gestank schwappt wie eine Flut über dir zusammen. Ein Raunen aus tausend und abertausend Kehlen umfängt dich wie ein erdrückender Mantel. Auf dem Dach selbst bist du allein, doch als du an den Rand des Asylums trittst, siehst du dich von einem Meer aus aufrecht verfaulenden Leibern umgeben, die dem letzten, verbliebenen Rockstar die Hände entgegenrecken und darauf fiebern, was er als nächsten Song spielen wird.
Schwindel erfasst deinen Geist, als du sie sich an den Wänden auftürmen siehst. Wie sie übereinanderklettern und hinaufwachsen wie ein ekliges, Leichensaft schwitzendes Geschwür.
Nur Tote, sagst du dir. *Das sind die im Vergleich zu dem, was unten war! Nur tote, von Verwesung gezeichnete Körper, Maden gleich!*
Entschlossen trittst du ihnen entgegen. »Ihr könnt mir nichts anhaben, denn ich habe euren Gott getötet!«
Am Himmel folgt ein Flugzeug seiner Bahn, hinterlässt einen weißen, sich schnell verflüchtigenden Streifen. Du prägst dir die Richtung ein, in die es fliegt. Dorthin wirst du gehen, denn die Überlebenden müssen die Wahrheit erfahren!
*Lies weiter bei **1058***

964 Im Gang umfängt dich das schmerzerfüllte Gejammere der verunstalteten Kreaturen aus den Zellen. Sie winden sich, als würden sie unermessliche Qualen erleiden. Sind aufgebracht, weil ihr Herr aufgebracht ist.
»Keift nur und jammert, ihr Ausgeburten«, verhöhnt sie Paula. »Um nichts in der Welt werde ich euch rauslassen …«
Du hörst, wie euch das Unding matschig nass hinterherkommt. Was ihr jetzt braucht, ist eine Waffe, mit der ihr euch dem Scheusal entgegenstellen könnt.
Eine Kettensäge womöglich?
Nein, nicht genug!
Feuer?
Ja, genau, Feuer!
Das wär's. Verbrennen und niederknüppeln, dich des Schlüssels bemächtigen, das Gitter aufschließen und abhauen aus diesem Albtraum!
»Ein Feuer wär jetzt nicht schlecht!«, keuchst du außer Atem.

»Und ich weiß auch, wo wir etwas finden, das verdammt heiß brennt«, erklärt Paula breit grinsend. »Im Kellergang, wo die Kisten und das Gerümpel gestapelt ist, bei den Gittertüren, die zum Aufzug führen. Dort stehen zwei Kanister randvoll mit hochoktanigem Benzin. Ein Funke und Bäm!«

Benzin brennt heiß wie die Sonne, sinnierst du fahrig.

Viel Zeit bleibt dir nicht mehr, denn das Monster kommt dir mit der Geschwindigkeit einer Spinne hinterher, auf sechs Händen und zwei Füßen laufend. Du erreichst die kleine Halle vor der Gittertür. Sie ist deine letzte Hoffnung!

Wenn du Zündhölzer, ein bengalische Fackel, ein Feuerzeug (egal, welcher Art) besitzt, um ein Feuer zu entfachen: Lies weiter bei ***678***

Wenn du nichts hast, um ein Feuer zu entfachen: Lies weiter bei ***718***

965 Unerbittlich zieht es dich ins Feuer. Deine Haare rollen sich versengt zusammen, die Haut schlägt Blasen und zischt, als Feuchtigkeit aus den Poren perlt. Brennendes Fleisch von Mensch und Monster verbindet sich in tödlicher Umarmung, während das gefräßige Bauch-Maul deinen Eingeweide zerfleischt, sich Zungen züngelnd in den geöffneten Körper bohren, um selbst im Augenblick des Todes ihr Gift zu verspritzen.

Das Feuer zwingt euch beide in die Knie. In Flammen stehend wird dein Empfinden taub. Deine Augäpfel platzen, du findest dich in Dunkelheit wieder. Du beginnst den Fall ins unendliche Nichts, in dem es weder Hoffnung noch Vergebung gibt …

Ende

966 Der boshafte Stachel bohrt sich tief und suchend in deinen Geist. Schmettert ihn mit brachialer Gewalt nieder. Dir bleibt keine andere Wahl, als dich in den hintersten Winkel zu verkriechen. Dorthin, wo es finster und einsam ist. Ins schwarze Loch des Vergessens.

»Dein Fleisch wird zu meinem Fleisch …« Das Monster an der Wand breitet die Arme aus. »Dein Blut zu meinem Blut!«

Hilflos im eigenen Körper gefangen, erlebst du mit, wie eine andere, absolut böse Präsenz dein Fleisch und Blut übernimmt. Wie dein Körper zum Spielzeug dessen wird, was dir der Doktor verabreicht hat. Was zuvor in dir schlummerte, auf den einen Augenblick wartend, bereit, sich zu erheben.

Nun ist es soweit. Der Moment der Offenbarung ist gekommen. Was jemals war, wird nichtig. Wie dein Leben, das du in den düsteren Winkel mitgenommen hast. An das du dich in der Hoffnung auf Erlösung klammerst.

Das Monster an der Wand reicht dir den Schlüssel, als wäre es der Heilige Gral.

»Geh hinaus und bringe den Gläubigen den Kelch der Offenbarung!«

Durch die Augen, die einst deine waren, siehst du, wie sich dein Körper aus dem Raum bewegt, dem Gang folgend zum Gitter schreitet, um die Schlösser zu öffnen, hinter denen der Aufzugschacht liegt. Wie ein Affe klettert er hinauf, Stockwerk um Stockwerk, bis es hell wird und du auf das Dach des Asylums hinaus trittst und zum Rand gehst.

Um das Asylum brandet ein aufgewühltes Meer toter Leiber, die sich dir in wilder Gier entgegenrecken. Dies ist der letzte Auftritt eines Rockstars. Der ultimative Gig. Du wirst zum Messias des Untergangs, breitest die Arme aus, und trittst über den Rand. Der sekundenlange Fall wird zur Ewigkeit, die emporgereckten Hände, die schmierigen Gesichter zur Farce des Lebens …

Ende

967 Umgeben vom Gestöhne und den Geräuschen aus den anderen Zellen legst du die Hand auf die Metalltür, die aus irgendeinem Grund zu Schwitzen scheint. Es ist ein öliges Wasser, das aus ihren rostigen Poren dringt. Du zerreibst es nachdenklich zwischen den Fingern und spürst das unheilverkündende Kribbeln, das deine Haut durchdringt.

Komm zu mir, wispert es in deinem Kopf. Ein Schauer fährt dir über die Wirbelsäule in den Nacken, überzieht dich mit kaltem Zittern.

Ich erwarte dich …

Ich habe dich erwartet, schon zu Anbeginn der Zeiten …

Dein Speichel schmeckt nach Kupfer, denn dir wird klar, dass die Stimme in deinem Kopf von jenseits der Tür kommt. Von einer Präsenz, die dir seltsam bekannt erscheint.

Ich bin die Antwort auf all deine Fragen …
Zukunft wie Vergangenheit …
Das, was war und immer sein wird …
Was auch immer dich hinter der Tür erwarten mag, es ist final. Die Entscheidung, durch diese Tür zu gehen, wird nicht mehr rückgängig zu machen sein. Umgeben von einem Albtraum versinkst du in den Abgrund von etwas weit Schlimmerem, als du die Klinke drehst und die Tür öffnest.
*Lies weiter bei **915***

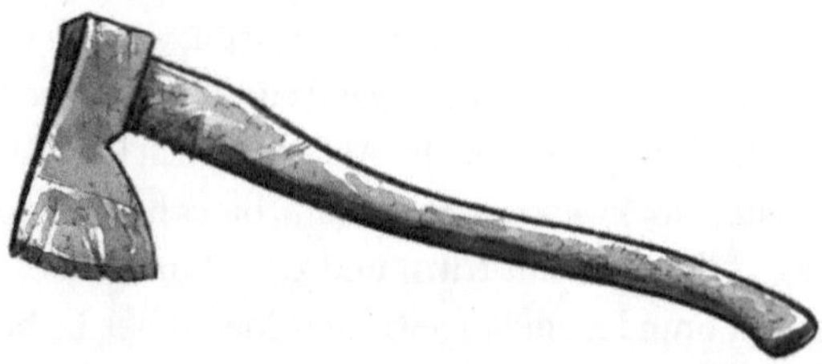

968 Das Regal durchzieht den Raum wie eine Wand. In den Fächern stapeln sich von der Feuchtigkeit aufgequollene Bücher, Zeitschriften und Zeitungen aus längst vergangenen Tagen. Wie ein Archäologe stehst du vor den Hinterlassenschaften einer untergegangenen Zivilisation. Zerfledderte Bücher und Hefte liegen zertreten und mit Fäkalien beschmiert auf dem Boden, machen ein Durchkommen schwer. Zumeist sind es Romane, die eine fiktive Zombieapokalypse beschreiben, andere, die sich um die letzten Tage der Menschheit drehen. Geschichten, die Realität geworden sind, deren Happy Ends denen von Lügenmärchen gleichen. Hier gibt es nichts, was dir von Nutzen ist!
*Lies weiter bei **768***

969 Kein Rascheln, kein Atem, nur das dröhnende Rauschen absoluter Stille. Plötzlich ein Kichern, das dir einen eiskalten Schauer über den Rücken jagt. Da liegt viel Bosheit in dem Ton, viel Verachtung dir gegenüber. Ein Schatten bewegt sich in der Dunkelheit vor dir, nimmt eine lauernde, hockende Position ein. »Willst du das wirklich, Freund? Mich befreien und so, wie ich bin, an deiner Seite haben?«

*Womöglich ist dies deine letzte Chance, dich zurückzuziehen: Lies weiter bei **831***
*»Warum sonst hätte ich das alles auf mich genommen. Nur wegen dir! Also, ich kann dir nicht viel Hoffnung machen, aber wenn wir es gemeinsam hier raus schaffen, wäre das ein zumindest ein Anfang!«: Lies weiter bei **971***
*»Na ja, ich will ehrlich zu dir sein. Du machst mir Angst. Was ich sagte, geschah aus alten Verpflichtungen heraus. Aber wie wär's, beantwortest du mir ein paar Fragen?«: Lies weiter bei **1009***

970 Paula ist die Frage aus irgendeinem Grund unangenehm. »Der Abgesandte spendet das rotschmierige Zeug in der zweiten Infusion. In der Dritten aber, in der die Finsternis auf dich wartet, schlummert der Geist des höheren Wesens. Es ist die pure, abgrundtief böse Essenz äonenalten Grauens …«
*Lies weiter bei **630***

971 »Du meinst das ernst, nicht wahr?« Paulas Stimme ist fragend, aber auch überrascht. Langsam kriecht sie mit seltsam verrenkten Bewegungen aus den Schatten, nimmt sich die Decke, um ihren bleichen, abgemagerten Körper darin einzuwickeln. »Dir sollte bewusst sein, das ich jetzt eine andere bin … nicht mehr das nette, alberne Polizistenmädchen von früher.« Ihre gelblich glimmenden Augen mustern dich aufmerksam. »Wenn du möchtest, führe ich dich hier raus … und … nun ja, womöglich mache ich dich zu etwas anderem, zu etwas wie ich es bin, wenn du unvorsichtig bist … also sei auf der Hut.«
Jetzt steht sie vor dir, berührt dich mit klammen, dünnen Fingern. Unter ihren Nägeln hat sich Schmutz und geronnenes Blut gesammelt. »Also, was soll ich für dich tun?«
*»Bring mich auf dem schnellsten Weg hier raus!«: Lies weiter bei **670***
*»Bring mich zu dem, der für deinen Zustand die Verantwortung trägt!«: Lies weiter bei **710***

972 Er lacht. »Ich existiere in einer Art Co-Existenz mit einem höheren Wesen, das mir über seinen Abgesandten einen Teil seiner Essenz gespendet hat … Also lebe ich noch? Ja! … Bin ich ein Mensch? Teilweise! … Werde ich die Katastrophe überleben? Unbedingt! … Du tätest also gut daran, den gleichen Weg zu beschreiten, auf dem ich wandle. Niemand kann sich der neuen Ordnung verschließen!«

*Lies weiter bei **814***

973 Schweiß perlt auf deiner Stirn, Angst beschleunigt dein Atmen, als du zu begreifen beginnst, was es mit dieser Höllenapparatur auf sich hat.

»Die Elektrotherapie hat zu früheren Zeiten große Heilungserfolge erzielt.« Doktor Bohr lacht süffisant. »In deinem Fall jedoch dient die Apparatur eher der Züchtigung!« Du hörst das Klicken von Schaltern, ein elektrisches Summen erfüllt den Raum. »Beginnen wir mit der Behandlung!«

Ein Faust schlägt dir gegen die Schläfen, wo die Elektroden kleben. Der elektrische Strom fräst sich durch dein Hirn und macht sich auf die Suche nach deinem Verstand, während dein Körper krampfend zuckt. Hältst du stand?

*Führe eine Probe auf **RES** durch!*

*Die Probe ist geglückt: Lies weiter bei **632***

*Die Probe ist misslungen: Lies weiter bei **672***

974 Die Gummianzüge schützen die Wächter vor den Stromschlägen, jedoch nicht vor roher Gewalt. Also prügelst du hart auf die beiden Gestalten ein. Das laute Klatschen der Schläge weckt den sachte schlummernden Zorn in dir. Die Wut aus der Zombiearena kehrt wieder!

*Führe eine Probe auf **MEN** durch!*

*Die Probe ist geglückt: Lies weiter bei **907***

*Die Probe ist misslungen: Lies weiter bei **895***

975 Die Seuche überflutet deinen Körper, zerbricht den mühsam aufrecht erhaltenen Damm. Du hast dem schleichenden Tod nichts entgegenzusetzen. Was von dir, was von deinem

Ich übrig ist, zieht sich in den hintersten Winkel deines Geistes zurück, verrammelt sich, wenn nötig. Widerstehst du der leise wispernden Stimme?

*Halbiere deine **MEN** und runde das Ergebnis auf!*
*Halbiere deinen **IW** und runde das Ergebnis auf!*

Die Antwort ist: **VIELLEICHT!**

*Solange dein **IW** über **20** ist, bist du auf der sicheren Seite und kannst widerstehen. Lies weiter bei **946***
*Erreicht dein **IW** diese Grenze, bricht dein Widerstand wie ein Kartenhaus in sich zusammen: Lies weiter bei **1018***

976

Der Kerl mit dem Stab versetzt dir einen Stromstoß mit dem Elektroschock-Stab, der dich zuckend in die auf dem Boden verteilten Gedärme schickt. Das zerschlagene Gesicht eines Toten verhöhnt dich lachend, während du dich in seinen Innereien suhlst. Schon senkt sich der Stab zum zweiten Stromstoß herab.
*Du hebst flehend die Hände »Nicht, bitte, ich komme doch mit!«: Lies weiter bei **745***
*Von Wut übermannt entscheidest du dich für den Kampf: Lies weiter bei **625***

977

Der Raum erinnert dich an einen Raubtierkäfig, denn abgesehen von der Wand, in der die stabile Metalltür eingelassen ist, siehst du dich von Gittern umgeben. Hinter den Stäben, zwischen Finsternis und Greifbarkeit, käsige Gesichter, die keine mehr sind. In den finsteren Zellen harren Zombies darauf, über dich herzufallen!
In einer Ecke blinkt oben an der Decke die rote LED einer Kamera. Irgendwo wird einer an den Hebeln sitzen, welche die Käfigtüren entriegeln. Einzeln oder alle zugleich. Bist du Opfer oder Spielzeug?
*Du gehst zur Tür und versuchst, diese zu öffnen: Lies weiter bei **624***
*Du versuchst, durch rufen, auf dich aufmerksam zu machen: Lies weiter bei **664***

978 Die rostigen Deckenlichter ziehen an dir vorbei, wiegen sich im Takt der Schritte derer, die dich unter den Achseln gepackt hinter sich herziehen.
»Die werden sich über's Frischfleisch freuen!«, sagt der eine.
»Yeah, das wird 'ne geile Show!«, antwortet der andere.
Ein Schlüssel knirscht in einem rostigen Schloss, eine Tür quietscht in ihren Angeln. Aus der Öffnung strömt dir ein Geruch nach ranzigem, alten Käse und Fäulnis entgegen. Nackt wie du bist, werden sie dich auf den nasskalten Boden.
Hämisch lachend verlassen sie den dunklen Raum, verschließen die Tür. Leise Geräusche umgeben dich wie ein ekelhafter Mantel. Eine Neonleuchte erwacht tickend über dir und entlockt der Dunkelheit, was besser verborgen geblieben wäre …
(Solltest du im Besitz des Schlüsselbundes oder des Schlagstocks sein, streiche diese Gegenstände von Charakterblatt B.)
Lies weiter bei ***977***

979 Draußen präsentiert sich dir ein düsterer Flur. Gegenüber siehst du Türen, die beschriftet sind mit »Zahnbehandlung« oder »Elektrotherapie«. Der Boden scheint leicht feucht, die Luft riecht abgestanden und seltsam modrig.
Wenn du probierst, die Tür zu öffnen: Lies weiter bei ***660***
Du gehst zur anderen Pritsche und holst dir eine Decke: Lies weiter bei ***1003***
Du gehst zu deiner Pritsche zurück und setzt dich hin: Lies weiter bei ***779***

980 Aus Paulas Kehle dringt ein leises Knurren. Sie legt den Kopf leicht schräg, ganz so, als müsste sie erst darüber nachdenken. »So vieles ist geschehen. Womöglich hab' ich sie sogar zu unserer Zuflucht geführt, war unvorsichtig. Aber verraten hab' ich euch jedenfalls nicht.«

Sie richtet sich auf der Pritsche auf, lehnt sich zurück an die Wand. »Am besten, ich fange ganz am Anfang an. An dem Tag, als unsere Zuflucht fiel.«

*Lies weiter bei **741***

981 Du schaffst es, dem Pfleger den Elektroschocker aus der Hand zu treten, bevor dieser in einer Position ist, die dir gefährlich werden kann. Der funkende Stab fliegt mit lautem Klappern in den Gang und außer Reichweite. Jetzt steht ihr euch mit erhobenen Fäusten gegenüber.

Führe den Kampf nach den Regeln durch!

Archetyp	KON	AUS	Waffe	WS
Pfleger	*7*	*6*	*Fäuste*	*1*

*Reduziere deinen **IW** um **2W6** (IW < 20 gehe zu 1018)*

*Du gewinnst: Lies weiter bei **699***

*Du verlierst: Lies weiter bei **739***

982 »Nun gut, ich denke, dabei können wir es vorerst belassen.« Der Doktor lehnt sich entspannt zurück und verschränkt die Arme. »Ob Ihre Antwort der Wahrheit entspricht, wird sich zeigen.«

Mit einem Lächeln im Gesicht zieht er eine Spritze auf und sticht die Nadel in deinen Unterarm. »Die folgenden Untersuchungen erfordern es, dass Sie schlafen ...«

*Lies weiter bei **757***

983 Der Kerl schlägt nach deinem Gesicht. Doch du tauchst unter seinem Angriff hinweg und drischst ihm die geballte Faust in den Bauch, dass er nach Luft ringend zusammenklappt. Dein Knie donnert an seinen Kiefer. Ein lautes, hässliches Krachen hallt durch den Raum.

Der Schlagstock (m, WS 2) klappert vor deine Füße. Mit grimmigem Blick hebst du das Schlagwerkzeug auf und siehst dem zweiten Schläger zu allem entschlossen in die Augen *(notiere dir den Schlagstock als Gegenstand auf dem Charakterblatt B).*

Wenn du versuchst, die Tür zu erreichen: Lies weiter bei ***697***

Wenn den zweiten Schläger angreifst: Lies weiter bei ***737***

984

Blinde Wut übermannt deinen Geist. Du hebst die Waffen auf, schlägst wie ein Wilder auf die Tür ein. Du kannst nichts ausrichten, kommst nicht an die heran, die schuld sind. Deswegen drehst du dich zu den Käfigen um, knirschst wütend mit den Zähnen. »Macht die scheiß Gitter auf, damit ich den Leichenfressen das Lachen aus dem Gesicht schneiden kann!«

Lies weiter bei ***904***

985

Die schmalen Gummigestalten weichen erschrocken zurück, als du dich ihnen entgegenwirfst. Der mit dem Elektroschock-Stab stellt sich dir entgegen, während sich der mit dem Polizei-Schlagstock zurückhält.

Aber natürlich, geht es dir durch den Kopf, *sie wollen, dass ich lebend auf dem Tisch lande.* Mit bloßen Händen stürmst du gegen die makabre Gestalt an.

Führe den Kampf nach den Regeln durch!

Archetyp	KON	AUS	Waffe	WS
Gummigestalt 1	*3*	*2*	*Elektrostock-Stab*	*2*

Reduziere deinen ***IW*** *um* ***1W6*** *(IW < 20 gehe zu 1018)*

Du gewinnst: Lies weiter bei ***735***

Du verlierst: Lies weiter bei ***775***

986 Ohne den irren Doktor loszulassen, nimmst du den Elektroschock-Stab (m, WS 2) an dich *(notiere dir den Gegenstand auf Charakterblatt B).*

Du versetzt Doktor Bohr einen Stromschlag, der ihn für eine Minute ausschaltet: Lies weiter bei ***894***

Du versetzt den Gummianzug-Wächtern einen Stromschlag, der sie für eine Minute ausschaltet: Lies weiter bei ***934***

Du benutzt den Elektroschock-Stab als Waffe und schlägst beide Wächter bewusstlos: Lies weiter bei ***974***

Du befiehlst dem Doktor, die Wachen zu fesseln: Lies weiter bei ***734***

987 Nachdem du den Doktor mit Kabelbindern gefesselt hast, wendest du dich den Gasmaskenträgern zu.

»Du solltest besser die Finger von ihnen lassen«, warnt dich der Doktor. Dass er etwas vor dir zu verbergen hat, liegt klar auf der Hand. Dass es mit den Wächtern zu tun hat, ist offensichtlich. Du willst wissen, was Sache ist, ziehst einer der Gestalten die Gasmaske vom darunter verborgenen Gesicht. Der Schock trifft dich wie ein harter Schlag in den Magen. Ein grauhäutiger, schwarzlippiger Schädel grinst dich mit eingefallenen Wangen an. Was da vor dir liegt, ist nicht eben erst gestorben. Fast vermutest du einen Zombie, doch wie ist es möglich, dass Doktor Bohr ihnen Befehle erteilen kann?

Sollte dies der Hintergrund der Experimente sein, die der wahnsinnige Doktor mit dir durchführt?

Die aufkeimende Wut über das Unvorstellbare, das sich hier anbahnt, nimmt dir den Atem. Deine Hand findet die Schlagwaffe, erhebt sich selbstständig über den Kopf. Mit brachialer Gewalt lässt du den Stock auf den Schädel des Zombies niedergehen, bis er platzt. Als der zweite Gasmaskenmann mit eingeschlagenem Kopf im träge sickernden schwarzen Blut liegt, wendest du dich dem Doktor zu.

Wenn du den wehrlosen Doktor totschlägst: Lies weiter bei ***774***

Wenn du den Doktor deswegen zur Rede stellen willst: Lies weiter bei ***814***

988 »Es diese Wesenheit. Kein Mensch, wohlgemerkt. Eher ein … unmögliches Ding, womöglich ein höheres Wesen göttlicher Herkunft. Er schickte mir einen Abgesandten, dem ich fortan

diente.« Er kichert irre. »Und es ist überaus lukrativ, dies zu tun, gibt er mir nicht nur Einblick in die Mysterien des Lebens. In das Dahinter. Wenn du wirklich wissen willst, um was es bei all dem geht, musst du mit ihm reden. Doch bist du bereit dazu?«
Lies weiter bei ***814***

989 Der Gang jenseits des Gitters macht eine Biegung nach links. Vor dieser siehst du ein Rollbett, das mit einem fleckigen Laken abgedeckt an der Wand steht. Eine Hand hängt schlaff und leichenfleckig unter dem Stoff heraus. Auf dieser Seite des Gitters kannst du jedenfalls nicht bleiben, also suchst du mit fahrigen Bewegungen den passenden Schlüssel, steckst ihn in das rostige Schloss und drehst ihn um. Was sich weiter hinten im Gang, hinter der Biegung, befindet, entzieht sich deinem Blick ...
Wenn du allein unterwegs bist: Lies weiter bei ***792***
Wenn du eine Begleitung hast: Lies weiter bei ***832***

990 Paula lacht schallend. »Ein Heilmittel? Echt jetzt? Du glaubst, deswegen macht es der Doktor?« Das Lachen verzerrt ihren Mund zu einer hässlichen Fratze. »Niemand kann umkehren, was nicht umzukehren gibt. Es gibt keine Heilung und es wird nie eine geben. Was es gibt, ist eine Umkehrung vom Leben in den unsterblichen Tod. Von Freiheit zur Sklaverei, denn das ist es, was der uralte Geist mit uns macht. Er versklavt uns ...« Ihre kalt-klammen Finger krallen sich an die deinen. »Wenn du denkst, dass es Hoffnung gibt, lebst du in der falschen Welt!«
Lies weiter bei ***630***

991 Was sich hinter dieser Tür verbirgt, ist der Grund, weswegen du den beschwerlichen Weg durch die Stadt auf dich genommen hast: Paula!
Das Licht wirft einen schwachen Schein durch das Türfenster, der gerade dazu reicht, den Bereich zwischen den beiden Pritschen zu erhellen. Du glaubst, ihre Füße zu sehen, bevor sie ins Dunkel entschwinden. Hörst ein leises Rascheln von Stoff ... oder ist es nur dein verwirrter Geist, der dich das Glauben macht?

Du weißt, dass sich alles ändern wird, wenn du diese Zelle öffnest. Zum Guten, wie zum Schlechten. Das hängt nicht etwa von dir ab. Vielmehr ist es Paula, oder das, was der Doktor aus Paula gemacht hat, die diese Entscheidung fällen wird. Überlege dir also gut, ob du bereit dazu bist, ihr ein weiteres Mal gegenüberzutreten!

*Wenn du die Zelle öffnest: Lies weiter bei **889***

*Wenn du lieber eine andere Tür öffnen möchtest: Lies weiter bei **831***

992

Der Gang erweitert sich in eine kleine Halle. Die Lampen baumeln aus den Halterungen gerissen an funkensprühenden Kabeln. Viele leuchten gar nicht mehr. Herabgefallener Mörtel knirscht unter deinen Sohlen. Wasser tropft von der Decke, bildet ölig schimmernde Pfützen.

Rechts gibt es eine Einbuchtung, in der sich allerlei Zeug im Zwielicht stapelt.

Geradeaus geht es ins Dunkle weiter. Dort wendet sich der Gang nach links. Du schmeckst die böse Präsenz, die dir von dort entgegendringt. Bitter legt sie sich auf deinen Gaumen, treibt dein Herz zu schnelleren Schlägen.

Links liegt hinter einem demolierten Drahtgitterkäfig eine doppelflügelige Tür. Ihr stählernes Blatt ist nicht nur mit dem Rahmen fest verschweißt, nein, man hat zusätzlich Bretter quer darüber genagelt und Fässer davor aufgestapelt. Über dem Türrahmen glimmt ein blassgrünes Exit. Rechts schließt sich ein weiterer Drahtgitterkäfig an, der intakt ist und dessen Tür mit drei Vorhängeschlössern gesichert wurde. Im Käfig steht ein simpler Holzstuhl, dahinter gähnt finster eine halb geöffnete Aufzugtür.

Du kehrst von den einzelnen Stationen in den meisten Fällen hierher zurück. Gut möglich, dass du von einer nicht mehr zurückkehrst. Wähle die Reihenfolge deiner Sprünge also mit Bedacht, denn es könnte über Leben und Tod entscheiden!

Du darfst jedes Ziel nur einmal untersuchen!

*Wenn du das aufgestapelte Zeug auf der rechten Seite untersuchen möchtest: Lies weiter bei **994***

*Wenn du geradeaus weiter in die Dunkelheit gehst: Lies weiter bei **647***

*Wenn du dir die Türen zum Treppenhaus genauer ansehen möchtest: Lies weiter bei **687***

*Wenn du den Gitterkäfig vor dem Aufzug ansehen möchtest: Lies weiter bei **727***

*Wenn du zu den Gang zurückgehst: Lies weiter bei **792***

993 … und findest die Ursache des Wahnsinns, der diesen Raum heimgesucht hat. Ein halb von scharfen Rohrreinigern aufgelöster Zombie schwimmt in schmierigem rotbraunem Faulschlamm. Sein nackter und komplett gehäuteter Körper reckt sich dir röchelnd entgegen. Das Ding hat sich von seinem Unterleib gelöst, oder besser gesagt aufgelöst. Das grauenhafte Maul öffnet sich Fäden ziehend. Was an Lippen übrig ist, rutscht verklebt vom bleichen Knochen. Für dieses arme Geschöpf kannst du nichts mehr tun!

*Lies weiter bei **768***

994 Du findest dich in einem Chaos aus Kisten, Fässern und Kanistern wieder. Zu Bündeln gepackte Kleidung stapelt sich auf zerfledderten Zeitschriften. Daneben stehen zerstörte Krankenhausbetten, auf denen Moos und Schimmel wuchert. In Plastikfässern stinken dir dreckige Laken entgegen, ein anderes ist gefüllt mit Menschenhaar, dann eins mit ausgeschlagenen Zähnen und Knochenresten in unfassbarer Menge. Du hast die Müllhalde des Death Asylum gefunden. Das Resultat der schrecklichen Versuche Doktor Frankensteins, oder, wie er sich hier nannte, Doktor Bohr. Unwillkürlich stellst du dir die Frage, was er mit seinen schrecklichen Experimenten bezweckt. Was soll es noch jenseits des Todes geben, das ihn zu solchen Exzessen treiben könnte. Ist es Macht, ist es das Spiel Gott zu sein?

Es gibt eine Menge aufeinandergestapelter Holzkisten, die sich nicht öffnen lassen. Zwei große, olivgrüne Kanister wecken dein Interesse.
Wenn du sie öffnest: Lies weiter bei ***927***
Wenn du woanders weitermachen willst: Lies weiter bei ***992***

995 Die Arme recken sich dir einladend entgegen. »Bist du gekommen, um deine letzte Weihe zu empfangen? Um aufzugehen in einer neuen Daseinsform, wie es Millionen vor dir taten?« Die dunkle, unheilschwangere Stimme scheint von überall zu kommen, innerhalb wie außerhalb deines Kopfes. Der Dämon, denn um einen solchen muss es sich handeln, erwartet mit gebieterisch geöffneten Händen deine Antwort.
»Ich bin gekommen, um den Schlüssel zu holen!«: Lies weiter bei ***686***
»Was bist du?«: Lies weiter bei ***726***
»Was erwartet mich in dieser neuen Daseinsform?«: Lies weiter bei ***766***
Wenn du stattdessen das Wesen angreifst: Lies weiter bei ***806***

996 Du stürmst zu den Armee-Benzinkanistern, die zwischen den Kisten stehen, schraubst hastig den Deckel ab. Der Füllstutzen ist größer als bei einem normalen Kanister. Groß genug, um den Inhalt in einem Schwall auszuschütten.
Das Monster kommt näher, richtet sich auf und droht wie eine Riesenspinne mit ihren wild fuchtelnden sechs Armen, während sich das Bauch-Maul laut schmatzend bewegt und dabei schwarzen Schleim absondert, der sich zu feinen Partikeln zerstäubt und dir in den Atemwegen brennt.
Schaffst du es, das Benzin über die Albtraumkreatur zu schütten, bevor diese angreift?

Führe eine Probe auf ***GES*** *durch!*
Die Probe ist geglückt: Lies weiter bei ***685***
Die Probe ist misslungen: Lies weiter bei ***725***

997 Mit an die Schläfen gepressten Händen findest du dich auf Knien wieder. Du blutest aus Augen und Nase. Selbst aus den Ohren rinnt dir das lebendige Nass.

Du hast den Angriff, mit dem dich der Dämon niederringen wollte, abgewehrt. Doch du musst einen hohen Preis dafür zahlen.

*Reduziere deine AUS um **1W6**.*
*Reduziere deine KON um **1W6**.*

Grimmig spuckst du einen Batzen Blut aus. Von Wut getrieben kommst du mit Paulas Hilfe auf die Beine. Aus ihrem Blick spricht Besorgnis und Angst.
*»Nie werde ich mich dir beugen. Niemals! Hörst du?«: Lies weiter bei **957***
*»Ohne den Doktor bist du doch nur ein mieses Nichts!«: Lies weiter bei **917***
*Es gibt nur eine Antwort auf das, was soeben geschehen ist. Du greifst an: Lies weiter bei **877***

998 Die Hitze umfängt dich atemraubend. Die Kette ist heiß, das Metall brennt sich in die Haut deiner Finger, doch du packst mit aller Kraft zu. Zugleich weichst du den Schlägen der Arme aus, die ihrerseits ebenfalls brennen. Ein harter Ruck, die Kreatur schreit wütend auf, die Kette löst sich und du hast den begehrten Schlüssel des Abgesandten (k) *(notiere dir diesen Gegenstand unbedingt auf dem Charakterblatt B)!*
Eilig springst du von dem brennenden Fleisch weg, gehst auf Distanz und siehst zu, wie das Albtraumgeschöpf um sich schlagend verbrennt. Wie es schließlich in sich zusammensinkt, verstummt, mit den Gliedmaßen scharrt und diese wie eine gegrillte Spinne auf dem Rücken liegend anwinkelt und stirbt. Paula tritt an das Scheusal heran und spuckt in die Flammen. »Verrecken sollst du! Verrecken für das, was du mir angetan hast!«
Die Luft ist unerträglich heiß im Keller. Der Rauch legt sich beißend auf deine Atemwege, bringt die Augen zum Tränen. Es ist höchste Zeit, von hier zu verschwinden!

*Reduziere **AUS** und **KON** wegen der Brandwunde um jeweils **1 Punkt**.*
*Lies weiter bei **764***

999 Du schiebst dein Werkzeug in den Bügel des ersten Schlosses. Deine Bewegungen sind fahrig, dein Mund verkniffen. Was in den nächsten Sekunden geschieht, bestimmt dein Schicksal!

Führe eine Probe auf ***AUS*** *durch!*
Die Probe ist geglückt: Lies weiter bei ***919***
Die Probe ist misslungen: Lies weiter bei ***923***

1000 Wie eine Furie schlägt sie auf dich ein. Ihre Krallen zerfetzen deine Haut, fordern Blut, Fleisch, letztendlich sogar Knochen. Sie zwingt dich in die Knie, reißt deinen Kopf nach oben, sodass du am Dachrand dasitzt, schwitzend, blutend und keuchend. »Seht, welch Opfer ich euch bringe!«, schreit Paula nach unten. »Damit besiegeln wir die Ära der Menschen! Ein neues Zeitalter bricht an …« Ihr Tritt befördert dich über den Rand. Rasend schnell wächst der Moloch unter dir an, reckt dir tausend Arme entgegen. Ein toter Gott ist gnädig und dreht dich im Fall, sodass du ein letztes Mal den blauen Himmel siehst. Hoch oben folgt ein Flugzeug seiner Bahn, hinterlässt einen weißen, sich schnell verflüchtigenden Streifen.

Ende

1001 Der Schlachter erinnert dich an den Serienkiller aus *Texas Chainsaw Massacre*, wie er mit der knatternden Kettensäge vor der Brust dasteht. Nur die Hautmaske fehlt. Die beschmierte Schürze spannt sich über seinem Bauch, als er den Gashebel zieht, die ratternde Kettensäge anhebt und in eindeutiger Absicht auf dich zugeht. Der Kampf auf Leben und Tod ist unausweichlich!

Führe den Kampf nach den Regeln durch!

Archetyp	KON	AUS	Waffe	WS
Der Schlachter	*7*	*5*	*Kettensäge*	*4*

*Reduziere deinen **IW** um **2W6** (IW < 20 gehe zu 1018)*
*Du gewinnst: Lies weiter bei **634***
*Du verlierst: Lies weiter bei **674***

1002 Das letzte Schloss schnappt auf. Die Tür öffnet sich kreischend. Ohne einen Blick zurückzuwerfen gehst du zu den halb offenstehenden Aufzugtüren und spähst in den düsteren Schacht. Eine hölzerne Leiter lehnt an der Wand. Sie ist lang genug, um die rostigen Eisensprossen zu erreichen, die in die Betonwand des Schachtes eingelassen nach oben führen. Ihr Ende steht in einem ölig schwarzen Sud, von dem du hoffst, das er keinen Albtraum verbirgt. Du musst springen, um die Leiter zu erreichen. Da es kein Zurück mehr gibt, setzt du alles auf eine Karte.

*Führe jeweils für dich und Paula eine Probe auf **AUS** durch. Paulas **AUS** kannst du ihrem Charakterblatt entnehmen.*
*Die Probe ist geglückt: Lies weiter bei **842***
*Die Probe ist dir geglückt, aber Paula misslungen: Lies weiter bei **963***
*Die Probe ist misslungen: Lies weiter bei **882***

1003 Der Boden unter deinen Füßen ist kalt. Die Decken sind aus Wolle und klamm. Es ist seltsam, doch es scheint dir, als …
*Lies weiter bei **700***

1004 Du fliegst von Paula hart gestoßen zur Seite, der Stachel verfehlt dich nur um Haaresbreite. Doch du hast es geschafft und die unbändige Wut des Monsters geweckt.
»Aaaargggghhhh!« Zorn lässt das Unding mit den Zähnen knirschen. Mit denen im Mund und im Bauch-Maul gleichzeitig. Die Gesichtshaut zerreißt mit lautem Knall, als es den Kopf von der Wand löst. Leder

rutscht von schmierigem Fleisch, als es seine Beine vom Gestein zieht, um sich zu befreien.

»Ich werde jeden Zweifler zerfetzen! Sie in mich aufnehmen als warme Mahlzeit!«

Er dreht seine Fratze zu Paula. »Und dich werde ich ganz besonders quälen, wo du dein geweihtes Fleisch gegen mich wendest!«

Damit löst es sich vollends von der Wand, eine menschliche Spinne mit dem von Hautfetzen bedeckten Gesicht eines schwarzblütigen Dämons!

Wenn du dich umdrehst, und zusammen mit Paula die Flucht ergreifst: Lies weiter bei ***964***

Das ist der Moment, auf den ihr gewartet habt. Ihr greifst an: Lies weiter bei ***877***

1005

Keuchend stehst du vor dem brennenden Desaster, das einst ein Gott gewesen war. Hat es zumindest behauptet, denn du gibst einen Scheiß auf das, was es gesagt hat. Wie eine Spinne liegt es auf dem Rücken, die widerwärtigen Gliedmaßen zerschlagen und gegrillt zusammengezogen. Dampfend, rauchend, zischend ist es vergangen. Letztendlich zerschlagen von unbändigem Zorn.

Deinen Lohn hältst du in Händen: Den verdammten Schlüssel des Abgesandten (k) *(notiere dir diesen Gegenstand unbedingt auf dem Charakterblatt B)*, um das Gitter zu öffnen. Die Luft ist unerträglich heiß. Der benzingeschwängerte Rauch legt sich beißend auf die Atemwege, bringt deine Augen zum Tränen. Es ist höchste Zeit, von hier zu verschwinden!

VIRUS *Reduziere* ***AUS*** *und* ***KON*** *um jeweils* ***1 Punkt****.*

Lies weiter bei ***676***

1006

Du hast das Unmögliche geschafft. Hast das Monster aus der Dunkelheit im Kampf besiegt. Es war eine wilde Wut, die dich dazu getrieben hat. Das Resultat liegt in zerstörtem Fleisch, schwarzen Teer blutend vor dir auf dem Boden. Zertreten, zerschlagen, matschig. Kurzum, durch den Fleischwolf des Zorns gedreht.

Deine Finger fischen aus dem schmierigen Matsch den Schlüssel des Abgesandten (k) *(notiere dir diesen Gegenstand unbedingt auf dem Cha-*

rakterblatt B), der Freiheit verspricht, aber keine Hoffnung. Doch du hast Wunden davongetragen, von denen du nicht weißt, ob das Böse dadurch in dich gekrochen ist.
Scheiß drauf, denkst du dir, und verlässt den Raum des Desasters …
*Lies weiter bei **676***

1007 Nervös probierst du die Schlüssel allesamt durch, erst bei dem roten, danach beim gelben. Der Erfolg bleibt aus. Nur beim grünen Schloss hast du Glück. Mit leisem Klacken springt es auf.
*Wenn du andere, einzelne Schlüssel besitzt: Lies weiter bei **635***
*Wenn du ein Werkzeug wie ein Schweizer Taschenmesser, einen Leatherman oder Dietrich hast: Lies weiter bei **675***
*Wenn du woanders weitermachen willst: Lies weiter bei **992***

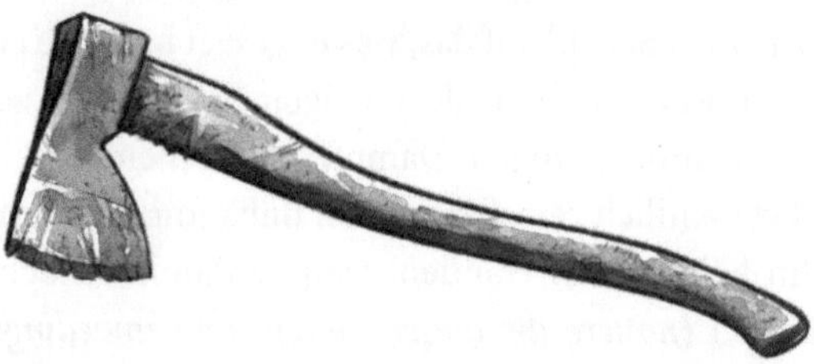

1008 Hier werden drei Flaschen scharfer Toilettenreiniger (3x g) und alles andere gelagert, was man zum Desinfizieren von Räumen und Kleidung braucht. So auch drei Dosen Desinfektionsspray (3x m)

Mit dem Toilettenreiniger kannst du pro Flasche und unter großen Schmerzen eine frische Wunde auswaschen, was die damit verbundene IW-Reduzierung aufhebt.
Mit dem Desinfektionsspray kannst du pro Dose eine frische Wunde behandeln, was die damit verbundene IW-Reduzierung halbiert.

Der Boden ist mit einer schmierigen Schicht, bestehend aus menschlichen Ausscheidungen und dem Inhalt der Flaschen bedeckt. Weiter hinten, an der Wand, türmen sich dreckige Schutzanzüge, die überba-

cken von schwarzem Schimmel und etwas, das aussieht, wie verflüssigtes Fleisch. Doch Moment mal, hat sich dieser ekelerregende Berg nicht gerade bewegt?
*Wenn du unter der verklebten Masse nachsiehst: Lies weiter bei **953***
*Wenn du lieber eine andere Möglichkeit versuchst: Lies weiter bei **768***

1009 Paula ist ein sich lauernd bewegender Schatten, der hin und her zu wippen scheint. Der Umriss ihres Kopfes neigt sich zur Seite. »Fragen willst du mir also stellen? Deswegen bist du bekommen? Was, wenn ich frei sein will, wie du? Wenn das meine Bedingung wäre, dir deine Fragen zu beantworten?« Ihre Worte sind abwägend, taxierend.
Deine nächste Antwort wird alles entscheiden!
*»Ich kann dich nicht gehen lassen, Paula. Wir beide wissen, dass du es in dir hast, zum Großteil sogar dazu geworden bist. Aber du kannst mir helfen, dass ich die Wahrheit nach draußen trage!«: Lies weiter bei **1011***
*»Wenn du mir meine Fragen beantwortest, nehme ich dich mit. Ich gebe dir mein Wort darauf. Außerdem, nun ja, denk an unsere Freundschaft, die mich hierher getrieben hat. Schaffen wir es nach draußen, wird alles gut!«: Lies weiter bei **630***
*Du überlegst es dir anders und ziehst dich zurück: Lies weiter bei **831***

1010 »Sehe ich aus wie ein scheiß Arzt?« Paula schnauft genervt, wohl, weil sie sich selbst diese Frage tausendmal gestellt hat. »Ich weiß nur eins. Es rückgängig zu machen geht nicht. Das Zeug ist in dir und entwickelt eine Art Eigenleben. Es wartet nur auf den einen, entscheidenden Moment, um deinen Geist zu übernehmen. Also sei wachsam und stark, das ist es, was ich dir raten kann!«
*Lies weiter bei **630***

1011 »Du denkst, du könntest mir Fragen stellen, und mich danach zurücklassen, wie 'ne verdammte, benutzte Unterhose? Denkst du das wirklich?« Langsam kriecht sie mit seltsam verrenkten Bewegungen aus den Schatten. Ihre Nacktheit wirkt obszön. Sie ist schmutzig und dünn, erinnert dich an ein ausgehungertes Raubtier. Ihre gelblich glimmenden Augen mustern dich aufmerksam. »Du wirst Antworten erhalten, wenn du versprichst, mich mitzunehmen! Ich will hier raus, ebenso wie du! Will frei sein, leben!«

*»Einverstanden. Ich bekomme Antworten und nehme dich im Gegenzug mit«: Lies weiter bei **630***

*»Ich kann dich nicht mitnehme, denn du bist verloren. Das ist die bittere Realität. Hilfst du mir jedoch, indem du mir ein paar Fragen beantwortest, rettest du wenigstens andere Leben, wenn nicht deins!«: Lies weiter bei **750***

1012 »Die normalen Zombies eigenen sich nicht zur Gewinnung der Essenz, es sei denn, du trachtest danach, eine geistlose Armee aus Befehlsempfängern zu erschaffen … Aber das, wonach ich strebe, ist etwas anderes … Der Abgesandte des höheren Wesens hat es uns gespendet. Sowohl das, was in der zweiten Infusion ist, als auch das, was in der Dritten auf dich wartet, um eins mit dem Herrn zu werden … Du willst wissen, wo der Abgesandte ist? … Nicht weit von hier, in diesen Mauern sogar. Er wartet unter der Erde, im Keller auf dich, um dir die finale Frage zu stellen. Sei vorbereitet, wenn du ihm gegenübertrittst. Und das wirst du …«

*Lies weiter bei **814***

1013 Dein Gehirn verkocht zu einer fiebrig heißen Suppe. Ein roter Schleier überlagert deinen Blick. Verwirrt starrst du zur Decke über dir, versuchst dich daran zu erinnern, wo du bist. Wer du bist. Bruchstückhaft zieht dein Leben an dir vorbei, versinkt in bodenloser Leere.

Ein Mann kauert neben dir auf dem Boden, über deinen Leib gebeugt, die Hände tief in deinem Bauch vergraben. Dampf steigt aus dem Loch. Gedärme ringeln sich auf dem Boden, doch du spürst keinen Schmerz. Stattdessen erwacht ein neues Gefühl: Hunger!

Der fressende Mann dreht den Kopf und sieht dich mit blutunterlaufenen, milchigen Augen an. Sein Mund öffnet sich zu einem gutturalen Röcheln. Er wendet sich seiner Mahlzeit zu, während Gedankenfetzen durch dein Hirn sickern. Bruchstücke deines Lebens. Erinnerungssplitter. Namen wie Paula oder Karl.

*Lies weiter bei **1035***

1014 Der Lieferwagen schwankt unter dem Ansturm der toten Horde, ächzt in den Federn, neigt sich bedrohlich zur Seite. Du ruderst mit den Armen, verlierst das Gleichgewicht, und stürzt in die Beifall heischende Menge. In einer Art homogenen Masse tauchst du unter. Noch bevor du den Boden berührst, schlagen sich hungrige Zähne in dein angsterfülltes Fleisch. Der Reißwolf nimmt dich in sich auf.

Eine Ewigkeit, oder nur Sekunden später, übermannt dich die blutgetriebene Gier, zwingt deinen inzwischen toten Körper auf die Beine, damit er dem Vermehrungstrieb des Virus nachkommt und sich Beute sucht.

*Lies weiter bei **1035***

1015 Du liegst mit verdrehten Gliedern auf einer Schutthalde, umgeben von der grunzenden Horde. Durch einen roten Schleier erlebst du, wie sie ihre fleckigen Schädel auf dich herabsenken und mit dreckigen Zähnen Fleischbrocken aus dir zerren. Deine Bauchdecke ist geöffnet und gibt dampfend dein Innerstes preis. Dein Gehirn steht in lodernden Flammen, fiebrige Hitze durchdringt deinen Körper, doch du fühlst keinen Schmerz.

Gedankenfetzen beschäftigen deinen Geist. Da sind Namen wie Paula und Karl. Ein Ort. Das Death Asylum. Wolltest du dort nicht hingehen? Einer der Toten öffnet sein stinkendes Maul und stößt ein Röcheln aus, das du als Aufforderung verstehst.

*Lies weiter bei **1035***

1016 Du schwebst einen ungewissen Augenblick in der Luft, weißt, dass du es nicht schaffen wirst. Dein Sprung misslingt und du stürzt in die gierige Menge, die sich in der Grube im Schlamm suhlt. Die toten Körper sind überraschend weich und geben unter deinem Gewicht nach. Dennoch erreichst du den schlammigen Grund nicht, denn zu Krallen geformte Hände packen dich an Armen und Beinen, am Kopf sogar. Zerren dich zu ihren Mäulern, um die braunfauligen Zähne ins heiße Fleisch zu graben, sodass es knirscht. Schnell, erbarmungslos, aber äußerst effizient machen sie dich nieder. Fressen, zerren und kauen, bis dein verzweifelter Lebensfunke in einem ungehörten Aufschrei erlischt.
*Lies weiter bei **1035***

1017 Der fette Banker metzelt dich nieder. Wie im Fiebertraum wohnst du dem großen Fressen bei, bei dem er schmatzend deinen Arm abnagt. Eine grausame, gemeine Hitzewelle jagt dir durch den Körper, tobt in den Eingeweiden, rumort im Kopf. Alles versinkt in fiebrigem Rot ...
*Lies weiter bei **1035***

1018 Dein Immunsystem hält dem Virus nicht mehr stand, bricht wie ein Kartenhaus in sich zusammen. Aber da ist mehr. Es ist keine Krankheit im eigentlichen Sinn, die sich deines Körpers bemächtigt. Keine profane Seuche, die ihre Symptome auf Haut und in Gedärme zeichnet. Es ist das absolut Böse in unverfälschter, reiner Form, das sich mit unerbittlicher Konsequenz seinen Weg in deinen Geist bahnt, um etwas zu erwecken, das älter ist als die Menschheit selbst.

*Würfle mit **1W6**, um herauszufinden, was als Nächstes geschieht und ob du dem Bösen widerstehst!*
*1: Lies weiter bei **1027***
*2: Lies weiter bei **1047***
*3: Lies weiter bei **1038***
*4: Lies weiter bei **1029***
*5: Lies weiter bei **1045***
*6: Lies weiter bei **1033***

1019 In der Enge der Kanalisation gibt es kein Entrinnen. Wie eine Spinne fällt der Zombie über dich her, hüllt dich mit seinen fauligen Gliedmaßen ein, zieht dich zu sich heran, um dir den widerwärtigen Kuss des Todes zu geben.

Erst frisst er deine Lippen, danach die Zunge. Später, als du nur noch wimmerst, den Rest des Gesichts. Dankbar empfängst du den todbringenden Virus, der sich den Umstand des Wahnsinns zunutze macht, und dich in die unendliche Finsternis des Todes zieht, aus der du nur als Zombie erwachen kannst.

*Lies weiter bei **1035***

1020 Das rostige Rohr ragt wie ein Fahnenmast aus deinem Bauch, umspielt von dampfenden Gedärmen. Erst willst du schreien, doch nur ein trockenes Röcheln dringt über deine Lippen, klingt dumpf zwischen den feuchten Wänden. Deine Hände umschließen das Rohr, zerren daran. Wenigstens spürst du keinen Schmerz. Dein Körper ist taub. Deine Gefühle sind heiß und rot. Blutrot. Selbst die Erinnerungen, die dich wie eine Flut aus schnell wechselnden Eindrücken überschwemmen. Namen wie Paula oder Basti, aber auch das Death Asylum, zu dem du wolltest. All dies erscheint dir unwichtig, denn du wirst von einem neuen Gefühl dominiert: einem unbändigen Heißhunger auf frisches Fleisch! Grunzend ziehst du dich an dem Rohr nach oben …

*Lies weiter bei **1035***

1021 Als Passagier in einem verstorbenen Körper erlebst du alle Stadien des Zerfalls. Zusammen mit anderen Toten steckst du in einer schlammigen, halb mit Wasser gefüllten Grube. Nur eure Köpfe ragen aus der Brühe. Und die Arme, die ihr einem Instinkt folgend nach oben reckt, dorthin, wo das lebendige Fleisch auf euch herabsieht und lacht.

Erst war es die Feuchtigkeit, die deine Haut aufgeweicht hat wie dünnes Papier, bis sie dir als schmieriger Film vom Körper glitt und sich mit dem fauligen Wasser vermischte. Bis sie selbst zu fauligem Wasser wurde. Danach kamen die Würmer und Käfer, die anfingen, dir das Fleisch von den Knochen zu raspeln und ihre Eier in dir abzulegen.

Solange, bis deine Beine unter dir nachgaben und du vollends in der ölig schimmernden Brühe versunken bist.
Nun bist du zu einem vor sich hin faulenden Nistplatz für Mikroben und Larven geworden, ein Nährboden des Zerfalls. Das ist es, was wir letztendlich alle sind …

Ende

1022 Das Monster erwartet dich im eiskalten Wasser. Als es dich packt, versuchst du, dich seinem schraubstockartigen Griff zu entziehen. Als dies nicht gelingt, schlägst du auf ihn ein, doch deine Hiebe rutschen über die triefende Haut, die dich an einen Frosch erinnert. An einen verwesenden, dem die Schläge die Haut vom faulenden Fleisch ziehen. Plötzlich bist du unter Wasser, schnappst nach Luft und bekommst eine Menge davon in den Mund. Es schmeckt wie faule Fleischsuppe. In deiner Panik nimmst du seine Bisse nur beiläufig wahr. Als du halbherzig versuchst zu reagieren, ist es längst zu spät. Das Böse hat sich tief in deinen Körper gegraben. Alles vernichtend und ultimativ tödlich.
*Lies weiter bei **1035***

1023 Du reißt dir den Totenschädel vom Gesicht und spürst, wie sich Hautfetzen von deinem Schädelknochen lösen. Danach liegst du da, umgeben von faulem Fleisch und angenagten Knochen. Du fragst dich, wie es weitergehen soll, doch du kennst die Antwort, starrst an die Decke, versuchst es zu begreifen und wartest auf das Fieber. Dann ist es soweit. Die Hitze durchströmt dich in heißen Wellen, frisst deinen Geist und alles, was dich als Mensch je ausgemacht hat. Die Welt versinkt hinter einem roten Schleier.
*Lies weiter bei **1035***

1024 Stumpfsinnig stehst du im strömenden Regen auf der Straße. Die Welt um dich herum ist in düsterem Rot versunken, ganz so, als bestünden die Regentropfen aus Blut und nicht aus Wasser. Ein paar Meter vor dir steht ein weiterer, stumpfsinnig wartender Geselle. Doch wie lange stehst du hier? Sind es Stunden? Tage? Oder gar Jahre? Es ist dir gleich und selbst das ist es nicht. Reduziert auf

den Instinkt des Riechens stehst du da, bis dir die Kleidung in Fetzen am Körper hängt. Bis die Haut käsig wird und dein Fleisch weiß und stinkend.
Anfangs ist etwas geblieben von deinem Geist, deiner Seele. Gedankenfetzen, Erinnerungen. Doch die verblassen gegenüber dem Verlangen nach frischem, gut durchblutetem Fleisch. Du bist der tote Diener eines neuen Herrn.

Ende

1025 Du gehst in der erbarmungslosen Meute unter. Sie zwingen dich zwischen ihre fauligen Leiber. Zerfetzen mit brüchigen Zähnen deine Kleidung, zerren dir Haut und Fleisch von den Knochen, bis alles in blutigem Rot versinkt.
Doch es ist nicht vorbei. Als du die Augen öffnest, haben sie von dir abgelassen. Du blickst durch einen roten Schleier, doch alles erscheint dir seltsam fremd. Du bist zu einem Passagier deines vermutlich toten Körpers geworden. Unfähig, den Trieb nach frischem, möglichst blutigem Fleisch zu unterbinden, reist du mit einem sich erhebenden Leichnam mit. Deine Tage als Untoter haben begonnen.
*Lies weiter bei **1035***

1026 Die Frau, wegen der du den Weg zum Asylum auf dich genommen hast, wird zu deinem Untergang. Doch es ist anders als bei den Toten, die stumpfsinnig fressen. Paula ist eine lebende Bestie. Ausgestattet mit übermenschlichen Kräften, gepaart mit der Boshaftigkeit eines uralten, zornigen Gottes, fällt sie über dich her.
Doch nicht nur ihr Geist, auch ihr Körper hat sich verändert. Sie steckt deine armselige Gegenwehr weg, als wären es die Schläge eines Kindes. Ihre Fingernägel sind zu Krallen mutiert, die in ihrem Schwarz ins Fleisch ihrer Finger übergehen. Erst schlägt sie dir tiefe Wunden, reißt dir die schützende Haut vom Körper. Als du blutend und geschlagen unten liegst, setzt sie sich auf deinen Oberkörper und gibt dir mit rasiermesserscharfen Zähnen den Kuss des Todes, aus dem du als Zombie erwachst. Was für eine apokalyptische Ironie.
*Lies weiter bei **1054***

1027 Wie ein Fieber kriecht eine Präsenz in deinen Körper, infiziert dein Fleisch, verdirbt dein Blut, bis es in den Adern kocht. Dein Herzschlag beschleunigt sich zu einem schmerzhaften Rhythmus, als du dich gegen die Allmacht des Bösen aufwirfst, die mit hämischem Lachen über deinen Geist triumphiert. Die dich zurücktreibt in das letzte, dunkle Eckchen des Verstandes, aber auch diese Mauer niederzureißen droht.

Was da in dich hineinkriecht, ist das wabernde Böse. Die Allmacht der uralten Finsternis. Das, was man durchaus einen Gott nennen kann. Und es streckt seine scharfen Fingernägel aus, um deinen Verstand in Streifen aus dem Schädel zu schneiden, dass nicht nur Narben bleiben!

Widerstehst du dem Wahnsinn, der dich wie ein Irrer sabbernd hinaustreibt, um auf die Jagd nach Menschen zu gehen?

Verringere deine ***MEN*** *um* ***1W6*** *und deine* ***IW*** *um* ***2W6****. Sinkt einer der Werte auf* ***0****, lies bei* ***1052*** *weiter, ansonsten geh zu dem Punkt zurück, von dem du gekommen bist!*

1028 Das rote Licht macht dich rasend, weckt eine unzähmbare Wut in dir. Über dir tummeln sich faulige, desolate Schädel, die ihre blutbeschmierten, grinsenden, vor allem aber geöffneten Mäuler auf dich senken. Hinein in dein Innerstes, das aus zerfetzten Organen und schmierigem Fleisch besteht. Gedankenfetzen wirbeln durch deinen Geist. Namen, Orte oder Dinge, die du tun wolltest. Verzweifelt klammerst du dich daran fest, doch du kannst sie nicht halten.

Die Hitze in deinem Körper lässt dich keine Schmerzen spüren, keine Pein. Da ist gar nichts mehr, nur dieser bohrende Hunger. In den teuflischen Fratzen erkennst du dich wieder, obgleich du vergessen hast, wer du bist. Es interessiert dich nicht mehr.

Lies weiter bei ***1035***

1029 Das Böse ist ein verführerischer Spieler, lockt dich mit vagen Versprechungen auf ewiges Leben aus der Reserve. Die Welt ist dem Untergang geweiht, nichts mehr ergibt Sinn. Erst recht nicht deine Existenz als Mensch als Teil einer vom Aussterben bedroh-

ten Art. Doch ist es nicht gerade dieses letzte, verzweifelte Aufbäumen, das die Menschheit, die schon oft am Rand des Abgrunds stand, erst richtig stark machte?
Also setzt du ein weiteres Mal alles auf das unsichere Blatt in deiner Hand und hoffst auf bessere Zeiten!
*Verringere deine **IW** um 1 **W6**. Sinkt der Wert auf **0**, lies bei **1052** weiter, ansonsten geh zu dem Punkt zurück, von dem du gekommen bist!*

1030 Das Mistvieh an der Kette hat dich nach Strich und Faden fertiggemacht. Was bleibt, ist ein dampfender Haufen zerrissenen Fleisches, der dein Körper war. Jetzt, nach dem Tod, siehst du es als Außenstehender. Als Passagier des Untergangs. Der Schlag deines Herzens verhallt ungehört im Schmatzen des gefräßigen Monsters.
Dein Blick überzieht sich mit einem roten Schleier, als hätte dir jemand Farbe in die Augen geleert. Der Tote an der Kette lässt grunzend von dir ab, denn nun bist du einer von ihnen. Mit trägen Bewegungen richtest du deinen geschundenen Körper auf, knirschst mit den Zähnen, als ein unsäglicher Schmerz dein Hirn zermartert.
*Lies weiter bei **1035***

1031 Seite an Seite trottest du neben deinem zerlumpten Gefährten durch die Nacht. Regenwasser fließt dir über das Gesicht, doch du spürst es nicht. Als ihr in das Wasser eines breiten, schnell fließenden Gewässers watet, macht dir die Kälte nichts aus. Deine Füße gleiten auf den glatten Steinen aus, du platschst ins eiskalte Nass, das dich mit sich nimmt, einem ungewissen Ziel entgegen. So treibst du auf dem Rücken dahin und starrst aus bleichen Augen in den wolkenverhangenen Himmel. Manchmal stößt du mit der Schulter gegen andere Kadaver, die im Wasser treiben. Dann an einen Stamm, dessen Rinde schmierig ist.
Ein tosendes Rauschen erfüllt die Luft. Das Treiben wird zur Schussfahrt in einen Schlund aus schäumendem Wasser. In eine Röhre, deren raue Oberfläche dir Kleidung und Haut vom aufgeweichten Körper schmirgelt. Solange, bis dein Kopf in das Mahlwerk einer gigantischen Schraube gerät und bricht.

Ende

1032 Der verdammte Schäferhund ist schnell wie eine zustoßende Viper. Du glaubst dich in Sicherheit, doch seine Kiefer schnappen sich deinen Knöchel, zerren dich hinab, sodass du hart aufschlägst und halb besinnungslos Sterne siehst. Zu spät registrierst du, dass dieses Tier auf Kehle abgerichtet ist. Sein zweiter Biss zerfetzt deinen Hals, reißt dir die Gurgel heraus, dass deine Schreie wie abgedreht verstummen. Was zwischen den Zähnen des Tieres hing, kriecht wie eine drohend aufgerichtete schwarze Todesspinne in deinen Körper, breitet sich aus, macht den Blick rot und fiebrig. Wie von Sinnen rappelst du dich auf, stolperst ungeachtet der wütenden Bisse weiter, denn du weißt nun, was du am meisten brauchst: frisches, blutiges Fleisch!
Willkommen in der Armee der lebenden Leichen!
*Lies weiter bei **1035***

1033 Wäre dein Geist eine Stadt im Wilden Westen, würde eine Bande eiskalter Killer über sie herfallen, getragen vom heißen Wind der Wüste, umhüllt von Staub, die Stille zerrissen vom Getrappel unzähliger Hufe.
Erinnerungen werden zu feigen Bürgern, die sich lieber in fragilen Bretterbuden verstecken, als sich dem Untergang entgegenzustellen. Bis nur du und er übrig sind. Der böse, in tiefstes Schwarz gehüllte Scharfschütze und du, der Wächter deines schwachen, zitternden Geistes. Doch noch bist du nicht geschlagen, denn du bist ein schneller und verdammt zielsicherer Schütze.
*Erhöhe deine **MEN** um **2** und deine **IW** um **4W6** und geh zu dem Punkt zurück, von dem du gekommen bist!*

1034 Dein Körper brennt im Höllenfeuer. Alles versinkt in einem roten Nebel. Das kleine Scheusal sitzt auf dir und wühlt in deinen Eingeweiden. Schmatzend dreht es seinen Kopf. Mund, Nase und Kinn triefen vor Blut. Doch du spürst keinen Schmerz, sondern nur ein unstillbares, hungriges Feuer, das einem Fieber gleich durch deinen Körper tobt. Ohne auf das Kind zu achten, stehst du auf, setzt mechanisch einen Fuß vor den nächsten.
*Lies weiter bei **1035***

1035 Dein Lebensfunke ist erloschen, doch der böse Geist ist in dir erwacht. Er lenkt von nun an dein Geschick, oder besser gesagt, das deines verrottenden Körpers.

Du bist ein Zombie!

Tod und doch nicht am Ende. Aber wie geht es weiter? Funktioniert dein Hirn oder ist es nur eine triebgesteuerte, schwabblig-graue Masse? Was empfindet ein Zombie, wenn er auf die Jagd geht? Wenn er seinen verwesenden Körper an den anderen reibt?

Begleite dein totes Ich ein paar letzte Schritte, ehe dein verwehender Geist im großen, leuchtenden Nichts aufgeht.

*Deine **MEN** und dein **IW** sinken beide auf **0**. Würfle mit **1W6***

*1: Lies weiter bei **1024***

*2: Lies weiter bei **1050***

*3: Lies weiter bei **1031***

*4: Lies weiter bei **1040***

*5: Lies weiter bei **1036***

*6: Lies weiter bei **1021***

1036 Es gibt ein anderes Rot, das einen Toten begleitet. Diese Erfahrung macht dein verstorbener Geist, als du dich, von der Masse schmieriger Leiber getragen, in die Gasse drängst, in der das lebende Fleisch geflohen ist. Du riechst dessen Angst und wie sein Blut durch seine Adern pulsiert. Und wie sich der salzige Schweißgeruch mit dem scharfen von Urin vermischt, weil es sich in die Hosen gepisst hat vor Angst.

Am Ende der Gasse siehst du mehr von ihnen. Eine Frau, der der Blutgeruch zwischen den Beinen entweicht. Einen Alten, dessen Armstumpf in einer brandig stinkenden Binde steckt.

Du drängst dich vom Hunger getrieben in die erste Reihe, willst dich auf den stürzen, den ihr verfolgt habt. In seiner Hand flammt ein Feuer, das er an den Hals einer Flasche hält. Das Fegefeuer erwacht, die Flasche fliegt dir zwischen die Füße und zerbricht. Alles ist nur Rot und Hitze, letztendlich, nichts mehr …

Ende

1037 Der Tote unter dem Lieferwagen packt dein Bein mit der Kraft einer hydraulischen Schraubzwinge. Erbarmungslos reißt er dich zu sich heran, zerrt den Fuß in abstrusem Winkel unter das wankende Fahrzeug. Mit deutlich vernehmbaren Knacken bricht dein Knöchel. Du schreist, fällst, schlägst auf, da zieht er dich schon halb unter den Lieferwagen. Greller Schmerz flutet durch seinen Biss in deinen Körper, verschlingt alles Menschliche und macht dich zum blutgierigen Monster.
*Lies weiter bei **1035***

1038 Anstelle von Schmerz hämmert ein hämisches Lachen gegen die Grundfesten deines Verstandes. Schon bricht Mörtel aus den Fugen, lösen sich die ersten Steine. Doch du stemmst dich mit der Wut eines Verzweifelten dagegen, verhinderst, dass der Wall zerbricht. Noch hältst du stand. Aber wie lange noch?
*Erhöhe deine **MEN** um **1** und deine **IW** um **1W6** und geh zu dem Punkt zurück, von dem du gekommen bist!*

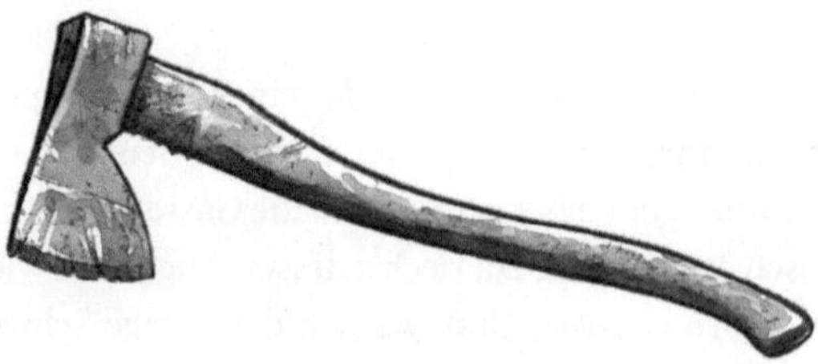

1039 Du hängst halb im Polizeibus. Dein Kopf baumelt nach unten. Schmatzende Geräusche wecken deine Aufmerksamkeit. Zwei mehr als nur tote Frauen kauen genüsslich schmatzend an deinem Arm. Jenseits aller Pein erwacht das rote Fieber, treibt dich auf die Beine, denn in der Nähe gibt es frisches, rotes Fleisch.
*Lies weiter bei **1035***

1040 Das frische Fleisch leuchtet in deinen Augen wie grelles Rot. Es läuft vor dir davon. Du, sowie Hunderte deiner Art, schwanken hinterher, hinein in eine enge Gasse, an deren Ende etwas steht, das Reifen hat und dir den Durchgang verwehrt. Das

Fleisch hingegen klettert auf das Hindernis, hält Stäbe in der Hand, die im Feuer blitzen.
Du selbst bist dazu nicht in der Lage, stößt gegen die wankende Barriere und reckst linkisch die Arme nach oben, um nach den Füßen des Fleisches zu greifen.
Ein kleiner, eiförmiger Gegenstand erweckt deine Aufmerksamkeit. Er fällt dir vor die Füße, du bückst dich danach, hebst ihn auf, und siehst ihn nachdenklich an. Seine Oberfläche ist geriffelt, seine Farbe …
Du vergehst in gleißendem Licht, das dir Kleidung, Haut und Fleisch vom toten Gerippe brennt, um es in winzige Teile zu sprengen.

Ende

1041 Nachdem die Toten von dir abgelassen haben, brennt ein neues, höllisch heißes Feuer in dir, entfacht vom Fieber des kranken Blutes. Du erhebst deinen geschundenen Körper und folgst den schwankenden Toten ins Freie. Anstelle von Farben leuchtet alles in verschiedenen Schattierungen von Rot, fiebrig verzerrt. Ein unbekannter Hunger rumort in deinen Gedärmen, lässt dich kalt erbrechen und wie eine fremdgesteuerte Marionette einen Fuß vor den anderen setzen.
*Lies weiter bei **1035***

1042 Du treibst in einem Meer aus fauligen Körpern, wirst hin und her geworfen. Alles wird von einem fiebrigen Rot überlagert. Es brennt in deinem Kopf, zerfrisst dein Gehirn. Die teuflischen Fratzen zerren dir das Fleisch von den Knochen. Es bildet lange Fäden, bevor es schnalzend reißt. Seltsam ist nur, dass du keinerlei Schmerzen verspürst. Selbst ihre Berührungen nimmst du nur durch einen Schleier wahr. Anfangs willst du schreien, doch nur ein gutturales Röcheln dringt deiner Kehle. Erinnerungen an Paula, an Karl, an das, was du tun wolltest im Leben, rasen durch deinen Kopf, verbinden sich zu einem sich schnell drehenden, fiebrigen Strudel.
Lies weiter bei **1035**

1043 Du hast bis aufs Blut gekämpft. Hast alles gegeben und Grenzen überschritten. Doch was zählen Wille und Kraft eines Menschen? Letztendlich bist du an der schieren Gewalt

der auferstandenen Leiche gescheitert. Sie hat dich mit beharrlicher Konsequenz niedergerungen, dir unter Missachtung deiner Schläge die Haut in Streifen abgezogen, und dein Fleisch gefressen, bis …
… sich das todbringende Böse in deinem Körper entfaltete, dich lachend und schließlich sterbend machte. Als der rote Vorhang fällt, bist du einer von ihnen und findest dich im Käfig wieder, auf den nächsten Kampf wartend.
*Lies weiter bei **1054***

1044 Die Zombie-Kellnerin reißt dir die Kehle aus dem Hals. Dein Blut ergießt sich in grellem Rot in ihren weit aufgerissenen Schlund. Das Fieber erwacht in einer gewaltigen Detonation, pulverisiert in einer Sekunde, was dich als Mensch ausmachte. Als du die Augen öffnest und durch den roten Schleier blickst, wird die tote Kellnerin zu deiner Geliebten, die dir das zitternde Mädchen hinter den beschlagenen Scheiben des Wagens präsentiert.
*Lies weiter bei **1035***

1045 Die Uhr des Lebens ist nahezu abgelaufen, die Tore des Geistes öffnen sich weit. Das Böse sengt sich als glühendes Eisen in deine Adern, entfacht ein Feuer in deinem Körper, das du nicht mehr löschen kannst. Im Gegenteil, je mehr du dich dagegen auflehnst und Wind entfachst, desto höher schlagen die Flammen.
Im finalen Moment stehst du mit dem Rücken zur Wand, vor dir nichts als Höllenfeuer, umgeben von absolut undurchdringlicher Finsternis. Sekunden werden zu zähem Teig, verharren, um dich zu verhöhnen …
*Verringere deine **MEN** um **1W6** und deine **IW** um **3W6**. Sinkt einer der Werte auf **0**, lies bei **1052** weiter, ansonsten geh zu dem Punkt zurück, von dem du gekommen bist!*

1046 Der nackte Zombie erinnert dich an einen mit Wasser vollgesogenen, nassen Schwamm. Die Haut schillert in schmierigem Öl. Da ist es kaum von Belang, dass er dich niederringt. Dass es ihm gleich ist, wenn du ihm während des kurzen, aber heftigen Kampfes die Haut wie eine alte Wurstpelle vom gammlig nassen Fleisch schiebst. Er entwickelt eine immense Kraft, um dich niederzuringen.

Was folgt, ist ein Fetzen und Zerren. Ein Niedermachen jeglichen Lebens. Der rote Vorhang fällt unter mäßigem Applaus.
Als er sich zum finalen Akt lüftet, siehst du rot. Zähneknirschend erhebt sich dein zerfetzter Körper, reckt grunzend die Nase zum Himmel, um nach frischem Fleisch zu wittern. Der Wandel vom Menschen zum triebgesteuerten Monster geht fließend einher. Eine Umkehr ist ausgeschlossen.
*Lies weiter bei **1035***

1047 Wie eine Sturmflut, die erst gegen die Küste anrollt, sich aufbaut und Regen bringend die Dämme niederreißt, fällt das Böse über dich her. Es flutet die mühsam bestellten Felder deines Geistes, ertränkt die Stätte der Erinnerung in eiskaltem Nass.
Du stemmst dich dem aufkeimenden Wahnsinn entgegen, wirfst dich in den Kampf mit allem, was du hast, denn du kennst die Bilder der Verrückten, die mit Schaum vor dem Mund gegen die letzten Verteidiger der Menschheit anrennen. So willst du auf keinen Fall enden!
*Verringere deine **MEN** um **1** und deine **IW** um **1W6**. Sinkt einer der Werte auf **0**, lies bei **1052** weiter, ansonsten geh zu dem Punkt zurück, von dem du gekommen bist!*

1048 Der kalkige Zombie erinnert dich an eine in Mehl gewälzte Made. Letztendlich ist es eine schmierige Schicht, die ihn umgibt, ihn glitschig und nicht greifbar macht. Du taumelst von ihm weg, knallst in der Dunkelheit gegen einen Sandsteinpfeiler. Du rennst von Panik getrieben tiefer hinein in die undurchdringliche Finsternis, stößt dich erneut. Deine Hände ertasten eine Wand, die sich zu beiden Seiten erstreckt. Tauchen in etwas anderes, Weiches, das von Stoff umgeben scheint.
Ein feuchter, aufgedunsener Körper!
Dein panischer Aufschrei hallt dumpf durch die Krypta, verwirft sich von Menschen ungehört zwischen den Wänden. Hände, die von überall her zu kommen scheinen, greifen nach dir. Sie krallen sich fest, ziehen dich hinab, wo brüchige Zähne ihr grausiges Handwerk verrichten. Sie nehmen dich in sich auf, machen dich zu einem der ihren.
*Lies weiter bei **1035***

1049 Du treibst im öligen, kalten Wasser und dennoch tobt eine brennende Hitze in dir. Sie bringt dein Hirn zum Kochen. Mit rot verschleiertem Blick erkennst du eine wankende Gestalt, die mit hängenden Armen den Heizungskeller verlässt. Deine Hände tauchen in den geöffneten Körper, in dem sich neben zerfetzten Organen und Blut brackiges Wasser angesammelt hat. Eigentlich solltest du schreien vor Schmerzen, doch da ist nichts. Einem neuen, unbekannten Hunger folgend zerrst du Fleisch aus deinem Bauch und steckst es dir in den Mund. Ab und zu flackern Gedanken auf, die sich um Menschen drehen, die du kanntest: Paula, Karl, Basti. Der bohrende Hunger zwingt dich auf die Beine …

*Lies weiter bei **1035***

1050 Die Menge nimmt dich in sich auf, schiebt dich so lange vorwärts, bis deine Füße selbst anfangen zu laufen. Wie du hierhergekommen bist, weißt du nicht mehr. Auch das Wann bleibt ein Rätsel. Während du manchmal grunzend, dann wieder stöhnend, vor dich hinläufst, zerfällt deine Kleidung zu Fetzen und die Haut wird wächsern und fragil.

Nicht die Menge treibt dich an. Es ist der Hunger nach frischem Fleisch auf lebenden Knochen. Nach Seelen, wenn man so will. Das ist es, was durch das Rot deines Blickes dringt, das, was dein neuer und doch uralter Herr dir befiehlt.

Ende

1051 Der rote Kleinwagen wird zum Symbol deines Todes. Eine feuchtglänzende Spur aus Blut und der sich entleerenden Blase hinter dir herziehend sinkst du auf das nasse Pflaster. Dein Herz schlägt nicht mehr, doch etwas anderes zwingt deinen vom roten Fieber erweckten Körper auf die Beine. Es sind die Bewegungen hinter den angelaufenen Scheiben des Wagens. Es ist das heiße, aufgeregte Blut des Mädchens, das sich darin befindet.

*Lies weiter bei **1035***

1052 Die letzte Bastion deines Geistes zerbricht unter dem Ansturm der Dunkelheit, zergeht in feinem, schwarzem Staub,

der dich an geborstenes Glas erinnert. Wie ein Hammer zerschmettert das Böse deinen Verstand, prügelt auf ihn ein, bis du sabbernd und wirr lachend die neue Realität annimmst und zähnefletschend aufstehst.
Das Blut der Gesunden macht dich geil, lässt dich bis an die Grenze deiner Leistungsfähigkeit durch die Straßen hetzen. Das Fleisch der Lebenden zieht dich in seinen Bann, sodass du es ihnen von den Knochen reißen willst. Ein Schalter legt sich um in deinem Verstand, macht dich rasend und zornig zugleich. Treibt dich zu Entgleisungen der übelsten Art, verbal wie körperlich.
»Ich nehme euch alle«, knurrst du aus heiserer Kehle. »Ich fresse euer Fleisch, reiße euch die Haut wie alte Lumpen vom Körper, während ich Dinge mit euch tue, die in ihrer Obszönität weit über das Vorstellbare hinausgehen!«
Und das ist es, was du tust: den animalischen Trieben der Urzeit, als die Menschen Kreaturen waren, nachkommen. Solange, bis dein Herz der Überlastung nicht mehr standhalten kann, bis die Lungen vor Überanstrengung kollabieren. Das Erlöschen deines Lebensfunkens wird vom hämischen Lachen einer uralten Gottheit begleitet, deren pure Existenz du selbst bei klarem Verstand niemals hättest begreifen können.
Lies weiter bei **1035**

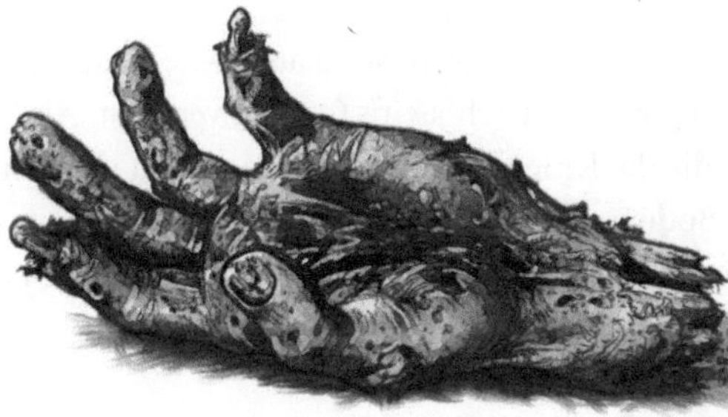

1053 Benommen öffnest du die Augen. Vor dir liegt ein umgestürzter Kinderwagen, durchnässt vom Regen. Du zählst eins und eins zusammen, erinnerst dich an das kleine Monster, das in den Kissen gelegen hat. Ein brennender Schmerz jagt durch deine Wade direkt ins Hirn, lässt dich gellend aufschreien. Blind vor Pein trittst du nach unten, triffst auf etwas Weiches, das sich mit einem schmatzenden Geräusch von deinem Bein löst. Dann die Gewissheit:

Das verdammte Zombiebaby hat dir ins Bein gebissen. Die klaffende Wunde von der Größe einer kleinen Faust blutet stark. Was über den verdorbenen Speichel des Horrorbabys in dein Blut gekrochen ist, krallt sich mit scharfen Klauen deine Adern hinauf, breitet sich Verderben spendend aus, lässt dich als sabbernder Irrer auf die Beine kommen und wie ein Verrückter lachend durch die Straßen rennen …
Unbestimmte Zeit später folgt ein erneutes Erwachen. Dein blutroter, fiebriger Blick zeugt von einem unbändigen Hunger, der in deinen, jetzt toten, Eingeweiden tobt.
*Lies weiter bei **1035***

1054 Schwankend stehst du hinter dem Gitter in absoluter Dunkelheit. Dein Mund steht offen, etwas, das an Speichel erinnert, aber eitrig gelb ist, läuft dir in Fäden von den Lippen.
Surrend taucht der Raum in das Licht einer Sonne, die weit oben im Zentrum erblüht. Eine Tür öffnet sich schnarrend und andere deiner Art schleifen einen Körper herein, in dem das Leben in kräftigem Rot pulsiert. Der Schlag seines Herzens weckt vergessen geglaubte Instinkte. Der Schweiß- und Uringeruch die Gier. Endlich ist es soweit. Surrend öffnet sich das Gitter vor dir, gibt den Weg frei, um deinen unersättlichen Hunger zu stillen.
Von Fleischeslust getrieben schwankst du auf deine Beute zu, die aufspringt und dir einen harten Schlag ins Gesicht verpasst. Als Nächstes einen Tritt, der dir die Kniescheibe zertrümmert. Du stürzt hart und ungebremst zu Boden, doch deine Gier treibt dich weiter.
Kriechend ziehst du dich über den Grund. Die Beute stürmt auf dich zu, hat etwas Glänzendes in der Hand, das sie über den Kopf schwingt und auf dich niedergehen lässt.
Es trifft deinen Kopf, bricht in den Schädel, bohrt sich in dein aufgeschwemmtes Gehirn und …
Ein grelles Licht, ein helles Kreischen. Aus.

Ende

1055 Zu Staub zerfallene, welke Blätter regnen auf dich nieder, vereinen sich mit einem blutigen Nebel. Alles ist überlagert von einem tiefen, bösartigen Rot. Sie haben dich niedergerungen,

liegen auf dir, in mehreren Schichten, versuchen, an dein dampfendes Fleisch zu kommen. Sie zerren es wie hungrige Hunde von deinen Knochen, schmatzen dabei und knirschen mit den Zähnen. Du wunderst dich, dass du keine Schmerzen verspürst, dass es dir gleichgültig ist, was sie mit deinem Körper anstellen. Dankbar widmest du dich den Gedanken, die in kurzen Schlaglichtern an dir vorüberziehen. Bilder von Menschen, die dich ein Stück deines Lebens begleitet haben. Paula. Das Death Asylum, zu dem du wolltest. Fast zärtlich grunzt dich eine tote Frau an, deren rechte Gesichtshälfte vollständig fehlt. In ihrer morbiden Schönheit fordert sie dich auf, aufzustehen.
*Lies weiter bei **1024***

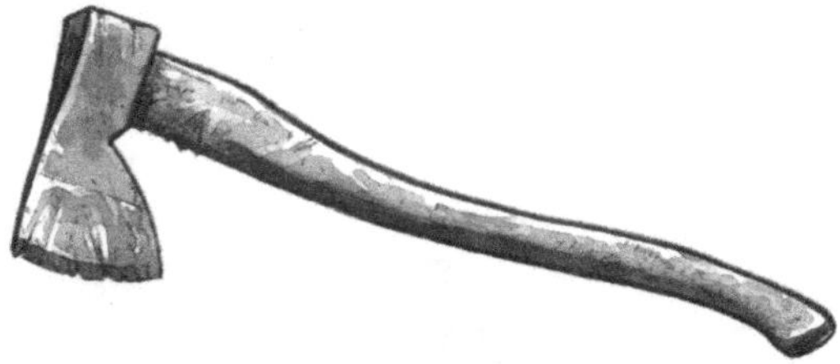

1056 Deine letzten Gedanken drehen sich darum, wie ein toter Körper eine derart unfassbare Kraft aufbringen kann. Er schafft es binnen Sekunden, dich niederzuwerfen und dir einige äußerst schmerzhafte Bisse zuzufügen. Bisse, von denen du weißt, dass jeder Einzelne tödlich ist. Dass sie die Seuche in deinen Körper transportieren, die …
… sich mit brutaler Kraft in deinen Geist krallt, um ihn zu zerfetzen, bis du im eigenen Blut watest. Bis du abgesehen von Rot nichts mehr siehst und die Gier nach blutigem Fleisch in dir erwacht.
*Lies weiter bei **1035***

1057 Von fiebrigen Krämpfen geschüttelt schlägst du die Augen auf. Du liegst auf dem Dach, aber außerhalb des Käfigs. Furcht durchdringt deinen Körper, als du die offenstehende Gittertür bemerkst. Die Kette, an die das Mädchen gefesselt war, liegt inmitten einer großen Blutlache auf dem Boden. In deinem gottverdammten Blut!

Zitternd hebst du den Kopf, siehst die kümmerlichen Überreste der angefressenen Wade und wunderst dich, dass du keinen Schmerz verspürst. Krämpfe lassen deinen Körper zucken. Röhrend schießt dein Mageninhalt durch den Mund ins Freie, klatscht neben dir auf den Boden, spritzt dir ins Gesicht. Zappelnd wie eine gefallene Marionette liegst du da. Fäden aus Blut und eitrigem Schleim laufen dir aus Mund und Nase.
Das Mädchen ist plötzlich wieder da. Sie steht schwankend an einem der Oberlichter und sieht in die Dunkelheit der Halle hinab. Etwas an dir weckt ihr Interesse, denn sie kommt mit schlurfenden Schritten näher, das blutverschmierte Gesicht zu einer grotesken Fratze verzogen. Fieber verbrennt dein Gehirn, schickt dich zurück in die Dunkelheit. Dein letzter Gedanke gilt Paula. Du musst sie finden. Paula, die aus frischem, rotem Fleisch besteht …
*Lies weiter bei **1035***

1058 Du hast es geschafft und bist den Mauern des Death Asylum entkommen. Und alles, was dich jemals mit dieser Stadt verbunden hat ebenfalls. Gut, zumindest auf das Dach hast du es geschafft. Du fühlst dich wie Robinson Crusoe auf einer einsamen Insel inmitten eines Meeres aus toten Leibern und gibst dennoch nicht auf, sondern blickst nach vorn. Das Flugzeug wird zu deinem Leitstern, das dich nach Eden führen wird. Ob du nun den neuen und doch so alten Göttern huldigst, oder ihnen in verbissenem Kampf entgegentrittst, ist deine Entscheidung. Zuerst musst du das Meer der Zombies überwinden, alles Weitere wird man dann schon sehen ...

Ich stelle mir nun eine Szene wie aus *Ash vs Evil Dead* vor, in der du auf einem Berg aus Zombies stehst, die Kleidung zerrissen, eine knatternde Kettensäge in der Hand … mit dem Unterschied, das seine Hand die Kettensäge war, aber das sind Kleinigkeiten, die man gerne mit einem Zwinkern hinnimmt.

Der interaktive Roman ist an dieser Stelle zu Ende. Ich hoffe, es hat dir Spaß bereitet und wenig Verzweiflung. Und dass es dich schaudernd machte ob der Monster oder wegen des wahnsinnigen Doktors. Womöglich auch traurig, wenn man sich das Schicksal Paulas vor Augen hält, die doch auch nichts anderes wollte, als zu überleben.
Eins sollten wir niemals vergessen: Der Mensch ist der böseste aller Wölfe, das grausamste Geschöpf, das Monster, das in den Schatten lauert. Und wenn denn tatsächlich die Zombies kommen sollten, bist du mit dem Buch bestens gewappnet.

mit den besten Grüßen aus der Zombiehölle,
euer M. H. Steinmetz

www.mhsteinmetz.de

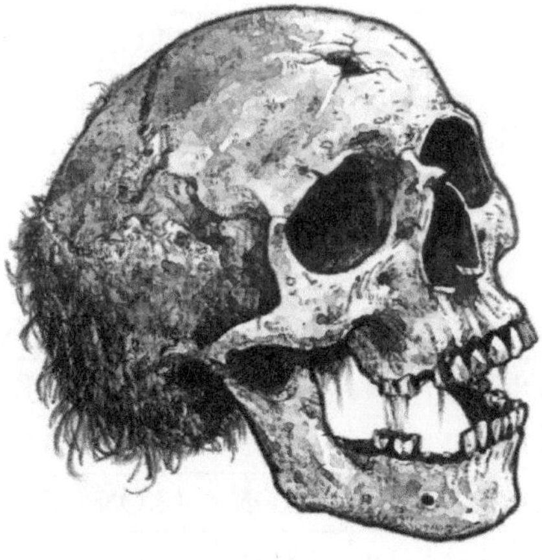

ANHANG

Kampf-Hilfstabelle zur Schadensberechnung

Konstitutions-Verlust des Verlierers

KON (Verlierer)	AUS des Siegers + WS des Siegers					
	1-4	**5-8**	**9-12**	**13-16**	**17-20**	**21-XX**
1	TOD	TOD	TOD	TOD	TOD	TOD
2	-1 KON	TOD	TOD	TOD	TOD	TOD
3	-1 KON	-2 KON	TOD	TOD	TOD	TOD
4	-1 KON	-2 KON	-3 KON	TOD	TOD	TOD
5	-1 KON	-2 KON	-3 KON	-4 KON	TOD	TOD
6	-1 KON	-2 KON	-3 KON	-4 KON	-5 KON	TOD
7	-1 KON	-2 KON	-3 KON	-4 KON	-5 KON	-6 KON
8	-1 KON	-2 KON	-3 KON	-4 KON	-5 KON	-6 KON
9	-1 KON	-2 KON	-3 KON	-4 KON	-5 KON	-6 KON
10	-1 KON	-2 KON	-3 KON	-4 KON	-5 KON	-6 KON
11	-1 KON	-2 KON	-3 KON	-4 KON	-5 KON	-6 KON
12	-1 KON	-2 KON	-3 KON	-4 KON	-5 KON	-6 KON
13	-1 KON	-2 KON	-3 KON	-4 KON	-5 KON	-6 KON
14	-1 KON	-2 KON	-3 KON	-4 KON	-5 KON	-6 KON
15	-1 KON	-2 KON	-3 KON	-4 KON	-5 KON	-6 KON
16	-1 KON	-2 KON	-3 KON	-4 KON	-5 KON	-6 KON
17	-1 KON	-2 KON	-3 KON	-4 KON	-5 KON	-6 KON
18	-1 KON	-2 KON	-3 KON	-4 KON	-5 KON	-6 KON

PAULAS CHARAKTERBLATT

Paula

Attribute	MEN	AUS	KON	GLK	RES	WAH	GES
Start	**2**				**9**	**14**	
	1	1	1	1	1	1	1
	2	2	2	2	2	2	2
	3	3	3	3	3	3	3
	4	4	4	4	4	4	4
	5	5	5	5	5	5	5
	6	6	6	6	6	6	6
	7	7	7	7	7	7	7
	8	8	8	8	8	8	8
	9	9	9	9	9	9	9
	10	10	10	10	10	10	10
	11	11	11	11	11	11	11
	12	12	12	12	12	12	12
	13	13	13	13	13	13	13
	14	14	14	14	14	14	14
	15	15	15	15	15	15	15
	16	16	16	16	16	16	16
	17	17	17	17	17	17	17
	18	18	18	18	18	18	18

IW	20						
1	26	51	76	101	126	151	176
2	27	52	77	102	127	152	177
3	28	53	78	103	128	153	178
4	29	54	79	104	129	154	179
5	30	55	80	105	130	155	180
6	31	56	81	106	131	156	
7	32	57	82	107	132	157	
8	33	58	83	108	133	158	
9	34	59	84	109	134	159	
10	35	60	85	110	135	160	
11	36	61	86	111	136	161	
12	37	62	87	112	137	162	
13	38	63	88	113	138	163	
14	39	64	89	114	139	164	
15	40	65	90	115	140	165	
16	41	66	91	116	141	166	
17	42	67	92	117	142	167	
18	43	68	93	118	143	168	
19	44	69	94	119	144	169	
20	45	70	95	120	145	170	
21	46	71	96	121	146	171	
22	47	72	97	122	147	172	
23	48	73	98	123	148	173	
24	49	74	99	124	149	174	
25	50	75	100	125	150	175	

IW < 20: Bei Paula nicht von Belang

Gepäckstück	k	m	g

Kleidung

Schuhwerk

Gegenstände	k	m	g	WS
Klauen				
Zähne				

Notizen

Kampf-Gewinner: AUS+3W6 vs. AUS+3W6
1. KON-Verlust: (AUS Sieger+WS) / 4
2. AUS-Verlust: KON 1-6 = 3 / KON 7-12 = 2 / KON 13-18 = 1

Probe: 3W6 ≤ gefordertes Attribut